筑波大学大学院企業法学専攻十周年記念論集

現代企業法学の研究

信山社

まえがき

この記念論集は筑波大学の夜間社会人大学院である経営・政策科学研究科企業法学専攻（修士課程）の創設十周年、あわせて同企業科学専攻（企業法コース）（博士課程）の創設五周年を記念して刊行するものである。はじめに、専攻創設から今日までの間、本学学長ほか関係者の夜間社会人大学院に対して示されたさまざまなご尽力、ご支援に対し衷心より感謝の意を表したい。

一九八九年に大学院設置基準が改正され、大学院に「専ら夜間において教育を行う」修士課程を置くことができるように改められた（大学院設置基準二条の二）。職業をもつ社会人のための大学院は昼夜開講制をとる若干の大学でそれ以前からも取り組まれてきたが、この改正によってはじめて本格的体制の基礎が据えられたということができよう。筑波大学は同年四月に東京都文京区大塚の旧東京教育大学の建物を利用して経営システム科学とカウンセリング（教育学）の二専攻を創設し、続けて一九九〇年に企業法学専攻を加えた。日本における通称、夜間社会人大学院（修士課程）のはじまりである。同年四月、企業法学専攻は第一期生三八名（定員三〇名）を迎えた。受験者は一七〇名を数え、最年長者は六九歳の現役の有職者であった（うち弁護士二名、女性四名、外国人一名）。

企業法学専攻の専任教官は、当初、東京大学（法学部）をその年の三月定年退官された故竹内昭夫先生ほか一二名であり、民法、商法、民事訴訟法、英米法、国際私法、労働法・社会保障法、知的財産法、経済法、税法の各分野にわたっていた。これに筑波地区の法学専攻から商法、民事訴訟法の教官二名の応援を受けることができ、非常勤講師も数名が加わった。

一九九三年、大学院設置基準の先の規定が再び改正され、大学院に専ら夜間において教育を行う博士課程を置くことができるようにされた。これを受けて、一九九六年四月に修士課程の二専攻（経営システム科学専攻および企業法学専攻）が母体になり博士課程として企業科学専攻が新設された。日本における最初の夜間社会人大学院の博士課程であることはいうまでもない。法律学科目は「企業法コース」に編成され、専任教官も一七名に増員された（二〇〇一年四月以降は、いままでの筑波地区に本拠を置く経営・政策科学研究科の専攻から、東京地区を本拠にする夜間社会人大学院の独立研究科として新設されたビジネス科学研究科の専攻となる）。

企業法学専攻（修士課程）は創設から十年の間、受験者は一、三二九名を数え、入学者は三一一名（うち女性五一名、外国人六名）、修士（法学）の学位取得者は二〇〇一年三月修了見込み者を含めて二九二名になる。入学者の平均年齢は三七歳である。博士課程企業法コースは五年間で受験者九五名（単年度定員枠八名）、入学者四〇名、博士（法学）の学位取得者は新設後の最終年度である一九九八年度から三名（いずれも課程博士）を数えている。入学者の平均年齢は三九歳である。

企業法学専攻（修士課程）の入学者は当然ながら法学部出身者がもっとも多い。しかしその数は半数まではいかず、他は経済、政経、経営、商学、教育、教養、社会、理工学、医学、家政学などの学部出身者である。彼らの勤務先は、法律・会計事務所、金融・証券・保険、官庁・公共団体、建設・製造、サービス・流通といった各分野に五〜七名ずつ分布している。この状態は毎年さして変わりはない。博士課程の入学者のプロフィールもほぼ同様である。こうした入学者の素養の多彩さに直面して、われわれは講義内容や資料作成および個別研究指導の面でこれまでの方法に頼っていられない新しい工夫の必要性を深く実感し、それぞれが今日まで言い尽くすことのできない経験を重ねてきたように思われる。

一昨年秋頃からわれわれは、企業法学専攻創設十周年を記念して論文集を編む準備をしてきたが、改めて思うに、筑波地区の社会科学研究科法学専攻に所属されていた三井哲夫先生（現創価大学法学部教授）とともに企業法学専攻の設立準備にあたられた竹内昭夫先生がすでに不帰の人になられ、この記念論集の刊行をともに喜ぶ機会を失ってしまったことは痛恨の極みというほかない。このまえがきに、故竹内昭夫先生が企業法学専攻でのご指導の経験を綴られたご遺稿をわれわれの追憶のよすがとして掲載することを令夫人恵子様にお願いしたところご了解をいただくことができた。ここに記して心より感謝を申し上げるとともに、謹んで本書を先生の墓前に捧げるものである。

この論集には、竹内昭夫先生ご在籍の五年間をともにされた斉藤博先生（専修大学法学部教授）、平出慶道先生（名古屋大学名誉教授・弁護士）、奈良次郎先生（弁護士）、三井哲夫先生、吉牟田勲先生（東京経営短期大学教授）（論文掲載順、現職は二〇〇一年三月末日現在）のご寄稿をいただくことができた。それぞれの分野で第一人者としてご活躍中の先生方がご多忙にもかかわらずご執筆を快諾され、記念論集に貴重な華を添えていただいたことは誠に感慨深いものがある。ここに敬意と感謝を申し上げ、先生方のご健勝を祈念する次第である。

筑波大学に夜間社会人大学院が創設されて以後、日本の有力な国立、私立の大学が競って同様の法学分野の社会人大学院を立ちあげている。このことは就学意欲のある社会人にとっては選択の幅が拡がったことを意味することになり、日本における生涯教育ないし高度専門職業人教育にとって望ましい現象といえよう。われわれは夜間社会人大学院の教育研究の先陣の気概をもって今日まで来たが、これからは同様の志を持つ他大学の社会人大学院と良好な競争関係に入るとの認識を新たにしており、一層の研鑽に励みたいと念じている。

最後になったが、近年の厳しい出版状況にもかかわらず、われわれの希望を受け入れ出版を引き受けて下さり、わがままな注文にも快く応じていただき、また編集・校閲にも骨身惜しまないお世話をして下さった信山社の渡辺左近、斉藤美代子の両氏には感謝の言葉もない。ここに記して同社の出版事業の発展を心から祈念したい。

まえがき

本書は、筑波大学を退官された諸先生のご論文五編に続けて在籍者の論文を原則としてそれぞれ五十音順に配列した。

二〇〇一年三月

筑波大学大学院経営・政策科学研究科企業法学専攻十周年記念論集刊行委員会

代表 井原 宏

庄子良男

渡辺 章

最後の講義

竹内昭夫

私は平成二年二月東京大学で最後の講義をした。それは特別のいわゆる「最終講義」ではなく、普通の講義の最後というだけのことである。内容は証券取引法の寄附講義で、商法担当の教官がオムニバス形式で分担することになっており、私はその最後に当たっていた。しかし当時私は呼吸不全が進んでいたため、はじめて酸素ボンベを携え鼻から酸素を補給しながら教壇に立った。多数の学生諸君、同僚の教官のほか卒業生も聞きに来てくれていたが、どなたも驚かれたことであろう。しかし何とか講義を終えることができてほっとした。花束をいただき、温い拍手に送られて退出した。拍手にこめられた私に対する思いやりが本当に有難かった。

今年〔平成七年〕二月には筑波大学の夜間大学院企業法学専攻での最後の講義、というより私の生涯の最後の講義をした。これは弥永真生助教授と共同で行っている株式会社法の講義であるが、最終講義というわけで、寒いなかを何時もより多数の諸君が出席してくれた。そして終わったとき私に対してだけでなく、毎回付き添って来ていた妻に対しても立派な花束を贈ってくれた。妻は有難涙をこぼし、帰宅してからもその感動を繰り返した。さらに花束に加えてお礼といって私に膝掛けを贈ってくれた。ラムウールの手ざわりの柔らかな英国製、普通の毛布ほどのたっぷりした大きさの見事な品で、学生諸君の心遣いが本当に有難かった。そして傍聴に来ていた有斐閣雑誌編集部の後藤〔安史〕・大井〔文夫〕両氏が全員の写真をとってくれた。花束をかかえた私をかこんだ写真はよい記念になった。

しばらくして退職する教授が学生諸君に挨拶する会が開かれた。そこで私は、東京大学で定年が近づいた頃は、体調からみて再就職などは問題外、当然自宅にひきこもるものと考えていたが、筑波大学の首脳に繰り返し説得され、遂に有職者のための夜間大学院の創設に力を尽す決心をするに至ったこと、それだけに企業法学専攻というこのコースが益々発展して、その評価を高めて行ってほしい、と述べた。終って会費制の懇親会が開かれたが、卒業生が次々と名刺や花束を持って挨拶に来て近況を語ってくれた。そして第一期生有志の諸君が記念品としてドイツ製の万年筆を贈ってくれた。第一期生というのは五年前に入学し、三年前に卒業した人達である。第一期生有志諸君の心配りが本当に有難かった。

もちろん、花束や記念品をいただいたから言うわけではないが、思い返してみると、大学の教授というのは実に幸せな仕事だと思う。至福の感が心に滲みるのを覚える。東京大学と筑波大学を通じてこういう仕事に就くことができた幸運を心から有難いと思う。

ところで私がこの巻頭言を書くのもこれが最後である。読者のみなさん、ご機嫌よう。ご多幸を祈る。

（『息を数えて——竹内昭夫随想集——』有斐閣学術センター一九九八年一〇月、
法学教室一九九五年七月号〔第一七八号〕）

目　次

目　次

〈執筆者一覧〉（掲載順）

斉藤　博（さいとう・ひろし）　専修大学法学部教授
奈良次郎（なら・じろう）　弁護士・日本大学法学部講師
平出慶道（ひらいで・よしみち）　弁護士・名古屋大学名誉教授
三井哲夫（みつい・てつお）　創価大学法学部教授
吉牟田勲（よしむた・いさお）　東京経営短期大学教授
井上由里子（いのうえ・ゆりこ）　筑波大学大学院企業法学専攻助教授
井原　宏（いはら・ひろし）　筑波大学大学院企業法学専攻教授
大野正道（おおの・まさみち）　筑波大学大学院企業法学専攻教授
春日偉知郎（かすが・いちろう）　筑波大学大学院企業法学専攻教授
古積健三郎（こづみ・けんざぶろう）　筑波大学大学院企業法学専攻助教授
佐藤一雄（さとう・かずお）　筑波大学大学院企業法学専攻教授
品川芳宣（しながわ・よしのぶ）　筑波大学大学院企業法学専攻教授
庄子良男（しょうじ・よしお）　筑波大学大学院企業法学専攻教授
田島　裕（たじま・ひろし）　筑波大学大学院企業法学専攻教授
平井宜雄（ひらい・よしお）　筑波大学大学院企業法学専攻教授
平嶋竜太（ひらしま・りゅうた）　筑波大学大学院企業法学専攻助教授
前田重行（まえだ・しげゆき）　筑波大学大学院企業法学専攻教授
元永和彦（もとなが・かずひこ）　筑波大学大学院企業法学専攻助教授
弥永真生（やなが・まさお）　筑波大学大学院企業法学専攻助教授
山川隆一（やまかわ・りゅういち）　筑波大学大学院企業法学専攻教授
渡辺　章（わたなべ・あきら）　筑波大学大学院企業法学専攻教授

著作物のネット配信と私的使用のための録音・録画

斉藤　博

一　現行の制度と環境の変化

私的使用のために著作物を録音・録画することにつき、一九六五年のドイツ法が報酬請求権（Vergütungsanspruch）制度を導入して以来、やや間を置くものの、録音・録画技術の普及した他の諸国においても同種の制度の導入が検討されてきた。すなわち、七〇年代にはドイツに続く国はなかったが、八〇年代に入るやヨーロッパ諸国を中心に堰を切ったように報酬請求権制度の導入がなされた。もちろん、それらの制度は、ドイツが当初導入した制度と同一ではなく、ドイツ自体も一九八五年に自らの制度を改正している。そのように個々には違いがあるものの、報酬請求権制度の意図するところは権利者と著作物利用者との間の利益調整であった。録音・録画機器が家庭等の私的領域に普及し、質的にも優れたコピーが素人の手により作成される段階を迎え、私的使用のための録音・録画であっても、金銭による利益調整により、権利者への経済的影響を緩和しようとするものであった。

わが国も、その種の制度への関心は早くより抱き、すでに七〇年代半ばに著作権審議会の第五小委員会が制度の検討を始めている。しかし、現実に制度の導入を果したのは、一九九一年（平成三年）一二月の著作権審議会第一〇小委員会報告書を受けてなされた、一九九二年（平成四年）の法改正によってであった。その十数年にわたる検討の間には、録音に関する技術はすでにLP音盤、磁気テープからCDを中心としたデジタル方式のものに変わりつつあった。そのようなことで、わが国は、先行して制度導入を果たしたヨーロッパ諸国と異なり、デジタル方式の録音・録画につき補償金（報酬）を支払う旨の規定（三〇条二項）を設けるにとどまった。以来、私的録音のほうは補償金の徴収・管理が私的録音補償金管理協会（SARAH）によってなされ、順調に推移してきたが、録画のほうは、情報圧縮技術の更なる開発を待たなければならず、私的録画補償金管理協会（SARVH）の発足したのが、ようやく一九九九年（平成一一年）になってからである。

このような補償金制度であるが、今やこれを取り巻く環境がさらに変化していることに注目しなければならない。早くも新たな段階に入ったのである。発足して間もない補償金制度であるが、今一度新たな検討が迫られることになった。まずは、その辺りにつき問題点を整理することからはじめよう。

情報を記録し、送信する技術の飛躍的な開発は、著作物の利用形態にも大きな変化をもたらしている。音楽や映像などをデジタル・ネットを介して送ることが、それも伝統的な放送というかたちでなく、個々の求めに応じて（on demand）送ることがなされるようになった。著作物のネット配信である。それは電子商取引の普及とも重なり、著作物流通の大きなチャネルの一つとなろうとしている。もちろん、配信の技術はなお成熟したとはいえず、ネット配信の基盤は流動的である。しかし、著作物利用の一つの新たな形態は十分に予測できるところである。その種のネット配信の特徴は、ビジネスからビジネスへ（B to B）の送信にとどまらず、ビジネスからコンシューマー（B to C）、コンシューマーからコンシューマー（C to C）、さらにはコンシューマーからビジネスへ（C to B）と循環する面を含んでいる。となると、私的使用のための複製、とりわけ私的使用のための録音・録画についても、著作権法三〇条二項の定める現行の制度の妥当性をあらためて吟味しなければならないところである。その吟味の意図は権利を強化することではない。権利の行使と著作物利用の簡易化をこの電子化時代に相応しいかたちで模索することである。そのような問題意識の下に、本稿においては、現行の制度の課題を確かめつつ、新たな筋道を探ってみようと思う。

著作権審議会第五小委員会以来長きにわたって補償金制度の導入に関与してきた筆者としては、それに、現に、この制度の運営に鋭意尽力されている方々を思い浮かべるとき、早くも制度の見直しを吟味することには複雑な思いがよぎるが、環境の急速な変化は一服の暇も与えないところにきていることはたしかである。これまでの制度の考えを活かすためにも、著作物の記録（蓄積）、送信の技術、ビジネスの新たな動きをも視野に入れつつ、新たなシステムの構築に意を致さなければならないように思う。

なお、著作権法一〇二条一項の規定は実演又はレコードを私的使用のためにデジタル複製することにつき同法三〇条二項の規定を準用しているので、本来ならば、実演やレコードの複製にも言及しなければならないが、本稿は著作物の複製を論ずるにとどめる。言及しなくとも、実演やレコードの複製についても同様に扱いうることもちろんである。

二　機器、記録媒体の汎用化と政令指定

(1)　機器の汎用化

現行の著作権法は補償金支払の対象となる機器及び記録媒体を政令で指定することにしている（三〇条二項）。録音機器については、ＤＡＴ、ＤＣＣ、ＭＤ、ＣＤ‐Ｒ、ＣＤ‐ＲＷ、録画機器については、ＤＶＣＲ、Ｄ‐ＶＨＳであり（施行令一条）、記録媒体のほうも、それらの録音に対応したテープ又はディスク、それらの録画に対応したテープである（施行令一条の二）。もっとも、政令が機器について定めている部分は技術的に極めて厳密である。まず、録音機器については施行令一条一項一号〜四号が、次の機器を指定する。

一　回転ヘッド技術を用いた磁気的方法により、三二キロヘルツ、四四・一キロヘルツ又は四八キロヘルツの

標本化周波数（アナログ信号をデジタル信号に変換する一秒当たりの回数をいう。以下この条において同じ。）でアナログデジタル変換（アナログ信号をデジタル信号に変換することをいう。以下この条において同じ。）が行われた音を幅が三・八一ミリメートルの磁気テープに固定する機能を有する機器（一号）

二　固定ヘッド技術を用いた磁気的方法により、三二キロヘルツ、四四・一キロヘルツ又は四八キロヘルツの標本化周波数でアナログデジタル変換が行われた音を幅が三・七八ミリメートルの磁気テープに固定する機能を有する機器（二号）

三　磁気的かつ光学的方法により、四四・一キロヘルツの標本化周波数でアナログデジタル変換が行われた音を直径が六四ミリメートルの光磁気ディスクに固定する機能を有する機器（三号）

四　光学的方法により、四四・一キロヘルツの標本化周波数でアナログデジタル変換が行われた音を直径が八〇ミリメートル又は一二〇ミリメートルの光ディスク（一枚の基板からなるものに限る。）に固定する機能を有する機器（四号）

次いで、録画機器については、施行令一条二項一号及び二号が次の機器を指定する。

一　回転ヘッド技術を用いた磁気的方法により、その輝度については一三・五メガヘルツの標本化周波数で、その色相及び彩度については三・三七五メガヘルツの標本化周波数でアナログデジタル変換が行われた影像を、幅が六・三五ミリメートルの磁気テープ（幅、奥行及び高さが一二五ミリメートル、七八ミリメートル及び一四・六ミリメートルのカセットに収容されているものに限る。）に連続して固定する機能を有する機器（一号）

二　回転ヘッド技術を用いた磁気的方法により、いずれの標本化周波数によるものであるかを問わずアナログデジタル変換が行われた影像を、幅が一二・六五ミリメートルの磁気テープに連続して固定する機能を有する機器（二号）

このように、デジタル録音・録画に用いる機器を技術的に特化し、これを補償金支払いの対象としたのである。

しかし、近年の技術的動向を見ると、録音・録画を可能とする機器は、急速な勢いで汎用化の途を歩んでいる。録音・録画機器は、技術面の開発、すなわち、構造上の制約が緩和されるにつれ、ますます多様化しはじめている。そのことは、録音・録画機器を技術的に特化して、これを政令で指定することがもはや現実的でないことを教えている。デジタル環境下にあって、録音・録画に限らず、テキスト情報をも含め、さまざまな情報が同一の方式で記録され、送信されることが可能になった。加えて、on-line sales など、電子取引の方法が普及し、家庭等の私的領域における情報端末の在り様が鋭意検討されるようになった。もちろん、今の段階、情報の端末として何が普及するかは予測の難しい面もあるが、少なくともいえることは、音楽や映像に特化したものでなく、より汎用的な機器が普及することはたしかである。すでに指定機器に限らず、音楽や映像の記録はパソコンとの親密性の高いことが指摘されている。そして、そのパソコン自体が、少なくともわが国においては、家電製品と融合した、さらには、家電製品に埋没したかたちで、汎用的な情報端末として、一般家庭に普及することが予想される。それは、パソコンとテレビ受像機が結合するといった単純なものではあるまい。

わが国の一般家庭が保有するテレビへの親密性を重視すれば、テレビにパソコン機能の一部を組み込むものもありえよう。それに、このところ急速に普及しつつある携帯電話をベースに、これに情報端末としての多様な機能を持たせることにも関心が寄せられている。いずれにしても、録音・録画を含め、著作物を複製する機能を有する汎用的な機器はますます開発の度を高めよう。

(2)　記録媒体の汎用化

機器のみではない。汎用化は記録媒体についても、しかも、このほうは機器よりも早くから進行してきた。音楽や映像に限らず、あらゆる情報がデジタル方式で記録できるとすれば、そもそも音楽や映像に特化した媒体を見付けることのほうが難しい。ＤＶＤにしても、当初は Video Disk としての機能が期待されていたが、今や Versatile Disk として、その汎用性が認められている。(1) 今後開発されるであろうその他の記録媒体にしても、録音・録画に特化したものとはならない。逆に、すでに汎用性を備えた媒体が私的録音・録画に自由に活用できるわけである。それに、さきに述べたように、機器自体が汎用性を備えてくるとすれば、記録媒体につき政令指定することの意義が存しえない。

後に送信に関連して述べるが、ホームサーバはどうか。ホームサーバへの蓄積を「私的複製」とみるのか。これも現行の補償金制度の中で記録媒体に加えるのか。検討すること自体愚かしいことではなかろうか。この種の技術開発はこれからもなされよう。その種の「私的複製」の可能性も広がろう。その一方、汎用度の高い媒体の中に蓄積されることが多いとすれば、政令指定という制度自体が空洞化することは多言を要しない。

(3)　政令指定の課題

以上のように、機器、記録媒体の汎用化が政令指定の制度を空洞化しつつあることを眺めてきた。もちろん、機器にしても記録媒体にしても、その範囲を厳格に定める意図は妥当である。少なくとも妥当であったといえよう。私的録音・録画の技術が普及しはじめた段階では、補償金を支払うか否かは関係者にしてみれば重要であり、それが機器、記録媒体の範囲によって決まるとすれば自ずから厳格さが求められよう。しかし、私的録音・録画に適した機器、記録媒体が新たに開発される都度、技術的専門用語によって、その輪郭を定め続けることが妥当であろうか。さきに記したように、現行施行令の用語についても、回転ヘッド、標本化周波数、キロメガヘルツ、音や影像の幅が何ミリメートルと、一般の者が一見しただけではその内容を把握することはできない。そのようなことは、事が一般の消費者なり利用者に関連の強い私的複製に関するものであるだけに、現実から遊離したものに映る。技術的に厳格に書けば書くほど、著作権制度が一般の利用者から離れたものになるのではなかろうか。私的複製の制度を含め、日常の生活に密接に関連する著作権制度は、技術的知識を有しない者にも容易に理解できるものでなければなるまい。近年の立法は、民法などの古い法律と違って、その命題の書き方が、カッコ書きを多用するなど、一般の者には把握し難いものになってきた。これに加えて、技術的な専門用語をも多用するとなると、法律と一般の者との間の乖離は広がろう。機器、記録媒体を政令指定する制度はもはや行き詰まりの段階にある。速やかな法改正が必要なのではなかろうか。法律が技術的可能性を具体的個別的に規定することは、少なくともこのデジタル環境の下では避けなければなるまい。

三　メディアの多様化

機器や記録媒体の汎用化とも一部重なるが、ここで、メディアの多様化にも言及しよう。情報を送信する技術は飛躍的に開発されてきた。通信回線の容量が拡大の一途を辿り、並行して、情報の圧縮技術の開発もなされてきた。そこには送信できる情報の範囲にも広がりが出る。当初は、音楽情報や静止画の送信にとどまっていたものが、動画の送信を、それも長時間の映像を送ることもなされるようになった。このような技術開発は情報端末の形態にも影響を与え、比較的簡易な、モバイル型の端末技術をも普及させはじめている。これらの技術が音楽配信や映像配信にも用いられ、「私的録音・録画」に用いられるとき、これを政令指定の面からフォローするとどうなるか。ますます小型化、簡易化、低廉化する機器、媒体につき、その販売価格の二パーセントとか三パーセントを補償金として徴収することが現実的なことであろうか。

加えて、伝統的なメディアである放送もデジタル化を進め、二〇〇〇年（平成一二年）一二月にはBSデジタル衛星放送が開始された。著作物を含む放送素材がデジタル化されるとすれば、これを受ける機器のほうも放送専用の受信装置に限らず、デジタル送信に用いるその他の機器との共用が可能となる。新たな送信形態を前提とした音楽や映像のネット配信とデジタル放送の間には、少なくとも受け手の側には大きな違いは存しない。

前章においても触れたホームサーバと送信の関係はどうか。通常は、著作物が外部のサーバを介して自らの端末に送信されるところ、サーバ自体を家庭その他の私的領域に抱え、随時そこから著作物を取り出す仕組みをどのように位置付けることができるか。さきにも触れたように、ホームサーバへの取り込みを、その形式のみに注目して「私的複製」と解することは妥当とはいえまい。ここで重要なことは、サーバが内と外のいずれに置かれているかではなく、必要に応じてサーバの著作物を取り出し利用する行為ではなかろうか。著作物を外部サーバから取り出すのであれば、そこには求めに応じての「送信」がなされるが、内部に抱えたサーバから取り出す行為は、一見したところ、「送信」とは扱えない。しかし、求めに応じて著作物が具体的に取り出された段階で、その著作物につき送信がなされたものとみなす途も模索できるのではなかろうか。なるほど著作物のアプロードはすでになされているが、ホームサーバへの送信は送信の一過程であり、いまだ「完結した」受信ではない。そのサーバから個々の著作物が具体的に取り出されてはじめて、その個々の著作物につき「送信」がなされた旨解することができるように思う。ロイヤルティの算定に際しては、サーバへの送信段階では低額の基本料にとどめ、現実に著作物を取り出す際に通常のロイヤルティを支払う途があろう。いずれにしても、ここでのロイヤルティとは送信の対価である。その対価は、放送におけると同様、送信する側が支払うことになる。この方法は、サーバに送り付けた段階では個々の著作物に電子鍵のかけられていることが前提となる。その種の技術的保護手段がたしかであれば、基本料の額はほんの僅かでよいのかもしれない。その技術的保護手段の安定性は、技術のみによって達成されるものではなく、それを迂回する行為への制裁など、法の支援が必要となる。

右のように、送信権を基点とする考えのほかに、複製権から考える途もある。家庭等の端末に大容量の情報が蓄積できる時代を迎えた今、その蓄積がＲＡＭへの一時的蓄積を含め、著作権法三〇条一項及び二項の規定とどのように関わるのか、その適用範囲をあらためて検討しなければならない。「私的使用のための複製」というとき、三つの態様がある。一つには、「私的使用」のための小規模な複製であれば著作権者に与える影響は軽微であろうということで、無許諾・無償で複製を認めるもの、二つには、著作権者に与える影響を補償金（報酬）により調整する必要があるということで、無許諾・有償で複製を認めるもの、そして、もう一つ、補償金によっては調整し切れないということで、複製権の対象となる複製に該るもの、と、三つの態様を認めることができる。「私的使用のための複製」であれば必ず複製権が制限されるというものでないことは、三〇条一項が、業として設置された自動複製機器を用いた複製には、たとえ「私的使用」のためのものであっても同項を適用しない旨定めていることからも明らかである。「私的使用のための複製」をビジネスの中に取り込むとき、もはや複製権を制限する規定の射程範囲から外れるのである。さきに述べたような、送信権の及ぶ範囲にホーム・サーバを含める旨の考えよりも、複製権を制限する規定の射程範囲を明確にするほうが素直であろう。

パーソナル・コンピュータの性能が高まるにつれ、サーバを介さずにファイルを交換することもなされよう。自ら複製権を有する著作者による蓄積、交換は問題外として、「私的複製」の枠内で作成された複製物を交換するとなるとどうか。それが交換者を募るようなかたちで行われるとすれば、送信権が働くであろうし、外からのアクセスが可能なファイルへの蓄積となれば、それは送信可能化の状況を創出するものであり、送信権が働くことになる。いずれにしても、もはや著作権法三〇条の射程範囲を超えてしまおう。それに、大量の著作物を収めたファイルが「私的使用のための複製」の成果物として簡易に作成されること自体にも注目しなければなるまい。さきにも述べたように、その種の成果物がビジネスに組み込まれた「私的複製物」に該るときもあるからである。

送信のデジタル化はあらゆる情報を、著作物にしてもその種類を問わず、同一の方式で簡易・迅速に送信することを可能にし、衛星を介すれば、その規模は地球規模となる。自ずから著作物の送信はボーダレスで行われうることになる。これまで私的複製につき特別な法的配慮を払ってきた国も、そうでない国も、送信のネットの中に組み入れられる。

四　オンライン販売、ネット配信

機器や記録媒体の開発、それに、メディアの多様化するなか、Amazon. com や Toys R Us に見られるような、On-line Sales の対象が本や玩具といった物である場合に加えて、著作物などの情報そのものを送り届けるビジネスも起こされてきた。もちろん、On-line Sales の中にも、音楽情報をCDなどのパッケージタイプで頒布する方法もあるが、著作物をCDなどを介することなく、直接送信する途も行われるようになった。

一口にネット配信といっても、そのビジネスの方法は多様である。その多様性は、さきに述べた情報家電や記録媒体の開発、メディアの多様化に由来するものだけに、これからも続こう。もちろん、その過程では、これまで用いられてきたビジネスの方法が消え、新たなビジネスの方法に替えられるという具合に、つねに新しい方法が模索され、代謝を繰り返していくことであろう。しかも、その代謝のサイクルは思いの外速いことであろう。

ネット配信に限らず、物の販売を含めたOn-line Salesを利用する者の七〇パーセントがアメリカに集中しているとしても、そのOn-line Salesの形態がそのまま他の国に普及するとは限らない。ヨーロッパやアジアなど、それぞれの生活環境、さらにはメンタリティに適合した情報端末が編み出されてくるであろう。それは、これからの記録媒体や情報圧縮技術、送信技術といった技術開発に負うところが大きいが、回線使用料といった送信コストも絡んで、送り手と受け手を結ぶインターフェイスとして、どのような情報端末が普及するかの予測はさ程容易ではない。わが国については、さきにも触れたように、テレビや携帯電話の開発・普及を視野に入れると、それなりの情報端末のイメージは描けよう。しかし、変動要因が多いだけにあらかじめコンセプトを固定することは避けたい。

その方法はどうであれ、少なくともいえることは、音楽にしても映像にしても、その流通の形態が変容することはたしかである。とりわけ物を介さず、したがって、小売店等での物の受け渡しを要しないネット配信となると、その端末が家庭等の私的領域に置かれ、受け手の求めに応じてそこに送り付けられるわけであるから、私的使用のための録音・録画と直接重なり合う場面も生ずる。著作権法三〇条二項に見られるような、私的録音・録画の制度を早期に見直す必要はここにある。特定の機器により特定の記録媒体を用いた録音・録画を前提とした制度がいかに現実から乖離したものとなるのか、すでに機器や記録媒体の汎用化、メディアやビジネスの多様化を考え合わせるとき多言を要しないところである。

五　権利の処理

(1)　電子的権利処理システム

私的な録音・録画に補償金を支払うことによって包括的に利益調整を図ろうとする現行の制度は、それ自体、一つの役割を果たすことはたしかである。このような考えはすでに一九六五年にドイツ法が導入して以来、ヨーロッパ諸国を中心に採用され、それなりの意義が認められてきた。しかし、電子取引、ネット配信が急速に普及しつつある今、より適切な途を模索することも必要である。とりわけ機器、記録媒体の汎用化は、これを政令で指定する仕組みにはなじまない。ここに発想の変換が迫られている。その前提には、ネット配信になじみ易い簡易迅速な権利処理システムが構築されなければならない。

デジタル技術の特徴を活かしつつ権利を処理する途である。それは、私的録音・録画を含め、権利の電子的行使、権利の電子的管理のシステムを構築することであり、システムそのものはすでに拙著で述べているので、(2)ここでは重複を避け、ネット配信に注目しつつ、著作物の利用と権利の処理・管理について考えることにしよう。

(2) 著作物の利用とその許諾

On demand による送信、求めに応じたネット配信、それも家庭端末への送信に際して法的に留意する点は何か。その際、情報取引の際の二面性を看過してはならない。一つには、文字通りの情報取引があろう。もう一つには情報の取引に随伴して著作物の利用に関する権利の処理がある。

Ａ → Ｂ

上の図のように、ＡからＢへ情報の送信がなされるとき、第一段階として、送信というサービスの提供がなされる。その情報の中に保護著作物が含まれているときは、第二段階として、その著作物の利用許諾、すなわち、著作権の処理の問題を考えることになる。複数の例を考えることができるので、以下、場合を分けて考えてみよう。

① Ｂの求めに応じてＡがＢの端末に著作物を送る際、Ｂがその著作物にアクセスするだけの場合、ここでは、送信権については、すでに送信する事業者が権利者より許諾を得ているはずであるから、Ｂによる端末でのアクセスは「送信」の一環として権利処理を済ませた行為であり、Ｂが許諾を得ることは不要である。家庭端末でのアクセスそのものは著作権法上中立的な行為であり、すでにその前段階で、すなわち、送信の段階で権利の処理は済んでいることになる。もちろん、これとは別個に、情報の取引という点では、消費者(Ｂ)はアクセスの対価を支払うであろうが、それは著作権の問題ではない。これまでにも消費者はＣＤやＤＶＤなどパッケージタイプの情報を有償で買い受けてきたわけで、情報が直接、自らの端末に送られてくる際も、その対価を支払うことは通常の取引の形態である。この点、放送と対比して、アクセスの有料化が強調されることがあるが、放送においても、受信料や広告料のかたちで別途コストを賄っているわけで、On demand によるアクセスが有料であることはことさら大きな問題ではない。その限りでは、Ａ—Ｂ間では情報取引の一つの面のみが動くことになる。

② Ｂの求めに応じてＡから送信されてきた著作物を、Ｂがそのアクセスにとどめず、端末でこれを複製したり、送信するなど、著作権法の関与する行為、すなわち、著作権法二一条以下に定める行為を行うとなると、さ

きに述べたAによる送信権の処理は及ばず、あらためて権利の処理が必要となる。端末で複製するとすれば複製権の処理、手元に蓄積した音楽や映像を他へ送信するとなると送信権の処理が必要となる。この段階ではじめてBが権利の処理に関わることになる。もっとも、すでに送信の段階でBにおける複製についても権利を処理しているときは、B自らでその複製につき許諾を得る必要はない。本来はBにおいて許諾を得るはずのものであるが、——許諾といっても、伝統的な手続きと異なり電子的許諾であるが——著作物を送信する事業者Aがそのサービスの一環としてBにおける複製の許諾まで得る途もあろう。パッケージタイプでの著作物の流通であれば、録音物、録画物といった製作物としての提供がなされ、その購入者は複製につきすでに許諾を得たものを購入してきたわけであるから、ネット配信に際しても、複製については消費者に面倒をかけないといったビジネスも考えうるところである。

そうはいっても、従来とは異なる新たなビジネス形態であるネット配信であってみれば、Aがその送信についてのみ権利を処理するにとどめることも十分にありうることである。伝統的なメディアにあっても放送事業者は放送権のみを処理した上で、すなわち、視聴者における複製には関与せずに、送信している。かりにAが送信のみにつき権利を処理していたのであれば、Bがアクセスの後これを複製するときにはBが権利者よりその許諾を得る必要がある。もっとも、伝統的な許諾と異なり、電子的な処理、電子的な許諾のシステムを用いるときは、Bにおける許諾もさ程繁雑な作業ではない。このように、Bにおいて複製の許諾を得る段階があるとすれば、情報取引のもう一つの面が動くことになる。

③　Aから送信された著作物をBの手元で複製し、その複製物を更にCに貸与、譲渡し又は著作物を送信する場合はどうか。さきに述べたように、AはBへの送信に際してBにおける複製までは複製権を処理することはあっても、その後の利用についてまで法的な面倒をみるということはあるまい。とすると、貸与等の行為についてはBにおいて許諾を得なければならないが、この種の許諾についても電子的権利処理システムを用いることは

可能であろう。ここでも、情報取引の二面性を論ずることができる。

以上、三つの例を眺めたが、一口に情報取引といっても、情報に保護著作物が含まれているときは、サービスなりビジネスと権利処理という二つの面があり、ネット配信に際して送信事業者の側で権利の処理を済ませ、したがって、情報取引のうちビジネスの面のみが前面に出るものもあれば、情報の受け手の側であらためて権利の処理を要するもの、すなわち、情報取引のもう一つの面が顕在化するものもある。

ここで、本稿が主題としている私的録音・録画を位置付けてみるとどうか。現行の制度は、デジタル方式の特定の録音・録画については、例外として、無許諾で利用でき、補償金の支払いによって利益調整をなしてきたが、デジタル技術を用いた権利の処理を比較的簡易に行うことができるとすれば、消費者の手元での権利処理も夢ではなくなる。著作物の利用のうち、送信などビジネスの段階でいまだ権利処理のなされていない形態についても、消費者が、権利者によりあらかじめ提示された利用条件を了解の上、利用の形態に対応した電子鍵を開け、送信等を行うことができる。

(3) 利用の条件

ここで、権利者によりあらかじめ提示される利用の条件について述べなければなるまい。それは、著作物の種類やその利用の態様に照らして決めるわけであるからそう単純ではない。

まず、著作物の種類と対価の関係であるが、音楽の著作物や映画、写真の著作物など、その類型により利用の対価はさまざまであろう。それに、音楽や映画など、それぞれの著作物の中でも、著作物を利用する対価は画一的ではない。もちろん、このことは仲介業務法の枠組みを踏み出している。音楽の著作物にしても、その他の著作物にしても、著作物の種類ごとに利用の対価が画一的であるということは不自然である。この辺りは、仲介業務法の見直し作業に際しても課題であった(3)。この点は後に利用の態様を考える際にあらためて述べよう。

次に、あらかじめ提示する条件の中で利用の態様をどのように考えるか。権利の電子的処理を考える際、この点は最も重要である。送信された著作物を利用するには複製もあろうし、更なる送信もある。その他の利用もあろう。それは著作権法二一条以下に示された行為である。著作物の利用につきあらかじめ提示された条件は、それらの行為——実際には複製と送信が多いであろうが——それらの行為ごとに対価が設定されていなければならない。

それのみではない。利用の態様を考える際、もう一つ、著作物の複製や送信が私的使用その他営利を目的としないものか、それとも、営利を目的とするものか。その区分をしなければならない。非営利のものであれば、自ずからその対価は低いものとなろう。私的録音・録画については、現に補償金が支払われているが、電子的な権利処理の下においても、補償金の額に相当するような、比較的低額の対価が求められよう。なお、非営利を目的とした送信については、三八条に見られるような、権利を制限する規定は設けられていない。非営利とはいえ、ネット上での送信が権利者に与える影響を測りかねているからであろう。たしかに送り手が事業者（玄人）であろうと、消費者（素人）であろうと、送る情報の質には違いがなく、送る規模にも違いがないとすれば、素人による送信であっても市場に介入することがありえよう。非営利の送信につき、この辺りをどのように扱うのか、送信の規模を限定することも容易ではあるまい。ここでも、著作物の通常の利用を妨げず、かつ、権利者の利益を不当に害しない範囲での送信については、権利者は比較的低い額の対価を求めるうるにすぎないのであろうが、このように述べることは簡単だが、いざその線引きをするとなると必ずしも容易ではない。

五　権利の処理

以上のように、権利の電子的処理の前提としてあらかじめ提示される条件には著作物の類型や利用の態様が考慮されることになるが、その場合に、著作物の類型に応じ、しかも、同一の類型に属する著作物であっても、個々の利用の対価を変えうるとすれば、これに、利用の態様、ここでも、複製や送信といった利用の一般的な形態のみでなく、私的使用の目的その他の非営利の利用と営利を伴う利用があり、これらを一つ一つ組み合わせていくと、個々の著作物の利用の条件にはさまざまなものが設けられなければならない。著作物の複製、送信等に際して、それらの利用条件を「権利管理情報」として電子的にどこまで埋め込むことができるかは技術の開発に依存する。

(4) 対価設定の手続き

ここで、具体的に個々の利用の対価を決めるプロセスにも言及しなければなるまい。これをすべて私的自治の下に置くことが可能か。それとも、ある程度の枠組みを設けるほうが妥当か。それは仲介業務法の見直しにも関連して論議されてきたところであるが、(4) あらためて考えてみよう。

これまで一部の種類の著作物については仲介業務法の下で利用の対価が決められてきた。同一の種類の著作物につき一団体が権利の処理・管理を行ってきた。著作物の使用料規程の下において、著作物の利用形態ごとに画一的に対価が定められてきた。音楽の著作物でいえば、楽曲の別を問わず、録音物への収録には同一の対価が支払われるという具合である。仲介業務法が音楽の著作物など限られた類型の著作物のみをカバーしている点で、その改正が求められてきたが、加えて、そもそも著作物の類型とその利用形態が同一であれば利用の対価も同一とする考えにも疑問が提起されてきた。音楽の著作物であれば、個々の著作物の個性を考えることなく、すべて同価値とすることへの疑問である。このような制度が設けられた沿革を辿ればそのような制度の果たした意義は大きいが、(5) 今あらためて制度の見直しを検討することも無意味なことではない。そこで、著作物利用の対価をすべて私的自治の下に置くことにするのか、緩やかな枠組みを設けるのか、につき論議を深める段階にある。

この点、二〇〇〇年(平成一二年)一一月に第一五〇回国会において可決成立した著作権等管理事業法によると、管理事業者は著作物等の種類及び利用方法の別による区分ごとの使用料の額を、あらかじめ、文化庁長官に届け出るよう求め(一三条一項)、その公示をも求めている(一五条)。その限りでは、個々の著作物の経済的価値に応じた対価の設定は難しいであろうが、新事業法は、同時に、委託者(権利者)が自ら対価(使用料の額)を決定できる余地をも設けている(二条一項)。

同管理事業法は二〇〇一年（平成一三年）一〇月一日から施行されるが、どのような対価が設定されるか、その多様化はどの程度か、新たな推移を見守りたい。

六　権利処理の一元化

デジタル方式の私的録音・録画に関する現行の制度を糸口に、デジタル環境下での権利の処理・管理の在り方につき考えてきたが、技術の開発、ビジネスの展開の速さを考えるとき、かつて補償金請求制度を導入するのに十数年を要したような、ゆったりしたテンポは許されまい。現実の動きに合わせた著作権制度の抜本的な見直しが迫られているように思う。

それは、単に私的な録音・録画への対応にとどまるものではなく、教育目的、司法・立法・行政目的のための複製、放送のための一時的固定など、権利を制限する諸規定をデジタル環境により適合したものに変えることも必要であろう。もちろん、アナログ対応については現行のような制限規定がなお必要であろうが、デジタル対応については、政令指定の機器・記録媒体に見られるような、技術的な専門用語を多用した規定は極力避けなければならないであろう。技術の面の厳格さを求める考えも理解できないことではないが、一般の者がその内容を容易に理解できることのほうが重要であろう。関連する技術の開発、それに連なるビジネスの動きの速さを考え合わせるとき、特化した技術を法律に入れ込むことは現実的とはいえまい。

錯綜した権利制限規定に代えて、デジタル技術を駆使した権利処理・管理システムの構築こそが、権利者・利用者間の利益の調整に有用なのではなかろうか。そして、そのことは、権利制限の内外の枠をはずし、同一のシステムの中で、著作物等のスムーズな利用が確保できるということである。その種のシステムを介して権利処理の一元化が達成されることになる。誤解のないように付言するが、このことは、著作権に基づく著作物の利用許諾を述べているのであり、「著作権なき契約」を論じているのではない。

（1）ディスクの名称でことさら可変性、多目的性を強調するのも妙なことかもしれない。デジタル環境下では、これから開発されるであろうその他のディスクにしても、開発当初の意図はどうであれ、汎用性を有しえよう。

（2）斉藤博『著作権法』二〇〇〇年　有斐閣　三〇〇頁以下、その他、拙稿「デジタル環境下での著作物の利用と電子的な許諾」中山信弘編集代表・牧野利秋判事退官記念『知的財産法と現代社会』一九九九年　信山社　六七五頁

（3）著作権審議会・権利の集中管理小委員会専門部会中間まとめ　平成一一年七月　五七頁以下

（4）権利者からの高額の対価の請求とこれに応じない利用者との争いは仲介業務制度の創設を促した。

（5）著作権審議会権利の集中管理小委員会報告書　平成一二年一月

弁護士懲戒手続についての若干の考察に関する覚書
——主として、綱紀・懲戒両委員会間の関係について——

奈良次郎

一　はじめに

1　最近、いわゆる司法改革(案)に伴い、弁護士の人数は、大幅に増大しそうである。結果的には、法の支配の一層の充実、拡大ということになりそうである。弁護士相互間に知らない人が非常に多くなるということでもある。

かっては、人数が少なかったため、いわゆる法曹一元化ということでも、同期であれば、顔・氏名等で、裁判官・検事・弁護士・その他の職責が異なっていても、何らかの関係で、多少なりともお互いに知っているという関係があり、仮に初対面であっても、共通の思いが非常に強かったこと、従って、その間には、同期生ともいうべき、抽象的ではあるが、ある種の信頼関係は相当強く存在していたといえよう。

しかし、今後はどうであろうか。従来通りのようにはゆかないとの感じもする。弁護士間でも、いわば全くの他人の関係というべきことが、従来より、相当多くなることだろうか。その意味では、弁護士相互間の信頼関係にも、従来のそれとは異なる可能性もないではない。個別的・具体的な信頼関係が強く生じようが、そうではない場合にはどうなるかということでもある。

このような基本的な信頼関係の変化の可能性は、いわゆる弁護士非行問題については、少なくとも、プラスになるという関係ではないと思われる。経済事情の好転で変化は生じ得ようが、一般的な社会的状況が弁護士非行減少への好条件になるということは、基本的には考えられないのではなかろうか。

2　弁護士人口の急激な増大の可能性は、規律の確立のための的確な対応策が取られない限り、結果的には、弁護士非行の件数を、単に算術的だけではなく、ある程度幾何級数的に増大させる可能性もないではない。少なくとも、従来の弁護士間の信頼関係の変化の可能性には留意する必要はあろう。特に従来弁護士の人数が多くなかった地域でも、留意することが望ましいかも知れない。そのような弁護士社会の変化の可能性を考えると、従来の弁護士懲戒制度が、現況のままで十分に対応することができるかどうかについても、改めて、改善等その他の検討が必要かも知れない。

3　弁護士は、その使命として、「基本的人権を擁護し、社会正義を実現することを使命と」し、この「使命に基き、誠実にその職務を行い、社会秩序を維持及び法律制度の改善に努力をしなければならない。」（弁護士法一条）と定められているところに照らし、日本弁護士連合会（以下、「日弁連」という）及び各単位弁護士会は、それぞれ、前述した弁護士の使命及び職務に邁進できるように環境を整備し、整えると共に、万が一これに反するような弁護士に対しては、必要かつ的確な対応措置を採ると共に、当該弁護士をして改善・復帰せしめるような対応措置を取り得るように、新たな工夫もしなければならないといえよう。この使命を果たすための弁護士会の主要な機関は、色々とあろうが、ここで論じようとする綱紀委員会・懲戒委員会は、いわばある意味では、これらの使命・職責の関係でいえば、負の面の性質が濃いかも知れない。特に、懲戒委員会については、そうであろう。

4　確かに、特に懲戒委員会については、前述のように負の面もあるかも知れない。しかし、このいわば負と考えられる懲戒委員会が正しく機能しないと、結果的には、前述の使命・職責を的確かつ有効に機能することにはならない。いわば負の部分を充実し、的確に機能してこそ、プラスの面を確保すべき、他の関係委員会が、的確・妥当に機能することができる。その意味では、この綱紀委員会・懲戒委員会の機能の充実・発達が重要であると共に必要である。もちろん、その他の諸機関の活発な働きも必要なことは当然であるが、これに劣らず、綱紀・懲戒両委員会の活発、健全な活躍が必要なことを、まず、主張したい。

5　ところで、現行の弁護士懲戒制度の理解と関連して、弁護士会ないし各関係委員会（特に、綱紀委員会・懲戒委員会）の関係に関連して、私自身現在、運営上問題がありそうだと考える。ただ、私は、僅かに、たった一件でしか関係事件を経験していないのだから、これらの各委員会の職責について、一部の面を、しかも不完全にしか知っておらず、不十分な考察しかできないことであろうし、その一件のための、一面のみからの貧弱な考察に止まることを懸念するが、ただ、この貧弱な考察を手がかりにし、これに対する批判を含めて、有能かつ多才な方々（特にこれらの両委員会に直接経験した多くの方）からの、高度でかつ広い視野に基づく検討が加えられ、よりすばらしい考察結果が公表されることを強く期待したい。その意味では、本覚書が、この問題についての誘いの水になれば幸いであると願っている。

6　綱紀委員会の調査手続と懲戒委員会の審査手続の関係について、どう理解すべきかも本当は検討したいところであるが、ここでは、残念ながら、殆ど考察を加えていないことを、冒頭に、予めお断りしておきたい。

7　比較的最近私が経験したことは、いわば手続的関連の問題でいえば、特に著しい「悪例」だったためかも知れないが、私自身、相当な疑問ないし問題点を知ることができたと考え、かつ、潜在的なものまでも含めて、大きな問題点の存在を疑うようになった。すなわち、私見によると、現行の懲戒制度下での綱紀委員会と懲戒委員会両者間の関係については、現在の文献上では、的確に表現されていないものがないではない。必ずしも、現実にそうだとは断定できないが、少なくとも、一部の説明の表現のままでは、誤解される可能性もありそうであるし、又は実務上の運営が誤って表示・記載されているかのような表現部分もあるようにも思う。そこで、いくらかでも、検討の手がかりにもなればと考え、私は、一部の問題点についてのみであるが、若干批判的な検討を加えてみたい。

8 弁護士懲戒制度に関して、現行制度上、問題点の一つとしては、各地の弁護士会における綱紀委員会と懲戒委員会との関係についての理解がどうか、また、実践はどうなっているかが問題でもあり、検討も必要であろうと思うが、現実にはそのような点の検証方法はない。

ここでの検討課題は、各地の（単位）弁護士会における綱紀・懲戒両委員会の間の問題であることを、はじめに、お断りしておく。

二　綱紀委員会の設置・権限等について

1 綱紀委員会は、各地の弁護士会（「単位弁護士会」という。基本的に、全国各地の府・県毎に必ず一つずつ、しかも一つのみが存在するのが原則である。例外として、東京都と北海道がある。東京都には、弁護士人口の多さと歴史的理由からか、三弁護士会がある［東京弁護士会・多くは「東弁」と略記。第一東京弁護士会・多くは「一弁」と略記。第二東京弁護士会・多くは「二弁」と略記。筆者は二弁に属する］し、北海道には、地域的広大さの関係等もあって、札幌・函館・旭川・釧路の各弁護士会［小計四つ。なお、裁判所・検察庁も同様に設置］）に、設置が法律上義務付けられている必須機関（弁七〇Ⅰ）であるが、日弁連については、その設置については、法律上に、何の定めはないが、日弁連会則に基づいて、設置されている。

2 綱紀委員会は、弁護士の非行容疑の有無について、多くは、依頼者・被害者（広義）その他の関係者からの告発等の申出に基づき、又は、必要であると思料するときは、綱紀委員会の綱紀保持に関する権限に基づき、職権で、関係事実を調査する。調査方法としては、関係者から根拠となるべき書類（証拠書類）の提示を受けて、閲覧・検討し、かつ、コピー機械等に基づき写しを作成・保存し、関係者の供述を求めて、速記録・要約陳述書等を作成し（当該該当者の署名・押印を求めることもある）、証拠関係の実質確保に努めているが、担当機関（任意的機関である）の性質上、証拠原本の保存・管理には関係しないようである。

綱紀委員会自身として、容疑事実の存否を自らの調査による証拠関係に基づき、事実判断をし、かつ、関係法令の解釈・適用を検討した上で、当該弁護士を懲戒処分容疑を以て懲戒手続に付するのが相当かどうかを判断・決議をすることになる。

非行容疑の弁護士に対し、懲戒処分を課することが適当であると判断したときは、綱紀委員会の決議の結果に基づいて、懲戒委員会に対し、当該弁護士と当該容疑事実（及び適用法令）を記載して、懲戒処分相当の判断を示して、懲戒委員会に対して、送付手続（調査の結果と資料（証拠関連資料を含めて））を送付する。この送付手続についての理解については、明確でないものがあるが、この点は後に触れる。当該弁護士について、非行容疑事実が否定されるべきで、処分しない（不処分）とすべきときは、その旨を決議し、綱紀委員会限りで、調査手続を含め終了となる。

非行容疑事実が複数あって、一部肯定・一部否定という場合は、肯定部分のみを懲戒委員会に送付するが、否定部分は綱紀委員会限りでの調査手続終了ということになる。

3　綱紀委員会における非行容疑弁護士は、非行容疑事実の調査手続では、あくまでも、調査を受ける立場のみで、他の関係者に対する調査手続において、自ら主体的に尋問等に関与することはない（綱紀委員会の関係者に対する尋問等の調査手続には、非行容疑弁護士としての立会権・尋問権は確保ないし保障はない）。

(1)　綱紀委員会は、弁五八条二項の事項・懲戒事由の存否の調査と会員の綱紀保持に関する事項をつかさどるとされる（萩原金美「弁護士倫理と綱紀委員会制度」判タ九〇七号［一九九六年］三三頁中段参照）。このうち、懲戒事由に関する存否の調査事項は、まさに前記弁五八条三項により、その職務であることは明らかだが、今一つの例示の、会員の綱紀保持に関する事項は、理解によっては広く、現実にどのようなことまで含むかは、必ずしも明らかでなく、弁護士会の規律に関する事項であれば、これを所管し得る可能性が強い。最近のように、バブル崩壊を契機として、弁護士規律の保持が問題に起こりやすくなる社会情勢では、従来放置されたような事項・事実についても、各綱紀委員会は、関心を払う必要があろう。本来、規律保持事項を拡大することが望ましいかどうかは、検討に値することであるが、社会の変動期には、規律保持を重視し、拡大・維持を図ることも、弁護士会の規律維持と公的信頼関係の確保のためには、やむを得ないかも知れない。具体的には、ときには、慎重も必要であろうが、弁護士規律維持のためには、拡大維持も必要かも知れない。特に、最近のバブル崩壊後の社会事情下では、弁護士社会も、規律内容についての理解も変化する可能性もあり得るから、慎重だけでは足りず、時には、積極的に、社会の変化に適切に対応することも必要で、規律保持に一層努めるべきかも知れない。

(2) 綱紀委員会の調査については、「懲戒請求権の濫用による弊害を防止ため」というふうに説明されており、「あらごなし」で足り、要するに、懲戒請求権の濫用防止のためであるとの説明がしばしばされていたようである(『条解弁護士法』(第二版)日弁連調査室編・日本評論社[一九九六年]四二九頁(「懲戒委員会の審査の前に調査委員会の調査を経るというの制度を設けたのは懲戒請求権の濫用による弊害を防止するためである」)、福原忠男『増補・注解弁護士法』第一法規[一九九〇年]二四七頁(「綱紀委員会の構想は、……濫訴の対策として考えられたものである」)、『弁護士懲戒事項の研究』日弁連編[一九八四年]四五頁等)が、この説明は、綱紀委員会の職責の一部を説明しているという意味では、正しい面もあるが、あくまでも、職責の一部の側面を強調的に指摘したに止まり、むしろ、誤解をもたらす可能性がある。したがって、綱紀委員会の職責の全般的説明としては、的確・妥当なものとはいえなく、むしろ、結果的には、懲戒請求権の濫用防止のみが重視されるべき理由ないし説明のような誤解を与えかねず、その意味では、綱紀委員会の職務内容の説明としては、誤解を招き、的確・妥当な説明ではない。少なくとも、当初の説明とは異なる理解を生む余地があると考える。

(3) 現実の綱紀委員会の調査は、関係被害者ともいうべき懲戒申出人の申出事実関係に基づく懲戒請求権の濫用防止のためではなく、むしろ、懲戒申出人の申出事実関係の存否確認等の懲戒事由の疑惑ないし容疑事実の存否確認に値する、慎重かつ十分な調査手続であり、多くは、申出人その他の関係人ないし時には事実関係人、被申出人（懲戒被申出人）である弁護士の事実関係に関する陳述、証拠関係書類についての収拾・検討（時には、現地調査もあり得よう）等の当該調査手続の結果に基づいて、申出人の申し出た事実関係の存否を判断した上、諸事実を認定のうえ、申出人の当該弁護士に対する懲戒申出が相当な理由があるかどうか、すなわち、当該弁護士を懲戒手続に付すべきかどうかを、前記調査の結果に基づいて、事実関係及び法的要件に即して、慎重かつ的確に検討・判断したうえで、懲戒事由該当かどうかを調査・判断して、懲戒事由に該当との判断（決議）をしたときは、関係者からの懲戒の申出が理由があるということになり、綱紀委員会自体が、認定すべき事実及び相当とすべき懲戒処分内容を具体的かつ明確に記載し、かつ、多くは適用法令を記載した上で、当該弁護士に対する懲戒の申立てに踏み切る。

その場合に、委員会の認定事実について、適用すべき法令を記載すべきかどうか、又、記載する意味等については、綱紀委員会に関連する規則上では明確ではない。ただ、戦前の旧弁護士法に基づく懲戒処分手続では、旧判事懲戒法に基づく懲戒処分手続に基づくものとされ、刑事犯罪事実の認定・判断と同様に、旧刑事訴訟手続法に基づく訴訟手続による審理・判断がなされていたという弁護士懲戒手続に関する伝統ないし歴史もあって、適用法令を記載する慣行のようである。

綱紀委員会が、当該弁護士を懲戒処分に付しない旨の決議をするときも、主文で「懲戒処分に付しない。」旨を明らかにした上、結局、申出人の申出事由が認められないことを記載して、当該弁護士及び懲戒申出人に対し、その旨の不処分書を送付している。

(4)　このような処理手続の理解が正当だとすると、綱紀委員会は、懲戒問題に直接関連する限りでは、少なくとも、第一次的には、問題の弁護士に懲戒事由に該当するに値する非行事由があるかどうかという事実の存否とその認定事実ないし事由に基づいて、特定の懲戒内容を定めて（例えば、戒告相当・弁護士会退会相当・業務停止何カ月相当等）懲戒申立てを懲戒委員会をなすべきかどうかの価値判断をすべき、職責を担っていることは、明らかである。

要は、弁護士懲戒申立てをなすべきかどうかについて、事実関係及び法律的見地から調査・検討をして、当該弁護士を懲戒委員会の審査手続に付すべきかどうかの判断権ないし提訴権を行使すべきかどうかを決するということが、少なくとも、主要な職責の一つである。もちろん、この職責を的確・妥当に遂行する結果としては、関係者の懲戒申立ての濫用をチェックする結果を齎らすことは明らかであるが、これは、単に、結果的にそうなるということに過ぎず、少なくとも、権利濫用のチェックが綱紀委員会の主要な職責ではないことも、明らかである。

綱紀委員会の主要な職責は、あくまでも、問題弁護士に対して、懲戒事由の存否と懲戒申立ての当否（さらには、相当とすべき懲戒内容）の判断をすることにあり、これは提訴機関としての当然の職責であるとともに、従来の弁護士懲戒制度の歴史的経緯とも合致する態様でもある。

(5) 現在の弁護士法制定当時は、従来の弁護士制度と異なり、弁護士自治のもとの弁護士懲戒制度の新たな制度ということもあってか、何故か、弁護士懲戒のための依頼者等の関係者による懲戒請求権の濫用防止について論じられることが多かったようでもある（前記、(2)参照）が、その結果、綱紀委員会の職責を弁護士依頼者からの懲戒請求権の濫用防止のためというような誤解を与えやすい説明がされたようだが、これは目的と結果を混同した理解ないし説明である。もし、懲戒請求権濫用防止のみないしそれを主目的とする制度であるならば、現在のような多数委員等による調査・協議等の必要はなく、少数者（弁護士でもよいが）によるチェックだけでも十分な筈である。

現在の綱紀委員会の、多数の弁護士等の関与の必要はない。現在の、多数の弁護士のほか、外部の学識経験者等の関与の、綱紀委員会による調査前置主義を採用したのは、弁護士同士のみによる調査手続を避け、学識経験者の客観的な第三者の関与のもと（たとえ議決権がなくても）、客観的な調査の結果と判断を確保の上、調査委員会による客観的・合理的判断を経由し、いわば客観的な適切・妥当な手続を経て、更に、懲戒委員会による審査手続に基づく懲戒手続を必要として、弁護士自治主義に基づく弁護士懲戒手続を、客観的に、適切・妥当な判断を可能としたものであるといえる。そのような慎重なしかも合理性を確保しての、前段階である慎重かつ合理的調査手続を定めると共に、旧法下の検事の関与に匹敵する客観的法的判断の可能性を確保したと理解すべきである。

⑹　もちろん、このことが、結果的には、綱紀委員会にも、また、懲戒委員会にも、客観的なかつ合理的な事実及び法的判断を可能にし、より的確な調査ないし審査の各結果を齎らし、かっての旧弁護士法に基づく控訴院による懲戒手続（刑事訴訟手続法準用による裁判手続）に匹敵するような、客観的合理的な弁護士会自身による自律的懲戒手続の確立を図ったというべきである。

⑺　現時点では、運用上、単なる懲戒請求権の濫用防止の判断のためではなく、むしろ、懲戒申出事由に該当事実関係の存否を判断し、懲戒申立て理由の有無に重点をおいて処理し、いわば提訴事由の合理性を基本にし、結果的には、懲戒請求権濫用防止にも役立っているにすぎないのだと理解するのが正当である。

比較的有力であった懲戒請求権濫用防止のためのみならば、委員会形式の関与による慎重な手続は必要はなく、調査結果も比較的簡単に決めることができる筈であろう。むしろ、綱紀委員会は、数名以上の委員が関与して、貴重な時間と、相当な人数を対象とする尋問聴取等多くの調査資料に基づき、慎重な検討結果に基づき、懲戒事由の存否を決して、懲戒請求権の存否を検討し、懲戒申立ての有無を決しているのが実情で、このような延べ多人数の関与と慎重な検討に照らせば、懲戒請求権濫用の防止のためではなく、懲戒事由の存否についての慎重かつ相応な調査結果に基づく判断をしていることは明らか。これは、正に、主として、懲戒手続開始のための調査結果のためと認定すべきである、その意味では、提訴事由の確認の検討のためで、その結果に基づく懲戒権行使で、これが綱紀委員会制度採用の主目的である。その結果の一つとして、懲戒請求権濫用防止もあるが、決して、主目的ではないことを明確に認識する必要がある。これこそが、従来の弁護士懲戒処分制度の歴史にも、十分に対応することができる理解というべきである。

三　懲戒委員会の設置・権限等について

1　(1)　懲戒委員会は、日弁連自体にも、また、各地の単位弁護士会にも、それぞれ、その設置が、法律上義務付けられている必須機関である（弁六五Ｉ）。ただ、懲戒委員会が、当該弁護士会の所属の弁護士に対する懲戒手続をするためには、職権で直接審査手続を開始するということはできなく、かならず、当該弁護士会の綱紀委員会による調査手続を経て、当該綱紀委員会の、懲戒処分相当とする、決議に基づくことが必要とされている。いわば綱紀委員会の懲戒相当の決議があって、初めて、懲戒委員会としての職務の開始が始まるという根本的かつ大きな制約があるということに留意する必要があるし、この関係について考察を進めようとするのが、本覚書の目的でもある。

(2)　日弁連の懲戒委員会と単位弁護士会の懲戒委員会との関係については、日弁連懲戒委員会は、単位弁護士会の懲戒処分に関する不服申立てに対応して、審査・判断する形態になっているから、いわば単位弁護士会の懲戒処分に関する上訴機関的な地位にあるということができよう。これらの関連点についても、本来、検討すべき必要があるが、今回の覚書では、残念ながら、日弁連関連については、検討を省略している。

(3)　懲戒委員会は、その表現からも明らかなように、弁護士懲戒制度にとっては、最も重要な委員会の一つである。非行容疑のある弁護士について、何の非行事由（事実関係）があるかどうかを審査手続に基づき審査をした上で認定・判断し、これが肯定されるときは、弁護士法何条に該当するかを明確に判断した上、懲戒すべきかどうかを決めると共に、懲戒すべきときの懲戒処分の内容を具体的に決めること、他方、疑われていた非行容疑事実が認められないときは、その旨を明らかにして、懲戒をしないことを決めることを、職務内容とする、各単位弁護士会及び日弁連の重要な必須機関である。

もちろん、非行容疑事実の一部を肯定し、残り部分を非行容疑事実として認められないとすること、また、全部の非行容疑事実について、認定された事実関係からは非行性がないとする、非行容疑事実を全面的に否定することもできる。

懲戒処分・不処分等の弁護士会としての正式な認定・判断は、各単位弁護士会の会長がするが、これは、懲戒委員会の決議通りにこれを引用して、判断される。その意味では、実質的には、弁護士会の懲戒処分（不処分を含めて）は、懲戒委員会が審査・判断することによって、決まるといってよい。

⑷　懲戒委員会の審査手続は、客観的証拠物件（証拠書類等）等のほか、被審査人（非行容疑弁護士）に弁明の機会を与えるほか、どのような審査手続を取るかは、懲戒委員会の裁量に任されているようだが、同僚である弁護士を懲戒処分に付すかどうかを実際上決定付ける権限があるところから、慎重に審査手続が採られるのが本則である。

すなわち、綱紀委員会から送付された調査資料全部に基づいて慎重に審査・検討するだけではなく（当然、これらの綱紀委員会の調査資料も、事実認定のための資料としても、利用することは、可能であろう）、むしろ、懲戒委員会自身、自らの審査手続において、重要な関係者については、自ら直接聴取すると共に、懲戒対象者である非行容疑弁護士に対する関係で、参考人等の人的証拠については、実質的に反対尋問権を保障するような形での尋問方式をとる例も多く、その意味では、主体的な反対尋問権の保障を考慮して、客観的事実関係の把握に努めている。ただ、懲戒委員会の審査手続でも、法的な反対尋問権を保障されているわけではなく、ただ運用上の配慮に止まることには、留意する必要があろう。

(5) 運用の如何によっては、実質的な反対尋問権の保障を確保することも可能であるし、同時に、反対尋問権の強力な実質上の確保によって、客観的真実確保の大きな保障にもなることに鑑みると、この種の反対尋問権の確保のための運用は、必要不可欠と考えた方が最上であろう。もちろん、審査手続の限りでは、訴訟手続上のような十分な手続保障と迄はいえないにしても、実質的には、大きく充実した手続保障を与えることは可能である。

(6) ただ、ここで認識しなければならないことは、綱紀委員会と懲戒委員会の職務分担が厳正に分かれているということを、各委員会を構成する委員が十分に認識し、それに即した取扱ないし職責を果たす必要があると同時に、それぞれ限界があることを強調したい。例えば、甲・乙複数の報酬金の受領が問題とされた場合において、綱紀委員会が、甲報酬金は正当な報酬額と認定・判断して、懲戒委員会に対して、非行容疑事実として、送付しないことを明確に判断し、送付事実の記載から除外しているにもかかわらず、懲戒委員会で、わざわざ、送付されない甲報酬額の正当性を批判する事例を経験したが、綱紀委員会から懲戒委員会に送付されない事実についてまで、越権的に、懲戒委員会が認定して、弁護士を非難することは、違法なことを認識すべき筈である。その意味では、懲戒委員会委員が、もっと自己の職責・権限行使の限界について、研究の必要があることを強く指摘したい。

このような事例を経験すると、綱紀・懲戒両委員会相互の関係について、それぞれの各委員会ないし構成している委員が、両者の職務権限及び範囲について、正確に把握しているのか、疑問視されざるを得ない。

(7) 弁護士会自治のもとで弁護士懲戒制度が運営されて、現在既に、半世紀が過ぎるが、綱紀委員会・懲戒委員会相互間の権限分掌と関連しての疑問点が他にもあり得ることを、僅か一例の経験からでも、気がついたことを考慮すると、残念ながら、今後とも、綱紀委員会・懲戒委員会等の弁護士懲戒手続上の諸問題点を、改めて、検討する必要がありそうである。このような問題点の解決は、簡単かも知れないが、知らずに、問題点も気が付かずに、諸手続が進められるとしたならば、そのことこそ恐いような感じを受ける。

2　旧弁護士法時代には、弁護士懲戒制度において、懲戒処分を決めるための懲戒機関（本件でいえば、懲戒委員会に相当）と懲戒処分を求めるための提訴機関（本件でいえば、綱紀委員会に相当）とは、短い歴史であるが、組織的に、分かれていた。すなわち、懲戒のための判断機関としては、懲戒裁判所が当たり、控訴院（現行法上、高裁に相当）が原則的機関であり、[1]提訴機関は、刑事の捜査機関である検察官で、手続的には、当時の刑事訴訟法による捜査手続に基づいて、懲戒処分のための捜査資料を獲得していた。そのためには、捜査手続と同様だから、強制捜査も可能という、厳しい手続が真相探求のために確保されていた。そのために、弁護士懲戒処分手続上も、最も強力な手続に属するといえたようだ。

3　懲戒委員会の権限と機能について

(1)　懲戒委員会は、各単位弁護士会の所属する弁護士について、非行行為等があると認められるべきときに、懲戒処分に付するかどうかを「審査」した上で、懲戒委員会の議決に基づき、具体的懲戒処分（もちろん、「不処分」もあり得る）の内容を定める。そして、その議決の通り、当該弁護士会（会長）が、具体的懲戒処分を発令する。

(2)　懲戒委員会は、懲戒権発動のためには、自ら、直接、職権的に審査して、非行容疑弁護士（被処分者候補者）を積極的に探求して、懲戒処分の当否及びその内容を決するという職務ないし権限を有しているわけではない。このことは、旧法の懲戒裁判所と同様である。少なくとも、この受け身的立場を変更をしているわけではないことに留意すべきである。非行容疑弁護士の探索・特定及び懲戒処分候補者とすることについては、受け身的であって、綱紀委員会によって、一定の手続を経て、特定の弁護士の非行容疑があると定められ、かつ、通知された後に、この通知された事実の範囲内で、審査して、非行容疑弁護士の懲戒処分の当否・内容を決するのである。

(3) 現在の弁護士懲戒処分手続では、基本的に、任意な事実調査方法に基づく資料収集しかなく、少なくとも、提訴機関ないし判断機関自身としては、旧法のような強制捜査方法を利用することは許されていない。その意味では、客観的事実確認のための真相解明手段方法については、法的にも、理論的にも、大きなかつ格段の相違があるといわれても仕方がない。だが、強制的捜査方法がなければ、懲戒処分に必要とされる事実認定が許されないというわけである。任意な証拠収集方法に基づいても、懲戒処分は可能な筈である。一般民間会社・公務員関係において、規律違反に基づく懲戒処分手続においても、刑事上の捜査手続を要しないで、懲戒処分手続が行われているのであり、しかも、そのことについて、事実誤認等の可能性の高いこと等を理由とする、一般的な制度上の批判ないし非難は、大きくは存しなかったのであり、その意味では、任意の調査に基づく懲戒事由の存否の判断は、社会通念上、肯定されているわけである。弁護士懲戒制度も同一線上に置かれることの疑念は、理論上、存在し得ない。

四 綱紀委員会と懲戒委員会との職務分担

1 綱紀委員会と懲戒委員会とのそれぞれの職務分担が異なることは、前述した通りであり、両者の職務が異なる以上、それぞれ固有の職務については、明確に区分され、他の職務をいわば侵すことは許されないというべきである。したがって、綱紀委員会は懲戒委員会の固有の職務について、懲戒委員会は綱紀委員会の固有の職務については、それぞれ尊重し、これを侵さないようにしなければならず、仮にこれに違反するときは、違反部分は違法というべきである。この余りに当然ともいうべきことが、私にいわせれば、重視されていない実例を知る機会があり、驚いたのである。私にいわせれば当然とも思われることがなぜ生じたのかと、実は相当思い悩んだのである。当該事例では、その問題について直接論じる必要は無くても済むようであったので、特に重点をおいては述べなかったのであるが、関係者は、その点に関心が全く無いようであったので、私は大分驚いた。その原因は何だろうかと考えて、気が付いたことは、前述した綱紀委員会の設置理由について、懲戒権の行使の濫用防止のみを述べる見解が多かったことが、その一理由ではないのかと私は勘繰ったのである。私の理解が必ずしも正鵠を射ていないかも知れないが、少なくとも、綱紀委員会の職務分担について、前述した提訴機関であると論じている例が少なかったということである。

2　私の理解によると、明確にこのことを述べているのは、萩原金美教授くらいに過ぎないということである（萩原金美「弁護士倫理と綱紀委員会制度」判タ九〇七［一九九六年］三三頁「いわば綱紀委員会は検察官、懲戒委員会は裁判所に、そして、綱紀委員会による懲戒相当との議決は起訴に相当するとみることができよう」。同名論文『民事司法・訴訟の現在課題』判例タイムズ社［二〇〇〇］年二〇八頁から二〇九頁）。

私も、この見解に賛成する。おそらく、濫用防止を述べた諸先達も結果的にはこの結果を否定するものでは無いように思うが、明確には論じていない以上、同説として引用することができないことを遺憾とする（反対・前掲懲戒手続の研究七三頁。訴追機関としての性質を否定する）。

3　私は、綱紀委員会の第一の職務は、提訴機関として、問題とされるべき事実関係を慎重に調査をした上、懲戒処分の対象となる事実関係を限定し、かつ、懲戒処分の内容を明示した上で、懲戒委員会の審査手続に送付するのである。だが、現在のところ、ただ、訴追機関として調査の結果を決定するだけであって、懲戒委員会の審査手続について直接関与することはできないという、特殊な立場にある。ただ、形式的な手続における訴追機関に止まる点で、一般的な通常の提訴機関とは大きく異なることに注意が必要である。

そして、この弁護士自治主義に基づく弁護士懲戒手続が維持・発展させるためには、当該関連手続に関して、関係弁護士による弛まざる研鑽が必要であると共に、関係弁護士会による、この研鑽に対応する措置ないしシステムが必要不可欠のように、私は考えるが、残念ながら、この対応措置ないしシステムが全くないか、あっても、殆ど機能してはいないように思われる。これらのシステム維持のためには、相当な費用がかかるかも知れないが、綱紀委員会制度の維持・発展のためには、必要であると考えるが、どうだろうか。丁度、裁判官・検察官が、任官後たびたび、司法研修所ないし内部の研修機関で研修を受けるのと同様に、少なくとも、弁護士綱紀委員会委員ないし懲戒委員会委員も、自らの弁護士会の規律維持に関する重要な職責について、相互研鑽を図る必要があるようにも考えるがどうだろうか。

4 また、処分内容は、綱紀委員会から送付・記載された処分内容より重くすることができるかという問題がある。たとえば、業務停止処分を退会命令に、二カ月の業務停止処分を五カ月の業務停止処分に、戒告を一カ月の業務停止処分に、質的又は量的に重く懲戒処分を課することは、法的に可能かということである。

おそらく、懲戒処分の性質論と、綱紀委員会・懲戒委員会の職務分担内容との理解によって、見解は分かれることであろう。

懲戒処分の本質論のみの理解からすれば、積極も理論的には可能かも知れないが、私個人は、政策的に、消極に解したい。綱紀委員会が慎重・調査した結果が示された以上、懲戒委員会では、内容的には、その当否を決するだけであって、一旦示された綱紀委員会の判断内容の軽重までも、自ら、積極的に取り上げて、審査・判断することまではないと考えたい。綱紀委員会は、要するに、被処分者にとっては、最悪の限度を示すと解したい。

このような見解を否定する場合は、単位弁護士会の懲戒処分に対する日弁連に対する被処分者からの不服申立てに際しても、本質論として、加重の懲戒処分をも招きかねなくなる恐れも生じ、不服申立ての機会を害する可能性が増大する。

(1) 旧弁護士法時代の判決文については、高橋修「第三章　弁護士倫理の具体的検討」講座現代の弁護士1・日本評論社［一九七〇年］一七七頁から二七四頁まで参照。これによると、多くは、東京控訴院における懲戒裁判所等の表示である。なお、多くは三人構成であるが、五人構成の場合もあり、その相違の理由については調査していない。

（追記） 当初は、論文として、提出を考えたが、文献の調査も不十分なので、「覚書」として、問題点提起を主とすることとしたい。

その後の報道によると、司法制度改革問題に関連して、綱紀・懲戒両委員会について、弁護士以外の民間人の関与が提案されているようだが、その点はとも角として、両委員会相互の職務分掌について触れられていないのは、問題点に気が付いていないことによるように思う。

手形時効とその中断

平出慶道

一　消滅時効と時効の中断

(1)　手形債権の消滅時効期間

手形上の主たる義務者であって、最終的・絶対的義務者である約束手形の振出人または為替手形の引受人に対する手形債権の消滅時効期間は、手形債権者が誰であっても、満期の日から初日を算入しないで(手七三条、七七条一項九号)三年とされている(手七〇条一項、七七条一項八号)。一覧後定期払の約束手形の場合には、一覧の日付または日付拒絶証書の日付を基準にし(手七八条二項)、一覧後定期払の為替手形の場合には、引受の日付または引受・日付拒絶証書の日付を基準にし(手三五条)、呈示期間(振出人が特に伸縮していないときは、振出日付から一年)内に呈示がなされていないときは、呈示期間の末日を基準にして、初日を算入しないで(手七三条、七七条一項九号)手形法三六条・三七条(手七七条一項二号)に従って計算した一定期間後の満期の日から三年、一覧払の場合には拒絶証書の日付から三年、呈示期間(振出人が特に一定の期日前の呈示を禁止し、または期間を伸縮していないときは、振出日付から一年)内に呈示がなされていないとき、または拒絶証書が作成されていないときは、呈示期間の末日を満期の日として(手三四条、三五条類推、七七条一項二号)、それから三年となる。

手形所持人が遡求義務者に対して有する遡求権たる手形上の償還請求権の消滅時効期間は、拒絶証書の日付から、破産による満期前遡求の場合には破産決定書の日付から、拒絶証書の作成が免除されている場合には満期の日から、初日を算入しないで（手七三条、七七条一項九号）一年とされている（手七〇条二項、七七条一項八号）。一覧後定期払手形の満期日の決定については、手形上の主たる債務者に対する手形債権の消滅時効の場合と同様であるが、一覧払手形については、適法な支払呈示がなされた日を満期日として（手三四条一項、七七条一項二号）、それから一年となる。

手形所持人の遡求権の行使に応じて手形を受け戻した遡求義務者が自己の遡求義務者に対して有する再遡求権、または再遡求権の行使に応じて手形を受け戻した遡求義務者が有する再遡求権たる手形上の償還請求権の消滅時効期間は、遡求義務者が手形を受け戻した日または訴を受けた日（訴状送達の日）から、初日を算入しないで（手七三条、七七条一項九号）六月とされている（手七〇条三項、七七条一項八号）。手形の受戻は、現実の支払いによる場合のみならず、相殺その他の方法によって債務を履行した場合も含まれる。

このように、手形債権の消滅時効期間は三年、一年または六月に分かれるが、いずれの場合にも、満期の日が休日に当たってもこれを初日とすべきことに変わりはなく（手七二条一項対照）、期間の末日が休日に当たっても時効期間がこれにつぐ取引日まで伸長することはない（手七二条二項対照）。

遡求権または再遡求権の消滅時効期間はこのように一年または六月であるが、遡求義務者が多数の場合に遡求権および多数回にわたる再遡求権が順次積み重ねられるときは、最後の遡求義務者に対して再訴求権が行使されるまでには相当長期間の経過が必要となる。しかし、遡求義務者は再遡求権を行使しうるために支払と引換えに手形の交付を請求しうるものであって（手五〇条一項、七七条一項四号）、遡求義務者に対して再遡求権を行使するためには健全な手形を返還しなければならない。したがって、順次再遡求権が行使される場合に、再遡求権は、手形を受け戻した日または訴状の送達を受けた日から六月を経過していないために、時効によって消滅していなくても、手形上の主たる債務者に対する権利が満期の日から三年の経過により時効によって消滅していれば、も

はや行使することはできない（松本九〇―九一頁、竹田六九頁、田中耕一九一頁、田中誠二六三頁・二六八頁、鈴木＝前田三三四頁、大隅六〇頁、石井＝鴻一二三頁、平出二六一頁、大判昭和八・四・六民集一二巻六号五五一頁、大判昭和一二・八・一六新聞四一八一号一一頁。反対、伊澤二二三頁）。

なお、手形所持人と手形債務者との間において支払猶予の特約がなされた場合には、その特約の当事者間においては手形上の請求権の消滅時効は猶予期間が満了した時から進行するが（最二判昭和五五・五・三〇民集三四巻三号五二一頁）、手形を受け戻した手形債権者との間においては、手形債権の消滅時効は手形法の規定するところによるものであって、かかる特約は個別的人的抗弁にすぎない（平出二六一頁）。

(2)　時効の中断事由

権利者が権利の上に眠って権利を主張しないために、あたかも債権が存在しないような事実状態が継続するときは、その事実状態を尊重して権利関係と認め、証拠保全の困難を救済し、権利の上に眠る者を保護しないで、法律関係の安定をはかろうとするのが時効制度の存在理由である。そのため、権利者が権利を主張するときは、かかる事実状態はくずれることになり、時効の中断が認められる。

時効の一般的中断事由としては、請求、承認その他が認められる（民一四七条）。請求とは、権利者が時効によって利益を得る者に対して、その権利内容を主張する裁判上および裁判外の行為をいい（我妻榮・新訂民法総則四五八頁、幾代通・民法総則五五七頁）、裁判上の請求等（民一四九〜一五二条）とともに催告が含まれる。しかし、債務者が催告に応じないときは、催告後六か月内に裁判上の請求等の裁判所による紛争解決のための公の手続きがとられなければ、結局時効中断の効力を生じない（民一五三条）。したがって、催告はかかる手続きをとるための予備的措置としての意味を有するにすぎず、六か月はそのための期間の猶予を設ける役割を持つことになる（我妻・前掲書四六五頁、川島武宜・民法総則四八七頁、四宮和夫・民法総則第四版三一四頁、幾代・前掲書五六八頁）。

裁判上の請求とは、訴えを提起することであるが、棄却されれば時効中断の効力を生じない(1)。訴は債務の履行を請求する給付の訴が最も普通であるが、債権存在確認の訴によっても時効が中断され（我妻・前掲書四六〇頁、川島・前掲書四七五頁、幾代・前掲書五五九頁、大判昭和五・六・二七民集九巻九号六一九頁）、さらに、債務不存在確認を請求する消極的確認の訴の場合にも、被告が請求棄却の判決を求めるときは、その時に時効が中断されることになる（我妻・前掲書四六〇頁、川島・前掲書四七五頁、幾代・前掲書五六一頁、大民聯判昭和一四・三・二二民集一八巻四号二三八頁、大判昭和一六・二・二四民集二〇巻二号一〇六頁）。時効の中断が認められるこれら各種の裁判上の請求に共通することは、債権の存在が主張されていることである。積極的確認の訴の場合のみならず、給付の訴も債権が存在することの主張を前提とするものであり、また、消極的確認の訴の場合にも、これを争う被告により債権の存在が主張されていることはいうまでもない。

時効制度の存在理由に鑑みても、時効を中断する権利の主張とは、権利の存在を主張することをもって足りると解されている。給付の訴が最も普通の場合であるとしても、裁判上の請求が中断事由とされる本質的理由は、裁判上権利の存在が主張されている点にあるものと解すべきである。催告は、裁判上の請求等をなすための予備的措置としてなされる裁判外の請求であるから、この場合にも同様に解すべきである。催告は債務の履行を請求するのが普通であろうが、権利の存在が主張されたものと認められれば、時効を中断するためには十分である（我妻栄「確認請求と時効中断」法協五〇巻七号一二五六―一二五七頁）。したがって、債務の履行を請求した場合には、それは債権の存在確認を包含するものと解されるから、履行請求としては効力を有しないときも、確認請求としては有効であるなら、時効の中断を認めることができる（山田晟・判民昭和一二年度七八事件二八四頁、平出慶道「手形の呈示を伴わない権利行使と時効の中断」商法演習Ⅲ一七六頁、大判昭和一二・七・七民集一六巻一六号一一二二頁）。

二　手形時効の中断

(1)　付遅滞と手形の呈示

一般の債務は、その持参債務性に関連して、債務の履行につき確定期限があるときはその期限が到来した時から、不確定期限があるときはその期限が到来したことを知った時から、債務者は遅滞の責に任ずべきものとされているが（民四一二条一項二項）、指図証券および無記名証券については、その取立債務性に関連して、履行期限の定めがあるときでも（民四一二条三項対照）、その期限到来後、所持人がその証券を呈示して履行を請求した時から、債務者は遅滞の責に任ずべきものとされている（商五一七条、手三八条、七七条一項三号、小二八条）。証券の呈示を伴わない履行の請求は請求としての効力を有せず（大判明治三八・六・六民録一一輯八九三頁）、呈示は原則として証券自体を現実に呈示するものでなければならない。したがって、証券の呈示には不遅滞の効力があるといわれるが、証券の正当所持人が証券を現実に呈示しても、弁済と引換えに証券を受け戻しえないときは、債務者は遅滞に陥ることはない。商法は指図証券および無記名証券についてかかる呈示証券性を規定しているが、それは、指図証券および無記名証券の場合には、証券上の債務者は現在の証券所持人が誰であるかを知り難いことによるものではなく、有価証券の場合には証券の交付が証券上の権利の譲渡の効力要件であり、証券の呈示が証券上の債務の履行請求の効力要件であるという、有価証券としての本質に基づくものである。したがって、単に手形法三八条および三九条が裏書禁止手形を除外していないということを理由とするにとどまらず、裏書禁止手形のごとき記名証券も有価証券であることにより同様に解すべきである（鈴木＝前田二四二頁（九）・三〇〇頁（二）、平出五八頁・四三四頁）。

手形債務者を遅滞に付するためには手形の呈示が必要であることは、裁判外の請求については、学説・判例に異論がないが、裁判上の請求については、通説と判例とは見解を異にする。判例は、かつては、訴の提起はその性質上付遅滞の効力があるものとしたが（大判明治三六・一〇・三民録九輯一〇四二頁）、その後、訴状の送達は付遅滞につき手形の呈示と同一の効力があるとし（大判明治四二・四・一民録一五輯三一四頁、大判大正六・一二・九民録二三輯一三三二頁、大判昭和二・一二・一〇民集六巻一二号六八一頁。支払命令の送達につき、大判明治三七・六・二五民録一〇輯九七四頁、最三判昭和三〇・二・一民集九巻二号一三九頁）、これに賛成する少数説も有力に主張されている（竹田四頁、竹田省「手形金支払の訴と債務者の遅滞」論叢二一巻五号七九九―八〇〇頁、田中誠五七六頁・六二三―六二四頁、鈴木＝前田三一四頁、喜多川篤典「商事判例研究」ジュリスト二五一号八六頁、服部榮三「手形の支払呈示」伊澤還暦四〇一―四〇二頁）。通常は、訴の提起以前に手形を呈示して請求し、債務者は既に遅滞に陥っているだろうから、訴状の送達について改めて付遅滞の効力を問題とする必要はない。しかも、もし突然訴が提起された場合には、訴状の送達に付遅滞の効力を認め、手形の呈示を要しないとすれば、債務者は、正当な所持人の請求か否かわからず、さらに、手形を受け戻し得ないから、遅滞に陥る危険を免れるためには、供託しない限り、二重弁済の危険を冒さなければならないことになる。

普通の債務について裁判上の請求がなされた場合にも、訴状の送達のみでは債権者による請求か否かわからず、債権者でない者に弁済すれば、原則として債権者にさらに弁済しなければならない点は、手形の場合と同様である（鈴木＝前田三一五頁（八））。しかし手形の場合には、裏書の連続する手形を呈示して形式的資格を証明する所持人に弁済すれば、所持人が無権利者の場合にも、債務者は悪意・重過失がなければ免責されるのであるから、債務者は手形の呈示を求めうるものとされなければならない。したがって、債務者を遅滞に付するためには、手形自体を現実に呈示することが必要であることは、裁判上の請求の場合にも同様であって、訴状の送達に手形の呈示と同一の効力を認めることはできず、送達された訴状に手形の謄本または写しが添付されてあっても、手形の呈示があったものということはできない(2)。

(2)　手形時効の中断と手形債権の主張

手形上の権利の消滅時効の中断について、裁判上の請求の場合には、手形の呈示を要せず、訴の提起があれば時効中断の効力を生ずることは（ただし、民一四九条）、学説・判例に異論はないが、裁判外の請求の場合には、多数説とかつての判例とは見解を異にしていた。

かつての判例は、一貫して、手形の呈示証券性を理由として、付遅滞の場合と同様に、手形の呈示がなければ時効中断の効力を生じないものとしていた。[3]少数説は、手形の呈示証券性から、手形の呈示は請求の効力要件であって、手形の呈示を伴わないときは法律上正当な請求がなされたものとはいえず、したがって、手形上の権利の有価証券的性質から、手形時効の中断には手形の呈示を要するものとして、かかる判例を支持する（松本九一―九二頁、竹田四頁、山尾五一頁、鈴木＝前田三三五頁（三）、砂田卓士「手形の呈示と時効中断の効力」時報三五巻四号五八―五九頁、大原栄一「商事判例研究」ジュリスト二四八号七一頁）。また、手形には、手形債務が厳格であることとの均衡から、時効期間を特に短縮したのであるから、普通債権の場合よりも中断事由を厳格に解することを要し、手形債務者をして直ちに履行しうる状態においた請求でなければ中断の効力はないとする考えからも、かかる判例を支持する（山尾時三・判民大正一三年度三五事件一五六―一五八頁、大原・前掲論文七一頁）。

これに対して、多数説は、権利の上に眠る者は保護しないというのが時効制度の根本的理由であり、また、時効中断は手形債務者の遅滞の責任には関係がないから、手形債務者をして直ちに履行しうる状態におくことを要しない等の理由から、時効中断の場合には、付遅滞の場合と異なり、権利行使の意思が明らかにされれば足りるものであって、裁判外の請求の場合にも手形の呈示を要しないとする。[4]取引界も、時効中断のための催告は一般に内容証明郵便をもって行われることから、取引の実情にあわないとして、かかる判例に反対した。しかし、判例は、結局、多数説に従い、取引の実情をも考慮して、手形時効の中断には手形の呈示を要しないものとするようになった（最大判昭和三八・一・三〇民集一七巻一号九九頁）。

時効制度の存在理由および時効中断と付遅滞とを区別すべきことは、多数説の主張するとおりである。少数説の主張する手形時効の特殊性は看過しえないが、手形債務の厳格性を緩和するためには、時効期間の短縮（手七〇条）で十分であり（伊澤一九六頁、大隅・前掲論文二頁）、裁判外の請求による時効の中断を認める以上、裁判上の請求の場合に手形の呈示を要しないなら、その予備的措置として、裁判外においても手形の呈示を要せずに時効を中断しうると解すべきであろう（平出慶道「手形の呈示を伴わない権利行使と時効の中断」商法演習3二五五―二五七頁）。もっとも、時効の中断には履行請求の意思をもって必要にして十分なものと解するならば、手形上の権利の有価証券的性質から、少数説が是認されることになろう。なぜならば、民法一四七条一号は適法な請求に時効中断の効力を認めたのであって（民一四九条参照）、催告についても、時効中断のための特殊な催告を認めたものではなく（山尾五一頁、大原・前掲論文七一頁、砂田・前掲論文五九頁）、手形の呈示は履行請求の効力要件だからである。

しかしながら、時効を中断するためには債権の存在確認を請求すれば足りるものである。手形を含めて有価証券はすべて呈示証券であるが、証券上の権利の主張に常に証券の呈示を必要とするものではない。手形債務の履行請求には手形の呈示を要するが、手形債権の存在確認請求には呈示を要しない。なぜなら、有価証券においては、証券の交付を権利移転の効力要件とするとともに、証券の呈示を権利行使の効力要件としたのは、最も安心して権利を譲り受け、また最も確実に権利を行使しうるようにすることによって、権利の流通性を高めようとしたからであるが、証券の呈示を要せずに証券上の権利の存在が確認されても、第三者の善意取得はもとより妨げられず、また、債務者は証券の呈示を受け、かつ、その受戻をなしえない限り弁済を要しないから、かく解することは債権者のためにも、債務者のためにも、不利益をもたらすものではなく、有価証券の流通性を害することもないからである。手形の所持を失った権利者は現に手形を所持する無権利者に対して常に手形の返還を請求しうるが、それは、手形がなくても、手形上の権利が自分の所に存在していることを主張することができるからにほかならない。手形の呈示証券性は手形債務の履行請求についての問題である。したがって、手形を呈示せずに手形債務の履行を請求する場合にも、かかる請求は手形債権の存在確認請求を包含するものと解されるから、履行請求としては効力を有しないが、確認請求としては効力を有し、結局、手形の呈示を伴わない催告には手形時効中断の効力を認めることができる（平出六二頁、平出・前掲論文一七四―一七八頁）。

このように時効中断には手形の呈示を要しないのは、権利者が現に手形を所持している場合に限られる（小橋一郎「判例批評」判例評論八〇号二五―二六頁）ものではない。権利者が手形を喪失した場合には、手形の所持に伴う形式的資格を失うが、他の者が善意取得するまでは実質的権利を失うものではない。権利者は、手形の所持を回復しえないときは、除権判決を受けなければ手形債務の履行を請求することはできない。しかし、手形を喪失したときは、権利者が自己の権利を証明することは非常に困難となるが、権利を証明しうる限り、除権判決を受けなくても、自己の権利の存在確認を請求することは可能である。したがって、手形を喪失した場合にも、除権判決を要せずに、手形債権の消滅時効を中断しうるものである。(5)

(3) 時効中断の個別性と訴訟告知

手形の場合には一通の手形の上に複数の手形債務が表章されうるが、各手形債務者は、それぞれ独立して手形債務を負担するものであって、手形上に連帯責任を負うものではなく、合同責任を負うものである（手四七条一項）。したがって、複数の手形債務者のうち一人に対して消滅時効を中断しても、これにより他の手形債務者に対しても当然に時効中断の効力が生ずるものではない（手七一条）。かかる時効中断の個別性は、手形債務者間についてのみならず、手形債権者間についても認められるか否かについては争いがある。例えば、適法な支払呈示をなしたが支払を拒絶された手形所持人が手形上の主たる債務者および遡求義務者の全員に対して時効中断の措置を講じたとしても、時効中断の効力はその手形所持人について生ずるにとどまり、遡求権の行使に応じた遡求義務者の有する再遡求権および主たる手形債務者に対する権利の消滅時効を中断するためには、遡求権の行使に応じて手形を受け戻した遡求義務者（現手形債権者）が自ら時効中断の措置を講じなければならないとする見解も有力に主張されている（大隅＝河本三九五頁）。しかしながら、他人の講ずる時効中断の措置により自己の有する手形債権の時効が当然に中断されるものではないが、他人が時効を中断した手形債権を承継取得するものは、他人のなした時効中断の利益を享受しうべきものである。したがって、期限後裏書による手形債権の承継取得の場合と同様に、遡求義務を履行して手形債権を承継取得した遡求義務者（現手形債権者）は、時効の中断された手形債権を取得しうべきものである（鈴木竹雄・判民昭和八年度四三事件一六〇頁、平出二六三頁）。

遡求義務者の有すべき再遡求権は訴状の送達を受けた日から六月の時効が進行するから（手七〇条三項）、遡求義務者が訴訟において原告の請求を争い、六月以上たってから敗訴して遡求義務を履行するときには、自己の有すべき再遡求権は既に時効により消滅していることになる。手形上の権利が確定判決によって確定したときは、本来の時効期間が三年、一年または六月の短期時効であっても、これにかかわらずすべて一〇年の消滅時効に服することになるから（民一七四条ノ二）、遡求権を行使する手形所持人がその有するすべての手形上の権利について確定判決によって時効を中断している場合には、遡求義務を履行して既に時効が中断されている手形債権を承継取得する遡求義務者は、遡求義務の履行により取得すべき再遡求権について自ら時効を中断することは特に必要ではない。しかしかかる場合を除いては、遡求義務者は、遡求義務の履行により取得すべき再遡求権について、自ら六月の時効を中断することが必要となるが、遡求義務を履行して手形債権を再取得するまでは、手形債権者として自己の有すべき再遡求権について時効を中断することはできない。そこで手形法八六条は、遡求義務者が取得すべき再遡求権の消滅時効については、その遡求義務者が訴を受けた場合には、自己に対する遡求義務者（前者）に対し訴訟告知をなすことにより中断するものと規定している。これにより中断した時効は、裁判の確定した時から、さらに六月の時効期間をもって進行を開始することになる。したがって、遡求義務者は、この間に遡求義務を履行して手形を受け戻し、手形債権者として自己の有する再遡求権について時効中断手続をとることが必要となる（平出二六三頁）。

一通の手形上の複数の手形債務者は、連帯責任と異なる合同責任を負うが、例えば、既存債務の連帯保証人が既存債務弁済のために振出した約束手形に保証したような場合に、振出人たる主たる債務者に対する時効中断は、手形保証人たる連帯保証人に対しても実質関係上の債務について時効中断の効力を有するが（民四五八条・四三四条）、それにとどまらず、手形債務を主たる債務とする手形外の連帯保証がなされた場合には、付遅滞と異なり時効中断には手形の呈示を要しないから、連帯保証人に対する時効中断は、その被保証債務の手形債務者に対しても時効中断の効力を生じうる（平出二六四頁、最二判昭和四八・九・七判時七一八号四八頁）。

(4)　手形時効の中断と原因債権の時効中断

原因債務の支払のために手形の交付を受けた債権者が債務者に対して手形金請求の訴を提起したときは、原因債権についても消滅時効中断の効力を生ずるものと解される。その実際的理由は、かかる手形授受の当事者間においては、手形債権は、原因債権と法律上別個の債権ではあっても、経済的には同一の給付を目的とし、原因債権の支払の手段として機能しこれと併存するものにすぎず（渋谷光子「商事判例研究」ジュリスト五二八号一五一頁、大塚龍児「判例批評」民商七九巻六号八四三頁、近藤光男「判例研究」法協九六巻九号一一九五頁）、債権者の手形金請求の訴は、原因債権の履行請求に先立ちその手段として提起されるのが通例であり、また、原因債権の時効消滅は右訴訟において債務者の人的抗弁事由となるから、右訴の提起後も原因債権の消滅時効が進行しこれが完成するものとすれば、債権者としては、原因債権の支払手段としての手形債権の履行請求をしていながら、右時効完成の結果を回避しようとすると、さらに原因債権についても訴を提起するなどして別途に時効中断の措置を講ずることを余儀なくされるため、債権者の通常の期待に著しく反する結果となり（渋谷・前掲論文一五一頁、最一判昭和五三・一・二三民集三二巻一号一頁）、他方、債務者は、右訴訟係属中に完成した消滅時効を援用して手形債務の支払を免れることになって、不合理な結果を生じ、ひいては簡易な金銭の決済を目的とする手形制度の意義を損なう結果を招来することになるからである（大隅＝河本四一七頁、船越・前掲論文一三頁、最二判昭和六二・一〇・一六民集四一巻七号一四九七頁）。理論的には、手形債権移転行為有因論によれば、受取人が振出人に対する手形債権を有しうるのは、手形振出の有効な原因関係が存在し、受取人が振出人に対する原因債権を有するからであって、手形金支払請求は、手形債権存在確認請求を包含し、さらに原因債権存在確認請求をも包含するからである（平出二六四頁）。

三　白地手形の時効とその中断

(1)　補充権自体の独立した消滅時効

満期の記載がある白地手形の場合には、その所得人は、遡求権を保全するためには、支払呈示期間内に補充済みの手形の支払呈示をしなければならないが（最二判昭和三三・三・七民集一二巻三号五一一頁、最一判昭和四一・一〇・一三民集二〇巻八号一六三二頁、最三判昭和四三・一〇・八判時五四〇号七五頁）、主たる債務者に対する関係では、満期後三年の時効期間経過前に補充権を行使して手形債務の履行を請求すれば足りる。確定日払手形または日付後定期払手形の満期の遠い白地手形を振出したために、補充権を行使した時が白地手形振出の時から長期間を経過していても、補充権自体が独立に時効によって消滅するものではなく(7)、補充により効力を生ずべき手形債権が時効により消滅しない限り、補充権を行使して手形金の支払を請求しうるものである（最大判昭和四五・一一・一一民集二四巻一二号一八七六頁）。

これと異なり、満期の記載がない白地手形の場合には、従来、通説・判例は、補充権自体の独立した消滅時効を認めてきた。かつての判例は、かかる立場から、補充権は債権または所有権にあらざる財産権として、民法一六七条二項により、これを行使すべき時、すなわち、通常の場合には受取人が白地手形の交付を受けた時から二〇年を経過すれば時効により消滅すべきものとした（大判昭和八・一一・七裁判例（七）民二五九頁、大判昭和一〇・一二・二一新聞三九三九号一四頁、大判昭和一一・六・一二新聞四〇一一号八頁、大判昭和一二・四・一六民集一六巻八号四七三頁、大判昭和一二・四・三〇法学六巻九号一二一九頁）。しかし当時の通説は、手形債権の時効期間が満期から三年であるのに比して、補充権の時効期間が二〇年となるのは実際問題として長すぎるものであり、理論的にも、補充権は形成権であるが、形成権の行使により債権が発生する場合には、本体たる債権としての時効に服すべきであることから、二〇年説に強く反対し、補充権は手形に関する行為（商五〇一条四号）によって生じた債権として、商法五二二条により、これを行使しうべき時から五年の時効にかかるものと解した（田中誠四七七－四七九頁、鈴木＝前田二二三頁、石井照久・判民昭和一二年度三三事件一二五頁、同・商判研昭和三六年度四六事件二一七頁、石井＝鴻二〇二頁、服部五二頁）。その後、判例は、学説の批判を容れて、五年説を採るようになったが（最二判昭和三六・一一・二四民集一五巻一〇号二五三六頁、最三判昭和三八・七・一六裁判集民六七号七五頁、最一判昭和四四・二・二〇民集二三巻二号四二七頁）、さらに学説のなかには、五年の時効期間でも長すぎるものとして、補充権自体の独立した消滅時効を認める同様の立場をとりながら、補充権授与行為の商行為性よりも、補充権の行使により手形債権が発生し、手形法がその手形債権につき特に短期時効の制度を設けていることの方を重視して、補充権は手形債権と同様に三年の時効により消滅すると解する少数説も有力に主張されている（8）。しかし、三年内に一〇年先の満期日を補充すれば、結局、手形債権は極めて長期間存続しうることになる。また、時効期間の起算日を補充権を行使しうべき時と解すれば、先日付で振出された満期白地手形の場合に、振出日を信頼した取得者は保護されないことになる。

しかしながら、満期から三年という手形債権の時効期間との対比において補充権の時効期間の長短を問題とし、または、理論的に商行為債権に準ずべきかを問題とする前に、これらの見解が、共通の前提として、満期の記載がない白地手形の場合には、補充により効力を生ずべき手形債権と別個に、補充権自体が独立に時効消滅しうるものと解されていることが問題とされなければならない。白地手形上の補充権は形成権であって、これを行使することにより白地手形上の停止条件付債権が条件の成就により効力を生ずるものであるから、両者は一体として考察さるべきである。補充権の存続期間は、その行使によって効力を生ずる本体的な権利たる条件付手形債権の存続期間と一致すべきものであって、補充権のみが別個に独立して時効消滅すべきものではない。もし、補充権のみの独立した消滅時効を認めるならば、満期の記載がある白地手形についても同様に論ずべきであるが、補充権の時効期間を何年と解するにせよ、白地手形を振出した日を補充権の時効期間の起算日とすれば、満期日の遠い白地手形の場合には、補充権の時効期間が補充により効力を生ずべき手形債権の時効期間より先に満了するという不当な結果が生じうることになる（竹田・前掲論文六九九頁、上柳・前掲論文四九七—四九八頁、平出慶道「白地手形の消滅時効」名古屋大学法政論集八八号二九九頁）。

(2) 白地手形上の権利の消滅時効

判例が補充権の時効期間について二〇年説をとっていたときに既に、補充権のみが独立して消滅時効にかかかることを否定し（竹田・前掲論文六九八—六九九頁、薬師寺志光「新手形法註釈」法学志林三七巻一〇号一三九八—一三九九頁・一二号一六七六頁。伊澤三六五頁三、ただし、五年説をとる）、満期の記載がない白地手形の場合には、補充によって生ずべき手形債権の時効は、補充権を行使しうべき時から、すなわち振出の日から進行すると解すべきであって、満期の到来している手形と同じく三年の時効にかかり、補充権もこれにより消滅すると解する三年説が主張されていた（竹田・前掲論文六九九—七〇〇頁、竹田九七頁）。判例がその後五年説に変わったのを契機として、かかる三年説と基本的には同様の見解が主張されるようになり（上柳・前掲論文四九七—四九八頁・五〇三—五〇四頁、上柳克郎「判例批評」民商四六巻五号八七八—八八〇頁）、これを支持する学説がふえてきた。(9) これに対しては、満期の記載がない白地手形は満期が到来している手形と同じく振出の日から三年の時効にかかると解するならば、振出人の責任は三年内に補充しなければ時効により消滅するのみならず、三年内にいかなる満期を補充しても、三年の経過により当然に時効によって消滅すると考えなければ一貫しないことになるとの批判が加えられている（鈴木＝前田二二三―二二四（二一）、河本一郎「白地手形」総合判例研究叢書商法(6)六九頁、今井・前掲論文七八頁、菅原・前掲書二八頁、菱田・前掲論文六頁）。

しかしながら、補充権の成立につき通説のように主観説をとるならば、実質関係上の契約によって生ずる具体的・有因的な補充権が白地手形に表章されることになるから、白地手形の振出人からその交付を受ける相手方は、実質関係上補充すべき満期が確定するまでは満期を補充しえず、これを補充してもかかる満期が到来するまでは手形債務の履行を請求しえない。したがって、満期の記載がない白地手形を満期の到来している手形と同視して、振出の日から時効が進行すると解することはできない（平出・前掲論文三〇〇―三〇一頁）。もし、実質関係上補充すべき満期を基準として三年の時効にかかると解するならば、手形債権の文言性・無因性に反することになる（平出三四〇頁）。

客観説または折衷説をとって、白地手形には抽象的・無因的な補充権が表章されているものと解するときは、所持人はいつでもいかなる満期でも補充することができ、補充権の行使が実質関係上の制限に違反するときは、その主観的要件が手形法一〇条によって修正された人的抗弁事由となるにとどまることになる。しかし、満期をどのようにでも補充しうることを理由に、満期白地の手形をもってその交付を受けた時に満期の到来している手形と同視し、交付の時から三年の経過により手形上の権利は時効により消滅するものと解するならば、いかなる満期が補充されるにせよ交付の時から三年の経過により手形上の権利は時効により消滅するものと解すべきであり、手形上の権利の消滅時効の抗弁は、消滅時効の制度から考えれば物的抗弁と解すべきであろう。したがって、満期補充後の譲受人や実際の交付日と異なる白地手形上の振出日を信頼した譲受人は、著しく危険な立場に立たされることになる（平出・前掲論文三〇一―三〇二頁）。

(3) 満期の記載がない白地手形上の権利の存続と人的抗弁

満期の記載がない白地手形の場合には、所持人はいつでもいかなる満期でも補充しうる白地手形上の抽象的な補充権を有するということは、その白地手形をして満期の到来している手形と同視せしめるものではない。(10) 白地手形の署名者は後に補充されたとおりの内容の文言的・無因的な手形債務を負担すべきものであって、かかる抽象的な補充権の行使によりいかなる満期であれ証券上に満期が記載され、手形要件が補充されれば、所持人はその記載された満期から手形債務の履行を請求しうることになり、またその記載された満期を基準として三年の消滅時効が進行することになるものと解すべきである。手形に記載されている満期から三年の時効を定める手形法七〇条一項の規定は、満期の記載がある白地手形には類推適用されるが、満期の記載がない白地手形にこれを類推適用することはできない。したがって、満期の記載がない白地手形は、満期が補充されるまでは、時効が進行しえないものと解すべきである(平出・前掲論文三〇二頁、平出三四一頁)。

しかしながら、このように解することは、白地手形の署名者から時効の利益を奪うことになるものではない。白地手形の署名者とその交付を受ける相手方との間の実質関係上の補充権の制限に違反して、相手方が補充権を行使して手形金を請求したときは、署名者は当然に相手方の請求に対して人的抗弁をもって対抗することができる。補充すべき満期が来ても相手方が補充して請求をすることなく三年を経過した場合には、その後いかなる満期を補充して支払呈示をしても、もし補充すべき満期を補充したならば満期から三年の経過により手形債権は時効によって消滅していたはずであるから、署名者は相手方の請求に対して実質関係上認められる時効の抗弁をもって人的抗弁として対抗することができる。しかし、補充すべき満期が到来しなければ、当事者間の実質関係上も時効が進行することはありえない(平出・前掲論文三〇三頁、平出三四一―三四二頁)。

白地手形の交付を受ける相手方が白地手形を未補充のまま第三者に譲渡した場合には、白地手形の取得者は補充権に付当事者間にいかなる契約が存するかについて注意義務を負い、重過失があれば、白地手形の署名者は相手方に対する人的抗弁をもって善意の取得者に対しても対抗しうるが（手七七条二項・一〇条但書）、満期白地の場合には手形金額白地の場合と同様に、白地手形の取得者には通常は重過失があるものと認められる。したがって、満期の記載がない白地手形の署名者は、相手方に人的抗弁として対抗しえた時効の抗弁をもって、満期補充前に白地手形を譲り受けた善意の第三者取得者にも通常は対抗しうることになる。相手方またはその譲受人が満期を補充して譲渡した場合には、通常は、その後の取得者は当初満期の記載がなかったことを知りえないから重過失がなく、白地手形の署名者は相手方に対する人的抗弁をもって手形所持人に対抗することはできない（手七七条二項・一〇条本文）。しかし、補充された満期を基準とする物的抗弁としての時効の抗弁をもって、いかなる手形所持人にも対抗しうることになる（平出・前掲論文三〇四頁、平出三四二頁）。

(4)　白地手形の時効中断

白地手形の時効中断については、かつては通説と判例とは対立していた。判例は、補充されるまでは手形上の権利はまだ成立していないことを理由に、受取人の記載がない白地手形による手形金請求の訴提起には時効中断の効力がないものとした（大判昭和八・五・二六民集一二巻一四号一三四三頁）。通説は、これに反対して、時効制度の目的に鑑み、権利の上に眠っていない者として権利者たることの主張が表明されれば足りることを理由に、白地を補充しなくても時効を中断しうるものと解していたが[11]、受取人白地の場合には権利の内容に関するものと異なり権利者の指定に関するものにすぎないことを理由に、時効中断を認める見解もあった（鈴木＝前田二一四頁（七）、谷川久「受取人白地手形の流通」百選（新版・増補）一六五頁）。しかし、最高裁判所は従来の判例を変更し、満期の記載がある受取人白地の約束手形の所持人の振出人に対する権利は、満期の日から三年をもって時効により消滅し、未完成手形のままの状態で時効が進行するから、このこととの比較均衡上、白地手形の所持人は未完成手形のままの状態で時効を中断しうべきものであること、白地手形の経済的機能を考えればその円滑な流通を妨げないようにすべきであること、等を理由に、満期の記載がある受取人白地の約束手形による訴提起に時効中断の効力を認め（最大判昭和四一・一一・二民集二〇巻九号一六七四頁）、さらに満期の記載がある振出日白地の約束手形についても同様に解した（最大判昭和四五・一一・一一民集二四巻一二号一八七六頁）。しかし、これらの最高裁判所大法廷判決には、白地手形の所持人は補充前には手形上の権利を有せず、白地手形は未完成手形であって、白地手形の所持人が白地部分を補充しないで請求の訴を提起しても、手形上の権利につき時効中断の効力を生じないものと解すべきである、等と主張する詳細な反対意見が付されていた。

判旨の強調する時効の進行と中断との比較均衡論には政策論としては説得力があるが、法律論としては十分な理論構成を示していない。「白地手形上の権利」と補充によって完成した後における「手形上の権利」との関係をいかに解するかが最も重要な問題である。(12) 多数意見はこの点を明確にしていないが、反対意見は、「白地手形上の権利」と「手形上の権利」とは別個のものであることを前提として、白地部分を補充するまでは「手形上の権利」は存在しないから、存在しない権利について時効中断の問題はありえないとする。もし両者を全く別個のものと解すれば、「白地手形上の権利」について時効が中断されても、そのことは「手形上の権利」にとっては無関係の問題となる。しかし、このように解するならば、満期後に補充された場合に、手形上の権利が成立する以前たる満期に遡って時効が進行するのは何故であろうか。反対意見のように手形上の権利が成立していないからその中断は問題にならないとするならば、逆にその時効の進行も問題にならないともいえよう（服部・前掲論文一三一頁、平出・前掲「白地手形の消滅時効」三〇七頁）。

時効の中断に関する判例の変更を契機として、各種の学説が主張されるようになった。反対意見に賛成する見解も有力に主張されている。(13) これに対して、白地手形の所持人は補充によって完成する潜在的な手形上の権利と補充権とを併せ有し、白地手形上の権利者としての主張をすることにより、相手方を遅滞に付しなくても、時効は潜在的に中断され、白地が補充されたときに、その所持人が時効の中断された状態における手形上の権利を取得すると解して、多数意見に賛成する見解（境一郎「判例批評」判例評論一〇三号一一二―一一三頁、矢沢惇「判例研究」法協八四巻一一号一五三八―一五三九頁、本間輝雄「白地手形による訴提起と時効の中断」昭和四五年度重要判例解説一〇二頁）等もある。しかし、白地手形上の権利をもって、潜在的な手形上の権利、補充を条件とする手形上の権利等と称しても、それはいわば言葉の問題であって、白地手形上の権利と手形上の権利との間の法的連続性・同一性が認められないならば、白地手形上の権利の時効を中断しても、手形上の権利の時効が中断されることはありえない。または、時効消滅前に訴訟提起によって対象となる権利の存否について公に確認される手続きがとられた以上は、その後は、その権利については時効による解決はなさるべきではなく、その手続きにおいて公にその存否が確認されるべきであるとして、時効制度の適用の限界を主張する見解もある（前田一三二頁）。しかし、公に確認される手続きがとられる権利とは何を指しているのかが問題であり、もし、白地手形上の権利と手形上の権利とが別個のものであるならば、前者について公に確認される手続きがとられても、そのことは後者にとっては無関係のこととなる（平出三四四頁）。

しかしながら、白地手形に関する法律関係について考察するさいに重要なのは、白地手形上の権利と手形上の権利との間には法律的に連続性・同一性・同質性が認められることである（服部・前掲論文一三一―一三二頁、長谷川雄一・白地手形法論二〇五頁、安達・前掲論文一〇九頁、平出・前掲「白地手形による訴提起と時効の中断」一六八頁、高窪・現代九一頁）。白地手形の所持人は未記載の手形要件をすべて補充するまでは手形債務の履行を請求しえないが、その有する効力未発生の手形債権について消滅時効が進行しうるものであり、したがって、その時効の中断をなしうるものである。時効中断についていかなる理論構成をとろうとも、白地手形上の権利と手形上の権利との法律的同一性が認められなければ、結局、白地手形による手形上の権利の時効中断を論証することはできない（平出・前掲「白地手形の消滅時効」三二〇頁）。

白地手形の所持人は、手形債務の履行を請求するためには未記載の手形要件を補充しなければならないが、その有する権利の時効を中断するためには補充することを要せず、白地手形上の権利たる効力未発生の手形債権が存在し自己がその権利者であることの確認を請求すれば足りる。未補充の白地手形では手形金の支払を請求しえないにもかかわらず、白地手形による手形金支払請求に時効中断の効力が認められるのは、かかる請求は右のような確認請求を包含しているからにほかならない。時効の中断は訴提起の時においてはじめて認められるものではなく、六カ月内に裁判上の手続きがとられるならば、催告をすればその時に時効は中断される。時効中断のためには、権利者であるならば、催告にも訴の提起にも、白地手形を呈示することを要せず、これを現に所持していることも要しない（平出三四五頁）。

四　利得償還請求権の消滅時効

(1)　学説・判例の推移

利得償還請求権の消滅時効については特に規定がない。大審院の判例は、一貫して、それが手形行為によって生ずるものではないのみならず、その他何らの商行為によって生ずるものでもないことを理由に、普通債権に対する時効を適用し、その権利を行使しうべき時から一〇年の経過により消滅するものとしていた（大判明治四五・四・一七民録一八輯三九七頁、大判大正八・二・二六民録二五輯三八一頁、大判大正一〇・二・二六民録二七輯三一四頁）。学説もかつては判例を支持していたが（松波三三五頁、青木二〇一頁、松本九三頁・九五頁、竹田省「判例批評」論叢二巻五号七〇一頁、同「判例批評」論叢一〇巻一号八八頁。ただし、竹田五五頁参照）、その後、一〇年の時効期間は長すぎるために、一〇年説をしりぞけ五年の商事時効（商五二二条）にかかるものと解するようになり、五年説が現在の通説となっている（田中耕一九四―一九五頁、小町谷五五―五六頁、田中誠二七一頁、山尾六四―六五頁、伊澤二三三頁、鈴木＝前田三三九頁、大隅六三頁、納富一八八頁、石井＝鴻一四五頁）。かかる学説の推移に応じて、判例も五年説をとるようになった（最二判昭和四二・三・三一民集二一巻二号四八三頁、最二判昭和四六・四・二三金融法務六二一号三六頁）。学説には、さらに、解釈論としては五年説をとりながら、立法論としては三年説を主張するもの（鴻常夫「手形法上の利得償還請求権」商法研究ノートⅡ一八一頁）、一応五年の商事時効と解しながら、三年の手形時効に服すると解しうる旨を示唆するもの（大隅六三頁、大隅健一郎「手形の時効」伊澤還暦五一一―五一二頁）、これにとどまらず、解釈論として三年を主張する見解もある（喜多川篤典「手形時効」講座Ⅴ一一九頁、浜田一男「利得償還」講座Ⅴ一六三頁、服部一七七頁）。

手形取引による権利関係の迅速な決済をはかるために、利得償還請求権の消滅時効期間をなるべく短くしようとする解釈的努力は評価すべきものである。しかしながら、一般に主張されているように、立法論としては絶対的商行為を認めるべきではなく、したがって、解釈論としても商法五〇一条を制限的に解釈すべきであって、一〇年の民事時効の規定の適用を免れるために、手形上の権利ではなく手形法上の権利である利得償還請求権について、商法五〇一条四号を拡張解釈して五年の商事時効の規定を適用するのは正当でない。また、むりに拡張解釈をして五年説をとっても、手形上の主たる債務者についていえば、手形債務の消滅時効期間三年を加えて八年は、やはり長すぎるともいえよう（平出慶道「手形法上の利得償還請求権」北大法学論集三一巻三・四合併号下巻一四三九―一四四〇頁、平出二八四頁）。

学説のなかには、解釈論として三年を主張する見解もあるが、このように解すべき根拠はない。五年説をとりつつ、利得償還請求権の時効期間は手形上の権利の消滅の時から五年とせず、手形上の権利とその変形たる利得償還請求権と合わせたものが五年の商事時効に服すると解しようとする説もある（北澤正啓「判例批評」民商五七巻四号五九五頁、安達三季生「手形法上の利得償還請求権の構造」法学志林八六巻一号一五一―一六頁）。これは、利得償還請求権を手形上の権利の変形とみる考え方を徹底させて、同一の手形行為によって手形上の権利と、法定条件つきでその変形たる利得償還請求権との両者が生ずるという見解に基づくものであろう（北澤・前掲論文五九四頁参照）。しかしながら、手形上の権利は記載文言による無因的・抽象的権利であるが、利得償還請求権は有因的・具体的権利であって、その内容の面において性質の異なる二つの権利が同一の手形行為によって生ずるものと解するのは困難である（平出・前掲論文一四四〇頁、平出二八四頁）。

(2) 利得償還請求権の法律構成

従来、通説・判例によれば、利得償還請求権は、手形法の規定する厳格な遡求権保全手続の懈怠または短期消滅時効によって手形上の権利が消滅した場合に、手形債務者が手形の授受によりその実質関係において得た利得を保持することは衡平に反するという見地から、手形法が手形上の権利を失った者に特に与えた特別の権利であると解されてきた(14)。これに対して、衡平の見地から手形法が特に認めた特別の権利であるというだけではこの権利の法的性質を明確になしえず、具体的問題の解決が恣意に流れる点が少なくないと批判して（鈴木＝前田三三九頁（五））、この権利は、手形上の権利が消滅したときに発生するものであるから、手形上の権利ではないが、実質的には手形上の権利の変形物ないし残存物であると主張して、これを手形上の権利に近づけて解する少数説が有力に主張されるようになり（鈴木＝前田三三七―三三八頁、田中誠二七一頁、石井＝鴻一四四頁、浜田・前掲論文一三一頁）、判例もこの見解をとるようになった（最二判昭和四二・三・三一民集二一巻二号四八三頁）。利得償還請求権はいったん消滅した手形上の権利が利得にかからしめられて復活したものであるとして、利得償還請求権をその行使・譲渡方法の面で手形上の権利に一層近づけて解しようとする復活説も主張されている（服部栄三「利得償還請求権と手形証券」鈴木古稀七五一頁）。しかしながら、この少数説に属するものの間でも、利得償還請求権の行使・譲渡方法については、利得償還請求権発生後の手形は利得償還請求権を表章する有価証券となり、その行使・譲渡には証券を必要とするものと解する説と（田中誠二七九頁、浜田・前掲論文一五七頁・一六一頁）、これを否定する説（鈴木＝前田三三九頁、石井＝鴻一四六頁）との対立があるように、抽象的に利得償還請求権をもって手形上の権利が変形したものというのみでは、個々の問題の具体的な解決には役立たない。

利得償還請求権の発生には、手形上の権利が手続の欠缺または時効によって消滅したことを要するが、多数説は、利得償還の請求をしようとする相手方に対する手形上の権利が消滅したことをもって足り、他の手形債務者に対する手形上の権利および手形取得の原因関係上の既存債権までも消滅することを要するものではないと解している。[15] これに対して、無資力な手形債務者を除いて、すべての手形債務者に対する手形上の権利が消滅したことを要するとする説（竹田五六頁、大隅六四頁、納富・前掲論文一一四八―一一四九頁）、さらに、手形上の権利が消滅したのみならず、原因関係上の既存債権のごとき他の救済方法もすべて存しないことを要し、かかる場合における最後の救済手段として利得償還請求権を認める説もある（岡野一三二頁・一三三頁、大隅三四三―三四四頁、小町谷五七―五八頁、山尾五八―五九頁・六一―六二頁、伊澤・前掲論文五〇頁）。しかしながら、手形所持人は、他の手形債権または原因債権を有しても、手形債務を免れた利得者に対して利得償還請求権を行使しうるものとすれば、手形所持人は消滅していない手形債権を行使し、これを履行して手形を受け戻した手形債務者はさらに利得者に原因債権を行使するというような、二重三重の権利行使は不要となり、これにより手形当事者全員にとって手形関係およびその実質関係のすべてを解決することが可能となるならば、かかる結果は関係者全員にとって便宜かつ合理的なものであり、衡平にかなうものといえよう（平出・前掲論文一四〇九―一四一〇頁、平出二六八―二六九頁）。

利得償還請求権が発生するためには手形債務を免れた者に利得が存しなければならないが、通説・判例によれば、対価を供して取得した手形を対価を取得して譲渡した場合における対価の差額は、取引に伴う正当な利益であれば、ここにいう利得には当たらず（田中耕一九七頁、田中誠二七七頁、伊澤二四三頁、鈴木＝前田三三九頁、石井＝鴻一四三頁、浜田・前掲論文一四五頁、鴻・前掲論文一七三頁、東京地判昭和三三・一・一三下級民集九巻一号九頁）、ここにいう利得とは、手形債務を免れることではなく、手形授受の基礎たる実質関係において得た利得のことであり、積極的な財産の増加にとどまらず、消極的な財産の減少を免れたことを含むが、[16] 既存債務が存在するときは利得が存しないものと解されている。[17] しかしながら、手形債務者が実質関係上既存債務を負担しているのは、実質関係上対価を得ているからであり、積極・消極両財産の計算上はともかく、既存債務の支払により財産が現実に減少すべきところを、まだ減少していないのであるから、既存債務を履行するまでは、対価を得ている手形債務者に利得が存するものと解することは、衡平の見地から考慮に値する。特に手形は、多数の手形当事者間の実質関係上の多数の債務を一挙に消滅せしめるために流通におかれるから、手形の授受に際して意図されたように、手形を利用することによってなるべく多くの法律関係が清算されることが望ましい。既存債務を負担していても利得が存するものとすれば、手形所持人は手形債務を免れた利得者に利得の償還を請求することが認められ、利得者がこれに応じればその既存債務は消滅し、その限度で他の手形債務者の実質関係上の既存債務も消滅することになる（平出・前掲論文一四一〇－一四一一頁、平出二七〇頁）。

利得償還請求権者が償還義務者に対して履行を請求しうる義務の内容は、償還義務者が得た利得額についての金銭の支払いであり、その利得は、手形授受の実質関係において取得した対価である。売買代金支払いのために売買契約上の代金額と同額の手形を振出した場合に、手形債務を免れた振出人は必ずしも手形金額について利得を有するとは限らず、原因関係において売買目的物物に瑕疵があるため買主が代金の減額や損害賠償を請求しうる場合には、振出人の有する利得は手形金額よりもそれだけ減少している。手形外で支払がなされれば利得はそれだけ減少し、代金債務が時効によって消滅すれば、利得は消滅することになる。手形債務を免れた振出人が償還すべき利得は受取人との間における原因関係によって定まるから、手形金額と同額の利得償還請求について、振出人は、受取人との間における原因関係上の抗弁事由をもって、償還すべき利得額を争うことができる。したがって、手形法上の利得償還請求権とは、基本的には、手形債権が消滅した場合に、その消滅前に行使しえた手形債権の範囲で、手形債務を免れた利得者に対する実質関係上の既存債権と同じ内容の権利を、利得者に対する手形債権を失った手形所持人に行使せしめ、もしかかる既存債権が支払に代えて振出・裏書がなされた場合のように手形の利用により消滅している場合には、手形を利用しなければ消滅しなかったはずのかかる既存債権と同じ内容の権利を手形所持人に行使せしめ、これにより手形授受の関係者全員にとってその手形関係および実質関係を終了せしめるように、衡平の見地から手形法が特に認めた特別の権利であると解すべきであろう。利得償還請求権は、消滅した手形債権の変形物ではなく、手形債務を免れた利得者に対する実質関係上の既存債権の変形物である（平出・前掲論文一四一三―一四一四頁、平出二七一―二七二頁）。

(3)　利得償還請求権の存続期間と既存債権の消滅時効

利得償還請求権は、手形債務を免れた利得者に対する実質関係上の既存債権の変形物と解すべきであるから、利得償還義務者は、時効の抗弁を含めて、既存債務についての抗弁をもって利得償還請求に対抗しうるものと解すべきである。このように解すると、利得償還請求権について独立の消滅時効を考えるべきではなく、利得者に対する既存債権が時効により消滅すれば、利得が消滅することになり、利得償還請求権の存続期間は利得償還義務者に対する既存債権の消滅時効期間によることになる。したがって、かかる既存債権が商行為によって生じたものであるため五年の時効で消滅すれば、利得償還請求権もこれにより消滅することになる。もし、既存債権が一般の民事債権であるため一〇年の時効で消滅すれば、利得償還請求権もこれにより消滅することになる（平出・前掲論文一四四一頁、平出慶道「手形法上の利得償還請求権の消滅時効期間」商法百選一三九頁、平出二八五頁）。

（1）　民法一四九条の訴の却下とは棄却の場合を含む。我妻・前掲書四六一頁、川島・前掲書四七七頁、四宮・前掲書三一三頁、幾代・前掲書五六四頁、大判明治三六・九・八民録九輯九五一頁、大判明治四二・四・三〇民録一五輯四三九頁、大判大正六・二・二二新聞一二五六号二六頁。

（2）　松本三二八―三二九頁、田中耕四二六頁、山尾三一六頁、伊澤一八八頁、伊沢孝平「手形の呈示と受戻」講座Ⅳ一六六―一六七頁、大隅一三三頁、石井＝鴻二五五―二五六頁、小橋一郎「判例批評」民商三三巻一号二九頁、平出五八―五九頁。

（3）　大判明治三八・六・六民録一一輯八九三頁、大判明治三九・六・二八民録一二輯一〇四五頁、大判明治四四・

四・一一民録一七輯一九四頁、大判大正一三・三・一七民集三巻五号一七三頁、大判昭和二・三・八民集六巻三号八六頁、大判昭和七・四・二八民集一一巻八号七六一頁。最一判昭和三六・七・二〇民集一五巻七号一八九二頁は、さらに、受戻証券性をも理由とする。

(4) 田中耕一九一頁・四二六頁、我妻榮・新訂民法総則四六六頁、田中誠二六五—二六六頁、伊澤一九六頁、鈴木竹雄「判例研究」法協八二巻三号四〇七—四〇八頁、大隅六〇頁、大隅健一郎「手形・小切手と時効の中断」判例評論四三号二頁、石井＝鴻一二二—一二三頁、喜多川篤典「手形時効」講座V一二三頁、小橋一郎「判例批評」民商四六巻二号三二三—三二四頁、蓮井良憲「手形と時効中断」商法の判例第三版二三七頁、島十四郎「手形の時効中断」新商法演習3二五五—二五七頁。

(5) 田中誠二六五頁、大隅健一郎「手形の時効」伊澤還暦四九九頁・五〇二頁、同「判例批評」民商五三巻一号九九—一〇〇頁、喜多川・前掲論文一二四頁、蓮井・前掲論文二三八頁、今井宏「手形債権の時効中断と手形の所持」銀行百選（新版）一二一—一二二頁、鴻常夫「手形を所持しない者の裁判上の請求と時効中断」百選（新版・増補）二四五頁、平出六二一—六三頁、平出・前掲論文一七八頁、島・前掲論文二五八—二五九、最三判昭和三九・一一・二四民集一八巻九号一九五二頁。

(6) 竹田四六頁、大隅＝河本一九〇頁、大野実雄「振出人と受取人との関係」講座II一二八頁、高窪・通論三六三頁、船越隆司「判例批評」判例評論二三九号一二頁、梅本吉彦「商事判例研究」ジュリスト六七〇号一六二頁、最一判昭和四三・一二・一二裁判集民九三号五八五頁・判時五四五号七八頁。反対、奥島孝康「手形金請求訴訟の提起と原因債権の消滅時効の中断」昭和六二年度重要判例解説一一八頁、木内二八七頁、大塚・前掲論文八四六頁。

(7) 竹田省「判例批評」民商六巻四号六九八頁、大隅健一郎「手形の時効」伊澤還暦五〇八頁、大森忠夫「白地手形」講座II六四頁、上柳克郎「白地手形補充権の消滅時効」会社法手形法論集四九七頁、長谷川雄一「白地手形に固有の抗弁」愛知大学法経学会法経論集法律篇八四号七六頁。

(8) 大隅九八頁、大隅・前掲論文五一〇頁、菅原菊志・最新手形判例コメント（服部栄三編）二八頁。谷川久「白地手形の補充権の消滅時効」新商法演習3一二四頁は、時効期間の起算点は、満期日を補充しうべき事情が具体化した時、すなわち、形成権の行使が内容確定により具体的に可能となった時とする。喜多川篤典「手形時効」講座

V一一八頁は、条理解釈として、時効期間を振出日から三年とする。
(9)　河本一郎「判例研究」商事法務六〇一号二一頁、今井宏「満期白地の手形の補充権の消滅時効」昭和四四年度重要判例解説七八頁、本間輝雄「白地手形による訴提起と時効の中断」昭和四五年度重要判例解説一〇一頁、平田伊和男「判例批評」民商六一巻六号一〇八〇―一〇八一頁。なお、境一郎「白地手形の補充権」法学教室5一五九頁、星川長七「白地手形の法理」手形研究一一六号八―九頁、大森・前掲論文六五―六六頁・六七頁(七)、安達三季生「新白地手形法論」法学志林七三巻三・四合併号八一―八四頁、菱田政宏・商判研昭和四二年度一事件七―九頁参照。
(10)　もし、満期の到来している手形と同視するならば、交付の日を満期日とする確定日払手形ではなく、むしろ、補充されるまでは一覧払手形と同視する方が妥当であろう。大橋光雄「白地手形の補充権の消滅時効」論叢三七巻三号五六八頁・五七〇頁、菱田・前掲論文八頁。
(11)　小町谷操三・判民昭和八年度九三事件三五五頁、同・商判研昭和三七年度六一事件三三七頁、伊澤孝平「判例回顧」法学三巻八号八八七頁、伊澤三六三頁、大隅健一郎＝河本一郎・増補手形法・小切手法六一一頁、大森・前掲論文八〇頁、河本・前掲「白地手形」七五頁。反対、薬師寺・前掲論文一一号一五三九頁、大濱信泉・手形及小切手法三六六頁。
(12)　大森忠夫「判例批評」民商五六巻五号七八四―七八五頁、同「白地手形による訴の提起と時効の中断」松田判時在職四十年記念会社と訴訟下九五〇頁、服部榮三「商事判例批評」法学三二巻三号一三一頁、平出慶道「白地手形による訴提起と時効の中断」百選(新版・増補)一六八頁。
(13)　大隅健一郎「手形の時効」伊澤還暦五〇六頁、大森・前掲「判例批評」七八五頁、大森・前掲「白地手形による訴の提起と時効の中断」九五一―九五二頁、小島孝「白地手形」商法の判例(第三版)二〇九―二一〇頁。なお、大隅健一郎・私と商事判例二九七―三〇一頁。
(14)　松本九四―九五頁、竹田五五頁、田中耕一九三頁・一九五頁、小町谷五五頁、山尾六五頁・九六頁、伊澤孝平「手形法上の利得償還請求権」時報一四巻一号五〇頁、大隅六二―六三頁、大隅＝河本四〇八頁、納富義光「手形の利得償還請求権」論叢三五巻五号一一二九頁、大判昭和三・一一・九民集七巻一号一頁、大判昭和一三・五・一〇民集一七巻一一号八九一頁、最三判昭和三四・六・九民集一三巻六号六六四頁。

(15) 松本九七頁、田中耕一九八頁、田中誠二七六頁、鈴木＝前田三三八頁、石井＝鴻一四二頁、豊崎光衛「利得償還請求権の発生と原因債権との関係」百選（新版・増補）一二七頁、浜田・前掲論文一四二頁、河本一郎「利得償還請求権」総合判例研究叢書商法（6）二三三頁、鴻・前掲論文一六八頁、蓮井良憲「判例批評」民商四七巻一号一一九—一二〇頁、佐藤庸「利得償還請求権の性質」百選一〇一頁。

(16) 松本九七—九九頁、竹田五七頁、田中耕一九八頁、田中誠二七七—二七八頁、伊澤・前掲論文五一頁、鈴木＝前田三三八—三三九頁、大隅六四頁、石井＝鴻一四二—一四三頁、浜田・前掲論文一四三頁、鴻・前掲論文一七二頁、大判大正五・一〇・四民録二二輯一八四八頁、大判大正六・七・五民録二三輯一二八二頁、大判大正八・二・二六民録二五輯三八一頁、大判昭和二・三・三新聞二六六九号一三頁。

(17) 竹田五六頁、田中誠二七七頁、伊澤・前掲論文五一頁、鈴木竹雄「小切手の預入と預金の成立」商法演習Ⅱ一八七頁、大隅六三頁、石井＝鴻一四三頁、浜田・前掲論文一四三頁、蓮井・前掲論文一二一頁、河本・前掲論文二三一—二三二頁、大判大正九・一一・二九民録二六輯九四頁、最二判昭和三六・一二・二二民集一五巻一二号三〇六六頁。反対、鈴木＝前田三四二頁（九）、高窪利一「原因債権の時効消滅と利得償還請求権」判例評論八七号三頁。

（追記） 本稿は、一九八〇年に企画された河本一郎＝小橋一郎＝高窪利一＝倉澤康一郎編『現代手形小切手法講座第五巻』（成文堂）に収録予定の「手形時効とその中断」を、刊行予定がたたないため、成文堂の諒解をえて、筑波大学大学院企業法学専攻十周年記念論集『現代企業法学の研究』に寄稿したものである。将来『現代手形小切手法講座第五巻』が成文堂から刊行されるときは、本稿はこれに再録されることになろう。

サイバースペースにおける国際取引紛争
──不法行為に関する訴訟の管轄──

三井哲夫

(1) まえがき

サイバースペースにおける国際取引紛争の訴訟的側面については、既に論じたが、[1]本稿では、その各論的部分のうち、不法行為に関する訴訟の管轄について述べることにする。契約に関する訴訟の管轄については別の機会に譲りたい。[2]

(2) アメリカの判例に現れた諸事例

現在のところ(日進月歩のコムピューターの世界では、その変化が速いことは一応考慮に入れなければならないが)アメリカの判例に現れた事案は国際事件と言うよりも専ら州際事件で、而もその殆どが商標権侵害に関する。[3]これ等の事件では、原告はそれが特別管轄 (specific jurisdiction)[4] に属することを根拠にして自己の住所地に訴を提起することが多い。

この場合、法廷地法にその根拠を置くにせよ[5]「適正な手続」(due process)という憲法上の観念に依拠するにせよ[6]更には、この両者を混同するにせよ[7]問題解決の鍵はインターネット上の活動によって被告と法廷地との間に密接な関連が生ずるに至ったかに係っていると言って良い。アメリカの判例の態度は必ずしも一貫していないが、概して原告の住所地の管轄を認める方向に向かっているものと思われる。[8]以下に、次の三場合に分けて説明しよう。

(一) 被告がウェブ上に（受動的な）ホームページを開いたとき
(二) 被告がインターネットを利用して（積極的な）取引をしたとき
(三) 被告がウェブ上にユーザーとサーヴァーとが情報を交換できる対話型のサイトを開いたとき

(3) 被告がウェブ上に（受動的な）ホームページを開いた場合

先ず、第一の型に属するものとしては Bensusan Restaurant Corp. v. King(9) がある。この事案の内容は、次のようなものであった。「ブルー・ノート」なるミズーリのナイトクラブの所有者が、インターネット上に次回公演の広告をして座席予約のための電話番号を付記した。ところが、ニューヨークには、このナイトクラブとは無関係で同名の商号を登録したジャズクラブがあった。そこでニューヨークのクラブの所有者は、ミズーリのナイトクラブの所有者を被告として、商号権の侵害を理由とする訴をニューヨークの裁判所に提起した。このように、広告のための（単に受動的な）サイト・ウェブの存在が原告の住所地の管轄を肯定するに足りる密接な関連となり得るか。ニューヨークの連邦地方裁判所はこれを否定した。サイトを開くことは、商取引の流れに従って製品を流通に置く（placing a product in the stream of commerce）のと同じように全国的、時には全世界的であり得るが法廷地の州に直接向けられた行為（act purposefully toward the forum state）ではないと言うのである。ニューヨークのユーザーがミズーリのナイトクラブのサイト・ウェブにアクセスしてニューヨークのクラブと関係があると勘違いするかもしれないということを被告（ミズーリのナイトクラブ）が予見しうるとしても、それだけではニューヨークの裁判所の管轄を肯定するには十分とは言えない。ミズーリのナイトクラブのサイトは、地方的なもので（顧客の九九パーセントはミズーリ）、ニューヨークの居住者のアクセスを当てにしている訳ではない。

本件では、被告の営業開始は、原告の商号登録（一九八五年）に先立つ一九八〇年であること、被告のサイト・ウェブには同クラブがミズゥリにあることが明記され、更に「このブルー・ノートのサイバースポットをニューヨーク、グリニッチヴィレージの中にある世界でも有数のジャズクラブの一つである『ブルー・ノート』と間違えないようにお願いします。ビッグ・アップル（ニューヨークの俗称）にお出での節は、是非同クラブにお立ち寄り下さい。」("The Blue Note's CyberSpot should not be confused with one of the world's finest jazz club Blue Note, located in the heart of New York's Greenwich Village. If you should ever find yourself in the big apple give them a visit.")との記載があり、ニューヨークのジャズ・クラブにリンクできるようになっていたこと、インターネットでチケットの購入は出来ないことなどが被告に有利な要素となった。

このような考え方は、その後も多くの事件で受け継がれている。(10)

(4) 被告がインターネットを利用して（積極的な）取引をした場合

次に第二の型に属するものとしては、第六巡回区連邦控訴裁判所に係属したCompuserve Inc. v. Patterson事件がある。(11) この事案は次のようなものであった。コムピュサーヴ社は、その本社所在地でありサーヴァーの所在地でもあるオハイオの裁判所に、テキサスの弁護士パターソン氏を被告として、同社がパターソン氏の商標権を侵害していないことの確認を求める訴を提起した。両者は、インターネットへのアクセスに関する契約の他に、パターソン氏が他のユーザーの利用に供するために作成したソフトをロードすることが出来るという〝Shareware Agreement〟を締結した。このソフトの使用料はユーザーからコムピュサーヴ社に支払われ、同社は手数料を差し引いて残額をパターソン氏に交付していた。なお、〝Shareware Agreement〟にはオハイオ州法を選択するとの合意はあったが、オハイオの裁判所を選択するとの合意はなかった。一九九一年から一九九四年までの間にパターソン氏は〝WinNAV〟と名付けたインターネット上のナヴィゲーションを容易にする三二のソフトをロードし、コムピュサーヴ社のネット上に広告した。パターソン氏がオハイオに居住する者にソフトを販売することによって得た金額は六五〇ドルである。ところが、コムピュサーヴ社は最近パターソン氏のそれに似たプログラムを似たような名前で商品化したので、パターソン氏はその発売差止を求めて紛争が生起した。控訴裁判所は、歴史的に見て、商業の拡大と輸送・通信手段の発達によって「適正手続条項」(due process clause) が裁判所の管轄に課した制限 (limits that the Due Process Clause imposes on a court's jurisdiction) は緩和の方向に向っているとして[12]、被告の防御権の重要性は否めないとしても、被告が争う上での不便 (inconvenient litigation) をそれ程顧慮する必要はないとする。何故かと言えば、仮令裁判所が遠隔の地にあっても、ビジネスを行うにせよ、訴訟を追行するにせよ、さして不都合はないからである。また、パターソン氏がコムピュサーヴ社との契約に基き同社のシステムに自己のプログラムをロードし、その広告をしたことによって〝pueposeful availment〟は充たされている。その期間や反覆性、パターソン氏の資格などから見て、法廷地に関連があることは明白である。オハイオの居住者と契約したことやソフトをロードしたことが管轄事由となるか否かは、疑わしい (at best a dubious ground for jurisdiction) けれども[13]。パターソン氏は、企業家であって消費者ではないから、オハイオと関係を結ぶことを承知の上で、そこから利益を得ることを期待したのである。更に、この法律関係に自州の法律が適用されること及び原告が自州に居住していることもオハイオの管轄を認める根拠となる[14]。この他にも、インターネットの積極的な利用に関して同旨の判例がある[15]。

(5) 被告がウェブ上にユーザーとサーヴァーとが情報を交換できる対話型のサイトを開いた場合

最後に、情報交換のための対話型サイトに関しては Maritz Inc. v. Cybergold Inc. がある[16]。サイバーゴールド社は、カリフォルニア州のどのサーヴァーからもアクセスし得るサイト・ウェブを開設していた。このサイトから得られるのは、予約者に役立つ広告の未公開情報で、このサイトにアクセスする者は、情報が配信されたことが判るように連絡先を告知することが求められていた。サイバーゴールド社は、スポンサーから広告料を取る筈だったのである。ところが、ミズーリのマリッツ社が、サイバーゴールド社は同社の商標権を侵害しているとして、自己の本店所在地に訴を提起した。裁判所は、サイバーゴールド社は、仮令その者が何処に居住しようと、インターネットにアクセス出来る全ての者に達することを意図して、[17] ユーザーに積極的に働きかけていたもので、決して消極的な態度に終始したとは言えないから、不法行為地であるミズーリ州法を適用すべく、「適正な手続」(due process)の要請も充たされていると判示した。法廷地の裁判所が管轄権を行使することには合理的な根拠があり、法廷地及び原告の利益にも合致すると言うのである。[18]

(6) これ等の判決から導かれる結論

カウフマン・コーラーは、これ等の判決から次のような結論を導いている。[19]

それは、先ず第一に、管轄はインターネット利用の頻度に係っているということである。例えば、Peyman & Khoobehi v. Johns Hopkins University（学生及び寄付金の募集）：Butler v. Beer Across America（一回限りのビールの注文）：Citigroup Inc. and Citicorp. v. City Holding Co. and City National Bank Of West Virginia（ローンの申込受付）：Zippo Mfg. Co. v. Zippo Dot Com. Inc.（三〇〇〇名の個人と七のプロヴァイダーが登録）：Maritz Inc. v. Cybergold Inc.（州外からのヒット数が一三一あった。）などがそうである。

次にインターネットの利用から被害を受けた者がある場合には、この者が訴訟を起こしやすいようにとの配慮である。[20] 例えば、Standard Knitting, Ltd. v. Outside Design, Inc.（原被告がともに密接な関係がある州への移送）がその典型であろう。この点は、渉外的な事件については特に肝要である。

これに反し、インターネット利用の商的色彩は、それ程決定的なものではない。[21] インターネットの利用が商業的な目的を有するかどうかは、消費者と商人を区別する際にしか実益を有しないからである。[22]

(7) ブラッセル条約における具体例

ブラッセル条約第五条第三号は、不法行為の訴につき、被告の住所地の他に不法行為地の裁判所の管轄を認めており、共同体裁判所は、行動地と結果発生地とが異なる場合には、その何れにも訴を提起しうるものとしている。(23) これらの何れもが、「証拠面と訴訟の追行に関し特に役立つことが」明らかで、(24) 同号の法意が凡ゆる種類の民事責任を包含する広範なものであり、また、行動地を優先させることは、それが屡々被告の住所地と一致する結果となるし、反対に結果発生地を優先させれば、損害発生の原因に極めて近接した地点を排除することに成り兼ねないからである。(25)

尤も、このような原告住所地の裁判所の管轄権の拡張は、被害が主観的または客観的に間接的であるとき、すなわち間接の被害者または直接の被害者の間接的な損害に関しては制限される。例えば、一九九〇年のデュメズ事件(26)では、結果発生地を直接の被害者が損害を受けた地に限定し、間接の被害者が損害を被った地を排除した。(27) また、一九九五年のマリナリ事件(28)では、直接の被害者の損害を当初の損害に限定し、間接の損害を排除した。更に、新聞紙上の名誉毀損に関するシェヴィル事件(29)では、この原則が非財産的な損害にも及ぼされた。また、出版社の本社所在地のほか結果発生地すなわち「被害者が知名人である所で、その出版物が流布された地」も不法行為地であるとされたが、前者の管轄裁判所は、全損害について審理できるが、後者の裁判所は、その国で生じた損害についてのみ審理し得るものとされた。(30)

(8) 個別的な管轄事由の検討

インターネット上の行為によって惹き起こされる損害賠償問題は、通常の不法行為ばかりでなく、知的所有権や人格権の侵害、不正競争、製造物責任(例えば、既にウィルスに汚染されているソフトの商品化)更には不当利得など多岐に亘っているが、(31) これらの事項については、既に多くの個別的な管轄事由が認められている。

そこで、これらのインターネット外の行為について定められた個々の管轄事由がインターネット上の行為にも適応し得るかを先ず検討し、次で　インターネット固有の管轄事由があり得るかを検討することにする。

(9)　普通裁判籍——被告の住所地（forum defensoris）

「原告は被告の裁判籍に追随する。」[32]（"actor sequitur forum rei."）という原則は、二九三年のディオクレチアヌス＝マクシミリアヌス帝の勅法以来殆ど全ての国の民事訴訟法に採用されている原則であり、不法行為地が何処であるにせよ、この原則的な管轄を排除する理由はない[33]。しかし、いわゆる「マレーシア航空事件」[34]でも明らかなように、特に渉外的な訴訟の場合には、管轄事由をそれだけに限定すべきではあるまい。被告の住所地乃至本店所在地が原告の住所地から余りにも遠隔[35]で原告が出訴を諦めざるを得ないようなときには、この管轄事由だけに限定すると「裁判を受ける権利」の侵害ともなり兼ねないからである[36]。

(10)　特別裁判籍——不法行為地

不法行為に関する訴は、不法行為地の裁判所が管轄権を有する（forum delicti commissi）という原則もローマ法以来認められているものだが[37]、行動地と損害発生地が幾つかの国に跨っているときには、その何れが「不法行為地」であるかという問題を生ずる[38]。この問題は、不法行為の準拠法を「不法行為地」とする場合にも生ずる問題だが、管轄原因としての「不法行為地」には、それに独自の問題がある。

(11)　行　動　地

仮令インターネット上の活動が仮想のものであるとしても、現実には特定の人間が特定の場所で現実の活動をしているのであるから、インターネット上の不法行為にも行動地は存在し得る[39]。すなわち、それはインターネット上に加害的なメッセージをロードした地（例えば、サーヴァーにホームページがアップロードされた地や電子メールを発信した地）である。[40]

これをサーヴァーの所在地にしても余り意味がない。[41] その多くは良からぬ理由から、サーヴァーが配置されているのは、規制の甘い『電脳天国』（Paradis numérique）のことが多いからである。[42] また、メッセージをロードした地は、サーヴァー所在地に一致することもあるし、移動中にノート型パソコンでロードした場合には、偶然に左右される意味のないものとなる。[43]

そこで、学者によっては、不法行為地はサイバースペースであるとして、地理的な不法行為地の存在を否定する者もあるが[44]必ずしも正当とは思われない。存在するのはあくまでも現実の空間とそこに通信手段として張り巡らされたネットワークに過ぎないからである。[45]

こう見てくると、不法行為地（行動地）の管轄は原告よりも寧ろ被告に有利なことが判る。また、裁判所に関しての実益は、証拠収集の面だけに限られる。[46]

⑿　損害発生地

フランスの学説判例は長い間、行動地よりも損害発生地を優先させるべきものとしてきた。[47] ただ、この点は損害発生地が数カ国に跨るような場合には、ある国の裁判所が損害の全部について（すなわち、他国で発生した損害も一括して）審理することが出来るかという問題を生ずる。

既に述べたように、シェヴィル事件では、損害発生地の裁判所は、自国の領域内で生じた損害についてのみ管轄を有するとされた。その根拠は、損害発生地の裁判所は損害の算定に最も適しているという点に存する。[48] しかし、このような損害算定の細分化（fragmentation）は、果たして正当であろうか。場合を分けて検討しなければならない。

⒀ 審判の範囲

前記のような損害算定の細分化に対しては、次のような批判が考えられる。

㈠ 先ず、これを不法行為一般にまで及ぼして良いかどうかは疑問である。(49)

㈡ 次に、各国ごとに損害を算定することは、管轄規則の統一を目的としたブラッセル条約の理念に反する。(50)

㈢ また、人格権侵害に関して、これを地域ごとに分断して損害額を個別に算定することは、世界的に知られている人または会社については余りにも技巧的で、適切であるとは思われない。(51) 一個の裁判所で統一的に審理した方が、当事者の便宜という点でも、判決の牴触を避けるという面でも、各国でバラバラに審理するよりも望ましい結果が得られよう。同一の訴訟物について各国で平行して訴訟が起こされるというのは、被告にとっても必ずしも利益とは言い得ないからである。(52)

㈣ 尤も、知的所有権の属地主義は、このような分断を肯定する一要素とはなり得るが、各国の裁判所は、次第に、知的所有権が他国で侵害された場合にも、これに関する紛争を審理しようとする傾向にあるし、(53) 特に著作権に関して属地主義は相応しくないと言えるけれども、(54) この原則が今日では深く根付いていることも認めざるを得ない。(55) ヨーロッパ共同体の知的所有権法でさへ、知的所有権侵害（contrefaçon）に関する裁判所の管轄権をその国の領域で犯されたものに制限しているのである。(56) それ故、知的所有権の保護が求められた地の裁判所に特別の管轄権を認めなければならず、その結果、紛争の分断が生ずることになる。(57)

㈤ 不正競争の領域においても同じような問題が起こり得る。この場合には被害を受けた市場地の裁判所が管轄権を有することになるが、その管轄権はその市場地に与えた損害に限定される訳である。(58) しかし、後に述べるごとく、インターネットは世界的な市場に関する訳だから(59) 仮令若干の例外は認めなければならないとしても(60) 裁判所の管轄権を自国の市場にだけ限定することは適当でないと言わなければならない。(61)

(14) 管轄裁判所の適正

インターネットに流されている情報は何処でもアクセス出来る訳だから当初の損害は地球上至る所で発生することになる。(62)

他方、経済的な損害は、被害者の住所、常居所、本店所在地等で発生する訳だから、この両者は常に一致するとは限らない。そこで、当初の損害発生地の裁判所に全て管轄権を認めるとすれば、管轄裁判所が多数存在し、その中から自由に選択できるという点では原告にとって便利だが、自己の住所等で訴訟が出来ないと、証拠の提出などに困難が生ずるほか、管轄裁判所が遠隔の地にしかないという不利益も生じ得る。(63) 一方、被告にしてみれば、そのように管轄裁判所が多数存在することは、迷惑を通り越して、不当とさへも言い得るが、(64) インターネットのグローバルな本質から見て、このように多数の管轄裁判所があり得ることを当然に予測すべきであるとも考えられる。(65) そこで、これに対しては二つのことが考えられる。原告の住所地の裁判所に管轄権を認めることとサイバースペース裁判所の創設である。

(15) 原告の住所地

被害者が経済的な損害を受けた地すなわち原告の住所地の裁判所に管轄権を認めることは、損害発生地の観念と矛盾しないから、多くの学者の支持を得ている。原告は、多数の管轄裁判所の中から準拠法の指定や訴訟追行上の利益などを考慮して自己に都合の良い裁判所を選択する自由を失う代わりに、自己のホームグランドで戦う有利を手にすることが出来るからである。それは特に、証拠の収集及び損害額の算定という面で好都合と言えよう。

他方、被告にとっても、相手方である原告が自己の都合だけで選択した裁判所を強制されないという点では不利益が少ない。特にインターネットによって生ずる当初損害の潜在的偏在性 (ubiquité potentielle) 乃至は多地域性（plurilocalisation）を考慮すれば、経済的な損害の発生地の裁判所の管轄権を認めることは、被告にとってそれ程不利とは言えない。法廷地が被告にとって遠隔の地にあるということは、それが単に距離的に遠隔であるということばかりではなく、文化特に法文化や裁判制度の差異、更には訴訟費用の甚だしい高額など被告にとって防御の機会を妨げるような凡ゆる状況を含むからである。(66)

そしてまた、この原告の住所地の裁判所の管轄権を認めなければサイバースペース海賊やインターネットごろの跳梁に力を貸すことにもなり兼ねない。(67) そこで、被告の保護を優先させるべきであるとする国際民事訴訟法の基本原則のための安全弁として、「フォラム・ノン・コンヴェニンス」(68)の考えを導入すべきであるということになるのである。(69)

⒃　サイバースペース裁判所の創設

被告の住所地の裁判所を選ぶにせよ、原告の住所地の裁判所を選ぶにせよ、それが次善の策であることは争えない。何故かと言えば、それは結局、不法行為に関して距離や国境というものがまるで問題にならず、瞬時にして多数の人と接触できるインターネット上の仮想世界と、そのようなことを全く考慮に入れていない従前の紛争解決パターンとをうまく調和させることが出来ないからである。(70) かくて、書面の交換が電子メールでなされ、ヴィデオ会議の形式で審理がおこなわれるようなサイバースペース裁判所というものが国際的な規模で設置されれば、法廷地などというものがなくなってしまうということになるのである。(71)

⒄　ま　と　め

以上を要約すると次の三点になる。(72)

㈠　知的所有権の属地主義が別の解決を導く場合を除き、インターネット上でなされた不法行為については、被告の住所地の裁判所の管轄権の他に、原告の住所地の裁判所にも、それが被告に対してアンフェアでない限り、全損害についての管轄権を与えるべきである。

(二) 通信手段の全世界的な規模での発展は、紛争解決のグローバル化に対応したサイバースペース裁判所の設置を要請している。

(三) インターネットのグローバルな性格は、また、国内裁判所の管轄権の条約による規制を要請している。それがなければ、各国の主権ごとにブロックされた現在の混迷から抜け出すことが出来ないからである。[73]

(1) 三井・「サイバースペースにおける国際取引紛争――その訴訟的側面」創価法学三〇巻一号所収

(2) 創価法学三〇巻二号に掲載の予定。

(3) アメリカの判例の詳細に関しては Aciman ; "Les communications via Internet et les sites web permettant aux demandeurs d'obtenir la compétence des tribunaux dans les actions", Rev. dr. aff. int. 1997, p. 585 及び Baumann ; "Personal Jurisdiction and Internet Advertising", The Computer Lawyer, 1997, p. 1 参照。また、Gahtan, Kratz & Mann ; "Internet Law", 1998, p. 321-328 にも詳細な分析がある。

(4) 被告が法廷地と「或る程度の関連」(certain minimum contacts) を有することに基ずく管轄権で、被告の住居等により認められる一般管轄権 (general jurisdiction) に対する。

(5) IDS Life Insurance Co. v. Sunamerica Inc., 958 F. Supp. 1258 (N. D. Ill. 1997) : Lexis 56 (被告会社はメリーランドで設立され、ロサンゼルスに本店があり、イリノイには何の財産も有せず、社員も駐在せず、現実に何の取引もなく、イリノイでは税金も納めていないで、単に全国的なキャムペーンをインターネット上で行っているだけでは、法廷地 (イリノイ) の管轄権を肯定すべき密接な関連は認められないとする。)

同趣旨のカナダの判例としては、Braintech, Inc. v. Kostiuk : (Court of Appeal for British Columbia, March 18, 1999) 1999 BCCA 0169 : Docket : CA024459 (ブリティッシュ・コロムビアにドミサイルを有するネヴァダ会社である原告が、テキサスの住人でもなく同地で何の業務も行っていないヴァンクーヴァー在住の被告に対して、テキサスの裁判所で得た欠席判決に関し、問題になったインターネット上のチャット・フォラムにおける中傷的コメントをテキサスでは誰も見ておらず、当事者のいずれもテキサスに関係がないから、テキサスの裁判所には管轄権がないとして、その執行を拒否した。）がある。

（6） Inset Systems Inc. v. Instruction Set Inc. 937 F. Supp. 161 (D. conn. 1996) Lexis 7160（原告会社はコネチカットに本社を有するコネチカット法人で "INSET" という商標を登録していたところ、マセチューセッツに本社を有するマセチューセッツ法人である被告会社が "INSET. COM" というドメイン・ネームを取得して自社商品の広告を始めたので、商標権侵害でコネチカットの裁判所に訴えた。この事件の争点は、原告の商標権侵害の主張に対して、コネチカットに事務所もなく、社員も駐在せず、何等の恒常的な業務もしていない被告会社がコネチカットのロング・アーム法により同州の裁判所の管轄権に服するかが争われた。裁判所は、同州のユーザーにとつて何時でもアクセス可能なインターネットに広告を出したことは、同州の居住者に対して意図的に広告活動をしたもので、被告と法廷地との間に憲法上要請される "minimum contacts" が認められるとしてロング・アーム法の適用を認めた。）この判決は後記(3)に列挙する判例の流れに逆行するようにも思われるが、コネチカットとマセチューセッツとの間の距離が二時間以内に過ぎないことが裁判官の心理に影響を与えたのではないかと思われる。（at 165）

（7） Compuserve Inc. v. Patterson, 89 F. 3d 1257 (6th Cir. 1996) この判決については後記(4)参照。

（8） KAUFMAN-KOHLER ; "Internet : mondialisation de la communication－mondialisation de la résolution des litiges?", in "Internet : Quel tribunal décide ? Quel droit s'applique?", Acte du Colloque international en l'honneur de Pelichet, 1998, no. 4. 1, p. 105 例えば、Edias Software International, L. L. C. v. Basis International Ltd., 947 F. Supp. 413 (D. Ariz. 1996) Lexis 18279 では、被告が原告を害することを知りながら、名誉毀損的言辞を一部の顧客にEメールで送信し、更に被告のウェブ・ページ及びコムピュサーヴのフォラムにポストしたときは、原告住所地の裁判所の管轄を認めるに十分であるとされている。

また、Playboy v. Chuckleberry, 939 F. Supp. 1032 では、プレイボーイ誌は、アメリカで発行、配送、輸入、販売される雑誌の表紙に「プレイメン」の語を使用することを禁ずる差止命令（injunction）を得ていたが、イタリアで販売されるものにその語を使用することを禁ずる差止命令は得ていなかった。イタリアにこの語を使用したウェブ・サイトが開設され、アメリカの顧客に登録のためのファックスを送るように勧誘し、Eメールでパスワードを送信したときは、前記の差止命令で禁ぜられたアメリカにおける「配送」(distribution)に当たるものとされた。

(9) 937 F. supp. 295 (S. D. N. Y. 1996):126 F. 3d 25 (2d Cir. 1997)

(10) 例えば、Cybersell Inc. AZ. v. Cybersell Inc. Fla., 130 F 3d 414:1997 WL. 739021 (9th Cir.) では、被告(フロリダ法人)がアリゾナの住民に対して、ウェブ・ページに電話番号を掲載するに留まり、そのホームページに誰でもアクセス出来る以上の積極的な行動をしていないときには、アリゾナの裁判所の特別管轄権を認めるには十分でないとされた。

同旨 Smith v. Hobby Lobby Stores Inc. v. Boto Co. Ltd., 986 F. Supp. 1356 (W. D. Ark. 1997)(いわゆる「不法死亡訴訟」("wrongful death action":不法行為によって死亡した者の近親者が提起する。)に引き込まれた第三者である香港の会社について、単にウェブ上で広告していただけでは、アーカンソーと密接な関係がないとされた。)

また、Hearst Corp. v. Goldberger, 1997 WL. 97097 (S. D. N. Y.) では、インターネット上の活動が全国規模でなされ、特定の州の住民を対象としたものでない場合にも、ニューヨーク州の裁判所の特別管轄権を認めなかった。更にMcDonough v. Fallon McElligott, Inc. No. 95-4037, 1996 US Dist. Lexis 15139, 40U. S. P. Q. 2D(BNA) 1826 (S. D. Cal. Aug. 1996) では、法廷地以外でウェブ・サイトが開設されたときには、仮令法廷地の住民がそれにアクセス出来るとしても、それだけでは特別管轄権を認めるに十分でないとされた。これに反して、原告の住所地の管轄を認めたものに Inset Systems Inc. v. Instruction Set Inc.(前記(2)注(6)参照)の他 Maritz Inc. v. Cybergold Inc. 1996 U. S. Dist. Lexis 14978 (E. D. Mo. 1996)(州外からのヒット数が一三一あったことを理由にミズゥリ州の裁判所の管轄権を認めた。):Telco Communication v. An Apple A Day, Civ. Act. No. 97-542-A (E. D. Day, Civ. Act. No. 97-542-A (E. D. Virginia September 24, 1997)(ウェブ上に広告乃至勧誘をポストすることで特別管轄権を認めるに十分であるとする。):Resuscitation Technologies Inc. v. Continental Health

Care Corp, 1997 WL. 148567（S. D. Ind. 1997）（Eメールの大々的な交換（extensive exchange of e-mail）は、特別管轄権を認めるに十分であるとする。）がある。

　最近のものとしては、American Online, Inc., and ICQ, Inc. v. Chih-Hsien Huang, et al. 2000 U. S. Dist. Lexis 10232（E. D. Va. July 13,2000）（カリフォルニアの会社である被告が、そのウェブ・ページで原告の商標権を侵害するドメイン・ネームを使用・登録しているとしてヴァージニアの裁判所に訴えられたので、同地の裁判所には管轄権がないと主張した。裁判所は被告の主張を認め、ドメイン・ネームをヴァージニアに登録しただけでは、同地の裁判所に管轄権は生じないと判示した。）

　Uncle Sam's Safari Outfitters, Inc. v. Uncle Sam's Army Navy Outfitters-Manhattan, Inc. No. 4：99 CV 1633 DDN（E. D. Mo. Apr. 13,2000）96 F. Supp. 2d 919；2000 U. S. Dist. LEXIS 6523（ニューヨークの会社が開設したウェブ・サイトが自社の商標権を侵害しているとして、ミズゥリの会社が、ミズゥリの裁判所に提訴し、これに対して、被告会社は同州の裁判所には特別管轄権がないとして争った。裁判所は、被告会社は対話型のウェブ・サイトを開設しただけで、オンラインで注文を受けるシステムはまだ工事中である段階（勿論まだミズゥリからは一件も電子取引による注文を受けていない。）では同州には“minimum-contacts”は生じないとした。商品注文のためのフリー・ダイアルの番号をウェブ・サイト上に示しただけでは特別管轄権を肯認すべき十分な根拠とは言えないというのである。）

　Roche v. Worldwide Media, Inc., 90 F. Supp. 2d 714（E. D. Va. 2000）：2000 U. S. Dist. LEXIS 4035（原告はヴァージニア州の弁護士で“triallawyer. com.”というドメイン・ネームでウェブ・サイトの開設をNetwork Solutions, Inc. に登録して、取得したサイトを点検したところ、フロリダ市民である被告が開設した、法律実務とは全く無関係なポルノに誰でもアクセス出来るような“triallawyer. com.”というサイトにリンクしており、そのために深く傷付いた（“deeply offended and disgusted”.）としてヴァージニアの裁判所に提訴した。しかし、裁判所は被告のサイトは受動的なものである（被告はインターネット上にウェブ・サイトを開設した以外何もしていない。ヴァージニアで商品を売ったわけでもなく、人を雇ったわけでもない。同所で会合を開いてもいないし、広告もしていない。）から、ヴァージニアの裁判所には管轄権がないとした。）

Nutrition Physiology Corp. v. Enviros Ltd. et al., 87 F. Supp. 2d 648（N. D. Texas, March 9,2000）（被告がウェブ上にテキサスでアクセス可能な（受動的な）ホームページを開いただけで、そのサイトを通じてテキサスで何等の取引もしていないときは、テキサスの裁判所の管轄権を認めるに足りる関連がないとされた。）

Westcode v. RBE Electronics, 2000 U. S. Lexis 815（E. D. Pa. Feb. 1. 2000）（被告が宣伝や情報提供のためだけの受動的なウェブ・サイトを開設しただけでは、その地の裁判所の管轄権を認めるに十分でないとする。）

Soma Medical Int'l v. Standard Chartered Bank, 1999 U. S. App. Lexis 31227（10th. Cir. Dec. 1. 1999）（被告がユタ州でアクセス可能な受動的ウェブ・サイトを開設しただけでは、同地の裁判所の管轄権を認めるのに十分ではないとした。この事案の詳細については山下「ネット・フロンティアの攻防」・一三六頁以下参照。）

(11) Compuserve Inc. v. Patterson, 89 F. 3d 1257 (6th Cir. 1996)

(12) Compuserve Inc. v. Patterson, 89 F. 3d 1262

(13) Compuserve Inc. v. Patterson, 89 F. 3d 1265

(14) 勿論、パターソン氏は、彼のソフトが利用され、または取得された州のどこでも訴えられる訳ではないし、他州の者がパターソン氏を（例えば損害賠償で）オハイオで訴えることは出来ない。また、コムピュサーヴ社が自社のインターネットにアクセスを提供する者すべてを本店所在地で訴えられることにはならない。（KAUFMAN-KOHLER ; op. cit., no. 4. 1. p. 107）

(15) Zippo Mfg. Co. v. Zippo Dot Com. Inc., 952 F. Supp. 1119(W. D. Pa. 1997)(この事案では、被告はカリフォルニアに本社を有するカリフォルニア法人で、ペンシルヴァニア州には事務所もなく、従業員も配置していなかったが、インターネット上で"Zippo Com"：Zippo Net"：などのドメイン・ネームでニュース・サービスを行っていた（ペンシルヴァニア州での登録人員は全体の二パーセント、約三〇〇〇名の個人と七プロヴァイダー）のでペンシルヴァニア州に本社を有して"Zippo"という有名なライターを製造していた原告との間に紛争を生じた。裁判所は、法廷地に管轄権を生ぜしめるためには、これだけの電子的関連（electronic contacts）があれば十分であるとした。）なお、Minnesota v. Granite Resorts Inc. C6-95-7227（D. Minn. 1996）参照。

最近のものとしては、Citigroup Inc. and Citicorp. v. City Holding Co. and City National Bank Of West

Virginia, 97 F. Supp. 2d 549 (S. D. N. Y2000)；2000 U. S. Dist. LEXIS 7520（"Citigroup" 社はニューヨークに本社を有するデラウェア会社であるが、西ヴァージニアに本社を有する "City Holding" 社の一〇〇パーセント出資の子会社である "City National" 社が "City Lending site" 及び "City Mortgage site" というウェブ・サイトを開設したのは商標権侵害であるとして同社を訴えた。裁判所は、"City National" 社がニューヨークの消費者からオンラインによるローンの申込を受付け、質問に対しては一時間以内に回答していたときには "City Holding" 社に対してもニューヨークの裁判所の管轄権が及ぶと判示した。）

Online Partners. com Inc. v. Atlanticnet Media Corp., 2000 U. S. Dist. Lexis 783 (N. D. Cal. Jan. 18, 2000)（フロリダの居住者が会員を募集し、登録者にクレディット・カードでオンラインによる会費納入を求めるウェブ・サイトをカリフォルニアに開設し、法廷地の居住者の少なくとも一人がこれに応じたときは、カリフォルニアの裁判所に管轄権があるとした。）

尤も、Butler v. Beer Across America, 2000 U. S. Dist. Lexis 1322 (N. D. Ala. 2/10/00) では、アラバマ在住の未成年者が、イリノイの会社が開設しているウェブ・サイトにビールを注文した事案で、裁判所は、そのような一回限りの売買では非居住者に対するアラバマの裁判所の管轄権を認めることは出来ないとした。この事案の詳細については山下前掲・一四一頁以下参照。）

（16） Maritz Inc. v. Cybergold Inc. 1996 U. S. Dist. Lexis 14978 (E. D. Mo. 1996)

（17） 尤も、カウフマン・コーラーは、このような意図は、それ程重視すべきではないとする。受動的なサイトを開設している者でも、皆このような意思を有するからである。(KAUFMAN-KOHLER；op. cit., p. 108, note 82)

（18） 同旨 Peyman & Khoobehi v. Johns Hopkins University, 2000 U. S. Dist. LEXIS 9987, (E. D. La. July 13,2000（一九九〇年に、当時イリノイ大学に在籍していた原告らは "Systems for Selective Release of Liposome Encapsulated Material via Laser Radiation" と題する特許権を取得した。原告らは、その後ルイジアナ州立大学に転出した。一九九四年にジョン・ホプキンス大学は、原告らから特許権の譲渡（assignment）を受け、その譲渡期間はその後何回か更新されたが、金銭問題で紛争を生じて訴訟となった。被告はルイジアナの裁判所には管轄権がないと主張したが、裁判所は、ジョン・ホプキンス大学は一九九八年以降ルイジアナでの事業登録をして対話型のウェブ・サイトに広告して学生の募集と卒業生からの寄付金募集をしており、この事実はルイジアナの裁判所の管轄権を認めるのに十分であると判示した。）

Standard Knitting, Ltd. v. Outside Design, Inc. 2000 U. S. Dist. LEXIS 8633（原告はカナダの会社で、“Tundra”または“Tundra Sports”という登録商標で衣類を製造・販売していたが、シァトル（ワシントン州）で“Tundra Pants”という商品を販売している被告会社がインターネット上でカタログ販売を始めたので、同社をペンシルヴァニアの裁判所に訴えた。“venue”（裁判地）が不適切かつ不便であるとの被告の主張に対して、裁判所は法廷地は法律上正しい（statutorily correct）が、原告会社も被告会社もペンシルヴァニアに何等の営業拠点を有せず、被告会社のサイト・ウェブはペンシルヴァニアの住民にのみ向けられたものではなく、他方、両者は何れもワシントン州と密接な関係があるから、当事者の利益と裁判の運営という見地から見てワシントン州の裁判所に移送すべきものとした。）

American Eyewear, Inc. v. Peeper's Sunglasses and Accessories, Inc., 3；99-CV-1657-D（N. D. Texas, May 16,2000）（原告はダラスに本社を有するテキサスの会社で、“Peeper's”という商標を登録していたが、ミネソタに本社を有する被告会社（Peeper's Sunglasses and Accessories, Inc.）が、“peepers. com”というドメイン・ネームでサングラスとその付属品をインターネット上で販売したので、商標権侵害でその親会社（本社はニューヨーク）とともにテキサスの裁判所に訴えた。裁判所は、子会社がテキサスで活動しているだけでは、親会社に対する同地の裁判所の管轄権は生じないが、子会社とユーザーが情報を交換し、通信できる対話型のサイト・ウェブを同州に開設してテキサス居住者向けの営業をしている子会社には管轄権があると判示した。）

Euromarket Designs, Inc., v. Crate & Barrel Ltd., No. 99 C 6926（E. D. Ill., May 16,2000）（原告会社はイリノイに本社を有し、“Crate & Barrel”及び“CRATE AND BARREL”の登録商標でアメリカばかりでなくヨーロッパ（アイルランドを含む）でも三五年来家具を販売してきたもので、インターネット上に“www. crateandbarrel. com.”のドメイン・ネームで対話型のウェブ・サイトを開設し、製品の宣伝・販売に利用してきた。被告会社はダブリンに本店を置いたアイルランドの小売商だが“www. crateandbarrelie. com.”のドメイン・ネームで対話型のウェブ・サイトを開設して原告会社の製品に類似する商品の販売を始めたので連邦商標法違反で提訴した。ここでの問題は、アイルランドの小売商がイリノイの住人に外国への商品注文が出来るような対話型のウェブ・サイトを開設したときに、イリノイの会社が連邦商標法違反でイリノイの裁判所に提訴できるかにあった。裁判所は、被告のウェブ・サイトにおける対話の密度が濃くて、イリノイの住人のオンラインによるカタログ・ショッピングが可能であるときに、イリノイの裁判所に管轄権があるとした。）

これに反して、単に対話型のサイトを維持するだけでは、合衆国の何れの州にも管轄権を生じないとするものにWinfield Collection Ltd. v .MacCauley, 2000 WL 103648（E. D. Mich. July 24,2000）がある。

(19) KAUFMAN-KOHLER：op. cit., no. 4. 1, p. 108

(20) 被告の住所地と法廷地が極めて近接していること（当該の事案では、コネチカットとマセチューセッツで二時間以内の距離）を最低の要件としたものもある。(Inset Systems Inc. v. Instruction Set Inc. 前記⑵注（6）参照)

(21) Heroes Inc. v. Heroes Foundation, 958 F. Supp. 1 (D. D. C. 1996)（消防等の殉職者の遺族に対する援護事業に関する。）

(22) 前記の Compuserve Inc. v. Patterson：Maritz Inc. v. Cybergold Inc.：Zippo Mfg. Co. v. Zippo Dot Com. Inc. の各事件参照。

(23) CJCE, 30 nov. 1976, Rev. crit .1977, p. 568：D. 1977, 613 なお、フラマトム事件（"http：/www. framatome. fr.," というドメイン・ネームをフランスで登録していたF社が、アメリカで "http：/www. framatome. com." というドメイン・ネームを登録した会社を商標権侵害でフランスの裁判所に訴えた事件）で、フランスの裁判所も自国の管轄を認めた。Ord. référé, Trib. gr. inst. Paris, 25 avr. 1997, cité par BRESSE："Guide juridique de L'Internet", 2000, p. 361 参照。イギリスにも、同趣旨の判例がある。(Mecklermedia Corp. v. DC Congress GmbH [1997] FSR 627：[1997] 3 WLR 479) M社は、イギリスその他の国で "Internet World" と題する雑誌を公刊し、その名で試写会も行い、雑誌の宣伝のためのサイト・ウェブを開設していたところ、ドイツの会社がドイツ及びオーストリアで行われる試写会に "Internet World" の名を冠して、ドイツで "http：//www. internetworld. de" のドメイン・ネームでサイト・ウェブを開設した。このようにイギリスの外でなされた行為が、イギリスで他人の商号詐称（passing off）として、イギリスの裁判所で審判出来るかが争われたが、裁判所は、ドイツのサイト・ウェブでもイギリスからアクセス出来て、その開設によりM社にイギリスで損害を与えた以上イギリスの裁判所に管轄権があるとした。

（24） CJCE, 30 nov. 1976, Attendus 17

（25） CJCE, 30 nov. 1976, Attendus 18-21

（26） CJCE, 11 jan. 1990, Rev. crit. 1990, p. 363, note GAUDEMET-TALLON（子会社が倒産した結果、親会社が被った損害に関する。）

（27） 従って、ドイツの会社から流出したコムピューター・ウィルスがフランスの会社に伝播して、その倒産を招いたときには、フランスの会社の債権者達はドイツでしか訴訟を起こせないことになる。（DICKIE：“Internet and Electronic Commerce Law in the European Union”, 1999, p. 89）

（28） CJCE, 19 sept. 1995, Rec. 1995, I-2719, 86（イタリア人の原告が、イギリスでイギリスの銀行員の不手際により逮捕されたことによる損害賠償請求をイタリアの裁判所にした事案）

（29） CJCE, 7 mars 1995, Rec. 1995, I-415, attendus 23 et 29

（30） CJCE, 7 mars 1995, attendus 24-32 同旨 Paris, 19 mars 1984, D. 1984, I. R. 179

（31） SÉDALLIAN：“Droit de L'Internet”, 1997, p. 260

（32） Cod. Iust Ⅲ, 13. 2

（33） VIVANT：“Cybermonde：Droit et droits des réseaux”, JCP, 1996, 401, 404

（34） 最判昭和五六年一〇月一六日民集三五巻七号一二二四頁。この判決に関しては、三井「国際民事訴訟法の基礎理論」一四四頁以下及びそこに引用されている文献参照。

（35） 少なくとも、大陸を異にしているときや大洋を隔てているときは、極めて遠隔であると言って良かろう。

（36） KAUFMAN-KOHLER：op. cit., no. 4. 3. 1, p. 111

（37） KASER/HACKL：“Das römisches Zivilprozessrecht”, 2 Aufl., 1996, § 33, Ⅳ. 3, S. 247

（38） フランス民事訴訟法四六条は、原告がそのいずれかを選択できるものとしている。我が国の通説判例も同様で

ある。（兼子・「民事訴訟法体系」〔八七〕八四頁。伊藤・「民事訴訟法」〔補訂版〕四六頁。大判昭和三年一〇月二〇日新聞二九二一号一一頁）

ブラッセル条約第五条第三号が同趣旨に解されていることは、既に述べた。（前記(7)参照）

(39) CHASSAING；"L'internet et le droit pénal", D. 1996, 330-331

(40) KAUFMAN-KOHLER；op. cit., no. 4. 3. 2, p. 111-112

(41) DESSEMONTET；"Internet, le droit d'auteur et le droit international privé", Rev. Suisse de jurisprudence, 1996, p. 290-291 この点はフランスの判例が国内事件に関して一貫して取る立場で、その趣旨は国際管轄にも及ぼすべきものとされている。（GUINCHARD, HARICHAUX et TOURDONNET；"Internet pour le Droit", 1999, p. 244-245)

(42) GAUTIER；"Du droit applicable dans le〈village planétaire〉au titre de l'usage immatérel des oeuvres", D. 1996. 132（衛星放送の場合に取られた解決、すなわち発信地（Dir. euro. 93/83, JOCE L 248, 15）は、インターネットには応用できないとされている。KAUFMAN-KOHLER；op. cit., p. 112, note 100 及び GAUTIER；op. cit. 132 参照）

(43) KAUFMAN-KOHLER；op. cit., no. 4. 3. 2, p. 112

(44) "If injury occurs in cyberspace, it can be said that the place of the wrong is cyberspace itself." (BURNSTEIN；"Conflicts on the Net：Choice of Law in Transnational Cyberspace", 29, Vanderbilt J. Transnational L., 75, 93 (1996)

(45) KAUFMAN-KOHLER；op. cit., no. 4. 3. 2, p. 112 この「仮装世界」を表すのに「サイバースペース」("Cyberspace"："cyberespace")という言葉が屡々用いられる。SF作家のウィリアム・ギブソンが、その出世作「クローム襲撃」("Burning Chrome", 1982) で始めて用い、サイバー・パンク最高の傑作としてネビュラ賞、ヒューゴー賞など各賞を総舐めにした長編「ニューロマンサー」("Neuromancer", 1984) で多用した、この呼称は、ハヤカワ文庫（黒丸尚訳）では「電脳空間」と訳されているが、必ずしも適切ではない。(KAUFMAN-KOHLER；op. cit., no. 2, p. 90-91 同旨 KRONKE；Applicable Law in Torts and Contracts in Cyberspace", in Acte PELICHET, no. 2. 1, p. 65："there is no Cyberspace without real space."「(国際私法が関与する限り、) 現実空間から遊離したサイバースペースはない。」これに反して MAYER；"Recht und Cyberspace", NJW 1996, 1783 は「新しいタイプの共同の社会的空間」(öffentlicher und sozialer Raum neuen Typs) の存在を主張する。)

それは先ず、単一であるにせよ、複数であるにせよ、「或る場所的な空間」(espace, d'un lieu ou de lieux) を示すものではなく、単なる通信の手段に過ぎない。勿論、「通信の手段」と言っても電話やファックスのような在来の一対一の通信手段とは異なり、極めて多くの利用者が関係するけれども、それでも矢張り、一の通信手段であって空間ではないことに変わりはない。

(46) KAUFMAN-KOHLER；op. cit., no. 4. 3. 2, p. 112-113 その他に、第三者が参加したり、被告が複数の場合にも実益がある。(KAUFMAN-KOHLER；op. cit., p. 113, note 104 なお、ブラッセル条約第六条参照。)

(47) SOLUS et PERROT；"Droit judiciaire privé", t. II, 1973, no. 305, p. 360 Paris, 1er fév. 1989, D. 1990, 48 (カリム・アガ・カーンの人格権を侵害する記事を掲載したイギリス週刊誌がフランスで販売された場合にフランスの裁判所の管轄権を認めた。)

(48) CJCE, 7 mars 1995, Rec. 1995, I-415, attendu 31

(49) CHERPILLOD；"La compétence extraterritoriale du juge de la contrefaçon", in Le droit en action, 1996, 53

(50) KERAMEUS；"La compétence internationale en matiére délictuelle dans la Convention de Bruxelles", Trav. fr. 1992-1993, p. 265

(51) KAUFMAN-KOHLER；op. cit., no. 4. 3. 3. a, p. 113-114 KERAMEUS；Trav. fr. 1992-1993, p. 264

(52) KAUFMAN-KOHLER；op. cit., no. 4. 3. 3. a, p. 114

(53) DESSEMONTET；op. cit., p. 290

(54) TROOBOFF；"Intellectual Property", in Mc LACHLAN/NYGH；Transnational Tort Litigation：Jurisdictional Principles, 1996, p. 125, 134 ss.

(55) TROOBOFF；op. cit., p. 129 及びそこに引用されている諸文献参照。

(56) 商標権に関する規則第九四条二及び知的所有権侵害等の紛争に関する規則についての議定書第一七条二参照。

(57) 尤も、GINSBURG；"Global Use, Territorial Rights：Private International Law Questions of the Global

Information Infrastructure", in WIPO Worldwide Symposium on Copyright in the Global Information Infrastructure, Mexico City, mai 1995, p. 4は、海賊版の撲滅を図るために、著作権侵害については損害が発生した各地の裁判所に紛争全体の管轄権を与えるべきものとしている。

(58) KESSEDJIAN："Competition", in Mc LACHLAN/NYGH, p. 175なお、ケセジァンは、立法論としては（de lege ferenda）被害者が不正競争の影響を感じている地の裁判所に他国でなされた不正競争の被害についても包括的な管轄権を与えるべきものとする。（KESSEDJIAN；op. cit., p. 183）この点については更にTEBBENS；"Les conflits de lois en matiére de publicité déloyal á l'épreuve du droit communautaire", Rev. crit. dr. int. pr., 1994, p. 457-458参照。

(59) SPINDLER："Deliktsrechtliche Haftung im Internet－nationale und internationale Rechtsproblem", Zeit. für Urheber-und Medienrecht, 1996, S. 57は、仮想市場においては、それを特定の地域に結び付けることは出来ないとしている。

(60) KAUFMAN-KOHLER；op. cit., p. 115, note 121 SPINDLER；a. a. O. S. 561

(61) KAUFMAN-KOHLER；op. cit., no. 4. 3. 3. a, p. 115

(62) これまで知られていなかった普遍的な管轄権を創設すべきであるとキューナーは言っている。（KUNER；"Internationale Zuständigkeitkonflikte im Internet", Computerrecht, 1996, 456）その他、知的所有権に関してはGINSBURG；op. cit., p. 4. 製造物責任に関してはSPINDLER；a. a. O., S. 563. 不正競争に関してはSTÄHELI；"Kolisionsrecht auf dem Informations Highway", in Informations Highway, 1996, p. 600-601 SPINDLER；a. a. O., S. 561参照。

(63) KAUFMAN-KOHLER；op. cit., no. 4. 3. 3. b, p. 116

(64) シュロッサーは、被告に何の関係もない地の裁判所に管轄権を認める限りにおいて、ブラッセル＝ルガノ条約第五条(三)の規定はヨーロッパ人権条約に反するとまで言い切る。（SCHLOSSER；op. cit., p. 28-33）アメリカ法では既にAsahi Metal Industry Co. v. California Superior Court；480U. S. 102：107 S. Ct. 1026：94 L. Ed. 2d 92（1987）（この事件では、合衆国外で製造、販売、引渡された部品を製造した外国の会社と「商取引の流れに従って」（in the stream of commerce）その部品が到達した法廷地との間には、管轄を肯定すべき"minimum contacts"があるかが争われ、裁判官の見解も区々に分れた。この判決の詳細については平野＝牧野「国際インターネット法」二七四頁参照。）で見られたように法廷地予測性の問題となる。しかし、法廷地を予測しうることと、それがフェアであることとが常に一致するとは限らない。（KAUFMAN-KOHLER；op. cit., no. 4. 3. 3, p. 116)

(65) STÄHELI；a. a. O., S. 600-601, 609, 615 SPINDLER；a. a. O., S. 533, 561, 563 DESSEMONTET；op. cit., p. 291 GINSBURG；op. cit., 4

(66) KAUFMAN-KOHLER；op. cit., no. 4. 3. 4, p. 117

(67) かくて、ケセジァンは、インターネット上の紛争に関しては、原告の住所地の裁判所に（特別の管轄権ではなく）一般的な管轄権を認めるべきであるとまで極言する。一般に、好ましからぬサイトを開く者は、訴えられるのを避けるために、特定の地と関連を持たないように細心の注意を払うから、被告の住所地を決定するのに大きな困難を伴うことになるからである。この場合、ドメイン・ネームが常に役に立つとは限らない。末尾にサイトの所在地国を示すこと（例えば "nl"＝オランダ、"fr"＝フランス、"jp"＝日本）は義務とされていないからである。また、仮にそのような表示があってもそれをサイトの現実の所在地に一致させる義務はない。（KESSEDJIAN；Synthése, no. 3. 1, p. 151-152 et p. 152, note 13)

(68) 「フォラム・ノン・コンヴェニエンス」とは、二つの裁判所がともに管轄権を有する場合に、他方の裁判所の方が訴訟の追行に適すると認められる場合に、自己の方の訴訟手続を中止するもので、先ずスコットランド、アメリカで採用され、一九七三年以降イングランドでも承認されるに至った。この点の詳細については三井・「国際民事訴訟法の基礎理論」一六〇頁註二及びそこに引用された文献参照。

(69) KAUFMAN-KOHLER；op. cit., no. 4. 3. 4, p. 118 この点については、更にFAWCETT；"Declining Jurisdiction in Private International Law", 1995 参照。

(70) KAUFMAN-KOHLER；op. cit., no. 4. 3. 6, p. 118

(71) KAUFMAN-KOHLER；op. cit., no. 4. 3. 6, p. 119 このような裁判所は、現在では仲裁の形式で行われている。アメリカの "Virtual Magistrature" や、カナダの "Cybertribunal" がそうである。この "Virtual Magistrature" については平野＝牧野前掲二四五頁以下参照。また "Cybertribunal" については CAPRIOLI；"Arbitrage et mé-

diation dans le commerce e lectronic", Rev. arb. 1999, p. 225-248 参照。尤も、後者は一九九九年一二月を以てその実験段階を終了し、現在は "eResolution" (http://www.eresolution.ca/) として活動しているそうである。

(72) Kaufman-Kohler ; op. cit., no. 4. 4, p. 119-120

(73) Burnstein ; op. cit., 116 in fine

EUの中小企業税制についての誘導の方向と現状

――一九九四年五月EC委員会勧告を中心に――

吉牟田　勲

はじめに

中小企業課税に関するこの勧告(指令のように強制力はないが、加盟国へ実行を勧めるもの)[1]は、平成六年五月に発せられたものですでに相当の期間を経過している。しかし、この勧告を研究した論文は私の眼に入らない。

実は、この勧告を中心に、その出された翌年の平成七年四月から翌年三月まで、筑波大学大学院博士課程社会科学研究科において、桶舎典哲(現北九州大学法学部講師)、平野嘉秋(現日本大学商学部助教授)及び矢崎幸生(現東京工業高等専門学校教授)の三君と輪読研究し、その記録を残していた。そこで、この機会に整理したものが本論稿である。この研究に当たっては、EC勧告と前後して出版されたOECDの「Taxation and small businesses」(OECD 1994)[2](邦訳「中小企業と税金」(一九九六年中小商工業研究所))も、ヨーロッパの中小企業税制研究に役に立ついい本であるが、これもあまりわが国の研究で言及されていない。

そこでこれらを主たる資料として、このほか〝The Tax Trextment of SMEs in the European Union by John Ieckel〟(Tax Notes International：April 10, 1995：pp. 1303～09) 等を参考にして、この論文はまとめられている。いわば、一九九五年の筑波大学大学院博士課程での勉強の成果でもあるので、本論文集で発表することとしたものである。

一　ＥＣ勧告の内容

(1)　ＥＣの勧告

ＥＣ勧告の全文は、長いものではないので、まずその訳文を掲げよう。筆者と筑波大学大学院博士課程の前述三名のいわば共訳になるものである（見出しは、筆者追加）。

勧告もＥＣ指令と全く同じく、前文、本文（条項構成）の構成となっている（前文は後述）。

○中小企業課税に関する一九九四年五月二五日付委員会勧告（九四／三九〇／ＥＣ）

（個人等の再投資利益に対する累進税率の阻害効果の是正）

第一条　加盟国は、個人事業者及びパートナーシップが、再投資利益に関して納付する累進所得税の阻害効果を是正するために必要な租税措置の採用を促進するものとする。特に、加盟国は次の措置の可能性について、考慮すべきである。

(a)　この点で、個人事業者又はパートナーシップに、法人税の納付を選択する権利を与えること、及び又は

(b)　再投資利益に対する課税を法人税率に準ずる税率に制限すること。

（個人等の法人成りの税務上の障害除去）

第二条　加盟国は、企業の法的形態の変更に対する税務上の障害、特に個人事業者及びパートナーシップの法人成りに対する税務上の障害の除去に必要な措置の採用又は拡大を促進するものとする。

（加盟国の採用、変更の報告）

第三条　採用された主要な法律、規則及び行政上の規定を一九九五年七月三一日までに報告し、この分野でなされたそれ以後のすべての変更を委員会に報告するものとする。

（宛　先）

第四条　この勧告は、全加盟国に宛てて申し入れられる。

(2)　ＥＣ勧告本文のコメント

(イ)　個人事業者及びパートナーシップ

この勧告では、法人企業と非法人企業に区分して中小企業の課税問題を論じている。個人事業者とパートナーシップは、非法人企業であり、個人所得税の累進税率が引出された利益と再投資利益（留保利益）の合計に課税される対象となる企業という定義を前提としている。後で詳しく各加盟国の法人企業と非法人企業の件数、利益金額等の比較がされている。

法人企業とは、比例税率（若干の軽減税率をもつ場合もある）で、引出された利益としての支払配当等及び再投資利益（留保利益）に課税される対象となる企業という意義を前提としている。

国によっては、パートナーシップの中には、リミッテッド・パートナーシップのように法人税の課税対象となるものもあり、また、法人格が認められた合名、合資会社について、個人所得税の課税又は課税選択が認められる場合もあるので、注意を要する。

(ロ)　再投資利益（留保利益）

この勧告では、再投資利益とは、個人事業又はパートナーシップの持出利益に対応する概念で、法人税の課税所得とされる利益という意味で、留保利益といっている場合もある。

しかし、わが国の法人の留保利益とは、課税利益から、支払配当、支払賞与、支払法人税等の社外流出額を控除した概念である。

これに対して、この勧告の個人等の再投資利益とは、個人の課税利益から個人事業主又はパートナーの引出額（事業主の報酬やパートナーの報酬等の配分額）を差引いたものという意味である。したがって、支払所得税等は控除されていない。なお、個人事業者やパートナーの引出額については、個人の事業所得や給与所得等として課税されることを前提としていることに注意する必要がある。

(ハ)　個人事業者等の法人課税選択と事業所得の最高税率の法人税水準制限

この勧告では、第一条で、個人事業者及びパートナーシップの再投資利益に対して、次の二つの措置の採用をすすめている。

(a)　個人事業者及びパートナーシップの法人課税選択措置

(b)　個人事業者及びパートナーシップの再投資利益に対する最高所得税率の法人税の基本税率相当水準（最高税率）への制限

(a)の個人事業の法人選択課税は、アメリカで一九五四年から一九六八年まで認められている。わが国でも、昭和四八年から平成四年まで採用されていた制度である[3]。わが国のこの制度はこのＥＣ勧告の二年前に廃止されている[4]。

(b)の事業所得（再投資利益）の最高所得税率の法人税率相当水準への制限は、カナダのカーター報告（一九六六年）で個人企業と法人企業との課税の中立性維持のシステムとして提案され[5]、ドイツで一九五二年に、所得税の最高税率と法人税率が五六％で一致する税制とされたが、その後法人税率は平成二年五〇％、平成六年四五％、平成一二年四〇％と引下げられた。法人税率の四五％への引下げの平成六年に、所得税率の最高税率を五三％へ引下げたが、事業所得の最高税率は四七％に制限され、平成一一年には、法人税率と事業所得の最高税率は四五

％で、再び一致した。しかし、平成一二年には法人税率が四〇％に引下げられたが、事業所得の最高税率は四三％である。なお、平成一三年からは、法人税率は、配当、留保の区別なく二五％に引下げられる法案が議会で成立したので、ドイツのこの方式も廃止されよう。

(ニ)　再投資利益に対する累進税率の阻害効果を是正するその他の租税措置

勧告の第一条本文では、(a)、(b)の措置が例示されており、その他にも有効な租税措置も予想される。「説明メモ」では、特別投資準備金が言及されている。(6)

それは、再投資に充てるために、収益の一部の留保を認めて、その準備金へ繰入れ、課税所得から除外するが、一定期間内に再投資に充てなかった場合は課税するといった構想である。

事業所得者及びパートナーシップの再投資利益の高税率救済措置であるので、法人税率の軽減や特別償却等は、ここにいうその他の措置には含まれない。

(ホ)　企業の法的形態

勧告第二条の企業の法的形態の変更という場合の法的形態とは、次のものを指している。

(a)　個人事業者

(b)　パートナーシップ

(c)　会社（合名、合資の人的会社と有限、株式の物的会社とは、別の法的形態と考えられている場合もある）、協同組合、公益法人等の法人格を有するもの

(ヘ)　法的形態の変更

したがって、法的形態の変更に伴う税務上の障害の除去の必要は、次の場合が予想されている。

(a)　個人事業者の法人成り

(b)　パートナーシップの法人成り

このほか、個人事業者のパートナーシップの設立、物的会社（有限会社）から他の物的会社（株式会社）への組織変更も事業の法的形態の変更であるが、法人税率より高い所得税の最高累進税率による課税で再投資収益が減少することになる法的形態の変更ではないので、この勧告による税務障害除去の対象に特別に含めることはされていないのである。

(ト) 発生する税務上の障害

法的形態を変更しなければ、課税されない租税が課税されるという不利益の発生が、税務上の障害であるが、次のような諸項目が問題として取り上げられている。

(a) 前の法的形態（個人事業等）の終了に伴い発生する次のような不利益

① 課税されていない未実現のキャピタル・ゲインの課税

② 保有していた引当金の取りくずしによる利益に対する課税

③ 繰越控除が認められていた欠損金の控除機会の喪失による不利益

④ 解散に伴う登録免許税や印紙税等の資本税の課税

(b) 新しい法人の設立に伴い発生する次のような不利益

① 会社新設に伴う設立や不動産の取得などの登録免許税や印紙税の課税

② 不動産等の取得に伴う不動産取得税や自動車取得税、特別土地保有税（取得分）の課税

(チ) 税務上の障害の除去

税務上の障害の除去の方法は、次のようにいろいろ考えられる。

(a) 事業の継続

事業が継続され、資産の移動等がないこととされれば、すべての課税が生じない。

例えば、法人企業から別の法人企業への変更の場合には、継続が認められる場合が多い。

この「企業の継続性」については加盟国によって見解が異なり、ベルギーでは、事業主が希望する場合、個人企業から法人企業への継続が税務上認められている。イタリアとポルトガルはパートナーシップが法人成りした場合に企業の継続を認め、課税が生じないこととしている(7)。

(b) 転換時発生のキャピタル・ゲイン課税の繰延べ

引継資産について、個人事業から法人への簿価を引継ぐことを条件として課税の繰延べを認める方式である。法人がその後その資産を売却した段階でキャピタル・ゲインの課税が行われる。

わが国でも山林を現物出資して法人を設立する場合に、その出資に係る山林所得について、その出資した個人への課税を死亡の日から四か月を経過する日(死亡日前に譲渡したときは、譲渡の日)まで納期限を延長する特別措置が昭和四九年から平成七年まで行われていた(旧特措法四一の八)(8)。いわば、個人林業者の法人成りの課税特例である。

現在の会社の合併や分割の際のキャピタル・ゲインについても、一定の要件のもとに、その課税の繰延べが認められている。

(c) 引当金等の引継ぎの容認

引当金、準備金等についても、一定の要件のもとに、取崩しを求めず、引継ぎを認めることによって、法的形態の変更に伴う不利益を回避することができる。

法人の新設合併については、引当金等の引継ぎが認められている。

(3) EC勧告の経緯——勧告前文——

EC勧告の本文の前には、EC指令と同じく、勧告が出されるまでの閣僚会議での検討やEC委員会の決定等の経緯が述べられている。要点を整理すると、次のとおりである。

(a) 一九八九年七月二八日の閣僚委員会決定の採択

この八九／四九〇・ＥＥＣの決定（Decision）は、事業環境の改善と企業発展の促進に関するものであるが、特に中小企業については九一／三一九／ＥＥＣの決定で追加補完された。

(b)　一九九二年六月一七日の閣僚委員会決議の採択

この決議（Resolution）は、企業特に手工業を支援するための共同体の行為の強化策を確認したものである。

(c)　一九九三年七月一日の閣僚委員会の決定

この九三／三七九／ＥＥＣ決定は、一九九三年七月一日以降、企業政策の継続を確保し、優遇措置を強化するための計画に関するものである。

この計画は、企業の法令上、財政上及び行政上の環境を改善することを優先しており、次のような内容である。

①　（雇用創出のための中小企業の投資能力の促進の必要性）　個人事業者及びパートナーシップが中小企業の大部分を占めており、それらの雇用創出における役割は、様々な委員会の意見交換の多くの機会、なかでもとりわけ、「成長、競争及び雇用の白書」において強調されている。雇用創出のため、これらの企業の投資能力を促進することが必要であるとされているのである。

②　（個人事業者等への累進所得税率による自己資金調達能力の阻害）　個人事業者及びパートナーシップに対する課税方法は、一般的には個人所得課税である。そのため、法人税と比較して、特に累進的な性格を有する租税であり、その企業の自己資金調達能力（self-financing capacity）の発展を妨げ、外部資金を用いるという経済環境の下ではより困難な立場に立つ。その結果、個人事業者及びパートナーシップの投資能力が制限されることになる。

③　（企業の法的形態別の自己資金調達能力への税制の中立性の必要）　個人所得税の税率の現在の構造では、個人事業者及びパートナーシップは不利益を受け、企業間の競争をゆがめているが、それは企業の法的形態の相違に基づくものである。そこで企業の再投資される利益すなわち自己資金調達能力に関する税制の面において少

なくとも、租税の中立性がより大きく実現することが望ましい。

④（個人事業者等への法人税課税選択と事業所得の所得税最高税率の制限による解決）　いくつかの加盟国では、すでに個人事業者及びパートナーシップの再投資する利益について法人税を納付する選択を認め、又は法人化された会社に対する法人税の税率と比較して個人所得税の累進制を制限することによって、企業利益に個人所得税又は法人税が課税されるかにより税制上存在するゆがみを制限する手段が講じられている。

⑤（法人成りによる解決）　個人事業者及びパートナーシップの法人成りは、事業主及び企業に、税務と関連のない分野で影響を及ぼすにもかかわらず、これらの企業の留保利益（non-distributed profit）の高い課税水準の問題を解決できそうである。この解決手段は、大きい歳入負担を生じさせることなく実行されなければならない。

二　税制上〝中小企業を特別に扱う背景〟

(1)　中小企業の大部分は、個人事業者及びパートナーシップである[9]

中小企業のダイナミズム、生産性、柔軟性及び技術革新力はECに活力を与えるものである。中小企業の競争力が発揮できるよう納税環境を改善することが最大の支援である。

しかし、ECでは、企業の法的形態が個人事業者又はパートナーシップの場合には、その所得の全部について所得税を支払わなければならず、しかも累進税率のため一般的には法人税率より高い状況である（**表1**参照）。

この個人事業者及びパートナーシップの重い税負担が利益の残額である留保額を減少させ、個人事業者等の自己資金調達能力を低いものとしている。このことが個人事業者等の発展に大きく影響している。

そこで、このような個人事業等の発展を阻害している税制を改善するため特別の扱いというより法人形態の場

表１　ＯＥＣＤ各国企業数、従業者数及び課税所得

国名	区分	企業数	従事者数	課税所得	赤字
オーストラリア	計	1,824,930	1,824,930	1,715,928	614,923
	非法人	1,461,960	—	1,353,020	409,000
	法人	362,970	—	1,715,928	205,923
*#オーストリア	計	262,894	182,724[1]	262,894	88,644
	非法人	218,901	—	218,901	606,450
	法人	43,933	—	43,993	27,999
ベルギー	計	n. a.			
	非法人	n. a.			
	法人	87,861			
カナダ	計	2,424,014		—	—
	非法人	1,735,507		—	—
	法人	688,507		688,507	357,642
デンマーク	計	347,867		348,000	—
	非法人	282,000		282,000	0
	法人	65,867		66,000	—
**フランス	計	1,675,756	1,824,930	1,675,756	185,441
	非法人	1,237,597	1,237,597	1,237,597	79,459
	法人	438,159	438,159	438,159	105,982
ドイツ	計	2,097,853	2,097,853	1,794,377	—
	非法人	1,861,094	1,861,094	1,632,457	—
	法人	236,759	236,759	161,920	—
**#アイスランド	計	29,883	29,883	29,883	—
	非法人	22,358	22,358	22,358	12,673[4]
	法人	7,525	7,525	7,525	—
**アイルランド	計	160,534	160,534	160,534	—
	非法人	126,932	—	126,932	—
	法人	33,602	—	33,602	—
イタリア	計				
	非法人[2]	688,494			
	法人				
日本	計	4,333,226			
	非法人	2,371,200			
	法人	1,962,026		(988,000)	(974,000)

二　税制上〝中小企業を特別に扱う背景〟

＊ルクセンブルグ	計	27,723	24,055		
	非法人	14,410	10,742[7)]		
	法人	13,313	13,313		
オランダ3)	計	744,233	744,233[8)]	—	—
	非法人	415,873	415,873[8)]	425,679	36,046
	法人	328,360	328,360[8)]	—	—
ニュージーランド	計	272,870			
	非法人	183,600			
	法人	89,818			
ポルトガル	計	826,543	826, 543		
	非法人	649,093	649, 093		
	法人	177,450	177, 450		
#スペイン4)	計	2,859,651	—		
	非法人	2,524,800	—		
	法人	334,851	334,851[9)]		
スイス10)	計	434,807	434,807	434,807	70,774
	非法人	287,234	287,234	287,234	7,597
	法人	147,573	147,573	147,573[6)]	63,177
イギリス11)	計	4,203,715	2,811,823	4,115,715	28,020
	非法人	3,558,000[6)]	—	3,470,000	28,000[6)]
	法人	645,715	—	645,715	0
アメリカ	計	26,513,000		24,020,400	21,100
	非法人	22,885,000		20,305,500	20,100
	法人	3,714,900		3,714,900	1,000
#ノルウェー	計			—	—
	非法人			—	—
	法人			143,430	40,696

1）　年度は1986～1992年にわたっているが、中心は1990年で、税務統計である。ＯＥＣＤ「中小企業と税金」Ｐ40表３－２－Ａ、Ｐ48表３－７－Ａ、Ｐ52表３－８－Ａより作成した。

2）　建設業を他の分類から分離することができない。(イタリア)

3）　商工会議所の数値に依拠。自営業は一般に商工会議所への登録が義務づけられていないので、企業数は過小に表示されている。このことの困難さは主として農業に関連している。農業経済研究所によれば、農業経営は124,903存在している。(オランダ)

4）　これらの数値は、それぞれ他の表に表示されている別の情報源からのものである。これらの数値は、非法人企業については1990年の人口調査、法人企業については1988年の中央貸借対照表にもとづいている。(スペイン)

5）3,558,000の非法人企業は、表３－３と表３－８－Ａに表示される3,470,000の個人に所有されている。（イギリス）

6）この数値は1988年の経済センサスにもとづくもの。（オーストリア）

7）非農業部門だけ。（ルクセンブルグ）

8）この数値は、商工会議所によって示された情報にもとづくものであり、1992年１月現在である。

またこの数値には41,747の会社と規模の不明な43,734の非法人企業が含まれる。（オランダ）

9）1988年の中央貸借対照表にもとづくもので、大企業についてのみ表わしている。なお、すべての法人企業は従業員10名以下。（スペイン）

10）1991年の経済センサスにもとづくもの。（スイス）

11）税務統計とは異なる1989年の評価。（イギリス）

＊　所有者を除く従業者数。

＊＊　所有者を含む従業員数。

＃　若干異なる基準にもとづく数値。

—　無効。

合と同等の中立的取扱いとなるよう課税を改善し、中小企業のダイナミズム、生産性、柔軟性及び技術革新力を十分に発揮できるような租税環境を整えることが、ＥＵ及びその加盟国が努力すべき目標となるのである。

なお、中小法人はフラットの法人税率であり、法的形態による不利はなく、自己資金調達能力があり、引出し所得についてのみ株主に所得税が課されるので、再投資利益（留保利益）には所得税率より低い法人税率による課税のみであるので、法的形態による不利は生じておらず、特別に税務環境を整える必要はないと考えている。

わが国では、むしろ、個人事業者より中小法人が数でも、労働吸収力でも、技術革新力でも大きく、中小企業のダイナミズムや柔軟性、技術革新力を自由に発揮させるためには、中小法人の課税軽減——例えば軽減税率や特別償却等が必要と伝統的に考えられており、この点、ＥＵとは異なるようである。

この表からは、ベルギーの企業数、ルクセンブルグの従事者数のみが非法人企業より法人企業の計数が大きく、日本とオランダが小差である程度である。農業部門の取扱いの問題もあるが、全般的に、非法人企業が企業数も従事者数も、課税所得も法人部門より大きい。

それより非法人、法人を含めた中小企業の実質的な経済的重要性は、OECD諸国の大きな国では、製造業部門の中小企業が、事業所数の九〇％以上、従業員数の四五―七〇％、付加価値額の三三―五五％を占めている。さらに、中小企業の役割は、一九七〇年後半以降、実質的に増大している。すなわち一九七九年と一九八三年の間の中小製造業による雇用は、フランスは四三％から四六％、イタリアは五二％から五八％、オランダは五三％から六一％へ上昇している。アメリカでは、一九七六年から一九八六年の間の中小製造業の雇用は一、四〇〇万人増大しているが、大企業は一〇万人減らしている(10)。

(2) 法人の課税形態と個人事業所得者及びパートナーシップの課税形態(11)

企業の税負担は、一般的にその規模よりも法的形態によって大きく異なっていると分析されている。すなわち、法的形態の異なる三者は、次のように区分される。

① 事業所得者……企業と経営者の所得の合計に対し、個人所得税が課税される。

② パートナーシップ……税務上の透明性の原則（Transparency）、すなわち、パス・スルー原則が適用され、パートナーが実際利益を引き出さなくても（支払いを受けなくても）、その利益全部がパートナーの持分に応じてパートナーに課税される。個人所得税が課税される場合（個人パートナー）が多いが、加盟国の中には、そのパートナーシップが産業活動を営んでいる場合には、法人税が課税される国（ベルギーやスペイン）、法人課税の選択を認める国（フランス）もある（いずれの国も法人パートナーは、持分相当の利益に法人税が課税される）。

③ 法人……法人の利益に対し法人税が課税される。さらに株主に分配された利益（配当）について個人株主に所得税、法人株主に法人税が課税される。

事業所得者とパートナーシップについては、企業の所得に対する課税と経営者の所得に対する課税が分離せず、所得税の累進税率で課税するのが一般的である。これに対して、法人では企業の所得については、所得税の最高税率より低いラットの法人税率による課税があるのみで、株主に対する課税は法人の留保（再投資利益）を減少する形にならず、他の課税単位（株主）の課税となっているのである。

(3) 事業所得者等と法人との課税所得計算の比較

所得税が課税される事業所得者及びパートナーシップの商業上、産業上の利益と、法人税の課税利益とは、原則として、同様の方法で算定されているものと理解されている。

その相異の状況は、**表2**のとおりであり、若干の相異がある。多くの相異は、課税手続の簡素化又は課税標準の売上金額の一定率による計算である。

手工業等の極めて小規模の個人事業所得者に対して、例えばフランスでは製造業は売上規模五〇万フラン以下、サービス業は一五万フラン以下の場合にのみ適用される。

課税手続と記帳義務の簡素化は、小規模企業に適用されるが、帳簿の簡素化は、事業拡張のために必要な経営手段の導入を妨げるという欠点もあると言われる。

法人に対しては、一定率課税の適用対象からは除外されているのが通常である。

しかし会計帳簿の簡素化（第四次会計指令の簡便な会計方式）は、その法人が小規模企業に該当する場合は、第四次会計指令に基づいて簡素な様式によることができる。

企業の法的形態の別や大小、法人、非法人によって課税標準の算定において、根本的な相違はない。

ただし、企業主の報酬に対する取扱いは、法人企業が損金算入されるのに対し、個人事業所得者等では必要経費とされない点が大いに異なる。

(4) 所得税率と法人税率との比較

個人所得税の最高税率は、[12]**表3**に見られるように法人税の標準税率より高いというのが現状である。

分配された所得と再投資された所得の区別なく、個人事業者等の場合、所得税の最高税率で高い部分の所得は課税される。

表２　非法人企業と会社の課税所得計算の相違

国　名	課税標準の相違
オーストラリア	なし、ただし非法人の最初の5,400オーストラリア・ドルの所得は免除。
オーストリア	なし
ベルギー	中小非法人企業は投資に4.5％控除と赤字の場合は無制限の還付。中小法人企業は投資に４％控除と限定的還付。
イタリア	資格付与企業は所得税の税額控除。
日　本	なし
ルクセンブルグ	なし
オランダ*	非法人企業は純資産の１％所得控除、しかし会社には適用されない。自営業は軽減を受ける。利益によって6,210ギルダーから4,010ギルダーまで徐々に軽減。新規設立企業は、３年間さらに2,262ギルダーの軽減を受けることができる。自営業は年金準備金の税控除負担を11.5％分受けることができ（課税利益が62,746ギルダーを超えるまでは10％）、最大は17,813ギルダーまで控除される。
ニュージーランド	なし
ノルウェー	なし
ポルトガル	なし（ただし、自営業は旅費、専門職の再訓練費、旅行用自動車の減価償却費、旅行用自動車の保険料のような費用の控除に一定の制限を受ける）
スペイン*	原則的には差異はわずかだが、実際には差異は大きい。会社はいくつかの財務的調整をした会計的利益に課税される。非法人企業もまた会計的利益に課税されるが、建物に使用される動力や従業員数のような項目には協定課税制度が適用される。
スウェーデン	いくつかの場合には（「フルタイムでない」企業）、所得分類制度が多様な所得源泉に使用される。納税準備金規定は多少異なっている。私的な性質の利子費用は自営業については他の利子費用が63％にたいし、わずか30％の課税軽減を受けるのみである。
スイス	連邦税については多くの州で、自営業を除く法的実体の課税利益から支払われるべき税額が控除可能である。法人企業の社会保障負担は受領した給与の上でのみ計算されるが、自営業については利益全体で計算される。
カナダ	なし

デンマーク	原則的には同じ。しかし、自営業（会社ではない）は投資資金への充当を容認(利益の最大25%まで)。もし、課税所得の一部が海外活動から生み出された場合、会社（個人でなく）は相応する所得の税の半分の軽減を受けることができる。 親会社と子会社（個人でなく）は連結納税を受けることができる。
フランス*	なし。例外として、法人税に応じる企業だけは３年間遡及して赤字還付を選択することができる。
ドイツ	従業員とパートナーの年金費用は会社の営業費用として控除可能である。これは自営業、個人商店、パートナーシップのパートナーでは可能ではない。
アイスランド	なし（ただし自営業は、源泉税の対象となる最低賃金について月額での評価が求められ、残る部分については事業利益とみなされる)。
アイルランド	非法人は最初の一部の利益は免除、法人企業はそうした緩和措置はなし。
トルコ	法人は、自営業には適用されない多くの免税措置を有している：輸出免税、投資留保免税、旅行業や国際運送業の利益免除、建設、メンテナンス、技術サービスの利益免除利子、損失
イギリス	キャピタル・ゲイン、退職金の処理の上で差異が存在。会社については所得の免税部分はなし。その他の点では、主要な計算上の相異はない。
アメリカ	なし

＊　自営業者についての特別の租税規定をもつ国、詳細は次の節を参照。
（注）この表はＯＥＣＤ「中小企業と税金」Ｐ61・62、表４－１より作成した。

この税率適用の差異が大きいほど、法人企業と非法人企業間の競争にひずみを生じさせ、それに基づいた投資の発展のブレーキとなる。

この事業所得者等の所得のきざみの最高部分に適用される法人税率より高い所得税率によって、自己資金金融能力が減じられ、貯蓄及び投資に悪い影響を与えるのである。

しかし、中小企業の自己金融能力の減退のために、外部金融に依存することは、経済が不況の際には、実行不可能である。特に企業が拡大局面にいる場合には、発展の可能性を実現するためには、自己資金を確保しておくことが必要である。雇用の確保のためにも中小企業の安定的成長が必要である。

この法人税率と所得税率の比較について、ＥＣの中小企業税制勧告で

表3　国・地方合計の法人税率と個人所得税率の比較表（1994年）

国　名	個人所得		法人税率と個人所得税率の差	法人税率
	最　低	最　高		
ドイツ	19%	53%〔47%〕	－２％	配当分・留保分 30%／45%
ベルギー	26.75%〔25%〕	59%〔55%〕	－20%	39%、小企業軽減税率100万フラン以下28%、100万フラン～360万フラン36%、増加税率360万フラン～1,300万フラン41%
デンマーク	38%〔社会保障税＋５％〕	58%(＋５％)	－24%	34%
スペイン	20%	56%	－21%	35%
フランス	５％	56.8%	－23.47%	33.33%
ギリシャ	５％	40%	－５％	35%
アイルランド	27%	48%	－９％	40%、軽減税率10%（特定地域の製造業）
イタリア	10%	51%	＋1.2%	52.2%〔36%〕
アメリカ	17%〔15%〕	39.6%〔36%〕	－4.6%	38%〔35%〕、軽減税率(国)は年５万ドル以下15%、５万ドル～7.5万ドル25%、7.5万ドル～1,000万ドル34%
日　本	15%〔10%〕	65%〔50%〕	－12.5%	57%〔37.5%〕、軽減税率は年700万円以下28%
※カナダ	27%〔17%〕	48%〔29%〕	－7.0%	41%〔28%〕 製造業30%〔23%〕、中小企業20%〔12%〕
※ドイツ	19%	53%	－8.0%	留保分45%、配当分30%
※ニュージーランド	24%	33%	０％	33%
※スウェーデン	31%	51%	－21%	30%
※スイス	６％〔１％〕	44%〔13%〕	－５％	13～39%〔４～10%〕

※ スペイン	20%	55%	－20%	35%
※ オーストラリア	20%	47%	－17%	30%
ルクセンブルグ	10% （雇用基金負担金＋2.5%）	50% （＋2.5%）	－9.17%	43.33%、軽減税率40万フラン以下20%、40万フラン～60万フラン20%～30%、60万フラン～100万フラン30%、100万フラン～1,312,000フラン30～33%、1,312,000フラン～33%
オランダ	13%	60%	－25%	35%（最初の25万ギルダー40%）
ポルトガル	15%	40%	－0.4%	39.6%〔36%〕
イギリス	25%	40%	－７%	33%、軽減税率30万ポンド以下25%

（注）1. 税率の差は、法人税は留保所得の税率と、個人は所得税の最高税率との差である。
2. 税率の〔　〕内は、国税分のみの税率である。
3. ドイツは、1994年１月１日から個人所得税の税率は一事業所得に対するものは、47%に制限された。他の所得種類には53%の最高税率が適用される。
また、ドイツの法人税は、配当分所得36%、留保分所得50%である。
4. ベルギーの中小企業に対する法人税の軽減税率は、次の条件を満たす場合に適用される。
①課税所得が、1,300万フラン以下であること、②持株の２分の１以上が１以上の法人によって所有されていること、③持分の投資価値が払込資本金の50%以上であること、④分配利益が払込資本金の13%を超えないこと。
5. 会社の支配権を有する３人の株主に対する支払報酬差引後の残余利益に対し、35%の税率が、ギリシャの私的有限会社には適用される。
6. イタリアの会社所有者及びその家族である給料受取者が３人以下である法人は、地方法人税は課されない。
7. ルクセンブルグの会社は、雇用基金への追加掛金１%と地方利潤税10%を支払う。
8. オランダは社会保障負担金が所得税の最低税率の25.55%加えられるので、実効税率は38.55%となる。
9. イギリスは、個人所得税に20%の軽減税率が最初の2,000ポンドに適用される。
日本、アメリカは原資料（ＥＣ勧告、ＮＯＴＥ１）になかったが、調査に追加した。

この表は、ＥＣ勧告、ＮＯＴＥ１（Ｐ12～13）の表を基礎としているが、これになかった※の７カ国はＯＥＣＤ「中小企業と税金」Ｐ78の表４－１により追加した。

は、そのNOTE1で次のように分析している。

この二つの税率の関係について、加盟国は次の三つのグループに分けることができるとする。

第一グループ……法人税率が所得税の最高税率はもちろん、その最低税率よりも低いか同じ国々である。(これには、デンマークと製造部門の軽減税率が低いアイルランドが属する。)

第二グループ……法人税率が所得税の最高税率と最低税率の間にある国々である。(これには、EC加盟国の大部分が属し、ベルギー、スペイン、フランス、ギリシャ、製造部門以外のアイルランド、ルクセンブルグ、オランダ、イギリスが属する。)

第三グループ……法人税率は、所得税の最高税率と同じか又はそれより高い国々である。(これには、イタリア、ポルトガルが含まれる。)

第一グループの国々の法人税率の方が最高所得税率及び最低所得税率より低い国では、法人成りをして法人税の適用を受けた方が税負担は大幅に小さくなる。この国々では、その他の事情が等しければ、最初から法人成り企業に対する疑いのない奨励措置を内包していると言える。

第二グループの国々では、この第一グループの奨励効果は緩められる。これらの国々では、課税利益が低く維持されている限り、個人事業者の方が法人より有利な地位にある(その個人事業者が他の源泉からのその他の所得がない限り)。しかし、法人税に対して、大きい累進性をもつ個人所得税は、所得額の段階効果とその個人所得税負担の鋏状効果(その差が鋏を開いた形のように段々大きくなっていくこと)で、所得額が上昇するにつれ、法人より個人事業者が不利になる。

第二グループの国々の中には、法人税が累進構造をもつベルギー、ルクセンブルグ及びイギリスの三国がある。これらの国では、小会社の小所得の低い法人税率は、所得税の最低税率に等しいか、近いものであり、全階層に所得税の最高税率より低い最高税率の法人税の累進税率が適用されるので、個人事業者より法人が有利なので、

表4　主要諸国の最近の法人税率と所得税率との関係

国　名	法人税率	所得税率	
		最高税率	最低税率
日　本	30% 差(△７%)	37%	10%
アメリカ	35% 差(△4.6%)	39.6%	15%
イギリス	30% 差(△10%)	40%	10%
ドイツ(注)	留40% 配30% (25%) 差(※△23%)	51.9% (48%)	22.9% (19%)
フランス	33.1/3% 差(△11%)	54%	10.5%

（注）　ドイツの法人税率25%は、2001年からであり、同年から合名会社、合資会社の法人税課税選択を認める。また所得税率、最低19%、最高48%への引下げも同年１月１日から行う。(法人税率の差は、2001年の計算)

やはり法人成りが奨励措置として働くのである。なお、第二グループの一つのオランダでは、法人税は逆進税率となっている。法人税率は最初の一〇万フローリンに対する四〇%とそれをこえる部分は三五%である。これが所得税の最高税率六〇%、最低税率一三%と比べられる。このような複雑な制度の根拠は、有限責任会社とその他の会社との間の税の広汎な不公平を避けるためと説明されている。

第三のグループは、法人税率の方が所得税の最高税率より高い国であるが、通常はその差はわずかである。所得税率は累進税率であるので、個人の小所得の小事業者は、個人所得税の方が有利な場合もありえようし、所得階層によっては法人税の方が有利な場合も皆無というわけではない(13)。以上は、一九九四年の状況で分析されたものである。しかし、その後、法人税率と所得税率の水準は世界的に大変動した。

現在（近い将来の改正を含む）のこれらの状況（二〇〇〇年）は、**表4**のとおりである(14)。

この表から、現在でも、所得税の最高税率が法人税率より高く、個人事業所得等を大法人より高い負担とならないよう、特別の取扱いが必要なことは変わっていない。

これでみると、この主要五カ国の法人税率は、すべて所得税率の最低税率と最高税率の中間であるが、いずれ

主要諸国の法人税率と所得税率（最高、最低）との比較（1994年と2000年）

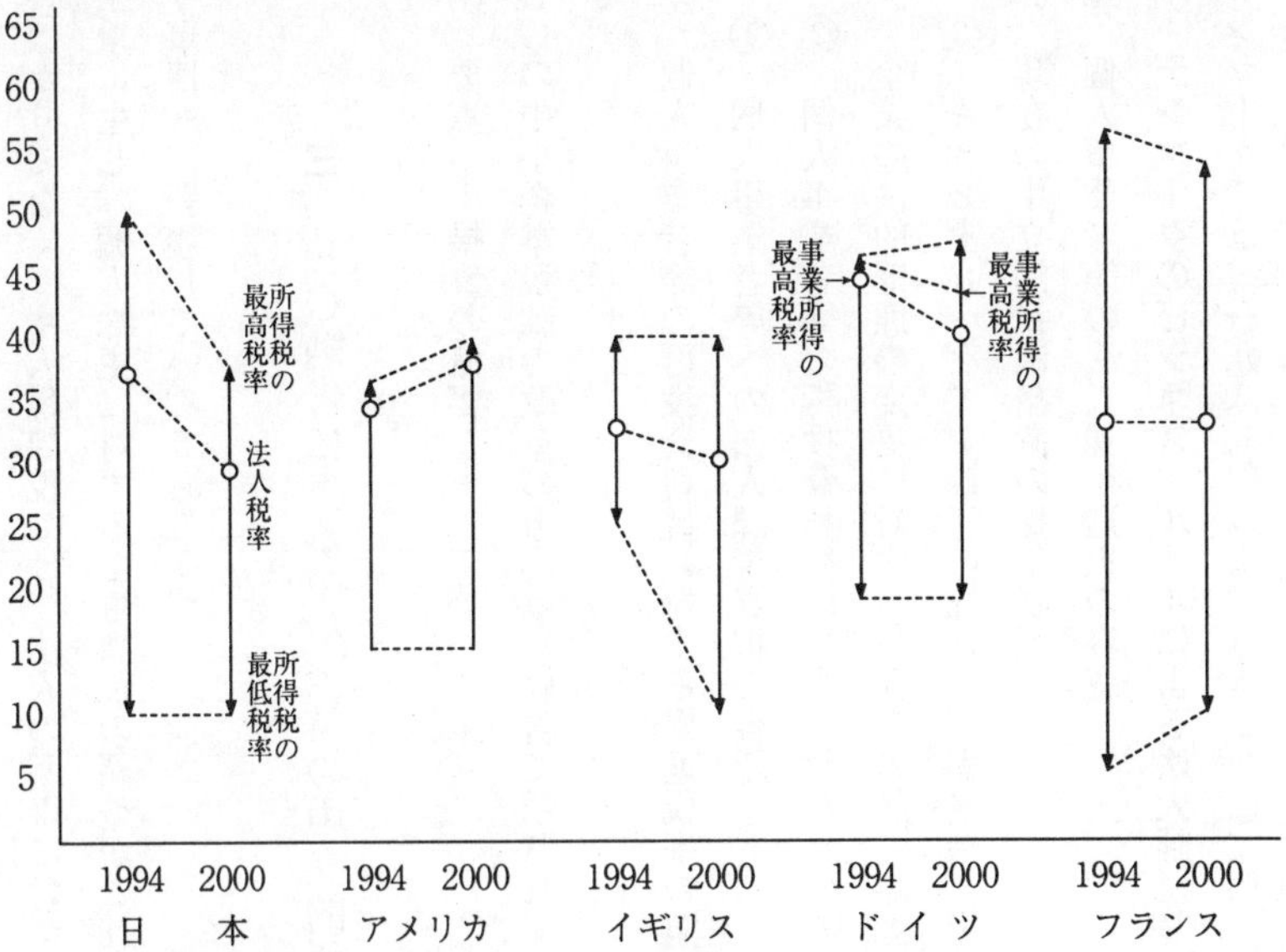

の国も、法人税率は所得税の最高税率より下である。しかし、法人税率と所得税の最高税率との開差は、一九九四年と二〇〇一年で、**表5**のように異なっている（もっともアメリカは変わっていない）。

開差が大きくなったイギリス、特別に大きくなるドイツは、高額の所得税適用者の法人成りの圧力が強まるであろう。減少している日本、フランスでも、その開差はなお大きいので、法人成りはなお続くであろう。この表でみると、アメリカ以外は、個人事業者等の法人課税選択は、なお中小企業税制として大きな意味をもっている。これに対し、アメリカでは、一九五四年に導入された法人課税選択制度が適用者数があまりに少ないとして一九六九年一月一日以降廃止され、小法人の所得税課税選択の制度が一九五八年に導入さ

表5　法人税率と所得税の最高税率との開差

国　名	1994年	2001年
日　本	(−)　12.5%	(−)　7.0%
アメリカ	(−)　4.6%	(−)　4.6%
イギリス	(−)　7.0%	(−)　10.0%
ドイツ	(−)　2.0%	(−)　23.0%
フランス	(−) 23.47%	(−)　11.0%

れて、適用も相当多く、内国歳入法Ｓ節のＳ法人課税として現在も行われている。アメリカでは、この開差が小さいばかりでなく、法人税課税では、法人の所得に対する法人税課税とその株主に対する所得税（個人株主）課税が二重に生じ、個人株主に対する二重課税の調整がこれら主要五カ国の中で設けられていない唯一の国であるという事情も、影響しているであろう。

三　ＥＣ勧告による中小企業の中立的税制の方向

(1)　要点――措置の概要――

ＥＣの中小企業税制の改革の方向は、勧告で示されているように、次の二分類での三点の税制措置の採用等である。

(イ)　個人事業者等の再投資利益に対する累進税率の阻害効果の是正のため

①　個人事業者等への法人課税選択の容認

②　個人事業者等の再投資利益に対する課税水準の法人税率水準への制限

(ロ)　企業の法的形態の変更に対する税務上の障害除去のため

③　キャピタル・ゲイン課税の繰延べ、引当金、繰越欠損金、登録免許税の課税軽減措置の採用及び拡大

(2)　現在の中立的税制措置の採用状況

(イ)　個人事業者等の法人課税選択の容認

①　デンマークのビジネス・ルールによる法人課税選択(15)

デンマークでは、一九八七年以来、毎年ごとに、個人事業者は選択により企業内に留保された所得について、法人税率による課税を選択することができる制度が認められている。

すなわち、このビジネス・ルールを選択した個人事業者は、そのルールに基づいて、次のように所得を区分することとなる。

(a)　企業内に留保された所得

(b)　企業主によって引出された所得

これは、さらに次の二つに分けられる。

(i)　資本所得……その年度の社債の平均的受取利子率を企業の純資産に乗ずることによって算出決定される所得

(ii)　個人所得……引出された所得のうち資本所得以外の部分の所得

そして、ビジネス・ルールを選んだ個人事業主は、次のように課税される。

(a)の企業内に留保された所得に対しては、法人税率と同様の三四％で計算した税額

(b)(i)の資本所得に対しては、配当所得として所得を計算し、配当の優遇措置（受取配当の二五％の税額控除）が受けられる。

(b)(ii)の個人所得と(ii)の資本所得の合計に対して所得税の累進税率が適用されて算出した税額から(b)(i)の配当優遇措置である配当税額控除が控除される。

納付税額は、(a)の留保所得に対する三四％の税額と(b)(ii)の配当税額控除後の所得税額の合計税額である。

②　ノルウェーの課税方式

ノルウェーの企業は、すべて、規模の大小、法的形態の別なく、企業の所得は次の二つに区分される。[16]

(a)　資本所得……事業用固定資産や売掛金から買掛金を控除したものに、資本収益率（政府債利率に六％を加えたもの）を乗じて計算されたもの

(b)　労働所得……残りの所得が労働所得である。労働所得は社会保障負担の対象となる。計算は、一般所得と

変わらない（労働所得控除はない）。

そして、次のように税額計算がされる。

(a)の資本所得は二八％の税率で課税される。

(b)の労働所得は〇％から二三・七％までの累進税率によって課税される。

納付される税額は、(a)と(b)との合計額となる。

この課税方式は、個人事業者等と非公開会社（株主等が積極的に企業経営に関与しており、株主等がその会社の持分の三分の二以上を有するとき等）に適用され、デンマークのような引出し所得と留保所得の区分はない。

③ スウェーデンの課税方式

スウェーデンでは、労働所得に対してよりも資本所得に対する税率の方が低いところから、所得を二分するが、資本所得を制限している。すなわち次のとおりである。(17)

(a)　資本所得……政府の長期公債の利子率をその企業の持分に乗じたもの

(b)　勤労所得……(a)の資本所得を全体所得から差引いた残りが勤労所得である。

課税は、次のように行われる。

(a)資本所得は、三〇％の比例税率で課税される。

(b)勤労所得は、社会保障負担（二六％）と通常の所得税率三一・五％との合計が課税される。

しかし、法人に留保することにより、三〇％の法人税率のみの課税を受け、引出されるまでは、個人所得税三一・五％の納付を延期するという選択ができるのである。

④ ま と め

この三カ国の税制に共通しているのは、中小企業の資本的資産に基づいて、一定の所得金額を資本に対する収益とみなし、その他を労働に対する賃金とみなし、中小企業の所得はこの両者から成り立っているとしているところである。

ECの勧告では個人事業について、再投資利益（留保所得）について、法人税率なみの低い税率を適用するため、法人課税選択を認めようとしていたのである。それが、実際には、法人、個人企業とも中小企業は勤労と資本の共働による所得というイギリスの個人事業所得を二つに分けて課税する考えの方が実際には行われていると言うことである。

この点から見ると、デンマークの現行税制がEC勧告の方向にもっとも合致した税制と言うことができよう。

(ロ) パートナーシップ、人的会社の個人課税から法人課税の選択許容へ

個人事業者は含まれないが、パートナーシップと人的会社の統一税制として、次のような例がある。

(a) ギリシャ

一九九二年の改正によって、パートナーシップ、リミッテッド・パートナーシップ及び有限責任会社については、従来の五％から四〇％の累進税率課税からその利益（パートナーシップについてはパートナーへの分配差引後の利益）に対して、法人税率と同じ三五％の単一税率による課税に改められた。[18]

(b) ドイツ

二〇〇〇年の税制改正で、二〇〇一年より従来、個人所得税率（二二・九％〜五一％）で課税がされていた人的企業（合名、合資会社等）について法人課税の選択が認められることとなった。[19]

もっとも、個人企業については、この選択は認められない。

(ハ) 事業所得者等に対する最高所得税率の法人税の普通税率への制限

EC勧告で一つの方式として導入が奨められているこの方式は、前にも述べたように、本来はカナダのカーター報告で勧めていた方式である。

この方式を現実に採用し実施したのは、ドイツの平成六年度（一九九四年）の改正である。もっとも、カーター

表６　ドイツの法人税率と所得税の最高税率等との関係

	昭51年（1976年）	昭52年～平８年（1977年～1987年）	平２年～平５年（1990年～1993年）	平６年～平８年（1994～1996年）	平11年（1999年）	平12年（2000年）	平13年（2001年）
法人税率	51%	56%	50%	45%	45%	40%	25%
所得税の最高税率	56%	56%	50%	53%	53%	51%	48.5%
事業所得者の最高所得税率	—	—	—	47%	45%	43%	?

報告の法人税率と所得税率の最高税率の一致は、ドイツでは、その前の昭和五二年（一九七七年）から行われていた。二〇〇一年から法人税率が二五％になると、事業所得の最高税率をこの法人税率で制限することは不可能と考えられ、別の方式がドイツでは考えられることになろう。

ドイツの昭和五一年以来の法人税率と所得税の最高税率、事業所得の最高税率の推移は、**表６**のとおりである。平成六年、平成一二年は、法人税率と事業所得最高税率は一致していない。

(3)　企業の法的形態の変更に対する税務上の障害の除去の状況

(a)　発生する税務障害

個人事業者の法的形態のまま法人課税の選択を認めたり、法人税率と同じ税率を事業所得の最高税率の水準に制限するのが、この勧告の第一番目の方式であった。勧告の第二番目の法人成りに対する税務上の障害の除去は、法人税の方が再投資利益に対して中立的で有利な税制となっているのであれば、法人成りしてしまってその利益を受けようというものであり、この二つの方式は、片方でもいいが、両方ともあってもよい、よりあった方がよいという考え方で提案されている。

なお、法人成りは、税務のみでなく、企業主の権利、義務についても大きな相異を生ずるものであり、負担のかかる企業の管理組織（株主総会や取締役会、帳簿や財務諸表の作成公開等）も必要となり、小企業にとって不利であることも強調されるところである。

それにしても、法人化の負担に耐え、企業の発展段階からみて法人化すべき段階に来ていれば、法人成りを奨励することは、適当であろう。

このためには、租税制度が法的形態の選択に関して十分に柔軟であり、企業の利益が個人所得税のきざみの最上部に達するほどのに成長発展したとき等は、法人成りを阻害する税務上の障害があればできる限り取り除いておくべきである。

この税務上の障害とは、法人成りは一つの事業の終了と新設が行われたものとして、キャピタル・ゲインや引当金の引継ぎ、欠損金の引継ぎ、登録免許税の課税等であることは、前にもすでに述べたところである。

(b) 法人成りに際して加盟国で適用される税務取扱い

法人成りに際して加盟国の税務上の障害となるような税務取扱いは、**表7**のとおりである。[20]

この法人成りの課税の障害に対する救済は、前にも述べたが、①事業の継続、②キャピタル・ゲイン課税の簿価引継ぎによる課税繰延べ（転換による利益の早期発生の猶予）、③損失の繰越し（認めない国が多いが、所有者の個人所得から繰越控除を認めている（ドイツ、フランス、アイルランド、ルクセンブルグ又はイギリス））キャピタル・ゲインの課税や欠損の繰越しでは、個人事業者からの法人成りと、パートナーシップからの法人成りとで、税務取扱いに差がある場合も見られる。

(c) EUの今後の税務救済の方向

法人成りを事業の継続として処理することを一般的に要求することは、困難である。

キャピタル・ゲインについては、簿価引継ぎによる課税繰延べと時価計上による課税との選択を事業主に認めることが最もよいであろう。

繰越欠損金の引継ぎは、新法人に引継ぐか、旧個人事業主にその後も繰越控除を認めるかどちらかの措置が取られればよいであろう。

表７　個人企業、パートナーシップからの法人化に際して加盟国で適用される税務取扱

国　名	資本税（印紙税、登録税等）	キャピタル・ゲイン課税	利益の中間課税	損失の繰越	引当金の引継ぎ
ベルギー	0.5％（株式の交換による設立企業への資産の移転）。雇用促進地域での設立のため、ベルギーに本拠を置く多国籍企業の設置等のための移転は非課税	16.5％（有形資産）33％（無形資産）。ただし存続契約の適用を差控えない企業は時限的非課税	ない	ない	できる
デンマーク	１％	株式で支払われる場合は課税免除（移転資産の75％相当額以上）。残りの証券は移転者に帰属する。	ない	ない	できる
ドイツ	２％（会社への土地、建物の移転）	課税廃止（取得原価で譲受会社へ引継がれた場合又は有価証券を保有する場合）	ない	ない（しかし、所有者又は組合員の所得から控除できる）	できる
ギリシャ	通常１％、しかし場合により自営業者の建物の移転は３％～11％	未実現利益は課税されない（資産のキャピタル・ゲインを除く）	ある	ある（？）	できる（特定の準備金、例えば偶発損失準備金を除く）
スペイン	通常１％（法人の取引）、建物の移転は６％	課税廃止（資産の移転の場合等）	ない	ない	できる
フランス	500フランの定額税率 移転者が引換えに株券を与え、	課税の繰延（非減価償却資産のキャピタル・ゲインの場合で株式で残り	ある（受取会社が資産を簿価で引継ぐ場合は	ない（しかし個人独立事業者とパートナーの事業損失	できる

	取得者が５年以上保有する場合（それ以外は資産と営業権、移転に8.6％の特別税）	を受取る場合）（減価償却資産のキャピタル・ゲインの場合は受取会社側で５年間の税の支払いの繰延べが認められる）	株式に関する利益は課税されない）	は、合計損失に含められ、その所得税課税上、５年間繰越せる）	
アイルランド	印紙税１％	株式の交換の場合のキャピタル・ゲインは非課税	ない	ない（しかし合計欠損の一部として所得税上欠損の繰越しができる）	できる
イタリア	会社への不動産の移転８％	課税されない（簿価引継ぎの場合）	ない	ない	ない
ルクセンブルグ	投資動産・不動産１％ 資産の性質により0.24％～６％	非課税（受取会社への簿価引継ぎの場合）	ない	ない（しかし損失発生個人又はパートナーの側で、オーナーでなくても控除できる）	できる
オランダ	ない	ない	ない	ない	ない
ポルトガル	不動産４％ 資産の用途、性質により10％	Ａ個人の法人成りの場合、株式と資産に課税 Ｂパートナーシップの法人成りの場合、非課税（課税申立）	Ａ（同左）ない Ｂ（同左）―	Ａ（同左）ない Ｂ（同左）ある	Ａ（同左）ない Ｂ（同左）ある
イギリス	印紙税１％（土地、建物等）	原則課税。ただし、株式による支払いは控除がある。	ない	できる（将来の配当）	できる

（注）　この表は「ＥＣ勧告」の参考資料（一）“事業所得者又はパートナーシップが法人企業に転換した場合の課税上の結果を緩和する諸手段”に掲げられた加盟各国の取扱いの表（Ｐ15、16）である。

なお、ポルトガルの個人の法人成り、パートナーシップの法人成りの資産移転のキャピタル・ゲインには、税務調整が適用。

資本税については、拠出した不動産について証券が見返りに発行される場合等、一定の要件をみたす場合には、課税の軽減を認めることが適当であろう。

四　おわりに

(1)　勧告の妥当性

再投資利益に対する個人事業者の高い累進税率が、一国の産業のダイナミズムや経済発展や成長なかんずく雇用や技術革新力に悪い影響を与えるので、是正するための課税環境の改善を図るＥＣ勧告の次の三つの提案は、理論的にはきわめて妥当なものであることは確かである。

むしろ理論的すぎて、わが国やいくつかの先進国では、中小企業税制というと必ずとり上げられる中小法人の軽減税率や特別償却を個人所得税の最高税率より法人税率は低いので、再投資利益(留保利益)には、その低い法人税率だけで、株主に分配しない限り追加課税が生じないので、特別には取り上げないというのは潔癖すぎる態度とされよう。

個人事業所得の最高税率を法人税率の水準に抑えるのも、全く同じ再投資利益に対する高い所得税の是正のためであり、全く同じ理論に基づいている。

法人成りの際に生ずるキャピタル・ゲイン課税等の租税障壁の除去、事業所得者が法人になれば、再投資利益の高率課税の問題も解決するが、その後に中小法人の軽減税率の問題も生じてこよう。

(2)　個人のみなし法人課税――わが国のみなし法人課税の復活――

個人の事業所得を資本所得と勤労所得の合成よりなるものとして、二つの部分に分けて課税するという考え方は、再投資利益の課税是正という問題のみならず、いろいろな問題をもっている。

それは、昭和四八年度の税制改正で導入され、平成四年の税制改正で廃止されたわが国のみなし法人課税（その特徴をあらわす〝事業主報酬制度〟とも呼ばれた）の創設、改正、廃止の状況を見ることで自ら理解される部分もあろう。(21)

(a)　みなし法人課税の創設（昭和四八年）

次のような「みなし法人課税制度」が創設された（旧措法二五の三）。

①　青色申告を行う個人事業者について、「みなし法人課税」の選択を認める。

②　この選択を行った事業者については、事業主報酬の支払いを認め、事業主報酬については給与所得控除の適用を認める。

③　その個人の所得から事業主報酬を控除した後のものを「みなし法人所得」とし、この所得に対しては全額が事業主に配当されるものとした場合の法人税率に相当する税率二三・六％（みなし法人所得のうち三〇〇万円を超える部分については、二九・六％）の所得税を課税する。

④　「みなし法人所得」から法人税相当額を控除した残額を「みなし配当」とし、事業主報酬等の他の所得と総合して課税し、配当控除を適用する。

⑤　「みなし法人所得」の損失は、法人の場合と同様に、「みなし法人所得」相互間で五年間の繰越及び前年分への繰戻を認める。

(b)　みなし法人課税の改正（昭和六二年）

事業主報酬についてサラリーマンと同様の給与所得控除が認められていることが問題となり、昭和六二年九月の改正で、事業主報酬の実質的制限が図られ、次のように改正された。

「事業主報酬の額が前々年以前三年の各年の事業所得の金額及び不動産所得の金額の合計額の平均額の八〇％相当額を超える場合には、その超える部分の金額は過大報酬に準ずるものとして所得税を課税する」旨の規定が追加された。

(c)　みなし法人課税制度の廃止（平成四年）

次のような論拠の下に、廃止が強く主張され、平成五年の期限の到来を待たず、平成四年までで廃止された。

①　事業遂行のための費用は既に事業所得の金額の計算上必要経費に算入されているので、更に事業主報酬に給与所得を控除することは経費の二重控除となって適当でないこと。

②　企業の経営形態の選択に当たり、法人形態及び個人形態それぞれのメリット、デメリットを総合的に勘案しているにもかかわらず、個人形態を選びながら法人形態のメリットを享受しようとするのはおかしい。

しかし、①は中小法人の事業経費と所有者社長の給与所得控除は別々の意味で認められていることや、②はこのようなことをいうとＥＵの個人形態のままの法人課税選択の勧告もおかしいことになる。

この日本のみなし法人課税は、個人の再投資利益が法人税率より高い所得税の最高税率で課されることの国民経済的不効率など考えておらず、事業主報酬の給与所得控除（今や日本以外あまりなくなったもの）の適用による軽減の多寡が専ら問題とされたため、批判され、廃止されたものであろう。

昭和四八年のみなし法人課税創設時の高木文雄主税局長が、同年の「改正税法のすべて」（国税庁発行）の〃すいせんのことば〃に書かれた「事業主報酬制度、その前提としてのみなし法人課税制度の採用も、制度論として将来への影響が大きいと思います。事業所得は、勤労と資産の双方が渾然一体としてなるものであるとする考え方に、擬制的に勤労からなる部分と然らざる部分とを分離した上で合算する考え方を持ち込んだということは、所得税制としては大変なことだと言えるでしょう。しかし、家計と経営、奥と店の分離明確化が進むことこそ、わが国特有のものだといわれる中小企業の発展に、一つの踏み切り台を与えたと評価できないこともないと思います。踏み切り台を利用して、わが国中小企業が生業から企業へジャンプすることができたら大変なことです。」この理想をＥＵの個人企業の再投資利益重課是正論を入れて、事業主報酬について過大報酬とならないシステムに改善し、復活することは、なお細部の検討は必要としても、わが国の税制としても妥当な方策ではないかと考えるものである。

(3) 個人事業所得の最高税率の法人税率水準制限

法人税率三〇%、所得税最高税率三七%という差の現況や、給与所得者の最高税率を三七%のまま、事業所得者の最高税率をそれより低い三〇%とすることは、九・六・四(クロヨン)の批判のあるわが国では、採用は困難である。

(4) 法人化に伴う租税障害の除去

わが国でも、法人化に伴うキャピタル・ゲイン課税、引当金、欠損金の引継、資本税の問題は生ずる。しかし、一人医療法人や農業生産法人の法人成りなどいろいろの問題があり、整理に相当の時間を要しよう。平成一二年(二〇〇〇年)現在、会社の合併、分割、組織変更等について、同様のキャピタル・ゲイン課税や引当金、欠損金の引継ぎや、登録免許税の問題について、一定の要件を充たす適格合併、分割等について、課税繰延べや引継ぎが規定される状況であるので、その結果を待って検討すべきであろう。

(5) 残された問題

EUの中小企業の税制勧告には含まれていないが、OECDの「中小企業と税制」の中には、次のような項目も含まれている。中長期の中小企業税制としては、検討すべき問題であるが、今回は取り上げる時間、紙数がなかった。次の機会に研究したいと思っている。

(a) 中小法人のための政策税

(b) 中小非法人企業を対象とした租税優遇措置

(c) 付加価値税における中小企業の扱い——小企業非課税や簡易課税等——

(d) その他の租税における特別措置

(e)　中小企業所有者に対する課税取扱い
①　相続税・贈与税の特別措置
②　キャピタル・ゲイン課税の特別規定
③　中小企業所有者や投資家への一般的な特別措置

（1）「COMMISSION RECOMMENDATION of 25 May 1994 concernig the taxation of small and medium-sized enterprises」(94/390/EC) OJ NOL 177. 9. 7. 1994 pp. 1~19である。この勧告は、①勧告、②説明メモ、③付録㈠中小企業の利益に対する課税の現状、㈡加盟国の数カ国の当面の解決策、㈢中小企業の法的形態を変更した場合の租税上の救済)、④参考資料㈠法人税率及び個人所得税率の比較――企業の租税負担、㈡個人事業者又はパートナーシップから法人企業への転換した場合の加盟国で適用される課税取扱い、㈢法人セクターの大きさの比較表、㈣デンマークの「事業ルール」の説明）からなり立っている。

（2）ＯＥＣＤの「Taxation and Small business」は、本文九章（本文一〇一頁）補論四（総一二五頁）である。その邦訳「中小企業と税金」は、監修・解説谷山治雄、共訳者中村芳昭、小栗崇資で、本文一四四頁、総頁一七五頁の完訳である。

（3）アメリカの一九五四年の法人課税選択制度の詳細、一九五八年の小法人の個人課税選択制度の詳細及びわが国の解決の方向は、「当面実施すべき税制改正に関する答申（税制調査会第一次答申）」二〇〇～二一一頁で述べられている。

（4）わが国のみなし法人課税の内容、変遷、創設、廃止の理由については、**四**おわりにの(2)で要約されている。詳細は、創設については「改正税法のすべて（昭和四八年版）」（国税庁）四四～五八頁に述べられ、廃止の経緯等については「改正税法のすべて（平成四年版）」（国税庁）四五～四八頁に述べられている。なお、裏話を含めた創設、廃止の当事者の記録として「実録・青色申告制度四十年史」（播久夫著・大蔵財務協会・平成二年）の第八章（創設・一三二～一四八頁）、第九章（廃止・一四九～一九〇頁）があり、同書によれば、最盛期の昭和六二年分は、みなし法人選択者が三〇万三千人に達し、青色申告者の七・四％に達していたことがわかる。

(5)　カーター・レポートについては、主税局調査時報一五巻九号及び同一一号（共に昭和五四年）「カナダの税制改革提案ⅠⅡ」に詳しい。

(6)　特別投資準備金（special investment reserve）については、勧告の説明メモ（EXPIANATORY MEMORANDUM）の結論の第二段（P４）で例示されている。

(7)　「事業の継続」については、付録㈢「中小企業の法的地位が変更されたときの税務上の救済」（ＯＪＮＯＬ・一七七・Ｐ９）で述べられている。

(8)　山林を現物出資した場合の納期限の特例措置の新設の背景、内容については、「改正税法のすべて・昭和四九年版」（国税庁編）六四〜六八頁に、廃止については、「改正税法のすべて・平成七年版」（国税庁編）一五七・八頁に長期化と利用実績の乏しさが廃止の理由とされている。

(9)　この⑴の章については「ＥＣ勧告」の付録㈠及び「中小企業と税金」〝第二章中小企業を特別に扱う根拠〟一七〜二七頁を参考にしている。

(10)　ＯＥＣＤ「中小企業と税金」（和訳）五八頁第三章の注２による。

(11)　この⑵及び⑶の章については、「ＥＣ勧告」の付録㈠中小企業の利益に対する課税取扱い及びＯＥＣＤ「中小企業と税金」〝第四章非法人企業の所得税上の扱い〟を参考としている。

(12)　この⑷の章は、「ＥＣ勧告」の参考資料㈠〝法人税率及び個人所得税率の比較〟（一二〜一三頁）及びＯＥＣＤ「中小企業と税金」（和訳）表四―一〝所得及び利益に対する税率〟（七八頁）を参考としている。

(13)　この三グループ区分及びその分析は、「ＥＣ勧告」参考資料（ＮＯＴＥ）㈠（一一〜一二頁）でなされている。

(14)　これらの最近の外国の税制改革の状況は、大蔵省の毎年の「財政金融統計月報」租税特集号（毎年四月号）、例えば最近は五七六、五六四、五五二、五四〇号の〝欧米主要国における最近の税制改革の動向〟による。

(15)　デンマークの法人選択課税については、「ＥＣ勧告」の参考資料四〝デンマークの「事業ルール」についての説明〟（ＯＪＮＯＬ・一七七・Ｐ1819）及びＯＥＣＤ「中小企業と税金」補論１〝スカンディナヴィアの中小企業課税調整措置〟（邦訳一四五〜一五〇頁）を参考とした。

(16) 注（15）後半を参考。
(17) 同右。
(18) 「ＥＣ勧告」付録(二)〝加盟国の数国における当面の解決策〟（六～七頁）による。
(19) 同右。
(20) この(6)の章については、「ＥＣ勧告」付録(三)〝中小企業の法的形態を変更した場合の租税上の救済〟（八～一〇頁）及びＯＥＣＤ「中小企業と税金」第四章Ｄ法的形態の選択（邦訳・七〇～七五頁）を参考とした。
(21) 注（４）参照。

パブリシティの権利の再構成

——その理論的根拠としての混同防止規定——

井上由里子

はじめに

「パブリシティの権利」とは、典型的には、芸能人やプロスポーツ選手の氏名や肖像が商品化事業等に無断利用されたとき、経済的利益が損なわれた芸能人らが冒用者に異議を申し立てることのできる法的地位である。判例を通じて発展してきたこの概念は未だ成熟したものとはいえず、典型事例で保護が与えられることは衆目の一致しているところであるが、周縁的論点については議論が分かれている。

本稿は、「パブリシティの権利」の発展の経緯を簡単に振り返った上で（一）、この「権利」を知的財産法体系の中に位置づけ（二）、解釈論上のありうべき根拠を探るものである。結論として、これまで「パブリシティの権利」の名の下に議論されてきたものは、少なくとも差止を伴うものについては、不正競争防止法の混同防止規定（二条一項一号）に根拠を置くべきものであることを示し（三）、これを前提に、周縁的論点について考察を加え、権利の内容をより明確なものとして提示する（四）。

なお、裁判例・学説において「パブリシティの権利」という用語が明示的に用いられていなくとも、氏名・肖像の無断利用に係る経済的利益について保護を受けうる法的地位を論じているときには、本稿では、文脈によってはこれを「パブリシティの権利」と記す。また、無断利用された本人の社会的評価が低下した場合の扱いも「パブリシティの権利」の概念に含めて議論されることがあるが、このような場合には人格権による対処が可能なことも多いので本稿では扱わない。

一 「パブリシティの権利」の発展の経緯

1 芸能人の氏名・肖像の顧客吸引力を利用するビジネスの確立

人気のある芸能人やスポーツ選手の氏名や肖像には顧客吸引力がある。カレンダーやマグカップなどにその肖像写真や氏名を使えば、ファンは競ってこれを手に入れようとするであろうし、コマーシャルに芸能人を起用すれば注目を集め、その商品の売上げは伸びることであろう。商品の売上げを伸ばすために、芸能人の氏名や肖像の有する顧客吸引力を利用したいと思う者は大勢いる。こうしたことから、氏名や肖像の商品化事業への利用許諾やコマーシャル出演によって得る対価は、芸能人の収益源の一つとなっており、これらのビジネスは業界ですでに確立されている。

利用許諾ビジネスにより収益を上げるためには、まずもって本業の芸能活動で人気を博すことが必要だから、利用許諾ビジネスは、芸能人本人にとっては芸能活動へのインセンティヴにもなっているし、また、プロダクションや広告代理店等にとっても才能ある人材を発掘し多大な資本を投下してその売出しを図るインセンティヴとして働いている。

氏名や肖像の無断利用が許されるのだとすれば、対価を支払おうとする者は激減し、利用許諾ビジネスそのものが成り立たなくなるおそれがある。芸能人やその関係者の立場からすれば、氏名や肖像の無断利用に対して異議を申し立てたいところであり、異議申立が認められなければ、顧客吸引力形成のためのインセンティヴは著しく阻害されることになろう。

2 アメリカでの「パブリシティの権利」の誕生

アメリカでは、こうした芸能人からの訴えに応えるための法理が一九五〇年代以降形成されてきた。氏名や肖像の顧客吸引力に関する経済的利益の保護は、「プライヴァシーの権利」[1]の中に位置づけられることもあった[2]。だが、本来プライヴァシーの権利は個人の人格的利益の保護を主眼とするものであるところ、自らの氏名や肖像を積極的に世間の目に曝すことにより人気の獲得を図ろうとする芸能人の場合、プライヴァシーの権利を一定限度で自ら放棄していると考えられ、その氏名や肖像を営利活動に無断利用されても、必ずしも人格的利益が損なわれるとはいえない。芸能人が裁判所に訴え出るのは、多くの場合、自分の顔が人前に曝されて人格的利益が害されたためではなく、無断利用により経済的利益が損なわれたためにほかならない。したがって、こうした場合にまでプライヴァシーの権利のような人格権の範疇でことを処理しようとするのは無理がある。

このような認識の下、Jerome Frank 判事は一九五三年、プロ野球の選手の肖像をチューインガムに使用したHealan事件判決[3]において、かような財産的利益の保護がプライヴァシーの権利とは別個独立になされるべきことを明言した上、この財産的利益を「パブリシティの権利」と命名したのである。その翌年、著作権法の大家として名高い Nimmer 教授が、「パブリシティの権利（The Right of Publicity)」という論文[4]において、この新しい権利のありうべき内容を試論として提示している。ここに至って、「プライヴァシーの権利」に混入していた異質な不純物は、「パブリシティの権利」という結晶として析出され、独立の議論の対象として認識されるようになったのである[5]。

3 日本の判例法上の生成

アメリカで産声を上げた「パブリシティの権利」の概念を日本に紹介したのは、伊藤正巳教授[6]と阿部浩二教授[7]である。これらの紹介を通じてアメリカの議論が認知され、我が国でも昭和五〇年頃から、氏名・肖像が無断で営利利用された事案において救済を認める裁判例がみいだされるようになった。代表的なものは、まず権利承認の嚆矢とされるマーク・レスター事件判決であり[8]、この判決をきっかけに同様の裁判例が数多く蓄積されることとなった[9]。そして、差止請求まで認めることを明らかにしたものとして重要な意味を持つのがおニャン子クラブ事件判決である[10]。

これらの裁判例で「パブリシティの権利」という言葉が明示的に用いられることはむしろ少ないが[11]、多くの裁判例において、俳優等は、氏名や肖像等に関する精神的利益についての「プライヴァシーの権利」が制約される反面、経済的利益について保護を受ける資格を有しているとしており、その論理の運びは、まさにアメリカにおける「パブリシティの権利」の議論をなぞるものである。そこでこれらの裁判例を素材に、「パブリシティの権利」の名の下に学説上の議論が重ねられてきたのである。

4　現在の論点

これまでの経緯をみると、生存中の著名な芸能人の氏名や肖像が商品化事業やコマーシャルに無断利用されたとき、本人が損害賠償請求及び差止請求をなしうる、ということについてはすでにコンセンサスが形成されているようにみえる。

現在議論されているのは、このような典型的事例での救済の是非ではなく、より周縁的な論点である。たとえば、文学者や学者は、自己の氏名や肖像が商業利用に供されることを嫌う者も多いと考えられるが、こうした者も芸能人と同様にパブリシティの権利を享有しうるのだろうか[12]。本人の死後も権利は存続しうるのであろうか。そして相続は認められるのだろうか[13]。また、本人ではなく、たとえば芸能プロダクションのように、顧客吸引力の生成に寄与した者も権利の享有主体となりうるのか、といった問題もあるし、契約によりプロダクションが本人から権利の譲渡を受けることができるのかという問題もある[14]。加えて、侵害となるべき行為態様の限界はどこにあるのか、ということも論点になる。たとえば、特定の芸能人に関する様々な情報を集めたいわゆるタレント本は、そのタレントの顧客吸引力を利用しているのは明らかであるが、このような行為にもパブリシティの権利は及ぶのであろうか。(15) さらには、人気のある競走馬の馬名など自然人以外の「物」の名称や影像もパブリシティの権利の対象たりうるのかという問題もある。(16)

こうした周縁的な論点については未だコンセンサスが形成されておらず、混迷の中にある。

5 学説の状況

学説はどのような状況にあるのだろうか。

「パブリシティの権利」に関する学説は、①人格権の範疇におさまらないものであることを認めながらも、氏名・肖像を対象とする以上、パブリシティの権利は人格と切っても切り離せない性格を有するということを強調し譲渡・相続等を制限する傾向の強い立場と、(17) ②人格的利益とは独立の経済的利益を保護するものであることを強調し、人格の享有主体との関係を切り離して譲渡や死後の権利の存続を認める傾向の強い立場の二つに大別して説明されるのが通例である。(18)

上記の分類にこだわらず、周縁的論点に関する学説の見解を拾ってみると、たとえば、死後の権利の帰趨につき、人格と関連の深い著作権法を類推して存続期間を限定する見解もあれば、(19) 財産権というからには、人の死後直ちに権利を消滅せしめる理由はないとし、商業的使用を継続するかぎり永遠に存続するという見解もある。(20) 権利濫用の法理や信義則を適用することにより個別の事案に応じて不当な権利行使を斥ければよいと説くものもある。(21) 権利の譲渡性については、これを一定限度に制約すべく、ドイツの著作権のような設定的移転を提唱する見解が目を引く。(21-2) 権利の享有主体については、芸能人等の特殊な職業につくものに保護を限定しようとする見解が有力である。(22) 顧客吸引力の経済的価値の保護という観点からみれば、類似の利益状況にある物や動物の名称や影像について、「物のパブリシティ権」を観念しうると説くものもある。(23)

周縁的論点についてはっきりとした見解を示さない文献も多いが、学説で提唱されている権利の内容には相当のばらつきがあり、百家争鳴の観を呈しているということがいえよう。

思うに、周縁的論点について見解が分かれているのは、「パブリシティの権利」の拠って立つ根拠について十分に議論を尽くさないまま今日に至っていることに起因しているのではなかろうか。

6 検　討

いうまでもなく、「パブリシティの権利」を保護するための特別の法律が存在しているわけではない。有名人の氏名・肖像に化体する顧客吸引力の経済的利用価値が無視しえないものとなるにつれ、その法的保護の必要性を認識した裁判所は、アメリカで産声を上げた法理を横目で見ながら、解釈論により救済を与える努力を積み重ねてきた。裁判所によるかかる努力の総体に、アメリカ産の「パブリシティの権利」というラベルが貼られているにすぎない。

このように社会状況の変化に応じて新しい「権利」を解釈論で創造していくとき、あたかも白地に絵を描くように、何らの束縛もなく、自由に権利の内容を定めてよいはずはない。まず、立法の手を借りねば実現できないような事柄を、解釈論として主張するのが不適切なのはいうまでもない[24]。そればかりでなく、新しい「権利」を認知するには、現行法体系の中で許容されうるのかということを考察せねばならないはずであるし[25]、解釈論である以上、その拠り所とする現行法上の根拠を探らねばならないはずである。

そこで「パブリシティの権利」を知的財産法体系の中に位置づけ、解釈論上の限界を明確化することを、最初の課題にしたい。

二　知的財産法体系における「パブリシティの権利」

(一)「権利」生成の軌跡

「パブリシティの権利」は、裁判所の主導で形成された新しい「権利」である。以下では、そこで示された救済手段と法律上の根拠に注意を払いながら、マーク・レスター事件判決、おニャン子クラブ事件第一審判決、控訴審判決の順に、差止を認めるにいたるまでの権利の生成プロセスを辿る。

1　マークレスター事件判決(26)――不法行為に基づく損害賠償請求の認容

(1)　マーク・レスターという英国の子役俳優の氏名・肖像が、出演映画のクローズアップ・シーン等とともに、製菓会社ロッテ社の製品のコマーシャルに、無断で使用された。子役俳優が、その出演映画の上映権、宣伝権を有する配給会社及びコマーシャルを流した製菓会社に対して、損害賠償を請求して訴訟を提起したという事案である。

判決は、俳優等の特定の職業に就く者の氏名や肖像等に関する経済的利益は、不法行為法による被侵害利益に該当するとして、損害賠償請求を認容した。

(2)　詳細にみると、判決は、氏名や肖像に関する人格的利益ないし精神的利益につき、一般的に法的保護を受けられる利益だとしつつ、「俳優等の職業を選択した者は、もともと自己の氏名や肖像が大衆の前に公開されることを包括的に承諾した」ものである上、「人気を重視するこれらの職業にあっては、自己の氏名や肖像が広く一般大衆に公開されることを希望若しくは意欲しているのが通常であって、それが公開されたからといって、一般市井人のように精神的苦痛を感じない場合が多い」とする。したがって、「俳優等が自己の氏名や肖像の権限なき使用により精神的苦痛を被ったことを理由として損害賠償を求め得るのは、その使用の方法、態様、目的等からみて、彼の俳優としての評価、名声、印象等を毀損若しくは低下させるような場合、その他特段の事情が存する場合」に限定されるとした。

しかし、判決はこれに続けて、「俳優は右のように人格的利益の保護が縮減される一方で、一般市井人がその氏名及び肖像について通常有していない利益を保持している」と述べる。すなわち、「俳優等の氏名や肖像を商品等の宣伝に利用することにより、俳優等の社会的評価、名声、印象等が、その商品等の宣伝、販売促進に望ましい効果を収めうる場合がある」のであって、「俳優等は、自らかち得た名声の故に、自己の氏名や肖像を対価を得て第三者に専属的に利用させうる利益を有している」とし、これを人格的な利益とは独立の経済的利益と位置づけ、この利益は、不法行為法によって当然保護される被侵害利益であると判示したのである。

そして、本件につき、原告は本件映画出演の宣伝の範囲を超えて他の商品の宣伝のために利用されることを承諾したものとはいえないから、不法行為を構成するとし、財産的損害として、本件コマーシャルに出演した場合の対価相当額、精神的損害としては、原告が別の製菓会社森永のコマーシャルにも出演していたという事情があったことから、競合する会社の宣伝に原告が二重出演し利を図ったという印象を与え、原告の社会的評価、名誉を毀損するおそれの生じたとして、慰謝料の賠償義務を認めた。

2　おニャン子クラブ事件第一審判決——人格権に基づく差止請求の認容

(1)　マーク・レスター判決は、「パブリシティの権利」を不法行為法上保護される被侵害利益であるとし、財産的損害として対価相当額の賠償を認めたものであり、一般不法行為法で保護されうる被侵害利益の新しい類型を提示したものということができる。これまでの裁判実務からすると、不法行為に基づく差止請求を認めることに裁判所は消極的であるから、「パブリシティの権利」を不法行為の被侵害利益であるとするだけでは、救済手段は差止よりも「弱い」損害賠償にとどめられることになりそうである。では、「パブリシティの権利」に基づく差止請求を認める余地はないのであろうか。

判決としてこの問題にはじめて取り組んだのは、おニャン子クラブ事件[27]である。アイドルグループ「おニャン子クラブ」のメンバーが、その氏名・肖像を無断でカレンダーに用いて販売している業者に対して、損害賠償及び販売の差止を請求したという事案である。原告らの主張は、①財産権としての氏名・肖像利用権の侵害、②人格権としての氏名権、肖像権の侵害及び③旧不正競争防止法一条一項一号（現行不正競争防止法二条一項一号、混同防止規定）違反の三つを根拠として挙げるものであった。①の財産権としての氏名・肖像利用権が、「パブリシティの権利」に対応するものと理解されている。第一審判決と控訴審判決はいずれも差止を認めたが、その理論構成は全く異なる。以下では、両者項を分けて紹介する。

(2)　まず、第一審判決は、損害賠償請求及び差止請求のいずれも認容した。その内容をみていこう。

第一審判決で注目すべきは、差止の根拠を、人格権としての氏名権・肖像権に求めている点である。判決は、「人は、自己の氏名、肖像を意思に反してみだりに利用されないことについて、法律上保護される人格的な利益を有している」ものの、「原告らのような芸能人の場合には、通常、その氏名、肖像が広く社会に公開されることを希望あるいは意欲しているのが一般であると解されるから、その意味で、他の一般人とは、保護されるべき利益の範囲や程度に差異が生ずることもありうる」として、まず、マーク・レスター事件判決と同じく、アメリカの「パブリシティの権利」をなぞった論理を展開した。原告らは人気アイドルであったから、素直にこの一般論をあてはめると、原告らの人格的利益は制限されており、人格権に基づく保護は受けられない、という帰結が導かれそうである。

だが、裁判所は次のように述べて、人格権に基づく差止を認めた。原告らの氏名・肖像は被告の販売する商品の重要な構成部分であり、当該氏名・肖像はいわば売買取引の対象物とされているとみることができ、「このような方法、態様による氏名、肖像の使用行為は、原告らのような立場のものであっても、到底承諾が推定されるものとはいえず、他の観点からも違法性を欠く相当な行為であると認めることは困難である」とし、「かかる人格的利益は、原告ら各自固有の排他的なものである」ことを理由に商品販売の差止を認容したのである。

このように、差止請求については人格権に基づいてこれを認容し、財産的な意味での氏名肖像利用権及び不正競争防止法に基づく請求の判断はしなかったのであるが、他方、損害賠償請求については、人格的利益の侵害に基づく損害額につき、各原告一〇万円をまず認め、さらに、以下のように述べて、財産権としての氏名肖像利用権に基づく損害額につき、許諾料相当額の賠償を認めている。「原告らの氏名、肖像は、商品に表示して使用されることにより、高い顧客吸引力を持つに至ったと認められ、その意味で、原告らの氏名、肖像は、それ自体が、経済的な利益を生じさせる財産的な価値を含むものとなったと認められ」、「右財産的価値は、原告らの氏名、肖像という原告ら各自の固有の属性に含まれるものであるから、原告ら各自に帰属する」。「このような原告らに属する財産的価値を無断で使用する行為は、民法の不法行為を構成する」としたのである。

なお、不正競争防止法に基づく請求については、仮に被告の行為が右法条に該当する不法行為を構成するものであるとしても、その損害の額は氏名・肖像利用権侵害に基づく損害の額であるとし、直接の判断の対象とはしなかった。

(3) 以上のように、いわゆる「パブリシティの権利」の侵害を不法行為法の被侵害利益であると認めて損害賠償請求を認容した点は、マーク・レスター事件判決と同じである。問題は差止請求であるが、判決は、経済的利益に係る「パブリシティの権利」ではなく、人格権としての氏名権・肖像権を拠り処とした。これは、財産権としての「パブリシティの権利」という構成では、差止請求を認容する根拠とするに足りないと判断したものであろう。(28) 実務上差止請求が認められているのは、所有権に基づく妨害排除請求権のように物権的請求権が認められている場合、特許権や著作権、不正競争防止法等の知的財産法で立法により差止請求権が明示的に与えられている場合のほか、人格権を拠り処とする場合も判例によって差止が認められてきたことから、裁判所は人格権構成を頼ったのであろう。

だが、本件のような事例で人格権侵害というのは、やはり無理があるように思われる。自己の氏名・肖像の商品化事業等への利用を許諾して収益を上げてきた芸能人は、一般人とは異なり、自分の顔や名前が商業利用されたこと自体で人格的利益を害されることはないだろう。もちろん、不法行為の「被害者」となることは気持ちのよいものではないが、この程度の不快感をもって、差止の対象となるほどの人格的利益が害されたというのは難しいのではなかろうか。

実際に芸能人が裁判所に駆け込む真意を考えてみても、人格的利益が侵害されたからではなく、経済的利益の確保を図るためだとみるのが素直である。紛争の実体が経済的利益を巡る攻防であるにもかかわらず、損害賠償請求と敢えて根拠を変え、差止請求についてのみ紛争の実体とは離れた構成を採ったところに本判決の特徴がある。この技巧的な立論は、差止請求の可否に係る解釈論上の限界を意識しつつ、事案の解決として妥当な結論を導こうとする裁判所の苦心の跡を窺わせるものであるといえよう。

3　おニャン子クラブ事件控訴審判決――「排他性のある財産的権利」に基づく差止請求の認容

(1)　控訴審判決は、第一審判決と異なり、差止請求についても、財産権としての氏名・肖像利用権に基づいてこれを認容すべきであるとした。

「氏名・肖像を利用して自己の存在を広く大衆に訴えることを望むいわゆる芸能人にとって、私事性を中核とする人格的利益の享受の面においては、一般私人とは異なる制約を受けざるを得ない」のであって、「芸能人の社会的評価の低下をもたらすような使用行為はともかくとして、社会的に許容される方法、態様による使用行為については、当該芸能人の周知性を高めるものではあっても、その人格的利益を毀損するものとは解しがたい」と述べ、本件控訴人（第一審被告）の行為は、被控訴人（第一審原告）らの人格的利益の毀損の域に達するものでないとして、人格的利益の侵害に基づいて差止請求を認容した点において、原審の判断は失当であるとした。

そして判決は、次のように述べて、人格的利益ではなく、これと独立の財産的権利に基づく差止請求を認めたのである。「固有の名声、社会的評価、知名度等を獲得した芸能人の氏名・肖像を商品に付した場合には、当該商品の販売促進に効果をもたらすことがあることは、公知のところである。そして、芸能人の氏名・肖像がもつかかる顧客吸引力は、当該芸能人の獲得した名声、社会的評価、知名度等から生ずる独立した経済的利益ないし価値として把握することが可能であるから、これが当該芸能人に固有のものとして帰属することは当然のことというべきであり、当該芸能人は、かかる顧客吸引力のもつ経済的な利益ないし価値を排他的に支配する財産的権利を有する」とし、右権利に基づきその侵害行為に対して差止を求めることができるものとした。

控訴人は、氏名・肖像の無断利用に対して差止を認めることは、無体財産権を創設するに等しく、これを是認するには、権利付与の特別の相当性が必要であり、著作権法で保護されない行為は自由であるべきだなどと主張したが、控訴審判決は、この点に次のように答え、その主張を斥けている。「法解釈において関連する法領域の法理に考慮を払うべきことはいうまでもないところであるが、……芸能人の有する顧客吸引力のもつ経済的な利益ないし価値を支配する財産権に差止請求権を肯定したからといって、右差止請求権等は著作権法上の権利とは関わりなく認められる性質のものであって、これをもって無体財産権を創設したに等しいとはいえ」ず、「著作権法をみてもかかる財産権の承認を妨げる法的根拠を見出すことはできない」とし、「両者はその成立の基礎を異にする」。

そして本件カレンダーは、「年月日の記載以外は殆ど被控訴人らの氏名・肖像で占められており、他にこれといった特徴も有していない」ことを捉え、カレンダーの顧客吸引力は「専ら芸能人の氏名・肖像のもつ顧客吸引力に依存している」ので、前記の財産的権利に基づく差止請求が認められるものとした。

損害賠償請求に関しては、前記財産的権利に基づく損害賠償で損害は回復されているとして、人格的利益の侵害に基づく損害賠償請求を認容した部分につき第一審判決を改めた。なお、控訴審段階では、不正競争防止法に基づく請求は取り下げられていたため、この点についての判断はなされなかった。

(2)　控訴審判決は、差止請求と損害賠償請求のいずれについても、氏名や肖像の有する顧客吸引力の経済的な利益の保護に焦点を合わせることで、ことがらの実体に即した素直な構成を採った。では、差止請求を是認しうる理由はどのように説明されているのか。判文をみても、明確な説示はみあたらないが、この点に関連して注目に値するのは、著作権等他の知的財産法との整合性に裁判所が言及していることであろう。

たしかに、著作権法による保護の及ばない行為であっても、著作権法とは異なる趣旨で他の知的財産法により保護を受けることはある。たとえば、著作物性のあるキャラクターの著作権の存続期間が満了した後であっても、特定の者の出所表示として機能していれば、不正競争防止法による保護を受けることに問題はない(29)。したがって、前記財産的権利が「著作権法上の権利とは関わりなく」認められるものであるとし、「著作権法をみても財産権の承認を妨げる法的根拠を見出すことはできない」とする判旨は間違いではない。

しかしながら、首肯できない点もある。裁判所は、「排他性のある財産的権利」として氏名・肖像の無断冒用に保護を与えても「無体財産権を創設したに等しいとはいえない」として当事者の主張を切り捨てている。だが、知的財産法はフリーライドを禁止するための法だとすれば、「パブリシティの権利」は、氏名や肖像の有する顧客吸引力という無体の財貨へのフリーライドを禁止するものであるから、まさに知的財産法の一種だということになる。

フリーライドの禁止を求めうる法的地位、とりわけ差止を請求しうる地位を、立法によらず、裁判所が創設することは可能なのか。そこに限界はないのか。控訴人によって提起されたこうし批判に直接答えることのないまま、控訴審判決は差止による救済を認めたのである。

以下では、控訴審判決が答えなかったこの問題を考察してみよう。

(二) 裁判所による新たな知的財産の創造とその限界

1 知的財産法の実体的正当化根拠と手続的正当化根拠

(1) 実体的正当化根拠——規制によって得られる社会の利益と独占の弊害との比較衡量

知的財産法はフリーライドを禁止する法であると捉えた場合、フリーライドを法により規制することはどのようにして正当化されるのであろうか。

まず忘れてはならないのは、他人の成果にフリーライドすることは原則として自由だということである、フリーライドはすべからく非難されるべき行為であるように思われるかもしれないが、これは間違いである。われわれの社会ではフリーライドは原則として自由であり、フリーライドは即違法と評価されるものではない。模倣こそが人間や社会の進歩の源なのである。

だが、ある種のフリーライドを放置すると、たとえば、創作へのインセンティブが確保できず、技術の発達（特許法）が文化の発展（著作権法）を阻害されるなど、社会的にとってマイナスの効果が生ずることがある。こうした場合に、フリーライドの禁止によって社会の得られる利益と独占の弊害とを秤にかけながら、前者が後者を上回るとき、当該フリーライドを禁ずるのが知的財産法である。(30)

解釈論にせよ、立法論にせよ、新たな知的財産を創造するのが許されることは、フリーライドを禁止することによって得られる社会の利益と独占の弊害とを衡量し、前者の利益が後者の不利益を上回ると認められるときに限られる。この視点は、知的財産法の実体的正当化根拠と呼ぶことができよう。

(2) 手続的正当化根拠——法的安定性の確保

ある種のフリーライドを禁止すべきだという実体的価値判断がなされたとしても、予め禁止される行為を社会に告知しなければ、萎縮効果が生じ、フリーライドは自由だという原則論は名ばかりのものになってしまうおそれがある。許されざるフリーライドと許されるフリーライドとの間にできるかぎり明確な線を引き、法的安定性を確保することも、知的財産法に課せられた重要な任務である。[31] つまり、知的財産法によるフリーライド規制を許容するためには、実体的正当化根拠に加えて、手続的正当化根拠として、法的安定性をできる限り確保することが求められているというべきである。

このことは、救済手段を問わずあてはまることであるが、差止という救済手段をもってフリーライドを禁圧するときにはとりわけ重要になる。知的財産保護の実効性を確保するために差止請求権は不可欠であるが、他方、フリーライドする側の立場に立ってみると、少なくとも我が国においては、差止は損害賠償と比べてより強力なサンクションであるから、いかなるフリーライドが差止請求に服する違法な行為であるのか、投資に先立って予め知っておく必要性が特に高い。したがって立法により定められている場合以外は、差止請求を認めることには慎重でなければならない。

立法の定めさえ置けばよいというわけではない。平成五年に、差止請求権の規定を有する不正競争防止法の全面改正が図られた時、一般条項を導入すべきか否か議論されたものの、結局見送られたという経緯がある。これは、禁止される行為態様が一義的に決まらない一般条項の導入のもたらす萎縮効果が懸念されたためである。少なくとも我が国の知的財産法においては、差止請求を認めるに際し、何が違法なフリーライドなのか、その行為態様を明示した上で、法律により明確な線を引くことの必要性が強く意識されているということはいえるだろう。[32]

2　裁判所による新たな知的財産の創造とその救済手段

社会状況の変化により、新たな知的財産の保護の必要性について社会的コンセンサスが醸成されてくることがある。知的財産法一般について立法の重要性が高いことは右にみたとおりであるが、立法府が常に迅速にこうした要請に応えるとはかぎらない。

立法の対応に立ち遅れがみられる場合、裁判所はいかなる役割を果たすべきなのだろうか。解釈論を通じて新たな知的財産を創造することは許されるのか。とりわけ慎重な配慮の必要な差止という救済手段を用いることは許されるのか。考察にあたり格好の素材となるのが、商品形態のデッドコピーに対する規律の生成プロセスである。

不正競争防止法の平成五年改正で、商品の販売開始後三年経たないうちにその商品の形態をデッドコピーする行為を不正競争行為とする旨の規定(二条一項三号)が新たに設けられた。その結果、商品開発者は、同号の要件を満たすかぎり、模倣者に対する損害賠償請求権のみならず(四条)、差止請求権(三条)をも有することになった。

この規定の趣旨を簡単に述べれば、次のようなものである。通常、商品開発者は、模倣品の出回るまでのリードタイムを利用して投下資本の回収を図るのであるが、商品開発の直後に模倣品が出現した場合、投下資本を回収できない事態が生ずる。これを放置すれば結果として新商品開発へのインセンティブが削がれることになる。そこでデッドコピーを禁ずる規定が設けられたのである。

この立法をリードする役割を果たしたのは、裁判所の一つの判決であった。木目化粧紙事件判決(33)である。裁判所は、著作権法でも意匠法でも保護を受けられない原告の木目化粧紙が写真製版によりデッドコピーされ、原告の得意先に安価で販売された事例において、一般不法行為に基づく損害賠償請求を認めている。

この判決が議論の呼び水となり、商品形態のデッドコピー規制の必要性が認識されて新たな立法に繋がったのであるが、この判決のごとく、一般不法行為法に基づき、損害賠償限りの救済を認めることはどのように評価されるのであろうか。

損害賠償にとどまるとはいえ、違法なフリーライドか否かは、事後的に訴訟において判断されることになるから、一般不法行為に基づく救済も競争を萎縮させる効果を有することはまちがいない。したがって、一般不法行為に基づく救済についても、安易にこれを認めるべきでないという見解もありうるところである。この点については後に節を改めて論ずるが(四)、一応、次のようにいうことが許されるかもしれない。救済方法として、差止請求でなく損害賠償請求のみを認めることは、新しい知的財産の保護の要請を満たしつつ、法的安定性を確保するための中庸の策として賢明であるし、同時に、こうした判決には立法を促す効果があり、法システムのダイナミズムの中で一定の役割を果たしている、と。(34)

損害賠償について一応このようにいうことができるとしても、差止を認めるにあたっては、より謙抑的な態度が採られるべきであろう。差止が認められないとすると、当該事案で保護を求める者にとっては十分な救済を受けられないことになるが、模倣する側にとっては、明示の立法で社会に告知されていないのに損害賠償請求に比して強力な効果を有する差止請求に服するというのでは酷であり、本来自由であるべき模倣について看過できない萎縮効果が生ずる結果となるからである。

新設された不正競争防止法二条一項三号の要件をみても、請求できるのは商品販売開始後三年に限るなど、政策的割り切りの必要な要件が定められているが、個別の事案の違法性判断を行なうにすぎない裁判所がかかる要件を定立することは困難である。差止を認めるにあたっては、競業秩序その他の社会全体のバランスを見据えた立法府の政策判断を待つのがこれまでの我が国の知的財産法の基本姿勢だということができよう。

要するに、新たな知的財産を裁判所が創造しうるとしても、損害賠償を認めるのがせいぜいであり、こと差止については、差止請求権を与える何らかの立法が存在しなければこれを認めることはできないと考えるべきである。

3　「パブリシティの権利」へのアプローチ

(1)　「パブリシティの権利」の議論に戻ろう。

おニャン子クラブ事件控訴審判決は、「芸能人の氏名・肖像の有する顧客吸引力のもつ経済的な利益ないし価値を排他的に支配する財産的権利」、すなわち「パブリシティの権利」に基づく差止を認めたが、以上に述べたことからすれば、明示的に差止請求権の規定を有する既存の知的財産諸法のいずれかに根拠を見出さねば、この帰結

は正当化できないと考える。(35)

では、既存の知的財産諸法の中に、「パブリシティの権利」を基礎づけうるものはあるのだろうか。

差止請求権を認めている知的財産諸法を見渡してみよう。まず当然のことながら、登録を権利の設定に係らしめている特許法、商標法等に、判例法上認められてきた「パブリシティの権利」の根拠を求めることはできない。著作権法は、無方式主義を採っており、氏名や肖像と同様に著作物は創作者個人の人格との絆が深いという点で「パブリシティの権利」と親近性があるとはいえようが、氏名や肖像が著作権法の保護対象たる著作物でないことは明らかである。一部、著作隣接権の実演家の権利と交錯する場面もあるが、(36)氏名や肖像の顧客吸引力一般の保護の根拠とはなりえない。

(2) 視点をかえ、パブリシティ関連の裁判例で救済の認められた利用態様に着目すると、二つの類型に分けることができる。一つはいわゆる商品化事業への利用である。これは、販売する商品の重要な構成部分に芸能人の氏名や肖像を用いて、専らその顧客吸引力で商品の販売促進を図るというものである。おニャン子クラブ事件のようにカレンダーに用いることをはじめ、Tシャツやマグカップなどありとあらゆる商品が商品化事業の対象となっているのは誰でも知っている事実であろう。もう一つは、テレビ・コマーシャル等の商品の宣伝広告に芸能人の氏名や肖像を利用する類型で、マーク・レスター事件がその例として挙げられる。

前者の商品化事業に注目するなら、利用されるのは何も芸能人等の氏名や肖像ばかりではない。ポパイのような漫画のキャラクターや、プロ・スポーツ・チームのシンボルマークのようなものも商品化事業に利用されている。こうしたビジネスは昭和五〇年代ころから普及したものであり、広告宣伝業界で定着をみて久しい。(37)では、無断冒用に対する法的保護はいかなる状況にあるのか。

キャラクターやシンボルマークを利用した商品化事業については、不正競争防止法二条一項一号の混同防止規定による保護が認められてきた。混同防止規定は、「他人の商品等表示として需要者の間に広く認識されているものと同一若しくは類似の商品等表示を使用して…他人の商品又は営業と混同を生じさせる行為」を不正競争に該当する旨定める。「商品等表示」とは、「人の業務に係る氏名、商号、商標、標章その他の商品又は営業を表示するものをいう」とされている。かかる混同行為により営業上の利益を侵害された者は損害賠償請求（四条）に加えて差止（三条）を請求することができる。

キャラクターやシンボルマークの場合も、芸能人の氏名や肖像の場合も、無断で商品化グッズに無断利用されると、ライセンスビジネスを行なっている顧客吸引力形成者の経済的利益が害されるという点で同じ利益状況にあるように思われる。したがって混同防止規定は、商品化事業利用型における「パブリシティの権利」の根拠規定として最有力候補に挙げられるのではなかろうか[38]。

先にみたおニャン子クラブ事件においても、混同防止規定の適用可能性について裁判所の判断が下されるチャンスはあった。第一審段階では、混同防止規定に基づく請求がなされていたからである。第一審判決は、「財産権としての氏名肖像利用権」すなわちパブリシティの権利に基づく許諾料相当額の損害賠償を認めた上で、不正競争防止法上の請求が認められるとしても前記の損害額と等しくなる旨付言するにとどまり、混同防止規定の定める要件が充足されているのかを具体的に検討することはなかった。控訴審の段階で不正競争防止法に基づく請求は取り下げられたため、残念なことに、控訴審判決でも、この点は判断されないままに終わったのである[39]。次節㈢では、答の出されていないこの問題を検討する。

(3)　具体的には、まず、商品化事業におけるフリーライドを混同防止規定により封じた最高裁判決を紹介し、商標機能の現代的変容につれ、混同防止規定の解釈も緩和されてきた経緯もふまえた上で、「パブリシティの権利」が混同防止規定に包含されうるかを検討する。

議論に先だって、次節の視点を明確にしておこう。本節㈡で差止という救済手段を解釈論によって与えることに否定的な結論を出したのは、一つには、差止に係る法的安定性確保の要請という知的財産法の手続的正当化根拠の観点があり、さらに実体的正当化根拠に関して、差止を伴う規制の必要性の判断やその内容の決定は立法府の政策判断に委ねる方が望ましいということもあった。次節(三)では、実体的正当化根拠に焦点を絞ることになる。商品化事業に利用される表示の顧客吸引力へのフリーライドを規制することで、社会にいかなる利益がもたらされるのか。独占の弊害は生じないのか。そして、顧客吸引力へのフリーライドを規制することによって得られるはずの利益は、混同防止規定の予定しているものと質的に異なるところはないといえるのか。次節の底流をなすのはこのような問題意識である。

三 「パブリシティの権利」の根拠条文としての混同防止規定

(一) 商品化事業に混同防止規定を適用した裁判例――プロフットボール・シンボルマーク事件最高裁判決(40)

キャラクターやシンボルマークが商品化事業に利用された事例で混同防止規定を適用した先例として最も重要なのは、プロフットボール・シンボルマーク事件最高裁判決である。

これは、アメリカのプロフットボール・リーグを構成する各チームのヘルメットを図案化したシンボルマークに関する事件であった。これらのマークはアメリカのプロフットボール・リーグが独占的に一元管理していた。商品化事業への利用についての独占的利用契約を右リーグとの間に締結した日本の企業が、商品化グッズを製造販売する会社を一業種一社と定めて選定し、商品の品質、宣伝方法についての管理統制も行っていたところ、この管理企業の許諾を受けることなく、ビニール製のロッカーの模様として当該シンボルマークを利用する者が現れたので、管理企業がこの者に対して、混同防止規定に基づく請求をなしたという事案である。

裁判所は、「特定の表示に関する商品化契約によって結束した同表示の使用許諾者、使用権者及び再使用権者のグループのように、同表示の持つ出所表示機能、品質保証機能及び顧客吸引力を保護発展させるという共通の目的のもとに結束しているものと評価することができるようなグループ」も、混同防止規定で保護の対象となる「他人の商品等表示」にいう「他人」に含まれるとした上で、「混同」の有無については、「周知の他人の商品等表示に類似する表示を使用することにより混同を生ぜしめる行為には、自己と右他人とを同一の商品主体と誤信させる行為のみならず、自己と右他人との間に商品化事業を営むグループに属する関係があると誤信させる行為をも包含する」と判示する。さらに、「不正競争防止法一条一項柱書（筆者注：現行不正競争防止法三条及び四条参照）所定の営業上の利益を侵害されるおそれがある者には、周知表示の商品化事業に携わる周知表示の使用許諾者及び許諾を受けた使用権者であって、同項一号又は二号（筆者注：現行不正競争防止法二条一項一号に該当する）に該当する行為により、再使用権者に対する管理統制、周知表示による商品の出所識別機能、品質保証機能及び顧客吸引力を害されるおそれのある者も含まれる」と判示し、アメリカのリーグと日本の管理企業の訴権を認めて、請求を認容する原判決を維持した。

その後、シンボルマークのみならず、漫画のキャラクターの商品化事業への利用についても、同様の判示の下で混同防止規定の適用が認められている(41)。商品化事業に関して混同防止規定を適用した裁判例は数多く蓄積されてきたが、訴権が認められたのは商品化事業の中核となる管理企業のみであり、傘下で個々の商品を製造販売する者による請求が認容された事例はこれまでのところみあたらない(42)。

混同防止規定により冒用者の表示使用を差止めることができる結果として、商品化事業の管理企業は、シンボルマークやキャラクターの顧客吸引力への無断のフリーライドを防止できることになる。だが、混同防止規定の本来の趣旨を素直に考えると、商品化事業にこの規定を適用することに疑問がないわけではない(43)。以下では、議論の前提として、まず、混同防止規定の趣旨と要件を確認した上で、この点を検討する。

(二) 混同防止規定の趣旨と要件

1 趣　旨

営業者が商標（不正競争防止法上の「商品等表示」）を自己の商品に使用するのは、自己の商品を他者の商品から識別する手がかりを需要者に与えるためである。営業者が同じ商標を使用して一定で良質の商品を供給しつづければ、商品に満足した経験をもつ需要者は、次の購買場面でもその商標を目印に商品を選択することになる。このようにして、商標には営業者の過去の実績——信用——が蓄積されるのである。これを営業者の側からみれば、営業者は、商標に信用を蓄積することによって、競業者より有利な立場に立つことが可能になる。商品の品質の決定はあくまでも営業者の自由に任されているのだから、粗悪な商品でその場かぎりの荒稼ぎをすることもできる。にもかかわらず、営業者が自発的に良質の商品の供給に努めるのは商標という仕組みがあってこそのことである。

以上からすると、商標は、他人の商品と自己の商品とを需要者に識別させるための目印であるという意味で、「出所表示機能」を有しており、また、出所たる営業者が商品の品質を決定していることが需要者に示されているという意味で、「品質保証機能」を有するということができる。

ここである者が、他人の商標と類似の商標を自己の商品等表示として無断で使用し、需要者をして当該他人の商品と混同せしめると、営業者は、自己の顧客を冒用者に奪われることになり、さらには、出所たる営業者が責任をもって品質を決定しているだろうという需要者の期待が裏切られ、それまで営業者の築いてきた信用が崩壊するおそれが生ずる。その結果、営業者は、その商標に信用を蓄積することができなくなって、良質の商品を供給し続けることにより信用を蓄積しようという意欲が削がれることになる。たとえ粗悪な品質であろうとその時点で売れればよいという刹那的な競争に走ることになりかねない。これは社会的にみても望ましい状況とは思われない。そこで、品質競争を促進させるべく設けられたのが混同防止規定である。

混同防止規定に基づく請求の訴権者は、「営業上の利益を侵害される者」(三条、四条)であるから、需要者の保護が直接の目的とされているわけではないが、混同防止規定により、需要者も反射的に保護されることになる。要するに、混同防止規定によりフリーライドを禁止することは、品質競争を促進し、副次的に需要者も保護するという社会的利益があるからこそ正当化されうるのである。

2　要　件

前記の趣旨から、混同防止規定の条文上の要件は、次のように説明することができる。

(1)　まず、この規定の保護対象となるのは「他人の商品等表示」である。「商品等表示」とは、需要者からみて、出所を識別する表示でなければならないことはいうまでもないが、出所たる主体が商品の品質決定に関与していることを示す表示でなければならない。要するに、「商品等表示」とは、品質保障機能に裏づけられた出所表示でなければならないのである。「他人」とは、品質を決定している営業者ということになる。そして、他人の商品等表示として「周知」な(「需要者の間に広く認識されている」)ものが保護の対象となるのである。

(2)　次に、違法とされる行為は冒用者による商品等表示の「使用」等であるが、これは「商品等表示としての」使用でなければならない(44)。需要者が冒用者の使用する表示をみて「商品等表示としての使用」だと認識しなければ、出所たる営業者の商品と混同が生ずることはない。たとえば、自己の商品の性能を他人の商品と比較して説明する比較広告において、対象商品を特定するために他人の商標を用いても、「商品等表示としての」使用ではなく、かかる使用で混同が生ずることはない。この、「商品等表示としての」使用か否か、の吟味にあたっては、先の「商品等表示」と同様の判断が必要になる。

(3)　さらに、最も核心的な要件として、「混同のおそれ」がある。被告の商品をみて、原告の商品だと誤信する場合ばかりでなく、判例上、被告と原告とが関係会社であるという誤信やグループ企業に属するという誤信など、いわゆる「広義の混同」も含まれるとされている(45)。「混同」の意味について同規定の趣旨を踏まえて考察するなら、究極的には、出所たる表示主体が品質を決定に関わっているはずだという需要者の期待が裏切られるか否かが問われていることになるから、これを満たす誤信はすべからく「混同」に含まれるとしてよいだろう。

以上のように、各要件、「需要者の目」を通じて適用の可否が決せられるところにこの規定の特徴があるが、「需要者」は、趣旨からすると、冒用者の商品に接する需要者を指すことになろう。(46)

(三) 商標の機能の変容に伴う標識法の領域拡大と商品化事業

1 混同防止規定の趣旨とのギャップ

混同防止規定の趣旨・要件を厳格に考えると、商品化事業で利用される表示について混同防止規定の適用を認めることには、若干の躊躇いを覚える。

たとえば、Tシャツの前身ごろに大きくプリントされたキャラクターには、その付されているTシャツの出所や品質に関する情報を需要者に提供する機能はほとんどないようにみえる。実態に即して素直に考えれば、該キャラクター自体が魅力ある「商品」ともいいうるものなのであって、商品化事業の商品の売行きは、専らキャラクターの顧客吸引力に依存している。需要者は、キャラクターさえついていれば満足なのであって、ライセンス許諾の有無とTシャツの品質との間に関連性があると意識することはほとんどないのではなかろうか。そうだとすれば、冒用者のTシャツを購入したとき管理企業の許諾があったとの誤信があったとしても、品質に対する期待が裏切られるという需要者の不利益は実質的には生じないといってよい。また、キャラクターが需要者にTシャツに関する品質情報を提供していないとすれば、キャラクターの管理企業にも、信用を蓄積するためにTシャツの品質の維持・改善を行なおうというインセンティヴも生じえないことになる。無断利用を禁止することによって、品質競争を促進するという混同防止規定の趣旨に叶うとはいえないのではないか、と思われるのである。

2 商標の機能の変容に伴う標識法の領域拡大

(1) 商標の機能の変容

以上からすれば、商品化事業に用いられる表示に安易に混同防止規定の適用を認めるべきでない、という見解も首肯すべき点がある。だが他方で、商標の機能が現代的変容を遂げるにつれて、法制度のスタンスが微妙に変わってきたという事実も認めざるをえない。

今日の社会において商標の果たす役割について考えるなら、出所表示機能と品質保証機能を中核とする古典的な商標のみを念頭に置いているのでは不十分である。商標は、単に商品の出所・品質情報を提供するだけでなく、いわば商品の「セールスマン」として、より積極的に需要者の心理に働きかける[47]。需要者が商標に期待するのは、せいぜい、出所たる営業主体が品質に何らかの関与はしているだろうという程度のものにすぎないことも多い。古典的なモデルに比較すると、商標の品質保証機能は薄れてきているのである。企業にとっても、需要者の混同を防止して平穏に自らの信用を蓄積できればそれでよいというのではなく、関心は商標それ自体の資産価値に向けられている。

(2) 標識法のスタンスの変化

商標の機能の比重が宣伝広告機能に傾き、資産としての認識が高まるに連れ、不正競争防止法、商標法といった、商標を法的側面から支える標識法も少しずつ変化を遂げてきた。我が国の混同防止規定や商標法のごとく、混同を規律する法制度に関して、かつて、各国とも商標ライセンスや譲渡に対して厳しい制限を課していたが、こうした制限は縮小の一途を辿ってきた[48]。混同の概念も、「狭義の混同」のみならず「広義の混同」にまで拡大され、事実上表示の顧客吸引力の保護が射程に入ってきた[49]。さらに、混同を規律する制度に収まりきらない事例に対処するため、表示の顧客吸引力の保護に正面から取り組み、混同がなくとも保護を与えるという著名表示保護の規律も各国で発展してきた[50]。これらは、大局的にみれば、右に述べたような標識法のスタンスの変化の現れである。

商品等表示は、技術を保護の対象とする特許権と比較すると、社会一般に広く使用させねばならないという要請は元来それほど大きいとはいえない。表示の保護の拡大は、商標の機能の変容により顧客吸引力の保護が無視できないものとなったことと、特定人に独占を認めても弊害がさほど大きくないことを勘案すればこれを正当化することができるということなのだろう(51)。

(3) 表示の顧客吸引力の保護に対する懐疑論

ただ、社会における表示の顧客吸引力の経済的価値がいかに高くなり、しかも表示については独占の弊害が比較的小さいということがいえるとしても、それだけで積極的に保護を推進してよいことにはならない。古典的な商標について混同行為を禁ずることは、商品の品質競争を促進し、しかも事実上需要者の利益を守りうるという点で、社会のメリットに繋がるものといえた。だからこそ、本来自由であるべきフリーライドを禁ずることが正当化されたのである。では、表示の顧客吸引力それ自体を保護することにより、社会にいかなるメリットがもたらされるのか。考えられるのは、新しく勃興したライセンスビジネスの振興ということであろうが、混同防止を旨とする規定に比べると、フリーライドを禁止することによって得られる社会の利益は小さいと考えられる。この点の参考になるのは、平成五年の不正競争防止法改正で新設された著名表示保護規定(不正競争防止法二条一項二号)である。

著名表示保護規定は、著名表示の価値、顧客吸引力に着目し、「混同」を要件から放逐する一方、知名度に関しては、混同防止規定で要求されている「周知性」よりも高い「著名性」というハードルを課している。また、学説上、この規定の適用は、ダイリューションやポリューションなど、表示の価値の毀損が伴う場合に限定され、単に顧客吸引力へのフリーライドがなされているにすぎない場合には、保護を認めるべきではないという見解が有力である(52)。このように混同防止規定よりも高いハードルを課し、しかも適用を制限しようとする理由は、表示の顧客吸引力を保護することによって得られるであろう社会的な利益には、混同防止規定の場合ほど積極的な評価が与えられておらず、他方表示選定の自由等への慎重な配慮が必要と考えられているからである。

商標の機能の変容につれ標識法が領域を拡大してきた歴史は、なぜ表示の顧客吸引力を保護することが正当化されうるのか、という問題意識を抱えてときに躊躇いながら歩んできた軌跡なのである。(53)

3 混同防止規定の解釈論上の限界と商品化事業

(1) 商標の財産的価値の保護が次第に標識法で重視されるようになってきたのは右にみたとおりであるが、こと混同防止規定の解釈論に関しては、やはり限界というものがある。顧客吸引力保護を求める関係者の声がいかに大きかろうとも、出所表示機能と品質保証機能をおよそ観念できないような表示については、混同防止規定の名の下で保護を与えるべきではない。顧客吸引力それ自体の保護について、混同防止規定の枠の外に、立法により著名表示保護規定を設けることによって解決が図られたのもそのためである。「周知性」というより低いハードルしか課されていない混同防止規定により、顧客吸引力へのフリーライドそれ自体を禁止することを認めるのでは、著名表示保護規定の「著名性」要件を潜脱することになりかねないし、同規定ですら、単なるフリーライドへの適用に懐疑的な学説が有力であることを考えると、とりわけ著名表示保護規定の存在する今日においては、表示の顧客吸引力へのフリーライドを混同防止規定により正面から保護することは許されるべきでない。

混同防止規定の趣旨からすれば、同規定を通じて事実上顧客吸引力へのフリーライドが禁じられることがあるとしても、それはあくまでも、表示の出所表示機能および品質保証機能を保護することの反射的効果にとどまるものでなければならないのである。

(2) ここでもう一度、プロフットボール事件最高裁判決に立ち戻ると、同判決は、「他人の商品等表示」の「他人」性を検討するにあたり、「表示の持つ出所表示機能、品質保証機能及び顧客吸引力を保護発展させるという共通の目的のもとに結束している」と判示し、「営業上の利益を侵害される者」についても、「商品の出所識別機能、品質保証機能及び顧客吸引力を害されるおそれのある者も含まれる」とし、出所表示機能、品質保証機能、顧客吸引力という商標の三つの機能に言及していた。救済を認める理由づけの中で、「顧客吸引力」に言及するのは、「顧客吸引力」という要保護利益を無視すれば、現実から遊離した、説得力に欠ける判決になってしまうという裁判官の意識のなせる技だろう。混同防止規定との繋がりを確保するために欠くことのできない「出所表示機能」と「品質保証機能」も同時に列挙しつつ、紛争の実態からみて最も核心的な「顧客吸引力」を言挙げしたところに、混同防止規定の枠内で妥当な保護を与えようという裁判所の腐心が覗われる。

(3)　プロフットボール事件では現に、商品化事業の管理企業が、一業種一社と定めて製造販売する会社を選定し、商品の品質、宣伝方法について管理統制していたのであるが、一般的にも商品化事業では、どの程度厳格になされているかは別として、何らかの品質統制が管理企業によって行われている、と一応はいえるだろう。使用許諾の申込みがあれば誰に対しても無条件に利用を許諾するものでないと思われるからである。

商品化事業の仕組みがこのようなものとして一般消費者に理解されているとすれば、そこで用いられるキャラクターは、需要者にとって何らかの品質期待を抱かせる出所表示といえないこともない。宣伝広告機能に重きを置く現代的な商標に慣れ親しんだ今日の需要者にとって、この程度の品質への関与がなされておれば、品質保証機能を認めるのに足りるということになろうか。したがって、管理会社を頂点とする商品化事業グループに属するとの誤信が需要者に生じた場合、管理企業によって品質管理がなされているだろうという需要者の期待が裏切られる、といっても一概に誤りとはいえない。したがって、プロフットボール事件最高裁判決は、混同防止規定の解釈論上かろうじて正当化できるものといえよう。

(4)　商品化事業に使用されるキャラクターやシンボルマークの場合、顧客吸引力に圧倒的な比重があることは疑うべくもない。仮にプロフットボール事件当時、著名表示保護規定が存在していれば、著名表示保護規定の問題として扱われたかもしれない。かかる規定の存在しない時代に、商標の機能の現代的変容を視野に入れて、混同防止規定の趣旨にのっとった「建前」をなんとか維持しつつ、事実上顧客吸引力を保護したのがプロフットボール事件最高裁判決であるということができよう。その判断枠組は著名表示保護規定の設けられた今日までなお命脈を保っているように思われる。

(四) 「パブリシティの権利」と混同防止規定

1 商品化事業利用型への混同防止規定の適用可能性

以上の混同防止規定の解釈論を前提に、「パブリシティの権利」について検討する。「パブリシティの権利」のうち商品化事業利用型について、商品化事業に用いられるキャラクターやシンボルマークと同様に、混同防止規定に根拠を置くものとして説明することは可能であろうか。

まず、同じ商品化事業への利用であり、芸能人は、キャラクターの商品化事業の管理企業と同様、無条件で誰にでも使用を許諾するのではなく、タレントイメージを害さないよう、何らかの品質統制を行って許諾を与えていると考えられ、こうした理解は、一般消費者にも共有されているといえる。

また、フリーライドの禁止が政策的にみて正当化されうるかという観点からみても、キャラクター等の商品化事業で述べたところとほぼ同じことがいえる。芸能人の氏名肖像の顧客吸引力へのフリーライドを禁止し、芸能人が許諾ビジネスによる収益を確保できるようになれば、ライセンスビジネスという産業の振興に繋がるのみならず、芸能人の本業である芸能活動へのインセンティヴが生じるという点で、エンターテイメント産業の振興にも繋がることになろう。フリーライドを禁ずることによる弊害という観点でも、他人の氏名や肖像に独占を認めても弊害は比較的小さいということができ、これもキャラクターの場合と同じである。

結論として、商品化事業に芸能人等の氏名や肖像が利用される場合にも、キャラクターやシンボルマークの場合と同様に、混同防止規定による保護を図ることができると考える。以下では、プロフットボール事件最高裁判決の判断枠組を参照し、氏名肖像の特殊性にも注意を払いながら、具体的に混同防止規定の要件毎に検討を加える。

2　プロフットボール事件最高裁判決の判断枠組へのあてはめ

(1)　「商品等表示」性

混同防止規定の解釈論上の判断枠組に具体的にあてはめてみると、商品化事業に用いられる芸能人の氏名・肖像は、キャラクターやシンボルマークと同様に、「商品等表示」に該当するということになる。芸能人は、プロフットボールマーク事件、あるいはそれに続く類似判決と同程度に、付される商品の品質統制を行なっているといえるからである。また、同じ理由で、冒用行為についても、商品化グッズに用いられているときにはこれを「商品等表示としての使用」と評価できる。

(2)　「他人」性

では誰の商品等表示なのか。「他人の商品等表示」にいう「他人」の解釈の問題である。プロフットボール事件最高裁判決の判示をみると、「表示に関する商品化契約によって結束した表示の使用許諾者、使用権者及び再使用権者のグループのように、表示の持つ出所表示機能、品質保証機能及び顧客吸引力を保護発展させるという共通の目的のもとに結束しているものと評価することができるようなグループ」も「他人」に含まれる、としている。これをあてはめると、商品化事業グループ全体が「他人」として観念されるということになるが、注意を要するのは、氏名や肖像の特殊性である。

混同防止規定の他の要件同様、「他人性」の判断は、需要者の目を通じて行なわれる。需要者が「誰の」商品等表示として認識するか、ということが重要なのである。一般に「他人性」の解釈にあたっては、具体的に「誰の」表示であるか——たとえば特定の会社名——までを需要者が特定している必要はなく、当該商品等表示に化体した信用の源となっている「営業」の存在を認識してさえいればよいとされている(54)。キャラクター等の商品化事業の場合、具体的な事業グループの名称や構成員等を知らなくとも、とにかく商品化事業グループなるものが表示の背後に存在することを需要者が認識していれば足りるということである。

だが、氏名や肖像はその性格上、特段の事情のない限り、背後にある獏とした「営業」を指し示すというよりは、特定の人を指し示す機能を有する。常識的に考えて、氏名や肖像に化体した信用は当の本人に帰属する、という認識からわれわれが自由になるのは困難である。(55) このため、芸名や肖像については、本人は必ず同規定にいう「他人」たる事業グループの構成員であり、しかもそのグループの頂点に位置することになる。

(3) 「混同のおそれ」

冒用により「混同」は生ずるか。

「混同」の有無について、プロフットボール事件最高裁判決は、「周知の他人の商品等表示に類似する表示を使用することにより混同を生ぜしめる行為には、自己と右他人とを同一の商品主体と誤信させる行為のみならず、自己と右他人との間に商品化事業を営むグループに属する関係があると誤信させる行為をも包含する」と判示している。商品化グッズに芸能人の氏名や肖像が無断で利用された場合、「他人の商品等表示」にいう「他人」が本人を頂点とする商品化事業グループを指すとすると、需要者は、冒用者がかかるグループに属するという誤信が生ずることになるが、これはすなわち特定の者が何らかの品質統制をしているだろうという誤信にほかならず、プロフットボール事件の最高裁判決と同様、混同防止規定を適用するに値するものだといってよかろう。

先に述べたように、需要者は芸能人本人が商品化事業グループの頂点にあると認識するから、需要者に生ずる「混同」は、「本人の許諾を受けている」という誤信であるともいえるが、品質統制という観点からみれば実質的には異なるところはなく、いずれにせよ混同防止規定の適用が可能である。

(4) 「営業上の利益を侵害される者」

訴権者は誰か。「営業上の利益を侵害される者」の要件の解釈の問題である。

プロフットボール事件最高裁判決をみると、営業上の利益を侵害されるおそれがある者には、「周知表示の商品化事業に携わる周知表示の使用許諾者及び許諾を受けた使用権者であって、……再使用権者に対する管理統制、周知表示による商品の出所識別機能、品質保証機能及び顧客吸引力を害されるおそれのある者も含まれる」として、アメリカでマークを一元管理しているリーグとそこから日本での独占的使用権を与えられている管理企業に訴権を認めており、これまでの判決をみるかぎり、上記の判断枠組により導かれる訴権者は、商品化事業グループの管理企業であって、個々の商品の製造販売者に訴権が認められた例のないこともすでに指摘した。

芸能人の商品化事業では、信用の主体たる本人は事業グループの頂点にあり、プロフットボール事件の商品化事業グループの管理企業と同様に、ライセンシーを管理統制すべき立場にあるのであって、本人が「営業上の利益を侵害される者」として請求権を行使しうるといってよいだろう。

(5) 小　括

以上に述べたことをまとめておこう。判例・学説上、芸能人の氏名や肖像が商品化事業に無断で利用された場合、「パブリシティの権利」に基づき芸能人本人による差止請求および損害賠償請求が可能であるとされてきたが、大枠においてプロフットボール事件最高裁判決の判断枠組にのせて説明することができる。したがって、判例・学説と同じ帰結を混同防止規定の適用によっても導きうる。

3　宣伝広告利用型への混同防止規定の適用可能性

判例・学説では、商品化事業に利用される場合のほか、宣伝広告に利用された場合についても、「パブリシティの権利」が認められるとされてきた。では、宣伝広告利用型の「パブリシティの権利」も混同防止規定に包含されうるのだろうか。この点につき、商品化事業利用型はともかく、宣伝広告利用型については、「商品等表示としての使用」とは評価できず、混同防止規定に根拠を求めることはできないとする見解もある(56)。この見解について若干の検討を加えておこう。

芸能人の氏名や肖像について考察する前に、顧客吸引力のある著名キャラクターが無断で宣伝広告に利用された場合を考えてみる。問題は、キャラクターがイメージアップのために宣伝広告に利用された場合に、「商品等表示としての使用」がなされたと評価できるかということである。

商品化事業への利用の場合と比較するなら、商品化事業における個々の製品の製造者たるライセンシーは、キャラクターの顧客吸引力に専ら依存して自己の商品の販売促進を図るのが通常である。たとえば、キャラクターを配したTシャツの襟ぐりのタグなどにライセンシー自身の表示が付されているかもしれないが、これが需要者の注意を引くことはあまりないだろう。ライセンシーは管理企業を中核とする商品化事業グループの傘下の一員としての立場に甘んじているのであって、需要者に対してライセンシー独自の信用をアピールしていく意欲はみられない。反面、商品化事業グループの中心にある管理企業は、「一業種一社と定めて製造販売する会社を選定し、商品の品質、宣伝方法について管理統制」をするなど、ライセンシーの商品の品質について口を出すことのできる立場にあるのが通常である。だからこそ、希薄であるとはいえ、商品化グッズに用いられたキャラクターをみる需要者に、管理企業によって品質統制がなされているであろうという期待が生ずるとみることができ、キャラクターの商品等表示性を認めて混同防止規定を適用することをかろうじて正当化できたのである。

これに対して、宣伝広告利用型では、宣伝広告の中に、ライセンシー自身の商品等表示も需要者の目を引くように表示される。キャラクターの利用によるアイキャッチ効果やイメージ向上の効果の助けを借りて、宣伝対象とされた商品に需要者を引きつけることに成功したとしても、需要者が他の商品と区別してライセンシーの商品を選び出すことを可能とするためには、ライセンシー自身の商品等表示を需要者に知らしめる必要があるからである。このように、キャラクターの利用について許諾を受けたライセンシーは、管理企業を頂点とするグループの傘下としての地位に甘んずるのではなく、自らの商品等表示への信用形成を積極的に図っていく意欲を有している。こうした状況では、ライセンシー自身の表示が「商品等表示として」強く需要者に印象づけられる反面、キャラクターは単なるアイキャッチやイメージアップの意味しかもちえなくなるのではなかろうか。したがって、仮にキャラクターが無許諾で利用された場合でも、需要者が宣伝対象の商品の品質決定主体について欺瞞されたとは言いがたい。また、利用の許諾を受けたとしても、宣伝対象たる商品の品質は、ライセンシー自身が決定するのが通常であって、キャラクター管理企業は、実質的な品質統制を行なう立場にないのが一般的であろう。そうだとすれば、混同防止規定による保護を認めても品質競争の促進に繋がりがたいこと、商品化事業の場合以上である。宣伝広告利用型について混同防止規定の適用は困難だとする見解は、こうした考慮に基づくものであろう(57)。

以上のように、キャラクターの宣伝広告への利用について考えてみると混同防止規定にのりづらいかもしれない。だが、芸能人の氏名や肖像の場合は、キャラクターの場合と若干事情が異なる。芸能人の氏名や肖像が宣伝広告に利用されると、宣伝対象の商品を芸能人が積極的に推奨しているかのような印象を作り出す(57-2)。芸能人の氏名や肖像が宣伝対象たる商品の品質を保証する役割を果たしていると評価することは、キャラクターの場合に比して容易なのであって、こうした利用を「商品等表示としての使用」であるというのはそれほど難しいことではないと考えられる。

以上を勘案すると、氏名や肖像を宣伝広告に利用した場合の「パブリシティの権利」に関しても、混同防止規定に包含することが可能である。

(五) 検討

1 ここまでの論述を振り返ってまとめると、次のようになる。前節(二)では、「パブリシティの権利」に差止を認めるためには、差止請求権の定めを有する既存の知的財産法のいずれかに依拠すべきであることを述べた。これを受けて本節(三)では、「パブリシティの権利」の根拠規定の有力候補として不正競争防止法二条一項一号の混同防止規定を取り上げ、商標機能の現代的変容に伴う同規定のスタンスの変化にも目配りをしつつ検討を進めてきた。その結果、パブリシティ関連の裁判例でこれまで救済の認められてきた、商品化事業利用型、宣伝広告利用型という二つの類型のいずれも、混同防止規定の解釈論で十分包含しうるという結論を得た。少なくとも現在の混同防止規定の解釈論を前提にすると、「パブリシティの権利」と講学上呼ばれ、差止まで認められるに至った法的地位は、混同防止規定に基づき保護を受ける地位である、といえるのではなかろうか。

2 考えてみると、芸能人の氏名や肖像の顧客吸引力が商品化事業で広く活用されるようになってきたのは、キャラクター等の商品化事業の普及と同時期である。キャラクター等の顧客吸引力の保護は混同防止規定によって図られてきたのであるから、同じ利益状況にある氏名や肖像の顧客吸引力利用ビジネスに関しても同規定による保護を模索する方が自然な発想である。

にもかかわらず、氏名や肖像については、「パブリシティの権利」という全く別個の法理の形成による解決が模索され、混同防止規定による対応の可能性が真剣に検討されないまま今日に至ったのはなぜか。それは、顧客吸引力の利用ビジネスが盛んになり始めたその時期に、アメリカでの「パブリシティの権利」の議論が裁判所の目にとまり、その後もこの論理に引きずられたことによるところが大きいだろう。

3 発祥の地アメリカにおいて、標識法的な保護ではなく「パブリシティの権利」という別個の法理が「プライヴァシーの権利」から派生して発展したのは、決して必然だったというわけではない。「パブリシティの権利」で保護しようとしてきたものを標識法秩序の中に包含することも不可能ではなかったはずである。

アメリカでも、顧客吸引力ないしは宣伝広告機能という商標の現代的な機能の比重が増すにつれ、標識法のフィールドは広げられてきた。混同防止規定に対応する規律の解釈論の展開や、連邦反ダイリューション法制定までの経緯をみればわかるように、アメリカにおける標識法の領域拡大の歩みも、表示の有する顧客吸引力それ自体の保護を求める声と、フリーライドに過度の制約を課すことを懸念する声との間の均衡点を慎重に模索する道のりであった(58)。

標識法の枠外で形成されてきた「パブリシティの権利」は、こうした桎梏なしに発展してきた。これは裏からいえば、生みの親の「プライヴァシーの権利」からも切り離され、標識法の枠にも収まらない「パブリシティの権利」は、確固たる理論的な基盤を有しない根無し草でしかないということでもある。(59)

そのため「パブリシティの権利」の内容は、いわば「裸の政策判断」によって導かざるをえない。氏名や肖像の顧客吸引力はなぜ保護する必要があるのか。保護を与える結果、何らかの弊害が社会に生ずるおそれはないのか。こうした政策判断を下すにあたり、同じ利益状況にある事象と厳密に平仄を合わせるよう迫られることはなかったのである。「パブリシティの権利」を規律するのは州法であるが、各州でその内容に相当のばらつきがみられ、理論的側面においても錯綜した状況にあるのはそのためであろう。(60)

4 こうしたアメリカの経験は、個々の論者の政策判断に頼って「パブリシティの権利」を論じていては収拾がつかない、ということを教えてくれる。

現在の学説が、財産性に重きを置くか、人格との絆を重視するか、その程度によって、様々な内容に分かれているのは先にみた。社会的実態において氏名や肖像の有する顧客吸引力が重要な財として認識されているということも、氏名や肖像が人格と深い絆で結ばれているということも、いずれも真理である。立法による解決を図るなら、議論を尽くした上で、これらの学説のうちのどれかを選択すればよいだろう。アメリカの各州の規律をみればわかるように、正しい保護のあり方は唯一つしかないというわけではない。

だが、今後も、解釈論を通じて「パブリシティの権利」を発展させていくのであれば別である。今日、裁判例をみても学説をみても、典型事例について救済を認めるべきか否かという問題から、周縁的な論点に議論の焦点は移りつつある。周縁的事例について判断を迫られるとき、これまでのように根拠規定を曖昧にしたまま論者毎の政策判断に頼っていては、百鬼夜行の状況を呈することになりかねない。発想の転換を図る時期にきているのではあるまいか。

5 本節では、「パブリシティの権利」の根拠を混同防止規定に求める可能性を探ってきた。

「パブリシティの権利」は、芸能人の氏名や肖像の顧客吸引力の利用価値の高まりにつれ、その保護を求める関係者の声に応えて形成されてきた法理である。しかしそもそも、氏名や肖像の顧客吸引力へのフリーライドを禁止までして確保せねばならない社会的メリットとは何なのか。禁止による弊害はないのか。保護を与えるにはこれらの問いに答えねばならないはずである。こうした問いを抱えて傍らを見れば、なぜ表示の顧客吸引力を保護する必要があるのか、と自問しながら慎重に歩を進めてきた標識法がある。氏名や肖像が、標識法の対象とされてきた表示と共通の基礎を有するとすれば、その顧客吸引力の保護を図るにあたって、独り我が道を行くのではなく、標識法の歩む道に合流すべきではなかろうか。

人格との絆の深い氏名や肖像は、他の商品等表示とは性格が異なり、類推の基礎を欠くのではないかという懸念もあるかもしれない。だが、「商品等表示」の例示に「氏名」が含まれていることからも明らかなように、標識と氏名との間には元来共通性がある。混同防止規定で保護される商品等表示というものは、営業者の「顔」とでもいうべきものでもある。それゆえ混同防止規定には、広い意味での「人格」との絆を考慮した妥当な帰結を導くメカニズムがビルトインされているのであり、混同防止規定に依拠することにより不当な帰結が導かれることはなかろう。このことは、続く各論の検討でも明らかになろう。

6　以上を勘案すると、現在の混同防止規定の解釈論を前提にするかぎり、「パブリシティの権利」に差止を認めるための理論的障壁を乗り越えるためにも、等しきものを等しく扱い、保護の内容を統一のとれたものにするためにも、「パブリシティの権利」は、混同防止規定に解釈論上の根拠を置くものとして再構成するべきだと考える。(61)

四　周縁的論点についての検討

以下では、不正競争防止法の混同防止規定を「パブリシティの権利」の根拠条文とした場合、現在論議の的となっている周縁的な論点についてどのような結論が導かれるかということを検討する。

具体的には、①文化人のように、氏名や肖像の顧客吸引力を営利で利用するのが一般的でない職業に就いている者でもパブリシティの権利の保護を受けられるかという問題、②本人以外の者への権利の「譲渡」は認められるかという問題、③本人の死後の権利の帰趨の問題、④自然人以外の「物」の名称や影像も権利の対象たりうるかという問題、そして⑤侵害となるべき行為態様の限界はどこにあるのかという問題を検討する。

(一)　文化人の氏名・肖像の保護適格性

1　議論の状況

現時点でコンセンサスが得られているのは、芸能人やプロスポーツ選手のように、氏名や肖像の利用許諾を収益源とするのが一般的な職業に関して、パブリシティの権利による救済が認められるということである。では、たとえば文学者のように、その氏名や肖像の利用許諾で収益を得ることは稀だと思われてきた職業に就いている者も、パブリシティの権利の保護を享受できるのだろうか。

学説では、芸能人等に保護を限定すべきだとする説が有力である。[62] 裁判例としては、詩人の氏名はパブリシティの権利の対象とならない旨判示した土井晩翠事件[63]がある。著名な詩人である土井晩翠の死後、その住居「晩翠草堂」を観光資源として活用しようとした地方自治体が、住居前の市バスの停留所の名称に「晩翠草堂前」という名を採用するなどして「晩翠」の名を使用したのに対して、晩翠の孫がプライヴァシーの権利及びパブリシティの権利に基づいて表示の抹消請求をなしたという事案である。裁判所はその請求を棄却するにあたり、パブリシティの権利を詩人が享有しうるかということについて、次のように述べている。パブリシティの権利が認められる根拠は、「芸能人の特殊性、すなわち、大衆に広くその氏名、肖像等を知らしめて人気を博すことにより、氏名、肖像自体に顧客吸引力を持たせ、それをコントロールすることによって経済的利益を得るという点にある」ところ、「詩人は、一般に詩作や外国の文学作品を翻訳するといった創作活動に従事し、その結果生み出された芸術作品について、社会的評価や名声を得、また印税等として収入を得る反面、氏名や肖像の持つ顧客吸引力そのものをコントロールすることによって経済的利益を得ることを目的とするものではなく、またその氏名や肖像が直ちに顧客吸引力を有するわけではない」し、「晩翠が生前自己の氏名や肖像の持つ顧客吸引力により経済的利益を得、または得ようとしていた」との特段の事情もないから、パブリシティの権利は発生しない、と。

商品化事業や宣伝広告への利用の事例ではなく、しかも土井晩翠本人はすでに世を去っていたという事情もあるから、この事例は、パブリシティの権利の典型事例から幾重にも外れている。よって、文学者の氏名につきパブリシティの権利を否定した判示部分が結論の決め手になったとはいえないが、検討に値する一般論ではある。

2　混同防止規定を根拠条文とした場合の帰結

(1)　土井晩翠事件判決から窺えるように、文化人の氏名や肖像をパブリシティの権利の保護対象から外すべきだという主張の根拠は、芸能人の場合、氏名や肖像の利用許諾ビジネスはこうした職業の主要な収益源であり、冒用によりその「営業上の利益」が害されることになるのに対して、文化人は一般にこのようなビジネスを行なっておらず、冒用されても経済的な利益を害されることはない、というところに求められるであろう。混同防止規定も、「営業上の利益」を侵害されるおそれのある者に訴権者を限定しているから（三条、四条）、類似の問題意識を有しているといえる。しかし、この「営業上の利益」の要件については、解釈論上、「混同の事実が認められる場合には特段の事情のない限り営業上の利益を害されるおそれがあるものというべきである」とされており、[64]「特段の事情」を認めて救済を否定した事例はみあたらない。
これに関連して、「混同」を認める前提として「競業関係」が必要かという問題もあるが、[65]企業が経営の多角化に努めていることがつとに知られている今日、競業関係がなくとも、原告が何らかの形で被告の市場に進出してきたとの誤信が需要者に生じうる。こうしたことから、競業関係がなくとも、「広義の混同」理論の下、広く混同の存在が認められている。

(2) 具体例をみると、ヤシカ事件判決[66]では、カメラメーカーの商品等表示「ヤシカ」が化粧品に使用されたという事案で混同防止規定の適用を認めるにあたり、まず、原告カメラメーカーが戦後短期間に成長した若い企業で一般に幅広い事業意欲を有するとの印象を与えていること、多角化経営の時代でカメラ業界にもその傾向がみられること等の事実を認定し、「該化粧品は原告の製品であるか、少なくともその系列会社の製品であるとの印象を一般に与える」と述べて、「広義の混同」を認めた。

さらに、「『ヤシカ』といえば一般人をして直ちに割安な一般大衆向きのカメラを想起せしめる機能をもつに至っ」ているところ、化粧品に類似表示を使用することにより「該表示のもつイメージを希釈化し、カメラとの結びつきを弱めて、一般人をして一般大衆向きのカメラを想起せしめる機能、換言すれば、カメラについての顧客吸引力、広告力を減殺して、該表示が持つ無体財産権としての価値を減少させる」ことを理由に「営業上の利益」の害されるおそれも認めている。

表示の顧客吸引力の毀損――いわゆるダイリューション――のみを「営業上の利益」の内容として挙げている判示部分は、商標の機能の変容に伴う法のスタンスの変化をあからさまに述べすぎている嫌いはある。とはいうものの、この判決で需要者の「混同」を認める基礎とされたのは、業界一般の多角化傾向や原告企業の営業方針からして、被告の市場に原告が近い将来進出してもおかしくないという客観的状況の認定であった。こうした認定が可能だとすれば、被告市場は、原告にとって実質的に利害関係のある、いわば潜在的市場とみることができる。かかる市場での信用形成に係る原告の利益には要保護性はがあると考えられ、競業関係のない場合でも「混同」の存在するとき救済を認めることは混同防止規定の趣旨に合致するといえる。

要するに、今日の混同防止規定の解釈論上、原告が被告市場で営業を行なっていなくとも、混同防止規定の適用を受けるのに障害とはならないのである。

(3) 以上を前提に考察すると、「パブリシティの権利」の根拠を混同防止規定に置いた場合、文化人の氏名や肖像であっても、場合によっては混同防止規定による救済を受ける余地がある。

まず、現時点で利用ビジネスを行っている文化人の氏名・肖像について「混同」が生じた場合、混同防止規定により保護を受けることができるのはいうまでもない。「営業上の利益」を侵害されるおそれがあることは明らかだからである。

たとえ現に利用許諾ビジネスを行なっていなくとも、たとえば、積極的に商業メディアに露出して「あの人なら宣伝広告に登場してもおかしくない」という印象を一般に与えている文化人の氏名や肖像が冒用され、混同が生じた場合には、混同防止規定の適用が認められてよいだろう。混同が生じていれば、特段の事情がない限り「営業上の利益」の侵害を認めることができるからである。

混同防止規定に拠ると、職業によって画一的に結論が導かれるのではなく、「需要者の目」というフィルターを通して、時代の変遷による文化人一般のビヘイヴィアの変化や、個々の文化人の姿勢が結論に反映されることになるが、近時の広告ビジネスの実情に鑑みると、多くの文化人の氏名や肖像の保護が可能になるだろう。今日の文化人はもはや孤高を持する者ばかりではない。利用許諾ビジネスに抵抗のない文化人であれば、無断冒用による財産的利益の損害に相応の関心を有しており、ヤシカ事件の原告同様、その関心は法的保護に値するものといってよいのではなかろうか。

なお、許諾ビジネスを行うつもりはないと世間に思われている文化人については、許諾があったとの誤信は生じにくく、したがって混同防止規定による保護を受けることは困難であるが、無断利用によりその者の社会的評価が下がったと認められるときには、人格権に基づく救済が認められることになる。(67)

(二) 「譲渡性」

1 議論の状況

(1) パブリシティの権利は「譲渡」しうるのだろうか。芸能人が自己の「パブリシティの権利」を契約により第三者に譲り渡すことはできるかという問題である。

パブリシティの権利の財産性を強調する学説においては、財産権である以上当然にパブリシティの権利に譲渡性を認めるとするものが多く、(68) また、人格との絆を重視する見解でも、ドイツの著作権法にみられるような設定的移転を認めるべきだと提唱するものがある。(69) 裁判例において譲渡性が正面から取り上げられた事例はないが、著名な競走馬の馬名について、パブリシティの権利による救済を損害賠償限りで認めた裁判例で、(70) 財産権であることを理由に譲渡性を認める旨の一般論が提示されている。

(2) 「譲渡」の可否を論ずるに先だって、まず、知的財産法の体系論と絡めて、「譲渡」という言葉の意味を確認しておく。

特許法や著作権法のような物権的構成を採る制度は、禁圧すべきフリーライドの対象を有体物に類似するものとみなし、所有権の法的枠組を借用している。差止請求を認めるばかりでなく、二重譲渡や担保についての規律など、対象たる知的財産の資産化を容易にするための種々の制度的手立てを立法により講じているのである。

これに対して、不正競争防止法や一般不法行為法など行為規制型の制度は、違法ないし不正な行為の禁圧が認められているだけであって、二重譲渡の規律などは存在せず、取引財としての機能を高める仕組みは設けられていない。物権的意味での訴権の「譲渡」を認めると、二重譲渡の生じた場合の処理にも窮することになろう。したがって、登記登録制度の設けられていない行為規制型の制度では、著作権や特許権と同様の意味での「譲渡」

性を否定せざるをえない[71]。

解釈論を通じて形成されてきた「パブリシティの権利」は、当然のことながら登記登録制度を備えておらず、可否の議論されてきた「譲渡」は、物権的な意味のものでないことに注意を喚起して次の議論に進む。

2 混同防止規定を根拠条文とした場合の帰結

(1) 「譲渡」の可否

議論の出発点となるのは、混同防止規定によって保護を受ける地位は、著作権や特許権と同様の意味で「譲渡」することはできないということである。混同防止規定は不正競争防止法上の規定であって、行為規制型に位置づけられる上、当事者間の契約のみによって混同防止規定に基づく訴権の「譲渡」を認めると、譲渡につき登録制度を採る商標法との平仄が損なわれることがその理由である[72]。

もっとも、あたかも混同防止規定の訴権が「譲渡」されたかのような帰結が導かれることもある。混同防止規定の適用を受けるためには、対象となる商品等表示が、「他人の」商品等表示として需要者に認識されていなければならないが、商品等表示が「誰の」表示であるかということまで特定されている必要はなく、当該商品等表示に化体した信用の源となっている「営業」の存在が認識されていればよい。かかる匿名の「営業」も「他人」と評価しうるのである。周知表示についての訴権を「譲渡」する旨の契約がなされた際、信用の源である「営業」の譲渡が同時になされると、表示の「譲受人」なる者に訴権が認められる結果になるが[73]、これは表示「譲渡」契約の効果ではなく、「営業」の譲渡により表示「譲受人」自身が混同防止規定の定める要件を具備したことの効果にほかならない。信用の源である「営業」の帰属主体こそが「他人」性の要件を充たすのである。要するに、混同防止規定によって保護を受けるべき地位は、契約によってではなく、信用の移転とともに事実上移転する[74]。

これを前提に、根拠条文を混同防止規定に求めた場合、「パブリシティの権利」を「譲渡」することができるのか否かを検討する。混同防止規定の訴権の物権的な意味での「譲渡」は認められないから、まずその意味で「パブリシティの権利」の「譲渡」は認められない。問題は、「パブリシティの権利」の場合にも、「営業」の譲渡に伴い事実上権利者が交代するような事態が想定しうるか、ということである。

結論からいえば、難しいと考える。先に述べたように、需要者の認識からして、芸能人の氏名・肖像に化体した「信用」は本人と密接不可分な関係にあり、これを他人に譲渡することは不可能だからである。本人は常に「他人」たる許諾ビジネスグループの頂点に位置づけられるのであって、本人が商品化グループを離脱するのに伴い、別の者が「他人」性を獲得することはないというべきである。

(2) プロダクションの訴権

パブリシティの権利の第三者への「譲渡」を原則として認めない立場に対しては、プロダクションの利益が損なわれることになって具体的妥当性を欠くという指摘もある(75)。たしかに、芸能人の知名度を高めるためにプロダクションは多大な投資を行っており、顧客吸引力の形成に実質的な寄与をなしている。所属タレントの氏名や肖像の有する財産的価値に少なからぬ利害関係を有しているプロダクションにも訴権を与えるべきだというのももっともである。だが、「譲渡」といわずとも、混同防止規定の解釈論により、プロダクションに訴権を認めることはできる。先に検討したプロフットボール事件最高裁判決をもう一度思い起こしてみよう。

冒用者を訴えたのは、アメリカのプロフットボール・リーグと日本における独占的利用権者であった。すでに紹介したように、判決は、「出所表示機能、品質保証機能、顧客吸引力を保護発展させるという共通の目的の下に結束しているものと評価できるようなグループ」も「他人の商品等表示」にいう「他人」に該当するとした上で、営業上の利益を侵害されるおそれがある者には、「周知表示の商品化事業に携わる周知表示の使用許諾者及び許諾を受けた使用権者であって、……再使用権者に対する管理統制、周知表示による商品の出所識別機能、品質保証機能及び顧客吸引力を害されるおそれのある者も含まれる」と判示して、アメリカのリーグと日本の管理企業に訴権を認めている。

「パブリシティの権利」の場合、本人が常に「他人」たる許諾ビジネスグループの頂点にあることはすでに述べたが、プロダクションもかかるグループの一員ではある。そして、プロダクションは、プロフットボール事件における管理企業と同様に商品化事業を管理統制する立場にあるから、「営業上の利益を侵害されるおそれのある者」として訴権が認められることになる。(76)

(3) 検　討

以上に述べたことをまとめると、混同防止規定に根拠を置いた場合、「パブリシティの権利」を、当事者間の契約により本人が別の者に「譲渡」することはできない。(77) 芸能人の氏名や肖像の顧客吸引力を独占的に管理しているプロダクションは、混同防止規定に基づく請求の訴権者たりうる。

この帰結は、氏名や肖像というものが本人と切っても切れない絆があることに配慮して、本人の権利を奪うことなくプロダクションにも訴権を認めるものであり、本人との絆の緊密性と財産性の両面に目配りが必要とされる「パブリシティの権利」の内容としてふさわしいものであると思われる。

(三) 死後の権利の帰趨

1 議論の状況

本人が死んだ後、権利は存続しうるのであろうか。存続しうるとすれば、どのくらいの期間なのだろうか。学説には諸説ある。簡単に論評しながら紹介していこう。まず、著作隣接権を類推して、死後五〇年といった期間制限を課すことを提唱する見解がある。(78) しかし、権利の存続期間を一定の期間に限定するのは、政策的な割切りを要する判断であり、立法もないのに、裁判所が解釈論で一定の期間を存続期間と定めるには無理があろう。(79) また、使用を継続している限り権利が消滅することはないとする説もある。(80) たしかに使用が継続されており、ビジネスの実態があれば、事業を実施する者が保護を欲するのは当然であろうが、それに法的保護を与えねばならない積極的根拠は示されていないように思われる。

2　混同防止規定を根拠条文とした場合の帰結

(1)　では、「パブリシティの権利」の根拠を混同防止規定に求めた場合どうか。混同防止規定の条文を見る限り、一定の期間の経過により請求権が失われることはなさそうである。つまり本人の死亡後であっても、この規定の要件を満たす限り保護を受けることができるのだが、実際には、死後の芸能人の氏名や肖像について、混同防止規定の要件を充足することはそれほど容易ではない。

生存中の芸能人がその氏名や肖像の許諾ビジネスを行っているという事実は一般にも広く知られており、氏名や肖像は本人に帰属するという常識と相まって、冒用により「本人の許諾がある」との誤信が需要者に生じる。だから混同防止規定の適用が可能だったのである。しかしながら、本人の死亡後、同様のビジネスが行われることは、現在のところむしろ稀である上、氏名や肖像に係る「信用」は本人に帰属するはずだという常識も、死後の肖像が誰か別の者の管理ビジネスの対象となっているという認識の形成を妨げる。したがって、物故者の氏名肖像が用いられていても、何者かその管理をする者の許諾を受けているとの誤信はそう簡単には生じないように思われる。言い換えれば、本人の死亡後、別の者が「他人」性を獲得するのは困難なのである。したがって、現時点のビジネスの現状と一般人の常識を前提とすれば、死後の「パブリシティの権利」は原則として本人の死亡により「消滅」すると考える。

(2)　例外的に、物故者の氏名・肖像の管理ビジネスが現に行われており、その事実が需要者にも広く認識されている場合には、ビジネスを統制する立場の者が保護を受ける可能性はある。

たとえば、遺族の固有の人格的利益に配慮して利用に際して「あいさつ」するといった慣習が業界にあるとしよう。[81]「あいさつ」の慣行が存在するとすれば、冒用により、かような「あいさつ」が遺族になされているかもしれないという需要者の誤信が生じうるが、その程度の誤信では、混同防止規定の保護を受ける「混同」というには足りない。このような「あいさつ」は、同規定で保護の対象となる、経済的な利益を目的とした管理ビジネスに対する許諾の申込みとは性質が異なるからである。

だが、「あいさつ」なしには利用がはばかられるという状況を利用して、遺族が独占的に氏名肖像利用ビジネスを継続して行なっており、その事実が広く知られるようになれば、冒用された氏名等をみて管理ビジネスの主体たる遺族等の許諾を得ているとの誤信が生じうるかもしれない。そうなれば、遺族はプロフットボール事件における管理企業と同様の立場に立つということができよう。

また、生存中に本人を中心に利用ビジネスが行なわれており、氏名・肖像が本人の信用を離れて企業全体の信用とみなされるまでになれば、本人の死後もその企業の信用を徴表するものとして当該氏名・肖像の保護が継続されるかもしれない。

(3)　以上、死後の権利の帰趨についてまとめると次のようになる。現行のビジネスの実態を前提とするかぎり、混同防止規定を根拠条文とした場合の「パブリシティの権利」は、原則として、本人の死亡により消滅する。例外的に、遺族やプロダクションが利用ビジネスを確立しており、そうした確固たる事実状態が一般にも知られているときには、冒用により需要者に混同の生ずることがありうる。その場合にはビジネスを管理する者に混同防止規定に基づく救済が認められることになる。

本人の死後、原則として権利が消滅するという帰結に対しては、物故者の氏名や肖像の顧客吸引力に利害関係を有している者の利益を害することになるという批判があるかもしれない。だが、すでに述べたように、商品等表示の顧客吸引力それ自体の保護については、標識法体系において慎重な姿勢が取られているのであって、独り氏名や肖像の顧客吸引力についてのみ、厚い保護を与えるべき積極的理由は存在しない。

なお、物故者の肖像の管理ビジネスが普及するなど、社会の実態が変化すると、混同防止規定に拠った場合でも死後の肖像の保護の可能性が広がるかもしれない。だが、物故者の氏名肖像に「パブリシティの権利」に基づく保護を与えるには、特定の者に独占を認めることが許されるのか、という観点からの慎重な考慮が必要である。

歴史上のあるいは郷土の偉人といった存在の物故者はいわば公共的な存在であり、その氏名や肖像は誰もが自由に利用できるべきである。解釈論上、「商品等表示としての使用」の要件か、普通名称の規律（一一条一項一号）を用いて保護を否定すべき場合があろう。

(四)「物のパブリシティの権利」

1 議論の状況

(1) 裁判例の中には、広告用気球事件判決[82]や長尾鶏事件判決[83]、クルーザー事件判決[84]のように、所有権に基づき「物」の名称や影像の保護を認めうるかのような一般論を述べるものが散見される。だが、物の影像の無断利用を排除する法的根拠を所有権に求めることはできない。顔真卿事件最高裁判決[85]が喝破したように、物の有体物の面に対する排他的支配権能にとどまる所有権を根拠に、無体的側面での利用を禁ずることはできないからである[86]。学説にも、所有権に基づき「物」の影像の無断利用を禁ずる権原が所有者に与えられるとする向きもあるが[87]、最近になって、無断利用を封じようとする者の真意は、有名な「物」の影像や名称の有する顧客吸引力に係る経済的な利益を確保するためであって、芸能人の氏名や肖像についての「パブリシティの権利」と利益状況を同じくすることに着目し、「物のパブリシティの権利」を認めようとする見解もみられる[88]。

(2) さらに近時、有名な競走馬の馬名について、「物のパブリシティ権」に基づく損害賠償を認める裁判例[89]が現れた。実在の一〇〇〇頭あまりの競走馬の馬名が用いられた競馬ゲームソフトについて、無断で馬名を使用された馬主が、ゲームソフトメーカーにソフトの製造販売の差止と損害賠償を請求したという事案において、裁判所は、顧客吸引力のあるG1出走馬の馬名については、馬主が「物のパブリシティ権」を有するとして、損害賠償請求を認容したが、差止請求についてはこれを認めなかった。

判決の中で裁判所は、顧客吸引力の保護の必要性という点で著名人と異なるところはないから、物についても「パブリシティ権」を認めるべきだとしつつ、人格権と密接な関係にある著名人の「パブリシティ権」と、所有権と密接な関係を有する「物のパブリシティ権」の内容は自ずと違うものになるとし、「物のパブリシティ権」については物権法定主義との関係で差止請求は認めることができず、救済手段は損害賠償請求に限られる等、「物のパブリシティ権」のあるべき内容について詳細かつユニークな説を開陳している。(90)

なお、この事案でゲームメーカーは、一部の馬主に馬名利用の対価として一頭あたり四万円程度の「ロイヤリティー」を支払っており、原告らにも同様の申し出をしたところ、原告らは交渉に応じず、訴訟を提起したという経緯があったが、裁判所は、他の馬主に支払われた「ロイヤリティ」を基準に損害額を認定している。

2　混同防止規定を根拠条文とした場合の帰結

(1)　「物のパブリシティの権利」を巡って近年議論が活発になりつつあるのは以上にみたとおりであるが、「パブリシティの権利」の根拠条文が混同防止規定であるとした場合、「物」の影像や名称は保護の対象たりうるのだろうか。

競走馬パブリシティ事件はゲームソフトに馬名が利用された事例であったが、人気競走馬の馬名が、商品化事業に無断利用された場合を考えてみよう。ここでもプロフットボール事件最高裁判決の助けを借りると、一般論としていえば、馬名たる表示に関する「商品化契約によって結束した同表示の使用許諾者、使用権者及び再使用権者のグループのように、同表示の持つ出所表示機能、品質保証機能及び顧客吸引力を保護発展させるという共通の目的のもとに結束しているものと評価することができるようなグループ」が形成されており、かつ、「自己と右他人との間に商品化事業を営むグループに属する関係がある」という誤信が需要者に生じているとき、「商品化事業に携わる周知表示の使用許諾者及び許諾を受けた使用権者であって、再使用権者に対する管理統制、周知表示による商品の出所識別機能、品質保証機能及び顧客吸引力を害されるおそれのある者」に、混同防止規定に基づく損害賠償及び差止請求が認められることになる。つまり、こうした場合には、差止請求権の伴う「物のパブリシティの権利」が認められることになる。

(2)　もっとも、このような条件を満たすのはそう簡単ではない。キャラクターを用いた商品化事業について、混同防止規定による保護が比較的容易に認められてきた背景には、キャラクターは通常著作物であり、キャラクターの無形的利用たる複製行為について著作権者の許諾を受けることが必要であるということがある。著作権者が、著作権により他人の利用を排除し、独占状態を確保した上で商品化事業を行なえば、混同防止規定の要件を充たすのはそれほど困難でないだろう。このように無形的利用について独占的状態を確保する何らかの法的権原が存在すれば、混同防止規定の適用を受けるまでの道のりは遠くない。

ところが、「物」の影像の無形的利用は、所有権侵害その他の法律違反を伴わないかぎり、自由である。フリーライドは自由なのである。このことは一般の認識にも深く定着しているといってよい。一般に浸透したこの認識をねじ伏せて、その代わりに、「物」の影像の無形利用にあたって誰か特定の者の許諾を得なければならない、という認識を需要者の心理に植えつけるのはたやすいことではなかろう。

(3)　以上をまとめると、混同防止規定に「パブリシティの権利」の根拠を求めた場合、その保護対象は人の氏名・肖像に限られないが、「物」の影像が保護を受けるのは、需要者からみて、「物」の影像が、特定の者のシンボルマークないし商品等表示と評価されるようになっている場合に限られる[(91)]。「物」の名称についても同様である。救済を受けるのは、混同防止規定の「営業上の利益を侵害される者」であり、通常は、上記特定の者が請求権者となるのであって、所有者であることを理由に保護を受けるのではない。また、「物」が物理的に滅失しても、「物」の影像や名称が特定の者のシンボルマークないし商品等表示であるという事実に変化のないかぎり、混同防止規定の適用関係に影響はない。「物のパブリシティ権」のその他の内容も、混同防止規定の解釈論によって導かれることになる。

(五)　侵害となる利用態様

1　議論の状況

商品化事業又は宣伝広告に氏名・肖像が利用された事例で「パブリシティの権利」による救済を受けられることについては、コンセンサスが形成されているようだが、それ以外の行為態様について保護は及ぶのであろうか。関連する裁判例を挙げておこう。先に紹介した土井晩翠事件判決(92)では、晩翠の元住居前にあるバス停の名称を「晩翠草堂前」とした事案で請求が棄却されている。

書籍に関して、近時いくつかの判決が下されている。英国の有名ロックバンド「キングクリムゾン」のディスコグラフィー、アルバムのジャケット写真やメンバーの写真を主たる内容とする書籍を出版した被告に対して、バンドのリーダーがパブリシティ権に基づいて損害賠償及び差止請求をなしたキングクリムゾン事件では、第一審判決(93)において救済が認められたものの、控訴審判決(94)では覆されている。著名なプロサッカー選手中田英寿の生い立ちを記した書籍について、著作権およびプライヴァシーの権利に加え、パブリシティの権利に基づいて本人が差止および損害賠償を求めた中田英寿事件(95)で裁判所は、パブリシティ権に基づく請求を棄却している。

先に「物のパブリシティの権利」のところで紹介した競走馬パブリシティ事件判決では、実在の馬名を用いて臨場感を出した競馬ゲームソフトについて、損害賠償かぎりではあるが救済が与えられている。

学説も、表現の自由や競業の自由等に配慮すべきことに異論はないものと考えられるが、論者によって導かれる帰結は微妙に異なる(96)。

2　混同防止規定を根拠条文とした場合の帰結

(1)　「パブリシティの権利」の根拠条文を混同防止規定に求めたときどうなるだろうか。

混同防止規定の適用を受けるには、冒用者が「商品等表示として」使用していなければならない。商品化事業及び宣伝広告に利用されたとき「商品等表示としての使用」と評価しうることはすでに述べたが、それ以外の利用態様については、この要件を充足するのは難しいと考える。書籍とゲームソフトへの利用を例に検討しよう。

(2) 書籍の内容に芸能人の氏名や肖像が用いられた場合、「商品等表示としての使用」と評価することはできないと考える。「商品等表示」はその使用されている「商品」の出所を識別するためのものであるから、書籍の内容に氏名や肖像が用いられた場合、混同防止規定の適用を受けるためには、氏名や肖像が「商品等表示」として、「商品」すなわち書籍（著作物）の出所を識別しなければならないはずである。しかし、氏名や肖像が書籍の内容の一部になっている場合には、書籍の出所を識別するものとはいえないだろう。もっとも、本人の承諾を得て執筆、発行された書籍であるとの誤信が生じないともかぎらない。しかしながら、表現・報道の自由の観点からみて、名誉毀損やプライヴァシーの侵害となるような場合を除き、他人が自己について批評、紹介することをコントロールするビジネスは法的保護に値しないのであって、かかるビジネスにおける使用を「商品等表示としての使用」と評価することはできないというべきである(96-2)。

(3) 野球ゲームソフトに実在の野球選手の名前が用いられた場合はどうか。臨場感を増すために、すべて実在のプロ野球チーム名や球場名、選手の氏名が用いられているゲームを想定してみよう。混同防止規定の適用の可否を検討するなら、こうした場合も「商品等表示としての使用」の要件を欠くことを理由に保護が否定されるべきである。「商品等表示としての使用」の要件を欠く理由は、書籍の内容に氏名や肖像が利用された場合について述べたところとほぼ同様である。すなわち、混同防止規定の適用を受けるには、氏名や肖像が「商品等表示」として、ゲームソフトの出所を識別しなければならないはずであるが、氏名や肖像がソフトの内容の一部になっている場合にはその出所を識別するものとはいえない。本人の承諾を得てゲームソフトが作成されたとの誤信が生じるとしても、ゲームソフト開発の自由の観点からして、プロ野球という場面設定を利用したゲームソフトの開発をコントロールするビジネスは法的に保護されえず、かかるビジネスにおける使用を「商品等表示としての使用」と評価すべきでない。

(4) こうした帰結に対しては、批判もあろう。たとえば、いわゆるタレント本で、タレントの人気にただ便乗してその顧客吸引力に専ら依存しているように思われる場合、冒用者がタレントの顧客吸引力にフリーライドして収益を図るという点は商品化事業と異なるところはないから、保護を与えるべきであるという声があるかもしれない。だが、標識法をみると、著名表示の顧客吸引力へのフリーライドを禁ずることによって得られる社会の利益は必ずしも大きいものではなく、指摘利益擁護の側面が大きいと考えられていることから、保護を与えるとしても、他の社会的利益を損なわないよう一層慎重に配慮することが求められる。この理は芸能人の氏名や肖像の顧客吸引力についてもあてはまるのであって、表現の自由と抵触が生ずるような場合には、そう簡単に保護を与えるべきではない。したがって、混同防止規定の解釈論により「商品等表示としての使用」に該当しないことを理由に保護を否定する結論は妥当であるといえよう。ゲームソフトについても同様であり、社会に存在する様々な場面設定を用いたゲームソフトを開発する自由を制限してまで、野球選手の氏名の顧客吸引力を保護すべきだとはいいがたい。

(5) 以上をまとめると、「パブリシティの権利」の根拠を混同防止規定に置いた場合、侵害となるべき利用態様は、「商品等表示としての使用」といえるかどうかで決まる。商品化事業や宣伝広告への利用については、「商品等表示としての使用」に該当するが、それ以外の利用態様については、この要件を充たすことは一般に困難である。(97)

3　一般不法行為に基づく「対価徴収権」の当否

(1) 関連してさらに検討すべきことがある。ゲームソフトへの野球選手の氏名の利用について、差止を伴う混同防止規定の保護は受けられないとしても、より弱い救済手段である損害賠償請求を認めることはできる、とする見解がある。(98) 損害賠償かぎりで保護を与えるということは、事実上、対価徴収権しか与えないということであり、(99) ゲームソフトの開発・販売を禁ずることはないから、ソフト開発の自由を拘束する度合いも小さく、保護の必要性を充たしつつ弊害を可及的に小さくする手段として優れているということだろう。競走馬パブリシティ事件でも、差止請求については請求を棄却し、損害賠償請求のみを認容している。こうした考え方をどう評価すべきか。

(2) これは、何も「パブリシティの権利」にかぎった議論ではない。既存の知的財産法により禁止されていないフリーライドについて、一般不法行為に基づき損害賠償限りの救済を求めることに積極的な評価を与える見解が存在する(100)。本稿でも、裁判所による新しい知的財産の創造プロセスにおいて一定の役割を果たしうるかもしれないと、一応のコメントを述べておいた。

ただ、たとえ損害賠償かぎりであっても、何ら立法の措置なくこうした模倣行為を違法なものとして問責することで萎縮効果の生ずることは否定できない。フリーライドを放置することが社会全体にとってマイナスの効果があるという政策判断がありうるとしても、個別の事案の違法性を判断するにすぎない裁判所が、大局的な見地から政策的判断をなすことは容易ではない。仮に判例の蓄積により内容が明らかになるとしても、それまでに時間がかかり法的安定性を欠く。その意味では、差止を伴わない損害賠償かぎりの救済であっても、立法がない場合には、一般的には慎重な姿勢をとるべきであろう。

(3) 仮に保護の是非について裁判所の判断が可能だとしても、賠償額の決定方法も問題である。ライセンスの慣行が確立されておりその事実が社会一般にまで浸透している場合に、慣行となっているライセンス料を基準に損害額を認定すれば、法的安定性の害される程度は小さいという見解もありうる。実際、野球ゲームなどについては選手サイドに対価を支払う慣行が定着しているという。また、競走馬パブリシティ事件でも、一部の馬主にゲームソフト製作者から「ロイヤリティ」が支払われており、裁判所は「物のパブリシティ権」の侵害に基づく損害額の算定の基礎にこのロイヤリティの額を用いた。

だが、ライセンスの慣行を既成事実として確立するのはそれほど難しいことではない。対価支払請求を拒絶したことに起因する交渉コスト――応訴費用や弁護士費用など――よりも安価な額を請求するのであれば、文句を言いながらも支払に応ずる者は少なからず存在するだろう。交渉コストだけを背景に「ライセンス」の実績が積み重ねられ、その慣行を裁判所が追認するのが妥当とは思われない。差止請求権を伴わない知的財産が侵害された場合の損害概念について理論的に詰める必要もあり、また、政策的観点からみても、どの程度の「対価」が妥当かという点を決める手がかりに乏しく、政策的な割り切りの判断のできる立法府と異なり、裁判所による対価決定は容易でないといえよう。

(4) 以上の考察からすれば、ゲームソフトへの使用などの利用態様において、立法によることなく、一般不法行為法により損害賠償請求かぎりの救済を認めることについては、なお検討すべき課題が残されているように思われる。

むすび

判例法上形成されてきた「パブリシティの権利」は、その理論的根拠が曖昧であり、譲渡性、死後の権利の帰趨、保護対象など周縁的な論点についての答は得られていない。そこで本稿は、「パブリシティの権利」を知的財産法体系の中に位置付け、体系上の許容性という観点から、この新たな権利の解釈論上の根拠を探求してきた。検討の結果を簡潔にまとめておこう。

結論として得たのは、「パブリシティの権利」に差止請求まで認めるのであれば、現在の不正競争防止法の解釈論を前提にするかぎり、同法二条一項一号の混同防止規定を「パブリシティの権利」の根拠に据えるべきだということである。このように解することにより、差止請求権を正当化しうるのであり、また、商品化事業に利用されるキャラクターなどの保護の規律と判断枠組を共有することによって統一のとれた保護を実現することも可能になる。かねてから懸念されていたのは、氏名や肖像という人格との絆が強いものを純粋に財産的見地から規律することにより不当な結果がもたらされないかという点であった。しかし、混同防止規定に根拠を求めた場合、「需要者の目」を通じて、氏名や肖像の特殊性が解釈論に反映され、妥当な帰結が導かれることも明らかになった。

現代においては、イメージやシンボルの顧客吸引力の利用価値は高まるばかりであり、この優れて現代的な現象を認識したマーケティング戦略に基づいて、競争が繰り広げられている。今後求められるのは、「パブリシティの権利」も含め、様々な広告シンボルを統一的な視野におさめた上で法的保護のあるべき姿を模索することだろう。問われるべきは、広告シンボルの保護がいかにして正当化されうるかという根本的問題である。本稿で検討したように、出所表示機能と品質保証機能に軸足を置く古典的標識法は、商標の機能の変容と財産的価値の増大につれ次第に守備範囲を広げてきたが、その長い歴史の中で、なぜ商標の顧客吸引力を保護する必要があるのか、という問題と常に向きあってきた。そしてこれからも、この悩みを抱えつつ歩んでいくことになろう。[101] こうしたことからすれば、広告シンボルの統一的保護のあり方は、まずもって標識法の土俵で検討されるべきであり、損害賠償かぎりの一般不法行為法による救済の可能性も、そこでの議論を参照しながら考察されるべきであろう。

（1） この概念は、一九世紀の末に Warren と Brandeis が「プライヴァシーの権利」という論文（Warren & Brandeis, *The Right of Privacy*, 4 HARV. L. REV. 193（1890））において、「ひとりで放っておいてもらう権利（right to be let alone）」として提唱したことに起源を求めることができる。

（2） Prosser は、判例の分析を通じて、プライヴァシーの権利を、①私生活に侵入すること（intrusion）、②私事を公開すること（disclosure）、③他人に誤解を生じせしめること（false light）、④氏名・肖像を他人が営利目的で利用すること（appropriation）の四つの類型に分類している。Prosser, *Privacy*, 48 CAL. L. REV. 383（1960）．個人の精神的利益を保護することを目的とする前三者と比較すると、四番目の類型は、氏名や肖像に係る財産的価値の保護を目的とするものであり、明らかに異質なものである。

(3) Healan Laboratories, Inc. v. Topps Chewing Gum, Inc., 202 F.2d 866 (2d Cir. 1954).

(4) Nimmer, *The Right of Publicity*, 19 LAW & CONTEMP. PROBS. 203 (1954).

(5) パブリシティの権利を規律するのは州法であるが、コモンローのみに任せている州もあれば、制定法を持つ州もある。現在のところ、保護対象や、譲渡性、死後の権利の帰趨など、要件・効果は州によって大幅に異なり、これらの点に関する学説上の議論も錯綜している。J. Thomas McCarthy, THE RIGHT of PUBLICITY AND PRIVACY, §1, §6, RESTATEMENT (THIRD) OF UNFAIR COMPETITION (1995), at §46（茶園成樹・小泉直樹「アメリカ不正競争法リステイトメント試訳（六・完）民商一一二巻三号一一四頁参照）。内藤篤・田代貞之・パブリシティ権概説（木鐸社、一九九九年）三八頁等参照。

(6) 伊藤正巳「プライバシーの権利」（岩波書店、一九六三年）。

(7) 阿部浩二「パブリシティの権利と不当利得」注釈民法（18）（有斐閣、一九七六年）五五四頁。

(8) 東京地判昭和五一年六月二九日判時八一七号二三頁。

(9) この判決に続く著名人の氏名・肖像の無断利用に関する裁判例としては、次のようなものがある。王選手メダル事件決定（東京地決昭和五三年一〇月二日判タ三七二号九七頁）、おニャン子クラブ事件決定（東京地決昭和六一年一〇月六日判時一二一二号一四二頁）、中森明菜カレンダー事件決定（東京地決昭和六一年一〇月九日判タ六一七号一八四号）、中森明菜ブロマイド事件決定（東京地決昭和六一年一〇月一七日判タ六一七号一九〇頁）。これらは仮処分決定ながら、いずれも当該有名人の氏名・肖像を無断でカレンダー等に利用した行為について、製造販売差止の仮処分申請を認めている。また、藤岡弘事件判決（富山地判昭和六一年一〇月三一日判時一二一八号一二八頁）では、衣料品会社が、俳優との広告出演契約失効後にもかかわらず、当該俳優の氏名・肖像を新聞広告やコマーシャルに無断で使用していたという事案において不法行為責任が認められ、損害賠償請求が認められた。

(10) 第一審判決：東京地判平成二年一二月二一日判時一四〇〇号一〇頁、控訴審判決：東京高判平成三年九月二六日判時一四〇〇号三頁。

(11) 「パブリシティの権利」という言葉を明示的に用いた裁判例は、光ＧＥＮＪＩ仮処分取消申立事件（東京地判平成元年九月二七日判時一三二六号一三七頁）である。アイドル歌手グループ光ＧＥＮＪＩの有するパブリシティの権利を被保全権利として当該歌手の氏名・肖像を表示した商品の販売等を差し止めた仮処分決定に対して、旧民訴法七五九号所定の特別事情が存するとして決定の取消を求めた事案において、決定を取り消すべき特別事情は認められないとしたものである。

(12) 土井晩翠事件判決（横浜地判平成四年六月四日判時一四三四号一一六頁）参照。

(13) 土井晩翠事件判決（前掲注（12））参照。

(14) 関連裁判例として、加勢大周事件（第一審判決：東京地判平成四年三月三〇日判時一四四〇号九八頁、控訴審判決：東京高判平成五年六月三〇日判時一四六七号四八頁）がある。

(15) キングクリムゾン事件（第一審判決：東京地判平成一〇年一月二一日判時一六四四号一四一頁、判タ九九七号二四五頁、控訴審判決：東京高判平成一一年二月二四日判例集未搭載）、中田英寿事件判決（東京地判平成一二年二月二九日判時一七一五号七六頁、判タ一〇二八号二三二頁）。土井晩翠事件判決（前掲注（12））、競走馬パブリシティ事件判決（名古屋地判平成一二年一月一九日判例集未搭載）も参照のこと。

(16) 競走馬パブリシティ事件（前掲注（15））。

(17) 播磨良承「パブリシティの概念と法的性格（一）（二）」判時一〇五〇号一五頁、一〇五一号一八頁、土井輝生「有名人の氏名・肖像の商業的利用とパブリシティ権（二）」コピライト二〇三号五頁（一九七八年）、大家重夫「人格権とパブリシティ権」特許研究一〇号八頁（一九九〇年）、斎藤博「氏名・肖像の商業的利用に関する権利」特許研究一五号一八頁（一九九三年）。人格権との一体化を説く渡辺修「人格メルクマールの利用権――人格権の一元的構成に関する覚書き」法学六〇巻六号二八六頁（一九九六年）も同様の問題意識に立つといえよう。

(18) 阿部・前掲注（7）、同「パブリシティの権利とその展開」現代社会と民事法・打田畯一先生古希記念（第一法規、一九八一年）二九一頁、牛木理一・商品化権（六法出版社、一九八〇年）二四七頁、竹田稔・プライバシー侵害と民事責任（判例時報社、一九九一年）一九八頁等。田倉保「パブリシティ権」田倉整先生古希記念・知的財産をめぐる諸問題（発明協会、一九九六年）四七三頁も、譲渡・相続を認める点でこの立場に分類できよう。

(19) 阿部・前掲注（18）三〇五頁、内藤・田代・前掲注（5）二二二頁。

(20) 牛木理一「パブリシティの権利の相続性――特に存続期間について――」工業所有権法研究一〇四号一七頁。

(21) 竹田・前掲注(18)二〇〇頁。
(21-2) 渡辺・前掲注(17)三三三頁、内藤・田代・前掲注(5)二一八頁。
(22) 斎藤・前掲注(17)二二二頁。
(23) 伊藤真「物のパブリシティ権」田倉整先生古希記念・知的財産をめぐる諸問題(発明協会、一九九六年)五〇七頁、田倉・前掲注(18)四九七頁、新井みゆき「物のパブリシティ権」同志社法学五二巻三号一四八頁、同「競走馬にパブリシティ権を認めた事例」知財管理五〇巻一一号一七四九頁(二〇〇〇年)。反対するものとして、内藤・田代・前掲注(5)一一六頁以下、内藤篤「パブリシティ権——競馬ゲーム判決をめぐって——」法学教室二三五号二頁(二〇〇〇年)。
(24) たとえば、解釈論により、パブリシティの権利の存続期間を五〇年など一定の期間に限定することは、立法によらねばできないであろう。この点は後述する(四㈢)。
(25) このような問題意識を示す文献として、安倉孝弘「著名芸能人の氏名・肖像の無断使用と差止請求の可否(積極)」法律のひろば四五巻四号三五頁(一九九二年)、内藤・田代・前掲注(5)六一頁、斎藤鳩彦「パブリシティ権の背景と問題(上)(下)」NBL四二七号二八頁、四二八号五二頁、田村善之・競争法の思考形式(有斐閣、一九九九年)四九頁注(49)等がある。なお、他の法制との関係を論ずるにあたり、内藤・前掲注(5)は、アメリカの連邦法と州法との関係を律する「先占理論」を発想の手がかりとしている(同書六一頁以下)が、我が国の知的財産諸法の間では優劣関係が定められているわけではないから、アメリカ法の概念を持ち込むことによって無用の誤解の生ずることのないよう注意すべきである。
(26) 前掲注(8)。
(27) 前掲注(10)。
(28) 安倉・前掲注(25)参照。
(29) ただし、内藤・田代・前掲注(5)九九頁はこの点に懐疑的立場をとる。
(30) 中山信弘・工業所有権法(上)特許法(第二版増補版)(弘文堂、二〇〇〇年)六頁、田村善之「『知的財産法』おぼえがき」知的財産の潮流・知的財産研究所五周年記念論文集(一九九五年)二五〇頁、二六二頁。

（31）　前掲注（30）参照。
（32）　不正競争防止法に一般条項を有するドイツなどは若干異なるスタンスをとっており、どの程度法的安定性を重視すべきかということは、その国の文化的社会的要因によって規定されている側面も否定できない。玉井克哉「ドイツ不正競争防止法における一般条項の経験」ジュリスト一〇一八号一一頁（一九九三年）参照。渋谷達紀「不正競争の概念（一）」民商一一三巻一号一頁、一一六頁も参照のこと。
（33）　東京高判平成三年一二月一七日知裁集二三巻三号八〇八頁。
（34）　田村善之『知的財産法』おぼえがき」前掲注（30）一五九頁、田村善之・競争法の思考形式前掲注（25）四六頁、小野昌延・不正競争防止法概説（有斐閣、一九九四年）三八頁参照。
（35）　斎藤・前掲注（17）二四頁、安倉・前掲注（25）四一頁参照。
（36）　内藤・田代前掲注（5）八六頁以下参照。
（37）　土井輝生・キャラクター・マーチャンダイジング（同文舘、一九八九年）、原哲夫「商品化権の使用許諾契約」現代契約法大系四巻（有斐閣、一九八五年）三一四頁参照。
（38）　岡邦俊「パブリシティの権利」斎藤博・牧野利秋編著・裁判実務大系二七知的財産関係訴訟法（青林書院、一九九七年）四〇一頁、四一三頁、龍村全「パブリシティの権利の保護の現状と課題」コピライト四一五号九頁、一五頁（一九九五年）、横山経通「パブリシティの権利」中山信弘編著・知的財産権研究Ⅲ（東京布井出版、一九九五年）二一七頁、二二八頁、拙稿「総評」中山信弘編著・知的財産権研究Ⅲ（東京布井出版、一九九五年）二三三頁は混同防止規定の適用可能性を示唆している。内藤・田代・前掲注（5）八四頁も、商品化事業利用型については不正競争防止法の適用可能性を意識している。
（39）　本間崇「判批（おニャン子クラブ事件控訴審判決）」パテント四五巻一〇号五八頁、六四頁（一九九二年）は、「商品等表示性」及び「混同」の要件を充たしえないので、混同防止規定適用の余地はなかったとする。
（40）　最判昭和五九年五月二九日民集三八巻七号九二〇頁。
（41）　ポパイ事件第一審判決東京地判平成二年二月二八日判時一三四五号一一六頁の判断が、最高裁（最判平成九年七月一七日民集五一巻六号二七一四頁）でも維持されている。

(42) 仮面ライダー事件判決（東京地判昭和五一年四月二八日無体集八巻一号四四頁）では、仮面ライダーの人形につき、管理企業たる映画会社ではなく、傘下の製造販売者が訴えを提起した事案において、請求が棄却されている。田村善之・不正競争法概説（有斐閣、一九九四年）五九頁、六一頁参照。

(43) こうした疑問を提起するものとして、内藤・田代・前掲注（5）一〇四頁。

(44) 田村・不正競争法概説（前掲注（42））六六頁。

(45) 満田重昭「混同概念」判タ七九三号二〇頁（一九九二年）、徳永幸蔵「不正競争防止法上の混同概念」判タ五七四号五頁（一九八六年）参照。

(46) 田村善之・不正競争法概説（前掲注（42））三八頁。

(47) Schechter, *The Rational Basis of Trademark Protection*, 40 HARV. L. REV. 813, 825 (1927).

(48) 綱野誠・商標（第五版）（有斐閣、一九九九年）七八三頁、八二六頁参照。

(49) 茶園成樹「表示の有する価値の不正競争防止法による保護」ジュリスト一〇一八号三一頁、三四頁。

(50) 土肥一史「他人の信用・名声の利用と不正競争防止法」特許研究四号一二頁、小泉直樹「ダイリューション」ジュリスト一〇〇五号二九頁（一九九二年）。

(51) 茶園・前掲注（49）三四頁。

(52) 玉井克哉「フリー・ライドとダイリューション」ジュリスト一〇一八号三七頁（一九九三年）、田村善之「改正不正競争防止法の論点（2）著名表示不正使用行為について①②」JCAジャーナル一九九五年四月号三頁、五月号六頁。

(53) 茶園・前掲注（49）参照。

(54) 田村善之・不正競争法概説（前掲注（42））五八頁参照。

(55) もっとも、相撲の醜名や歌舞伎の名跡などについては、その名跡の「信用」は当代の相撲取りや役者のみに存しているわけではない。名跡は、その属する一門の「信用」を化体する一種の暖簾である。そのため、こうした名跡については、「譲渡性」や死後の権利の帰趨といった論点で異なる取扱いがなされることになろう（**四**参照）。若柳流芸名事件判決（大阪地判平成元年四月一二日判時一三〇六号一〇五頁）、清派音羽流事件判決（大阪高判平成九

年三月二五日判時一六二六号一三三頁）参照。

(56) 内藤・田代・前掲注（5）二七八頁、一二六頁。

(57) 内藤・田代・前掲注（5）一二六頁で、説明の素材とされているのは、高級車として著名なロールスロイスの自動車がロールスロイス社に断りなくウィスキーの広告の背景に用いられた例である。広告業界の関係者からみれば、ロールスロイスという特定の会社の商品を背景に用いる際に、ウィスキー会社はロールスロイス社にそれなりの「あいさつ」をしたのかもしれないとの誤信が生ずるかもしれないが、この程度の「薄い」関係の存在を想起させるだけの「混同」では、混同防止規定の適用を受けるに足りないとする。その背景にある発想は本稿と共通していると思われる。かくて、かかる宣伝広告への利用は単なるフリーライドにすぎず、標識法体系では保護されえないと説く。玉井・前掲注（52）、田村善之・不正競争法概説（前掲注（42））一九四頁も参照のこと。

(57-2) そのため、芸能人等が詐欺的商法の宣伝広告に出演した場合、詐欺的行為に加巧したとして被害者に対する不法行為責任の問われる余地がある。高田浩吉事件（大阪地判昭和六二年三月三〇日判時一二四〇号三五頁、判タ六三八号八五頁）、琴風事件（東京地判平成六年七月二五日判時一五〇九号三一頁）参照。

(58) Port, *The "Unnatural" Expansion of Trademark Right : Is a Federal Dilution Statute Necessary?* 18 SETON HALL LEGIS. J. 432 (1994).

(59) RESTATEMENT（THIRD）OF UNFAIR COMPETITION (1995), at §46 comment c.

(60) 前掲注（5）参照。

(61) もっとも、著名表示保護規定の解釈論の今後の展開によっては、商品化事業での表示利用一般を扱うものとして、著名表示保護規定の役割がクローズ・アップされてくる可能性もある。なお、本稿では、氏名・肖像の顧客吸引力にフリーライドされることにより対価を徴収できなかったことによる経済的不利益に議論を絞り、冒用により生じうる本人の社会的評価の低下という不利益については「パブリシティの権利」に含めずに検討を進めてきた。社会的評価の低下が認められる場合は、名誉毀損など人格的利益に関する規律でも対処しうるであろうが、同時に、「商品等表示」たる氏名や表示の顧客吸引力の価値が汚染されたと評価しうるから、著名表示保護規定の適用も可能であろう。

(62) 斉藤・前掲注(17)二二頁。芸能人については商品化事業や宣伝広告への利用などの典型的利用態様でなくとも広く侵害が成立しうるのに対して、芸能人以外については典型的利用態様に保護が限定されるとして、利用態様との相関で侵害の成否を決めようとする見解もみられる(内藤・田代・前掲注(5)一七七頁)。
(63) 前掲注(12)。
(64) 最判昭和五六年一〇月一三日民集三五巻七号一一二九頁(マックバーガー事件)。
(65) かつて、原告営業と被告営業の間の競業関係の存在が「混同」の前提として必要とされる旨説く判決(東京地判昭和四〇年一二月二一日不正競業法判例集八二六頁(永大産業事件))もあった。
(66) 東京地判昭和四一年八月三〇日下民一七巻七＝八号七二九頁。
(67) 斎藤・前掲注(17)二二頁。
(68) 前掲注(18)参照。
(69) 前掲注(21-2)参照。
(70) 競走馬パブリシティ事件(前掲注(15))。
(71) この知的財産法の体系論に関する論議の素材とされたのは、バター飴事件決定(札幌高決昭和五六年一月三一日無体裁集一三巻一号三六頁、判タ四四〇号一四七頁)であった。周知な商品表示たる牛乳缶型の容器にバター飴を入れて販売していた者から、当該周知表示を「譲り受けた」と主張する者が、類似の容器を使用してバター飴を販売していた者に対して、混同防止規定に基づく請求をなしたという事案で、裁判所は、混同防止規定の適用の可否は、原告自身が同規定の要件を充たすかのみによって決まると判示し、仮処分申請を却下した原判決を維持したものである(バター飴事件決定と同様の判旨に基づき、結論として請求を認容した例として、SKKキャスター事件判決(大阪地判昭和五四年三月二八日判タ三九六号一四二頁)がある)。
このバター飴事件決定の検討において、中山信弘「不正競争防止法上の保護を受ける地位の譲渡可能性」小野昌延先生還暦記念・判例不正競業法(発明協会、一九九二年)四一頁は、著作権法や特許法のような物権的構成を採る知的財産権と対比し、不正競争防止法の法体系上の位置づけを明らかにした。これをさらに発展させる形で、田村善之「『知的財産法』おぼえがき」前掲注(30)二五三頁は、知的財産法の制度設計における法技術論が整理するにいたっている。なお、不正競争防止法上の訴権の譲渡を認める見解として、渋谷達紀「不正競争防止法訴訟の当事者」工業所有権学会年報六号四三頁がある。

(72) 中山・前掲注(71)四六頁、田村・不正競争法概説(前掲注(42))一四三頁。

(73) 花ころも事件判決(東京高判昭和四八年一〇月九日無体裁集五巻二号三八一頁)は、「譲渡人」について周知性を認定し、その「譲渡人」の「営業」の譲渡がなされたことをもって、「譲受人」の差止請求を認めている。

(74) 信用が移転したと評価するに足る「営業譲渡」が行なわれたか否かは、個別の事案の判断によるが、商標の品質保証機能が希薄化してきた今日において、容易に認められる場合も多いだろう。

(75) 内藤・田代・前掲注(5)二一八頁以下。

(76) 氏名や肖像の使用を欲する者は、本人かプロダクションに許諾を得るべきことになる。田村善之・不正競争法概説(前掲注(42))一四〇頁参照。

(77) なお、パブリシティの権利の「譲渡」の可否に関連する問題として、自己の芸名そのものを契約により譲渡することができるかという問題がある。

相撲の醜名や歌舞伎の名跡については「譲渡」は可能であろう。これらの名跡が襲名された場合を考えると、名跡の「信用」は「譲渡人」たる先代のみに存していたわけではない。名跡が、その属する一門の「信用」を化体する一種の暖簾であることは、広く知られた事実である。斯界のルールにのっとって襲名が異議なく認められ、襲名披露がなされたとき、当該名跡の信用の化体する「営業」ないし「信用」は襲名した者に譲渡されたと評価することができる。その結果、当該名跡は、襲名した者自身の「商品等表示」となるのである。

なお、関連する裁判例として、加勢大周事件第一審判決(前掲注(14))がある。プロダクションから独立しようとするタレントに対して、プロダクションが、専属契約に基づいて、他のプロダクションと契約することの差止を請求するとともに、「加勢大周」という芸名の芸能活動での使用差止及び芸名の使用許諾権がプロダクションに帰属することの確認を求めたという事案において、裁判所は、おニャン子クラブ事件控訴審判決のパブリシティの権利に係る判示を引きつつ、かかる権利の使用許諾権が原告に帰属する旨を確認し、芸名の使用の差止を認めた。

この事例は、芸名の「譲渡」が直接問題になったのではなく、基本的には契約の解釈の問題であるが、「加勢大周」という芸名の「信用」は当該タレントに帰属するとの一般の認識を払拭することは難しい。世間の目からみて、当該芸名に蓄積されている信用の源泉はそのタレントの人格に帰属すると言わざるを得ない。ここで、独立したタレントが芸能活動で「加勢大周」という芸名を使用するのを禁止し、プロダクションが他のタレントにその芸名を使用させることができたとしても、世間の認識を混乱させるだけでプロダクションの益するところはないであろう。たとえ知名度を獲得するのにいかにプロダクションの貢献があろうとも、その名で識別され信用を蓄積してきた芸名の変更を強いる契約条項は、公序良俗に反するように思われる。タレント育成のために資本を投下してきたプロダクションの利益の回収は、芸名の使用禁止以外の手段によるべきではなかろうか。

(78) 前掲注(19)。

(79) 権利の存続期間を一定の期間に限定する知的財産法の代表例は、特許法や著作権法である。それぞれ立法によって、原則として出願後二〇年、著作者の死後五〇年と定められている。

特許権や著作権制度の存在理由は、独占権を創出することにより、創作へのインセンティヴを確保することにあるが、インセンティヴを確保するために必要な保護期間は、本来個別の事案によって異なるはずである。ある発明には多大な研究費がかかっており、投下資本の回収には長期の保護が必要かもしれないが、別の発明は、ほとんど元手がかかっておらず、長期の保護を与える必要はないかもしれない。だが、特許法や著作権法は、個別の事情を捨象して、画一的な期間を立法で定めている。これはなぜか。

本来自由であるはずのフリーライドを法により制約する以上、その権利の存続期間を明示的に立法で社会に告知する必要がある。このことは、差止という強力な効果を認めるものについては特に重要である。理論的には、個別の事情を考慮して一件一件の発明の価値に応じてあるべき存続期間を予め定めるということも考えられるが、コストの面から実現が不可能であり、ある程度の合理性の認められる期間を存続期間として定めるほかない。

同様のことは、不正競争防止法二条一項三号についてもあてはまる。同規定は、商品販売後三年経たないうちに、商品形態をデッドコピーする行為を不正競争行為に該当する旨定めているが、三年に限定したのは、より長期に亘る保護を受けたければ意匠法や実用新案法による登録をなせばよいのであり、登録までにかかる期間も勘案すると、三年程度で趣旨に叶う結果が得られる、と考えられたからである。このように、一応合理的な理由に基づいて期間が決定されたのであるが、では、四年では困るのか、二年半では足りないのか、と問われても、答えに窮することになろう。これもやはり政策的割切りなのである。

裁判所にかような判断は不可能であろう。商品形態のデッドコピー規制の立法の契機となった木目化粧紙事件（前掲注（33））でも、当該行為が不法行為に該当することを認定したのみであった。裁判所は、商品の最初の販売後三年が適当である、などと被侵害利益の存続期間を述べる必要もなければ、そのような政策判断をなすべき立場にないというべきである。

（80） 前掲注（20）。

（81） ちなみに、特許庁商標課審査基準室編・商標審査便覧（発明協会、一九九九年）四二・一五「外国周知・著名商標等のわが国での未登録商標および外国人の名称等の保護について」は、著名な死者の氏名・肖像等を含む商標登録出願について、配偶者が生存中であって、その配偶者の承認を得ていない場合等は、商標法四条一項七号に該当するものとして登録を拒絶するものとする。

（82） 東京地判昭和五二年三月一七日判時八六八号六四頁。広告業者が宣伝広告媒体として用いるために輸入した気球の写真が、広告業者に無断で自動車メーカーの広告に使用されたので、広告業者が不法行為に基づく損害賠償を請求したという事案の下、裁判所は、「他人の所有物を如何なる手段・方法であっても使用収益することが許されない（従って、他人の所有物を撮影してその影像を利用して使用収益することも許されない。）」として、不法行為法上の違法性があるとしたが、結論としては、被告に予見可能性がなかったとして請求を棄却したというものである。

（83） 高知地判昭和五九年一〇月二九日判タ五五九号二九一頁。珍しい長尾鶏を丹精こめて育てた者が、長尾鶏の写真を撮影して販売する者に対して著作権侵害に基づき損害賠償請求の訴訟を提起したところ、写真販売者が、右訴訟提起を不法行為だとして反訴を提起したという事案において、長尾鶏飼育者による訴訟提起は不法行為に当たらないとする理由の中で、「長尾鶏を写真にとったうえ絵葉書等に複製し、他に販売することは、右長尾鶏所有権者の権利の範囲に属するものというべく、その所有権者の承諾を得ることなくして右写真を複製して絵葉書にして他に販売する所為は、右所有権者の権利を侵害するものとして不法行為の要件を備える」と判示している。

（84） 神戸地判平成三年一一月二八日判時一四一二号一三六号。原告たる観光ホテルの所有するヨットクルーザーの写真を、クルーザーの輸入元である被告が、該クルーザーの前所有者の承諾を得たものの、原告には無断で、クルーザーの使用例として雑誌の公告に掲載したという事案で、裁判所は、該クルーザーがホテルのシンボル的な存在であった旨認定し、「原告は、本件クルーザーの所有者として、同艇の写真等が第三者によって無断でその宣伝広告に使用されることがない権利を有している」と判示して、損害賠償請求を認めている。

(85) 最判昭和五九年一月二〇日民集三八巻一号一頁、判時一〇六三号二〇八頁。

(86) 広告用気球事件判決は棄却事例であり、長尾鶏事件判決の一般論も訴訟提起が不法行為に当たるかを判断する理由中の判断にすぎない。請求を認容したクルーザー事件は、クルーザーが原告ホテルの所有に係るものであると認識できる形で宣伝広告に掲載されたことにより、ホテルのシンボル的存在であるクルーザーを売却せざるをえないほどホテルの経営状態が悪化しているという誤解を招いたことに着目して救済を認めたのであり、必ずしも「所有者」であることが結論の決め手であったわけではない。

(87) 田中康博「写真撮影に対する所有権保護について」京都学園法学一九九三年二＝三号七四頁、辻正美「所有権と著作権」斎藤博・牧野利秋編著・裁判実務大系二七知的財産関係訴訟法（青林書院、一九九七年）三九〇頁。

(88) 前掲注(23)参照。

(89) 競走馬パブリシティ事件判決（前掲注(15)）。

(90) 判決は、著名人について認められるパブリシティ権は、プライヴァシー権や肖像権といった人格権とは別個独立の経済的価値と解されているから、必ずしも人に限定する必要はないとし、「物の名称等がもつパブリシティ価値は、そのモノの名声、社会的評価、知名度等から派生するもの」であるから、「その物の所有者に帰属する財産的利益ないし権利として保護すべき」であるとする。

ついで、以下のように述べて、物のパブリシティ権は、不正競争防止法その他の知的財産法体系に抵触することなく承認されうるものとした。①被告側は、ダイリューションやポリューションが生じれば別論、フリーライドは原則自由であるから、物のパブリシティ権は認められない、と主張したが、裁判所は、「物の内容、顧客吸引力の程度と、これを備えるに至った事情によっては、所有者以外による顧客吸引力の利用は制約されるべきであるとの商業的通念が形成される場合もある」とする。そして競走馬については、プロスポーツ選手の場合と同じく、顧客吸引力が形成され、広い範囲の大衆の人気を得ているから、「どのような利用も違法にはならないと断言することはできない」とした。②さらに被告側は、商標法、商法、著作権法、不正競争防止法で保護されていない利益に係る権利を創設することになり妥当でないとも主張したが、判決は、「商標法、商法、不正競争防止法、著作権法などの現行の知的財産法による権利だけでは前記経済的利益の保護に十分でない」とし、新たな権利を認めるには、「権利の主体、客体、成立要件、権利期間、譲渡方法、侵害手段等が明確にされる必要がある」ものの、「歴史的にみても、社会状況の変化により、新たな権利が認められてきた」のであり、「当該利益が社会的に容認されるもので、かつ成熟したものであれば保護すべき」であるとした。

さらに判決は、物と著名人の場合でパブリシティの権利の法的性質に違いがあると説く。著名人の氏名・肖像についてのパブリシティ価値は、著名人自身の名声や社会的評価、知名度等から派生することから著名人本人に帰属し、「人格権と表裏一体の密接な関係を有する」。これに対して物のパブリシティ権は所有権との関係が密接であるとする。そして以上のような相違ゆえ、各論的にも相違が生ずるとする。

まず、成立要件として、「物のパブリシティ権」は、物の名称等の顧客吸引力の獲得により発生し、その物の所有者に帰属するとした。権利の移転については、物の所有権が移転した場合、特段の合意のないかぎり、移転の日以前の分は以前の所有者に残るが、以後のパブリシティ権は新所有者に移転するとする。権利の対象たる物の消滅については、物が消滅した場合であっても、パブリシティ価値が存続している限り、物が消滅した時点における所有者がパブリシティ権を主張できるとする。救済手段に関しては、著名人のパブリシティ権の場合と異なり、損害賠償は認められるが、差止は許されないとする。その理由として、差止の影響は甚大なので、差止を認めるには不正競争防止法等による差止請求権の付与等法律上の規定のある場合でなければならず、仮に差止を認めるとすれば、知的所有権、物権、人格権と同様の社会的必要性・許容性が求められるとし、特に物のパブリシティの権利については、物権法定主義の見地からも慎重であるべきだとした。

(91) クルーザー事件判決（前掲注（84））に関する注（86）の記述参照。
(92) 土井晩翠事件判決（前掲注（12））。
(93) キングクリムゾン事件第一審判決（前掲注（15））。裁判所は、「出版物が、パブリシティの権利を侵害するか否かの判断は、出版物の内容において当該著名人のパブリシティ価値を重要な構成部分としているか否か、言い換えると重要な部分において当該著名人の顧客吸引力を利用しているといえるか否かという観点から個別具体的に判断すべきである」と一般論を示した上で、具体的あてはめにおいては、書籍の題号が「キングクリムゾン」であり、表紙に大ヒットしたアルバムジャケットが使用されていること、キングクリムゾンに関する情報が満載された書籍であることから、「『キングクリムゾン』及び原告を含む右グループに関連する音楽家の氏名、肖像およびこれらの者の音楽作品のジャケット写真の有する顧客吸引力を重要な構成部分として成り立っている」とした。

(94) 東京高判平成一一年二月二四日判例集未搭載。「著名人の紹介等は必然的に当該著名人の顧客吸引力を反映することになり、紹介等から右顧客吸引力を遮断することはできない」から顧客吸引力の保護にあたっては一定の制約があるとし、「パブリシティ権の侵害に当たるか否かは、他人の氏名、肖像等を使用する目的、方法および態様を全体的かつ客観的に考察して、右使用が専ら他人の氏名、肖像等のパブリシティ価値に着目しその利用を目的とする行為といえるか否かにより判断すべき」であるとした。

(95) 中田英寿事件判決（前掲注（15））。判決は、著名人が著名性を獲得するにあたり、マスメディア等による紹介等が大きくあずかって力となっていることも考慮すると、著名人は、その人格、日常生活、日々の行動等を含めた全人格的事項がマスメディアや大衆等による紹介、批判、論評等の対象となることを免れないとし、また、マスメディアによる著名人の紹介は、言論の自由として保障されることを考慮すれば、「仮に、著名人の顧客吸引力の持つ経済的価値を、いわゆるパブリシティ権として法的保護の対象とする見解が採り得るとしても、著名人がパブリシティ権の名の下に自己に対するマスメディア等の批判を拒絶することが許されない場合がある」と、判示した。そして、パブリシティ権の侵害に当たるか否かは、「他人の氏名、肖像等を使用する目的、方法及び態様を全体的かつ客観的に考察して、右使用が他人の氏名、肖像等の持つ顧客吸引力に着目し、専らその利用を目的とするものであるかどうかにより判断すべきである」という判断枠組を提示した。具体的な事案のあてはめとしては、文章部分と独立に、表紙、グラビア頁等に利用された原告の氏名及び肖像写真は、原告氏名の顧客吸引力に着目して利用されているといえるが、文章部分も含めて本件書籍全体としてみれば、「原告の肖像写真を利用したブロマイドやカレンダーなど、そのほとんどの部分が氏名、肖像等で占められて他にこれといった特徴を有していない商品のように、当該氏名、肖像等の顧客吸引力に専ら依存している場合と同列に論ずることはできない」。「著名人について紹介、批評等する目的で書籍を執筆、発行することは、表現・出版の自由に属するものとして、自由にこれを行ない得るものというべきところ、そのような場合には、当該書籍がその人物に関するものであることを識別させるため、書籍の題号や装丁にその氏名、肖像等を用いることは当然あり得ることであるから、右のような氏名、肖像の利用については、原則として、本人はこれを甘受すべきものである」として、パブリシティの権利に基づく請求は棄却した。

(96) 内藤・田代・前掲注(5)二五〇頁以下参照。

(96-2) 「商品等表示としての使用」の解釈に関しては、著名表示保護規定についての記述であるが、田村・不正競争法概説(前掲注(42))一九三頁参照。

(97) その他の事例として、土井晩翠事件判決(前掲注(12))のように、元住居前のバス停の名称として使用した場合も、混同防止規定の適用においては、「商品等表示としての使用」に該当しないとして保護が否定されることになろう。

(98) 内藤・田代・前掲注(5)二八五頁以下。渡辺・前掲注(17)三一〇頁もこれを示唆する。

(99) 一般不法行為に基づく損害賠償限りの請求を認めた場合、排他権のない対価徴収権といえないこともないが、たとえば実演家やレコード製作者の報酬請求権(著作権法九五条の二第一項乃至第三項、九七条の二第一項乃至第三項)のように立法の定めの置かれている対価徴収権型の知的財産では、対価の決定手続・徴収手続が法律により定められており、こうしたものとは相当の違いがあることに注意を要する。

(100) 前掲注(34)参照。

(101) 特に今後問題となるのは、混同防止規定と著名表示保護規定の関係であろう。近時最高裁は、スナック・シャネル事件(最判平成一〇年九月一〇日判時一六五五号一六〇頁)において、著名ブランド「シャネル」の表示が駅前の小さなスナックの店名として用いられていた事例で「広義の混同」があるとして救済を認めたが、実質的にはダイリューションやポリューション、フリーライドしか生じえないような事例であった。今後も著名表示保護規定の新設前のように混同防止規定の守備範囲を広いものとして維持すべきかは再考の余地があるように思われる。これからの解釈論の展開が待たれるところである。

ネットワーク・ジョイントベンチャーにおける技術革新をめぐる競争法上の問題

井原　宏

一　はじめに

(1) ネットワーク・ジョイントベンチャー

ネットワークとは、抽象的にいえば個人または企業の間で情報、金銭、物品またはサービスの交換を可能にし容易にするシステムである。

ネットワーク・ジョイントベンチャーは、ネットワークを二人以上の当事者が保有する場合の形態であるが、この意味におけるその原型は決して新しいものでも希なものでもない。しかし、現代におけるネットワークないしネットワーク・ジョイントベンチャーは、伝達と計算のコストの低減を伴う迅速かつ広範な情報技術の革新がもたらしたものであり、単独の個人や企業では実現できないような取引方法や消費者への製品・サービスの提供を可能にする。その典型的な例は、電話システム、オンライン・コンピュータやインターネット、クレジットカードやATMなどの金融サービスなどにみられる。

ジョイントベンチャーが、二以上の人が商業的な目的を達成するために共同する事業体であると一般的に幅広く定義するならば、ネットワーク・ジョイントベンチャーもこの中に入ることになる。ネットワーク・ジョイントベンチャーは、実際多くの面で伝統的なジョイントベンチャーに類似している。しかし、ネットワーク・ジョイントベンチャーは、他のジョイントベンチャーが生み出す効率性に加えて、それらとはまったく違った種類の効率性をつくり出すことができる点においてユニークである。すなわち、ネットワーク・ジョイントベンチャーは、規模や範囲の経済という効率性を生ずるのみならず、それのみが生み出すことができるネットワークの効率性を付加することができる。その効率性は、ネットワークの価値、つまり個々のメンバーでは効率的に提供できない有益な物品やサービスを生み出す能力が、ネットワーク自身のメンバーの数が増えるほど増加するというネットワークの外部性（positive externalities）(1)に由来する。

(2) スタンダード・ネットワーク・ジョイントベンチャー

規格統一あるいはスタンダード（標準）の問題は、技術革新によって必然的に生じる。新技術はしばしば新規格そのものであり、技術世代間と企業間の規格互換性問題は絶えず発生する。ハイテクノロジー産業においては技術革新のスピードアップと高度化から新技術あるいは新規格の開発は、複数企業による共同開発としてジョイントベンチャーによって行われることがしばしばである。

スタンダードは、大きくネットワーク型と非ネットワーク型に分類される。ネットワーク型は、利用者がシステムに組み込まれた同種製品との直接的な接続・交換を通して実体的ネットワークを形成するか、あるいはハードウェアに対するソフトウェアのような補完的製品・サービスを伴って間接的に仮想上のネットワークを形成する場合である。(2) スタンダード、とくにインターフェイス（interface、接続）・スタンダードは、ネットワーク産業において重要な役割を果たしている。

デファクト（de facto）・スタンダード（事実上の標準）は、市場での企業間競争によって形成されるスタンダードであり、ハイテクノロジー産業においてグローバルなデファクト・スタンダードを確立するために数多くの企業によるジョイントベンチャーがしばしば形成される。

ネットワーク・ジョイントベンチャーをめぐる技術革新と競争法の観点からは、デファクトスタンダードで実体的ネットワーク型が重要であり、スタンダード・ネットワーク・ジョイントベンチャーとして検討の対象とする。ネットワークとスタンダードは絡み合っており、ネットワーク産業におけるスタンダード設定の共同行動に対して競争法上の分析が必要となる。

アメリカの判例においては、裁判所は適法なスタンダード化の行動を非難することに気が進まない強い傾向がみられ、価格協定や生産制限が示される場合を除き、違法性の決定に合理の原則のアプローチを用いて、研究開発およびスタンダード化共同行動の価値が暗黙に認められてきた[3]。反トラスト当局のスタンダードに対する懸念は、インターフェイスまたは相互運用性（interoperability）[4]スタンダードを設けるための水平的協定によって確立されたスタンダードに対するアクセスがアウトサイダー企業に開かれているときには払拭されているように見受けられる。

一方で、このような協定によって引き起こされた潜在的に重大な反競争的効果が存在し、そしてこのスタンダードのための提携が反競争的目的に資することから、このようなスタンダードを潜在的に操作するというおそれがあると指摘されている[5]。スタンダードのための提携は、どのような競争促進的効果と反競争的効果をもたらすのであろうか。

(a)　スタンダード提携の競争促進的効果と反競争的効果

スタンダードの競争促進的効果は、以下のように挙げることができる。第一に、スタンダードは、競合する製品間の消費者による比較を容易にする。これは競合するスタンダードのそれぞれのメリットについて消費者が情報を獲得する負担を要しないからである。またスタンダードは、競合する製品間の製品差別化の重要な要素を取り除くことになり、競争メーカー間の価格競争を促す。第二に、スタンダードは、比較しうるが互換性のない技術革新における不効率な二重投資を避けることができる。第三に、相互運用性スタンダードは、互換性のある製品のネットワークをつくり出すことによって競争促進的効果を生み出す。スタンダードに合致する製品の消費者は、たとえ他の企業が競合する製品を製造するとしても、互換性のある製品の現在および将来の消費者の便益を増加させることになる。第四に、スタンダードは、技術革新を促進することによって競争を改善することができる。一つの開かれたスタンダードが存在すれば、消費者は互換性のある技術の改善を享受することができるから、企業はますますスタンダード内の技術革新に投資するように促される。

このような競争促進的効果に対して、スタンダードの反競争的効果の懸念は次のように考えられる。第一に、上述したようにスタンダードの技術革新が可能であるが、そのスタンダードが開かれたものであるが故に、他方で互換性のない技術革新に対する重要な投資が消えることになる。このスタンダード外投資の減少は直接に反競争的効果につながる可能性が生じる。消費者は、スタンダードがなければ発展したであろう互換性のない技術革新を奪われることになる。スタンダード設定の共同活動が技術革新を現在の技術に閉じこめて抑制する可能性を生ずることはよく認識されている。スタンダードは、既存の製品や技術における実践を編纂して、技術革新に対する大きな障壁を設けることが可能である(6)。さらに、製品差別化の減少はスタンダード化された製品の市場における競争の一局面を除去する。第二に、上述したように互換性のある製品のネットワークは、スタンダード化の提携に、消費者がスタンダードを受け入れるように操作できるメカニズムを提供する。提携企業は、競合する技術革新を押しつぶし、変動きわまりない市場におけるシェアを維持して支配的地位を確立することが可能となる。さらにかかる提携は、必ずしも技術を発展させていない次世代のスタンダードを継続して投入することも可能とする。

(b) スタンダード提携に対する評価

上述したようにアメリカにおいて裁判所は、上記のような競争促進的効果のみに目を奪われて、ほとんどの場合、静的な効率性、つまり生産的・配分的効率性のみを吟味し、スタンダードが動的な効率性、つまり発明のような技術革新に及ぼす影響を十分に探索することはなかったといえる。裁判所および反トラスト当局[7]は、適法なスタンダード化の共同活動の競争促進的効果を認識し、一方で技術革新に対する懸念に触れてきたが、潜在的な、反技術革新的効果あるいはその懸念を深い分析に十分に結びつける包括的なフレームワークを打ち立てることはなかった。もっとも、裁判所は、スタンダード設定の共同活動の分析のためにいくつかのルールを編み出してはきている[8]。

スタンダード提携に関連するアメリカ反トラスト法の評価は、知的財産のライセンスのためのガイドラインからも間接的に導き出すことができる[9]。本ガイドラインの三・一・三条（Example 4）および四・三条によれば、ジョイントベンチャーの当事者に加えて、当該製品の研究開発を引き受ける同等の能力とインセンティブを有する少なくとも四の他の独立した、コントロールされた組織(entities)が存在するならば、ジョイントベンチャーは通常、関連するイノベーション市場における競争に悪影響を及ぼすおそれはない。このような他の組織が四より少ないときには、反トラスト当局は、ジョイントベンチャーが研究開発努力における投資を減少し、あるいはそのペースや範囲を落とすインセンティブと能力をジョイントベンチャーの当事者に与えるかどうかを検討する。

しかし、知的財産ライセンス・ガイドラインによる懸念は、研究開発を遂行するインセンティブをもつ他の組織が四以下になる環境が生じることにいまだ向けられているにすぎない。ハイテクノロジー産業のようなネットワーク産業においては、スタンダード外の技術革新に向けた研究開発のインセンティブは理論的には常に存在するが、開かれたスタンダード提携に対して競争するというインセンティブは、実際上は小さい。その提携の存在そのものが消費者に当該スタンダードを受け入れさせ、それに固執させるからである。

また、四・一・二条によれば、ライセンサーまたはライセンシーの競争的行為に対して制限を含まない知的財産の非独占的ライセンスは、ライセンスの当事者が水平的関係にあっても一般的に反トラスト法上の懸念を引き起こさない。反トラスト当局は非独占的ライセンスを一般的に吟味することはなく、開かれたスタンダード提携は反トラスト法上の吟味の対象外とされる。したがって、上述したスタンダード提携がもたらす反競争的効果に本ガイドラインは及ばないことになる。技術革新に対する反競争的関与の容疑で告発したケースにおいても、提携企業がその技術のライセンスに合意する限り、反トラスト当局はそれで満足している。(10)

EU競争法においては、スタンダード提携に対しては研究開発および知的財産の一括適用免除規則が適用される。いずれの一括適用免除規則も提携企業が独占的権利ないし独占的ライセンスを享受しうる余地を与えており、これらの適用免除規則が伝統的に競争法上の疑惑の少ない、開かれたスタンダード提携の提供するオープン・アクセスに適用されることは確かである。

以上述べたところから現状ではアメリカおよびEUにおいて、スタンダード提携は競争法上の深い吟味を経ることなく認められている。しかし、対象となるハイテクノロジー市場の変化、提携の規模や技術の内容などによっては、将来上述した潜在的な反競争的効果が問題視されるおそれがあると考えられる。このようなスタンダード提携に対する競争法上の懸念については、スタンダード提携がネットワークの形態で行われるネットワーク・ジョイントベンチャーの問題として検討する。

二　ネットワーク・ジョイントベンチャーによる競争促進と競争制限

(1)　ハイテクノロジー産業の競争的環境

現代におけるハイテクノロジー産業とは、電気通信、コンピュータ・コンピュータソフトウェア、バイオテクノロジーに代表されるもっとも技術革新の激しい産業である。反トラスト法上の評価に関連してハイテクノロジー産業の特徴は一般的にどのように挙げることができるであろうか。(11)

第一に、技術革新のスピードは他の産業よりもはるかに速く、製品のライフサイクルは短い。第二に、技術革新のために、研究開発はこの産業に属するすべての企業にとってきわめて重要であり、巨額の研究開発費を必要とする。第三に、ハイテクノロジー産業の製品とサービスおよびその生産プロセスは、技術的に高性能かつ複雑である。第四に、この産業においては、上記の特徴からとりわけ特許権およびノウハウなどの知的財産権の役割はきわめて重要となる。第五に、ハイテクノロジー産業は、しばしば規制産業であり、規制の程度ないし規制緩和の問題が論じられる。第六に、この産業においては、かつて分離されていた事業が統合されたり、逆に統合されていた事業が分離されてくる。この意味において市場の境界はたえず変化している。また、ハイテクノロジー市場は、業種の異なる多くの企業がかかわる複雑な関係より成り立っている。第七に、この産業は、インフラストラクチャーにおける供給者と買い手間のような多くの機能的サービスの関係にあって、しばしば高い相互依存の関係がみられ、アクセス、排除や締め出しの問題が生じる。また、ある分野においては独占的権利を有する企業が存在している。第八に、この産業の市場では、技術革新が価格よりも重要視され、製品の価格は技術的な優位よりも重要性が低いことがしばしばである。第九に、情報産業の分野においては、製品やサービスの価値はネットワークやシステムに参加する多くの企業や個人によってしばしば影響される。

現代におけるネットワーク・ジョイントベンチャーは、このようなハイテクノロジー産業の産物であり、ハイテクノロジーの成果を消費者に具体的に還元するものである。

(2) ネットワーク・ジョイントベンチャーにおける技術革新をめぐる競争促進と競争制限

ネットワーク・ジョイントベンチャーは、次のような大きな経済的効率性を生み出す[(12)]。第一に、ネットワークなしでは存在しえなかった製品やサービスの市場を可能にする条件をつくり出す。第二に、メンバーが相互にビジネスや取引を効率的に交換するルールと施設を提供する。第三に、とりわけハイテクノロジー産業にとって重要なスタンダードを効率的につくり出して推進することを可能にする。第四に、特定の市場におけるすべての取引を結合することにより単位当たりのコストを低減させるなどの規模の経済を生み出す。

このような効率性は、ネットワークに参加していない企業に対する強い吸引力となるが、一方でネットワーク・ジョイントベンチャーは、参加を求める企業、とくに競争者に対してアクセスを規制ないし制限しようとする。かかるアクセスの制限は、関連する市場における競争にどのような影響を及ぼすであろうか。まず、二つの市場に分けて検討することが必要であると考えられる。一つは、特定のネットワーク・ジョイントベンチャーが対象とし、多くの場合にそれがつくり出した市場であり（以下「製品市場」という）、そしてその市場においては当該ネットワーク・ジョイントベンチャーのメンバーは、消費者に製品とサービスを提供するために相互に競争している。もう一つは、ネットワーク・ジョイントベンチャーがネットワーク・サービスを提供するためにネットワーク・ジョイントベンチャー間で競争する市場である（以下「ネットワーク市場」という）。多くのネットワーク市場においては、唯一のネットワーク・ジョイントベンチャーが独占力を保持しているから、実際の競争は行われていない。つまり、ネットワーク市場の多くは、効率的に運営される一つのネットワーク以外に他のネットワークが存立できないといういわゆる自然独占より成り立っていることがしばしばである。

このような自然独占の特徴から、ネットワーク・ジョイントベンチャーへのアクセスの拒否は、製品市場における競争を実質的に制限することになる。製品市場への唯一の参加手段は、しばしばネットワークの入り口を通過することであり、そのネットワークへのアクセスを拒否された企業は、製品市場に参加することはできないからである。

ネットワークへのオープン・アクセスは製品市場における競争を保護することになるが、一方でそれはネットワーク市場における競争を制限することになる。メンバーシップの排除は、ネットワーク市場における競争を高めることが可能であると考えられる。既存のネットワークから排除された企業は、ネットワーク市場に自らのネットワークをつくるか、あるいは独りで競争することを強いられることになる。さらにかかる排除は、ネットワーク市場における技術革新を促進することにつながる。新しいネットワーク・ジョイントベンチャーを形成しようとする企業は、将来の新規参入者を排除して成功の果実を自らのために保持することができるならば、その形成に伴うリスクを引き受けるインセンティブをもつことになるからである。

このようにアクセス排除の可否あるいは強制的アクセスの問題は、関連する市場の競争に相反する効果を及ぼすことになるが、競争法上これをどのように評価すべきであろうか。その前にアクセス制限に関連してネットワーク・ジョイントベンチャーがその運営上定めているルールを明らかにしなければならない。

(3)　ネットワーク・ジョイントベンチャーの運営

ネットワーク・ジョイントベンチャーは、他のジョイントベンチャーと同じく、その事業体の運営を円滑にかつ成功に導くためにルールを定める。さまざまなルールが異なる目的のために定められるが、競争法の観点からは一般的に次のようなルールがかかわってくる。第一に、ネットワーク・ジョイントベンチャーは、多くのメンバー間におけるシステム、商品、サービスおよび通信手段の互換性（compatibility）を要求するルールを定める。このような互換性は、通信等の統一がなければ、補完する商品の生産や共同のサービスの提供における調整は不可能となるから、ネットワークの効率的な運営には必須のものである。ネットワーク・ジョイントベンチャーはまた、ネットワークの運営そのもののために詐欺防止、エラー修正やアクセス確認に関するルールを定めるが、これは互換性に関するルールと同じく、ネットワークが迅速に、正確にかつ最小の取引費用で機能するように確保するものである（二つのルールを含めて以下「互換性ルール」という）。第二に、ネットワーク・ジョイントベンチャーは、ネットワークへの参加に関して新しく参加するメンバーに当初のメンバーが負担している大きなコストまたはリスクを補償することを要求するルールを定める。後から参加した企業は、ネットワーク・ジョイントベンチャーへの初期投資を負担して大きなリスクを引き受けている企業に補償することが要求される（以下「補償ルール」という）。第三に、ネットワーク・ジョイントベンチャーは、メンバーの資格や数を制限するルールを定め、参加を求める企業を制限しようとする（以下「メンバーシップ制限ルール」という）。

これらのネットワーク・ジョイントベンチャー運営のルールは、参加を求める企業が、これらのルールに従うことができないが故に排除されるときには、反トラスト法上どのように評価されるべきであろうか。第三のメンバーシップ制限ルールは、ネットワーク・ジョイントベンチャーへのアクセスの可否に関連するが、アクセス排除の問題はとりわけ競争法上の懸念を生じさせるので、独立して検討する必要がある。

このようなネットワーク・ジョイントベンチャー運営のルールを競争法上評価するために、主としてアメリカ法の下において、まず伝統的なジョイントベンチャーの分析方法は、上述した特徴を有するネットワーク・ジョイントベンチャーにどの程度適用することが可能であるかを検討する。とくにネットワーク・ジョイントベンチャーの技術革新に及ぼす影響を反トラスト法上どのように勘案すべきであろうか。

三　ジョイントベンチャーに対するアメリカ反トラスト法上の伝統的分析と評価

連邦最高裁判所は、多くの機会において、潜在的に競争促進的効果をもつジョイントベンチャーがシャーマン法一条の目的のために合理の原則（rule of reason）の下で評価されるべきと判示してきた。下級裁判所もまたこの最高裁による合理の原則の適用に従っている。もっとも、合理の原則の適用は、ジョイントベンチャーが反トラスト法に合格する可能性を一般的に意味するわけではなく、ジョイントベンチャーの結果として競争促進的効果がみられないどころか、当事者が価格協定、地域・顧客の分割や当然違法として扱われる同様な活動に従事するための手段にすぎないようなジョイントベンチャーは、当然違法（illegal per se）と判断されることはいうまでもない。

連邦取引委員会（FTC）および司法省のジョイントベンチャーに対する反トラスト法の適用に関する執行活動やポリシー声明から、反トラスト当局もますますジョイントベンチャーに対して効率性による正当化を考慮しようとしていることが明らかである。

(1)　一九九三年全国共同研究・生産法

一九九三年全国共同研究・生産法（National Cooperative Research and Production Act of 1993）は[13]、ジョイントベンチャーを推進する契約を締結または履行しようとする行為が当然違法ではなく、競争に影響するすべての関連する要素を考慮してその合理性を基礎として判断されると定め、研究開発および生産ジョイントベンチャーに対して上述したように今や確立した合理の原則に基づく取り扱いを明言する。これによって本法に従うジョイントベンチャーが、反トラスト法上免責を与えられるというのでも、ジョイントベンチャーが合理の原則に違反するかどうかを判断する法的な基準が変更されるというわけではないが、研究開発・生産ジョイントベンチャーの参加者は、ジョイントベンチャーを設立する契約を締結後九〇日以内に、この法に従って司法省とＦＴＣに届出を行うことによって、その反トラスト法上の責任を三倍賠償ではなく実損害ならびにコストおよび弁護士費用に限定することができる。

本法においてジョイントベンチャーとは、次のような目的のために契約を結ぼうとする、結ぶあるいは履行することを含む、二以上の人によるグループの活動である。このような目的として、①理論的分析、実験もしくは現象または観察可能な事実のシステム的分析、②基礎エンジンニアリング技術の発展またはテスト、③科学的または技術的性質の調査発見または理論を実験および実演の目的のために実際に応用すること（モデル、原型、機器、材料およびプロセスの実験的生産およびテストを含む）、④製品、プロセスまたはサービスの生産、⑤製品・プロセス・サービスに関するジョイントベンチャーによるテスト、⑥研究または生産情報の収集、交換および分析、⑦上記の目的の組み合わせ、が挙げられ[14]、このようなジョイントベンチャーを実施するための施設の確立と運営、保護された独占的なベースによるジョイントベンチャーの実施ならびにジョイントベンチャーの成果の特許化およびライセンスの許諾が含まれる[15]。

したがって、上述したネットワーク・ジョイントベンチャーの多くも本法の包括的なジョイントベンチャーの定義の範囲に入ることとなり、所定の届出がなされたネットワーク・ジョイントベンチャーは三倍賠償免除の便益を享受することができる。

しかし、ビジネス界は、反トラスト訴訟のおそれが競争促進的協調活動に及ぼす冷却効果に対処するのにこのような立法化で十分であるとみたのではなかった。(16) ジョイントベンチャーに関して、FTCは、反トラスト法上の責任のおそれについてビジネス界に重大な誤解があり、これが競争促進的な協調行為を潜在的に阻害していることを認めて、反トラスト当局が競争者間の協調を評価するために適用する反トラスト基準を合理化し、単純化して、一つに文書に記述するために大いなる努力をするべき時がきていると認識した。このような動向の結果として、二〇〇〇年四月、FTCおよび司法省は、競争者間協調のための反トラストガイドライン（Antitrust Guidelines for Collaborations Among Competitors）を公表したのである。

(2) 競争者間協調ガイドライン

このガイドラインは、競争者間の協調に関する当局の一般的執行ポリシーを述べることにより、企業が競争者間の協調またはそのための協定を評価することを助けることを目的とする。もっとも、協調に参加しないライバルによる競争の排除・制限に対する競争者間の協調の反競争的効果およびスタンダード設定の反競争的効果には適用されない（一・一条）。本ガイドラインは、一九九三年全国共同研究・生産法などに示された考え方をより一般的な形で述べたものであり、従来の判例、審決例をまとめたものであるといわれる。(17)

本ガイドラインは、競争者間協定を評価するための分析の枠組みを次のように明らかにしている。

(a) 当然違法の協定（三・二条）

価格や生産について競争しない協定、価格引き上げ協定、生産削減協定、入札談合、顧客、供給者、地域や商業のラインを割り当てることによる市場分割協定のような競争者間の協定は、当然違法とされてきた。しかし、効率性を向上させる経済活動の統合の参加者が、その統合に合理的に関係しかつその競争促進的効果を達成するのに合理的に必要な協定に入る場合には、たとえそれが当然違法と考えられるようなタイプのものであっても、当局は合理の原則の下でその協定を分析する。

(b)　合理の原則によって分析される協定（三・三条）

合理の原則の分析は、当該協定の性質の検討から始まり、その目的およびすでに実施中の当該協定が反競争的な害を引き起こしたかどうかを審査する（三・三一条）。

本ガイドラインは、特定のタイプの競争者間協調の性質から生じる競争法上の懸念から、独立の意思決定を制限する、または支配もしくは財政的利益を結合することによって競争を害する協定として、生産の協調、マーケティングの協調、購買の協調、研究開発の協調について述べる。研究開発の協調における中心的な質問は、当該協定が、例えば研究開発努力を追求するペースを落とすことによって、独立してまたは協調して追求された研究開発努力を反競争的に減ずる力またはインセンティブを増すかどうかである。

さらに、協調における参加者間の市場関連情報の交換・共有は、価格、生産、コストや戦略などに関する共謀の可能性を生ずることがある。

当局は、競争が競争者間協調によって影響を受ける関連製品市場および地理的市場における競争的効果を評価する。水平的合併ガイドライン(18)および知的財産ライセンス・ガイドラインに従って、製品市場、技術市場および研究開発・イノベーション市場が画定され（二・三二条）、市場支配力を測るために市場シェアおよび市場集中度が求められる（三・三三条）(19)。

参加者は、協調が形成された後も、お互いにかつ当該協調に対して競争を続けてはいるが、参加者および当該協調間の競争は、競争するインセンティブを減じ、排除する明示の契約条項または財政的などの規定によって制限されることがしばしばである。協定の性質、市場シェアおよび市場集中度のデータが反競争的な害の可能性を示している場合には、当局は、どの程度参加者および当該協調がお互いに独立して競争する力・インセンティブを有するかについて、次の六つの要素に焦点を合わせて詳細に吟味する（三・三四条）。①排他性。[20] ②資産に対する支配。[21] ③参加者の当該協調または他の参加者に関する財政的権益。[22] ④当該協調の重大な意思決定に対する参加者の支配。⑤反競争的情報の交換・共有の蓋然性。⑥当該協調の存続期間。

当局は、水平的合併ガイドラインに従って、新規参入が時宜を得ており（timely）、蓋然性があり（likely）、反競争的な害を阻止、妨害するためにその大きさ、性格および範囲において十分である（sufficient）かどうかを審査する（三・三五条）。

当該協定が反競争的な害を引き起こす、またはその蓋然性がある場合には、当局は、当該協定が認識しうる効率性（cognizable efficiencies）を達成するのに合理的に必要であるかどうかを検討する（三・三六条）。かかる効率性は、検証可能なもので、かつ潜在的に競争促進的でなければならず、当該協定が合理的に必要かつより制限的でない代替策のないものでなければならない。

当該協定の関連市場における競争に対する実際のまたは蓋然的な効果を最終的に決定するために、当局は、認識しうる効率性の蓋然性および大きさと反競争的な害を比較衡量する（三・三七条）。

本ガイドラインは、競争者間の協調に対して二つの安全圏（safety zone）を設ける（四条）。特別の事情がない限り、当局は、当該協調と参加者の市場シェアの合計が各関連市場の二〇％を超えないときには訴追しない。研究開発のための安全圏として、イノベーション市場において、特別の事情のない限り、当局は、当該協調に加えて三以上の独立した研究の実体が、当該協調の研究開発に代替しうる研究開発に従事するのに必要な特別の資産、特徴およびインセンティブを有するときには訴追しない。

(3) ジョイントベンチャーの分析

上記競争者間協調ガイドラインに従いつつ、ジョイントベンチャーについては、以下のような分析が行われる。

(a)　ジョイントベンチャーの設立と市場支配力[23]

ジョイントベンチャーの設立段階においては、企図されたジョイントベンチャーが参加者間の実際の競争または潜在的な競争を減少させるかどうかが評価される。つまり、当該ジョイントベンチャーが市場支配力をつくり出し、高め、あるいはその行使を容易にするかどうかである。

(i)　現在の競争に対する効果

ジョイントベンチャーが市場における競争について現在のレベルを減少させるかどうかであり、次のような要素が考慮される。第一は、当事者が競争している関連市場(製品市場および地理的市場)。第二は、関連市場内の集中に対する当該ジョイントベンチャーの効果。第三は、単独または他の市場参加者との協調的相互作用によって、競争的レベルにおけるより高い価格を強制する力に関係する他の市場要素。第四は、関連市場への新規参入の可能性と潜在的参入者が価格上昇力を打ち破る力。第五は、当該ジョイントベンチャーに伴う効率性。

(ii)　潜在的競争に対する効果

ジョイントベンチャーの設立は、潜在的競争も減少させる可能性がある。上記の関連市場、集中および新規参入の問題に加えて、潜在的競争について次のような点が吟味される。第一に、当該ジョイントベンチャーが新規参入しようとしていた企業を取り込むことにより、その企業の実際の潜在的競争レベルにおける価格を形成する力が失われるかどうか。第二に、現在の市場参加者によって潜在的独立参入者とみなされていた企業が当該ジョイントベンチャーに取り込まれることにより、現在の市場参加者が想定していた潜在的競争レベルでの価格を強制する力が制限されるかどうか。

(b)　あふれ出し (spill over) の効果

ジョイントベンチャーの当事者がその外ではお互いに競争を続けている場合には、ジョイントベンチャー内での共同事業がその外にある市場にまであふれ出る可能性が競争法上問題とされる[24]。ジョイントベンチャーは、競争法上懸念される情報の交換を容易なものとし、共謀の機会を提供するからである。

ジョイントベンチャーにおいては、共同事業者の行為を規制するのが通常である。これはいわゆる「ただ乗り(free riding)」を防ぐためである。ジョイントベンチャーへの貢献の義務と利益に対する権利について明確な規定がないときには、共同事業者はジョイントベンチャーからできるだけ多くのものを取りかつできるだけ少なく与えるというインセンティブをもつのである[25]。

(c) 付随的制限(Ancillary Restraints)

ジョイントベンチャーに伴う付随的制限は、アメリカ法の下において合理の原則によって評価される。まず裁判所は、市場支配力の評価を反トラスト法の責任を問うために一般的に必要なものとみている。もっとも、市場支配力の欠如が必ずしも直ちに反トラスト法の責任を排除するのではなく、行為の反競争的効果が詳細な市場支配力の分析に至らない方法によって確定できる場合、および相殺する競争的効果が明らかでない場合には、詳細な市場支配力の分析は必要ではないとされる[26]。このような場合には、裁判所は直ちに当該取引の反競争的効果と競争促進的効果の比較衡量に進むのである。FTCは、このような詳細な市場支配力の分析を経ない分析方法を水平的制限の分析の基準として採用している。

このようにして市場支配力あるいは競争制限の疑いが認められると、次に反競争的効果と競争促進的効果の比較衡量の分析が行われる。

競争促進的効果が反競争的効果を上回ることが確認されると、さらに、競争促進的効果の評価は、当該制限がそれによって達成されるべき効率性にとって合理的に必要かどうかを吟味する。その制限がジョイントベンチャーの効率性向上または競争促進的目的に実質的に関係しており、そしてその効率性がより競争制限的でない手段によっては達成しえないときは、当該制限は合理的に必要であると判断される[27]。

付随的制限は、次のような三つのカテゴリーに大きく分けることができるが、とりわけメンバーシップ制限はネットワーク・ジョイントベンチャーの競争法上の評価にかかわってくる。

(i)　価格および生産制限

有効な経済的統合に付随しない価格協定は、直ちに当然違法の価格固定（price fixing）とされる。価格・生産に関する協定がジョイントベンチャーの競争促進的目的の達成のために合理的に必要だとして当然違法の評価を逃れることはできても、反競争的効果をはるかに上回る効率性を創出できなければ当該協定は違法と判定される。(28)ジョイントベンチャーの競争促進的目的の達成に必要でない価格競争制限は、市場支配力の詳細な分析を要しない合理の原則の分析によって違法と判断された。(29)

(ii)　競争に対する制限

ジョイントベンチャーは、ジョイントベンチャーや共同事業者によってなされた投資に「ただ乗り」する機会を抑制するために、共同事業者がジョイントベンチャーと競争することを制限する。それは競争そのもの、競争の形態あるいは競争の範囲の制限に及ぶ。ジョイントベンチャーの生存が共同事業者との競争によって脅かされる場合には、その共同事業者のジョイントベンチャーとの競争制限はジョイントベンチャーの製品の供給のために必要とされる。また同様に、共同事業者間の競争制限は、それがジョイントベンチャーの製品の創出のために必要な場合には許容される。(30)競争制限そのものを完全に制限するよりも競争の形態や範囲によって制限を狭くする方が許容されやすいといえる。もっとも、ジョイントベンチャーとの競争の範囲についての制限は、より制限的でない他の手段によってその制限の目的を達成することができるときには認められない。(31)

(iii)　メンバーシップ制限

ジョイントベンチャーは、メンバーの排除に対して反トラスト法上の責任を問われることがある。もっとも、メンバーシップ制限は、それが競争促進的目的を向上させる効率性に実質的に関連しているときには支持されると裁判所が判示したので、そのリスクは大きく減少している。(32)メンバーシップ制限は、メンバーがジョイントベンチャーに貴重な貢献を行い、そのリスクを十分に負担することを確保するための必要性によってしばしば正当化される。

一方、すべての競争者に対してジョイントベンチャーにおけるメンバーシップのオープン化あるいはライセンスを求めるすべての者に対して研究開発ジョイントベンチャーにその技術や製品のライセンスを強いることは、ジョイントベンチャー、とりわけ研究開発や革新的製造の方法のようなリスクのある共同事業を引き受けるためのジョイントベンチャーを形成するインセンティブを減ずることになるといわれる。(33)

四　ネットワーク・ジョイントベンチャーに対する競争法上の評価

(1)　ネットワーク・ジョイントベンチャーの形成

ネットワーク・ジョイントベンチャーは、他の非ネットワーク・ジョイントベンチャー（non-network joint venture）と同じく、多くの参加企業が特定の事業活動のリスク、機会やコストを分かつことを可能にし、各企業の強さを結合することによって単独では同様の効果を達成できないような製品および市場の開発を容易にする。また、ネットワーク・ジョイントベンチャーは、他のジョイントベンチャーと同様に、本来競争的であるよりも共同的であることから、参加当事者がジョイントベンチャー自身の適法で競争促進的な目標を促進しない行動をとることを決定するならば、競争を制限し、最終的には消費者を害するに至る。しかし、ネットワーク・ジョイントベンチャーは、その他の面ではユニークであって、他のジョイントベンチャーが生み出す効率性に加えて、まったく違った種類の効率性を創造することができる。すなわち、ネットワーク・ジョイントベンチャーは、規模および範囲の経済のような他のジョイントベンチャーの効率性と同じもののみならず、それのみが創造できるネットワーク効率性を生み出すことができる。上述したようにネットワーク効率性は、ネットワークのメンバーが増えるに従いネットワークの価値が増大するという事実から引き出される（ネットワークの外部性）。「ただ乗り」する企業は、重大なリスクであるジョイントベンチャーのリスクを分担してないが故に、成功したジョイントベンチャーの便益を享受することは許されるべきではないという理由で、伝統的なジョイントベンチャーである非ネットワーク・ジョイントベンチャーにおいては取引の拒絶を正当化しようとする。いいかえれば、オープンメンバーシップのポリシーは、初期投資をしたメンバーにとってジョイントベンチャーの価値を減ずることになる。しかし、ネットワーク・ジョイントベンチャーにおいては、まさにより多くの企業が参加すればするほどメンバーにとってネットワークの価値は増すことになるので、そのような「ただ乗り」の議論は説得力をもたないことがしばしばである(34)。

上述した伝統的なジョイントベンチャーに対する反トラスト法上の分析手法は、このようなユニークでかつ大きな効率性を生ずるネットワーク・ジョイントベンチャーの分析のためにそのまま適用することはできない。ネットワーク・ジョイントベンチャーそれ自身の合法性は、まず原則として競争法上の問題とされるべきではないと考えられる。

(2)　ネットワーク・ジョイントベンチャーへのアクセス排除

今日ではネットワークは、企業が市場に到達するためにアクセスしなければならない決定的な施設（facilities）となってきた。ネットワーク・ジョイントベンチャーは、新しい製品とサービスを消費者に提供することによって消費者厚生を促進するけれども、一方でその技術的な優位性の故に多くの市場において独占力（monopoly power）を有するに至る。そしてネットワーク・ジョイントベンチャーは、特定の企業のアクセスを拒否することによって市場から駆逐して価格や生産に対するその独占力を維持することが可能である。しかしながら、ネットワーク・ジョイントベンチャーは、それが生み出す経済的効率性から、たとえ独占力を保持するとしても、反トラスト法の下で禁止されるべきものではありえない。そしてネットワークが当該市場への必須の手段である限り、資格のある企業に対してその参加を拒否することは許されるべきではなく、このようなネットワーク・ジョイントベンチャーは、当該市場に参加することができるすべての企業に対して平等の条件でアクセスを認めることが要求されるように考えられる。かかるアクセスの許否は、どのような場合に、これまでの伝統的ジョイントベンチャーの分析方法とは異なるどのような理論によって決定することができるのであろうか。

(a) エッセンシャル・ファシリティ(Essential Facilities, 不可欠施設)の法理

ネットワークが市場へのアプローチのための必須のかつ独占的な施設になることから、ネットワークをエッセンシャル・ファシリティと評価することが可能かどうかを検討する必要がある。

エッセンシャル・ファシリティの法理は、アメリカにおいて反トラスト法上長い歴史があり、特定の資産(assets)が関連する市場における効率的競争に必須のものである場合、資格のあるすべての者は平等の条件でその資産にアクセスすることが許されるべきであるとの裁判所の認識から生まれてきた。

この法理の最初でかつ最も影響を及ぼした先例は、United States v. Terminal Railroad Ass'n, 224 U.S. 383(1912)である。一四の鉄道会社の連合(association)は、セントルイス地域におけるミシシッピ川両岸の鉄道線路に接続する唯一のアクセス・ターミナル(二つの橋とカーフェリー)を所有・支配する。この連合のルールは、非メンバーがターミナルを使用することを禁じ、実際的な目的のためにそのメンバーシップを当初の一四社に制限していた。連邦最高裁判所は、この連合が初期のネットワークのタイプであることを認識していなかったが、メンバーが増えるほど鉄道会社はその活動を拡げて、一社では提供できないサービスを消費者に提供できたのである。つまり、メンバーの増加は、この連合がネットワークの効率性あるいは外部性を生じることを可能にした。しかし、連合のルールは連合の絶対的なサイズを制限し、メンバーシップを求める企業の種類にかかわらず他の企業がメンバーになることを妨げる。このネットワークは、拡大することに関心はなく、既存のメンバーの利益のみのためにターミナルへのアクセスをコントロールしようとした。最高裁は、ターミナルがセントルイスで川を渡る唯一

の手段であるという市場の現実とこの排除によって引き起こされた実質的な反競争的効果の故に最終的にこの連合のルールを否定した。一四社と競争する企業は、この地域で川を渡る代替手段をもっていなかったのである。「地理的、地形的状況の結果は、実際問題としていかなる鉄道会社も、ターミナル会社によって完全にコントロールされた施設を使うことなく、セントルイスを通過したり、あるいはそこに入ることさえも不可能であった」と最高裁は述べている。このような異常な状況の故に、連合は他の企業が自らのターミナルを建設して、同等の基盤の上で競争する権利と力を奪ったと評価し、最高裁は、救済として連合がすべての企業に等しい条件でメンバーシップを開放することを要求した(35)。最高裁は連合からの排除と連合の効率性について何ら言及していないが、サイズを制限するルールは、このような排除が連合のネットワーク効率性に少しも貢献しなかったが故に、シャーマン法に違反したと評価することができる。

Silver v. New York Stock Exchange, 373 U.S. 341 (1963) において、ニューヨーク証券取引所は、証券取引所メンバー間の私的な通信システムに対する二人のブローカー・ディーラーの接続の申請を認めなかった。その接続は、ブローカーが即時に市場の情報を受け取り、他のブローカーと取り引きをすることを可能にするものであった。連邦最高裁判所は、「取引所およびそのメンバーの協調行為は、端的にいえば、店頭証券取引市場においてブローカー・ディーラーとして効果的に競争するために必要とされる貴重なビジネスサービスを申請者から奪うグループボイコットである」と判示した。

また Associated Press v. United States, 326 U.S. 1 (1944) においては、約一二〇〇の新聞社が「ニュース送信サービス」を提供するジョイントベンチャー、Associated Press（AP）を形成し、メンバー企業がニュースやその他の情報を収集し、メンバーの間でそれらを共有することができた。しかし、このジョイントベンチャーはニュースを非メンバー、とくに既存のメンバーと競争している非メンバーに配布することを禁止していた(36)。連邦最高裁判所は明確に特徴づけてはいなかったが、このAPはネットワーク・ジョイントベンチャーであった。APのニュース送信サービスの価値は、より多くのニュース会社が参加し、各新聞社がその顧客に提供できるニュースの量が増えるほど、上昇する。APのルールは、ジョイントベンチャーの絶対的なサイズを制限することではなく、参加できるメンバーの種類を制限するように、すなわち既存のメンバーと競争しない企業を選定するように定められていた。最高裁は、このようなルールによる排除はシャーマン法に違反すると判示したが、排除と効率性の可能性との関係に対してではなく、もっぱらジョイントベンチャーからの排除の競争上の重大性に対して焦点を当てるものであった。APは、ニュース送信サービスの提供において United Press および International News Service と競争しており、新聞社がそのようなニュースを収集しうる唯一の手段ではなかったにもかかわらず、「APおよびそのすべてのメンバーによって提供されたニュースを一定の分野で公表する独占的権利は、ライバルに対する競争的優位を多くの新聞社に与える。逆にAPサービスのない新聞社は競争上より不利な立場に立つことになる」と最高裁は述べて、救済方法として、APニュースが差別なく競争者に提供されるべきであると判示した。APの排除ルールは、ジョイントベンチャーが生み出すことができるネットワーク効率性を減じたが故にシャーマン法に違反したと評価できるが、最高裁は、このような効率性を相殺する局面を何ら考慮することはなかったのである。

Northwest Wholesale Stationers, Inc. v. Pacific Stationery & Printing Co., 472 U.S. 284(1985)において、原告は、一〇〇のオフィス・サプライ卸業者をメンバーとする共同購入組合(cooperative)からの排除が当然違法のグループボイコットに該当すると申し立てた。この購入組合は、購入および倉庫保管における規模の経済や在庫への容易なアクセスなどを含む効率性を生み出していた。そのような潜在的な便益があることから、連邦最高裁判所は、当然違法のアプローチよりも合理の原則が適当であると判断した。そして最高裁は、「原告が共同購入組合からの排除に異議を唱えるときには、組合が市場支配力を有するか、または効果的な競争に必要なビジネスの要素へのユニークなアクセスを有することを証明しなければならない」と述べて、当該排除をグループボイコットとして当然違法とする第九巡回区連邦控訴裁判所の判断を破棄し差し戻したのである。

United States v. Realty Multi-List, Inc., 629 F.2d 1351 (5th Cir. 1980) では、不動産のマルチリストを共有する連合 (association) によって採用された、非メンバーが連合のメンバーによって生み出されたリストの情報を取得することを排除するというルールが対象であった。このルールは、ネットワークと競争する者に対するネットワークの情報の分配を禁止していた。第五巡回区連邦控訴裁判所は、このマルチリスト連合を記述する際にとくにはネットワーク・ジョイントベンチャーという言葉を用いていないが、競争上の懸念を引き起こした連合のルールのようなネットワークの運営の方法に留意した。とりわけ控訴裁判所は、ルールの強制がネットワーク・ジョイントベンチャーの効率性向上に貢献せず、競争上の必要性によって正当化されない理由で競合ブローカーをメンバーシップから排除する権限をジョイントベンチャーに与えていたことは重大な問題であることに気付いていた。また控訴裁判所は、マルチリスト連合のメンバーが市場におけるほとんどのブローカーを占めていたが故にそのメンバーシップが大きな競争上の利点を与えたという事実も認めていた。つまり、控訴裁判所は、このような連合がエッセンシャル・ファシリティであることを認識し、資格ある参加者を排除することに使われる主観的なメンバーシップのルールの採用を禁じた、と評価することができる。

SCFC ILC, Inc. v. Visa USA, Inc., 36 F.3d 958 (10th Cir. 1994) においては、Visa クレジットカードのジョイントベンチャーによって採用された付随定款が本訴訟の主題である。この Visa ジョイントベンチャーはネットワーク・ジョイントベンチャーの典型であり、メンバーシップが増え、Visa カードが広く使われるほど、ジョイントベンチャーが生み出す価値と効率性は増加する。六〇〇〇以上の銀行がこのジョイントベンチャーのメンバーである。当該付属定款は、American Express、Discover Card や Visa と競争するとみなされるその他のクレジットカードを発行する銀行が Visa ジョイントベンチャーに参加することを制限した(37)。付属定款はまた、Visa メンバーの銀行が Visa と競争するとみなされる他のカードを発行することを禁じていた。Sears によって所有され、

Discover Cardと提携するMountain West FinancialがVisaジョイントベンチャーのメンバーシップを求めたが、その付属定款のために排除された。第一〇巡回区連邦控訴裁判所は、Visaの付随定款が市場から銀行を完全に排除するには至っていないが故にシャーマン法一条に違反していないと判示した。控訴裁判所は、Mountain West Financialの親会社であるSearsがDiscover Cardとの提携によって競争する能力をもっていることを認識していた。さらに、付随定款はSearsのような会社による「ただ乗り」を防ぐことを許しているとのVisaの主張も受け入れられたのである。(38)

EUにおいても港湾、空港、電気ガス、電気通信ネットワークや電子システムなどの分野においてエッセンシャル・ファシリティに関する多くの先例がある。(39)競争者は、さまざまな理由から特定の施設を彼らの商業的なニーズにとって必須のものとみなし、その施設を支配する企業が、彼らの当該施設の利用を意図的に困難または不可能にしている、と信ずるときには、委員会に訴えを申し立ててきた。問題となる行為は、競争者がその顧客にサービスを提供するためにアクセスを要求するような施設を所有または支配する企業がそのアクセスを拒絶することである。これらの先例を通じてエッセンシャル・ファシリティの法理は発展してきたが、支配企業の利益と競争者の利益をどのようにバランスさせるかは困難な問題であって、この法理が最終的にアクセスを求める競争者に有利に展開されるのか、あるいは当該施設が競争者の生存にとって重要かつ複製できないような状況により厳しく限定されるのかは、いまだ定かではない。(40)

ローマ条約八六条の下におけるエッセンシャル・ファシリティは、単独の支配企業(dominat enterprise)によって所有されるが、次のような条件を満たすことが要求される。(41)最も本質的な条件として、第一に、適切な戦略を展開する、正常で合理的に効率的な競争者には、それに代替する施設またはシステムそのものを提供することを期待することはできない。第二に、支配企業は、問題の施設の形成を企図することができるのに十分なほど大きくなければならない。第三に、当該施設は、相当に大きな競争者やジョイントベンチャーが財政的、客観的観点からは関連する地理的市場で同種の第二の施設に投資することは経済的でないと考える場合にのみ、八六条の下においてアクセスを与える義務があるような施設である。

このような性質の不可欠施設、つまり条件付きのアクセス・システム（Conditional Access System）がジョイントベンチャーによって形成される場合、八五条の適用における問題は、参加当事者がアクセスを許さないならば、八五条三項b号の範囲で当該製品の実質的な部分に関して競争を排除する可能性があるかどうかということである。[42]そのような可能性があるときには、個別免除の条件としてライセンスの義務が課されることになるが、その義務が課されるかどうかは次のような要素の考慮にかかっている。[43]①関連市場における親とジョイントベンチャーの市場シェアの結合。②競争者に課される不利益の程度。③競争者排除の程度。④競争者が参加当事者と協力する必要および彼らの協力に依存する程度。⑤そのような代替策が競争者にあるかどうか。⑥メンバーシップが競争者に対して実際にオープンであるかどうか。⑦非当事者に対してジョイントベンチャーの便益を拒否する正当性。

アクセスを許諾する義務は、エッセンシャル・ファシリィティとしてジョイントベンチャーがなければ当該市場が競争的にならない、例えば、ジョイントベンチャーへのアクセスが拒絶される結果として重大なハンディキャップを被らない企業はほとんど存在しない、というような場合にのみ生じるのである。

ジョイントベンチャーの場合におけるこのような強制ライセンス（compulsory license）を認める条件は、単独企業の場合よりも一般的に緩やかであるが、その義務は同じく非差別的な条件によるライセンスである。このようなジョイントベンチャーはすでに提携するあるいは無関係の企業にライセンスしているのが通常であるから、その強制ライセンスは、八六条の下における場合よりも容易であり、すべての面において単に同じ条件であればよいのである。もっとも、非差別的な条件でのアクセスは、競争者が一定の基準や要求に従うこと、あるいはジョイントベンチャーに適切な貢献をすることを前提とすることができる。

(b) ネットワーク・ジョイントベンチャーに対するエッセンシャル・ファシリティの法理の適用

ネットワーク・ジョイントベンチャーが市場における効率的競争に必須のものであるとは、そのネットワークが参加を求める者にとって製品市場に参入することができる唯一の実際的な手段である場合である。まず、具体的には他の現存するネットワークが存在せず、かつ参加希望者がもう一つのネットワークを形成したり、独力で当該市場に参入することが実行不可能な場合であり、この場合にはエッセンシャル・ファシリティの法理が直接的に該当する。唯一のネットワークの存在として評価しうる例としては、①当該ネットワークが製品市場で大きなシェアを支配し、もう一つのネットワークを維持するに足る需要量が残されていない場合、②地理的条件が競合するネットワークを建設することを不可能にする場合、③特定のネットワークが政府機関より独占権を与えられる場合、④特定の産業には唯一のスタンダード・ネットワークのみが存在しうる場合などが挙げられる。

参入手段の実行不可能の例は、現存のネットワークと同じものをもう一つ形成するコストが禁止的なほどである場合である。

例えば、MCI Communications Corp. v. AT & T, 708 F.2d 1081 (7th Cir. 1982) において、第七巡回区連邦控訴裁判所は、AT&Tがその地方電話線とMCIの長距離施設との間の接続を認めることを命じた。MCIにとってAT&Tが訴訟当時所有していた何百万マイルに及ぶ個人の家および企業へのケーブルとラインを複製する(duplicate) ことは経済的に不可能であったと控訴裁判所は指摘している(44)。

Fishman v. Estate of Wirtz, 807 F.2d 520 (7th Cir. 1986) においても、第七巡回区連邦控訴裁判所は、シカゴ・スタジアムはシカゴ・ブルズの潜在的なビッダー (bidder) がアクセスを許されるべきエッセンシャル・ファシリティであると判示した。新しいスタジアムには一九〇〇万ドルのコストがかかり、潜在的なビッダーがそのような費用を負担することは経済的に不可能であった。したがって、控訴裁判所は、スタジアムの所有者がスタジアムをビッダーにリースすることを拒絶したとき、シャーマン法一条に違反していると判断したのである。

上述したTerminal Railroadケース、ＭＣＩケースおよびFishmannケースは独占ネットワーク（monopoly network）の場合であり、このように当該ネットワークがいわば独占力をもっており、市場において唯一の存在であり、対抗するネットワークが出現する可能性もない場合には、エッセンシャル・ファシリティの法理の適用によりアクセスの強制を正当化することは比較的簡単である。

さらに、それ以外の上述したような非独占ネットワーク（nonmonopoly network）のケースにおいて、当該ネットワークは独占力を有せず、そして参加希望者がもう一つのネットワークにアクセスできるけれども、そのネットワークの効率性が劣っているため、製品市場において同等の条件では競争できない場合に、特定の環境の下で当該ネットワークへのアクセスを認めることを正当化できるケースがありうるであろうか。ネットワークが複数存在する場合であるから、ここで、上述したオープン・アクセスが関連する市場における競争に及ぼす相反する影響について再度考慮する必要があると考えられる。

ネットワークへのアクセスがオープンであるとき、消費者は製品市場における競争の向上から利益を受ける。新しい企業の参加により、ネットワークの外部性からその効率性が増加する。価格競争力と消費者に製品・サービスを供給する効率的な手段をもつ企業の参加は、製品市場における供給の増加とコストの低下をもたらす。ネットワークへの参加は、当該製品市場へ参入する手段であって、ネットワーク・ジョイントベンチャーのメンバーは、お互いに独立した競争者である。そしてその競争の継続が消費者に利益をもたらすのである。製品市場における同じく、ネットワーク市場における競争は、多くの利益をもたらす。ネットワークが潜在的なメンバーのために競争するとき、価格低下と改善が生じる。ネットワークが独占力を有するときには、ネットワーク市場における競争の欠如は、サービスの低下、差別、技術革新の不振および高価格などの一般的に独占に伴うのと同じ害悪を引き起こす。

一方、企業は成功しているネットワーク・ジョイントベンチャーにアクセスできると、製品市場に参入したからには、他の競合するネットワークに参加する必要がなくなる。新規参入企業はネットワーク市場で競争するために新しいネットワーク・ジョイントベンチャーを形成するよりもそのエネルギーを製品市場に集中しようとする。ネットワーク・ジョイントベンチャーのメンバーは、自己が属するネットワークと競争すると得べかりし利益の減少を生じるので、そのような競争には関心をもたない。既存のネットワークに対するオープン・アクセスないしアクセスの強制は、革新よりも保守を促してネットワークの独占を維持するリスクを生じさせる。企業は、アクセスを強制されるならば、ネットワーク・ジョイントベンチャーに投資するインセンティブを有しない(45)。新しいネットワーク・ジョイントベンチャーに対する当初の投資家は、大きなリスクと不確実性に直面するものである。新しいネットワークを開発するのに必要な初期投資は巨額であり、オープン・アクセスを強制されることにより利益の減少が生じることが予期されるならば、企業はそのような投資のリスクを引き受けようとはしない。また、特定のネットワークが成功した後、いずれにしてもそれにアクセスすることができると信ずるときには、企業は新しいネットワークに対してリスクのある投資を控えることになる。

このようなネットワーク市場の競争に対する悪影響の中で最も懸念されるものは、技術革新に対するマイナスの効果である。ネットワークの出現・形成は、技術革新が生み出すものである。一つのネットワークの稼働は、ハイテクノロジー産業においてはまさに技術革新の成果であり、基本的な技術レベルにおける波及効果はきわめて大きい。しかるにネットワーク間の競争がなければ、新たに効率的なネットワークを生み出すことはできない。そして次なる技術革新は生まれず、技術革新の成果自身がその停滞を招くことになる。

以上のごとくアクセスの強制がもたらす製品市場における競争促進的効果とネットワーク市場における反競争的効果の間のトレードオフは、どのようにして効率的に競争法上バランスをとることが可能であろうか。まず、製品市場における競争が直接消費者に利益をもたらすという意味において、製品市場における競争がネットワーク市場における競争よりも重要であると考えられる。製品市場における企業が最初に消費者と接するからである。

したがって、当該ネットワークがアクセスを求める企業にとって製品市場に参入するために必須である場合、つまりそのネットワークと効率的に競争する代替手段をもたないときには、アクセスが認められるのが原則である。しかし、この場合の「必須の（essential）」という意味は厳格に解されるべきであり、その幅は決して広くないと考えられる。(46) それは、第一に、アクセスを正当化する根拠としてのエッセンシャル・ファシリティの法理の適用とのバランスを考慮する必要があり、第二に、ネットワーク市場における反競争的効果、とりわけ基本的なレベルにおける技術革新に対する悪影響を阻止しなければならないからである。

このような観点から、上述した複数のネットワークが存在するときに、企業がその中でより効率的といわれるネットワークへのアクセスを求め、それが強制的に認められる条件はどのように考えるべきであろうか。これまでの分析から一つの考え方を以下のように提案することができる。まず、参加を求められるネットワークは、当該企業または他のネットワークが同等のものをつくり出すことはできないほどの価格競争力、規模の経済または便益を有するものであって、他のネットワークに比べその効率性の差がきわめて著しいことが必要である。さらに、この条件は他のネットワークが実質的に一つのみ存在する場合に限り考慮される。つまり、他のネットワークが二以上活動している（当該ネットワーク市場が三以上のネットワークより構成される）場合には、参加を求められているネットワークは当該企業にいまだ必須のものとは認定されないということである。(47) エッセンシャル・ファシリティの法理の準用ないしその射程距離は、この範囲までとして、その境界を明らかにする必要があると考えられる。

このような条件が満たされない環境下におけるネットワークはアクセスを強制されることはなく、アクセスを排除することができる。しかし、どのようなアクセス制限の条件あるいはネットワーク運営のルールを定めてもアクセス排除が許されるというわけではない。上記の原則に従ってアクセスを強制されるネットワークもまた、その運営のルールを定めるが、メンバーシップ制限ルールが適用されない点を除いてはすべてのネットワーク・

ジョイントベンチャーに共通する問題と考えられる。

なお、アクセスを強制されるネットワークの場合におけるオープン化命令は、EU競争法のところで上述したのと同じく、非差別的な条件による強制ライセンスの形をとることになる。

最後に、どのようなアクセス制限ないし運営ルールが競争法上許容されるか、ジョイントベンチャーに伴う付随的制限の問題としてその内容の合理性を評価しなければならない。

(3) ネットワーク・ジョイントベンチャーの付随的制限に対する評価

上述したようにネットワーク・ジョイントベンチャーが定める運営ルールは、何らかの意味においてアクセス制限に関係する。これらの内容は、ネットワーク・ジョイントベンチャーの目的を達成するのに必要な程度を超えるほど広いかどうか、いいかえればネットワークの効率性を生じさせ、促進することに実際上関係しているかどうかによってその正当性が評価されるべきである。

(a) 互換性ルール

ネットワークの円滑かつ効果的な運営は、迅速で安価な情報交換にかかっている。ハードウェアとソフトウェアの統一、つまり互換性がないと、ネットワークのメンバーは、ネットワークを稼働させるに必要な情報を伝達したり、受け取ることはできない。メンバー間の情報のスタンダード化に必要なハードウェア・ソフトウェアに投資すべしとの要求は、ネットワークの効率性に貢献する。すなわち、互換性を要求するルールは、ネットワークの効率性を確保するのに役立つものである。詐欺の発見、エラーの修正またはアクセス確認のためのルールについても同様のことがいえる。

(b) 補償ルール

ネットワークに参加するさまざまなコストについて、お互いに補償することが要求される。このような補償ルールには、ネットワークのために特定のサービスを提供するメンバーに対してそのコストの支払を要求する場合と後から参加する者が当初のメンバーに立ち上げおよび初期投資とリスクの開発コストを補償することを要求される場合がある。

前者のルールは、すべての参加メンバーの間に平等にコストを配分することによって、企業が当該ネットワークに参加することを促すものといえる。それはネットワークの製品・サービスを供給するために必要なものであって、ネットワークの効率性に資する。

National Bancard Corp. v. VISA U.S.A., Inc., 779 F.2d 592 (11th Cir. 1986) において、第一一巡回区連邦控訴裁判所は、Visa のシステムによって課される「発行者補償費用（Issuer's Reimbursement Fee)」として知られている費用を検討した。商業銀行がカード所有者の手形（paper）を取立のためにカード発行銀行に渡したときに、Visa はこの費用を課した。一般的に交換費用として知られるこの費用は、交換が Visa のコンピュータサービスを通して行われるときにのみ賦課される。この費用は Visa の発行者にそのコストを補償するためであるから有効であり、ネットワークの運営を促進するために必要である、と Visa は主張し、控訴裁判所はそれに同意した。この費用は第一に Visa カードを提供するために必要であり、ジョイントベンチャーの競争促進的側面に貢献している、と控訴裁判所は判示したのである。

一方、後者のルールはその評価が分かれるところである。後者のルールの擁護者は、最初にネットワークに投資するインセンティブを与えるためには、ネットワークの創立メンバーに補償することが必要であると主張する。しかしその反面で、それはネットワークの新しいメンバーに、新しく参加するが故に一種の罰を課するものだともいえる。さらに、ネットワークが成長するほど、新しいメンバーの参加が創立メンバーを含むすべてのメンバーにとって貴重なものとなることを考慮すると、創立メンバーに対する補償の必要性という見方は必ずしも支持することはできない。この後者のルールは、実のところ新しいメンバーが参加することの妨げになることによってネットワークの価値を下げるに至るともいえる。ネットワークの外部性という最大の効率性が優先して考慮されるべきである。したがって、後者のルールは、追加のメンバーの参加阻止に対して他の効率性の創出が上回る可能性はないことから、反競争的と評価されて認められないと考えられる。

(c) メンバーシップ制限ルール

このルールは、上述した原則に従ってアクセス排除が許容される場合において、誰がネットワークのメンバーになるかについて制限を課するが、二つのタイプに分けられる。一つは、ネットワークに参加するメンバーの資格を制限するもの、もう一つは、メンバーの絶対的な数を制限するものである。[48]

前者のルールは、当該ネットワークまたはネットワークの構成メンバーと競争する企業が当該ネットワークに参加することを制限する。[49]

このルールは、競合するネットワークに彼らが参加することを認めると、当該ネットワークの秘密を知られることになる、あるいは「ただ乗り」を促すことになるという懸念から支持される。もっとも、これらの懸念が単に競争制限のための口実にすぎないということがあってはならず、それがかかる懸念を実際に解決するために必要なものでなければならない、つまりこの意味において効率性に資する必要があると考えられる。

SCFC ILCケースにおいて、とりわけSearsがVisaジョイントベンチャーの秘密を得ることによりSearsのDiscover cardをVisaの費用で利することになるという理由で、Visa USAはSearsをジョイントベンチャーから排除した。しかし、問題は、トレード・シークレットが盗まれるというVisaのクレームとは別に、Visaの最大のメンバーであるCitibankがすでにVisaと競合するカード（MasterCard、Diners ClubおよびCarte Blancheを含む）を発行していたことであった。つまり、このケースに示された排除のルールは、必ずしもVisaの主張するような理由のみを実質的な根拠として一貫して適用されてきたということはできない。

United States v. Electronic Payments Services Inc., 66 Antitrust & Trade Reg. Rep.（BNA）473（1994）[50]において、Electronic Payments Servicesは、メンバーの銀行が競合するネットワークに参加することを禁ずるルールを

定めていた。司法省はこれをシャーマン法一条違反の当然違法として、競合するネットワークへのメンバーの参加を許容することを要求する同意審決（consent decree）を提案し、裁判所によって認められている。

一方で、このような資格による制限はいわば部分的な制限であって、後者のルールのようなメンバー数の絶対的制限による全面的な制限ではない。資格を満たす企業の増加による製品市場における競争の促進というネットワークの外部性が働く余地は残存している。さらに重要なことは、このようなルールによるメンバーシップの制限、つまり排除が、上述したようにネットワーク市場におけるネットワーク間の競争を促進する場合があるということである。排除された競争者は、他のネットワークに参加するか、あるいは自ら新しいネットワークを形成するかの道を選択する。ネットワーク市場における競争は、基本的なレベルにおける技術革新にとって必要であり、これなくしては新しいネットワークの出現は不可能と考えられる。したがって、ネットワークの外部性による製品市場における効率性に対する部分的制約を勘案しても、当該ルールが目的とする効率性の実現の程度とネットワーク市場における競争促進効果の総和はそれを上回ると一般的に評価しうるので、前者のルールは原則として競争法上是認されると考えられる。

後者のルールは、当該ネットワークが新しい企業を加えることによってネットワーク効率性を追加するという競争促進効果を必ず犠牲にすることになる。それは、ネットワークがより便利に、効率的になって、消費者にとってより価値あるものとなることを妨げることによって十分に自由な競争を実際に禁止するに至る。ネットワークが自らその外部性を完全に否定するという自己矛盾に陥る。このルール自体はネットワーク市場における競争促進効果をもたらす可能性があるけれども、上述したように製品市場における競争促進が優先的に評価される。したがって、上述した原則に従ってアクセス排除が許容される場合においても、後者のルールが製品市場における競争促進に実際に貢献すると証明されない限り、それは競争法上否定されるべきと考えられる。

（1）Sean P. Gates, Standards, Innovation, and Antitrust : Integrating Innovation Concerns into The Analysis of Collaborative Standard Setting, 47 Emory L. J. 583, 594-595（1998）.

（2）土井教之「技術標準と公共政策――事実上の標準と公的標準」公正取引五七六号（一九九八）一四、一六頁。

（3）Jack E. Brown, Technology Joint Ventures to Set Standards or Define Interfaces, 61 Antitrust L. J. 921, 925（1993）.

（4）インターフェイスまたは相互運用性とは、競合する供給者の製品または補完する製品と直接に通信ないし接続する、一つの企業の製品の能力のことである。

（5）Douglas D. Leeds, Raising the Standards : Antitrust Scrutiny of Standard-Setting Consortia in High Technology Industries, 7 Fordham Intell. Prop. Media & Ent. L.J. 641, 643, 645, 649-651（1997）.

（6）Gates, supra note 1, at 601.

（7）Id. at 645.

　ＦＴＣの執行ポリシーとして、次の三つのアプローチ、①スタンダード間における技術的メリットの比較審査、②スタンダードを確立する手続面に限定する審査、③スタンダードが合理的な技術の基礎を有するかどうかの審査（しかし、代替するスタンダードがもっと効率的かどうかは審査されない）、が提案されたが、ＦＴＣは三番目のアプローチを採用している。

（8）Id. at 613, 647.

James J. Anton & Dennis A. Yao, Standard-Setting Consortia, Antitrust, and High-Technology Industries, 64 Antitrust L. J. 247（1995）参照。

①スタンダード化の機構（body）がどのような手続やデュー・プロセスを与えようとも、スタンダードが反競争的ならば、その手続の合理性によって正当化されることはない。

②競争者は、反競争的活動を容易にするためにスタンダードを用いることはできない。

③裁判所は、スタンダード化の機構が制限のために適法な理由をもっていたとしても、取引を制限するスタンダードを非難する。

④製品のスタンダードを操作する競争者は、スタンダード化の機構のためであっても反トラスト法上の責任を負うことになる。

⑤スタンダード化の機構は、反競争的手段によって製品のスタンダードを強制することはできない。

⑥裁判所は、露骨な違反がなければ合理の原則の分析を採用する。

（9）1995 Antitrust Guidelines for the Licensing of Intellectual Property.

（10）Leeds, supra note 5, at 662-663.

（11）John Temple Lang, European Community Antitrust Law : Innovation Markets and High Technology Industries, 20 Fordham Int'l L. J. 717, 718-722（1997）.

（12）Thomas A. Piraino, Jr., The Antitrust Analysis of Network Joint Ventures, 47 Hastings L. J. 5, 21（1995）.

（13）この法は、研究開発ジョイントベンチャーの保護を対象とする一九八四年全国共同研究法（National Cooperative Research Act of 1984）の趣旨を生産ジョイントベンチャーにまで拡大したものである。

（14）もっとも、次のような共同活動は、ジョイントベンチャーの定義から除かれ、本法の保護を受けることはできない。すなわち、①製品、プロセスまたはサービスのコスト、販売、利益、価格、マーケティングまたは流通ならびに製品・プロセス・サービスの（ジョイントベンチャーによる生産以外の）生産に関する競争者間の情報交換（ただし、そのような情報がジョイントベンチャーの目的を達成するために合理的には必要とされないこと）、②ジョイントベンチャーの参加者以外の者に対する製品・プロセス・サービスのマーケティング・流通にかかわる合意、③競争者間における市場分割、④製品・プロセス・サービスの生産のための既存施設の使用（ただし、その使用が新しい製品または技術の生産にかかわらないこと）。

（15）さらに、このような保護が当該生産ジョイントベンチャーに与えられるためには、その主たる生産施設がアメリカ合衆国またはその準州に存在し、かつジョイントベンチャーの当事者を支配する者が、生産ジョイントベンチャーへの参加についてアメリカ人に内国民と同様の反トラスト上の取り扱いを与えている法の国からの人であることが必要である。

（16）Federal Trade Commission Staff, Anticipating the 21st Century : Competition Policy in the New High-

Tech, Global Market Place, Overview（September 1996）.

(17) 松下満雄「水平的協定に関する司法省・連邦取引委員会ガイドライン」国際商事法務 Vol. 28, No.7（二〇〇〇）七八五、七九四頁。

(18) 1992 Horizontal Merger Guidelines.

(19) 井原宏・現代国際取引法（商事法務研究会、一九九九）二一一―二一二、三七八―三八〇頁。

(20) 当局は、関連協定がどの程度、そしてどのように、参加者が別の独立のビジネス活動または他の協調におけるメンバーシップによってお互いにかつ当該協調に対して競争することを許しているかを考慮する。当該協調が実際に、また名目上も非排他的かどうか、そして当該協調と競争するコストやその他の障害が吟味される。

(21) 当局は、関連市場において有効な独立した競争者になることを可能にした、あるいは可能にするような重要な資産を参加者が当該協調に提供することを関連協定は要求しているかどうかを尋ねる。そのような資産が当該協調に提供されなければならず、かつ容易には置き換えることのできないほど特別なものであるときには、当該参加者は、たとえ契約上の権利を留保していたとしても、お互いにかつ当該協調に対して競争する力をすべてまたは相当に失ったことになる。

(22) 当局は、各参加者の当該協調における財政的権益の大きさや性質（例えば、融資か資本か）および独立して当該協調と競争するインセンティブに対するその潜在的な効果を評価する。

(23) 井原・前掲注（19）、二九九―三〇〇頁。

(24) 同上三〇〇頁。

(25) Joseph Kattan & David A. Balto, Analyzing Joint Ventures' Ancillary Restraints, 8-Fall Antitrust 13（1993）.

(26) NCAA v. Board of Regents, 468 U.S. 84（1984）.

(27) Northwest Wholesale Stationers, Inc. v. Pacific Stationery & Printing Co., 472 U.S. 284（1985）.

(28) Joseph Kattan & David A. Balto, supra note 25, at 14.

(29) NCAA v. Board of Regents, supra note 26.

(30)　Polk Bros. v. Forest City Enters., 776 F.2d 185 (7th Cir. 1985).
(31)　Chicago Professional Sports L. P. v. National Basketball Ass'n, 961 F. 2d 667 (7th Cir. 1992).
(32)　Northwest Wholesale Stationers, Inc. v. Pacific Stationery & Printing Co., supra note 27.
(33)　Antitrust Enforcement Guidelines for International Operations 1988, 三・四二条。
(34)　William H. Pratt, James D. Sonda & Mark A. Racanelli, Refusals to Deal in the Context of Network Joint Ventures, 52 The Business Lawyer 531, 536-537 (1997).
(35)　連邦政府は連合の解散を求めたが、最高裁はそのような厳しい救済方法を選ばなかった。代わりに最高裁は、連合が他のすべての鉄道会社に、「現在の所有企業がもつ便益と負担に関して参加したい企業を同等の立場に置くような公平かつ合理的な条件で」、橋とフェリーの使用を認めることを要求したのである。
(36)　ＡＰの付属定款（bylaws）は、メンバーの新聞社が、同じ市および分野（朝刊、夕刊または日曜版）で営業する非メンバーの新聞社の参加を拒否できる権利を認めていた。
(37)　Visa メンバーのほとんどによって発行されていた Master Card、Visa の最大のメンバーである Citicorp によって発行されていた Diners Club および Carte Blanche は、Visa カードと競争するとはみなされなかった。
(38)　なお、最近の司法省の動きとして、マイクロソフト事件に続いて、Visa USA および Master Card International に対して、寡占的ネットワークによって他のカードを閉め出している、すなわち、Visa、Master の発行銀行は、規則により、American Express, Discover などの他のカードを発行すると何らかの罰金が科される。また同じ銀行の代表が Visa と Master の両方の役員や委員会メンバーに就任している、さらに商品・サービスの水準をほぼ同じにしているとして、一九九八年にニューヨーク連邦地裁に提起した訴訟の審理が始まった（二〇〇〇年六月）。
(39)　先駆的ケース（テレマーケティング分野）として、CBEM v. CLT & IPB, Case 322/84[1985]ECR 3261 :[1986] 2 CMLR 558、港湾分野におけるケースとして、B & I Line v. Sealink Harbours, [1992] 5 CMLR 255, Sea Containers v. Stena Sealink 1994 OJL 15/8, Stena v. DSB [1994] OJL 55/52, Irish Continental Group v. CCI Morlaix [1995] 5 CMLR 177、輸送分野におけるケースとして、Air Lingus v. British Midland Airways, [1992]

OJL 96/34, Maritime Container Network, [1994] OJL 104/34 参照。
(40) D. G. Goyder, EC Competition Law 3rd ed. 1998, at 346-350.
(41) John Temple Lang, Media, Multimedia, and European Community Antitrust Law, 21 Fordham International L. J. 1296, 1372-1373 (1998).
(42) 八五条三項b号は、(三項本文にいう競争促進に貢献し、かつ) 当該製品の実質的な部分に関して競争を排除する可能性を事業者に与えない、事業者間の協定には、八五条一項が適用されない旨明言する。
(43) Lang, supra note 11, at 1378-1379.
(44) 控訴裁判所によれば、先例は、エッセンシャル・ファシリティの法理の下における責任を確立するに必要な四つの要素を明らかにしている。①独占者によるエッセンシャル・ファシリティの支配。②競争者がエッセンシャル・ファシリティを実際上または合理的に複製することができないこと。③競争者に対するその使用の拒絶。④エッセンシャル・ファシリティを提供することの可能性。
(45) SCFC ILCケースにおいて、第一〇巡回区連邦控訴裁判所は、判決の脚注で司法省の国際事業活動反トラスト執行ガイドライン (Antitrust Enforcement Guidelines for International Operations 1988) の一文 (三・四二条、前掲注 (33)) を引用した。
(46) 滝川敏明「「標準」を巡る競争法と知的財産権「下」」国際商事法務 Vol.28, No.2 (二〇〇〇) 一五八頁参照。参加拒絶の規制については、伝統的な「不可欠設備論」に限定せず、総合判断によることが妥当、ただし、参加拒絶の合理性を広く認めるべきとされる。
(47) 知的財産ライセンス・ガイドラインや競争者間協調ガイドラインでイノベーション市場における研究開発単位ないし組織の一定の数が安全圏として設けられているが、ここではネットワーク・ジョイントベンチャーの特性から、上述したように安易にアクセスを是認するとその本来的な自然独占を助長し、ネットワーク市場における技術革新を阻害することが考慮されねばならない。
(48) Pratt et al., supra note 34, at 553.
(49) このようなルールに対する裁判所の最初の判断は、Worthen Bank & Trust Co. v. National Bank

Americard Inc., 485 F. 2d 119（8th Cir. 1973）において、BankAmericard（Visa の前身）のメンバーが競合する MasterCard ネットワークに属することを禁ずる付属定款に関するものであり、当該定款の規定はシャーマン法一条に違反するグループボイコットとして当然違法と判示するアーカンサス連邦地方裁判所に対して、第八巡回区連邦控訴裁判所は、米国経済における銀行カード業界の重要性およびどのように BankAmericard がシステムのレベルにおいて MasterCard と競合するのか、どのように個々のメンバー銀行が互いに競合するのかの判断材料の欠如から、破棄差し戻しを命じた。なお、両ネットワークに属することは結果としてコンピュータによるクレジットカードの瞬間的証明に関する技術情報の剽窃に至るが、これが両ネットワークおよびそのメンバーに対してどのような影響を与えるかについては何ら示されていない、と裁判所は述べている。

(50)　1994 U. S. Dist. Del., 1994 - 2 Trade Cas.（CCH）P70, 796.

正規の手続を欠く決議・取引と準組合法理
——corporate irregularities における救済法理——

大野正道

一　中小会社における業務運営

(1)　手続規定の不遵守

わが国における中小会社は、ほとんど株式会社または有限会社という株主(社員)の有限責任が認められる会社形態を採用しているが、会社法(商法または有限会社法)の定める株主総会や取締役会という手続規定(formalities)を遵守しないで業務運営をしている場合が極めて多いと指摘されている(本稿では原則として株式会社について考察することとし有限会社については特に言及する必要がある限りにおいて論述することとする)。もっとも、通常の場合には、株主総会や取締役会が会社法の規定に則って開催されないとしても、株主や取締役がなんら異議を述べない限り、会社は支障なくスムーズに運営されているとも指摘されている。このような会社法の定める手続規定について無頓着な会社は、それぞれ百万社を超える閉鎖的な株式会社と有限会社の大宗を占めているであろうと推測される。(1)

このような事態を捉えて、株式会社形態の形骸化あるいは濫用として、商法学者の一部から憂慮する発言がなされて久しい。これらの商法学者は、会社法(商法)が定める正規の手続規定を履行しない限り、会社の意思決定が存在せず、また会社の業務執行もなし得ない、と長い間主張していた。しかし、私見では、このような見解は、法律の文言に忠実であるという点では無視することができないとしても、その反面において、中小会社の現実の運営について理解が不十分であると思う。

なぜならば、伝統的な会社法理においては、株主総会または取締役会で適正な手続きを踏んで成立した決議ないし取引のみが会社を拘束することになるが、中小会社にあっては、株主数が少なく、かつ、株主が同時に取締役に就任している場合が稀ではなく、いわゆる「所有」と「経営」が実質的に一致しているから、所有と経営が分離した典型的な大規模株式会社を念頭に置いて規定されている株主総会や取締役会に関する厳格な手続を遵守すべき旨を要求することは、株主の全員がなんらかの形で会社の意思決定に直接に参加している限り、各株主の利益は十分に保護されており、屋上屋を架する嫌いがあって不必要と思われるからである。

したがって、通常、株主総会や取締役会の形骸化あるいは濫用と言われていることは、多くの中小会社では、法定の手続が意図的に懈怠されているというよりも、会社内部の株主関係を反映して、不必要と思われる過重な手続が省略されているだけであると考えられる。中小会社の内部関係は、後述するように準組合（quasi-partnership）であるので[(2)]、民法上の組合に類似して任意の決議方法を採用することができると言えるのであり、そのため会社法の要求する厳格な決議方法・手続が遵守されず、任意の決議方法が採用されていることが多いのではないか、と想像される。そして、このような正規の手続を欠く決議・取引が法律上有効であるか、それとも無効であるかの法律上の争いは、当該決議や取引に関与した株主なり取締役が会社の支配権を奪われたり、あるいは会社が倒産して清算されるような事態に至って初めて問題とされるようになるのである。

(2)　正規の手続を欠く決議と準組合法理

このように中小会社においては、実際上、株主が同時に取締役であることが多いので、株主総会と取締役会との区別、およびその権限の分配が明確にされないきらいがあり、それがひいては、会社法または定款の定める正規の手続によらないで、会社の業務が運営されるという事態を招くこととなる点には、異論がないであろう。では、このような正規の手続を履践していない決議は、はたして法律上有効であるのか、それとも無効であるのか、どのように解するべきであろうか。一般に、会社の決議が正規の手続に則っていないとしても、当該決議に関して議決権のある株主の全員が同意している場合には、正規の手続規定が遵守されていないことだけを理由として、その決議の法的効力を否定することは妥当ではないと思われる。言い換えると、「議決権ある株主全員による合意の効力は会社を拘束する」と言えるのである。そして、当該決議が株主総会決議事項であれば株主総会の決議があったことになり、また、取締役会決議事項であれば取締役会の決議があったこととして、会社の業務が法律上有効になされていたことになるわけである。

この「議決権ある株主全員による合意事項は会社を拘束する」というテーゼ（These）は、中小会社について、組合に準じた業務運営を認めるものである、ということができる。私は、その意味で、中小会社は準組合（quasi-partnership）であると考えている。準組合法理については、本稿では第四節で後に簡単に説明する。結局、中小会社の実態が組合と異ならないのであれば、大規模な公開株式会社に要求される手続規定を厳格に遵守すべき旨を要求することは、その力量および能力からして中小会社に無理を強いるきらいがある。会社法の根本改正により、中小会社における業務運営の簡素化をすみやかに実現することが期待されている。

二　英国判例法における準組合法理

(1)　正規の手続に違背した業務運営

英国会社法において、定款は会社と社員間および社員相互間の権利義務関係を規律する。英国の私会社（private company）が準組合であり、株主相互間にも契約関係が存在することは、英国一九八五年会社法第一四条一項の定款の効力に関する規定を参酌するならばただちに明らかになる。同条は、基本定款および通常定款は、それが登記されたとき、各株主が署名捺印し、かつ、そのすべての規定を遵守する旨の条項を記載した場合と同一の範囲において、会社および株主を拘束する、と定めている。それに関連して、会社の運営をめぐる紛争の多くは、この定款の規定の解釈や実行に関して生ずることは想像に難くない。

しかし、英国会社法では、会社の業務運営が定款の規定を遵守しないで遂行される場合でも、株主が常にその救済を裁判所に求めることが認められているわけではない。英国判例法では、このような正規の手続に違背した場合（corporate irregularities）でも、会社が能力の範囲内（intra vires）において行動している限り、裁判所は会社内部の業務運営（internal management）に干渉しないという原則が存在しているのであり、これは Foss v. Harbottle の原則と呼ばれている。[3] この原則が存在していることにより、不正規な業務を匡正することが困難となることもある。したがって、ここで Foss v. Harbottle の原則について、その沿革と内容を紹介し、次項において、小規模会社における株主全員の合意の効力について判例法を検討する。

英国法では、会社の業務運営の詳細は定款で規定されるが、この定款は会社と株主間の契約であって、その規定の内容は会社および株主を拘束することは前述した（一九八五年会社法第一四条一項）。一般に、株主の個人的権利（personal right）が侵害されたり、侵害されるおそれがある場合には、株主は自ら訴訟を提起することができる[4]が、裁判所は、定款の規定の侵害はこの意味における個人的権利の侵害という範疇に入らないという立場をとっている。そのため、この Foss v. Harbottle の原則が認める例外にあたらない場合には、株主の訴権は否定されることになる。[5]

この Foss v. Harbottle の原則[6]は、一九世紀初期の組合法に淵源を有している。一八世紀には、大法官（Lord Chancellor）は、組合を解散する場合を除いて、組合の内部紛争には干渉しないとする原則が確立していた。[7] 組合員相互の協調は判決によって得られるものではなく、裁判所の努力は結局無駄に終わるからである。この組合法の原則は、当時、増加しつつあった法人格のないジョイント・ストック・カンパニー（joint stock company）には、その実体に応じて修正されて適用されることになった。このような会社では、社員が多数であり、かつ、常に変動しており、既に所有と経営の分離という現象が発生していた。また、株式は、実際上、自由に譲渡することができ、株主の不満を救済する内部的手続が定められることもあった。結局、裁判所は、内部的規則（internal regulation）に関する場合には、その紛争には干渉しないという立場を採るに至るのである。(8)

ところが一九世紀の初め頃には、組合法において、組合の解散を要求することが加害者（wrong-doer）にだけ有利になる場合には、計算請求（account）や差し止め命令（injunction）等の救済を認める方向に転換したのである。(9)しかしながら、Foss v. Harbottle の原則がいったん確立されると、組合法自体では取扱いが変更されたにもかかわらず、不干渉の原則（non-interference rule）が会社法に引き継がれることになった。すなわち、裁判所は内部的規則の対象である事項から生ずる株主（社員）間の紛争には介入しないという原則は、そもそも組合法の原則が法人格なき会社に拡張して適用されたものであるが、組合法が変遷をとげた後には、もっぱら会社における内部的手続の違背をめぐる紛争に適用される原則に転換することになったのである。それ故に、Lord Davey が一九〇二年に、「裁判所は、会社がその能力の範囲内で行動している限り、内部の業務執行に干渉しないし、また、事実そうする権限を持たないというのが、法人格なき会社（joint stock company）に関する基本的な原則である」と述べた(10)のは、この原則の沿革について正確な解釈をしたとは思われない。

Foss v. Harbottle の原則には、この組合法理からの継受とともに、他方で、会社法理に由来する新たな理由が付け加えられた。その法理とは、会社は独立の法人格を有するから、会社に生じた損害は、それが会社の外部の者によって引き起こされたものであるか、あるいは会社の取締役によって引き起こされたものであるかを問わず、会社によって提起された訴訟によって救済されるべきであって、株主（社員）による訴訟は認められないというものである。(11)この法理は、会社自体の権利について該当するとしても、社員（株主）の権利については関係ないはずであるが、Foss v. Harbottle の原則が確立する時点では、まだ両者の差異が明確にされていなかったのであり、この原則は、取締役の会社に対する忠実義務違反に関する事例（Foss v. Harbottle）にも、内部手続の不遵守に関する事例（Mozley v. Alston）にも同様に適用されたのである。もっとも、両者の事例を同一に取り扱うことには、初期にあっては無理からざるところもあった。一九世紀中葉においては、定款が会社と社員間の契約であることがまだ確定していなかった。そのため、定款の規定の侵害は、社員の会社に対する権利を侵害したものとはされないので、社員の個人的権利（personal right）を侵害する場合には Foss v. Harbottle の原則は適用されないとする例外事例のカテゴリーに含められなかったのである。(12)

しかし、定款の規定が会社と社員間の契約であることが認識されてくるとともに、内部手続の不遵守に関して、二つの対立する判例が生まれることになった。一方は、内部手続の不遵守（internal irregularities）に関する事例は社員の個人的権利の侵害という Foss v. Harbottle の原則の例外のカテゴリーに含まれない、よって社員の訴権は認められないとするものであり、(13)他方は、定款の規定の侵害は社員の会社に対する権利を侵害する、よって社員の訴権は認容されるというものである。(14)この両者の見解の角逐は、結局のところ、定款によって生ずる社員の権利が会社自体の権利と混同され、会社の権利に関する法理が定款の規定を侵害する場合にも適用されることとなり、前者の勝利に帰した。すなわち、「非難されている事柄が、会社の多数派株主が実質的に権限を有しているものであるか、または会社の多数派株主が権限を有しているがそれが正規の手続によらないで行使された場合には、……裁判所による判断は無意味である。なぜならば、その終局の目的が、株主総会が招集され、最終的に多数派株主の意思が決定されるに過ぎないからである」(15)とされた。

このような多数決原理（Majority Rule）は、本来、取締役の義務違反の行為を株主総会の決議で認許しうる場合に関して述べられたものであるが、ここでは会社内部の業務運営に干渉しないことを正当化する論理としても使用されることとなった。当時、既に多数決原理が会社関係における基本的原則であることが確立しており、多数決原理が会社内部の業務運営に対する裁判所の不干渉（non-interference）の立場を正当化するものとして用いられることには、なんらの支障もなかったのである。(16)

このように Foss v. Harbottle の原則は、多数決原理に支えられ、定款の規定の侵害に対して救済を求める少数派株主の訴権を妨げる結果となった。この原則の存在によって、会社の支配権は多数派株主の手に握られることになり、(17)この場合、多数派の株主の権限と少数派の株主の権利の関係を、前者の有利に決定することとなる。また、会社の支配権が取締役会に委ねられている場合には、取締役会の権限と社員の権利の関係を前者に有利になるように規律することとなる。結局、英国の会社法においては、多数派株主の利益の擁護、(18)または会社支配者の利益の擁護のために、(19)少数派株主の訴訟提起が妨げられたのであり、このような取扱いは、株主が会社自体の権利を会社に代わって行使する場合にも、株主が株主としての資格において会社に対する権利を行使する場合であっても同様の原理に服するものとされ、この原理が Foss v. Harbottle の原則として確立されたのである。(20)

しかし、ここで再度指摘するならば、定款の規定が遵守されないまま会社の業務が遂行される場合には、判例において、裁判所は会社内部の業務運営には干渉しないという立場と、(21)定款は会社と株主間の契約であってこの権利は会社に対して実現を求めることができるから株主の訴権を認めるという立場が対立していたのである。(22)さらに、Wedderburn は、各株主は定款に規定されている各個の権利の他に、会社の業務が定款の規定に従って遂行されることを要求できる包括的な権利、つまり「定款遵守を要求する権利」（right to have the company administered according to the terms of the articles）を持っていることが判例から明らかである旨を主張しているのである。(23)もし、この指摘が正しいとすれば、英国会社法においては、従来の多数派株主の支配ないし会社支配権の擁護の立場から、少数派株主の利益の保護のために、株主総会の段階であっても取締役会の段階であっても、会社の業務が定款の規定を遵守して運営されることが要求されており、しかもその履行を担保する趣旨で、各株主に一般的な形で訴権を認める立場に転換したと言ってもよいであろう。この点について即断することは差控えるが、Wedderburn の見解には傾聴に値するものがある。

以上、かなりの紙幅にわたって正規の手続を欠く会社の業務運営を少数派株主が匡正する際に横たわっている Foss v. Harbottle の原則という英国会社法独自の障害について説明してきた。次項では、この原則の存在とは別に、準組合会社の実質の故に認められる会社訴訟における特殊な取扱いについて、判例を中心に紹介することとする。この側面においても、英国の私会社の実質は組合であるという準組合法理の投影がみられるのである。

(2) 株主全員の合意の効力

一般の会社法理においては、株主総会または取締役会で適切な手続を履践して成立した決議のみが会社を拘束するとされるが、中小会社にあっては、株主が同時に取締役に就任する場合が殆どであり、所有と経営が一致しているから、所有と経営が分離した典型的な株式会社を念頭に置いて規定された株主総会や取締役会に関する厳格な方式（formalities）を遵守すべき旨を要求することは、全株主が会社の意思決定に直接参加している限り、各株主の利益は十分に保護されているから、屋上屋を架する嫌いがあり不必要ではないかと思われる。組合（partnership）においては、組合員は任意の決議方法を組合契約で採用することができるのであるが、中小会社にあっても、実際上、会社法の要求する厳格な決議方法が遵守されず、任意は決議方法が採用されていることが多いと想定される。そして、このような正規の手続を欠く決議が有効であるか無効であるかの法律問題は、当該決議に関与した株主なり取締役が会社の支配権を奪われたり、あるいは会社が清算されるような事態に至って始めて問題とされるのである。[24] とまれ、会社の業務を執行する権限は、通常定款（articles of association）の規定により原則として取締役会に付与されているが、中小会社においては、通常、株主が同時に取締役であることが多いから、株主総会と取締役会との区別およびその権限の分配が明確にされない嫌いがあり、それがひいては会社法または定款の定める正規の手続によらないで、会社の業務が運営される事態を招くこととなることには異論がないであろう。

それでは、このような正規の手続を欠く決議は果たして無効であろうか、それとも有効とすべき余地があるのであろうか。この際、中小会社における正規の手続を遵守していない決議の有効ないし無効を論ずることは、いわゆる法人格否認の法理のカテゴリーとして論じられてきたのではなく、株主または取締役の決定を株主総会決議もしくは取締役会決議と同視することができるかという若干次元の異なる問題として構成されてきたことに注意すべきである。(25)

一般に、会社の行為が正規の手続に基づいていないが、当該決議に関して議決権のある株主の全員が同意している場合には、正規の手続が履行されていないことだけを理由に、その行為の効力を否定することは妥当ではないと思われる。英国の判例法では、たとえ正規の手続が履行されていないとしても議決権のある株主全員の承諾が存在していれば、それをもって株主総会の決議と同視することができ、必ずしも株主総会という会議体の存在は要求されていないこと、また同時に、会社の能力の範囲内であるならば取締役会決議の瑕疵を追認により治癒できるという原則が確立している。(26) 比較的初期の判例において、Lindley L. J. は、「株主により個別的になされた承諾は、承諾を与えた者が自分が認容した事項に対し異議を述べることができなくなるという効果を持ちうるとしても、これが株主総会の承認と同視され、法人格を有している会社をも拘束するとは解することができない」と判示した。(27) しかし、本件において承認の対象とされた取引は、取締役の個人住宅の維持費として三千五百ポンドが贈与されたというものであり、会社の能力の範囲外（ultra vires）の行為であった。(28) この点で重要な事実（material fact）において以後の判例と区別される。なお、事案は異なるが、Salomon 事件判決(29)において、Lord Davey が、「……会社は能力の範囲内（intra veris）の事項では、株主全員の一致した合意に拘束される」と言及したのは参照に値する。

しかし、後に控訴裁判所（Court of Appeal）は、株主全員が実際に会議に参加したが、その会議を取締役会と称した場合について、当該取引行為が取締役会の権限の範囲を越えていることを理由にその決議を無効とすべきでないとして、正規の手続によらなくても株主全員の承諾は株主総会の追認と同視して会社を拘束することを認める立場に転換した。[30] また、Oxtend Motor 事件判決[31]では、株主全員の同意により、株主総会招集通知期間が放棄されうると判示された。この判決は、制定法として認容され、一九四八年会社法は九五％の株主による招集通知期間の放棄を定めることになった。同法第一三三条㈢項(b)号は、「総会に出席し議決する権利のある株主の過半数で、かつ名義額において総会に出席し議決する権利を与える株主の九五％以上を保有するかまたは株式資本を有しない会社の場合には総会における社員全員の議決権総数の九五％以上を代表する者による同意」を要求している。特別決議については同法一四一条㈡項に定めがある。しかし、年次株主総会に関しては、二一日前の通知を放棄するには、総会に出席し議決する権利のある株主全員の同意が必要となっていた（同法一三三条㈢項(a)号）。年次株主総会（annual general meeting）と臨時株主総会（extraordinary general meeting）とで差異を設けた理由について、Cohen Report は、年次株主総会ではかなり重要な事項（例えば取締役の選任および計算書類の承認など）が取り扱われるから比較的長い招集通知期間が必要であり、また開催が義務づけられているから不都合が殆ど生じないと考えられること、他方で、臨時株主総会は緊急事項のため急いで招集される必要があるためと説明されていた。[32]

ところで前述の Re Express Engineering 事件判決は、正規の手続は履行されていないが、一応会議体と認められる状態が存在していた事案であった。それ故に、Lord Sterndale M. R. は、「……取締役会として議事録に記載されているが、もし出席した五名が『今からこの集会を株主総会にする』と宣言したならば、またそう宣言することは彼らの権限の範囲内であったのであり、実際そのように宣言したであろうと思われるから、会社の株主総会であったとみなしてよいであろう」と判示していたのである。[33] しかし、続いて Reding 事件判決[34]で、Astbury J. は、Re Express Engineering 事件判決は株主全員の承諾の存在ということのみに基づいて判例を変更したものであり、会議体の存在は同事件での単なる事実の認定に過ぎなかったと判断した。そして、「……当該取引が会社の能力の範囲内であり、かつ善意で（honest）行われる場合、特に会社の利益のために締結される場合には、株主全員の承諾があれば当該取引は取消し得ないものとなる」と判示して[35]、株主全員の承諾が個別的になされるか、同時になされるか全く関係がないことを明確にした。

同様の見解が Re Duomatic 事件判決で採用された[36]。議決権のある普通株を全株所有するＸＹＺは、三名が取締役として受け取る報酬の支払およびＸが取締役の地位を喪失する補償としての支払をなす旨を合意した。議決権の無い優先株主はこの決定に参加せず、また正規の株主総会も取締役会も全く開催されなかったので、会社の清算人は、これらの支払額の返還を求めた。Buckley J. は、取締役報酬の支払について、前記の Express Engineering 事件判決および Reading 事件判決を検討した後に、この三名による合意は、株主総会の決議と同視することができるから、もはや効力を覆すことはできない、との結論に達した。「……株主総会に出席し議決する権利のある株主の全員が、株主総会に権限が属する事項に関して合意したことが証明されるならば、その合意は株主総会の決議と同様の拘束力を有する。株主総会の招集通知を受け取り総会に出席して議決する権利が与えられる株式を所有しない優先株主は、当該事項が議決権のある株主全員の合意により正規の手続によらないで処理されたとしても、それが議決権のある株主が正規の手続により開催された株主総会に集合して決定される場合と比べて、より悪い立場に置かれたことにはならない[37]」。次いで、取締役の地位を喪失する補償としての支払については、一九四八年会社法第一九一条の規定[38]が遵守されていないので、会社が適法に支払うことができない会社の能力の範囲外の支払であり、会社に返還しなければならないと判示した。その理由として、「本条（一九四八年会社法一九一条）は、〔提案の内容が〕株主全員に開示されることを要求し、かつ、その支払が提案されている段階、すなわち実際に支払がなされる前に開示されることを要求していると思われる。さらに提案が会社により承認されるとは、株主総会で承認されるという意味に解される。……優先株主は、優先株という本質から株主総会の招集通知を受け取り総会に出席し議決する権利を与えられていないが、それでも自己の見解を総会に出席し議決する者に知ってもらうことを望むかもしれないのであり、それ故に、通知は優先株主にとってかなりの重要性を持ち、ひいては会社業務に対しても何らかの影響を及ぼし得るからである」と述べている[39]。

このような株主全員による合意の会社に対する拘束力は、議決権のある株主の全員一致でなければ生じない[40]。枢密院（Privy Council）は、事実関係が Reading 事件と酷似している事案について、自己の権利として株式を所有している二名の株主の合意が得られなかった場合に、Reading 事件判決で適用された程度の禁反言（estoppel）は適用されないと判示している[41]。なお、枢密院の初期の判例には、特別決議（special resolution）によって成立したものではない通常定款の規定に従って一九年間も異議なく会社業務が運営されていた場合に、株主全員はその定款が有効であり効力あるものとして認容し採用したと考えられるとして、長期の黙認（acquiscence）が決議の不存在を治癒しうると判示したものがある[42]。しかし、当該取引行為が会社の能力の範囲外であれば、株主の黙認により有効とすることはできないとされている[43]。

正規の手続によらないで一旦承諾を与えた株主が、後にその承諾を撤回できるかという問題に関して判例は論ずるところがない。Morse と Tedd は次のように論じている。もし判例の根拠が、株主総会を開催する必要性が回避されるという点に存在するならば、株主総会のアナロジーから一度全員が同意した以上は、個々の株主はもはや異議を述べることはできないことになる。しかし事案における問題点が禁反言（estoppel）にあるとすれば、株主全員の同意に信頼して取引行為がなされる以前に同意が撤回されれば、会社の取引行為が禁止されることになる。したがって、同意はかなり遅い段階まで、多分株主の同意を得た取引が会社により現実に履行されるか、外部の第三者と拘束力のある契約が締結されるまで撤回が可能である。その段階を過ぎると会社は内部手続の整否に関して異議を述べることは禁じられることになる[44]。この点で、会社代表行為に関するターカントケース・ルール（the rule in Turquand's case）[45]に類似していることが想起される[46]。株主全員の合意（unanimous shareholders' agreement）があることによって利益を得るものが会社の内部者であったという事実は、ターカントケース・ルールが外部者（outsider）より内部者（insider）を不利益に取り扱う点で差異があるとしても、全く関係がないわけではなかろう。[47] 興味あることは、この会社業務運営の不正規性（corporate irregularities）の法分野において、内部者の利益になる取引を有効とする場合以外に、正規の手続によらないで株主全員の合意でなされた決議・取引の効力が争われた事例を発見することが困難なことである。

三　わが国における判例の検討

(1)　全員出席総会について

商法に規定する株主総会の招集手続を欠く場合には、原則として、招集手続に瑕疵があるものとして、株主総会決議取消の訴えの事由となり（商二四七条一項一号）、あるいは瑕疵がはなはだしく会議がなされた形跡もないときは、株主総会決議不存在確認の訴え（商二五二条）の事由となる。[48] もっとも、法定の招集手続を欠く場合であっても、株主全員が集まり、総会を開催することに同意したいわゆる全員出席総会の決議の効力については、その有効または無効について古くから議論があった。判例は、かつて全員出席総会は「単純ナル株主ノ会合」にすぎず、そこでの決議は株主総会における決議とはいえず、法律上当然無効であるとして否定説の立場をとった。[49] しかし、近時、最高裁判所は、肯定説の立場に転換した。まず、株主が一名の「一人会社」の事案につき、「その一人の株主が出席すればそれで株主総会は成立し、招集の手続を要しない」と判示した。[50] そして、次いで全員出席総会の決議の効力について判断を下した。事案は、原告会社の代表取締役であると称するAが、役員選任決議等を会議の目的たる事項と定めて会社の株主総会（本件株主総会）を招集したが、右会議の目的たる事項を了知して委任状を作成し、これに基づいて選任された代理人を出席させた株主も含め、原告会社の株主一〇名全員がその開催に同意して出席し（被告は本人が出席）、会議が開かれたが、本件株主総会の成立が争いとなった。最高裁判所は、「商法が、二三一条以下の規定により、株主総会を招集するためには招集権者による招集の手続を経ることが必要であるとしている趣旨は、全株主に対し、会議体としての機関である株主総会の開催と会議の目的たる事項を知らせることによって、これに対する出席の機会を与えるとともにその議事及び議決に参加するための準備の機会を与えることを目的とするものであるから、招集権者による株主総会の招集の手続を欠く場合であっても、株主全員がその開催に同意して出席したいわゆる全員出席総会において、株主総会の権限に属する事項につき決議をしたときには、右決議は有効に成立するものというべきであり（最高裁昭和四三年(オ)第八二六号同四六年六月二四日第一小法廷・民集二五巻四号五九六頁参照）、また、株主の作成にかかる委任状に基づいて選任された代理人が出席することにより株主全員が出席したとなる右総会において決議がされたときには、右株主が会議の目的たる事項を了知して委任状を作成したものであり、かつ、当該決議が右決議の目的たる事項の範囲内のものである限り、右決議は、有効に成立するものと解すべきである」、と判示してYの上告を棄却した。(51)

学説においても、全員出席総会を肯定するのが、現在の通説となっている。(52) その理由として、招集手続の規定は、株主全員に出席の機会と準備の余裕を与えようとする趣旨であるから、全株主がその利益を放棄して総会の開催に同意した以上有効な総会の成立を認めて差し支えない、と主張されている。この結果、現在においては、判例および通説において全員出席総会が株主総会として是認されるに至っており、会社の全株主が出席し、かつ、その出席株主全員が総会開催に同意した場合には、たとい招集権者による招集がない場合でも、あるいは法定の招集手続に従わない場合であっても、この株主の集会は全員出席総会たる株主総会として有効に成立することになる。(53)

ただし、この場合に委任状による代理人の出席も認められるか否かについて議論がある。これを否定する学説(54)は、代理人には出席と準備の機会に対する株主の利益を処分する当然の権限はなく、また株主が委任状を作成・提出したことをもって当然に右の利益放棄の意思を認めることは困難である、と主張するが、最高裁判決と同様に、肯定説[55]の方が有力である。その理由として、本件判旨との関係では、株主本人が会議の目的を予知している限り代理行使による弊害はないこと、が重要であるとされる[56]。また、本判決で、「株主が会議の目的たる事項を了知して委任状を作成したものであり、かつ、当該決議が右会議の目的たる事項の範囲内のものである限り」において肯定するものであり、法的安定性の見地から、本判決の示した限定的解釈を評価できると解するものがある[57]。

(2) 株主全員の合意と商法二六五条

中小会社の取締役と会社が取引することはしばしば生ずることである。そこで、商法二六五条は、取締役・会社間の利益相反取引について規定を設けている。すなわち、取締役が会社と利益が相反する取引(直接取引・間接取引)をするときには、取締役は会社の取締役会の承認を受けなければならない(商法二六五条)。取締役会の承認のない取引は法律上無効となるとともに、取締役は、会社がこうむった損害につき賠償する責めを負う(商法二六六条一項四号・五号)。

商法二六五条に定める取締役会の承認は、中小会社の場合にはオーナー株主兼取締役のことが多いので、この承認手続がとかく忘れ去られがちになり、後日になって紛争が生ずる事例が後を絶たない。当事者の心理を忖度するならば、取締役が意図的に承認手続を怠るのではなく、ワンマン経営のもとうっかり失念してしまうのがほとんどであろう。さらに、承認手続が履行されていない場合でも、株主が会社と取締役間の取引によってなんらの損害を受けず、むしろ、その取引の実現を望んでいる場合もある。そこで、取締役会の承認を欠く利益相反取引は、事後的に取締役会が追認して、法律上、有効な取引とすることができると解されている。

このような論理を進めていくと、株主総会において追認決議をなすことができることを否定すべきではない。ただし、この場合にも全員出席総会の趣旨が生かされるべきであって、その結果、株主全員の合意がある取引は、商法二六五条で定める取締役会の承認という手続を履践していないとしても、法律上、有効な取引とみなされると解する。

わが国の最高裁判所もこのような見解を採用していると思われる。判例は、まず、一人会社で唯一の株主である取締役が会社と取引をする場合、利益相反関係がないので、取締役会の承認は必要ない旨を判示した(58)。続いて株主全員の同意がある場合に、取締役会の承認の承略を認めるに至った。すなわち、最高裁は、実質上の株主全員による株式の譲渡について、「このように株主全員の合意がある以上、別に取締役会の承認を要しないことは、会社の利益保護を目的とする商法二六五条の立法趣旨に照らし当然であって、右譲渡の効力を否定することは許されないものといわれなければならない」(59)、と判示している。

このような解釈は、中小会社の内部関係を組合に準じたものであると考えることによって、理論上、当然に導き出すことができる。株主全員の合意は準組合の意思決定としての効果を有する。もちろん、株式会社（有限会社）という会社形態を採用している以上、株主と取締役とでは、その組織上の役割も異なり、株主の合意すなわち取締役会の承認とすることに疑念を感ずる人々も存在するであろう。例えば、学説は、株主全員の同意をもって取締役会の承認に代えることができる旨を肯定する説と否定する説に対立している、と指摘されている(60)。

しかし、最高裁判所は、商法二六五条の解釈についても、中小会社の実態に応じた法律判断をしているのであって、私見では、この傾向は好ましいと思っている。

なお、最高裁判所のような解釈をした場合には、会社債権者または取引の後に株式を取得する者の利益を害する結果となるおそれがあるという問題点が指摘されている(61)。しかし、そのような疑念が生じ、紛争を惹起することを塞ぐために、最高裁判所は、株主全員の合意をもって取締役会の承認があった場合と同様に看做して紛争の発生を予防していると思われる。

(3) 株主・社員全員の承認による株式・持分の譲渡の効力

次の最高裁判決の類型は、株式および持分譲渡制限に関わるものである。まず、一人株主の承認による譲渡制限株式の譲渡の効力である。最高裁は、「商法二〇四条一項ただし書が、株式の譲渡につき定款をもって取締役会の承認を要する旨を定めることを妨げないと規定している趣旨は、専ら会社にとって好ましくないものが株主となることを防止し、もって譲渡人以外の株主の利益を保護することにあると解される（最高裁昭和四七年(オ)第九一号同四八年六月一五日第二小法廷判決・民集二七巻六号七〇〇頁参照）から、本件のようないわゆる一人会社の株主がその保有する株式を他に譲渡した場合には、定款所定の取締役会の承認がなくとも、その譲渡は、会社に対する関係においても有効と解するのが相当である」旨を判示した。(62)

次いで、有限会社の社員全員の承認のもとにされた持分譲渡の効力について、最高裁は、「有限会社法一九条二項が、社員がその持分を社員でない者に譲渡しようとする場合に社員総会の承認を要するものと規定している趣旨は、専ら会社にとって好ましくない者が社員となることを防止し、もって譲渡人以外の社員の利益を保護するところにあると解されるから、有限会社の社員がその持分を社員でない者に対して譲渡した場合において、右譲渡人以外の社員全員がこれを承認していたときは、右譲渡は、社員総会の承認がなくても、譲渡当事者以外の者に対する関係においても有効と解するのが相当である」、と判示した。(63)

この二つの最高裁判決は、商法二〇四条一項但書に定める取締役会の承認および有限会社法一九条二項に定める社員総会の承認に係わるものであるが、原則として、会社の支配者である株主全員の合意がある場合には、法律で定める正規の手続に則っていないことだけを理由として、その法的効力を否定することは妥当ではないと思われる。何度も繰り返すが、「当該決議に関して議決権のある株主全員による合意事項は会社を拘束する」と解される。したがって、取締役会の決定事項である商法二〇四条一項但書の決定があったと考えてよいし、また社員総会の承認事項である有限会社法一九条二項の承認があったと考えてもよいのである。そのため最高裁の二つの判決は、理論上、取締役会の承認あるいは社員総会の承認がないとする点で疑念が残るが、結論について誤りがなく賛成する。

(4)　一人会社の株主による会社債権の譲渡の効力

最高裁のやや古い判決に次のような事案のものがある。A会社は、Yに対して、金銭債権を有していたが、これをXに譲渡した。この債権譲渡およびYに対する通知は、ともにA会社代表取締役Bの名義でなされたが、A会社では株主総会が開かれたことがなく、Bは適法に選任された代表者ではないと主張して、Yが債権譲渡の効力を争った。最高裁は、「A会社の株式は、同会社がC会社と称していた当時、Bにおいてその株式の全部を譲り受けてその権利者となったのちにおいては、Bを除く株主はすべてBに名義を貸与しているだけにすぎず、同会社の役員もまた、Bのために名義を貸与しているにすぎないというのであるから、同会社は、株式会社の形態をとってはいるが、その実質においてBの経営にかかる個人企業となんら異なるところはないものというべく、A会社すなわちB個人と解することができるのであって、かかる事情のもとにおいては、A会社の名をもってなされた取引は実質上B個人の取引とみて妨げないというべきである。そうであるとすれば、本件債権はA会社がYに売却した物件の代金債権であることは原審の確定するところであるが、その実質はB個人に取引によって生じたB個人の債権であると解することができるから、BがA会社の代表取締役名義をもってしたXに対する前記債権譲渡およびその旨の通知行為は、実質上の権利の帰属者のした行為としてその効力を生じたものであり、債務者であるYにおいて右債権譲渡の効果を争うことはできないといわなければならない」、と判示した。(64)

私は、本判決の結論には賛成するが、その理由付けには疑問を感じている。本判決は、A会社の株主は実質上B一人であること（B以外の株主は名義株主にすぎない）、およびB以外の役員もBのために名義を貸与しているにすぎないという事実から、A会社は株式会社の形態をとってはいるが、その実質はBの経営する個人企業であり、A会社名義の取引は、実質上B個人の取引とみて妨げないとするものであり、法人格を否認するという趣旨を明言しているわけではないが、いくつかのコメント(65)により、いわゆる法人格否認の法理（形骸化事例）が適用されたものであると理解されている。

しかし、本稿で検討してきたように、株主全員（一人株主）の合意は会社を拘束する、というテーゼによって簡単に結論が導き出されるのであり、強いて難解な法人格否認の法理の形骸化事例として取り扱う必要はない。本事案において、会社財産と個人財産の混同、業務の混同などの事実を認定することなく、会社法上の手続を無視していたという事実だけを認定して結論に至っているのである。結局、本判決は実質上の一人株主が、法定の選任手続を経ないで代表取締役としてなした債権譲渡およびその旨の通知が、会社に対して効力を生ずるとしたものと理解すれば足りる。(66)

四　中小会社と準組合法理

(1)　会社法学と「社団法理」

会社法学の通説は、会社を「営利社団法人」と性格付け、会社における法律関係を「社団法理」で規律しようとしている（商法五二条一項、五四条一項）。社団法理とは、ごく簡単に述べると、会社における法律関係を会社と社員（株主）間の社員関係として整序しようとする学説である。(67) この社団法理は、大規模な株式会社については妥当するとしても、中小会社について社団法理を適用しても、問題を適切に処理することができない場合が多い、と早くから指摘されていた。その理由は極めて単純なことであるが、中小会社のほとんどは、法社会学的実態からみて社団ではないからである。むしろ、何度も繰り返し述べているが、中小会社の実態を組合と把握する方が妥当である場合が多い。商法六八条は、合名会社について、「会社の内部の関係については定款または本法に別段の定めなきときは組合に関する民法の規定を準用する」旨を定めているが、商法五二条一項の「社団性」の規定の存在を前提にして、後に続く商法六八条を正確に読解するならば、商法六八条の規定は、単純な民法上の組合法理ではなく、準組合法理（quasi-partnership doctrine）の適用を定めるものと解される。商法五四条一項の規定

する「会社の法人性」に照らしても、商法六八条が単純な組合法理の適用を示唆しているとは解し難いのである。(68)

(2)「準組合法理」の効用

単純な組合法理では、民法上の組合と同様に、株主(組合員)相互間にのみ法律関係を認めるだけであり、会社と株主(組合員)間の法律関係、すなわち社員関係の存在が認められるのか否か疑念が生ずる。これと異なって、準組合法理は、会社と株主(社員)間に社員関係として法律関係を認めるとともに、株主(社員)相互間においても法律関係の存在を認めるという会社法理論である。

準組合法理は、中小会社の内部関係の処理(例えば株主間の内紛の解決)に適しているが、それは株主相互間に法律関係(契約関係)が存在することを肯定するためである。社団法理は、多数の株主を擁する大規模な株式会社の法律問題を処理するには都合がよいが、その枠からはみ出して群生した中小会社における法律問題を処理することにはまったく適していない。したがって、中小会社、とりわけ親族関係のある同族会社における紛争を処理するためには、どうしても、株主相互間に契約関係が存在すること、すなわち準組合法理を適用することが必要となる。

最後に、本稿の取り扱った内容は、準組合である中小会社において生じた手続上の不遵守(corporate irregularities)における救済法理の検討であった。修士課程で既に英国の私会社における準組合法理について研究していたので、「議決権のある株主全員による合意事項は会社を拘束する」というテーゼは、違和感なく受け止めることができた。株主の合意だけでは不十分であり、なんらかの会議体の存在を必要とする学説もあり得るかもしれないが、若い頃の私にとっては英国の判例法が心地よく受容できた。改めてロンドン大学高等法学研究所で一〇カ月間の研究生活を経験してみても、基本的な事柄は何ら変わっていない。大英帝国華やかし頃の判例法が現在でも息遣いているのであり、同じ島国として羨ましく思った次第である。

(1) 商法四九八条一項において、各種の手続規定を遵守していない取締役等について百万円以下の過料に処す旨が定められているが、この規定の実効性について疑いがあることは、多くの会社法学者の共通の見解となっている。株主総会や取締役会が法律の規定の通りに開催されているかどうかについても、調査する術がないというのが実情であろう。

（2）　第四節の(1)で「社団」とともに「準組合」について言及している。
（3）　Foss v. Harbottle, 1843, 2 Hare, 416.
（4）　Wedderburn, "shareholders' right and the rule in Foss v. Harbottle", [1957] C. L. J. 194, at p. 203.
（5）　MacDougell v. Gardiner（1875）1 ch. D. 13.
（6）　この原則は、訴訟法的側面と実体法的側面を備えている。see Boyle, "a liberal approach to Foss v. Harbottle",（1964）27 M. L. R. 603, 606 ; Barak, "a comparative look at protection of the shareholders' interest ; variations on the derivative suit", [1971] 20 International and Comparative L. Q. 22, 23-24. しかし、訴訟法と実体法の区別が完全に認識されておらず、例外として株主の訴えが認められる場合でも、純粋に手続的問題とみなされているようである。see Heyting v. Dupont [1964] 1 W. L. R. 843. それ故、この原則では、株主の原告適格と裁判所の管轄権が論じられることになる。see Burland v. Earle [1902] A. C. 83, 93.
（7）　Wedderburn, op. cit.（n. 4）196. Boyle, "the minority shareholder in the nineteenth century ; a study in anglo-american legal history", 28 M. L. R. 317 at p. 318.
（8）　Carlen v. Dnury（1812）V. & B. 154.
（9）　Wedderburn, op. cit.（n. 4）194 ; Boyle, op. cit.（n. 7）319.
（10）　Burland v. Earle [1902] A. C. 83, 93.
（11）　Mozley v. Alston（1847）1 Ph. 790 ; Burland v. Earle [1902] A. C. 83, 93 ; Edwards v. Halliwell [1950] 2 A. E. R. 1064. このような法理は、定款の規定の侵害による損害の救済や取締役の義務違反の救済を求める社員の訴訟に対して、裁判所がより制限的な態度を採ることにかなりの影響を及ぼした。see Boyle, op. cit.（n. 7）320.
（12）　Barak, op. cit.（n. 6）28.
（13）　MacDougall v. Gardiner（1875）1 ch. D. 13 がこの傾向のリーディング・ケースである。

（14） Pender v. Lushington（1877）6 ch. D. 70がこの傾向のリーディング・ケースである。

（15） Per Mellish L. J. in MacDougall v. Gardiner（1875）1 ch. D. 13, at p. 25.

（16） Wedderburn, op. cit.（n. 4）198. Foss v. Harbottle判決において、初めて、多数決原理に言及して、株主の多数派が正規の手続のよらない行為を認許しうる場合には裁判所は会社の業務に干渉しないという立場が明言された。

（17） 株主が株式の過半数を所有していない場合でも、会社の支配権を効果的に行使できることもありうる。see Pickering, “shareholders' voting right and company control”, 81 L. Q. R. 248.

（18） Wedderburn, op. cit.（n. 4）198.

（19） Barak, op. cit.（n. 6）25.

（20） 本稿では派生訴訟（derivative action）に関する点については触れていない。詳しくは、Wedderburn, [1958] C. L. J. 93 ; Boyle, op. cit.（n. 7）317 ; Barak, op. cit.（n. 6）22 ; Gower, Principles of Modern Company Law, 6th ed.（1997）, at pp. 665-676.

（21） Mozley v. Alston（1847）1 Ph. 790 ; MacDougall v. Gardiner（1875）1 ch. D. 13, C. A.

（22） Pender v. Lushington（1877）6 ch. D. 70（議決権）; Wood v. Odessa Water Works Co.（1889）42 ch. D. 636（利益配当請求権）。その他の権利に関して、Wedderburn, op. cit.（n. 4）210-211.

（23） Wedderburn, op. cit.（n. 4）, at pp. 214-215. 判例として、Catesby v. Burnett [1916] 2 ch. 325 ; Quin & Axtens Ltd v. Salmon [1909] A. C. 442. なお、一九四八年会社法第二一〇条による救済に関する判例でも、会社の業務が定款の規定に従って運営されることを求める社員の権利が示唆されている（In re H. R. Harmer Ltd. [1959] W. L. R. 62, C. A., per Jenkins L. J. at p. 85 and Romer L. J. at p. 87）。しかし、Gowerは、Wedderburnの主張に対して懐疑的な見解を表明していた。Gower, Principles of Modern Company Law, 3rd. ed.（1969）, at pp. 264-265.

（24） Morse & Tedd, “partnership companies”, [1971] J. B. L. 261, 262.

（25） もっとも、Gowerは、この問題を株主の決定を会社自体の決定と同視しうるものであるかという法人格否認の一場合とみている。Modern Company Law, 3rd ed.（n. 23）at pp. 208-210.

(26) Morse & Tedd, op. cit.（n. 24）261. なお、単に異議を述べないことも同意に含まれる場合がある。Morse & Tedd, at p. 263.

(27) Re George Newman Ltd., [1895] 1 ch. 674, C. A.

(28) 当該行為が能力の範囲外（ultra vires）であれば、株主の同意（acquiescence）によって有効な行為とすることはできない。Cf. Pacific Coast Coal Mines v. Arbuthnot [1917] A. C. 607, P. C.

(29) Salomon v. Salomon & Co. [1897] A. C. 22, H. L. at p. 57.

(30) Re Express Engineering works Ltd. [1920] 1 ch. 466, C. A. 事実は以下のとおりである。会社の全株主であり同時に全取締役である五名の株主が、自ら利害関係を有するシンジケートからある財産を購入する旨の取締役会決議を可決した。会社の定款では、取締役が自ら利害を有する取引に関して、取締役として議決権を行使することができない旨が規定されていたので、会社の清算人は、当該取引の取消を求めた。本件では、この取締役会決議が全株主による株主総会の追認と同視できるかというかという点が争点となった。

(31) Re Oxtend Motor Co. [1921] 3 K. B. 32.

(32) Cmnd. 6659, para. 126.

(33) In re Express Engineering Ltd. [1920] 1 ch. 466, C. A., at p. 470.

(34) Parker & Cooper Ltd v. Reading [1926] ch. 975. 事実は以下のとおりである。会社は、R（株主の一人でありかつ取締役でもある）に対して借入金の担保として、社債（debenture）を発行した。その社債には定款の規定する捺印方法が遵守されておらず、かつ署名した取締役（Rもその一人）は正規の任命手続を経ていなかった。また、当該取引について株主全員が討議し、各自、個別的に承諾を与えたのであるが、株主総会はまったく開催されなかった。清算人は社債の有効性を争ったが、裁判所は取引は有効であって会社にその実行を求めることができるとした。

(35) [1926] ch. 975, at p. 984.

(36) Re Duomatic Ltd. [1969] 2 ch. 365.

(37) [1969] 2 ch. 365, at p. 373.

(38) 同条は、会社がその取締役に対して地位の喪失として、または退任に対しもしくはそれに関連した対価として支払をなすことは、提案された支払に対する詳細（その総額を含む）が会社の株主に開示され、かつその提案が会社により承認されない限り、これを不適法なものとする旨を定めていた。

(39) [1969] 2 ch. 365, at p. 374.

(40) Gower, op. cit. (n. 20), (1997) at p. 176 ; Morse & Tedd, op. cit. (n. 24) 263.

(41) E. B. M. Co., Ltd. v. Dominion Bank [1937] 3 A. E. R. 555, P. C. 本件事案の審理を通じて estoppel の用語が使用されている。また本件判決は、前掲の Duomatic 事件判決では全く言及されていない。

(42) Ho Tung v. Man On Insurance [1902] A. C. 232, P. C.

(43) Pacific Coast Coal Mines v. Arbuthnot [1917] A. C. 607, P. C.

(44) Morse & Tedd, op. cit. (n. 24) at pp. 263-264.

(45) このルールのリーディング・ケースは、Mahoney v. East Holyford Mining Co., (1875) L. R. 7, H. L. 869. である。

(46) このルールは、会社と取引関係に入る第三者は、会社代表者が当該行為をなす権限があると信ずべき正当な事由がある限り、その内部手続の整否について調査する必要はないというものであり、この結果として、取引の迅速と安全とが確保されることとなる。see, Gowor, op. cit. (n. 20), (1997) at pp. 221-222. 小町谷・「イギリス会社法概説」一六八頁以下、山口幸五郎「イギリス法における会社代表行為の効力——ターカントケース・ルールの意義と展望——」『英米会社法の論理と課題』（星川還暦記念論文集）一一三頁以下。

(47) もっとも、このターカンドケース・ルールの利益を享受しうべき者は、会社内部の手続的整否を知り得ない立場にある外部者に限られるので、会社との取引の相手方でも、いわゆる自己相反取引の場合における会社の取締役は含まれず、また会社の株主も場合によってはこのルールによる保護を受け得ないとする見解がある点に注意すべきである。山口前掲論文一二八頁。Springfield, The Company Executive and the Law, 1970, pp. 95-96.

(48) 最判昭和四五年八月二〇日判時六〇七号七九頁。

(49) 大判昭和七年二月一二日民一一巻三号二〇七頁。
(50) 最判昭和四六年二四日民集二五巻四号五九六頁。
(51) 最判昭和六〇年一二月二〇日民集三九巻八号一八六九頁。
(52) 鈴木＝竹内『会社法〔第三版〕』一二八頁、大隅＝今井『新版会社法論中巻Ｉ』一二頁、田中誠『再全訂会社法詳論上巻』四九九頁、前田重『新版注釈会社法⑸』三五頁。拙稿「全員出席総会の決議の効力」判タ九四八号六五頁。
(53) 前田重『新版注釈会社法⑸』三五頁。
(54) 西原「株主総会の運営」『株式会社法講座三巻』八七三頁、境『旧版注釈会社法⑷』二九頁、大隅＝今井・前掲書一三頁。
(55) 鈴木＝竹内・前掲書二二八頁、田中誠・前掲書四四九頁、北沢『会社法〔第三版〕』三〇〇頁。
(56) 丸山『会社判例百選〔第六版〕』一五事件五四頁。
(57) 末永「代理出席を含む全員出席総会の決議の効力」昭和六一年度重判解説九七頁。
(58) 最判昭和四五年八月二〇日民集二四巻九号一三〇五頁。
(59) 最判昭和四九年九月二六日民集二八巻六号一三〇六頁。
(60) 本間『新版注釈会社法⑹』二四九頁。
(61) 竹内『判例商法Ｉ』二六六頁、服部・民商六四巻六号一〇七九頁。
(62) 最高裁平成五年三月三〇日民集四七巻四号三四三九頁。
(63) 最高裁平成九年三月二七日判決判例時報一六〇二号一四〇頁。
(64) 最高裁昭和四七年三月九日判例時報六六三頁八八頁。
(65) 判時六六三号八八頁、判タ二七六号一五〇頁、金商判三〇九号一四頁。
(66) 拙稿・本件判批ジュリスト五九四号一一七頁。
(67) 鈴木＝竹内『会社法〔第三版〕』八頁、鈴木「会社の社団法人性」『商法研究Ⅱ』三頁以下参照。
(68) 拙著『中小会社法の研究』二七頁参照。

ドイツにおける弁護士責任訴訟の一端

──証明責任とその軽減可能性をめぐる判例から──

春日偉知郎

一　はじめに

弁護士が依頼者に対して法的専門家として負うべき各種の義務に違反した場合、その責任追及のかなり多くの部分は、弁護過誤訴訟という形で顕在化することになろう。(1) もちろん、目下のところわが国においては、その数は諸外国に比較してそれほど多くはない。(2) だが、同じく専門家としての医師の責任追及が医療過誤訴訟という形で著増していることに鑑みて、弁護過誤訴訟も今後増加の傾向を辿るであろうことは、想像に難くない。いずれの訴訟も、高度な注意義務を負う専門家の民事責任が争われ、提供すべき債務の内容（診療債務・法的役務）に対する期待が高いことを反映して、予期した結果を得られなかった場合の責任追及も先鋭化することになる。また、損害賠償を求める原告側にとって要件事実の立証困難性をいかに克服するかという問題は、弁護過誤訴訟においても見過すことができず、証明軽減の試みは両訴訟において共通している。(3) これら二つの訴訟類型が民事訴訟中の難件であるといわれる由縁はここにある。

そこで、本稿では、弁護過誤訴訟における証明問題について多数の判例が蓄積されているドイツの状況を参考にしながら、(4) わが国のこの種の訴訟における証明問題について、ささやかながら考える機会を提供し、若干の検討を試みてみたい。

二　弁護過誤を理由とする損害賠償請求権の要件事実

(a)　ところで、ドイツの弁護過誤をめぐっては、後に紹介するように、弁護士の義務違反及びこれと損害との因果関係について証明軽減が問題となった連邦通常裁判所の判例が注目を浴びている。[5] そこで、これを中心にして弁護過誤の証明問題を検討しようと思うが（後述三4.及び5.）、これに先立って、弁護過誤の法的構成や、これを理由とする損害賠償請求権の要件事実について若干の整理をしておきたい。

(b)　わが国では弁護士の法的責任は、その相手方に応じて、「依頼者に対する責任」と「第三者に対する責任」とに区別されており、この点は、基本的にドイツにおいても同様である。[6] しかしながら、弁護士と依頼者との関係については、同じく契約関係であっても、わが国では委任類似の契約関係と解しているのに対して、ドイツでは雇傭契約又は法的役務（助言）の提供についての請負契約ととらえており、彼我の間に相違がある。もっとも、その契約内容は法的な事務処理を目的としており、委任の規定の多くが準用されるため、有償の事務処理契約（ドイツ民法六七五条）と解されており、目立った違いは認められない。[7] 他方、弁護士の第三者に対する責任については不法行為責任が問題となるが、この点は、以下での論述の対象から除外することとする。

(c)　そこで、考察の対象を前者（依頼者に対する責任）に限定するならば、わが国では弁護士と依頼者との関係は委任又は準委任と解され、その義務の内容は善管注意義務を中心とするものであると理解することができ、弁護過誤はこうした義務の違反として、債務不履行責任を生ずることになる。また、その義務違反が不法行為の要件をも同時にみたす場合には、債務不履行責任と不法行為責任との双方を生じ、請求権の競合が認められることになる。[8]

(d)　他方、ドイツでも、依頼者に対する責任について、前述のように、契約類型こそ異なるものの、弁護士の責任は、弁護士契約から生ずる職務上の義務違反として債務不履行責任を構成し、また、それは積極的債権侵害の類型に属するとされている[(9)]。したがって、弁護過誤を理由とする損害賠償訴訟では、主張・証明責任は、通常の債務不履行責任を追及する場合と同様に、損害賠償を求める原告側が基本的に負担しなければならない。具体的には、①弁護士契約の内容及びその範囲、②義務違反、③帰責事由、④義務違反と損害との因果関係、⑤損害の発生及び損害額、といった要件が問題となる。そして、これら要件の主張・証明責任について詳細を検討する必要性は、同じく弁護過誤を債務不履行とするわが国においても同様に存するものと考えられる[(10)]。そこで、以下において順次、主要な判例において争点となった問題を交錯させながら検討を試みることとするが、併せて副題に示した証明軽減の可能性についても言及してみたい。

三　要件事実の主張・証明責任

1.　弁護士契約の成立及び内容（弁護士の義務の範囲）

(1)　弁護士契約の成立

(a)　まず、弁護士契約（事務処理契約[(11)]）の成立について争いがある場合には、これに基づく権利を主張する者が証明責任を負うとの一般原則が妥当する。すなわち、弁護士が依頼者に対して報酬請求権を主張する場合には弁護士が、また、依頼者が弁護士に対して弁護士契約の違反を理由として損害賠償を請求する場合には依頼者が、はたまた、第三者が弁護士に対して弁護士契約の保護効を援用しようとする場合にはこの第三者が[(12)]、それぞれ自己の権利を基礎づける要件事実について主張・証明責任を負うことになる。

(b)　弁護士契約に条件が付されていたとの主張、例えば弁護士の報酬請求訴訟に対して依頼者が、権利保護保険者による訴訟費用の負担の承諾があったことを条件として委任したと主張する場合には、弁護士の側でそうした条件が付されていないこと、つまり無条件の委任であったこと（又はそうした条件付契約の成立と条件成就）について証明責任を負う。条件付であったとの依頼者の主張は、弁護士の報酬請求権の請求原因事実を「否認」するものとみなされるから、否認説にそった証明責任の分配であると考えられよう[13]。もっとも、この点は否認説と抗弁説の理解をめぐる本来的な争いにも関連しており、依頼者が右条件の存在について証明責任を負うとの抗弁説を主張する者も存する[14]。

(2) 弁護士契約の内容

(a) 次に、弁護士契約の内容について争いがある場合にも、先に述べたと同様の原則が妥当する。確かに、原則として弁護士は考慮し得る限り包括的な助言を行わなければならない。しかしながら、弁護士の法的助言・教示義務は、個々の事例における具体的な委任の内容及び範囲によって決定されるのであって、連邦弁護士法第三条から義務の範囲が導かれるわけではない。したがって、弁護士が助言と訴訟追行は依頼されたが、強制執行までは依頼されていなかったと主張したのに対して、依頼者がこれをも含む包括的な依頼をしたと主張するのであれば、依頼者の側でこれについて証明責任を負わなければならない[15]。もっとも、包括的な依頼があり、これを引き受けたが、その後に依頼者から制限を受けたと弁護士が主張する場合には、弁護士の側でこうした事後に制限があったことについて証明責任を負う（後述三4.(2)）。同じく、依頼者が訴え提起を依頼したと主張したのに対して、弁護士が裁判外の交渉だけを依頼されたと答弁した場合にも、依頼者が証明責任を負担する。

(b) こうした原則に対して、弁護士契約の内容について個別的に表見証明が適用されることもある。例えば、弁護士が依頼者と事件について協議したときに、税務問題までも話し合ったという場合には、こうした事情から弁護士は包括的に受任したという表見証明の成立する可能性がある。したがって、弁護士が事件の税務問題については受任したわけでないと主張するならば、表見証明を動揺せしめる事実を主張し、証明しなければならない[16]。

(c)　なお、委任の終了については、契約終了に基づく権利を主張する者が証明責任を負う。例えば、依頼者が弁護士の契約違反行為を理由に解任し、弁護士の報酬請求権の一部の支払いを拒否する場合（ドイツ民法六二八条一項二文）には、こうした事実を証明しなければならない。[17]

2.　客観的義務違反

(1)　証明責任の原則と義務違反の具体例

(a)　すでに述べたように、依頼者が弁護士に対して弁護士契約の違反に基づいて損害賠償を請求する場合、事務処理契約の不履行ではなく、履行が本旨にかなったものでないという積極的契約侵害を理由とすることになる。[18]弁護士の責任は、弁護士が必要な説明や教示を怠った不完全履行を根拠とし、その法的効果ももっぱら積極的契約侵害に基づく責任原則に従う。そこでは、弁護士の義務違反は、帰責事由とは別に客観的な責任原因として存在し、依頼者はまずこうした義務違反を証明しなければならない。この点について判例・学説とも一致している。[19][20]また、当事者間で弁護士が一定の助言をしたかどうかが争われる場合も同様に積極的契約侵害を根拠とし、その要件としての客観的義務違反について依頼者が証明責任を負う。判例①は、こうした証明責任の原則を述べるとともに、次のように判示している。

《①連邦通常裁判所一九八四年一〇月一六日判決[21]》

債務の不完全な履行を理由に弁護士に対して損害賠償を求める依頼者は、弁護士の義務違反について証明責任を負う。また、弁護士が依頼者の説明に対して訴訟のリスクについて不十分な説明しか記載してない書面を手渡したまま、書面中に記載が不完全であることや、事後に補充等をすることを示さずに、この不完全な書面を手渡した直後に口頭で補充の説明を加えようとした場合であっても、この証明責任に変わりはない。

(b)　実務上、右に示した証明責任の分配は多くの場合に妥当であるとみなされている。[22]例えば、管轄権のない裁判所への提訴、原状復帰事由がないにもかかわらず期間徒過後になされた上訴提起、先訴の抗弁権の不行使

（ドイツ民法七七一条）、委任状の提示なくしてした解約告知（同法一七四条）、違法な契約の契約書作成（同法一三四条）、不正競争禁止法違反を看過した宣伝、許可を必要とする価値確保約款（Wertsicherungsklausel）に許可を与えないこと、除斥期間経過後の提訴、遺留分減殺を伴う終意処分書の作成に際して減殺の具体的な原因を記載しなかったこと（同法二三三六条二項）などは、弁護士の客観的義務違反がおおむね明確であり、依頼者側に証明責任の危機は存しないからである。

これに反して、例えば、和解の締結又は和解勧試を応諾しないこと、上訴の提起や取下げ、強制執行の実行又はこれをしないこと、債務の承認、見込の乏しい請求棄却の申立てなどは、事後的に評価した場合には依頼者にとり不利な結果をもたらすものであったとしても、それ自体からは積極的契約侵害を推認させるに足るものとはいえない。このような場合には、弁護士の行為から直ちに義務違反があると認めることはできず、依頼者が弁護士に対してどのような説明をしたり、指示を与えたのかがしばしば問題となる。

そこで、そうした指示の内容について証明責任が問題となるが、弁護士に有利又は不利な経験則が一般的に存するとはいえない以上、やはり依頼者が主張・証明責任を負わなければならない。また、弁護士が依頼者の提供した特定の情報を用いず又は誤って用いたことについても依頼者が証明責任を負う。例えば、弁護士が和解をしたが、この和解が依頼者の意思に基づかないこと又は意思に反したものであると依頼者が主張する場合には、その証明責任は依頼者が負う。逆に弁護士の遺留にもかかわらず、当事者が緊急に和解を希望した場合にも、依頼者がそうした意思を伝えたことを証明しなければならない。弁護士が控訴を取り下げたが、依頼者はこの控訴の取下げが依頼者の指示に反していると主張し、他方、弁護士は口頭でそうした依頼があったと主張する場合も同様に、弁護士が控訴の取下げを授権なしに行ったことの証拠は依頼者が提出しなければならない。当事者が敗訴の可能性を考慮し上訴の取下げを希望したとか、過大な費用を考慮し強制執行を思い止まった場合、当事者が弁護士に債務承認をするよう指示したとかいった場合も、それらの具体的な指示について依頼者が証明責任を負うことになる。

なお、右の例外として、積極的契約侵害の証明責任の分配とは異なる分配がなされるのは、弁護士が依頼者から一定の指示を受けた点に争いはないが、弁護士がこの指示に従って行動したか否かが争われた場合である。こうした指示に従って行動したことの主張・証明責任は弁護士が負わなければならない[23]。

(2)　消極事実の証明

(a)　弁護士の義務違反が問題となる際に、依頼者が「消極事実の証明（Beweis von Negativen）」を余儀なくされる場合がしばしばある。しかし、この場合でも証明責任の分配を変更するわけにはいかない。次の判例②がこれを明言している。

《②連邦通常裁判所一九八七年二月五日判決[24]》

消滅時効が成立寸前の損害賠償請求権について確認訴訟を提起して依頼者の不利益を回避することがほとんど当然のことであったにもかかわらず、弁護士が依頼者に対してこれを助言せず、また訴訟追行もしなかったという場合において、「こうした不作為の証明責任は、たとえ依頼者に対して消極事実の証明を要求することになろうとも、弁護士に対して損害賠償を請求する依頼者がこれを負担することになる。残りわずかな時効期間内に確認訴訟を提起するよう助言することを怠ったという義務違反――消極事実――についても、一般的な証明責任の原則は変わらない。依頼者と弁護士との法律関係が信頼関係に基づくものであるとしても、こうした性質を理由に証明責任の転換を認めることはできない。」

(b)　しかしながら、こうした原則によって生ずる依頼者の証明困難性については、弁護士の主張について「理由づけ責任（Substantiirungspflicht）」を高めることによって対応することが可能となる。弁護士から一定の指示又は必要な教示がなかったと依頼者が主張する場合、弁護士は、こうした主張を単純否認するだけでは理由づけ責任を果したことにならない。むしろ、弁護士は、依頼者との協議の過程を個別的に述べて、どのような教示や助言を行い、これに対して依頼者がどのような反応をしたかについて具体的に陳述しなければならない。前掲判例②は、この点も明確に指摘している。こうした理由づけがあって初めて、依頼者側が反駁を試みることになる。したがって、弁護士は、あの時に必要な助言をしたといった「でまかせ」を主張することは許されない(25)。

もっとも、係争事実がずっと過去のものであり、弁護士が当時どのような勧告を与えたかについてはっきり述べることができない場合には、弁護士にとっても証明困難が生ずる(26)。したがって、弁護士に対しては重要な協議はすべて書類を作成しておくことが望まれ、行った警告、指示及び勧告をそこに記載しておくべきである(27)。

3. 帰責事由

(a) 弁護士の行為について客観的義務違反が認められるならば、同時に帰責事由も存在するのが一般的である。したがって、証明責任の問題を生ずることはほとんどない(28)が、判例は以前から、帰責事由の証明責任は依頼者が負うとし(29)、ドイツ民法二八二条を準用することにより弁護士に証明責任を転換することを否定してきた。

他方、学説は、積極的契約侵害についても一般的にドイツ民法二八二条の準用を認めるべきであるとし、弁護士、公証人又は医師の責任についても同様に証明責任の転換を図ろうとしてきた。そして、これは危険領域説からも支持されると評価されている(30)。

(b) ところが、その後、判例③が、契約上の義務の客観的違反に対して帰責事由のないことについて弁護士が主張・証明責任を負うと判示し、これ以降、判例においても帰責事由については証明責任の所在が変更されることとなった。

《③連邦通常裁判所一九八六年九月一八日判決(31)》

弁護士契約から生ずる損害賠償請求権の時効について、連邦弁護士法五一条（現五一b条）は三年の時効期間を規定しているが、弁護士はこの差し迫った時効期間を依頼者に適切に知らせなかった。そこで、もっともな根拠がありながら教示を怠った客観的義務違反が認められる場合には、弁護士は「その契約上の義務の客観的な違反について自己に帰責事由のないことについて主張・証明責任を負う」とした。

(c)　こうした証明責任の分配は通説に合致しており、賛成すべきものである。[32] なぜなら、弁護士の義務違反があった場合には、通常、損害の原因は弁護士の責任領域から生じているため、客観的義務違反があったとしても主観的に免責に値する事情については弁護士が証明責任を負うべきであると考えられるからである。したがって、弁護士は、義務違反の時点で取引上必要とされる注意を尽くしても義務違反を認識することが不可能であったということ（予見不可能性）を証明しなければならない。[33][34]

4.　義務違反と損害との間の因果関係

(1)　証明責任の原則

積極的契約侵害の領域においては、有責的な義務違反行為の存在が責任原因であって（責任根拠的因果関係 Haftungsbegründende Kausalität）、これについてはドイツ民訴法二八六条が適用され、自由心証による証拠評価がなされる。他方、弁護士の義務違反により依頼者に損害が発生したことについては、責任充足的因果関係（Haftungsausfüllende Kausalität）として、ドイツ民訴法二八七条によって認定される。[35] したがって、裁判所は、自由心証に従い高度な蓋然性が認められ、裁量権の行使に確かな手掛りがあれば、厳格な証明の程度に固執せず、また理由づけにも高度な要求をせずに、因果関係の存在を肯定することになる。[36]

弁護士の義務違反と発生した損害との間の因果関係についても、こうした前提の下に、原則として依頼者が主張・証明責任を負うこととされ、この点について他の損害賠償請求の場合と変わることはない。判例④は次のように述べている。

《④連邦通常裁判所一九八七年一〇月一日判決[37]》

契約書の作成を委任された弁護士が、契約条項の趣旨を誤解して作成してしまったため、依頼者が弁護士に弁護士契約の不完全履行を理由に損害賠償を求めた事案である。これについて裁判所は、損害賠償を求める依頼者が「責任を根拠づける事実と主張する損害との間の因果関係を証明しなければならない」との原則を判示した上で、依頼者は、自分と使用者との話合いで決められた内容とは異なる内容の契約が成立してしまったことについて証明責任を負うとした。また、次に述べるように診療上の重大な過誤が医師に認められる場合の因果関係に関する証明責任の転換は当てはまらないとした。

(2) 証明責任の転換は認められないか？

右の原則に対して、一定の要件の下で、証明責任の転換が認められないか否かが問題とされている。特に医療過誤訴訟においては、従前から、次に示すような患者側に有利な証明責任の転換が図られてきた。[38] また、こうした固定判例は他の契約類型にも拡大されており、弁護過誤訴訟にも類推の余地がないかが問われている。まず、医療過誤訴訟における因果関係の証明責任の転換について素描しておく。

《連邦通常裁判所一九六七年四月一一日判決[39]》

「医師が、現に発生したような損害を招来するのに適した診療上の重大な過誤をおかしたときには、その医師の側で、因果的経過が完全には解明されないことの危険を負担しなければならない。これが連邦大審院依頼の固定判例である。医師が、医師としての技術上の諸規則に対する重大な違背をした結果、規則通りに行動していたならばどのような経過を辿ったであろうかが認定できないような状態を創り出した以上、その医師は、ほとんど解明に寄与できない患者に比べて、証明の危険を課せられるのに『より近い』立場にある。したがって、原審が診療過誤の因果的結果について本来の証明責任の転換が認められるとしたのは正当である。」

しかしながら、判例⑤は、弁護過誤に対して右のような証明責任の転換を拡張することを明確に否定している。すなわち、判例は、これに先立つ税理士過誤の判例（後掲判例⑥）を踏襲し、弁護士に著しい過誤（grober Fehler）があった場合であっても弁護士の義務違反と損害との因果関係については依頼者が証明責任を負うとしている。その理由を要約すると次のようである。[40] すなわち、①弁護士の帰責性の程度は、義務違反が損害の原因であるよか否かの問題に何ら関係しない[41]。控訴期間の徒過や時効期間の経過が、弁護士の過失によろうが重大な過失によろうが、こういったことは控訴の奏効性や請求権の存否といった因果関係の問題に何ら影響しない。また、②通常、弁護士に損害賠償を求める依頼者の証拠の窮乏は、医師が患者に生ぜしめた証拠の窮乏に比べてはるかに小さい。さらに、③反対の見解、すなわち弁護士に職業上の義務の重大な違反があった場合に因果関係について証明責任の転換を認めようとする見解は、判例の考え方に反している。なぜなら、判例は、身体及び健康上の危険から他人を保護すべき職業上の義務に違反した場合に限って、証明責任の転換を認めているからである。私法上の事件をめぐる弁護士契約の締結は、通常、純粋に財産的利益の確保を目的としており、医師の職業上の義務が目的としている法益とは異なる。以上の理由から、因果関係の証明責任の転換は一貫して否定されている。最近の重要な判例であるので、事案は複雑であるが少し詳しく眺めてみよう。

《⑤連邦通常裁判所一九九四年六月九日判決[42]》

〔事実の概要〕

依頼者Xは弁護士Yに対して、自分が所有する家屋の売却代金の回収とこの家屋に対する（自分の債権者からの）強制執行への対応を依頼した。しかし、この弁護士は、本件家屋の買主Sに対して売買契約の解除の意思表示をし、売買代金回収のための証書訴訟を提起するのを遅滞していた。ところが、その間に本件家屋に対して強制執行が行われてしまい、依頼者は本来の売買代金を取得できないまま、これより低い競落価額で落札がなされた。そこで、依頼者が弁護士を相手方として、差額分について損害を被ったとして、その賠償を求めて訴えを提起した。

原審は、証書訴訟を遅滞なく提起すべきであったのにこれを怠ったYに重大な義務違反（schwere Pflichtenverstoß）があるとした上で、Yに本件売買契約の解除の意思表示が是認されることについて、Y自身が証明責任を負うべきであるとした。これに対してYが上告した結果、原判決破棄・差戻しとなった。

〔判旨〕

当民事部は、原審と同様に、弁護士Yが、Sによる売買代金の支払拒絶の書面を受領後に直ちに訴えを提起しなかった点に重大な義務違反（grobe Pflichtverletzung）があったと思慮する。けだし、なにもせずにその後の展開を待つということの納得できる理由は存しないからである。しかしながら、そうであるからといって、因果関係に関する証明責任が弁護士に移行（転換）することはない。

(a)　契約違反と損害との間の因果関係については、原則として被害者が、請求を根拠づける要件として主張し、証明しなければならない。確かに、売買及び請負契約法の判例においては次のような原則が発展している。すなわち、契約上の説明ないし助言義務に違反した者は、この義務に則して相手方が事情を十分知らされたならばどのように対応するかが問題となった場合について、その因果関係の解明不能の危険について責めを負わなければならない、という原則である。また、その後こうした証明責任の原則は、これ以外の法律行為に対しても、説明ないし助言義務が契約の相手方に対して特定の契約類型に定型的な危険を明示することに役立つべき場合には、拡張が試みられてきた。それにもかかわらず、この判例は、法的助言者との間の契約に対しては適用することができないとされている（当民事部一九九三年九月三〇日判決――後掲判例⑥）。

(b)　本件では、弁護士の責めに帰すべき行為は、不十分な助言にあるのではなく、必要とされる利益主張を何らしなかったという点にある。一部の学説は、説明ないし指示義務の領域以外において、法的助言者に職務上の重大な不手際（grober beruflicher Fehler）がある場合には、証明責任の転換を働かせるべきであるという見解を主張している。こうした考え方は、とりわけ医師責任法において発展した判例（第六民事部一九六八年三月一二日判決及び同一九七四年三月一八日判決）に依拠している。しかしながら、そうした原則は、法的助言者との間の諸契約に対して適用すべきではない。

(c)　右に示した判例は、医師の義務に対する重大な違反によって患者の健康が著しく危険にさらされ、それゆえ診療上の不首尾を首肯させるに足りる、という考え方に依拠している。加えて、医師は責任訴訟において明らかに優位に立っている。（中略）医師が診療上の重大な不手際によって、仮に規則通りの診療上の看護を行っていたならばどのような経過を辿ったかについてもはや知り得ない状況を創り出してしまった場合には、契約上の義務違反行為により被害者に証明上の窮地をもたらした医師に対してそうした証明上の危険を負担せしめることが適切であり、利益較量にかなう（第六民事部一九六七年四月一一日判決（前掲――筆者注）及び同一九六八年三月一二日判決）。

(d)　けれども、弁護士責任訴訟において、依頼者は、これに匹敵する状況に立たされているわけではない。依頼者の損害危険が、弁護士の重大な義務違反の場合とそれ以外の過誤の場合とを比較して、前者における方が明らかに高いということは認められない。弁護士契約は具体的な生活事実関係の個別性によって著しく特徴づけられるため、同一の過誤であっても、それぞれの状況に応じて軽微な義務違反であったり、通常の義務違反であったり、重大な義務違反であったりする。しかし、個別事例において過誤の程度を評価するとしても、それがどの程度であれば損害を惹起するのに適するかという点については、原則として何とも言えない。さらに、問題とされる事実関係は非常に多様であって、また、その都度関係する法規範は、意義、内容及び効果に応じてこれまた様々な形をとっている。依頼者の置かれた状況は、具体的な法律事件の特殊性によって特徴づけられている。一つの型通りの証明責任の原則によってそうした特殊性を規定してしまう定型的な考察方法は、これに親しまない。

(e)　また、依頼者は、患者の多くの場合がそうであるように、医師の診療中に生ずる生存に関わる状態の中に置かれているわけではない。それゆえ、被害者たる患者が通常さらされる事実関係の解明困難性といったものが、依頼者に定型的に付きまとうわけでもない。むしろ逆に、依頼者の生活領域から生ずる特定の出来事や考え方が、裁判にとって重要な生活事実関係に本質的なものであることがまれではない。当民事部が一九九三年九月三〇日判決（後掲判例⑥）において詳しく述べた理由からして、弁護士に重大な義務違反が認められる場合であっても、助言者に詳細が知らされず、また彼が何らの影響も及ぼさない出来事や判断によって決定づけられる領域において証明責任を転換することは適切でない。したがって、法的助言者に重大な契約違反がある場合でも、仮に契約通りの給付があったとしたら依頼者がどのように行動したかという問題について証明責任の転換は一切行われない。このことにより依頼者は不当に不利に扱われることにはならない。けだし、生活経験に応じて一定の行為を推認せしめる事情が確定されるならば、個々の事例において表見証明の原則による証明軽減が有利に働くからである。

以上のように、少なくとも判例においては、証明責任の転換の可能性は完全に否定されており、したがって、表見証明が認められる余地だけが残されている。しかしながら、この表見証明についても、次に紹介するように（後掲判例⑥）、実際の適用にあたっては厳格な要件が課されており、証明軽減はかなり限定されているとみるべきであろう。

(3) 法的説明・指示・助言の不備

(a) 弁護士の義務違反が契約上の説明・指示・助言義務に違反した点に存するとしても、弁護士は次のように反論することが可能である。すなわち、弁護士が、こうした義務に従って法的役務を提供したとしても、依頼者が弁護士のした助言又は指示を無視したため、これにより損害を生じたのである、との主張である。

バウムゲルテル・ラウメン著『証明責任提要』[43]（第二版）（一九九一年）によれば、その場合に、従前の判例及び通説は、弁護士の側で助言又は指示を規則通り行っても依頼者がそれに従わなかったとの立証をしなければならないとし、証明責任を転換していると述べている。そして、その根拠として、次のような生活経験を挙げている。すなわち、特別な専門知識を有している第三者（弁護士）に対して自分の利益の保護を委任した依頼者は、その第三者から、依頼者が考えているような目的達成は法的に無理であると強く指摘された場合には、これに疑念をいだいて従わないようなことはない、との生活経験である。したがって、因果関係を否定しようとする弁護士は、こうした経験則を覆す例外について証明責任を負わなければならないことになる。

これに対して、他の論者、例えばボルクマン・ハウク著『弁護士責任』[44]（第三版）（一九九五年）は、証明責任は転換しないとし、この種の問題においては正しい説明や助言を受けた依頼者がどのような対応をするかが問題であり、助言者の義務違反と依頼者の行為との間に定型的に因果関係が認められる場合、例えば義務に則した行為があったならば、依頼者は自分に損害を生ずる行為を行わないであろうと生活経験上推測される場合には、表見証明の原則が妥当するにとどまるとしている。したがって、弁護士の側で、因果関係についてこれとは別の経過を辿ったことのもっともな可能性（ernsthafte Möglichkeit）を示す事情を主張・証明し、因果関係について反証する必要があるとする。

(b)こうした学説の対立に対して、次の判例⑥（判例⑤において引用済み）は、税理士の助言義務違反と損害との間の因果関係が問題となった事案において、証明責任の転換を認めていた従前の判例を否定した点に特徴がある。また、表見証明の適用要件を明示した上で、本件の具体的な事実関係に即してその適用を否定した点においても注目に値する。

《⑥連邦通常裁判所一九九三年九月三〇日判決[45]》

〔事実の概要〕

合名会社の匿名組合員だったXは、Y税理士から退職金に対する所得税の助言等を受けて退職したところ、債務免除額に対しても税金が課された。そこで、Xは、正しい助言があったならば退職しなかったとして、Yの助言によって損害を被ったとして損害賠償訴訟を提起したという事案である。原審は、Yが契約上の説明ないし助言義務に違反している以上、Y自身が義務違反と損害との間の因果関係のないことを証明しなければならないとし、Xの控訴を認容した。Yが上告した結果、原判決の破棄・差戻しとなった。

〔判旨〕

(a)　証明責任の転換は、もちろん一般的ではなく、むしろ、説明義務、指示義務ないし助言義務が、契約の相手方に特定の危険を意識させ、必要な措置を講ずることを明確にするのに役立つ場合に限られている。こうした要件の下で権利者に生ずる証明上の窮地を除去することは、侵害された義務の保護目的にかなう。それゆえ、連邦通常裁判所は、一つの措置をとるよう助言する義務がなく、かつ、説明したときに合理的対応について複数の等価値的な、しかし相違する結果をもたらす複数の可能性がある場合には、事務処理契約について証明責任の転換を否定している（連邦通常裁判所一九八〇年一二月二日判決等々）。

(b)　こうした判例に基づいて、弁護士及び税理士契約法においては、助言義務に対する違反があった場合に、次のような原則を展開してきた。すなわち、受任者が契約に則して助言したならば依頼者はこの助言に従って行為したはずであるという推定が依頼者に有利に働くという原則である。また、この原則が適用されるのは、利益状況及びその他の客観的事情からみて、依頼者が正しい情報を与えられたならば特定の決断をするはずであるとの期待が蓋然性を伴っている場合に限られる。すなわち、法的助言者の正しい説明があるならば、合理的な判断をする依頼者は当然に特定の対応をするはずである、ということが明白であることが要件となる。したがって、依頼者に有利な証明軽減が一般的に妥当するわけではない（傍点筆者）。こうした証明軽減は、助言者の義務違反と依頼者の一定の行為との間の因果関係が定型的に認められる要件、すなわち生活経験に従い特定の事実上の推定を正当化する事情に依拠している（その結果、特定の事象経過の定型性に基礎づけられる証明規則は、本来の証明責任の転換を正当化し得ず、表見証明の適用領域に属する——筆者注）。

(c)　（中略）問題とされた法律問題の範囲は、実際上見通しにくいものである。その法律問題の意義は、助言を求めている者の領域から生ずる諸事情によって決定的に特徴づけられており、しかも、その諸事情は、この者がすべき決断をさせるに足る諸事情である。したがって、助言に従った行為がなされたとの推定は、特定の判断をもたらす客観的に明白な諸事情に基づいて生活経験上定型的な考察方法になじむ事実関係がある場合に限定されている。法的助言者は完全な反証（反対事実の証明——筆者注）によってのみ自分に不利な推定を反駁し得る、とするのは不当である。仮にそうしたならば、法的助言者は、依頼者が関与している知識領域にほとんどが存する諸事実を証明し又は反駁しなければならなくなるからである。これは、通常は法的助言者にとって過剰な負担であり、結果的に、依頼者に有利な推定を反駁することは実際上不可能となる。したがって、依頼者の領域から生ずる事情であって、依頼者が具体的な事案において推定に合致する決断とは別の決断をしたことを示唆する事情が確定されれば、反駁としては十分である。法的助言者が、非定型的な因果経過を可能なものとうかがわせる事実を証明したならば、以後は依頼者に対して、正しい説明ないし助言があったならばどのように対応したかということの証拠提出が期待される。

(d)（中略）弁護士又は税理士に相談する者は、通常は、事件について自分自身に有利な解決策を見いだそう考えてそうする。相談者は、相談を受けた人に対して、特別の専門知識を期待し、その人を信頼し、与えられた指示を守ろうとするのが通常である。具体的な情報や勧めによって依頼者の個人的な決断に必要な根拠を提供することが、まさに法的助言者の典型的な任務である。こうした給付内容が依頼者の個人的な意思決定に作用する場合、正しい情報が提供されて合理的に考えたならば、ただ一つの決定だけが意味を有することはまれなことではない。助言に誤りがなく、この決定が依頼者にとって疑問の余地のないものとなったならば、依頼者は、生活経験上、自分にとって最も有利なことが明白な方法を選択するはずである。その場合に、一つの定型的な事象経過から出発し、したがって表見証明の原則の適用を正当化する事実関係が認められる。（中略）したがって、従来の判例（連邦通常裁判所一九八一年九月三〇日判決、同一九八九年一〇月一七日判決、同一九九〇年三月二九日判決）が、指示・説明義務に違反した法的助言者に対して、契約に則した助言をした場合に依頼者がどのように決断したかということに関して証明責任を完全に負担させているが、この判例には賛成できない。

(e)　以上から、本件では原審が認めたような原告に有利な証明責任の転換の余地は存しない。また、本件については、Yの誤った法的情報がXの主張する損害の原因となったということについて表見証明も働かない。なぜなら、表見証明の要件は、正しい法的情報が与えられたならば、合理的な観察者の立場からみて、ただ一つの決断のみが可能かつ有意味であるとみなされる事実関係が存することであるからである。本件においては税理士から正しい助言があっても、退職金の額や退職して家庭を築きたいというXの希望を考慮した場合、Xが退職を思い止まるという唯一の選択肢しかなかったというわけではないからである。

このように、本判決は、実質的な判例変更を行っており[46]、前述のボルクマン・ハウクは、これを支持している[47]。他方、弁護士に不利な証明責任の転換を認めていた多くの学説[48]は、こうした判例変更がなされる以前に述べられた見解であり、その後についてはつまびらかでない。学説が今後どのように対応するか、その推移を見守りたい。

(c) なお、説明又は助言が、依頼者の自由な決断に資する情報の提供を目的とする場合には別であり、証明責任は転換されないことは当然である。こうした場合には、弁護士の義務は適切な教示をすることですべてを尽くしており、弁護士の行為は依頼者に対して自己責任に基づく自己決定の可能性を与えるにとどまるから、弁護士に何らかの「結果責任（Erfolgsverantwortung）」を問うことはできない。したがって、教示の不備と損害の発生との間の因果関係について依頼者が証明責任を負わなければならないのは当然である[49]。

表見証明による証明軽減の余地もあるが、例えばある法律行為から生ずる経済的リスクが複数の異なるものである場合に、弁護士が正しい助言をしても、依頼者がどのように決断するかについて経験則があるわけではないから、その場合には表見証明も効を奏しない[50]。

5. 損害の発生及び損害額

(1) 原　則

損害及びその額についても、依頼者が主張・証明責任を負わなければならない[51]。もちろん、証拠提出の場面で、前述のドイツ民訴法二八七条及びドイツ民法二五二条二文の証明軽減がここでも働く。しかし、原則として依頼者が損害を証明をしなければならない点に変わりはない。もっとも、ドイツ民訴法二八七条が適用される限り、被害者に生じた損害「額」について必ずしも十分に特定できないとしても、裁判所が裁量で認定するため、証明責任の問題はあまり顕在化しない。

(2) 前訴の仮定的経過（判例）

(a)　前訴において弁護士の義務違反により敗訴した依頼者が、後訴において弁護士に対して損害賠償を求めた場合、損害の特定は、仮に弁護士の義務違反がなかったとしたら訴訟がどのような結果になったであろうかということに基づいて行われる。すなわち、弁護過誤による損害は、前訴において現実に依頼者に不利な判決があったけれども、他方で弁護過誤がなかったと想定した「仮定的な」訴訟においては依頼者に有利な判決がなされたであろう、という仮定に依拠している。したがって、後訴において主張される損害は、前訴の不利な判決によって生じた財産上の不利益であり、実体法上の法的地位の喪失と訴訟費用の負担とを合わせたものである。こうした損害は、前訴の実際の結果と仮定的な訴訟の結果との比較に基づくものであるから、後訴において損害賠償を求められた弁護士は、前訴において過誤のない弁護をしたとしても敗訴したはずであると主張し、防御を試みることになる。例えば、弁護士が期間を徒過し上訴の機会を失ってしまったときに、仮に上訴しても、実体審理の結果、請求棄却判決が言い渡されたはずである、と主張する場合がそうである。また、弁護士の不手際で時効を理由に請求が棄却されたときに、そもそも依頼者に請求権が帰属していなかったとか、前訴で請求権を証明することは不可能であったと主張することもそうである(52)。

(b)　このように、損害の特定のためには、前訴について追証不可能な仮定的経過を改めて問題としなければならない。すなわち、前訴裁判所において弁護過誤により実際上裁判の基礎とされなかった訴訟資料の提出があったならばどのように裁判されたであろうかということは一般的に追証できない(53)。そこで、証明責任の問題としては、ⓐ依頼者の側で、弁護士の義務違反がなかったならば前訴で勝訴した若しくは有利な判決を得られたはずであるということの主張・証明責任を負うべきなのか、それとも、ⓑ弁護士の側で、義務違反がなかったとしても敗訴したということを主張・証明しなければならないのか？、という形で具体的に現われてくる。

結論から言うと、後訴においても依頼者が損害賠償請求権の要件を証明しなければならない以上、抽象的には、依頼者がⓐについて証明責任を負うことになるはずである。しかしながら、従来から判例において、後訴たる損害賠償訴訟において依頼者は、証明責任に関して前訴における以上に不利な地位に立たされることはない、という原則が確立している。[54] そして、その背後には、前訴における証明責任の分配は後訴たる損害賠償訴訟においても等しく妥当すべきである、という基本的な発想が存している。なぜなら、前訴における弁護士の有責行為によって損害賠償という原状回復義務が生ずるのであれば、後訴における依頼者の訴訟上の地位に関しても同様の原状回復が必要であり、有責行為がなければ依頼者に有利であったはずの前訴の証明状態が回復されなければならないからである。[55] したがって、前訴において依頼者が証明しなければならなかった事実については後訴においても依頼者が証明責任を負い、他方、弁護士は、前訴の相手方が提出すべき証拠を、今度は自分に向けられた後訴において提出しなければならず、要するに前訴における相手方の証明上の地位をそのまま受け継ぐことになる（ⓑ、すなわちこれは、依頼者に対して本来の訴訟上の地位の回復を図ることの結果として、弁護士から義務違反のない場合に存在していた訴訟状態を奪うことを意味する）。こうした仮定的経過をめぐる証明責任について、右の内容を明らかにした先例として、次の判例⑦を紹介しよう。

《⑦連邦通常裁判所一九五九年六月二二日判決[56]》

〔事実の概要〕

前訴において非嫡出子Xが父と称される者Zに対して扶養料の支払請求訴訟を提起したが、弁護士Yが控訴期間を徒過したため敗訴してしまった（なお第一審でも敗訴）。そこで、後訴においてXはYに対して、適時に控訴を提起していれば扶養料の支払請求が認容されていたはずであるとし、損害賠償を請求した。

前訴でYが適時に控訴したとしても、Xの母について懐胎期間中にZ以外の男性との性的関係があったこと――いわゆる多数関係者の抗弁（主張）――が認められれば、Xは敗訴し、後訴でYは損害賠償を求められることはない。そこで、この後訴においては、多数関係者の抗弁（主張）が争点となり、これについてX・Yいずれが証明責任を負うべきかということが問題となった。

原審の請求認容に対して、Yの上告により、破棄差戻しとなった。

〔判旨〕

上告理由は、本件損害賠償訴訟のYは証明責任を負わないとし、Xの母が懐胎期間中に前訴の被告たるZ以外の男性と性的関係をもたなかったことについてXに主張・証明責任があり、Xの母の多数関係についてYに証明責任はないとしている。しかし、これは誤りである。確かに、本件訴訟において前訴の控訴期間の徒過がYの有責行為に起因することの主張・証明責任は原告にある。しかしながら、そうしたYの損害賠償義務を根拠づける有責行為が証明された場合には、損害の証明、すなわち前訴で控訴がなされていたらXが勝訴したであろうという証明については、次のようになる。

すなわち、前訴において当時の被告Zに対しては、Xの母との懐胎期間中の性的関係について争いがない以上、いわゆる多数関係者の証明が課せられていた。このように前訴がXに有利な証明状況であったにもかかわらず、控訴がなされず、本案の審理がなされなかったことの責任はYにあり、Yが損害賠償義務を負うことになる。したがって、損害賠償の観点から、証明責任に関しては、Yの（有責）行為がなかったときに前訴において認められると同様の有利な地位にXは置かれなければならない。したがって、後訴たる本件損害賠償訴訟において、YがXの母の多数関係を証明しなければならない。

(3)　学説（事実説・評価説）

(a)　こうした判例はその後も維持されており、固定判例として定着している。[57] もっとも、学説においては、どのような方法に従って義務違反により生じた損害を特定すべきかという点について考え方の相違がある、と述べられている。すなわち、「事実説（"natürliche" Betrachtungsweise)」と「評価説（"wertende" Betrachtungsweise)」の二つである。[58]

(b)　まず、両説の相違を示すために、一部請求の具体例に即して考えてみよう。勝敗が不確実なため費用の節約のために、前訴において請求権の一部だけを訴求していたが、残部については、弁護士の不手際で請求を拡張しない間に時効が成立してしまった。そこで、本件で前訴裁判所は、一部を認容し残部を棄却する判決をした(仮に前訴で適時の時効中断があったならば請求の全部認容判決が可能だったはずである)。この場合、後訴において、事実説は、前訴の結果自体に基づいて損害が生じたと認めるのに対して、評価説では、前訴の一部認容判決の正当性を再審査してから損害の発生を認めるか否かを決することになる。つまり、後訴裁判所は、再審査によって、前訴裁判所の判断とは異なり、訴求された請求権の成立自体を否定するに至れば、前訴で認容された一部請求も棄却すべきことになり、その場合には損害は生じていないということになる。そうしないと、前訴に誤判があったとしても、これを看過する結果となるからである[59]、ということが理由である。

(c) この例から明らかなように、事実説は、適時の時効中断があれば全部認容のはずだったのに、実際には一部認容でしかなかったという前訴裁判所の現実の判断だけを問題とし、後訴裁判所からみて前訴裁判所の仮定的な判断が正しかったか否かという評価を問題としない。したがって、弁護過誤がなかったならば得られたであろう全部勝訴という仮定的な判決を喪失したこと、それ自体を損害とみなす考え方である。これに対して、評価説によれば、弁護過誤がなかったならば得られたはずの実体法上の法的地位が失われたか否かを基準とし、しかもこうした前訴判決の当否については後訴裁判所が改めて独自に判断し直し、前訴判決によって生じた不利益が実体法的に正当であるかどうかを評価した上で損害の発生を認めることになる[60](したがって、逆に、弁護過誤があっても前訴判決が不当でなければ、損害の発生も認められないとする)。

(d) そこで、いずれの説が正しいかが問題となるが、これについては次のように解されている。すなわち、どの判例の事例においても、弁護過誤による損害については、前訴において弁護士の義務違反がなかったならばという仮定的な推論が主張されている。したがって、このように仮定的である以上、そうした前提に基づいて前訴がどのように裁判したであろうかということを問題とすべきではなく、むしろ弁護士に対する損害賠償請求について審判する後訴裁判所の立場からみて、前訴がどのように裁判されなければならなかったかということが基準となる。判例は、この点において一致しており、評価説に立っていると考えられる。[61] そして、フォルコマーは、その実質的な理由を次のように述べている。[62] すなわち、弁護士は依頼者を権利の喪失から保護しなければならず、弁護士の義務は依頼者の利益を擁護し、権利について勝訴することを助成することにある。したがって、弁護士がこの義務に違反し、依頼者に実体法上の権利の喪失をもたらしたならば、損害賠償責任を負う。他方、弁護士契約の保護領域においては、依頼者の実体法上の地位に関係するこうした損害のみが問題であって、相手方の負担になる自分に有利な誤判を得る可能性は、何ら保護に値せず、請求権として認められない。弁護士に対する損害賠償訴訟は、依頼者の真の権利の喪失を回復することを目的としており、実体法上何ら請求権として認められない有利なチャンスを保障しようとするものではない。したがって、後訴裁判所は、こうした観点から、前訴判決の当否を改めて判断し直さなければならず、評価説に従って認められる規範的な損害のみが弁護士契約の保護領域において正当とみなされる損害である。以上のような理解をし、評価説を妥当と考えているようである。

(4)　評価説からの帰結

こうした評価説からは、付随して、次のことも帰結される。

(a)　前訴と同一の証明上の地位を受け継ぐという右の原則は、前訴と後訴とで手続法が相違していても妥当する。すなわち、前訴が職権探知主義の手続であったならば、後訴の損害賠償訴訟においても、要件事実は職権探知されなければならない。例えば、父子関係の確認訴訟(前訴)で被告であった者は、弁護士に対する損害賠償訴訟(後訴)において証人としてドイツ民訴法三八七a条の血統検査(職権探知)の受忍義務を負うことになる。[63]

(b)　また、依頼者は、前訴において認められていたすべての証明軽減をも用いることができる。例えば、従業員が解約に伴う給料等の支払請求訴訟を労働裁判所に提起した(前訴)が、弁護士が解約保護法九条の退職金の支払請求を怠ったため、使用者との間でこの部分の給付のない和解が成立した。そこで、従業員が弁護士に対して損害賠償を請求した場合（後訴）には、解約を社会的に正当とする事由について使用者が証明責任を負うという従業員に有利な証明軽減（同法一条二項三文）は、そのまま弁護士に対しても適用される(64)。

(c) 他方、これらとは異なり、前訴の証拠法上の地位の受継は、後訴で用いられる証拠方法について通用するというわけではない。前訴において斟酌することができなかった証拠方法であっても、後訴の裁判所は、その訴訟で許容されるすべての証拠方法を用いることができる。その結果、例えば、弁護士が前訴の相手方当事者を味方に引き込み、これを証人として申請するため、依頼者の立証上の地位を害なう事態をしばしば生じ、これが問題となる。しかしながら、依頼者はこれを甘受しなければならない。なぜなら、後訴たる損害賠償訴訟では、独自の訴訟で主張される独自の訴訟物が問題とされているからである。評価説に従い、実体法に則した本案判決をするためには、裁判官はその訴訟で用いられるすべての証拠方法を斟酌することができなければならない(65)。

そこで、場合によっては、次のような事態を生ずる可能性がある。すなわち、弁護士の義務違反に起因する前訴の敗訴という結果について、これを法的な意味における損害とみなすことができないという場合である。例えば、前訴において当事者Aがたとえ勝訴した場合であっても、その理由が、相手方Bが自らに有利な証拠方法を提出し得なかったという訴訟上の理由によるものであり、後訴裁判所の観点からするならば前訴においてむしろAが敗訴する方が実体法上正当であったということが判明した場合には、後訴においてAに実体法上の請求権がないことになり、弁護士に対する損害賠償を認めることはできない(66)。

もっとも、後訴の損害賠償訴訟において新たな証拠方法が許容されることによって、依頼者側が前訴におけるよりも立証上有利になる可能性も存している。いずれにせよ、右の例から明らかなように、実体法上の評価を交えずに、正しい弁護があったならば勝訴したはずであるのに敗訴してしまったことから直ちに損害を生じたとみなす事実説は当てはまらない(67)。

(d) なお、(c)で述べたように、後訴たる弁護士に対する損害賠償訴訟では、前訴において依頼者の相手方当事者であった者が証人として証言する可能性もあり、その場合には依頼者に不利な証言をする可能性も無きにしもあらずである。したがって、この証言の証拠価値に対して疑問を生ずる余地はあるが、この点については裁判官が証拠評価の中で割り引いて斟酌することで足りるであろう[68]。

(5) その他

(a) 依頼者が、弁護士が義務に従って行為したならば勝訴判決又は自分に有利な判決を得られたはずであるということを証明したけれども、他方、弁護士が、前訴の相手方には差押え可能な財産が何もないと主張した場合には、依頼者は、前訴の仮定的な(勝訴)判決において確定されたであろう額を取り立てることが可能であったということについても証明責任を負う。その際、弁護士は、前訴の相手方当事者の支払能力について疑問を生じさせるに足る事実を主張すればよい。その場合、依頼者の側でこの事実を反駁しなければならない。従前の相手方の支払能力について疑問を払拭しきれない以上は、依頼者の不利になる。債務名義の単なる仮定的な取得は損害賠償法上無意義であって、損害の立証ができていないとみなされるからであり、債務名義が実効性を有するものであるということが重要である。依頼者に有利な証明責任の転換や証明軽減は認められない。とりわけ、執行債務名義に基づいて将来少なくとも部分的に満足を得ることが可能であるという経験則は存在しない[69]。もっとも、執行が効を奏するであろうことの十分な拠り所があれば、依頼者の証明があったものとみなされる。

(b) 特に逸失利益の証明が問題となる場合には、ドイツ民法二五二条二文も依頼者に有利に働く。したがって、裁判所は、得べかりし利益の確実な取得について確信まで必要としない。依頼者は、事物の通常の経過又は特別の事情に従うならば得べかりし利益を取得したであろうことを証明すれば足りる。得べかりし利益の蓋然性を示す事実の主張・証明については、もちろんドイツ民訴二八七条も働く。したがって、弁護士は、ドイツ民法二五二条二文に基づく得べかりし利益の推定に対して、そのような利益は実際上又は他の理由によって生じなかったとの反対事実を証明して、これを覆さなければならない[70]。

四　むすびに代えて

以上、弁護過誤訴訟における証明責任の分配と証明責任の軽減可能性について、ドイツの主要な判例を中心に点描を試みてみた。冒頭において医療過誤訴訟を引合いに出したが、これは弁護過誤訴訟における証明問題をめぐって、ドイツの判例・学説が、しばしば医療過誤訴訟の証明責任に言及し、また、これと対比しながら事案の検討を行っているためである。

本稿において眺めたように、証明責任の原則はほぼ固まっているといえるが、他方、主として証明責任の転換による証明軽減については、医療過誤の場合とは対照的であって、これに否定的である。この点は、特に、弁護士の義務違反と損害との間の因果関係に関して当てはまるであろう。医療過誤訴訟においては大審院判例以来いくつかの証明軽減策が講じられてきた(71)にもかかわらず、弁護過誤の場合には先に紹介した判例⑤⑥及びそこに掲げられた理由から、依頼者側に有利な証明軽減はほとんど認められていないのが現状である。また、表見証明についても、その適用要件が比較的狭く解されており、その活用に限界があることも判例中からうかがえる。

損害の証明については、前訴の仮定的経過が問題になり、これに関するドイツの判例及び学説は、これについてほとんど論じられていないわが国に比べて、興味深いものがあろう。ドイツでは前述の評価説の立場でほぼ統一されているようであるが、わが国においてはこの問題は、損害額の認定について新民訴法二四八条においてドイツ民訴法二八七条に類似の規定を設けたことと関連して、今後の検討課題となるであろう(72)。

いずれにせよ、ドイツの弁護過誤をめぐる議論は、今後のわが国のそれに示唆多きものであり、多数の判例の集積は(73)、ある意味で宝庫ともいえるであろう。紙数を大幅に超過しているため、わが国の裁判例と比較検討することを今後の課題として筆を擱くことにする。

（1）　弁護士の民事責任及び弁護過誤に関する文献については、加藤新太郎・弁護士役割論［新版］（二〇〇〇年）後掲の文献一覧Ⅱ・Ⅲ参照。

（2）　加藤・前掲書四八頁以下。小林秀之「弁護士の専門家責任」ＮＢＬ五四一号三四頁以下は、わが国で弁護過誤訴訟が少ない理由を検討するとともに、弁護過誤訴訟が今後増加することを予想している。

ドイツにおいては一九八九年当時に年間約八〇〇件の弁護過誤訴訟が提起されていた（当時の弁護士数は約五万四千人）(Vollkommer, Anwaltshaftungsrecht (1989), Vorwort)。その後の弁護士の増加と弁護過誤の件数（訴訟数ではないが）について、岡崎克彦「ドイツにおける弁護士とその業務の実情について（一）及び（五）」判例時報一七一六号二八頁以下及び同一七二三号一四頁以下は、二〇〇〇年において一〇四〇五九人の弁護士がおり、約一万五千年ないし一万六千件の弁護過誤をめぐる保険事故があると推定している。

（3）　この問題については、例えば後述三4.(2)参照。

（4）　ドイツの弁護士責任については、浦川道太郎「ドイツにおける専門家の責任（上）（下）」ＮＢＬ五四八号三四頁以下及び同五四九号五〇頁以下、同「シンポジウム専門家の民事責任Ⅱ比較法二ドイツ・フランス」私法五七号一三頁以下、滝沢昌彦「ドイツにおける『専門家の責任』」、岡孝「弁護士の責任」いずれも川井健編・専門家の責任（一九九三年）一三三頁以下及び二〇七頁以下等参照。また、ドツ連邦弁護士法をめぐる最近の状況については、森勇「ドイツ弁護士法の新たな展開」日本弁護士連合会・21世紀弁護士論（二〇〇〇年）一八三頁以下参照。

（5）　連邦通常裁判所民事第四部一九九四年六月九日判決（BGHZ126, 217）（弁護士責任）及び連邦通常裁判所民事第四部一九九三年九月三〇日判決（BGHZ123, 311）（税理士責任）。

（6）　わが国について浦川道太郎「ドイツにおける専門家の責任（下）」ＮＢＬ五四九号五一頁以下。また、ドイツについては、Brigitte Borgmann/Karl H. Haug, Anwaltshaftung, 3. Aufl. (1995), S. 163 und 212.

（7）　浦川「前掲論文」ＮＢＬ五四九号五一頁、滝沢「前掲論文」川井編・専門家の責任一三四頁以下。

（8）　加藤新太郎・弁護士役割論七四頁以下。

（9）　Max Vollkommer, Anwaltshaftungsrecht (1989), Rdn 215 ; Gottfried Baumgärtel, Handbuch der Beweislast im Privatrecht Bd. 1, 2. Aufl. (1991), §675 Rdn 12 ; Borgmann/Haug, S. 163（§25-2）.

（10） ドイツの議論をも含む積極的契約侵害の要件事実及びその証明責任の詳細は、倉田卓次監修・要件事実の証明責任（債権総論）（一九八六年）八九頁以下参照。

（11） Baumgärtel/Laumen, Beweislast, §675 Rnr 4；Borgmann/Haug, S. 270（§42-1）. 弁護士が有償で受任したとの点については、ドイツ民法六一二条一項の推定があり、その前提事実として、弁護士は報酬に対してのみ事務処理が予定されている事情を証明しなければならないが、通常はこの点も弁護士の職業上の地位からして認められる可能性が高い。したがって、無償であることについて依頼者の側で明示又は黙示の合意があったことを証明しなければならない。

報酬額については、連邦弁護士報酬規則により法定されているため、ドイツ民法六一二条二項の推定は適用されず、法定の額と相違する額を主張する者が証明責任を負う。

（12） 第三者に対する保護効については浦川「前掲論文」ＮＢＬ五四八号三八頁。

（13） Vollkommer, Rdn 492；Baumgärtel/Laumen, Beweislast, §675 Rdn 6；Borgmann/Haug, S. 271（§42-3).

（14） Klaus Heinemann, Baustein anwaltlicher Berufshaftung：die Beweislast, NJW 1990, 2346 f.

条件付法律行為の証明責任をめぐる否認説と抗弁説の争いについては、倉田卓次訳・ローゼンベルク証明責任論（全訂版）（一九八七年）二九二頁以下、司法研修所・増補民事訴訟における要件事実第一巻（一九八六年）四八頁以下等参照。

（15） Münchner Kommentar zum BGB, Bd. 3, 2. Halbbd., 2. Aufl.（1986), §675 Rdn 8 (Seiler)；Vollkommer, Rdn 491；Baumgärtel/Laumen, Beweislast, §675 Rdn 7；Borgmann/Haug, S. 270（§42-3).

（16） Vollkommer, Rdn 494. et. al.

（17） Baumgärtel/Laumen, Beweislast, §675 Rdn 10.

（18） 前掲2.及び注（15）

（19） ①判例（NJW1985, 264）のほか、NJW 1987, 1322；NJW 1988, 706；NJW 1991, 2280. 等々。

（20） Baumgärtel/Laumen, Beweislast, §675 Rdn 12；Vollkommer, Rdn 495；Borgmann/Haug, S. 272（§44-7)；Franz-Josef Rinsche, Die Haftung des Rechtsanwalts und des Notars, 3. Aufl.（1989), I 140；Heinemann,

NJW 1990, 2347 ; Hans Stoll, Haftungsverlagerung durch beweisrechtliche Mittel, AcP 176, 151.

（21） NJW 1987, 264.

（22） 以下は、Borgmann/Haug, S. 273（§43-8,9）による。このほか、Baumgärtel/Laumen, Beweislast, §675, Rdn 14. なお、弁護士が負っている義務の具体的内容については、浦川「前掲論文」ＮＢＬ五四九号五一頁以下参照。

（23） Baumgärtel/Laumen, Beweislast, §675, Rdn 12.

（24） NJW 1987, 1322. Vgl. Baumgärtel/Laumen, Beweislast, §675, Rdn 15 ; Borgmann/Haug, S. 276（§43-16）

（25） Heinemann, NJW 1990, 2347 ; Baumgärtel/Laumen, Beweislast, §675, Rdn 15 ; Borgmann/Haug, S. 276（§43-16）; Vollkommer, Rdn 506.

（26） Baumgärtel/Laumen, Beweislast, §675, Rdn 15.

（27） Heinemann, NJW 1990, 2347. なお、連邦弁護士法五〇条は、受任事件について弁護士の記録作成義務を規定し（一項）、その保存期間を五年としている（二項）。

（28） Vollkommer, Rdn 507 ; Rinsche, Rdn I 144 ; Heinemann, NJW 1990, 2347 ; Baumgärtel/Laumen, Beweislast, §675, Rdn 16 ; Borgmann/Haug, S. 277（§44-19）.

（29） BGHZ 30, 226.

（30） 前掲注（28）のほか、ローゼンベルク証明責任論四三八頁。Stoll, Die Beweislastvertei lung bei positven Vertragsverletzungen, Festschrift für Fritz v. Hippel(1967), S. 519, 531 ; Haftungsverlagerung durch beweisrechtliche Mittel, AcP 176, 155.

（31） NJW 1987, 326.

（32） 前掲注（28）

（33） Baumgärtel/oeaumen, Beweislast, §675, Rdn 16 ; Borgmann/Haug, S. 278（§44-21. 22）.

（34） もっとも、ドイツでは、医療過誤においては、若干の学説の反対があるものの、判例及び通説は、医師の帰責事由について患者側で主張・証明責任を負うとしている。この点の詳細は、中野貞一郎「診療債務の不完全履行と証明責任」過失の推認〔増補版〕（一九八七年）七五頁以下参照。Vgl. Reinhold Weber, Muß im Arzthaftungsprozeß der Arzt seine Schuldlosigkeit beweisen ?, NJW 1997, 761.

（35） Borgmann/Haug, S. 178（§27-34ff.）, S. 278（§45-23）; Vgl. Baumbach/Hartmann, §287 ZPO, Rz 3.

（36） Baumgärtel/Laumen, Beweislast, §675 Rdn 17 ; Borgmann/Haug, S. 279（§45-24）; Rinsche, Rnd I 145 ; Vollkommer, Beweiserleichterungen für den Mandanten bei Verlet zung von Aufklärungs-und Beratungspflichten durch den Anwalt?, Festschrift für Baumgärtel（1990）, S. 590.

（37） NJW 1988, 200=JZ 1988, 656.

もっとも、ギーセン（JZ1988, 660f.）は、証明責任の転換を認めている医療過誤判例の類推を否定している点、及び契約上の指示・助言義務違反の場合の証明責任の転換に対する本判決の不十分さを指摘して、本判決に対して批判的である。また、シュトル（Stoll, Die Beweislastverteilung bei positiven Vertragsverletzungen, Festschrift für Hippel, S. 552）も、弁護士が第一審の判決後に上訴期間を徒過した（義務違反）ため、後に損害賠償を請求された場合に、この後訴において上訴審でも第一審判決が維持されたはずであると主張するならば、弁護士の側でこれを証明しなければならないとしている。仮に弁護士が上訴提起を怠らなかったならば、再度審理が試みられたはずである。ところが、弁護士は自分の義務違反によって依頼者に対して証明上の危機（証明の機会の喪失）を発生させていながら、後訴において依頼者に証明責任を負わせ、これを自分の有利に用いているが、こうしたことは許されない。このように主張している。ただし、これに対してフォルコマー（Vollkommer, Rdn 509）は、前訴第一審の請求については上訴審においても、同じく依頼者が証明責任を負わなければならず、後訴の証明上の地位に変化はないと反論し、シュトルの主張は説得的でないと述べている。

（38） ドイツの判例の詳細については、中野貞一郎・過失の推認一一六頁以下及び一三三頁以下のほか、春日偉知郎・民事証拠法研究（一九九一年）四三三頁以下参照。

（39） NJW 1967, 1508.

（40） Baumgärtel/Laumen, Beweislast, §675, Rdn 17.

（41） Borgmann/Haug, S. 279（§45-24）.

（42） BGHZ 126, 217.

（43） Baumgärtel/Laumen, Beweislast, §675, Rdn 20.

(44)　Borgmann/Haug, S. 280（§45-25）.
(45)　BGHZ 123, 311.
(46)　もっとも、法的助言契約だけに関する判断であり、連邦通常裁判所における事件処理の分配計画に従い当民事部（第四四部）だけがこの領域について権限を有しているとの理由で、民事大法廷に回付されていない(BGHZ123, 318)。
(47)　Borgmann/Haug, S. 280f.（§45-25, 26）. なお、ボルクマン・ハウクは、本判決について、弁護士と依頼者の利害関係について適切な危険分配をしたものと評価している。
(48)　Z. B. Baumgärtel/Laumen, Beweislast, §675, Rdn 20.
(49)　Baumgärtel/Laumen, Beweislast, §675, Rdn 20.
(50)　Vollkommer, a. a. O., Festschrift für Baumgärtel, S. 598 ; Baumgärtel/Laumen, Beweislast, §675, Rdn 22.
(51)　連邦通常裁判所一九八五年九月一九日判決（NJW1986, 246）。Baumgärtel/Laumen, Beweislast, §675, Rdn 23 ; et. al.
(52)　以上について、Vollkommer, Rdn 391 ; Baumgärtel/Laumen, Beweislast, §675, Rdn 24 ; et. al.
(53)　Borgmann/Haug, S. 197f.（§29-79）.
(54)　Borgmann/Haug, S. 284（§46-37）; Baumgärtel/Laumen, Beweislast, §675, 25.
(55)　Fritz Baur, Hypothetische Inzidentprozesse, Festschrift für Karl Larenz zum 70. Geburtstag（1973）, S. 1075.
(56)　BGH Z30, 226.
(57)　Borgmann/Haug, S. 197（§29-79）.
(58)　Vollkommer, Rdn 397ff. ; Vgl. Johann Braun, Zur schadensersatzrechtlichen Problematik des hypothetischen Inzidentprozesses bei Regreßklagen gegen den Anwalt, ZZP 96, 89ff..
(59)　Vollkommer, Rdn 400.
(60)　Vollkommer, Rdn 397, 398.
(61)　Baur, a. a. O., Festschrift für Larenz, S. 1075 ; Borgmann/Haug, S. 284（§46-37）; Baumgärtel/Laumen,

Beweislast, §675, Rdn 25.

(62) Vollkommer, Rdn 405.

(63) Baumgärtel/Laumen, Beweislast, §675, Rdn 26；Borgmann/Haug, S. 286（§47-42).

(64) BGHZ 72, 328；Baumgärtel/Laumen, Beweislast, §675, Rdn 26.

(65) Baumgärtel/Laumen, Beweislast, §675, Rdn 27.

(66) Vollkommer, Rdn 403. フォルコマーは、連邦通常裁判所一九八七年七月二日判決（NJW1987,3255）を引用して説明している。Baumgätel/Laumen, Beweislast, §675, Rdn 27.

(67) Vollkommer, Rdn 403.

(68) Baumgärtel/Laumen, Beweislast, §675, Rdn 27.

(69) Baumgärtel/Laumen, Beweislast, §675, Rdn 30.

(70) Baumgärtel/Laumen, Beweislast, §675 ,Rdn 19.

(71) Stein/Jonas/Leipold, 21. Aufl.（1996), §286, Rdnr. 126ff.；Rosenberg/Schwab/Gott wald, Zivilprozeßrecht, 15. Aufl.（1993), S. 674ff. Heinemann, NJW 1990, 2349ff. 等参照。

(72) これに関連して、小林秀之「弁護士の専門家責任」私法五七号二九頁以下は、例えば上訴期間の徒過という場合に慰謝料を認めるというわが国の処理（ドイツでは債務不履行責任では慰謝料請求を認めていないが）に対して、新たな法的構成は、民事裁判を受ける権利の侵害という「機会利益の喪失を何らかの形で合理的に計算した、たとえば、上訴による勝訴確率をかけたものや、その後の法的目的の実現に要する費用（弁護士費用その他）ということになってくるのではないでしょうか（場合によっては裁判所の裁量で算定してもよいでしょう)。」と述べている。

(73) 本稿では、弁護過誤及びこれに関連する税理士の過誤をめぐる判例に限定したけれども、ドイツでは公証人の過誤についても多数の判例があり、これとの比較検討も不可欠である。今後の課題としたい。

なお、ドイツの弁護士責任に関する最近の判例について、Vgl. Gero Fischer, Tendenzen der Rechtsprechung des BGH zum Anwaltshaftungsrecht, NJW 1999, 2993；Brigitte Borgmann, Die Rechtsprechung des BGH zum Anwaltshaftungsrecht in der Zeit von Mitte 1991 bis Mitte 2000, NJW 2000, 2953.

土地および建物の共同抵当と法定地上権

古積健三郎

一　はじめに

民法三八八条の法定地上権に関しては、近時、土地と建物の共同抵当における再築の事例が大きな問題となったが、これに対する判例の立場も確定した。すなわち、最高裁第三小法廷平成九年二月一四日判決（民集五一巻二号三七五頁）は、抵当権設定当事者、とりわけ抵当権者の合理的意思を根拠として、基本的に再築建物のためには法定地上権が成立しない、という判断を示した。そして、この立場は第一小法廷（最判平成九年六月五日・民集五一巻五号二一一六頁）と第二小法廷（最判平成一〇年七月三日・判例時報一六五二号六八頁）でも採用された。

土地のみに抵当権が設定され、建物が再築された場合に関しては、既に大審院が、抵当権設定当時に存した旧建物を基準とする法定地上権が成立する、と判断しており（大判昭和一〇年八月一〇日・民集一四巻一五四九頁）、最高裁も、再築建物を前提とした土地の担保評価をしない限り、旧建物を基準とする法定地上権が成立する、と判断している（最三判昭和五二年一〇月一一日・民集三一巻六号七八五頁）。このような事案では、旧建物を基準として法定地上権が成立するとしても、抵当権者もこれをあらかじめ覚悟していると考えられる点で、判例の立場は正当であろう。ところが、土地と建物に共同抵当が設定された場合には、再築建物のために法定地上権を認めることは抵当権者に不測の損害を負わせることになりかねない。というのは、抵当権の設定された建物が存続していたならば、仮に法定地上権が成立するとしても、抵当権者は建物上の抵当権によってその負担を補うことができるが、当該建物の消滅によってこれは不可能となっているからである。前掲最高裁平成九年二月一四日判決は、旧建物に存した抵当権と同順位の抵当権が新建物に設定されるというような特別の事情がない限り法定地上権は成立しない、と判断したのであるが、これは、右の事情に鑑みれば、穏当な結論といえる。

ただ従来は、土地と建物に共同抵当権が設定され、建物が再築された場合でも、再築建物のために法定地上権が成立するという見解が一般的だったようであり(1)、大審院判例もこの立場であった(大判昭和一三年五月二五日・民集一七巻一一〇〇頁)。そして、近時でもこれに従う見解が有力である(個別価値考慮説と呼ばれている(2))。確かに、今日の支配的見解は土地と建物の双方に抵当権が設定された場合にも法定地上権は成立しうるとしており(3)、土地だけに抵当権が設定された場合に再築建物のために法定地上権を認めるならば、土地と建物に共同抵当権が設定された場合もこれと同様に扱うべきもののように思われる。しかし、民法三八八条は本来土地または建物のみに抵当権が設定された場合を想定した条文であり、かつては、土地と建物があわせて抵当権の客体となった場合には本条の適用はないとする見解が有力であった(4)。したがって、土地あるいは建物だけに抵当権を設定した場合と、双方に共同抵当権を設定した場合を全く同列に考えることはできないのではないだろうか。はたして近時では、共同抵当を他と明確に区別して、再築建物のための法定地上権を否定する諸説が主張されている(5)。

そこで本稿では、土地と建物に共同抵当権が設定された場合の法定地上権の成否、およびその根拠をあらためて検討することにしたい。以下ではまず、個別価値考慮説が前提にする法定地上権制度の位置づけを検討し、その問題点を明らかにしたい(二)。次に、共同抵当において再築建物のための法定地上権を否定する諸見解をとりあげ、それらの法的構成の問題点を指摘したい(三)。そして、これらの検討をふまえた上で、今回出された最高裁判例の意義を筆者なりに分析しようと思う(四)。

二　個別価値考慮説の問題

(1)　基本的前提の問題

個別価値考慮説は、土地と建物に共同抵当権が設定された場合に、建物上の抵当権は「建物価値＋地上権価値」を把握し、土地上の抵当権は「更地価値－地上権価値」を把握する、ということを前提にする。その結果、建物が滅失し、あるいは取り壊された後に新建物が建築された場合には、土地上の抵当権はもともと地上権の負担の付いた土地の価値を把握していたにすぎないので、これが実行された場合には、新建物のためにも法定地上権が成立する、とする。(6) ただし、建物の再築が抵当権の実行を妨害する意図の下に行われていたような場合には、法定地上権の成立を主張することは権利濫用となる可能性も認められており、(7) この説においても全く抵当権者が救済されないわけではない。

しかし、共同抵当の設定によって、建物上の抵当権は「建物価値＋地上権価値」を把握し、土地上の抵当権は「更地価値－地上権価値」を把握するという考え方は、本当に正しいのだろうか。本来、法定地上権が成立するのは、抵当権の実行・競売によって建物の所有者と土地の所有者が異なるようになる時点においてであり、抵当権設定時点においては地上権は存しないはずである。にもかかわらず、この段階で抵当権が地上権価値を把握したり、あるいはその負担を受けるということは法的に可能な議論なのだろうか。

地上権が存在しない段階では、さらに、その上に抵当権が成立するということはありえない。個別価値考慮説も、共同抵当権の設定によって、建物上の抵当権の効力は地上権にも及び、敷地上の抵当権は地上権の負担を受ける、とまではいっていない。あくまで、「価値把握」という表現にとどめている。しかし、真に「価値」を把握するためには、その基礎となる地上権も成立していることが必要である。それゆえ、抵当権設定段階において

「価値把握」といっても、それは厳密には将来の地上権成立に対する期待にすぎない。他方で、抵当権設定後に建物が滅失し再築がなされないまま土地抵当権が実行された場合でも、法定地上権が成立するとしなければこの立場は一貫しない。ところが、個別価値考慮説に与する見解も、建物が存在しない場合には法定地上権を認めることはできず、「いったん、建物が滅失することにより、土地抵当権は更地価値を支配することになる」としている。[8] このことは、競売における建物保護という目的が法定地上権の大前提であり、それ以前において「地上権価値」は決して確定しないことを示している。

このように、抵当権設定段階で「地上権価値」を把握し、あるいは負担するという議論は問題であるにもかかわらず、それが一般化されるようになったのはなぜなのだろうか。その原因は我妻博士が説いた潜在的な利用関係という考え方にあると思う。

(2) 「潜在的利用権」の問題

(1) 我妻博士は、法定地上権制度の根底には建物を維持するという国民経済上の必要があることを認識しながら、同時に、建物の建設によって、「土地所有権の内容は、潜在的な関係において、その建物利用のための法益と、その他の法益すなわち利用に対して対価を徴収しかつその利用を妨げない範囲で利用する法益とに分離される」と見て、かかる潜在的な利用関係の現実化を法定地上権の理論的根拠としている。[9] また、同博士は抵当権を目的物の交換価値を支配する権利として位置づけ、価値権たる抵当権と用益権の調和を抵当制度の理想として掲げているが、[10] 法定地上権についての解釈論にもこの視点を持ち込み、その成立範囲を拡張する態度をとる。[11] その結果、競売の時点において建物が滅失しているような場合でも、「滅失のままに放置され、潜在的に取得した法定地上権を放棄したと認めるべき場合、ないしは、いわゆる失効の原則を適用すべき場合にだけ法定地上権の成立を否定すべきである」とするのである。[12]

しかし、建物が存在しない場合でも地上権が成立するというのは問題であろう。法定地上権制度の目的は競売によって建物が排除されることを防ぐ点にあることは、立法時の議論からは明らかであり[13]、地上権の成立もその目的の実現に必要な範囲に限定されなければならない。なぜなら、権利の成立・変動は個人の自由意思によってなされるという私的自治の原則の下では、個人の意思表示によらずして地上権が成立するというのはあくまで例外的措置であり、制度の目的を超えてこれを容認することはできないからである。我妻博士は、法定地上権制度を価値権と利用権の調和というスローガンの下に位置づけようとするあまり、その本来の目的を軽視し過ぎているのではないだろうか。

もちろん、我妻説に対する批判は、その根幹である価値権理論にも踏み込まなければ十分ではなく、本稿ではそのような作業をする余裕もない[14]。ただ、少なくとも本稿のテーマとの関係で次の点はいえるだろう。すなわち、「潜在的」とはいっても、競売以前において地上権の存在を論じることは、利用権をひとり歩きさせる可能性を秘めており、抵当権設定段階において確定的に地上権が存在するという認識に繋がりやすい、ということである。その結果、抵当権は交換価値を支配するという命題の下に、土地あるいは建物に抵当権を設定すると、土地上の抵当権は「更地価値－地上権価値」を把握し、建物上の抵当権は「建物価値＋地上権価値」を把握するが、このことは両者に共同抵当を設定した場合でも妥当する、という見解が主張されるようになったのではないか。

(2) 近時でも、共同抵当における再築の事例に関して、潜在的地上権という考え方を駆使する諸説が見られるが、これらにも問題点が多い。

たとえば、野村教授は、建物が建築されると敷地上には潜在的な自己地上権が成立し、この状態で土地に抵当権が設定されれば、「抵当権は潜在的に自己地上権を除いた土地の価値しか把握しておらず、その効力は、地上建物が滅失しても土地全体には及ばない」とする[15]。しかし他方では、「法定地上権は建物の存立を図ることを趣旨としているので、抵当権実行時までに建物が再築されないときは、潜在的な自己地上権は顕在化せずに消滅する」という[16]。これは、建物が滅失しても土地上の抵当権は自己地上権を除いた価値しか把握しないということと矛盾

二　個別価値考慮説の問題

するのではないか。さらに、同教授は、自己地上権は一応建物抵当権によって把握されるとしながら、当該建物が消滅しても自己地上権上の抵当権は消滅せず、これは土地上の抵当権によって実行される、と見て、土地抵当権設定後に再築された建物のためには法定地上権は成立しない、という[17]。しかし、何故土地上の抵当権によって地上権上の抵当権も実行されるのかが不明である。

また、槇教授も「自己借地権」による問題解決を提唱する。すなわち、「同一所有者に属する土地・建物は内面的には建物建築当時よりすでに建物のための自己借地権が土地上に設定されており、土地抵当権はこれに劣後するものとしてその部分に効力を及ぼさず、これを控除した形で右の土地を担保的に支配し、他方、建物抵当権は自己借地権にもその効力を及ぼし、建物とともにそれを担保的に支配する」という[18]。しかし、自己借地権は建物から完全に独立するのではなく、建物が再築された場合には新建物の上に設定された抵当権によってその効力が保全される、としている[19]。これは、自己借地権は建物上の抵当権から独立して存続できないことを示しており、結局、建物の建築によって直ちに借地権が成立するということ自体に問題があることを示すものではないか[20]。

(3) 建物保護と当事者意思

法定地上権はあくまで建物存立のための制度であり、競売の際に建物が存在しなければこれを認めるべきではない。これは今日の一般的見解であろう[21]。また、私的自治の原則が妥当するにもかかわらず、当事者の合意なくして地上権の成立が認められるのは、地上権を留保するという当事者の意思が抵当権設定段階に推測できるからである。すなわち、建物の保護がもたらす経済的利益（これが国民経済上の理由といわれる）と当事者意思の推測が法定地上権の必要性と許容性を基礎づける。この二つが法定地上権制度の根拠となっていることは、従来から一般的にいわれてきた[22]。民法が原則として認めない自己借地権概念を前面に出し、この二つの要素を後退させることは、かえって問題の本質を不明瞭にすることになりかねない。むしろ、具体的事案において法定地上権の成否を論じる場合にも、この二つの要素を前面に出した方が明快である。したがって、共同抵当における再築の事例では競売の際に建物が存在するとすれば、結局、問題となるのは、この場合にも法定地上権を認める当事者の意思が推測できるかどうかということになる。

それでは、土地および建物に共同抵当権を設定した場合には、将来法定地上権が成立するという当事者の意思を推測できるだろうか。このように当事者意思を云々することは水掛け論に終始する可能性も指摘されている[23]。確かに、真にかかる意思が当事者に存するか否かは事案によって異なり、これを一律に論じることはできない。しかし、法定地上権の根拠となる「意思の推測」を論じる場合には事情が異なる。というのは、これは、事実として地上権を留保する意思が存在するというより、むしろ、一定の場合には法定地上権が成立すると当事者は考えるべきである、という規範的意義を有するからである。一で触れた三つの最高裁判例（最判平成九年二月一四日・民集五一巻二号三七五頁、最判平成九年六月五日・民集五一巻五号二一一六頁、最判平成一〇年七月三日・判例時報一六五二号六八頁）は「合理的意思」という表現を用いているが、これもそのことを示すものにほかならない。要するに、これは意思の擬制の一種であり、真に意思・合意があった場合にのみ権利変動が生じるという原則の下では、これを拡張的に解釈することは許されないことになる（厳格解釈）。

したがって、三八八条の文言が示すように、抵当権設定当時に建物が存在し、かつ、土地または建物の一方のみに抵当権が設定された場合に、地上権を留保する当事者の「合理的意思」があると解すべきではないか。すなわち、土地のみに抵当権が設定された場合には、その際に存在する建物のために抵当権設定者は利用権を留保するという意思を有し、他方で抵当権者はそのことを覚悟すべきである、と民法は判断し、また、建物に抵当権が設定された場合には、抵当権者は建物のために利用権をも保持するという意思を有し、他方で抵当権設定者はそのことを覚悟すべきである、と民法は判断したものと考えられる。これに対し、土地と建物に共同抵当を設定する場合には、両者を一括して売却する意思を当事者は持っていると民法は判断したのではないか[24]。立法過程において法定地上権が想定されたのは土地あるいは建物だけに抵当権が設定された場合であったという経緯[25]もこれを裏づけている。したがって、共同抵当の場合に意思の擬制を根拠とした三八八条をそのまま適用することはできず、この場合にも他と全く同様に法定地上権が成立するとしてきた従来の考え方を根本的に見直さなければならない。

(4) 私見に対立する見解について

ところで、私見のように建物の保護と当事者の「意思の推測」を法定地上権の成否の基準として前面に出すことには否定的な見解もある。そこで、これに対して若干の検討を加えて、本節のまとめとしたい。

(1) まず、松井宏興教授は、法定地上権制度と類似の他の制度（仮登記担保法の法定借地権や強制競売における法定地上権など）を統一的に捉えるという見地から、法定地上権の成立根拠を、建物保護および当事者意思よりも、潜在的土地利用権に求めるのが妥当であるとしている[26]。

しかし、当事者の合意によって抵当権が設定され、それに基づいて土地・建物が売却された場合と、単なる強制執行によって土地・建物が売却された場合を統一的に捉える必然性があるとは思えない。民法の法定地上権制度では、まず任意に土地あるいは建物に抵当権を設定した際の当事者の地位を考慮しなければならない。しかも既に見たように、潜在的地上権という構成自体にさまざまな問題が内在しているのである。

(2) 次に、個別価値考慮説を支持する生熊長幸教授は、更地に抵当権が設定された後で建物が建築されても法定地上権は成立しないとする判例（最二判昭和三六年二月一〇日・民集一五巻二号二一九頁）を前提にする限り、建物保護という公益的理由は共同抵当と再築のケースにおいても問題にならない、としている[27]。

しかし、更地に抵当権が設定された場合には、たとえ建物保護の要請があっても地上権留保の「合理的意思」が認められないために、法定地上権は成立しないことになるのであり、これによって建物保護という目的が地上権の成否の基準としての意義を完全に喪失することにはならない。むしろ、前述のように、抵当権設定当時に建物があっても競売の段階で建物が存在しない場合には法定地上権は成立しない、とするのが今日の一般的見解であろうが、それはまさにこの場合には建物保護の要請がないからである。そして、共同抵当における再築の場合には、建物保護の要請は存するが、もう一方の基準の「合理的意思」が存するか否かが問われることになるのである。この点につき生熊教授は、抵当権者の意思と抵当権設定者の意思は相反し、当事者の「合理的意思」を見つけ出すのは困難であることを根拠として、これを法定地上権の成否の基準とすることに対し否定的な立場をとる。[28] しかし、これも、事実として地上権を留保する意思が当事者に存するか否かを問うからであって、当事者の「意思の推測」が規範的意義を有することに着目し、これを厳格に解釈する場合には、そのような問題は生じないのである。

(3)　それゆえやはり、建物保護および当事者の意思という二つの要素を法定地上権の成否の基本的視座とすべきであろう。この二つのいずれかが欠ける場合は、三八八条の本来の適用範囲から外れるものと見なければならない。土地と建物に共同抵当が設定された場合は二つの中の後者が欠けたものといえる。ただし、これによって、共同抵当の場合には一切法定地上権が認められないというわけではない。当事者に「合理的意思」が認められない場合でも、これに不測の損害を負わせない事情が認められるならば、三八八条の類推適用を論じる余地は残されている。当初の建物が維持された状態で抵当権が実行された場合がまさにその例といえよう（この点については三で詳しく述べる）。[29] 従来の議論は、土地と建物に共同抵当が設定された場合を土地あるいは建物の一方のみに抵当権が設定された場合と同列に扱う傾向にあり、その結果、法定地上権の成立範囲が共同抵当の場合にも不当に拡張されてしまった観がある。土地と建物の共同抵当の場合には、あくまで三八八条の類推適用の可能性だけが残ると考えなければならない。

三　その他の諸説の検討

(1)　全体価値考慮説

土地と建物の共同抵当においては抵当権者は土地の価値全体を把握しているとして、再築建物のための法定地上権を原則として否定する見解は、全体価値考慮説といわれているが[30]、近時はこれを支持する学説がかなり多くなっている[31]。これに対し、個別価値考慮説は、土地上の抵当権はあくまで地上権の負担の付いた土地の価値しか把握していないから、全体価値考慮説のような結論をとるためには、建物の消滅によって敷地上の抵当権が把握する価値が自動的に拡張されると見なければならない、と批判するのである[32]。しかし、二で触れたように、土地上の抵当権が地上権価値を除いた価値を把握するという前提自体に問題があるといわざるを得ない。

もちろん、全体価値考慮説も、建物上の抵当権は「建物価値＋地上権価値」を把握し、土地上の抵当権は「更地価値－地上権価値」を把握するために、抵当権者は土地の価値全体を把握する、というのであれば、それ自体が問題となる。ただ、実はこの点は明確ではない。個別価値考慮説に対峙する見解として全体価値考慮説が説明される場合には、しばしば、全体価値考慮説は右のような考え方として位置づけられているが[33]、全体価値考慮説に属するというすべての見解が実際にこのような論理を明確に展開しているわけではない。たとえば、全体価値考慮説をとるものとして引用される東京地裁執行処分平成四年六月八日（金法一三二四号三六頁）[34]は、抵当権者は土地の価値全体を把握するとはしているが、建物上の抵当権は「建物価値＋地上権価値」を把握するとまでは明言せず、むしろ、この点は曖昧にされている[35]。

とはいうものの、同処分も、土地と建物の共同抵当の場合には「建物のために地上権を留保する意思を、抵当権設定の当事者双方が有しているのが通常であり、そのような意思が合理的であることは、改めていうまでもない」と述べている。そうすると、これも、少なくとも地上権の留保という点で、共同抵当の場合を土地あるいは建物の一方のみに抵当権を設定した場合と同列に扱っており、問題であるといわなければならない。

(2) 一体価値考慮説

一体価値考慮説とは、伊藤進教授の命名によるものである[36]。これは、土地と建物に共同抵当権が設定された場合には、土地と建物の経済的一体性が重視されており、土地上の抵当権は土地自体の価値を支配し、建物上の抵当権は建物自体の価値を支配するために、土地抵当権は地上権の負担を受けず、再築建物のためには法定地上権は成立しない、という説である[37]。もともとこの説は、実務では共同抵当の設定の場合に当事者は法定地上権の成立を意識することはない、という堀龍兒氏の見解[38]に端を発し、これを伊藤教授が大きく展開したものである。伊藤教授は、現行民法の制定段階では、法定地上権が認められるケースとしては土地あるいは建物のみに抵当権が設定された場合だけが想定され、共同抵当の場合は想定されていなかった、という沿革もふまえて[39]、土地と建物の経済的一体性という観点から法定地上権を否定する解釈論をとる。

このような考え方は、共同抵当の場合を土地あるいは建物のみに抵当権を設定した場合と区別する点で私見と共通する。しかし、伊藤教授は、土地と建物の共同抵当においても当初の建物が存続する限り法定地上権を認める結論をとるが、その理由については、「競売の時点で、土地または建物の一方のみの抵当権として取り扱うことになったものとして処理してよい」と述べるだけであり[40]、この点が疑問である。共同抵当において土地上の抵当権は土地価値を支配し、建物上の抵当権は建物価値を支配するという命題からは、たとえ建物が存続しても法定地上権は成立しないと考えるのが一貫するからである。

このことは、価値支配という議論自体が法定地上権の成否を論じるにあたって十分機能していないことを示している。むしろ、より端的に法定地上権の根拠に則ってその成立範囲を論じるべきではないか。すなわち、共同抵当の場合には地上権留保の「合理的意思」が認められず、三八八条を適用することはできない[41]。しかし、当初の建物が存立していれば、地上権が成立するとしても、抵当権者は土地上の抵当権への負担を建物上の抵当権によって補うことができるから、抵当権者に不測の損害は生じない。そのため、これを地上権留保の「合理的意思」がある場合と同等に扱うことができ、その場合には三八八条を類推適用することができるのではないか。これに対して、建物が再築された場合に地上権を認めることは当事者に不測の損害を負わせることになるため、ここでは三八八条を類推適用することはできないのである。

(3) 土地と建物の別々の競売を制限する見解

山本和彦教授は、経済学的分析を通じて、共同抵当の場合に法定地上権を一律に否定する見解を主張しており、この際、抵当権の実行において土地と建物を別々に処分することを基本的に制限する解釈論を展開している。[42]すなわち、共同抵当において法定地上権が問題となるのは、裁判例ではおおむね、①抵当権者が一方のみの競売を申し立てた場合、②裁判所が一方のみを単独で売却した場合、③強制競売または滞納処分が一方についてのみ開始した場合、④建物が滅失し、再築建物について抵当権の設定がない場合、という類型に限られる、とし、①では当事者に法定地上権の保護を与える必要はなく、②では民事執行法六一条によって一括競売がなされるべきであり、④ではまさに法定地上権が否定されなければならない、とする。また、③では法定地上権とは別個の利用権によって建物を存続させることができる、というのである。

しかし、土地と建物が別個の不動産とされている以上、共同抵当が設定された後に土地あるいは建物に各々後順位の抵当権が設定される可能性は否定できない。そして、この場合に建物の後順位抵当権者が競売の申立てをしても、仮に法定地上権が成立しないとすれば、大きな問題が生じる。というのは、土地に抵当権が設定されている場合には、一般に法定地上権の成否は第一順位の抵当権を基準として決定されなければならないと解されているので、[43]共同抵当の場合に一切法定地上権が成立しないとすると、建物の後順位抵当権者ないし競落人に不測の損害を負わせる危険性があるからである。たとえ土地と建物が一括して競売されたとしても、建物の売却代金の算定において法定地上権の価格が考慮されないとすれば、後順位抵当権者は不測の損害を受けてしまう。他方で、この場合に法定地上権が成立するとしても、先順位の共同抵当権者は建物上の抵当権によってその負担を補うことができるから問題はない。それゆえ、共同抵当の場合にも法定地上権の成立を一切否定することはできないのではないか。

三　その他の諸説の検討

(4)　再築建物について法定地上権を認めない見解

(3)までの見解は共同抵当という特質に議論の重点を置いているといえるが、この問題に関しては、建物が再築されたという点を重視する説もある。

菅原胞治氏は、建物が再築された場合にも法定地上権が認められるという判例理論自体を批判し、法定地上権はあくまで抵当権設定当時に存在した建物を保護するためのものであり、土地のみに抵当権が設定された場合と土地および建物に共同抵当権が設定された場合を区別せず、再築建物のためには一切法定地上権は認められない、としている。(44) 菅原説は同時に、価値権と利用権の調和という理念の下に法定地上権の成否を論じていた我妻理論に疑問を呈している。(45)

確かに、地上権を基礎づける当事者の「合理的意思」は抵当権設定時のものであり、それは抵当権設定当時の建物を前提にするものといえる。しかし、抵当権設定時に存在する建物のために地上権を留保する「合理的意思」がある場合には、その後建物が再築されたとしても、旧建物を基準にした地上権を認めることは、当事者に不測の損害を負わせることにはならない。それゆえ、土地のみに抵当権が設定された場合には、少なくとも三八八条の類推適用によって、建物が再築されても旧建物を基準にした地上権は認められる。その意味で、土地に抵当権が設定された場合に関して展開されてきた判例理論は正当であり、再築建物について一切法定地上権を否定するべきではないだろう。(46) この問題で重要なのはやはり土地と建物の双方に抵当権を設定しているという点ではないか。

(5) 一括競売を重視する見解

最後に、一括競売（民法三八九条）による問題の処理を唱える見解を検討しよう。

(1) 松本教授は、更地に抵当権が設定された後に建物が建築された場合について、現行法の制定段階の議論や関係当事者の利益状況を分析した上で、土地抵当権者が一括競売（三八九条）を選択しなければ法定地上権が成立する、という解釈論を展開しているが、(47)これによると、共同抵当において再築がなされた場合にも一括競売をしなければ法定地上権が成立することになる。(48)

しかし、抵当権設定時に存在していなかった建物によって抵当権者に地上権の負担を課すことには疑問がある。通常、抵当権者は目的物について後の権利に優先する地位を取得していると考えるはずだからである。松本説の根底には、価値権としての抵当権に対する利用権の優越という思想もあるようだが、(49)現行法は、抵当権と利用権の優劣関係も公示の具備の前後によって決定するという原則を採用しているのであり、このような思想を解釈論の根拠とすることはできない。

(2) 次に、山野目教授は、土地と建物の一体的利用の必要性という見地から、一括競売を徹底するために、再築建物に関して一括競売をしない場合には法定地上権が成立する、という見解を主張している。(50)また、田中教授は、土地と建物の一体化という観点から、土地と建物の共同抵当においては法定地上権の成立を否定しつつ、他方で再築建物については一括競売を抵当権者に義務づける議論を展開している。(51)

これらの説は、土地と建物の一体的処理によって建物収去という不経済を回避するものであり、一体化という考え方には筆者も共感を覚える。それはこうである。従来、法定地上権という複雑な問題を解消するために自己借地権の制度を導入するという議論もなされていたが、(52)筆者にはこれが問題解決のための最善の手法になるとは思えない。確かに、自己借地権制度が導入されれば、建物の存立を確保しつつ土地または建物の一方を担保に供することが可能になる。しかし、実際に借地権付きの建物あるいは借地権の負担の付いた土地の一方だけを担保として融資をする者がどれだけいるだろうか。むしろ、土地と建物の双方が担保に供される場合がほとんどだろう。そうすると、ここで求められているのは、土地から切り離して建物自体を保持するというより、土地と建物を一体として担保に供すること、究極的には建物を土地の一部にしてしまうという立法措置ではないか[53]。その意味で、土地と建物の一体化という要請を一括競売という制度によって実現しようとする見解にはかなりの説得力がある[54]。

しかし、現行法は明らかに土地と建物を別個の権利客体として扱っているのであり、解釈論としては、それぞれを独立して処分できるということを前提に議論する必要がある。抵当権者に土地と建物の一括売却を強いるというのは、立法論としてはともかく、解釈論としては認められないのではないか。

(6)　ま と め

法定地上権の根拠は、建物の保護と当事者意思の推測であり、その成否についてはまずこの二つを基準とすべきである。この際、「当事者意思の推測」とはあくまで意思の擬制であることから、これは厳格に解釈される必要がある。したがって、三八八条の文言が示す通り、抵当権設定時に建物が存在し、かつ土地あるいは建物の一方に抵当権が設定された場合に「意思の推測」も認められる。しかし、意思が推測されない場合でも、別個の根拠によって当事者に不測の損害が生じないとされるときには、なお法定地上権を認める余地がある。すなわち、この場合に三八八条をそのまま適用することはできないが、その類推適用を論じる余地は残されている。

土地と建物に共同抵当権が設定された場合には、「意思の推測」は認められないために三八八条を適用できない。しかし、当初の建物が存続する場合には、法定地上権を認めても当事者に「不測の損害」が生じないから、三八八条を類推適用することはできる[55]。これに対して、再築建物に関して法定地上権を認めれば当事者に「不測の損害」が生じるので、この場合にはもはや三八八条を類推適用することができない。

かつては、土地と建物があわせて抵当権の客体とされた場合には、当事者に地上権留保の意思がないので法定地上権は認められない、とする見解が有力だったが[56]、この考え方は基本的に正当だったのではないか。ところが、大審院の判例[57]は、法定地上権は建物保護という国家経済の理由によるとして、共同抵当の場合にも他と同様に法定地上権が成立すると判断し、この際当事者の意思という要素を重視しなかった[58]。これが今日の混迷を招いてしまったように筆者には思えるのである。

四　最高裁判例の位置づけ

さて、これまで展開してきた私見からは、近時出された最高裁判例はどのように評価されることになるだろうか。ここでは、平成九年二月一四日判決（民集五一巻二号三七五頁）をとりあげることにする。同判決は次のように述べている。

「土地と地上建物を別個の不動産とし、かつ、原則として土地の所有者が自己のために借地権を設定することを認めない我が国の法制上、同一所有者に属する土地又は地上建物に設定された抵当権が実行されて土地と地上建物の所有者を異にするに至った場合、建物所有者が当該土地の占有権原を有しないことになるとすれば、これは、土地が競売によって売却されても、土地の買受人に対して土地の使用権を有しているものとする建物の所有者や土地の使用権があるものとして建物について担保価値を把握しているものとする抵当権者の合理的意思に反する結果となる。そこで、民法三八八条は、右合理的意思の推定に立って、このような場合には、抵当権設定者は競売の場合につき地上権（以下『法定地上権』という。）を設定したものとみなしているのである。その結果、建物を保護するという公益的要請にも合致することになる。それゆえ、土地及び地上建物の所有者が土地のみに抵当権を設定した場合、建物のために地上権を留保するのが抵当権設定当事者の意思であると推定することができるから、建物が建て替えられたときにも、旧建物の範囲内で法定地上権の成立が認められている(大審院昭和一〇年(オ)第三七三号同年八月一〇日判決・民集一四巻一七号一五四九頁参照)。また、所有者が土地及び地上建物に共同抵当権を設定した場合、抵当権者はこれにより土地及び建物全体の担保価値を把握することになるが、右建物が存在する限りにおいては、右建物のために法定地上権の成立を認めることは、抵当権設定当事者の意思に反するものではない(最高裁昭和三五年(オ)第九四一号同三七年九月四日第三小法廷判決・民集一六巻九号一八五四頁参照。なお、この判決は、所有者が土地及び地上建物に共同抵当権を設定した場合、民法三八八条の適用があるとするが、これは、抵当権設定当時の建物が存続している事案についてのものである。)。

これに対し、所有者が土地及び地上建物に共同抵当権を設定した後、右建物が取り壊され、右土地上に新たに建物が建築された場合には、新建物の所有者が土地の所有者と同一であり、かつ、新建物が建築された時点での土地の抵当権者が新建物について土地の抵当権と同順位の共同抵当権の設定を受けたとき等特段の事情のない限り、新建物のために法定地上権は成立しないと解するのが相当である。けだし、土地及び地上建物に共同抵当権が設定された場合、抵当権者は土地及び建物全体の担保価値を把握しているから、抵当権の設定された建物が存続する限りは当該建物のために法定地上権が成立することを許容するが、建物が取り壊されたときは土地について法定地上権の制約のない更地としての担保価値を把握しようとするのが、抵当権設定当事者の合理的意思であり、抵当権が設定されない新建物のために法定地上権の成立を認めるとすれば、抵当権者は、当初は土地全体の価値を把握していたのに、その担保価値が法定地上権の価額相当の価値だけ減少した土地の価値に限定されることになって、不測の損害を被る結果になり、抵当権設定当事者の合理的な意思に反するからである。なお、このように解すると、建物を保護するという公益的要請に反する結果となることもあり得るが、抵当権設定当事者の合理的意思に反してまでも右公益的要請を重視すべきであるとはいえない。」

本判決は、土地と建物に共同抵当権が設定された場合には、抵当権者は建物および土地の価値全体を把握するとしており、全体価値考慮説を採用したものと評されている(59)。しかし、共同抵当の場合に抵当権者が土地の価値全体を把握することになるという点の基礎づけは明らかでなく、この点については二つの可能性が残されている。一つは、抵当権設定段階で、建物抵当権は「建物価値＋地上権価値」を把握し、土地抵当権は「更地価値－地上権価値」を把握する結果として、抵当権者は土地の価値全体を把握する、という考え方である。しかし、この説明では、土地上の抵当権はあくまで地上権の負担を受けるという結論になりそうであるが、それでもなお地上権が成立しないとする根拠は、この判決によれば、「法定地上権の制約のない更地としての担保価値を把握しようとする」「抵当権設定当事者の合理的意思」ということになる。

もう一つは、そもそも共同抵当においては「地上権価値」は問題とならないために、抵当権者は土地の価値全体を把握するという考え方である。しかし、この場合には逆に建物が存続するときに法定地上権が成立する根拠が問題となるが、それも、この判決によれば抵当権設定当事者の合理的意思ということになりそうである。

そうすると、本判決は、抵当権者の価値把握という命題を用いつつ、実は、法定地上権の成否に関して決定的であるのは当事者意思であるとするものではないか(60)。このことは、価値把握、とりわけ地上権価値の把握という議論が、法定地上権の成否についてはあまり意味を持たないことを暗示している。しかも、本判決は、建物保護の要請も当事者意思によって制約を受けることを明らかにしている点で、建物の存立はあくまで当事者の意思が推測できる場合に正当化されるという私見と共通している。

ただし、本判決が、共同抵当においても建物が存続する場合には法定地上権が成立する根拠を単に当事者の合理的意思に求めようとしている点は問題である。確かに、この場合に法定地上権が成立しても抵当権者に不測の損害は生じない。しかし、だからといって、共同抵当を設定した当事者が法定地上権を留保する意思を有するとは推定できない。むしろ、当事者は土地と建物の一括売却の意思を有するが、建物抵当権が存続する状態で法定地上権が成立しても抵当権者には不測の損害が生じないので、これを地上権を留保する合理的意思がある場合と同様に扱うことが許される、と考えるべきである。本判決が、共同抵当の場合にも地上権を留保する当事者の意思が推定されるとは述べず、あくまで「法定地上権の成立を認めることは、抵当権設定当事者の意思に反するものではない」という消極的な表現にとどめているのは、このことを意識しているからかもしれないが、いずれにせよ、共同抵当の場合にはあくまで三八八条の類推適用の可能性だけが残される、と考えるべきである。合理的意思を拡張的に解釈することは三八八条の適用範囲を不明瞭にする危険性も有する。したがって、土地上の抵当権と同順位の抵当権が再築建物に設定された場合等に法定地上権が認められるとするのも、そのような合理的意思が当事者に存するからではなく、やはり抵当権者が不測の損害を受けないからであり、これも三八八条の類推適用によると考えなければならない(61)。

五 おわりに

本稿は、土地および建物の共同抵当と法定地上権の関係を検討したにすぎないが、同時に、法定地上権制度の根拠とされてきた建物保護と当事者意思の意義をあらためて問うことにもなったのではないかと思う。

従来もこの二つの要素は法定地上権制度の根拠として挙げられてきたが、法定地上権が認められるにはその一方が具備されればよいというのではなく、双方が具備されなければならない。もともとこの制度は私的自治という基本原則を修正する以上、その成立要件は厳格に判断される必要がある。それゆえ、建物保護という目的も、抵当権設定当事者の「合理的意思」が存してこそ実現できると解すべきである。さらに、「合理的意思」は意思の擬制である以上、これを拡大解釈することは許されない。ただし、当事者に不測の損害が生じない場合には三八八条を類推適用することができよう。

逆にいえば、真に抵当権設定当事者が地上権を成立させる合意をした場合には、たとえ法定の要件が満たされなくともこれを認めるのが私的自治の原則には適う。他方で、法定の要件が満たされても当事者が地上権の成立を排除する合意をした場合には、地上権を認めることには疑問が生じる。したがって、後者の場合にも法定地上権は成立するとした大判明治四一年五月一一日（民録一四輯六七七頁）には再検討の余地がある。確かに、以前は建物保護を当事者の意思にも優先させる社会的要請があったかもしれないが、今日では建物保護の規律を強行法規のごとく解する必要性はないのではないか[62]。

もちろん、このように設定当事者の合意によって法定地上権の成否を変動させる場合には、これに利害を有する第三者の取引の安全を考慮する必要がある。たとえば、更地に抵当権が設定された場合に、当事者が将来の建物のために地上権を留保する合意をしたとしても、当該更地に後順位の抵当権が設定されたときには、法定地上権を認めればこの者の取引の安全を害する危険性がある。逆に、建物が存在する土地に抵当権が設定され、当事者が法定地上権の成立を排除する合意をした場合には、その効力を認めることは後に建物に抵当権の設定を受けた者の取引の安全を害する。したがって、このような特約の公示方法が整備されていない現段階においては、第三者の利益を害しない事情がない限り、その対外的効力を否定しなければならない[63]。

（1） 我妻栄「判例批評」判例民事法昭和一三年度（一九三九年）二七三頁以下参照。川井健『担保物権法』（青林書院、一九七五年）九〇頁、柚木馨＝高木多喜男『担保物権法〔第三版〕』（有斐閣、一九八二年）三六四頁等も、このような立場と思われる。

さらに、下級審判例の大勢も、三(1)で触れる東京地裁平成四年六月八日執行処分が出る前はこの立場だった。たとえば、福岡地判昭和六〇年二月一三日（金融法務事情一一〇二号四三頁）、京都地判昭和六〇年一二月二六日（判例時報一二一九号一一三頁）、東京高決昭和六三年二月一九日（判例時報一二六六号二五頁）、大阪高判昭和六三年二月二四日（判例時報一二八五号五五頁）等。

（2） 富川照雄「民事執行における保全処分の運用」判例タイムズ八〇九号（一九九三年）四頁以下、九頁、福永有利「判例批評」私法判例リマークス七号（一九九三年）一四三頁以下、米田秀実「建物の再築と法定地上権の成否」

米田實先生古稀記念『現代金融取引法の諸問題』(民事法研究会、一九九六年)一五一頁以下、一七六頁、柚木馨＝高木多喜男編『新版注釈民法(9)』(有斐閣、一九九八年)五三二頁[生態長幸]等。なお、高木多喜男「共同抵当における最近の諸問題」金融法務事情一三四九号(一九九三年)六頁以下もこれに与するものと思われる。

(3) 大判明治三八年九月二二日(民録一一輯一一九七頁)、最三判昭和三七年九月四日(民集一六巻九号一八五四頁)、我妻栄『新訂担保物権法』(岩波書店、一九六八年)三六三頁、川井・前掲注(1)八七頁、柚木＝高木・前掲注(1)三六三頁等。

(4) 三瀦信三「判例批評」法学志林一四巻八号(一九一二年)一一頁以下、富井政章『民法原論第二巻(合冊)』(有斐閣、一九二三年)五八七頁〜五八八頁参照。

(5) 堀龍兒「民法判例レビュー22(担保)」判例タイムズ六七一号(一九八八年)六四頁以下、六九頁、伊藤進「土地建物共同抵当における建物再築と法定地上権(上)(下)」ジュリスト一〇五五号一四〇頁以下、一〇五六号一四五頁以下(一九九四年)等。

これらの前にも、土地と建物の共同抵当の場合を他と区別するという見解はあった。たとえば、生田治郎「建物の再築と法定地上権の成否」NBL一三四号(一九七七年)六頁以下、九頁参照。

(6) 富川・前掲注(2)九頁、高木・前掲注(2)一三頁、福永・前掲注(2)一四四頁。

(7) 富川・前掲注(2)一〇頁、福永・前掲注(2)一四六頁、米田・前掲注(2)一七六頁等参照。この点につき、長谷川教授も、個別価値考慮説に従いつつ、抵当権実行の妨害のための再築の場合には正義・公平の理念から法定地上権の成立を否定する(長谷川貞之「判例批評」ジュリスト一〇一五号(一九九三年)二七八頁以下、二八二頁)。

(8) 高木・前掲注(2)一四頁。高木教授自身も、建物抵当権が支配していた土地利用権価値が土地抵当権に吸収されることは、論理的には十分に説得的ではない、としている(高木「判例批評」私法判例リマークス一六号(一九九八年)一八頁以下、二一頁)。

(9) 我妻・前掲注(3)三四九頁〜三五〇頁。

(10) 我妻・前掲注(3)二一三頁。

(11) 我妻・前掲注(3)三五二頁。
(12) 我妻・前掲注(3)三五四頁。田中克志「法定用益権の効力とその内容」加藤一郎＝林良平編代『担保法大系第1巻』(金融財政事情研究会、一九八四年)四八六頁以下、四九四頁はこれを支持する。
(13) 法典調査会『民法議事速記録二巻』(商事法務研究会)九一九頁［梅発言］参照。
(14) 筆者は既に、賃料債権への物上代位との関係で価値権理論に対して疑問を提示している(拙稿「抵当権の物上代位に基づく賃料債権の差押え」筑波法政二六号(一九九九年)一頁以下、一二頁〜一四頁)が、その本格的検討については他日を期したい。
(15) 野村秀敏「建物の再築と法定地上権の成否」金融法務事情一三四〇号(一九九二年)六頁以下、一〇頁。
(16) 野村・前掲注(15)一〇頁。
(17) 野村・前掲注(15)一一頁。建物が滅失しても「潜在的法定地上権」の価値は抵当権者によって把握されるという発想は、既に三和教授によって示されていた(三和一博「判例批評」法律時報六一巻三号(一九八九年)一〇八頁以下、一一〇頁)。その他に、このような見解を採用するものとしては、秦光昭「建物の再築等と法定地上権」手形研究四七〇号(一九九二年)一六頁以下、二三頁、片岡宏一郎「判例批評」手形研究四八三号(一九九三年)二四頁以下がある。
(18) 槇悌次「再築建物と法定地上権(4・完)」NBL五五五号(一九九四年)三二頁以下参照。
(19) 槇・前掲注(18)三三頁。
(20) 私見のほかにも、潜在的利用権という構成に批判的な見解として、東海林邦彦「判例批評」民商法雑誌一二〇巻三号(一九九九年)四六九頁以下、五一二頁がある。
近時の下級審判例にも「潜在的自己地上権」という構成を駆使するものがある(大阪地判平成九年三月二一日・判例時報一六三八号一一六頁)が、やはり疑問である。
(21) 鈴木禄弥『借地法上巻〔改訂版〕』(青林書院、一九八〇年)二五三頁、我妻栄編『判例コンメンタールⅢ・担保物権法』(日本評論社、一九六八年)四三三頁［清水誠］、槇悌次『担保物権法』(有斐閣、一九八六年)二二〇頁、道垣内弘人『担保物権法』(三省堂、一九九〇年)一七四頁〜一七五頁、高木多喜男『担保物権法〔新版〕』(有斐閣、一九九三年）二〇一頁、近江幸治『担保物権法〔新版補正版〕』（弘文堂、一九九八年）一八七頁等参照。

この点に関し、内田教授は、土地抵当権設定後に建物を譲り受けた第三者が存在した場合には、建物が滅失した状態で抵当権が実行されても、法定地上権を認めないことは第三者を害することになる、として、この場合にのみ法定地上権を認める見解を主張している（内田貴『民法Ⅲ　債権総論・担保物権』（東京大学出版会、一九九六年）三七八頁）。しかし、法定地上権は、当事者の合意がなくとも建物存立のために例外的に認められるものであると考えれば、第三者も、もともとそのように限定された利益しか取得しえないということになるのではないか。

(22)　柚木＝高木・前掲注（1）三四九頁、鈴木禄弥『物権法講義〔四訂版〕』（創文社、一九九四年）二一七頁等。

(23)　山本和彦「法定地上権の濫用について」民事研修四〇三号（一九九〇年）一二頁以下、一八頁参照。

(24)　なお、土地と建物の双方に抵当権が設定されても、それぞれが別個の債権を担保するものである場合には、どのように考えるべきだろうか。この場合には、当事者は別個独立の処分行為をしているので、各々の抵当権設定において地上権を留保する「合理的意思」が認められると解すべきだろう。

(25)　法典調査会の議論は共同抵当を全く想定していない（法典調査会・前掲注（13）九一八頁～九三〇頁参照）。これについては、伊藤・前掲注（5）ジュリスト一〇五六号一四六頁参照。

(26)　松井宏興「法定地上権制度の基礎的検討」伊藤進教授還暦記念『民法における「責任」の横断的考察』（第一法規、一九九七年）一三七頁以下、一四六頁。同旨、松本恒雄「法定地上権と法定賃借権」米倉明ほか編『金融担保法講座Ⅰ』（筑摩書房、一九八五年）二四一頁以下、二六八頁。

(27)　柚木＝高木編・前掲注（2）五二一頁〔生熊〕。生熊教授の見解については、生熊「建物の再築と法定地上権（シンポジウム・担保権の効力と不動産執行）」民事訴訟雑誌四四号（一九九八年）一二三頁以下も参照。

(28)　柚木＝高木編・前掲注（2）五二二頁〔生熊〕。

(29)　小林弁護士は、共同抵当の場合にも地上権を留保する当事者の合理的意思が認められるが、ただ、その地上権を抵当権者に把握させることも当事者の合理的意思の内容になる、として、建物の再築等によってこれが不可能となった場合には法定地上権は認められない、と主張している（小林明彦「再築建物のための法定地上権」金融法務事情一三四三号（一九九三年）二三頁以下、二八頁～二九頁）。しかし、このような解釈は「合理的意思」が安易に拡張される傾向につながりかねない。

(30) 淺生重機＝今井隆一「建物の建替えと法定地上権」金融法務事情一三二六号（一九九二年）六頁以下。なお、全体価値考慮説の内容については、井上稔「担保価値の実現と法定地上権の成否」金融法務事情一二〇九号（一九八九年）二七頁以下参照。

(31) 栗田隆「判例批評」判例評論四二三号（一九九四年）一八二頁、半田吉信「判例批評」判例評論四六四号（一九九七年）一八二頁以下、山田誠一「判例批評」金融法務事情一四九二号（一九九七年）四〇頁以下、近江幸治「判例批評」ジュリスト一一三五号（一九九八年）六四頁以下等。

(32) 福永・前掲注（2）一四六頁、高木・前掲注（30）二八頁、淺生＝今井・前掲注（2）一三頁。

(33) 井上・前掲注（30）二八頁、淺生＝今井・前掲注（30）六頁。

(34) 淺生＝今井・前掲注（30）七頁参照。

(35) 高木・前掲注（8）「判例批評」二〇頁も、「全体価値考慮説の特徴は、土地抵当権と建物抵当権で、土地及び建物の全価値を支配しているというのみであり、両者が、それぞれ土地・建物のどの価値を支配しているかについては、ふれようとしない」と述べる。

(36) 伊藤・前掲注（5）ジュリスト一〇五五号一四二頁。

(37) 伊藤・前掲注（5）ジュリスト一〇五六号一四七頁。なお、同「再築建物に対する土地・建物共同抵当権と国税債権との優劣関係」ＮＢＬ五四六号（一九九四年）一五頁以下、同「土地・建物共同抵当における法定地上権と租税債権」金融法務事情一四五九号（一九九六年）六頁以下も参照。

(38) 堀・前掲注（5）六九頁、同「民法判例レビュー42（担保）」判例タイムズ八二四号（一九九三年）四二頁以下、四九頁。類似の見解として、須磨美博「法定地上権――実務からみた運用上の問題点とその対策」ジュリスト一〇五五号（一九九四年）一四五頁以下、一四七頁、吉田光碩「共同抵当における建物の滅失・再築と法定地上権」判例タイムズ八四二号（一九九四年）四一頁以下、四三頁、松井宏興「判例批評」法律時報六七巻四号（一九九五年）九五頁以下、九八頁。

(39) 伊藤・前掲注（5）ジュリスト一〇五六号一四五頁～一四七頁参照。

(40)　伊藤・前掲注（5）ジュリスト一〇五六号一四七頁。
(41)　この点に関して、堀氏は、価値把握という議論にとらわれず、法定地上権の成否について重要なのは当事者の意思である、としている（堀・前掲注（38）判例タイムズ八二四号四九頁）。筆者もこのような見解により共感を覚える。
(42)　山本・前掲注（23）一八頁〜二六頁。
(43)　最二判平成二年一月二二日（民集四四巻一号三一四頁）。
(44)　菅原胞治「抵当地上の建物再築と法定地上権（上）」手形研究四九四号（一九九四年）四頁以下、九頁、一三頁。法定地上権を抵当権設定当時の建物だけを保護するものとして捉える考え方は、角教授や道垣内教授によっても示されている（角紀代恵「判例批評」法学教室二〇六号（一九九七年）九八頁以下、小林明彦ほか「〈座談会〉再築建物のための法定地上権をめぐって」金融法務事情一四九三号（一九九七年）二四頁以下、三二頁［道垣内弘人発言］）。
(45)　菅原・前掲注（44）一一頁。
(46)　伊藤教授も、土地のみに抵当権が設定された場合には、再築建物に法定地上権を認めても抵当権者は害されず、これを認める合理的理由がある、としている（伊藤・前掲注（5）ジュリスト一〇五六号一四三頁）。
(47)　松本恒雄「抵当権と利用権との調整についての一考察（一）」民商法雑誌八〇巻三号（一九七九年）二八三頁以下、三一三頁。
(48)　松本「土地建物共同抵当と再築建物の法定地上権」金融法務事情一三八七号（一九九四年）九一頁以下、九四頁。
(49)　松本・前掲注（47）三一四頁。近時でも、同様の考え方から、抵当権設定後の建物のために法定地上権が成立するという解釈論を清水教授が提示している（清水元「抵当権実行手続における建物所有者の法定地位」東北学院大学論集・法律学五五＝五六号（二〇〇〇年）六七頁以下）。
(50)　山野目章夫「判例批評」私法判例リマークス八号（一九九四年）三二頁以下、同「判例批評」金融法務事情一三九六号（一九九四年）四四頁以下。

(51) 田中克志「土地・建物の一体化と法定地上権・一括競売制度」静岡大学法政研究二巻三＝四号（一九九八年）一頁以下、三五頁、四八頁。
(52) 鈴木・前掲注（21）二五〇頁など。
(53) 鈴木禄弥博士自身も、自己借地権制度の導入を論ずる前に、建物とその敷地を一体化する法的措置を検討する必要性を説いている（星野英一ほか「シンポジウム・現代における担保法の諸問題」私法四五号（一九八三年）二〇頁［鈴木報告］、鈴木・前掲注（22）二二〇頁）。
(54) 鎌田教授も一括競売を義務づける見解に共感を示しているが、その一般化には慎重である（鎌田薫「抵当権（その二）」椿寿夫編・別冊NBL三一号『担保法理の現状と課題』（一九九五年）三〇頁以下、四〇頁）。
(55) 私見とは若干意味が異なるが、土地と建物の共同抵当の場合に三八八条を「類推適用」するという構成は、かつて中島博士によって示されていた（中島玉吉『民法釈義巻二ノ下』（金刺芳流堂、一九一六年）一一五八頁～一一五九頁）。
(56) 三瀦・前掲注（4）一一頁以下、富井・前掲注（4）五八七頁以下。
(57) 大判明治三九年二月一六日（民録一二輯二二〇頁）、大判明治四三年三月二三日（民録一六輯二三三頁）参照。
(58) これについては、村田博史「法定地上権」星野英一編代『民法講座3』（有斐閣、一九八四年）一三九頁以下、一四八頁参照。
(59) 村田博史「判例批評」法学教室二〇七号（一九九七年）九八頁以下、九九頁、半田・前掲注（31）一八五頁、伊藤進「判例批評」私法判例リマークス一七号（一九九八年）二六頁以下、二七頁、柚木＝高木編・前掲注（2）五一三頁［生熊］、春日通良「最高裁判所判例解説」法曹時報五二巻四号（二〇〇〇年）一〇三一頁以下、一〇四七頁等参照。
(60) 私見とは解釈論の手法が異なっているが、東海林・前掲注（20）五〇五頁も、この点に関してはほぼ同様の見方をしている。
(61) 最一判平成九年六月五日（民集五一巻五号二一一六頁）は、「新建物が建築された時点での土地の抵当権者が新建物について土地の抵当権と同順位の共同抵当権の設定を受けた場合であっても、新建物に設定された抵当権の被担保債権に法律上優先する債権が存在するときは」「新建物のために法定地上権が成立しない」としているが、このような場合には、私見では、法定地上権の成立は抵当権者に不測の損害を負わせるから三八八条は類推適用できない、ということになる。

(62) 小林ほか・前掲注(44)二六頁〔道垣内発言〕も、建物保護の今日における意義を問題としている。

この点につき、鈴木博士は、法定地上権制度が特別法たる借地制度にも通じるとして、その強行法規性を認めていた(鈴木・前掲注(21)二四九頁)が、民法典の法定地上権制度が当事者の自由意思を完全に制限するとはいえないのではないか。

(63) 高木多喜男『担保物権法〔新版〕』(有斐閣、一九九三年)一八五頁は、法定地上権を排除する特約について同旨を述べる。なお、鎌田・前掲注(54)三七頁~三八頁参照。

第三者の取引の安全に関して特に問題となるのは競落人の地位である。更地に抵当権が設定された事案で、たとえ抵当権者と設定者の間で将来の建物のために地上権を認める合意をしたとしても、競落人に対してはその効力は認められない、とした判例がある(大判大正七年一二月六日・民録二四輯二三〇二頁)が、これは基本的に正当といえよう。競落人はいわば抵当権者の権限を承継する地位にあるが、その権限の内容が抵当権者によって自由に変更できることになると、やはり彼の取引の安全が害される危険性があるからである。もちろん、抵当権者が自己競落した場合は別である。

マイクロソフト社の反トラスト法違反事件の行方

佐藤一雄

一　はじめに

パソコン基本ソフト（operating system＝OS）市場において、圧倒的なシェアを有するマイクロソフト社（以下MS社）のシャーマン反トラスト法違反被疑事件に対する、ワシントンDC（コロンビア特別区）連邦地裁による第一審「法の結論」判決が、二〇〇〇年四月三日にくだされた。〝世紀の独禁法裁判〟とも言われる同事件の行方は、マスメディアにも大きく報道されるとともに、おおかたの耳目を集めている。ある程度予測されたこととはいえ、[1]同判決では、競争者等への排他的な独占行動によって、同社が独占の維持を図ったとの、厳しい違法判決がくだされた。同四月二八日には、司法省（以下DOJ）反トラスト局による、厳しい企業分割等の、MS社がとるべき排除措置の申し出がなされ、[2]原告・被告双方の排除措置内容についての主張について審理されていたが、同六月七日には、基本ソフト会社およびオペレイティング・ソフト会社二社に分割するとの、独占事件における構造的排除措置を含む、違法な独占行為の排除措置命令のための、「最終判断」判決がなされている。

その後、連邦最高裁への直接上告を求めた当局側に対して、連邦最高裁は、同九月二六日これを認めない方針を決定した。これに対して、ワシントンDC連邦控訴裁も、新聞報道によれば異例の速さで対応しているようであるが、控訴裁から最高裁と上級審で争う場合には、最終決着までに数年を要するものと予測される。[3]本稿では、一審判決がとった考え方を、紙数の許す範囲において参照し、その理論構成等について、当面とりあえずの検討をしてみることにする。上級審の審理においても、昨年一一月五日の詳細な「事実認定」判決に基づいた、先の一審違法判決の考え方が、法律判断の〝枠組み〟となることは、言うまでもないからである。これによって、ハイテク・ソフト市場に対する、ポスト・シカゴ時代と言われる今日の反トラスト法の運用状況下での、反トラスト政策の行方を探ってみることにする。

二　本事件の経緯

(1)　マイクロソフトI事件

MS社は、一九七五年にビル・ゲイツ氏及びポール・アレン氏（昨年同社の取締役を辞任したと報道された）によって創設され、その後、MS－DOSからウインドウズ95・同98等次々にアップグレードされた、パソコンの同社のOSソフトによって、世界市場における「標準」としての圧倒的な地位を築いてきた。このような地位をめぐる新しい形態の情報ネットワーク独占の問題に対して、一九九〇年六月には、連邦取引委員会（以下FTC）が、同社の次のような行為について審査を開始した。即ち、①同社のOSを、ライセンス先のパソコンメーカーが使用しているか否かにかかわらず、パソコンのプロセッサーの出荷台数に応じてライセンス料を支払う義務を課したこと、②そのことによって、競合するOSソフトの搭載を事実上制限した等の疑いによるものであった。しかしながら、三年後の一九九三年一〇月には、シャーマン法を専管するDOJに、事件を引き継いだ。

DOJは、一九九四年に、MS社はOS市場を独占し、シャーマン法一条・二条に違反したものとして、ワシントンDC連邦地裁に提訴した。その後控訴審に進んだ後、一九九五年六月には、同連邦控訴裁において「同意判決」が下された。[4]これによれば、①前記のようなライセンス料の賦課に関して、このような条件による一括払契約を禁止する、②通常の契約期間よりも長い三年以上の契約にして、期間延長により五年以上に渉って相手方を拘束したことに対して、一年を超える契約を禁止する（ただし契約の更新は出来る）、③当時の同社の新しいOS、即ちウインドウズ95の事前テストの契約を複数のソフトメーカーと締結した際に、競合ソフトメーカーと共同開発して競合技術を利用することを禁止したことにも関連して、④同社の他のソフト製品（ブラウザー等）を抱き合わせてライセンスすることを禁止し（しかしながら一方では、統合した製品の開発を禁止するものと解釈するべきではないとされていた）、⑤競合他社を排除するような条件によるライセンス契約を禁止した。

(2)　マイクロソフトⅡ事件

一九九六年八月には、ブラウザーソフト等の競合メーカーであるネットスケープ・コミュニケーションズ社（以下NC社）が、MS社のブラウザー事業を反トラスト法違反として告発し、DOJが調査を開始した。一九九七年一〇月に、DOJは、MS社には先の同意判決不遵守の違反があるとして、ワシントン連邦地裁に提訴した。ウインドウズ95や、その後継版である同98についてのライセンス契約において、同社製のネットの閲覧ソフトであるインターネット・エクスプローラー（以下IE）をライセンスすることを条件にした「抱き合わせライセンス」が、先の同意判決に違反していると主張した。

同年一二月の、同地裁による「仮処分命令（preliminary injunction）」では、別命あるまで、この抱き合わせ行為を禁止するとした。その一方では、本件に民事罰は課さず、同地裁が選任する専門家に問題の検討を付託するとした。その理由は、前記の同意判決では、製品の〝統合〟自体は必ずしも禁止されていないが、抱き合わせであるのか、統合製品であるのかは不明確であるとするものであった。

これに対して、一九九八年六月のワシントンDC連邦控訴裁判決は(5)、これとは異なる判断を下した。地裁の仮処分命令について、全体的に手続き違反であるとして仮処分命令を取り消した。また、控訴裁判決の事実認定部分では、ウインドウズ98は、抱き合わせとは異なる、機能的にバンドリングされた統合製品であるとしていた。

したがって、先の同意判決でも禁止されていない新たな統合製品については、前記の仮処分命令の範囲からもはずれるとの実態判断がなされていた。そこでMS社は、ウインドウズ98の販売に踏み切った（この間、同製品の内容に関して、ライバル社のブラウザーソフトも簡単に利用しうるようにするとの方向での、DOJとの和解交渉も決裂していた）。

(3) マイクロソフトⅢ（今回の事件）

この間、DOJとカリフォルニア州その他及びコロンビア特別区の二〇の規制当局は、MS社の行為はシャーマン法一条・二条や州の反トラスト法違反であるとして、一九九八年五月に、本格的な提訴に踏み切っていた。その提訴理由は、①競争者（NC社）にブラウザー市場を分割するように働きかけたこと、②ウインドウズ95のライセンス契約において、同社のIEを抱き合わせたこと、③ウインドウズ98において両者を抱き合わせていること、④競合ブラウザーの採用に対して、排他取引を行っていること、⑤インターネット・アクセスプロバイダー（IAP）との契約においても、OSの独占を利用して、競合ブラウザーを排除しようとしていること、⑥インターネット・コンテンツプロバイダーとの契約においても、排他的な取引条項を用いていることであった。[6]

一九九八年一〇月に開始された、ワシントンDC連邦地裁の審理において、先に述べたように、本件を担当したTPジャクソン判事は、一九九九年一一月五日、まず詳細な「事実認定（Finding of Fact）」[7]を公表した（同認定の結論部分では、消費者利益を損なうものとの結論を既に述べていた）。同一二月には、DOJが違法判決を求める意見書を連邦地裁に提出した。その後、和解交渉の調停人に、シカゴの第七巡回区控訴裁の判事、R・A・ポズナー氏（シカゴ学派の大立者）が、同地裁によって任命され、DOJとの和解交渉が進められていた（この間、二〇〇〇年二月には、MS社はウインドウズ2000を発売している）。MS社は、同年三月に、ウインドウズから同社のブラウザーを分離し、競合ソフト会社にウインドウズの情報を開示する等の内容の和解案[8]をDOJに提示したが、この和解交渉も結局不備に終わった。そこでジャクソン判事は、日進月歩のハイテク分野においては、迅速な裁判が何よりも求められている事情を考慮しつつ、時を移さず「法の結論（Conclusions of Law）[9]」判決を行ったものと思われる。これによって、一審でのMS社の敗訴が確定し、被告が取るべき措置の「最終判断（Final Judgment）」判決が、先述のとおり二〇〇〇年六月七日に下された[10]。

三　「法の結論」判決における理論構成

(1)　シャーマン法二条違反

(1)　同条上の「独占行為（monopolize）」としての違反

A　関連市場の画定と同市場における独占力の保持の認定

「法の結論（Conclusions of Law）」判決は、シャーマン法二条上の「独占行為（monopolize）」の適用に関し、①関連市場において独占力を有すること、②その独占力の、優れた製品・営業手腕・歴史上の偶然の結果によるものとは区別される、意図的な獲得ないしは維持行為が違法になるとの、グリンネル事件[11]・コダック事件[12]の最高裁判決で示された、独占事件における〝二段階の判断枠組み〟を、最初にまず確認する[13]。この場合①に関しては、〝独占力とは、関連市場（relevant market）において価格を左右し得る力を言う（デュポン事件判決を参照）[14]〟が、この認定のためには、その前提として関連市場の画定が必要である。昨年一一月に公表された「事実認定」において既に明らかにされていたように、本件の関連市場は、〝インテル互換パソコン（PC）のオペレイティングシステム（OS）のライセンス取引の世界市場〟であると認定される。この認定は、基本的には、同一の需要目的の消費者による、合理的に交換可能な製品の範囲の判断であるが（前記デュポン事件判決を参照）、近い将来において、前記インテル互換PCのOSのシステムに替わるものは見出しがたいとする。

ここに認定された関連市場においては、MS社は、価格（この場合は、OSのライセンス料）を支配し得るものと推定される。この市場におけるMS社のシェアは、最近では九五%を超えており、仮に、この市場の外にあるアップル社のMAC－OSを含めたとしても、八〇%を優に超える。OSの上で作動するアプリケイションソフトにおける、後述の参入障壁が、前記のインテル互換PCのOS、即ちMS社のウインドウズに多くの消費者を引き付け、長い間実質的に競争レベル以上の価格を、MS社は付し得たものと思われる。このことから、MS社は、独占力を享受しているとの仮定が可能になるので、政府側が負うべき〝一応の証明〟の立証責任は満たされており、それに対する反証はMS社が負うことになるが、MS社は、この反証に成功していないとする。

B　反競争的な手段による独占力の維持行為（上記の独占力の濫用）

この問題の最初の関門は、問題の行為が〝排他的〟か、即ち競争者が消費者に対して能率競争を当該市場で行う能力を実質的に制限し、または実質的に制限するおそれをもたらすか否かにあるとする（前記グリンネル判決、コダック判決等参照）。独占力を有する被告が、効率的な企業による競争に対する、参入障壁を打ち立てたりそれを保持したりする以外には、そのことに対する何らの見返りもなく、消費者に対する当該製品の魅力を減じて、消費者を敵に回すような行動に出る場合には（または、膨大な開発費用をかけたり、そこからの利潤を得る機会を失うような行動に出る場合にも）、そのような被告の行動は、〝略奪的〟であると見なすことができるとする。この場合の略奪行為には、現実の競争者が市場から駆逐されたり、潜在競争者の参入が阻止されたり遅延させられたりして、略奪者が独占利潤を得るに十分な市場シェアを獲得・維持し、または独占利潤の実現を脅かすような競争者の競争行動を捨てさせるに十分なほどの、利潤の極大化行動とは考えられない営業活動による、競争者への侵害行動をも含んでいるとする。

利潤の最大化を図る企業が、略奪的な行動を採ったとの証拠があれば、競争者への実質的な排他効果を指し示すに十分である（アスペン事件判決(15)を参照）。言い換えれば、〝略奪行為は明らかに非競争的である〟から、独占力を有する企業がこのような行動を行ったとの証拠は、シャーマン法二条にいう責任を、必然にさせることになるとし、その具体的な内容が、前記の事実認定に基づいて、大要以下のように述べられる。

a 略奪的行為の一（NC社のナビゲーターに対する排他的な戦略行動）

MS社は、ブラウザーのような、いわゆる〝ミドルウエア（既存のOSによって用意されるインターフェースによりつつ、アプリケーション即ち既存のOSの上で機能する応用ソフトの開発者へのインターフェースともなり得るソフト）〟が、いわば〝トロイの木馬〟となって、MS社のOS以外のOSが、インテル互換PCのOS市場に参入する恐れがあることに対して、対策を講じ始めた(16)。インテル等の半導体メーカーをも誘って、NC社に、このような路線での働きかけを、一九九五年に行った。更に同社の次なる戦略は、コンピューターメーカー（OEM）やインターネットアクセスプロバイダー（IAP）への働きかけとなって現れた。NC社が、同社のブラウザーであるネットスケープ・ナビゲーター（以下NN）を、アプリケーション開発の実質的なプラットフォームとする開発行動を放棄することを拒んだ後には、MS社は、新規のプラットフォームによるインターフェースを開発者が利用する範囲を最小化することに、努力を集中しはじめた。それは、NC社のNNプラットフォームの利用シェアを減らすことであり、これによって、MS社のブラウザーであるインターネット・エクスプローラー（以下IE）のシェアを拡大することであった。この戦略の核心は、コンピューターメーカー（OEM）による事前のインストールと、インターネット・アクセスプロバイダー（IAP）による独自ソフトの〝バンドリング〟であると考え、同社はこの二つの問題に努力を傾注した。

i OEMに対する行動

MS社は、最初は契約によってIEを組み込んだが、後には全てのウインドウズユーザーのPCシステムにIEを技術的に組み込んだ。さらには、OEMがNC社のNNを搭載し得るようにウインドウズを再構築することを厳しく制限し、特に重要なOEMには、IEを優先させるべく、飴と鞭の戦略を使った。ウインドウズにNNを搭載した場合には、ユーザーが混乱を招く原因になり、システムが退化する傾向を生んだため、OEMのサポートコストを増加させた。OEMはNNの販売努力をしなくなり、NNのシェアは劇的に低下して、能率競争が妨げられる結果となった。

MS社のこのようなIEを組み込まないウインドウズのライセンスの拒絶行為は、何ら正当化され得ないばかりでなく、IEは、ウェブブラウザーとして〝最良品種 best of breed〟であるとの主張にも根拠は見出せず、この抱き合わせには正当性がない。消費者を益し効率を増加させるとの主張も、正当とはされ得ない。MS社による著作権上の保護の主張に関しても、正当でない主張を含んでいるうえ、多くの判例に照らしても、競争を直接に脅かすようなことまでも著作権者に可能であるとはされていない。要するところ、MS社が、消費者の満足を最大化するとの、また、価値のある製品への実質的な投資を維持するとの、真に正当な動機によるのであれば、その市場支配力によるよりも、まさに競争的なPC市場の力によって、消費者が望まないOEMによる変更が、避けられることになるはずなのであるとする。

ii　IAPに対する行動

MS社は、IAPに対しても攻撃的な行動をとり、まず数百のIAPに対して、無料でIEとそのキットをライセンスした。後には、一〇の最重要なIAPに対して、それらがIEを宣伝・配布し、デスクトップからNNを除くことに同調する見返りに、それらを優遇することにした。更には、NNの替わりにIEを組み込むユーザーのアップグレードの努力にむくいて、リベート等を与えた。このような行為は、両ブラウザーのシェアを劇的に変化させた。こうして、MS社のIAPに対する行動が、〝アプリケーションにおける参入障壁（applications barrier to entry）〟の維持に、目に見えて貢献した。

サーバーやオンラインサービス業者の消費者向け投資におけるフリーライドを制限するとの意図は、ある種の局面では競争促進的であり得ても、MS社がとったIAPに対する制限行動の動機は正当化され得ない。この種の業者に対してIAPが有する有利な地位を、特定割合以下のNNの出荷に失敗したIAPから失わせる権利を、

MSが有するとの契約条項にも問題がある。MS社のブランド連携の促進という競争促進の動機も見せかけであり、このような制限の十分な説明にはなり得ない。要するところ、同社のOEM及びIAPに向けられた二つの行動によって、NC社のNNを二つのチャンネルから追放することに成功したのであり、これらを個々に見た場合にも、競争を脅かし、当該市場におけるMS社の独占力を長引かせたのである。従って、個々に見ようと併せて見ようと、MS社の行動はシャーマン法二条違反に値するとする。

iii　ICP、ISV及びアップル社への行動

ブラウズソフトの配布経路は、前記二つ以上のものはない。そうであっても、〝アプリケーションにおける参入障壁〟の防護は、インターネット・コンテンツプロバイダー（ICP）、インターネット上の独立のソフト配布業者（ISV）及びMAC－OSを供給しているアップル社も、実質的な投資によって参加することを目論んでいたMS社にとっては、ウェブ形式ブラウザーが有する脅威（OSと同様の機能を持ち得ること）のキャンペーンにおいて、決定的な意味を持っていた。

アップル社からは、MAC－OSにおいてNNを使用することを実質的に中止するとの条件を引き出すことによって、MS社は、開発業者が、NNをプラットフォーム間においても真に機能するミドルウエアであるとは見なさいように誘導した。ICP及びISVには、その提供物とIEをバンドルするフリーライセンスを与え、また、配付宣伝に関する合意条件を変え、NNよりもIEに依存するようにした。要するところ、NNによる〝アプリケーション・プログラミング・インターフェース（API）〟よりも、MS社のそれによるように誘導したとする。

b　略奪的行為の二（サンマイクロシステムズ社のJavaに対する戦略行動）

〝アプリケーションの参入障壁〟を防護する戦略の一環として、MS社は、サンマイクロシステムズ社のJavaで書かれたアプリケーションが、ウインドウズから他のプラットフォームへ、または逆に、移行することの困難

さを最大限にするための、幾多の戦略を実施した。その第一は、移行性を減らし、かつ他のソフトには適合しない、ウインドウズのためのJavaソフトを創り出すことであった。同社は、その後、サンマイクロシステムズ互換のそれよりも、ウインドウズのためのJavaソフトを使用するよう、開発者を誘導した。同社は、この戦略を、直接には口実によって、間接的にはNNの使用シェアを最小化するキャンペーンによって遂行した。簡易に移行し得るJavaアプリケーションの開発を、この両面から妨げることによって、同社は、インテルのような企業に、プラットフォーム相互のインターフェースを創出するについての手助けをすることを妨げることに、MS社の独占力を行使した結果、容易に移行し得るアプリケーションを減らす結果となった。このようにして、MS社の対Javaに関する行動は、インテル互換PCのOSの世界市場における、他企業の能率競争（competition on the merits）の能力を、明らかに制限した。こうした行動は、能率競争であると言うことは出来ず、消費者を益することもなかったとする。

c　MS社による戦略的排他行動の総合評価

前記のように、ネット関連の〃ミドルウエア〃による侵食（なお、事実認定のパラ28には、OSは、アプリケーションの開発者に、そのプログラミング・インターフェースを開示する唯一のソフトではなく、ネットスケープのブラウザーやサンマイクロシステムズのJAVAのような、いわゆるミドルウエアは、プログラミング・インターフェースたり得るとの、本件の重要な背景事実であると思われる事実認定が述べられている）から、〃アプリケーションの参入障壁〃を防護するMS社の行動は、個別の範疇の行動に分解でき、そのいくつかはそれ自体でシャーマン法二条違反の第二の要素である、独占の維持行為の要素を満たしている。しかしながら、個々の範疇の行為を、よく調和した一連の単一の行為として見た場合にのみ、MS社が競争過程において行ったことが、完全な程度において違反となることが明らかになる（コンチネンタル・オア社対ユニオン・カーバイド社事件判決を参照）[17]。本質的に言えば、MS社は、当該企業の企業努力に起因しまたはそれに帰せしめ得る起業家努力に、熟慮のうえでの圧力をかけたのであるとする。

ＭＳ社の行動を全体として見れば、それが〃略奪的〃であるとの確信が強まる。同社は、ＮＮの犠牲によってＩＥの使用シェアを高めるために多額の金銭を費やし、毎年多額の収益を放棄してきた。これらの支出は、ＩＥからの見返りを最大化するための支出であるとは説明し得ない。同社は、そのブラウザーを使用または配布するライセンスに対して常に料金を課すとの意図は持っていない。そのうえ、ウインドウズの需要を否定したり、ＩＥからの付随収益を期待したりすることは、同社の行動の射程を説明し得ない。事実として、その目的が〃アプリケーションにおける参入障壁〃の永続化にあるとすれば、ＭＳ社はそのために財を費やし、合理的な投資を行うことが可能な方法と程度において、より多くを実現する機会を放棄してきた。同社の営業行動は、〃潜在競争者による〃インテル互換のＰＣのＯＳ市場への参入見込みが〃塞がれまたは遅延させられる〃ような場合は特に、利潤の最大化行動であるとは考えられない（ノイマン対ラインフォース・アース社事件判決参照[18]）ものであり、ＭＳ社の一連の活動は、略奪的であると断ぜざるを得ない。先に当裁判所は、同社が独占力を保持していることを認定したが、企業行動の略奪的な性格からして、ＭＳ社は、シャーマン法二条違反となると判決せざるを得ないとする。

(2)　同二条上の「独占の企図（attempt to monopolize）」としての違反

原告は、ＭＳ社のインテル互換ＰＣのＯＳ市場における独占の維持は、「ブラウザー市場における、違法な独占力集積の企図の責めをも負うことになると主張するが、当裁判所もこれに同意する。独占の企図の立証には、一般に、①原告が略奪的なまたは反競争的な行為に従事していること、②独占化の特定の意図があること、③被告が独占力を獲得する危険な蓋然性があることの、三要件の立証が必要である（スペクトラム・スポーツ社対マッキラン事件判決を参照[19]）。

ＮＣ社への、ウインドウズ用ブラウザー技術を放棄するようにとのＭＳ社の一九九五年提案と、続くウインドウズウズに不可避に添付されたIEによる、NNのシェアに打ち勝つための活動とは、明らかに①の要素を満たしている。証拠によれば、②の特定の意図の存在要件をも満たしている。NC社にウインドウズ用のブラウザーの開発を中止させる努力が、この市場分割のスキームに従えば、ブラウザー市場における事実上の独占力をMS社に与えIEの使用シェアが大きくなることになることを十分知りつつ、MS社によってなされている。NC社がこれを拒否してからの、MS社による〃アプリケーションの参入障壁〃の防護戦略は、NC社のNNは、ウェブのブラウザーのための〃標準ブラウザー〃たりえないと開発者に指し示すことであり、それによって、IEのシェアは拡大に転換したからである。

③独占獲得の危険な蓋然性に関しても、証拠上、MS社の行動はそのような危険をもたらしたことを示している。NNのシェアは当時七〇%以上であったが、NC社以外にMS社に対抗する潜在的第三勢力はなく、NC社のシェアはMS社に渡った。参入者がMS社に対抗するにも、MS社は、支配下にあるブラウズソフトを拡張し、先述のようにOEMやIAP等の同調を引き出して、その独占力を防護する障壁を打ち立てることが出来た。要するところ、第二の市場（ブラウザー市場）においても、MS社が独占力を獲得する結果となったからである。この結論は、独占の企図違反の事実を十分に示すものであるとする（なお更に言えば、一九九五年六月以来のMS社による略奪的行為の過程が、第二の市場での同社による独占獲得の危険な蓋然性をもたらしめたとの結論に達せざるを得ないのであり、事実IEのシェアは既に判決の時点で五〇%を超え、二〇〇一年一月には六〇%を超え、更にこの傾向は続くであろうと思われるとしている）。

(2) シャーマン法一条（合意等による「取引の制限」）の違反

(1) 抱き合わせ取引の違反

シャーマン法一条上の抱き合わせ取引の違反の成立には、①二つの製品があること、②抱き合わせる製品を得る条件として、抱き合わされる製品を顧客に強制していること、③そのことが、取引の非実質的であるとはいえない量に影響を与えていること、④被告が、抱き合わせる製品の市場で市場支配力を有していること、を要する。原告は、MS社は、ウインドウズにIEを抱き合わせた違法があると主張する。当裁判所は原告に同意するが、この判断は、マイクロソフトⅡ事件のDC控訴裁判決と密接に関連するので、その理由の詳細を述べることにするとする。

DC控訴裁判決の文言によれば、製品の統合を含むソフトの設計において、開発者が何らかのあり得そうな主張を提示すれば、その競争への影響とは無関係に、反トラストの審査を免れるとの意味合いにとれる。しかしながら、ジェファソン・パリッシュ病院事件[20]、イーストマンコダック事件[21]の最高裁判決によれば、消費者が二つの製品について別種の需要をもち、望まぬものを強制するならば、問題があるとされる。本件のMS社も、単一の製品であると主張しているが、機能的に統合されているか否かではなく、需要の性質からして別種の製品であるか否かによるのであり、実際の製品の性質や市場の実態に関する証拠が問題になる。本件に即して言えば、消費者はOSとブラウザーとを別個のものと受け取っている。

そこで、論議の余地のない支配的な最高裁判決の線に沿って言えば、まず第一に、先述したように、MS社はインテル互換PCのOSの世界市場（抱き合わせる製品の市場）で、〝感知し得る経済力〟を有している。同様にして、先に公表した事実認定によれば、MS社によるウインドウズとIEとのバンドルが、競争者に対して〝非実質的とはいえない程度の商業（not insubstantial amount of commerce）〟を閉ざしたとの結論を、強く支持している。事実認定においては、金額的な量を特定している訳ではないが、NC社のシェアは著しく低下しており、最高裁の言う〝最小限（de minimis）〟の関門は超えているとする。

⑵　排他取引違反の非成立

MS社による、一部のオンラインサービス業者（OSL）、ICP、ISV、コンパック社、アップル社との各種の契約には、NC社のNNの取引を排し、MS社のIEを取り扱わせる、シャーマン法一条上の排他取引の問題がある。この種の垂直取引制限は、競争促進効果と反競争効果を考慮する合理の原則によるとの判例法理が確立しており(コンチネンタルTV対GTEシルヴェニア判決等を参照)[22]、場合によっては、経済効率性をもたらす場合がある。この判断要素としては、①排他性の程度と問題条項が関連する取引分野、②競争者を排除するに十分な閉鎖市場のシェア、③問題の市場での契約の実際の反競争効果、④被告の提示する何らかの正当で競争促進的な効果の存在、⑤契約の期間と変更不可能性、⑥より制限性のない他の代替手段の可能性などがある(例えば、ローランド・マシナリー社対ドレッサー・インダストリー社事件参照)[23]。

本件において、証拠上、シャーマン法一条違反の審査に値する合意は、MS社とコンパック社(NNを取り扱わないことに同調した唯一のOEM)、AOL(同社のソフト配布サービスにおいてIEを選択した)等のOLS、最大手のICP(ウェブ・コンテンツ上においてIEを宣伝配布した)、指導的なISV(IEの技術情報に依存してウェブ・アプリケーションを作成した)及びアップル(IE以外のソフトのプロモート禁止に合意した)との合意である。しかしながら、MS社の、これらディストリビューターとの合意は、世界市場での全てのPCユーザーによる、NS社のNN搭載の機会を、究極的に奪ったとは言えないとする。NNは、ネットを通じてダウンロードすることも可能であり、制限を受けてない個々の家庭においては、ネット上直接購入することも出来るからであるとする。(なお、判決において次に述べられている、州の反トラスト法違反の主張に対する是認判断の部分等は、紙数の関係から検討を省略する)。

四　地裁の違法認定等における理論構成の特徴

(1)　シャーマン法二条の「独占行為」の総合判断

ハイテク市場における新しい形態の独占の経済実態に対しては、場合によっては、伝統的な反トラストの判例法理のみでは済まず、複雑で困難な新しい理論構成も必要になるのかもしれないと筆者には予測された。しかしながら考えて見れば当然のことながら、「法の結論」判決の全体に渉って、〝先例拘束性（stare decisis）〟の原則に忠実に従った理論構成によって、判決の全体が組み立てられている。

ジャクソン判事は、シャーマン法二条の「独占行為」として、MS社の、ブラウザー市場の競争者等に対する幾多の略奪的な排他行為を、全体として〝総合判断〟する違法評価を行う。グリンネル判決において、考え方の枠組みが明らかにされているように、現代におけるシャーマン法二条上の〝monopolize〟違反の認定においては、①関連市場の画定とそこにおける被告の市場支配力の認定が、前記のような考え方に基づいて行われれば、②次の作業は、この市場力の濫用たる〝許されざる反競争的な排他行為〟の有無の認定になる。この判断枠のなかにおいて、経済理論に忠実な、利潤の最大化行動とは考えられない行動が、いわゆる〝略奪行動〟となり、それが競争者に対する排他効果を持つことになる場合が、とりもなおさず判例法理に言う〝排他行為〟であり（前記違法判決の(1)(1)Bの冒頭部分を参照）、それが違法となるとの明快な理論構成を打ち出している。[24]

MS社による独占力の濫用行為の核心は、事実認定及び先の違法認定判決において明確に示されているように、ミドルウエアたるNC社のブラウザーであるナビゲーターの、ハイテク関係企業による使用に対する、MS社による徹底した排他行動にある。一連の過程を追って詳細に認定された各種の排他行動が、全体として評価され、MS社が享受するOS市場における〝アプリケーションの参入障壁の維持・強化〟、即ちOSの上で作動するブラウザーたるアプリケーションソフトが、ウインドウズに限らず他のOSの上でも作動することによって、ウインドウズの独占が崩れる可能性に対する、同社の徹底した対策の実施にある。インテル互換PCのOSのライセンス取引に係る世界市場における、MS社のウインドウズOSの独占維持を図った行為の全体が、〝monopolize〟としてのシャーマン法二条違反となるとされる。抱き合わせ行為等に対して個別に評価してその問題性を問うこともさることながら、一連の行為の総合評価が重要であるとし、あたかもアルコア事件[25]におけるハンド判事の判断のように、各種の排他行為の総合判断が見事になされており、本件における核心的な違法判断は、これでほぼ尽きているとも言える。

(2) 独占の企図、抱き合わせ取引、排他取引に関する個別判断

前記の「独占行為」以外の三つの違法類型に関しては、原告の主張に沿って個別に判決したものであり、本判決の中核である「独占行為」の総合された違法判断に比較すれば、本判決のその余の部分をなしているだけであるとも言えよう。このうち、「独占の企図」違反、即ちMS社のOS自体の市場における独占力を「てこ」にした、ブラウザー市場における独占力の獲得行為としての違法認定は、前記「独占行為」の違法認定のいわば〝系〟として、第二市場の独占化の企図違反が、必然的に認められた性格のものであると言えよう。

これに対して、シャーマン法一条上のウインドウズとブラウザーの「抱き合わせ」違反の判断に関しては、先に見たマイクロソフトⅡにおけるDC控訴裁がとった考え方と異なるため、今後のDC控訴裁における審理において、再び重要な争点となることも予測されなくはない（抱き合わせ事件において最初の関門となる、二種の異なる製品の存在の認定は、DC控訴裁が採ったような〝機能的な統合〟の有無の問題ではなく、消費者が別の製品であると認識するかの受け取り方の実態によるとする部分）。その故にジャクソン判事は、ジェファソン・パリッシュ事件の最高裁判決の論理に忠実に従った旨、特に注意深く判示している。ただし、これまで本事件の核心となる論点であると一般に考えられて来た、この抱き合わせ問題の局面も、ある意味では前記の独占行為の総合評価判断に、実質的には包括ないしは融合化されてしまっているとも言えよう（なお、違法とはされなかった「排他取引」の判断に関しても、具体的な分析がやや荒いきらいはある点は別にして、前記「独占行為」の総合評価判断に実質的に包括され融合化されており、本件における本質的な部分をなしてはいない）。

(3) 本判決における経済学的考え方の影響

従来から筆者は、経済学的な考え方が現代の反トラスト法の運用に多大な影響を与えてきたことに大いに関心

を抱き、研究テーマのひとつとしている。ポスト・シカゴといわれる現在、ハイテク市場という最先端の反トラスト事件の判決において、この点はどのように処理されているであろうか。本事件の事実審理における原告側・被告側の証人は、双方とも経済学者が中心的な役割を担った。原告側の証人は、現在反トラスト関係のコンサルタントである経済学者ワレンボルトン博士及びMITのフィッシャー教授が務め、被告側の証人は同じMITのシュマーレンジー教授が務めた。これらの経済学者による証言の要点は、既に紹介した論考があるのでそれに譲り[26]、本稿では、ジャクソン判事による一九九九年一一月の「事実認定（Finding of Fact）」において、経済学的考え方がどのように反映しているかを簡潔に見てみることにする。

四　地裁の違法認定等における理論構成の特徴

同判事は、複雑なハイテク市場について、本件の「関連市場」即ち先述した〝インテル互換ＰＣのＯＳのライセンス取引の世界市場〟であるとの認定を、前記の「法の結論」判決のみを見ると、デュポン判決の合理的使用に対する代替可能性理論のみに従って行ったかのようにも見える。しかしながら事実認定判決を見れば分かるように、「需要の価格弾力性」の考え方を意識していると思われる認定方法によって行う。需要の代替性の検討において、消費者による代替ＯＳへの代替コストの判断によって、インテル互換ＯＳ、インテル非互換ＯＳについて検討し、まずアップル社のいわゆるＭＡＣ－ＯＳを除く。次に携帯電話のような情報機器も代替し得ないことを認定する。インテル社の Pentium Ⅲ等の他にも、米国ＡＭＤの製品のような、インテルのＣＰＵと同様の動作をする互換ＣＰＵがあるにはあるが、インテルの世界シェアは八〇％以上といわれ、いわゆる〝事実上の標準製品〟になっている[27]。ＣＰＵを動かすＯＳには、ウインドウズの他にも前記ＭＡＣ－ＯＳ等のほか、いわゆるオープン・ソースとしての Linux 等もあるが、インテル互換ＰＣにおける Windows の、〝事実上の標準〟としての地位は現在のところ圧倒的であり、判決は、近い将来においてこの状況に変化はないと見たのである（事実認定のパラ19以下参照、なおパラ56も参照）。

次に、「関連市場の画定」における〝供給側の可能性〟が検討されている（パラ30以下参照）。ここでは、一旦あるシステムのOS環境が定着すれば、例えばマルチメディアのアプリケーションに特化しているようなニッチ的なものは別にして、新しいものへの移行は困難になるとの、手に負えない〝鶏と卵〟問題を生じるとし、このことを、前記違法認定判決で見たように、ジャクソン判事は〝アプリケーションの参入障壁（applications barrier to entry）〟と呼ぶとする（パラ36以下参照――いわばハイテクソフト市場に特有の参入障壁であるとも言えよう）。基本ソフト（OS）たるコンピューターソフトのような製品は、いわゆるネットワーク外部性(28)があり、需要者側に需要の相互依存性が見られ、同一製品のユーザーが増えるほど、その利便性が増加する。このような状況下において、〝事実上の標準（de fact standard）〟としての地位を先取りし得たウインドウズは、それに続くブランドの増殖行動においても、極めて有利な地位にいる。

前記関連市場におけるMS社の独占力（即ち、経済学的に見たときの、競争レベルのそれ以上に、価格を引き上げ得る力）の認定において、この種の参入障壁の存在が同社のシェアを保持させているとの事実問題が、現代の産業組織論等の経済学に言うところに基づいていると思われる考え方に依拠して全面的に展開されている。即ち、ソフトの開発には「規模の経済」があり、生産の固定費用は高いが、限界コストは非常に低く、かつサンクコストとなる。この結果は、アプリケーションの開発者は出来るだけ多くのコピーを販売しようとし、最大のユーザーがいるOSであるウインドウズ上のものを作成することになる。次には他のOSに〝ポート〟しようとするが、ポートの限界コストに見合う限度までである（規模の経済の認定――事実認定のパラ38）。ウインドウズに対する消費者需要には「ネットワーク効果」がある。それを使用するユーザーが多いほど、ユーザーにとっての製品の魅力が増加する。この自己増強のサイクルが、しばしば〝ポジティブ・フィードバック・ループ〟といわれるものであるとする（ネットワーク効果の認定――パラ39）。この故に、新規のOSが定着しないうちは、ISVも互いに共同行動（collective action）をとって、アプリケーションの開発を控えることになるとし（コレクティブアクション仮設――パラ39）、この状況下において、MS社は次々にウインドウズの新バージョンを世に送り出してきた結果、有効な競争に当面することもなかったのであると認定している。

五　おわりに

本件では、伝統的には存在した独占事件における構造的排除措置たる企業分割が、規制当局の強い意思によって久方ぶりに主張され、一審判決においてそれをジャクソン判事が妥当と認め、同措置を含む厳しい最終判断判決がくだされた(29)。事実上の標準と化したPCソフト製品が有する、消費者への一面でのベネフィットの評価はほとんど行われておらず、シカゴ学派が言うような、知的財産権への〝ただ乗りの防止〟たるプラスの評価も希薄である。消費者へのベネフィットとは、事実上の標準製品が有する目先のベネフィットではなく、反トラスト政策による、〝耐えざる事実上の標準化競争それ自体の維持〟による、ネットワーク構造の固定化の防止にあるとされたものと思われる。ある意味での既存の標準の破壊と新しい標準の創出の絶えざる過程からこそ、世の消費者への真のベネフィットが生まれるものであると、ＤＯＪ等の規制当局は判断しているのであろう。要するところ、パソコンの基本ソフトが有するネットワーク効果独占に、強烈な歯止めをかけようとしているのである（勿論のこと、合理的に利潤の最大化を目指す、通常の企業行動に従っているだけであれば、効果的なネットワーク効果自体だけで違反に問われることはなかったであろうが、ＭＳ社は、この効果が薄れる可能性のあるソフトの開発可能性に対する徹底した排他行動をとって、それの維持に固執したことが違法と判定されているのである）。

ここに、ポスト・シカゴ的な厳しい考え方が色濃く現れ、伝統的な反トラストの精神が、二一世紀を眼前にした現代においても見事に表明されているとの印象を強く受ける。八〇年代を通じて、緩和的なシカゴ学派の考え方に接してきた者には、九〇年代のポスト・シカゴの反トラスト政策ないしは競争維持政策とは、そこまで徹底したものが志向されているのかとの感慨を禁じ得ない。いずれにせよ、日進月歩のコンピューターの世界における競争政策にかかわるだけに、今後のワシントンDC連邦控訴裁における、出来るだけ迅速な審理が待たれる。

(1) ハイテク市場をめぐる競争の意義及びMS社等の独占問題の今後の行方にも、簡潔にふれたものとして、拙著「アメリカ反トラスト法――独占禁止政策の理論と実践」(一九九八年、青林書院)、二八三―二八五頁を参照。本判決に対する簡潔なコメントとして、滝川敏明「不当な排他行為を繰り返す独占企業を分割すべきか――マクロソフトへの排除措置」(ジュリスト、No. 1186.二〇〇〇・一〇・一、一二六―一二七頁)、また、ハイテク市場に関する分かりやすい解説例として、滝川敏明「ハイテク産業の知的財産権と独禁法」(二〇〇〇年三月、通商産業調査会)、一六一―一六六頁等を参照。

(2) http://www.usdoj.gov/atr/cases/f4600/4639.htm (DOJによる排除措置の申出内容)を参照。

(3) 日経新聞二〇〇〇・九・二七夕刊記事、同九・二八朝刊の専門家へのインタビュウ記事を参照。同インタビュウでは、専門家の意見としては、最近の状況(リナックス等のシェアの増加等)を見た上で、上級審での企業分割命令の可能性は低いと見ているようである。

(4) United States v. Microsoft, 56 F. 3d 1448 (D. C. Cir. 1995). なお、マイクロソフトII事件の時点までの経緯を、詳細に分析した論考として、伊従寛・上杉秋則「知的所有権と独占禁止法」(商事法務研究、一九九二年、別冊NBL、No. 52) 六一―六八頁(上杉秋則執筆)を参照。

(5) United States v. Microsoft, 147 F. 3d 935 (D. C. Cir. 1998).

(6) DOJの新聞発表文(飯塚広光訳、国際商事法務 Vol. 26, pp. 582-587)を参照。

(7) ワシントン連邦地裁の事実認定は、http://usvms.gpo.gov による。

(8) http://www.simercury.com/svtech/news/breaking/merc/docs/msset032500.htm による。MS社は、既に今後の方針として、ウインドウズは同2000、同Meで打ち切り、今後はウィスラー等の新しい製品の開発に向かうことを、明らかにしている(「日経パソコン」二〇〇〇・八・二一、三二頁)。また最近では、リナックスが急速に普及しつつあると伝えられるように、ハイテク業界の変転は著しいものがある。

(9) ワシントン連邦地裁の四月三日判決(Conclusions of Law)は、ここではhttp://www.dcd.vscourts.

gov/ms-conclusions. html による。

(10)　最終判断判決（Final Judment）は、http：//www. usdoj. gov/atr. /cases/f4900/4909. htm による。最終判決では、ＩＯＳ部門とアプリケーション等の部門への垂直的な企業分割（同時に、両者間の役員兼任や一〇年間の再統合の禁止）、Ⅱ企業分割計画の完遂後三年間までの、排他的独占行為に関する排除措置としての、①ＯＥＭ、ＩＳＶ等に対する報復的措置の禁止、②最大手ＯＥＭに対するＯＳライセンス価格の均一化、③ＯＥＭ、ＩＳＶ等へのＡＰＩ、技術情報の開示、④排他契約の禁止、⑤抱き合わせの禁止等、Ⅲ社内におけるコンプライアンス措置（同時に、社外役員も入れる）等の、広範で厳しい内容が示されている。仮に企業分割措置がとられれば、一九八二年の、和解によるＡＴ＆Ｔの分割以来の、独占事件における構造的排除措置事例となる（そのほかにも、歴史的には一九一一年のスタンダード石油の分割事例等相当にある——実方謙二「寡占体制と独禁法」（有斐閣、一九九三年）第一章も参照）。

(11)　United States v. Grinnell Corp., 384 U. S. 563 (1966). 独占事件における、現代型の判断枠組みを示した判例として、注（1）佐藤、二二六頁も参照。

(12)　Eastman Kodak Co. v. Image Technical Services Inc., 504 U. S. 451, 488 (1992). 新しい関連市場の見方を示した上で、抱き合わせを違法とした判例として、注（1）佐藤、二〇〇、二三七頁も参照。

(13)　制定法（statutes）たるシャーマン法二条の文言上は、各州間又は外国との取引又は通商の如何なる部分（いわゆる関連市場を指す）をも、〝monopolize〟することを禁止するとの、極めて抽象的な文言が規定されているのみであり、確立した判例法理が、判例法（case law）として「法」の重要な内容となることは、改めて言うまでもない。

(14)　United States v. E. I. du Pont de Nemours & Co., 351 U. S. 377, 391 (1956). 市場支配力の考え方を示した判例として、注（1）佐藤「アメリカ反トラスト法」、二二六頁も参照。

(15)　Aspen Skiing Co. v. Aspen Highlands Skiing Corp., 472 U. S. 585, 605 (1985). 新しいポスト・シカゴ的な判例として、注（1）佐藤、二三四—二三五頁を参照。

(16)　最近では、オラクル社のデーターベースソフトのような「ミドルウエア」即ち、パソコンとネットを媒介する、複数のＯＳで機能するソフトが力を持ち始めたという。一台のパソコン上で完結的に機能する、従来型のＯＳや応用ソフトよりも、ミドルウエアがインターフェースとなり、従来のパソコンは、多数の情報端末の一つになりつつあるという（日経新聞、二〇〇〇・六・一〇朝刊解説記事「変わる競争の構図・マクロソフトに分割命令」による）。

(17) Continental Ore Co. v. Union Carbide & Carbon Corp., 370 U. S. 690, 699 (1962).

(18) Neumann v. Reinforced Earth Co., 786 F. 2d 424, 427 (D. C. Cir. 1986).

(19) Spectrum Sports, Inc. v. McQuillan, 506 U. S. 447, 456 (1993).「独占の企図」事件の判断枠組みを明確にした判例として、注（1）佐藤、二三〇頁も参照。

(20) Jefferson Parish Hospital District No. 2 v. Hyde, 466 U. S. 2 (1984).「抱き合わせ取引」事件の判断枠組みを示した判例として、注（1）佐藤、一九八―二〇〇頁も参照。

(21) 注（12）を参照。

(22) Continental T. V. Inc. v. GTE Sylvania Inc., 433 U. S. 36, 49 (1977). 垂直非価格制限事件の判断枠組みを示した判例として、注（1）佐藤、一七〇―一七一頁も参照。

(23) Roland Machinery Co. v. Dresser Industries Inc., 749 F. 2d. 380, 392-95 (7th Cir. 1984)、注（1）佐藤、一八九頁も参照。

(24) なお、独占的な事業者による不当な単独の取引拒絶の一形態として、いわゆる不可欠施設を有する事業者による、競争者によるその利用へのアクセスに関する、取引拒絶の論点もなくはない（白石忠志、「Essential Facility理論――インターネットと競争政策」ジュリスト、No. 1172、二〇〇〇・二・一五の論考も参照）。ライセンスの拒絶問題は、先の違法判決中B―a―iの部分に一部登場しているものの、各種の排他行動の総合判断に焦点が置かれ、Essential Facility 理論をめぐる判断としては、本判決の理論構成上では登場していない。

(25) United States v. Aluminum Co. of America, 148 F. 2d 416 (2nd Cir. 1945). 独占企業による絶えざる先取り戦略や価格戦略を〝総合評価〟して独占違反を認定した著名な先例の一つとして、注（1）佐藤、二二三―二二五頁を参照。

(26) 荒井弘毅「マイクロソフト訴訟とエコノミスト」（公正取引 No. 592、二〇〇〇・二、八二―八八頁）が、経済学者の証言内容を、簡潔に分かりやすく紹介しているので、参照されたい。

(27)　なお、インテル社ＭＰＵの特許情報の競争者への取引拒絶に関する、一九九九年六月のＦＴＣ同意審決の簡潔な解説として、注（1）滝川、一三八―一五一頁参照。

(28)　例えば、長岡貞男・平尾由紀子「産業組織の経済学」（一九九八年、日本評論社）一九四―二〇〇頁を参照。また、石原敬子「ネットワーク外部性と競争政策」（公正取引No. 589, 1999/11）、内田順也「ネットワーク・スタンダードと競争法⑴～⑶」（ＮＢＬ、No. 652. 653. 655、一九九八・一一・一二）等の論考があるので参照。〝事実上の標準〟の意義及びこれをめぐる競争者間の競争戦略の簡潔な解説として、注（1）滝川「ハイテク産業の知的財産権と独禁法」、一六三―一六五頁も参照。

(29)　反トラスト法上の独占事件における、構造的排除措置としての企業分割措置の意義や根拠については、前記注（10）実方謙二「寡占体制と独禁法」第一章に、詳細な論及がなされているので参照。

租税法律主義の下における税務通達の機能と法的拘束力

品川芳宣

はじめに――問題の所在――

租税法の解釈は、極めて難解であると言われる。その解釈如何が、納税者の税負担の多寡に直接関わることとなり、納税者間の課税の公平にも大きな影響を及ぼす。

そのため、税務官庁では、従来から、租税法の解釈のため、数多くの税務通達を発遣してきた。そのことは、租税法の解釈の統一化には役立ってきたものの、反面、「通達行政」と批判されるように、税務官庁側の租税法解釈が強制される（時には不当に）土壌を産んできた。

それでも、税務通達が公開されている場合には、納税者もそれを共有できるので、租税法の解釈において租税法律主義の最大の機能たる予測可能性の保証も期待できることになる。ところが、税務官庁においては、いわゆる部内通達が存在していると言われており、そのことが、納税者の租税法解釈の予測に支障を来している。

他方、中央省庁再編法及び情報公開法の執行を前に、国税庁は、重加算税の賦課、過少申告加算税を賦課しない場合の「正当な理由」、青色申告の承認の取消等に関する取扱い通達を相次いで公表している。[(1)] これらの税務通達は、かつては「秘通達」と称されていただけに、その一部にせよ公開されたことは画期的なことである。しかし、このような税務通達が公開されたことは、それはそれで税務通達の運用をめぐって法律問題が一層惹起することにもなる。

他方、最近の税務訴訟においては、国側が、税務通達が法令でないことを盾にして、税務通達に反するような課税処分の違法性を否定する主張を行っており、裁判所もこれを容認している。これでは、税務通達がより多く公開されたとしても、納税者側の予測可能性を失わせ、税務行政に対する不信を招くことになる。これは、税務通達をめぐる新たな法律問題として認識する必要がある。

そこで、本稿においては、租税法律主義の機能等を再検討し、それとの関係において古くて新しい税務通達の法律問題について、前述の新たな問題に照らし、論究することとする。

一 租税法律主義の意義・機能

(1) 意 義

租税法律主義とは、法律の根拠に基づくことなしには、国家は租税を賦課・徴収することはできず、国民は租税の納付を要求されることはない、という原則を意味する。租税が、公共サービスの資金を調達するために、国民の富の一部を強制的に国家の手に移すものであるから、当然の原則と言える。

租税法律主義は、租税の賦課・徴収という公権力の行使に関わるものであるから、法治主義の一環としての意味を持つ。また、沿革的には、租税法律主義は、一二一五年のイギリスのマグナ・カルタの宣言以降、近代法治国家の確立のうえで、先導的・中核的役割を果してきており、憲法原理としても承認されるようになってきた。

我国においても、明治憲法は、「新ニ租税ヲ課シ及税率ヲ変更スルハ法律ヲ以テ之ヲ定ムヘシ」（同法六二①）と規定し、日本国憲法も、「あらたに租税を課し、又は現行の租税を変更するには、法律又は法律の定める条件によることを必要とする」（同法八四）と規定し、租税法律主義を宣明している。

(2) 機　能

このように、租税法律主義は、法治国家の形成過程の中で構築されてきたものであるが、現在ではむしろその経済的機能が重視されている。すなわち、国民の経済取引において租税の占める比重が高まっている中では、それぞれの経済取引における租税の負担が法的に明らかにされていないと、その取引において意図した経済的成果が得られないことになる。例えば、納税者が不動産を買換えようとする場合、不動産の売却に対して税負担がどれだけ生じるかが租税法の規定において明確にされていないと、次に購入しようとする不動産の金額的規模が確定できないことになる。

そのため、租税法律主義の現代的機能は、国民の経済生活における法的安定性と予測可能性を与えることにあると解されている(2)。そして、この法的安定性と予測可能性の問題は、法律上の規定のみならず、租税法の執行を通じて保障されるのでなければ、租税法律主義の機能に支障を来すものと考えられる。そこに、税務通達の一つの機能を見出すことができる。

二　租税法律主義の内容

(1) 概　要

租税法律主義の内容としては、課税要件法定主義、課税要件明確主義、合法性の原則、遡及立法の禁止、手続保障の原則及び納税者の権利保護を挙げることができる。これらの内容については、論者によって若干捕え方が異なるが、以下それらの要点と税務通達との関係で問題となる事項を述べる。

(2) 課税要件法定主義

課税要件（ある事実が充足されることによって納税義務が成立するための要件）の全てと租税の賦課・徴収の手続

は法律によって規定されなければならないことを意味する。これは、租税法律主義の趣旨から、当然の原理であるが、問題となるのは、法律と行政立法（政令・省令・告示）との関係である。法律の根拠なしに政令、省令等で新たな課税要件に関する定めをなし得ないことは、当然であるし、また、法律の定めに違反する政令、省令等が効力を持たないことも明らかである。

しかし、実定法の規定又はその執行において、課税要件法定主義違反が争われることも多い[3]。また、税務通達において、実質的な課税要件や賦課・徴収の手続を定めることも少なくなく、その法的性格が問題とされることもある[4]。

(3) 課税要件明確主義

法律又はその委任を受けた政令、省令等における課税要件及び租税の賦課・徴収の手続に関する定めは、一義的で明確でなければならない、ことを意味する。課税要件が法定されていたとしても、それが不明確であれば、結局は税務官庁に対し、自由裁量を許し、一般的・白紙的委任を与えるのと同じことになるからである。

しかしながら、租税法においては、法技術的な問題もあって、「不当に減少」（所法一五七、法法一三二、相法六四等）、「不相当に高額」（法法三三①、三六、三六の二、三六の三等）、「正当な理由」（通法六五④、六六①等）、「必要があるとき」（所法二三四①、法一五三等）等いわゆる不確定概念が設けられることが多い。

これらの不確定概念については、税務通達による補充解釈をも含めて、課税要件明確主義違反が問われるところであるが、一般には、裁判所の審査に服する問題であるとされて、違法とまでは解されていない[5]。

(4) 合法性の原則

租税法は強行法であるから、課税要件が充足されている限り、税務官庁には、租税を減免する自由も、租税を徴収しない自由もなく、法律で定められたとおりの税額を徴収しなければならない、ことを意味する。

したがって、税務官庁は、法律の根拠に基づくことなしには、租税の減免や徴収猶予を行うことは許されないし、納税義務の内容等について納税者との間で和解したり協定を結ぶことも許されない。しかしながら、税務通達の中には、課税要件を緩和するようなものも多く見受けられ、その法的性格が問題とされるところであるが、それらについては後述する。

(5) 遡及立法の禁止

租税法律主義の機能が国民の経済社会における法的安定性と予測可能性にあることに鑑み、国民に対して遡及して新たに納税義務を課するような立法措置は許されない、ことを意味する。

しかしながら、国民に対して利益をもたらす事項については、例外的に遡及的立法措置が設けられることがある。例えば、平成七年二月二〇日に制定された「阪神・淡路大震災の被災者等に係る国税関係法律の臨時特例に関する法律」三条では、阪神・淡路大震災により平成七年に生じた損失を平成六年において生じたものとして、雑損控除の規定(所法七二)を適用し得るとしている。また、平成六年に改正された租税特別措置法では、相続税の物納に関し、平成元年から平成三年までに生じた相続税の延納事案について改めて物納申請をする機会を与え(当時の措法七〇の一〇)、約七〇〇〇件の物納申請を受け付けたことがある。

(6) 手続保障の原則

租税の賦課・徴収は公権力の行使であるから、それは適正な手続で行わなければならず、それに対する争訟は公正な手続で解決されなければならない、ことを意味する。

立法的措置としては、青色申告に対する更正処分の理由附記(所法一五五②、法法一三〇②)、青色申告の承認取消しの理由附記(所法一五〇③、法法一二七②)、執行機関と不服審査機関との分離(通法七八)等が設けられている。

この点、本稿の目的である税務通達の執行においては、税務通達上の手続要件を履践しなかった場合の法律問題が生じているので、後述する。

(7)　納税者の権利保護

手続保障の原則にも関連するが、租税法の解釈等に関して税務官庁と納税者とが対立した場合には、公正な第三者機関によって裁かれることが保障されていなければならない、ことを意味する。すなわち、納税者が税務官庁の処分に不服があるときには、公正な第三者機関にその取消しを求めることが保障されていることを要する。そうでなければ、課税要件法定主義等が保障されていたとしても、税務官庁側の公権力を伴った解釈等が一方的に強制されることになり、租税法律主義が画餅に帰する結果にもなる。

そのため、国税通則法、行政不服審査法、行政事件訴訟法等において、納税者が税務官庁の処分等に不服がある場合には、当該処分の取消等を求めて、不服申立て、取消訴訟の提起等が認められている。しかしながら、法律上の手続が整備されているにもかかわらず、納税者側から争訟事件を提起しようとする場合には、多く障壁がある。

例えば、納税者側が取消訴訟等を提起するためには他の民事紛争事件と同様に訴訟に応じて多額な印紙の貼付を要すること[6]、納税者の不服申立てが税務官庁側の敵がい心を煽ると噂されること、司法試験において租税法が採用されていないこと等もあって税務訴訟を審理する司法制度に対する信頼が薄いこと等がその障壁として挙げられる[7]。これらの問題は、税務通達の執行にも関連するところが多い。

三　租税法の法源と税務通達

(1)　法源の意義

租税法律主義の意義、機能及び内容を論じるに当たって、何が「法」であるかが極めて重要な問題となる。一般に、租税に関する法の存在形式を租税法の「法源」という。したがって、何が法源に当たるかということが、租税法律主義の運用を半ば決することになる。
租税法の法源には、憲法、法律、命令（政令・省令）、条例・規則、条約、交換公文等の成文法が存することに異論はないが、行政先例法（慣習法）及び判例法も法源に含まれるものと解されている。しかし、税務通達は、実質的に課税要件を定めていたり、実質的な法的拘束力を有しているとしても、法源として認められていない(8)。

(2) 成文法

憲法は、国の最高法規であって、それに違反する法規、行政庁の行為は無効となる。租税法に関しては、特に、憲法一四条、二五条、三一条、八四条等が問題となる。

所得税法等の税目に係る法律は、課税要件の全てと租税の賦課・徴収の手続は法律によって規定されなければならないから、法源の中でも最も重要である。

命令（政令・省令）及び告示は、通常、法律の委任に基づくものであるから、法源となる。しかし、委任の限度を越えているか否かが、課税要件法定主義の観点から問題となる。

条例及び規則は、地方税に関する法源となる。

租税条約及び交換公文は、国際課税に関する法源となる。

(3) 行政先例法（慣習法）

租税法律主義の趣旨からすれば、納税者に不利益な内容の慣習法の成立を認める余地はないが、納税者に有利な慣習法の成立は認めるべきものと解されている。税務官庁によって、納税義務を免除、軽減する等の取扱いが、一般的にかつ反覆・継続的に行われ（行政先例）、それが法であるとの確信（法的確信）が納税者内に一般的に定着した場合には、慣習法としての行政先例法の成立を認めるべきである、と解されている(9)。

この法理には、税務通達の取扱いが深く関わることになるが、行政先例法の成立要件に定説が認められず、これまでに行政先例法の成立を具体的に認めた判決も見当たらない。

(4) 判例法

裁判所の判例は、具体的な事件の解決を目的とするものであるが、その理由に示された法の解釈が合理的で普遍性がある場合には、その判決は、先例として尊重され、一般には承認されるようになって確立された法解釈を形成する。このように、一般的に承認されるに至った判決（裁判所の判断）を判例という。判例は、他の裁判官の法解釈を拘束することになり、一種の法規範となるので、法源の一種である。

租税判決において何が判例であるかは議論のあるところであろうが、判例の代表例として、青色申告の更正の理由附記の程度を判示した最高裁昭和三八年五月三一日第二小法廷判決（民集一七巻四号六一七頁）、最高裁昭和三八年一二月二七日第二小法廷判決（同一七巻一二号一八七一頁）等、納税の告知（通法三八）の法的性格を判示した最高裁昭和四五年一二月二四日第一小法廷判決（同二四巻一三号二二四三頁）、質問検査権行使の範囲、程度等を判示した最高裁昭和四八年七月一〇日第三小法廷決定（刑集二七巻七号一二〇五頁）等が挙げられる。

(5) 税務通達

税務行政においては、税務官庁から多数（無数とも言える）の税務通達が発遣されており、租税法律主義の下では法令によって定めるべき課税要件等を実質的に定めている税務通達も多い。そのため、納税者側も、税務通達の内容を知悉していないとまともな納税申告等ができない仕組みになっている。

例えば、相続税の納税者は、国税庁が毎年八月に公表する財産評価基本通達等によって作成した路線価等に基づいて納税申告を行っており[10]、社宅等を提供する会社は、所得税基本通達が定める通常収受すべき賃借料の額を確認した上で、所得税の源泉徴収の要否を判断している。このような例は、枚挙に遑がないが、法令の定めよりも、税務通達が納税者の納税額を実質的に決定していることを実証している。

したがって、その存在の是非（通達事項を全て立法化すべきとする見解も多い）はともかくとして、納税者側においても、税務通達の存在がなければ、租税法律主義の機能たる経済生活における法的安定性と予測可能性が保障され難いことになる。[11] 換言すると、税務執行における法的安定性と予測可能性は、税務通達の存在を前提に議論を要することになる。

しかしながら、このように重要な機能を有する税務通達についても、それが租税法の法源に当たるか否かについては、通達が上級行政庁が法令の解釈や行政の運用方針について下級行政庁に対してなす命令ないし指令にすぎないがため、税務通達の法源性は否定されている。

ところが、税務通達が実質的に課税要件を定めている場合が多いこと等から、種々の法律論を惹起しているところであるので、税務通達の法的性格、法的拘束力等については、追って詳述する。

四　税務通達の法的性格

(1)　税務通達の法的根拠

税務通達が存在する法的根拠は、国家行政組織法一四条二項にある。同項は、「各大臣、各委員会及び各庁の長官は、その機関の所掌事務について、命令又は示達するため、所管の諸機関及び職員に対し、訓令又は通達を発することができる。」と定めている。

すなわち、国税に関する税務通達は、国税庁長官が、国税庁の所掌事務（租税法の執行）について、命令または示達するため、国税局長等に発せられるものである。したがって、税務通達は、行政組織内の職務上の命令であって、形式的には租税法律主義の下における法源ではないことになる。

しかしながら、このような法律上の性格論で整理し尽くされないところに、税務通達の法律論の難しさがある。

(2) 税務通達の種類

(イ) 区分する理由

一口に税務通達と言っても、税務通達には、いろいろな種類があり、また、その形態を異にしているので、それらを一括して法律論を論じることは困難である。そこで、税務通達の種類、形態を区分し、それぞれにおける問題点を提起することとする。

(ロ) 公開通達と非公開（部内）通達

税務通達の形態は、まず、それが納税者等に対して公開されている公開通達と公開されないで行政組織内の命令にとどまっている非公開(部内)通達に区分される。そして、通常、公開通達は、租税法の解釈に関わるものであり、非公開（部内）通達は、税務執行に関わるものとして区分される。

また、非公開通達の存在の是非が税務執行の民主化の観点から問題とされるところであるが、税務通達が行政組織内の命令手段である以上、非公開（部内）通達が存在していても何ら法的に問題となるものではない。

しかしながら、租税法の解釈と執行とは複合する場合が多く、通常、部内通達と称されるものであっても納税者の権利義務に関わるものもあろうから、それらは、情報公開法の執行を待つまでもなく、公開されることが望ましい。その意味では、冒頭に紹介したように、昨年、各種加算税の取扱い通達が公表されたことは時期を得ている。[12] もっとも、これらの通達は、（注1）に示すように、一律に「事務運営指針」として「法令解釈通達」と一線を画しているが、それらの通達は、国税通則法六八条一項等に規定する「隠ぺい・仮装」や同法六五条四項等に規定する「正当な理由」等の法解釈に関わる事項が中心となっているだけに、首肯し難いところがある。

いずれにしても、情報公開法の施行等を前にして、部内通達の公開化が一層促進されることになろうが、それはそれで税務通達の法律論の裾野を広くすることにもなる。

(ハ)　解釈通達と執行通達

税務通達の性格から区分すると、解釈通達と執行通達に区分される。この区分は、前述の公開通達と非公開(部内)通達の区分に通じるところがある。また、租税法の解釈・適用においては、前述のように、法解釈と執行とが複合的に行われる場合があるので、解釈通達と執行通達とを厳格に区分することにそれほど意味を有しない場合がある。

この解釈通達は、通常、税目ごと発遣される基本通達とそれを補完等するための個別通達に区分される。前者が、法解釈について網羅的な規定を設けており、その全部が公表されているが、後者は、普遍的なもののみが公表されているようである。

(ニ)　解釈通達の内容(種類)

解釈通達の中にも、いろいろな内容を有するもの(種類)がある。まず、租税法の用語の意義等を示す文字どおりの解釈通達、例えば、住所の意義(所基通二―一)や時価の意義(評基通一(2))を明らかにする通達がある。また、租税法においては、「著しく」とか「不相当」というような不確定概念が用いられることがあるが、その概念を明確(補充)にするための補充通達がある。例えば、法人税基本通達九―一―七では、法人税法施行令六八条に規定する「有価証券の価額が著しく低下したこと」とは、その時価が帳簿価額の概ね五〇％相当額を下回ることである、としている。

次に、税務通達には、留意通達と称するものがある。これは、租税法の規定からして当然にそのように解釈できるものを、解釈の統一(課税の公平)を図るために、念のために当該解釈を示すものである。当該通達の語尾に、「……留意する。」と規定していることから、留意通達なる名が付されている。

もっとも、これらの留意通達には、果して留意事項と言えるか否か疑問のあるものもある。例えば、法人基本通達二―二―一六では、前期損益修正をそれが生じた事業年度の損益に計上するのであるから留意する旨規定し、国税通則法二三条二項に規定する後発的事由に基づく更正の請求のほとんどを禁じているのであるが、それが関係法令の規定から当然に解釈できるか否かは疑問のあるところである。

そのほか、解釈通達には、緩和通達と称されるものがある。租税法律主義の下では、税務通達において法令が定める課税要件よりも厳しい課税要件を定めても、それに基づく課税処分が違法となって取消されるので、そのような税務通達が存在する余地はない。

しかしながら、税務通達において法令が定める課税要件よりも緩い課税要件を定める場合は、直ちに違法性が指摘されることもないので、そのような緩和通達がしばしば見受けられる（課税要件を緩めているか否かは、見解の違いもあろう）。かくして、かかる緩和通達の法的性格等が問題となるが、それは、追って詳述する。

なお、税務通達には、法律上の根拠が必ずしも明らかでないものも存し、その法的性格が問題となっている。例えば、小規模宅地等の評価減については、かつては税務通達によって定められていたが、昭和五八年の税制改正で租税特別措置法で定められるようになり（措法六九の四参照）、特定のリース取引を売買取引等と取り扱っていたいわゆるリース通達は、平成一〇年の税制改正において、法人税法施行令で定められるに至っている（法令一三六の三参照）。

(3) 緩和通達の性格

緩和通達の存在自体に議論はあろうが、例えば、所得税三六条一項及び二項は、所得金額の計算上、収入すべき金額には、いわゆる経済的利益についても含まれるものとし、その経済的利益はそれを享受するときの価額（時価）によって算定することを明示しているが、所得税基本通達三六―二一から三六―三五の二において、給与等に係る経済的利益について課税しないものを列挙している。また、平成一〇年の税制改正で貸倒引当金制度（所法五二、法法五二）に取り込まれた債権償却特別勘定は、実質的に評付金等に対する評価損勘定であると解され、当該評価損の計上を禁じている法律の規定（法法三三②かっこ書等）を緩める（反する）ものと解されていた。(13)

このような緩和通達の存在については、租税法律主義の合法性の原則に違反する旨明示する判決[14]も見受けられるが、裁判例としてはこれを租税法律主義の枠内で容認する傾向にある。[15] 容認する裁判例の考え方を要約すると、①当該通達の制定に正当な目的を有すること、②当該通達の内容に合理性があること、③当該通達の取扱いが納税者において異議なく受容されていること、④当該通達の内容が納税者に対して平等に執行されていること、⑤当該通達によって定められている手続及び実体の要件から厳格に適用されていること等の各要件を満たす必要がある。[16]

更に、このような緩和通達は、それを適用しないで課税処分等が伴われた場合に、それらの適法性等について問題を惹起する。

五　税務通達の法的拘束力

(1)　税務官庁部内の拘束力

税務通達は、租税に関する法の存在形式（法源）ではなく、行政組織内の職務命令（命令手段）であることを述べてきた。そうであれば、税務官庁部内においては、税務通達が職務命令として拘束力を有するのは当然のことである。

この点、国家公務員法九八条一項は、「職員は、その職務を遂行するについて、法令に従い、且つ、上司の職務上の命令に忠実に従わなければならない。」と規定している。そして、同法八二条は、「この法律又はこの法律に基づく命令に違反した場合」、「職務上の義務に違反し、又は職務を怠った場合」等には、その職員に対し、懲戒処分として、免職、停職、減給又は戒告の処分をすることができる旨定めている。

これらの規定から、税務通達によって租税法解釈等について指示を受ける税務職員には、厳しい税務通達の遵守義務が課せられていることが理解できる。

ところで、税務官庁部内における厳格な通達遵守義務は、単に税務官庁部内に止まらず、納税者に対する影響も検討すべきである。すなわち、このような厳格な遵守義務は、税務官庁側がよもや税務通達に反した（あるいはそれを無視した）課税処分を行うことはないであろうという信頼（確信）を納税者側に与えていることである。この信頼は、租税法律主義が保障している法的安定性と予測可能性を一層強いものにする。換言すると、税務通達は、税務官庁部内の法的拘束力を伴って、納税者に対しても法的機能を発揮することになる。

次に、税務官庁が、このような遵守義務があるにもかかわらず、それに反して（無視して）課税処分等を行った場合に、税務官庁部内の懲戒問題はともかくとして、当該課税処分等が納税者に対してどのような法的影響（予測可能性の喪失等）を及ぼすかが問題となる。この問題は、項目を改めて詳述する。

(2)　納税者に対する拘束力

税務通達が租税に関する法源に該当しない以上、納税者が税務通達に拘束されることはない。これは、税務通達によって法源たる法令が定める以上に納税者の権利が侵害されないことを意味する。具体的には、納税者は、法令の定めるところにより納税申告を行えば足りるのであって、税務官庁が税務通達に基づいて課税処分を行ったとしても、その是非を最終的には法廷で争えば足りる。そして、法廷では、裁判官は、税務通達に拘束されることなく、当該課税処分の是非を法令の定めによって裁けば足りる。

しかしながら、このような論理は講学上の形式論に過ぎない。現実の税務執行においては、税務通達の存在によって税務官庁と納税者間の税務上の法律関係が成り立っていることを既に述べた。

更に、税務通達の中には、通達上の規定の適用を受けるためには、納税者に対し一定の手続要件の履践を要求するものがある。これは、税務通達の規定が納税者を直接拘束することになる。例えば、法人が借地権の設定等により他人に土地を使用させた場合において、これにより収受する地代の額が相当の地代の額に満たないときであっても、その借地権の設定等に係る契約書において将来借地人等がその土地を無償で返還することが定められており、かつ、その旨を借地人等との連名の書面により遅退なく当該法人の納税地の所轄税務署長に届け出たときには、いわゆる権利金の認定課税が見合されることになる（法基通一三―一―七）。

このように、納税者に対して手続履践を求める税務通達はほかにもみられるが、これらの手続を納税者側が履践しないと、課税実務上、当該通達の適用が受けられないという処分を受け法益が害されることになる。その是非が法廷で争われた場合には、裁判所も、当該手続規定を訓示規定と認めず、通達上の手続を強制させた課税処分の適法性を認めている(17)。

このような実態を考察するに、税務通達が納税者に対して法的拘束力を有しないということは、単なる講学上の概念であって、課税実務における問題解決に役立つものではない。また、税務通達に法的拘束力がないということでそれ以上の考察を怠ると、租税法律主義の機能がないがしろにされることにもなる。

六　税務通達に反した課税処分の効力

(1)　税務通達に反することの意義

前述のように、税務通達が課税実務において重要な役割を果しており、また、納税者の予測可能性の上でも重要な機能を有していること鑑みれば、税務官庁側が税務通達に反した課税処分等を行えば、納税者の予測可能性を侵害し、租税法律主義の機能さえおぼつかなくなる。

もっとも、税務官庁からすれば、国家公務員法等によって税務通達を遵守すべき厳格な規定が設けられているから、税務通達に反する課税処分の存在それ自体を容認し難いことになろう。また、納税者側からみて、当該処分が税務通達に反しているように見えても、それは税務通達の構造上の問題に帰するものであるとしたり、あるいは単なる行政手続を看過したにすぎないものである旨の主張が税務官庁側からなされる場合もあろう。そのため、「税務通達に反した課税処分」とは何を意味するかを明らかにするために、特に誤解を生じ易い税務通達の構造上の問題を明らかにして置く必要がある。

(2) 税務通達上の限定条項

ある課税処分が税務通達に従っているか否か（反しているか否か）については、当該通達の規定の方法や内容によって、あるいは当該通達の規定の読み方によって一概には論じられない場合が多い。特に、税務通達では、当該規定の適用に当たって原則規定の適用を制限する旨の限定条項を設けており、当該限定条項の解釈いかんによって、当該通達に反して、課税処分か否かが分かれることになる。

例えば、法人税基本通達九—一—一四では、気配相場のない株式の価額について、「課税上弊害がない限り」、財産評価基本通達の一部を適用して評価し得ることを定めているが、この場合、納税者が財産評価基本通達を適用して当該株式を評価して申告した時に、税務官庁側が課税上弊害があるとして当該評価を否認する課税処分を行ったとしても、当該通達の文言からして一概に通達に反した課税処分が行われたとは言い難い（この場合、「課税上弊害」とは何かについて論争となろうが、税務官庁側が一方的に「課税上弊害」があると判断すれば事が足りる問題でもないと考えられる）。

このように、税務通達の同一条項の中で限定規定が定められている場合には、問題が生じることも比較的少いであろうが、財産評価基本通達の場合は、やや趣を異にする。

(3) 財産評価基本通達六項と運用のあり方

財産評価基本通達は、相続税法二二条に定める「時価」の解釈と評価方法を定めるものであるが、まず、「時価」とは、課税時期（＜略＞）においてそれぞれの財産の現況に応じ、不特定多数の当事者間で自由な取引が行われる場合に通常成立すると認められる価額をいい、その価額は、この通達の定めによって評価した価額による」（評基通一（２））と規定している。

この規定の前段は、いわゆる客観的交換価額又は客観的交換価値を指すものとして、「時価」の意義の解釈として、判例・学説においても広く容認されている。[18]また、この規定の後段を受けて、評価通達第二章以下において、各財産の「時価」の評価方法（評価額）を網羅的に定めている。これは、「時価」評価の困難性に配慮し、税務執行の統一性（ひいては課税の公平）や納税者と担当職員の納税、課税等の便宜を図るとともに、「……価額による」と断定することにより通達としての命令機能に配慮したものと解される。

そして、具体的には、いわゆる評価基準制度における路線価方式によって宅地が評価される等の標準的な評価方法が採用されている。しかしながら、このような評価方法による評価額は、一種の基準価額ないし標準価額であって、ともすれば、前述の理念としての客観的交換価額から乖離することがあり得る。そして、その乖離が著しくなると、当該財産の評価額と取引価額（客観的交換価額）との開差を利用した租税回避行為も可能となる。[19]

そこで、財産評価基本通達六項（以下「総則六項」という。）は、「この通達の定めによって評価することが著しく不適当と認められる財産の価額は、国税庁長官の指示を受けて評価する。」と定めている。これは、第二章以下の各財産の統一的評価方法による評価額が著しく不適当と認められる時には、客観的交換価額に近づけるための個別評価を行う趣旨であると解され、正しく財産評価基本通達上の限定条項である。したがって、同通達に関しては、これらの規定を総合した上で、課税処分が通達に反しているものか否かの判断を要する。特に、総則六項の適用基準が明らかにされていないと、その判断も困難となり、納税者側の予測可能性の保障も困難となる。

そのため、総則六項に定める「著しく不適当」及び「国税庁長官の指示」については、税務官庁側と納税者側の共通の認識が必要であると考えられる。

まず、実体的要件たる「著しく不適当」とは、財産評価基本通達が相続税法二二条に規定する「時価」を解釈・適用するための通達として存在しているのであるから、当該財産の通達上の評価額と客観的交換価額との開差が客観的にみて著しく不適当と認められる場合、[20] すなわち、財産の客観的価値に関する事項に限定すべきであって、租税回避を企画したか否かというような主観的要素は本来当該判断の要素とすべきではないと考えられる。[21] そのような租税回避事案は、相続税法六四条の規定によって、税務署長が当該行為計算を否認すれば足りるものと考えられる。

また、財産基本通達の規定の構造上予測し難い事項については、総則六項を適用すべきではないものと考えられる。例えば、ある宅地に関して路線価が付設されている場合に、当該宅地について売買価額が成立している場合[22]はともかくとして、当該宅地の隣地について売買価額が成立していたとしても、総則六項を適用して隣地の売買価額によって当該宅地を評価する余地はなく、当該路線価によって評価すべきである。[23] この場合、当該宅地を当該隣地の売買価額によって評価する課税処分をすれば、それは通達に反した処分となり、別途信義則違反等が問われるべきである。

また、財産評価基本通達では、公開途上にある株式の価額は、その株式の公開価格によって評価することとしている（評基通一七四(2)が、「公開途上にある株式」とは、上場等が公表された後の株式を意味している（評基通一六八(2)ロ)。これは、公開準備しているような株式については、その準備過程において相応に高額な取引価額が成立することもあろうが、それら客観的にとらえることは困難であるということで、公開が公表（通常、公開の一月前）されるまでは「取引相場のない株式」として取り扱う趣旨であると解される。[24]

然すれば、公開準備中の株式の価額については、当該株式それ自体に売買価額が成立している場合はともかくとして、同一銘柄の他の株式について財産評価基本通達上の評価額を上回る取引価額がたまたま成立していたとしても、総則六項を適用して当該取引価額によって評価することは許されないものと考えられる。そうでなければ、納税者側の合理性のある予測可能性の保障など到底かなわないことになるので、それを無視した課税処分には、信義則違反、租税平等原則違反等の違法性を惹起することになると考えられる。[25]

なお、以上のような場合に、当該隣地や当該他の株式の取引価額等によってあえて課税する必要（総則六項適用）があるというのであれば、現行のような規定ではなく、法人税基本通達九―一―一三又は所得税基本通達二三～三五共―九のような規定を設けて、あらかじめ他の適正な取引価額によって評価することを定めるべきである（そうしないことは、納税者側に所得税や法人税と違って課税されないことの信頼を与えることになる）。

次に、手続要件たる「国税庁長官の指示」の要否については、多くの裁判例等が、当該指示の有無は課税処分の効力に影響を及ぼさないものであり、当該指示の存否を明らかにするまでもないとしている。(26) しかしながら、このような考え方については、①税務通達は法源ではなくても税務官庁の職員を法的に拘束するものであること、②税務通達に反する課税処分が信義則違反、平等原則違反に問われること、③総則六項の適用には国税庁長官の指示が必要であるから余程のことがない限り同項の適用はないであろうと予想する納税者側の予測可能性を保障する必要があること等を考えると、法的に問題があるものと考えられる。

なお、総則六項を適用する税務執行においては、税務通達の部内における法的拘束力からみて国税庁長官の指示がなくて税務署長の自由裁量で課税処分が行われているわけでもないであろうし、当該指示を当事者に開示することに執行上の支障があるとも考えられない。いずれにせよ、前述のような裁判所の考え方では、納税者側の税務官庁に対する不信感をいたずらに招来するだけで、税務官庁にとっても得策ではないと考えられる。

(4)　従前の裁判例の動向

税務通達に反した課税処分の意義及び税務通達の構造によって当該処分が税務通達に反するとは一概に言い難いことは、前述したとおりである。したがって、ある課税処分が税務通達に反しているか否か、反している場合にその効力がどうなるかは、一律に論じ難いところがあるが、従来の裁判例でどのように考えられてきたかについて検討することとする。

まず、税務通達に反する課税処分が違法であるとする裁判例の方が多いと言えるが、その理由は分かれる。

大阪地裁昭和四五年五月一二日判決（行裁例集二一巻五号八〇八頁）では、旧物品税法上のゴルフボールの修理が課税の対象となる「製造」に当たるか否かが争われ、当該課税処分が通達に反する処分であるということで、信義則の適用の有無が争われたところ、同判決は、次のとおり判示して、当該処分を違法であるとして取消している。

「通達に反して納税者に不利益な課税処分をするならば、本件のごとき間接税たる物品税の場合においては税額が取引価格の中に折り込まれるのであるから、通達に従い課税の対象とならないと信じて物品税を含まない価格で取引きしたにもかかわらず後に課税されることになって納税者に不測の損害を与えるばかりでなく、租税法の基本原則の一つである公平負担の原則にも違背することになり、違法な処分といわなければならない。」

このように、この判決は、公平負担の原則から当該課税処分を違法としたものであるが、本件の事実関係からみて、税務官庁側に対して信義則の適用も認め得るものと解される。けだし、税務通達の信義則適用上の公的見解の表示の最たるものであるほか、税務通達の取扱いを信頼して物品税の転嫁の機会を失うという救済に価する経済的損失を被っていると考えられるからである(27)。

また、大阪地裁昭和四四年五月二四日判決（税務訴訟資料五六号七〇三頁）も、平成一〇年の税制改正まで所得税基本通達及び法人税基本通達で認められていた債権償却特別勘定への繰入れの当否が争われた事案に関し、次のとおり判示している。

「通達が定める要件を充たしているにもかかわらず、これの適用を受けないものとされた場合には、租税法の基礎原則の一つである公平負担の原則に違背し、当該通達を適用しないとしてなされた課税庁の処分は違法性を帯びるものというべきである。」

そのほか、名古屋地裁平成元年三月二二日判決（税務訴訟資料一六九号六三〇頁）、名古屋高裁平成四年二月二七日判決（同一八八号四三二頁）等では、税務通達による画一的な事務処理が確立している場合に、特段の合理的な理由がなく、特定の者に対してのみこれに拠らず不利益な処分をすることは、平等原則に違背する旨判示している。

他方、税務通達に反する課税処分であっても直ちに違法性を生じないとする見解を示した裁判例としては、次のようなものがある。

名古屋高裁昭和四三年一〇月三〇日判決（税務訴訟資料五三号七八〇頁）は、青色申告の承認の取消しが取扱い通達に反している旨の納税者（原告）の主張に対し、「通達は、税務官庁内部における取扱指針に過ぎないものであって、何ら法的拘束力を有するものでないから、本件取消処分が、右通達に違反したとしても、これによって、直ちに違法を生じることはない。」

もっとも、この判決は、当該通達の内容と当該事実関係に照らして、当該取消処分が必ずしも通達違反に当たらない旨判示している。すなわち、この判決は、通達違反が生じていない事案につき、仮に通達に違反した場合の考え方を述べて、判決の結論を補強しているにすぎないものと言える。

また、仙台地裁昭和五一年九月二九日判決（税務訴訟資料八九号七六七頁）は、所得税の還付請求にかかる取扱い通達に反した事務処理が行われたか否かが問題とされたところ、当該事務処理が通達に反していたとしても法律に違反するものでない以上これを直ちに違法なものということはできない旨判示している。もっとも、この判決も、当該事務処理が通達に反しているとはいえない旨判示しているので、前掲名古屋高裁判決と同様の性質を有している。

更に、類似の裁判例として、那覇地裁昭和五九年六月一九日判決（税務訴訟資料一三六号六九九頁）は、「通達は行政事務の適正な処理を図るために上級行政庁が下級行政庁ないし所部の職員に対し行政運営上租税法規の解釈適用の基準を示し、その取扱方針を指示するもので、もとより法令ではないから納税義務者及び裁判所に対する法的拘束力を有するものではなく、また、仮に課税庁がこれに違反し、あるいはこれを逸脱して課税処分を行ったとしても、そのことだけで課税処分が直ちに違法となるものとは解することができない。」と判示している。

この判決も、当該事案においては通達に反した処分とは言えないという事実認定を行っているのであるが、前記判示によれば、他に何らかの要件が加われば通達に違反した処分が違法性を帯びることを示唆している。

そのほか、(3)で述べたように、財産評価基本通達六項に定める「国税庁長官の指示」を欠いた課税処分の違法性を否定する判決が多く出されているが、それらの法律問題は、後述する個別事件の検討を通じて再論する。

(5) 総括

以上のとおり、税務通達に反した課税処分の効力は、税務通達に反することの形態、問題となる税務通達の構造上の性格等によって一律に論じることはできないであろうし、従前の裁判例においても、統一した考え方が示されているとも言い難い。

しかしながら、以上の各問題点を総合してみるに、①当該課税処分等が税務通達上の明文の規定に反していることが明らかであること、②当該課税処分等が税務通達に反することによって租税法の基本原則たる公平負担の原則ないし平等原則に反すると認められること、③当該課税処分等が税務通達に反することによって信義則違反と認められること、④当該課税処分等が税務通達に反することによって租税法律主義が保障している予測可能性と法的安定性を害していると認められること等の各要件に該当している場合には、税務通達に反した課税処分等について違法性を帯びるものと解される。

そして、前記の各要件については、一つの要件を満たしても違法性を帯びることも考えられるであろうし、二つ以上の要件を満たした場合に違法性を帯びるようになることが考えられる。

これらの問題は、次の個別事件を通じて、再検討することとする。

七　個別事件における検証

(1)　東京地裁平成一一年三月二五日判決

(イ)　事案の概要

東京地裁平成九年（行う）第二三二号平成一一年三月二五日判決[28]では、財産評価基本通達六項（総則六項）に定める手続要件を税務官庁が履践しないでした課税処分の適法性が争われている。

本件では、平成五年一一月二四日死亡した訴外人の共同相続人である原告らが、訴外投資会社の株式（取引相場のない株式）を相続し、当該株式を財産評価基本通達の定めるところにより配当還元価額（一株当たり二〇八円、総額三、二八二万円余）で相続税を申告したところ、被告税務署長は、当該株式の価額については、買取り価額が保証されているから、当該保証価額（一株当たり一万七一一五円、総額二七億七四万円余）によって評価すべき旨の課税処分を行い、その適否が争われた。

本件においては、当該株式の買取り価額に確実性が認められることからすれば、財産評価基本通達の総則六項に基づいて課税処分が行われていれば、本稿で取り上げるほどの問題は生じなかった。しかしながら、被告税務署長は、当該株式は財産評価基本通達上の株式に当たらないとし、同通達五項[29]に基づき、当該株式の価額を貸付金に準じ評価して課税処分を行ったものの[30]、本訴においては、総則六項に則った主張を行っている。よって、当該課税処分においては、総則六項に定める手続要件を被告税務署長が履践しなかったことは明らかである。

そのため、原告らは、当該手続を満たさなかったことをも事由にして、当該課税処分の違法性を主張したのであるが、本判決は、次のとおり判示して、その主張を排斥している。

「原告らは、本件各処分は、財産を評価通達の定めによらないで時価で評価するためには国税庁長官の指示を受けるべきことを定める評価通達六に違反すると主張する。

右の原告らの主張の趣旨が、評価通達六の規定に従わなかったこと自体をもって平等原則違反を主張するものであるとすれば、評価通達六の規定は、その規定の仕方からして、国民と行政機関の関係について平等原則の観点から行政機関の権限の行使を制限する目的で定められた規定でなく、行政組織内部における機関相互の指示、監督に関して定めた規定であることは明らかであって、評価通達六に違反することから直ちに国民の権利、利益に影響が生じるものではないから、原告らの右主張は、自己の利害に直接関係のない主張というべきである。また、評価通達六に行政作用の統一、行政作用に関する国民の予測可能性の確保という目的があることを考慮しても、右の理が変わるものではない。」

(ロ) 検　証

財産評価基本通達における総則六項の意義と機能及び同項が適用できる範囲（射程範囲）については、六の(3)で詳述した。また、同項における適用手続である「国税庁長官の指示」については、これを欠いた課税処分が直ちに違法となるものではないとする裁判例が多いことを述べたが、その判断が、税務通達の法的拘束力や納税者側の予測可能性の保障の見地から法的にも問題があることを述べた。もっとも、それらの裁判例は、いずれも課税処分の段階で総則六項が適用されたものであり、何らかの形で国税庁長官の指示があった事実を認定している。

ところが、本件については、課税処分の段階で総則五項に基づいて課税処分が行われたというものであり、納税者側に初めて処分理分が明らかにされる異議決定においても（通法八四④⑤）、本件に係る平成九年七月四日裁決（注30参照）の内容からみて、当該株式が財産評価基本通達上の株式に該当せず、その価額が貸付金に準じて評価されたことが明にされたはずである。

そうであるとすると、納税者側には、二つの点で予測可能性が侵害されたことになる。一つは、課税処分段階で総則六項の適用手続が税務官庁側において無視されたことによる予測可能性の侵害であり、二つは、当該課税処分の理由が総則五項に基づいているということが裁決の段階まで持続されたことにより、その理由で取消訴訟を提起すれば勝訴できるという与見を与えて訴訟に踏み切らせて訴訟費用のリスクを負わせたことである（おそらく、総則六項の適用による処分であれば、最近の裁判例の傾向からみて、訴状に貼付する印紙代だけでも数百万円にのぼる取消訴訟を提起することもなかったものと推測できる）。

他方、税務官庁側においては、課税処分段階で財産評価基本通達の手続に反したばかりでなく、異議決定及び審査請求の段階においても納税者をミスリードさせたわけであるが、その落度が、本判決の中で何ら咎められないというのも片手落ちと言える。

もっとも、本件のように、財産評価基本通達上の評価方法を利用して評価額を大幅に圧縮して相続税の負担を回避するような納税者の行為に対比したら、税務官庁側の落度など些細なことだとする考え方もあり得よう。しかし、租税法律主義における手続保障の原則二の⑹参照）は、何人にも保障されなければならないことであって、納税者の態様によって差別すべきでないことは当然のことである。

この点に関連し、かつて裁判所は、青色申告承認の取消処分の取消訴訟において、デュー・プロセスの美名の下に、法律上は当該取消通知書に当該号数を附記すべきとしているところ（所法一五〇②、法法一二七②参照）、当該取消通知書に具体的な取消し理由が記載されていないという理由で、相次いで取消処分を取消したことがある。(31)この場合、国税庁では、組織を挙げて青色申告の普及に努めているわけであるので、その承認が取消されるのは相当悪質な納税者であることが推測される。

そうすると、総則六項の手続を無視した課税処分の取消訴訟とかつての青色申告の承認の取消の取消訴訟とでは、裁判所の姿勢が余りにも違うことが指摘される。更に、前述したように、税務通達上の他の適用手続については納税者に対しては強制させているわけであり、裁判所もそれを正当と認めているわけである。

してみると、東京地裁平成一一年三月二五日判決が判示するところの「評価通達六に違反することから直ちに国民の権利、利益に影響が生じるものではない」とか、「……国民の予測可能性の確保という目的があることを考慮しても、右の理が変わるものではない」という考え方は、いささか税務官庁側を一方的に利しているようにも思われ、かつ、前述してきた租税法律主義の下における税務通達の実質的機能と税務通達を前提にして納税申告を行っている納税者の予測可能性を全く無視するもので、納得し難いものがある。

もっとも、総則六項の規定に反した課税処分が直ちに違法性を帯びて取消されるべきか否かについては、更に検討を要するものとも考えられるが、少なくとも、当該処分の不当性が指摘されないと、納税者側の税務行政に対する不信感のみを増長することになりかねない。

(2) 大阪地裁平成一三年五月一二日判決

(イ) 事案の概要

大阪地裁平成八年(行う)第九九号平成一二年五月一二日判決[32]では、主として、相続税の課税価格の算定につき、①市街化区域内の農地の評価額、②同族会社に地上権を設定して相当の地代が支払われた場合の底地の評価額、③有限会社の出資を現物出資した場合の当該出資の評価額等が争われた。本稿では、特に②の問題について論じることとする。

本件では、被相続人が、所有する宅地等につき、相続開始直前に設立した同族会社(駐車場の経営等を業とする)に対して、存続期間六〇年、地代年額三六八四万円とする地上権を設定した場合に、当該宅地等を相続した原告らは、当該宅地等の価額を財産評価基本通達二五項及び相続税法二三条に基づき、更地の価額から地上権割合九〇%相当額を控除して評価して申告したところ、被告税務署長は、本件地上権の設定が不自然・不合理であるから当該設定は相続税法六四条に基づき否認できるとし、他の個別通達に基づき、当該宅地等の価額を更地価額の八〇%相当額として更正処分等をした。本件地上権の設定が不自然・不合理であるとする主たる原因は、当該宅地等の駐車場の利用収入が多い年で一六七五万円余に過ぎないにもかかわらず、当該同族会社の甲に対する支払地代が三六八四万円（更地価額の六％相当）と多額であることにある。他方、原告らは、当該支払地代は法人税の取扱い通達等によるものであり、それを支払わないと権利金の認定課税が行われるから、不自然・不合理にはならない旨主張している。

大阪地裁判決は、駐車場経営のために地上権設定すること自体が不自然であり（本来、賃借権を設定すべきとする）、営業収差に比し余りに高額な地代を支払うことが不合理であるとし、法人税の取扱い通達との整合性の点については、次のとおり判示して、両者の整合の必要性を否定している。

「同族会社にとっての採算性も、通常の経済人の取引行為として不自然・不合理なものであるかどうかという相続税法六四条一項の規定の適用の有無を判断する際のひとつの資料になることは明らかである。次に、法人税法施行令一三七条が「相当の地代を収受しているときは、当該土地の使用に係る取引は正常な取引条件でされたものとして取り扱う。」と定めるのは〈略〉法人税を課税するに当たって権利金の認定課税〈略〉を要するか否かに関し、権利金の授受に代わるものと評価することができるだけの高額の地代を意味する「相当の地代」を支払っていれば法人税について権利金の認定課税を行わないことを意味するにとどまり、当該土地の使用がいかなる法律関係においても正常な取引条件でされたものとして取り扱うことまで意味するものではない」

(ロ)　検　証

この事件は、法人税の取扱い通達で正常な取引とされるものが、相続税に関しても正常なものと言えるか否かが問題とされる。すなわち、税目間を通しての税務通達の取扱いについての予測可能性をどのように考えるべきかという問題である。

法人税法上、借地権（地上権又は土地の賃借権）等の設定等により土地を使用させる行為をした法人については、その使用の対価として通常権利金その他の一時金を収受する取引上の慣行がある場合においても、当該権利金の収受に代え、当該土地の価額に照らし当該使用の対価として相当の地代を収受しているときは、当該土地の使用に係る取引は正常な取引条件でされたものとして、各事業年の所得の金額を計算する（法令一三七）。すなわち、法人税については、相当な地代の収受が行われている場合には、借地権（権利金）の認定課税は行われないことになる。

そして、法人税基本通達では、「相当の地代」とは「当該土地の更地価額に対しておおむね年八％程度」（同通達一三―一―二）であるとしている。また、バブル期の地価高騰に対応し、「法人税の借地権課税における相当の地代の取扱について」（平成元年三月三〇日直法二―一二）通達では、前記の「年八％」を当分の間「年六％」として取り扱うことにしている。

このような法人税の取扱いに対応し、相続税の個別通達「相当の地代を支払っている場合等の借地権等についての相続税及び贈与税の取扱いについて」（昭和六〇年直評九ほか、いわゆる相当地代通達）「6」では、課税時期における被相続人所有の貸宅地で相当の地代を収受しているものの価額については、自用地としての価額から、その価額の二〇％相当額を控除して評価するものとしている。この通達の取扱いは、法人税通達の前記取扱いを前提にしていることは明らかである。

かくして、本件においては、当該地上権の設定に関して、被相続人らは権利金の認定課税を避けるために当該宅地等の更地価額の六％相当額の地代設定したものと推測されるが、それが異常に高額であるということで、相続税法六四条に定める同族会社等の行為計算の否認規定を適用する事由になっている。

しかしながら、前述の法人税の取扱い通達と相続税の相当地代通達の関係からみて、被相続人らの行為には無理からぬところがあるので、その行為を否定することは予測可能性を不当に害することになる。また、高額な地代については、被相続人の不動産所得に係る所得税の負担を増大させるので、個人と法人を通じた税負担が不当に減額されるものでもない。元々、この問題は、法人税の取扱い通達が土地の賃貸借の実態から遊離しているからこそ生じたものであり、税務官庁側が当該通達を是正しないで納税者側の非のみを指摘するのもいかにも御都合主義と言える。そして、この判決が法人税における正常な取引が相続税においては正常な取引ではないとするのも、それぞれの通達の関係からみて空虚に響く。これでは、税務通達に対する納税者側の信頼を失うことになるであろうし、納税者側の予測可能性も著しく害されることになる。

もっとも、本件の地上権設定が全て合理的であるというわけではなく、その設定時期等からみると、相続税法六四条の適用が違法であったとも言い難い。要は、当該条項の適用に当たって、法人税の通達において正常と認めた取引を相続税において不合理とするのは、納税者の予測可能性を著しく害することになるので、そのことを同族会社等の行為計算の否認規定の適用事由とすべきではないと考えられる(33)。

むすびに

以上のように、相続法律主義の下における税務通達の法律問題をるる述べてきた。世情「通達行政」等と批判して税務通達の存在それ自体を否定的に解する向きもあるが、筆者はそれに組みするものではない。むしろ、税務通達の存在を積極的に評価している積りである。

それであるが故に、税務通達の運用が租税法律主義の機能である予測可能性と法的安定性に資するものであって欲しいと願っている。本稿は、かかる観点から税務通達の法的性格と運用のあり方について論じたものである。特に、最近の租税判決の中で税務通達のあり方について疑問を呈するものが見受けられたので、それらの判決をも標的とした。

税務通達をめぐる法律論を本格的に論じた文献が少ないだけに、私見にわたる部分も多い。むろん、この私見は、かつて国税庁で多くの通達制定作業に関わった経験にも照らして慎重に論じた積りであるが、論者の御批判を頂ければ幸甚である。

（1） 次のような税務通達が公表されている。
○法人税の過少申告加算税及び無申告加算税の取扱いについて（事務運営指針）（平成一二年七月三日、課法二―九ほか）
○法人税の重加算税の取扱いについて（事務運営指針）（平成一二年七月三日、課法二―八）
○源泉所得税の不納付加算税の取扱いについて（事務運営指針）（平成一二年七月三日、課法七―九ほか）
○源泉所得税の重加算税の取扱いについて（事務運営指針）（平成一二年七月三日、課法七―八ほか）
○申告所得税の過少申告加算税及び無申告加算税の取扱いについて（事務運営指針）（平成一二年七月三日、課所四―一六ほか）
○申告所得税の重加算税の取扱いについて（事務運営指針）（課所四―一五ほか）
○相続税、贈与税の過少申告加算税及び無申告加算税の取扱いについて（事務運営指針）（平成一二年七月三日、課資二―二六四ほか）
○相続税及び贈与税の重加算税の取扱いについて（事務運営指針）（平成一二年七月三日、課資二―二六三ほか）
○消費税及び地方消費税の更正等及び加算税の取扱いについて（事務運営指針）（平成一二年七月三日、課消二―一七ほか）
○法人の青色申告の承認の取消しについて（事務運営指針）（平成一二年七月三日、課法二―一〇ほか）
○個人の青色申告の承認の取消について（事務運営指針）（平成一二年七月三日、課所四―一七ほか）
（2） 金子宏「租税法　第七版」（弘文堂）七七頁等参照
（3） 最高裁昭和三三年三月二八日第二小法廷判決（民集一二巻四号六二四頁）、大阪高裁昭和四三年六月二八日判決（行裁例集一九巻六号一一三〇頁）、仙台高裁昭和五七年七月二三日判決（同三三巻七号一六一六頁）、旭川地裁平成一〇年四月二一日判決（判例時報一六四一号二九頁）等参照
（4） 従来、所得税基本通達及び法人税基本通達で不良債権について認められていた債権償却特別勘定の設定は、その法的根拠に問題もあって、平成一〇年の税制改正において法律の中に取り込まれている。
（5） 横浜地裁昭和五一年一一月二六日判決（訟勝月報二二巻一二号二九一二頁）、東京高裁昭和五三年一二月一九日

判決（同二五巻四号一一七五頁）、福岡地裁昭和六〇年一二月二六日判決（税務訴訟資料一四七号八六〇頁）等参照

（6）課税処分の取消訴訟等についても、民事訴訟費用等に関する法律が適用され、とかく訴額が大きくなり勝ちな税務訴訟には不利な扱いとなっている。しかも、控訴の提起には、一審の一・五信、上告の提起には、一審の二倍の印紙代を要することになっており、訴訟に貼る印紙代が高いが故に、訴訟の提起を断念するケースが多いようである。

（7）品川芳宣「税務争訟の障壁」ＴＫＣ平成一〇年七月号一頁参照

（8）前出（注2）一〇一頁等参照

（9）前出（注2）一〇八頁等参照

（10）平成三年までの相続に係る相続税については、路線価等がその年の五月上旬頃公表（評価日前年七月一日）されていたので、申告期限は相続開始後六月とされていたが、平成四年以降においては、土地評価の適正化のため、評価基準をその年の一月一日とし、路線価等の公表時期を八月に移行させ、申告期限を相続開始後一〇月とした。この一連の措置は、納税者が相続税法上の「時価」を解釈して相続財産を評価、申告するのではなく、通達で定められ路線価等によって相続財産を評価、申告することが納付制度として定着していることを物語っている。

（11）品川芳宣「税務通達に従った納税申告の否認と予測可能性」税理四二巻八号一〇頁等参照

（12）筆者は、国税庁勤務時代から、このような通達が公開されるべきことを主張していた（品川芳宣「新版　附帯税の事例研究」（財経詳報社）はしがき（初版＝平成元年）参照

（13）大阪地裁昭和五四年八月三一日判決（税務訴訟資料一〇六号三一九頁）等参照

（14）東京地裁昭和六〇年三月二三日判決（判例時報一一六一号二七頁）参照

（15）大阪地裁昭和四四年五月二四日判決（税務訴訟資料五六号七〇三頁）、東京高裁昭和五二年七月二八日判決（同九五号二六一頁）、大阪地裁昭和五四年八月三一日判決（同一〇六号三一九頁）、大阪高裁昭和五五年一月二五日判決（同一一〇号九〇頁）、神戸地裁昭和六〇年五月一三日判決（同一四五号四二四頁）等参照

（16）前出（注15）の各判決参照

（17）大阪高裁平成元年九月二六日判決（税務訴訟資料一七三号九五〇頁）等参照。この事件では、平成一〇年改正

前の法人税基本通達等でその設定が認められていた債権償却特別勘定への繰入れにつき、当該繰入額の計算に関する詳細を記載した書類を確定申告書に添付することを要求していたところ（旧法基通九—六—一一、旧所基通五一—二五）、前掲大阪高裁判決は、当該手続規定には合理性があり、単なる訓示規定でないから、その手続を欠くと債権償却特別勘定の設定は認められない旨判示している。

(18) 前出（注2）三七九頁、東京地裁昭和五三年四月一七日判決（税務訴訟資料一〇一号一一五頁）、東京高裁昭和六二年九月二八日判決（同一五九号八三三頁）、東京高裁平成七年一一月一三日判決（行裁例集四六巻一二号一一四三頁）等参照

(19) 品川芳宣・緑川正博「相続税財産評価の論点」（ぎょうせい）七頁、品川芳宣「措置法六九条の四の廃止と評価通達の関係」税理三九巻五号一八頁等参照

(20) 例えば、東京高裁昭和五六年一月二八日判決（税務訴訟資料一一六号五一頁）参照。同判決の評釈については、品川芳宣・税研一〇巻五六号二四頁、同「重要租税判決の実務研究」（大蔵財務協会）三五一頁参照

(21) 前出（注11）一二頁参照

(22) 前出（注20）の判決参照

(23) 前出（注11）一二頁参照

(24) 品川芳宣（当時国税庁資産評価企画官）「通達改正の趣旨と説明」別冊商事法務一二二号一四頁等参照

(25) 前出（注11）一三頁参照

(26) 東京高裁平成五年七月二六日判決（税務訴訟資料一九四号七五頁）、東京地裁平成九年九月三〇日判決（同二二八号八二九頁）等参照

(27) 品川芳宣「税法における信義則の適用について——その法的根拠と適用要件」税務大学校論叢八号三九頁以下参照

(28) 本判決の評釈については、品川芳宣・ＭＳＧ会社税務研究二〇〇〇年七月号九頁及び同・税研九三号一〇二頁がある。

(29) 同通達五項では、「この通達に評価方法の定めのない財産の価額は、この通達に定める評価方法に準じて評価す

る。」と定めている。

(30) 本判決の事案に係る裁決と推測できる平成九年七月四日裁決（裁決事例集五四号四五一頁）において、原処分庁は、当該株式の価額の評価につき、「同通達五に基づき、本件株式と経済的性質の類似していると認められる同通達二〇四（貸付金の評価）の定めに準じて、本件株式の価額を評価することとなる。」と主張している。

(31) その代表的裁判例として、最高裁昭和四九年六月一一日第三小法廷判決（訟務月報二〇巻九号一七〇頁）等がある。

(32) 本判決の評釈については、品川芳宣・MSG会社税務研究二〇〇〇年九月号二七頁、同・TKC税研情報一〇巻一号二三頁がある。

(33) 本件のような取引が法人間で行われると（黒字法人が赤字法人から土地を賃借して年六％の賃借料を支払う場合）、法人税基本通達一三―一―二等の取扱いの矛盾が一層露呈することになる。

手形法における交付合意論の機能と限界
——ドイツ連邦通常裁判所の判例理論——

庄子良男

一　問題提起

ドイツの手形法学においては、現在、手形債権の無因性を前提としつつ、手形法一七条の解釈論として、交付の合意（Begebungsabrede）というものを原因行為に付随する契約または原因行為と手形行為の間にある第三の契約として構成し、これに手形債権の行使に対して原因関係に基づく抗弁を対抗しうる根拠、あるいは、直接当事者間で対抗しうる人的抗弁の範囲を限定する根拠を求めようとする見解が支配的となっている。(1)(2) この交付合意論については、既にわが国でもその紹介や検討が行われているが、(3) 本稿では、ドイツの連邦通常裁判所における判例の展開を中心に紹介し、その整理と分析をとおして交付合意論の内容とその意味するところについて考察を加えたいと思う。

この交付合意論は、原因関係の直接当事者間において手形金の請求がなされる場合に、原因関係に基づく抗弁を対抗しうる根拠や範囲を問題にしている点において、基本的に無因的な手形債権の存在を前提としたうえでの、手形法一七条において問題となる人的抗弁の根拠や限界を問題とするものである。これにやや先行して一九七〇年代にドイツで通説・判例の地位を確立した新抗弁理論は、物的抗弁と人的抗弁の区別の基準を当事者の利益衡量にではなく、手形抗弁の構成要件に求めるべきであるとの問題を提起し、それによって無因的な手形債務じたいの有効性を争う有効性の抗弁という新たな抗弁類型を確立して、それまでほんらい物的抗弁であるのに漠然と人的抗弁として扱われてきたものの中から有効性の抗弁を分離・独立させている[4]。そこで二〇世紀末葉において相前後してドイツ手形法学の重要な論争問題となったこれら二つの問題の理論的な関連を整理しておくと、まず第一に、新抗弁理論と交付合意論は、いずれも手形債権の無因性を前提とした手形抗弁論の展開であるが、第二に、新抗弁理論のいう有効性の抗弁は、無因的な手形債権が手形行為そのものの瑕疵を原因として無効となる場合を問題とするのに対して、交付合意論のいう人的抗弁は、無因的な手形債権が原因行為の瑕疵に基づいて権利行使を阻止される場合を問題としている点において、対象を異にしている。第三に、これを人的抗弁の問題を中心にしていえば、新抗弁理論は、有効性の抗弁との関係で（広義の）人的抗弁の境界を明らかにするのに対して、交付合意論は、人的抗弁の他方の境界、すなわち、人的抗弁と人的抗弁にすらならないものとの間の境界を確定しようとするものである。そして最後に、新抗弁理論は、物的抗弁の枠内で、正確には有効性の抗弁を中心としてその固有の思想を展開したのに対して、交付合意論は、通常、人的抗弁、それも無権利の抗弁を含む広義の人的抗弁の枠内において議論されている点に特色がある[5]。

以上のような理解を前提として、以下、**二**において交付合意論をめぐるドイツにおける判例の展開を概観する。**三**では、それを前提としてドイツの判例を整理・分析し、連邦通常裁判所の判例理論から理解される交付合意論の構造と機能について考察する。それによって判例上、交付合意論の実体は「手形権利行使有因論」ともいうべきものであり、手形の無因性を前提としつつ有因論の結論を導びこうとするものであることを示す。最後に**四**において、その方向のもつ意義を示し、これを徹底して手形授受の当事者間において手形債権と原因債権の同一性を認めようとする私見の解釈への方向を示唆することにしたい。

二　ドイツ連邦通常裁判所における判例の展開

1　ドイツの判例は、最近に至るまで従来の通説に従って、原因関係の当事者間においても手形債権の無因性を認め、原因関係上の事由が不当利得の抗弁権として構成される場合にのみこれを手形に対する人的抗弁と認める立場をとっていた。すなわち、①一九六九年一一月一四日オルデンブルク上級地方裁判所判決[(6)]は、ともにクリーニング業を営むXY間の業務提携契約から生じた債務の支払のため、Yから引受ずみの為替手形の振出を受けたXの手形金請求に対して、Yが右契約により請求しうるクリーニングの目的物（ペルシャ絨毯）の返還をまだ受けていないとしてその返還請求権に基づく留置権を対抗した事案において、手形債務者は手形債権者が原因行為の当事者である場合においても、「手形からの債権に対して原因行為に基づく留置権を対抗し得ない」との立場をとってXの請求を認めた。判旨は、手形債権の無因性を前提として、手形債務者は手形債権者の原因行為に基づく請求権が成立せずまたは消滅したことを証明してはじめて「手形債務者は債権者に対してBGB八一二条・八二一条[(7)]に従って〈手形債権者は無因的手形債権の存在のための法的基礎が欠けるゆえに手形債権の分だけ不当利得していることを〉対抗しうる」。しかし「債権者の債権が原因行為から生じている限りで〈この債権の履行を契約上の反対債権の実現に至るまで、または、原因行為との法的関連において成立した債務者の請求権が履行されるに至るまで〉拒絶するという権利をもってしては、手形上の請求権に対して重要である不当利得の抗弁権(Bereicherungseinrede)は基礎づけられない。それゆえ手形債務者は債権者が手形の基礎にある売買契約をまだ履行していないこと〔同時履行の抗弁権〕を抗弁とすることができない[(8)]。同じことは一層BGB二七三条、二七四条[(9)]に基づく留置権についても妥当する」と述べている[(10)(11)(12)(13)(14)(15)]。

2　右の伝統的な解釈を変更したのは、②一九七一年一一月二四日連邦通常裁判所第八小法廷判決[(16)]である。飼料の売主である飼料製造業者の手形金請求に対して、買主が引き渡された飼料が粗悪で細菌に汚染されていたなどの瑕疵による代金減額請求などに基づく履行拒絶権を主張した事案において、右の抗弁を認めなかった原判決を破棄（差戻）して次のように述べている。すなわち、「原因債権が成立していないかまたはもはや存在していない場合に、手形債権者が同時に手形交付の基礎にある法律行為の契約当事者である手形債権者に対してBGB八一二条、八二一条による人的な不当利得の抗弁権(die persönliche Bereicherungseinrede)を対抗しうることは、判例・学説における一般的な見解に即している。[17]留置権は——同時履行の抗弁権と同様に——むろん手形の返還を求める不当利得の抗弁権を基礎づけない。それゆえ最近の文献においては、正当にも、次のように主張されている。すなわち、手形債権の独立性は、手形債権者が原因行為に基づいて生ずる債務を履行していないという手形債務者の主張を顧慮せずにおくことへと強いるものではない。契約当事者は……手形債権者としてもまた、原因行為から彼に帰属するより以上の権利を自己のために手形に基づいて請求してはならない。手形債務者が原因行為から留置権または同時履行の抗弁権を対抗しうる手形債権者は、手形から引換給付による支払より多くを要求するときは、彼は、手形について許されない利用を行うことになる。[18]この解釈に原則において従われなければならない[19]」と。裁判所はこのように述べているが、右の判旨の中に、手形債権の独立性のもとで手形授受の当事者間における原因関係上の抗弁を不当利得の抗弁権として構成しうる限りでのみ認めるとした①および本件原審の立場を修正すること、および、有力学説に従って不当利得の抗弁権として構成されえない原因債権に対する留置権（支払拒絶権）や同時履行の抗弁権についてもこれを手形債権に対して対抗しうる人的抗弁と認めるという立場へと転換することが、明らかにされている。判旨は「手形債権の独立性（die Selbständigkeit der Wechselforderung)」と述べているが、原因行為に基づく抗弁の対抗の可否を問題としていることから、原因債権からの独立性の意味と解され、したがって手形債権の無因性と同じ意味で用いているものと思われる。判旨が「契約当事者は、手形債権者としてもまた、原因行為から彼に帰属するより以上の権利を自己のために手形に基づいて請求してはならない」とした点は、その後の判例上繰り返し確認されて確定判例の立場を形成することになる。[20] その意味でリーディングケースとして位置づけられるものであるが、右引用部分の最後で、その理由づけを「手形について許されない利用を行うことになる」として権利濫用に求めている点に注目される。[21][22]

3　次に、右②判決の立場を確認したのが、③一九七六年二月九日連邦通常裁判所第二小法廷判決[23]である。すなわち、Xからモーターボートを買いそれをモーターヨットに改造することを依頼したYに対するXの手形金請求に対し、Yが請負契約の瑕疵に基づく解除・減額・損害賠償（BGB六三五条）[24]に基づく抗弁を対抗したという事案において、裁判所は、Yにはただ修繕請求権だけが帰属すると認めたうえで「事後手続において原因行為から導かれる留置権または給付拒絶権を手形債権に対して主張することは手形債務者には直ちに禁じられる」とした原判決を破棄（差戻）し、右②判決を引用しつつ「契約当事者は、手形債権者としてもまた彼に原因行為から帰属するより以上の権利を自己のために手形に基づいて請求してはならない。債権者に原因行為において留置権または同時履行の抗弁権を対抗しうる手形債務者は、それゆえ彼の抗弁権を、手形交付の事情から別段のことが生じない限り、彼の契約相手方の手形訴訟に対してもまた提出することができる」[25]と述べている。裁判所は、さらに続けて、原審は「Yにそもそもそしていかなる範囲で船の改造に関する瑕疵の除去を求める請求権が帰属するのか、Yはいまだ未済の請負代金の支払を修繕に至るまで拒絶してよいかどうか」を判断すべきであったのであり、それが認められるときは「給付拒絶権が事案の特別の事情に従い手形請求権に対しても対抗されなければならないか、それともそれを排除する諸理由――例えばYがこのような抗弁権を提出することを確定的に放棄したとする場合――が存在するか、というさらなる問いが設定される」[26]とし、「このような諸理由が存在しないならば、Yは必ずしも無制限に手形金額の支払へと敗訴判決がなされてはなら」ず、「その抗弁権はむしろ手形債務者が手形金額をXによる瑕疵の除去と引換えに支払うべく敗訴判決を受けることに導く」という。なお、請求の棄却は問題にならないとし、その理由として「手形債権者は、もし彼が手形に基づいて断固たる措置をとるときは、彼が原因行為に基づく債権を行使する場合よりも悪い地位に置かれてはならないからである[27]」と述べている。[28] 本判決は、②判決とは異なり、権利濫用による理由づけには触れていないが、手形債権の無因性を前提としつつ、原因行為の当事者である手形所持人は手形債権を、特別の合意がない限り、原因債権以上でも以下でもなく、したがって原因債権と正確に同一の範囲で行使することができるにすぎないとの立場を明らかにしている点において注目される。[29]

4 続いて④一九八二年一一月八日連邦通常裁判所第二小法廷判決[30]は、右の②③判決と同様の立場から、建築中の家屋にガラス移動壁の設置を注文したA（Yの夫）の債務につきYが建築業者Xに振出した小切手の請求に対し、YはAが有する抗弁を援用して、ガラス移動壁が瑕疵ある状態で据え付けられ窓枠も亀裂を有したなどの欠陥があったことにより、Aはガラス移動壁を受領しなかったゆえに、Xはまだ契約を履行していないと抗弁した事案において、原因行為の当事者のみが同時履行の抗弁権を対抗できるとして抗弁を却下した原判決を破棄（差戻）した。[31] すなわち、裁判所は、まず、本件で「Yの夫Aが小切手を自ら振出したとすれば、彼が小切手法上の遡求権（小一二条、四〇条）に対してもまた、同時履行の抗弁権を対抗しうることは排除されないであろう」と述べ、裁判所が③一九七六年二月九日連邦通常裁判所判決の中で②一九七一年一一月二四日連邦通常裁判所判決との関連において「契約当事者はもはや自己のために手形に基づいて当事者に原因行為に基づいて帰属するより多くの権利を請求してはならない[32]」と述べてきたことに言及しつつ、「この契約上の目的決定から直ちに〈売主または請負人は、行使が合意された目的をとおして正当とされず、それゆえ履行請求権が存在しないかまたはまだ存在していない限りでは、小切手または手形に基づいて断固たる措置をとる権利がない〉ことが生ずる。原因行為における債権者に対して留置権または同時履行の抗弁権を対抗しうる手形債務者は、それゆえ彼の抗弁権を彼の契約相手方の手形金請求訴訟に対してもまた、手形交付の事情から特段のことが明らかになる場合、例えば、彼が抗弁権を放棄した場合でない限り、対抗しうる。手形債権について妥当することは、同程度において小切手振出人に対する最初の小切手受取人の――同様に無因的な小切手債権にとってもまた妥当する。二つの請求権をこの点において別異に取り扱う実質的根拠は存在しない[33]」と述べている。そしてその立場を前提としたうえで、「Yは小切手を第三者たる支払人として履行のためにXの請負代金債権を消滅させる目的で振出交付した」のであり、この「小切手債務の引受は、小切手受取人が小切手に基づいてまだ満足させられず小切手を手中に有する限りで債務引受類似の効果を有する」から、請負契約に基づく債権が存在しないかまたはまだ成立しないときは、BGB四一七条（「債務引受人は債権者に対し債権者と旧債務者の間の法律関係に基づいて生じた抗弁を対抗しうる」）によってYはXに対しYの夫Aの請負契約から生ずる抗弁を対抗しうると言う。そして、「小切手法二二条から生ずるように、いわゆる小切手債務の無因性もまた、小切手債務者は小切手所持人との自己の直接の関係に基づく抗弁を対抗しえないというところまでは及ばない[34]」とその原則的立場を示し、結局、差戻後の原審がYにより主張された「瑕疵が存在し、AがXからガラス移動壁を受け取らず、そしてYが小切手交付の際に同時履行の抗弁権を放棄しなかったという結論に至ったときは、請求を棄却しなければならない」と結論し、「その限りで本件は、瑕疵が工作物の受領後にはじめて現れたゆえに瑕疵の除去と引換えにする敗訴判決のみを許すところの一九七六年二月九日小法廷判決〔前記③〕の基礎にある事実関係から区別される[35]」と述べている。以上が本判決の骨子である。

すなわち、判旨は、注文者が工作物を受領したとすれば、報酬請求権の履行期は到来しているから（BGB六四一条）、瑕疵の除去と引換えにする支払を求める引換給付判決が導かれるが、瑕疵のゆえに工作物を受領しなかったとすれば、履行期は未到来であるから、小切手の交付により瑕疵の抗弁権を放棄したとの事実が認められない限り、小切手金請求は全部棄却になるとの解釈を示した上で、原審が原因債権に対する同時履行の抗弁権をそもそも手形に対抗できないとしたために、この抗弁権の存否について行わなかった審理を尽くさせようとしたものと解される。判決が、売主または請負人は、行使が合意された目的をとおして正当とされずしたがって履行請求権が存在しないかまたはまだ存在していない限りでは、小切手または手形に基づいて請求する権利がないことは、契約上の目的決定から直ちに導かれると述べていることから、本判決の意義は、まず第一に、原因債権に対する留置権や同時履行の抗弁権を手形抗弁となしうることの根拠を、原因債務の履行のために手形が交付されるという当事者間の合意に求め、それによって実質的に交付合意論を採用しているとみられること（なお、次の判例⑤を参照）、第二に、この合意された目的から原因債権の行使が正当とされない旨を手形債務者が立証すれば、直ちにこれを原因関係の当事者である手形債権者に対して人的抗弁として主張することができること、第三に、その場合、手形債権者は債務者がそのような抗弁権を放棄したことなど特段の事情を立証しない限り、手形の請求をなしえないことを明らかにしたこと、などの点にあるものと理解される。[36][37]

5　さらに右④の補充判決として位置づけられるのが、⑤一九八六年一月三〇日の連邦通常裁判所第二小法廷判決である。[38]事実関係は必ずしも明らかではないが、判例雑誌にその判決要旨が「売買代金債権の履行のために手形を引受けた買主は、特段の合意がなされていないときは、売主および最初の手形取得者の手形債権に対してBGB四七八条による瑕疵の抗弁権を対抗することができる。このことは、手形を売買代金の履行のために引受けた第三者のためにもまた妥当する（BGHZ 85, 346〔前記判例④〕の補充）」という見出しで報告されている。[39]判決理由の冒頭で、裁判所は「BGHの判例によれば、買主がこの〔瑕疵に基づく解除〕の抗弁権を対抗しうることは、排除されない」と述べ、前記判例②③④の理論を引用したうえで、「当法廷はこの判例に、文献において提起された批判にもかかわらず、固執する」として、その立場を維持することを宣言する。[40]そしてそれをさらに推し進めて「第八民事小法廷の判決②においては、まだ許されない権利行使の思想（Gedanken der unzulässigen Rechtsausübung）〔権利濫用〕が基礎とされている。〔しかし〕当法廷〔第二民事小法廷〕は、原因行為からの抗弁を行使する可能性を、もはや不当利得の抗弁権または許されない権利行使の抗弁権から導くのではなく、直接に〝無因的〟債権の行使が手形または小切手の交付の際に合意された目的をとおして正当とされないことから導くものである」と述べている。[41]引き続いて判決は、前掲判例④の後に手形の無因性を徹底する立場から展開されたツェルナーの批判論[42]を引用し、これに反駁しながら、その解釈的立場を次のように説明する。まず第一に、ツェルナーは「小法廷が給付拒絶権の手形法的関係への影響をとおしてそれを理解しているほどに広範な履行の合意（Erfüllungsabrede）の内容は法律上の無因性原則と矛盾する」[43]と批判するが、これに従うことはできない。当法廷は、前記判例④の中で「小切手法二二条――手形法一七条についても同じことが妥当する――から、小切手債務のいわゆる無因性は小切手債務者が小切手所持人との直接の関係からの抗弁を主張することができないほどには及ばないことが明らかになる」[44]と述べてきたが、これらの法律の規定から「手形債権者および小切手債権者が原因関係上証券からの債務者と結びつけられている諸場合においては、無因性原則は、なるほど必ずしも全面的には排除されないが、しかし法律上当然に背後に退く」[45]ことが導かれる。第二に、ツェルナーは、適切にも「最初の手形取得者は手形から彼に原因関係に従って帰属する以上の権利を行使することができないという命題は、消滅時効のためには妥当しない」[46]と指摘しており、原因債権の消滅時効は手形債権に影響しない。このように「手形法一七条、小切手法二二条が履行の目的にさかのぼることを排除していないのに対し、消滅時効のためには別のことが妥当するという理由は、手形法七〇条の明文の法律規定の中にある」[47]。第三に、判例の立場が手形小切手の支払機能と矛盾するというツェルナーの批判もまた説得的ではない。すなわち、「手形債務および小切手債務の負担は、法的および経済的に現金支払と同列には置かれえない。後者〔現金支払〕をとおして消滅させられるべき債権は消滅する。前者〔手形小切手債務の負担〕をとおしては、それが再び支払をとおして履行されなければならず、そしてそれによってしかし履行されないという危険にもまたさらされるところの、新たな債務が基礎づけられるにすぎない。それゆえ手形交付および小切手交付の基礎にある債権もまた、証券の受け戻しに至るまでは存在し続ける」[48]。ツェルナーとは反対に、[49]「最初の手形取得者は、代金債権が――ここではＢＧＢ四七八条に従ってそうであるように――最終的にもはや履行される必要がない場合にすら手形債権から満足を受けるべきであることは、実際的な結果において自明なことではない。売買法的な考慮もまた、買主に解除〔または減額〕請求権の

〔時効前に瑕疵を通知しまたは通知を発送した場合（BGB 478）には〕時効後も手形債権に対する抗弁権を与えることに賛成する」[50]。最後に、本件は判決要旨が示すように売買契約の当事者ではないYが履行のためにXの代金債権を消滅させる目的で手形の引受をした事案とみられるが、夫の債務の履行のために妻が小切手を振出した事案において債務引受類似の関係を認めた前記判例④の立場を踏襲して、「買主が解除の抗弁権を手形債権に対抗することができるときは、この権利はYにも帰属する」[51]と結論している。以上がこの判決の内容である。連邦通常裁判所は、売買契約の瑕疵に基づく解除の抗弁権が問題となったこの判決において、従来の通説・判例の立場であった不当利得の抗弁権または権利濫用の抗弁権という法律構成を一般的に否定して、当事者間で原因関係上の抗弁を対抗しうる根拠を一元的に「交付の際に合意された目的」に求める交付合意論の立場をとることをはじめて正面から明らかにしたものであって、新たな判例理論の立場を明らかにしたものとして極めて注目される[52]。

6　最後に、⑥一九八六年二月二六日第八小法廷判決[53]は、買主A製紙会社（後に破産、破産管財人Y）に対するパルプの売買代金を回収するため、売主Xが買主Aのために振出し裏書した自己指図の融通手形二通を買主Aが取引銀行Bに割引いてもらい、Bによる割引代金の振込によってXは売買代金の支払を受けたが、手形が後に満期前に支払停止となったためXが振出人としてこれを受け戻したという事案である。Aの破産手続上、XはYに対して、売買代金の支払がなかったことを前提として（現金払割引を伴わない）売買代金を請求したが、Yは、割引金の交付により売買代金債権が消滅したことを前提として（手形振出の際のXA間の合意による現金払割引を伴う手形金額を基準とする）遡求金額の請求のみをなしうると認めたので、Xはドイツ破産条例一四六条に基づいてその差額分の破産債権の確定を求めて訴えを提起したのである。ドイツで広く行われているいわゆる引受人手形手続（Akzeptantenwechselverfahren）[54]の方法がとられた場合に売買代金の支払がいつ確定的に行われたことになるのかが争われた興味深い事件であるが、控訴裁判所は、次のように述べて、売買代金債務の履行の効果を認めて遡求金額のみを請求しうるとしてXの請求を棄却した。すなわち、「Xの売買代金債権は破産債務者Aの支払によって消滅した。それについては、XとAの間になされたいわゆる引受人手形（Akzeptantenwechsel）による売買価格の再融通（Refinanzierung）もまた何ものも変更しない。いかなる意味がこの状態に売買代金の消滅の問題のために帰属するかは、行われた当事者の合意（Parteivereinbarung）の内容に決定的に依存している。しかしながらそれについては、当事者の訴訟追行からは何も具体的なことは引き出されない。むしろAは、再融通手形がまだ流通にあったにもかかわらず、請求書の金額からいずれにせよ〔現金払の際の〕割引金の控除を行うことが許されたという事実は、契約当事者の理解に従ってもまた、各振込みをとおしてXの売買代金債権は履行されるべきであったことを意味する。請求書の支払によってこの基礎にある債権〔＝売買代金債権〕は消滅させられることは、当然の法理解にも即応する。それとならんで行われる手形による支払の再融通は、独立したできごとであり、それゆえ切り離されて判断されなければならない[55]」と。連邦通常裁判所もまた、この立場を支持して上告を棄却した。判決要旨は「一義的に異なる当事者の合意がない限り、買主の契約の支払をもって、買主が支払手段をいわゆる引受人手形手続の方法において調達した場合にも、その代金債務は消滅する[56]」と記載されている。その判決理由をみると、裁判所はまず、「Xには、Xがその破産債権表のための確定をドイツ破産条例一四六条に従って求めている〈破産管財人Yによって争われた〉債権は、帰属しない」として、右の「控訴審判決は上告法的な再検討に耐えるものである」という。すなわち、(a)「BGB三六二条によれば、債務関係すなわち個別の給付義務は、債務として負担された給付が——最終的に——債権者に対して行われる場合に消滅する[57]。債務として負担されているのは、ここでは買主としての破産債務者Aによる原告Xへの代金の支払である（BGB四三三条二項）。この支払をAは——合意に従ってAに許された割引金を控除して——最終的にすなわち意欲された法的確定性（Rechtsbeständigkeit）をもってXへと給付し、それによってAの代金債務を直接に消滅へともたらしたのである[58]」。(b)「上告理由の解釈に対しては、XとAの間にいわゆる引受人手形手続が実行されたという事実は、支払の履行効果の異なる判断を正当づけるものではない[59]」。「売主と買主の間にしばしば用いられるこの手続きの特別性は、手形が正常の場合におけるように、債権者としての振出人（売主）から割引のために与えられるのではなく、引受人（買主）から（割引のために）与えられることの中にある。このようにして買主は、銀行の当座勘定信用に対する関係で有利な金融を得るのみではない。彼（買主）はこの方法で売買代金を——ここにおけるように——それによって彼に許された割引金の優遇を享受するために期日どおりに引き出す地位へと置かれる。売主のためには、手続きは、彼が直ちに代金の享受へと至るという利益を提供する。売主は、他方ではしかし、振出人として手形から——ここにおけるように——買主が支払無能力となる場合には請求されるという危険にもさらされる。さらに売主は、彼が単純な所有権留保のもとに引渡し、そして、この所有権留保が売主の手形法的遡求責任の存続にもかかわらず、売買代金の支払をとおしてBGB四五五条の解釈原則に従えば消滅する場合に、不利益を受けうる。[60]」「売主のために経済的に望まれないそのような結果は、引受人手形手続において履行の効果がすでに買主の支払をもって生じるのか、それとも、手形からの売主の遡求責任の危険が——例えば買主の側の手形の受け戻しをとおして——除去される時点において初めて生ずるのか、という問題の詳論のための機会となった[61]」。そしてこの問題については、履行の効果が買主の支払のときに生じると解する通説[62]と、代金債権（と売主の所有権留保）は、買主の支払後も、引受人が手形を受戻して売主の振出人としての手形債務が消滅するに至るまで存続すると解する有力説[63]とが対立していることを紹介し、有力説の立場をとるウルマー＝ハインリッヒの見解[64]とタムの見解[65]を引用し批判したうえで、結論として次のようにいう。すなわち、「通説とともに、それゆえ——当事者が一義的に異なる合意をしなかった限り——合意された代金の支払は、売主の売買代金請求権を、買主が支払手段をいわゆる引受人手形の割引をとおして調達した場合にもまた、直接に消滅へともたらす[66]（BGB三六二条）ことから出発されなければならない」とし、「破産債務者によって給付された支払の履行効果に対抗しうる異なる合意を、控訴裁判所は、当事者の十分な提出がないゆえに確定することができなかった[67]」と判示している。

以上が本判決の内容である。判決は、売主が振出した融通手形を買主が割引いた代わり金を売主に交付することによって直ちに代金債務が最終的に支払われたものと解し、これと異なる当事者の合意（交付の合意）の存在および内容の立証責任を売主に負わせているが、有力説によれば、これとは反対に、代金債務は引受人が手形を受け戻すまでは消滅しないのが原則であり、例外的に割引代金の交付のときに代金債務が消滅するという当事者の合意が存在したことは買主が立証しなければならない。右の判決の結論に対しては、判決自身が引用する多数の学説が反対の立場をとっており、本判決の判例研究においてもホンゼル(68)による批判論が提起されている。いずれの立場をとるにせよ、当事者間における代金債務の履行による原因債権消滅の抗弁の成否が、手形授受に伴う当事者の合意の解釈のうえに基礎づけられている点に注目される。

三　判例理論の整理と分析――手形債権の無因性と手形権利行使有因論の結合――

1　以上、原因関係の当事者間における人的抗弁の基礎づけをめぐるドイツの判例の展開を概観し、それによって交付合意論の内容を明らかにしようとしてきた。ここでは、以上みてきた判例を整理したうえで、若干の考察を加えることにしたい。

すなわち、まず前掲判例①のオルデンブルク判決では、手形債権の無因性を徹底する伝統的な立場を前提として、原因行為であるクリーニング業務提携契約から生じた債務に対するクリーニングの目的物返還請求権に基づく留置権は、不当利得の抗弁権を構成しないために手形抗弁とはならないと解した。しかし、連邦通常裁判所は、手形債権の独立性ないし無因性を前提としつつこれを修正する立場に転じ、まず判例②において、飼料の売買契約の目的物の瑕疵に基づく代金減額請求権などに基づく留置権を手形の人的抗弁として対抗しうることを認め、判例③では、判例②の立場を確認して、ボートをヨットに改造する請負契約に基づいてこれを受領した後における瑕疵の修繕請求権に基づく留置権または同時履行の抗弁権を人的抗弁として対抗しうることを認めた。さらに、判例④においては、ガラス移動壁が瑕疵ある姿で設置されたため注文者がこれを受領しなかった場合に、請負契約の債務不履行による同時履行の抗弁権の主張を引換給付を導く人的抗弁と認め、判例⑤では、判例④を補充するものとして、売買目的物の瑕疵に基づく解除の抗弁権について、時効前に瑕疵を通知または通知を発送した場合には、時効後もこれを手形抗弁となしうることを認めている。最後に、判例⑥では、いわゆる引受人手形手続において、売主振出の自己指図の融通手形の被裏書人である買主が引受署名をして銀行のもとで割引き、その代り金を売主に交付したことをもって売買代金の最終的な履行と認めている。

2　これらの一連の判例をとおして、ドイツ連邦通常裁判所は、原因債権の無効・取消など不当利得の抗弁権として構成される事由のほかに、原因債権に対する留置権または同時履行の抗弁権などの延期的抗弁権をもまた、それらが当事者間において不当利得の抗弁権を構成しないにもかかわらず、これを手形に対する人的抗弁と認める立場を確立してきたことを確認することができた。すなわち、ドイツ連邦通常裁判所の判例は、②において、まず第一に、ライニッケによって提示された「契約当事者は、手形債権者としてもまた、原因行為から彼に帰属するより以上の権利を自己のために手形に基づいて請求してはならない」[69]という原則を採用し、第二に、ミハエリスやヘーファーメールの思想を引き継ぐ同じライニッケの見解に従って「手形債務者が原因行為から留置権または同時履行の抗弁権を対抗しうる手形債権者は、手形から引換給付による支払よりも多くを要求するときは、彼は手形について許されない利用を行うことになる」[70]として、これらの抗弁を権利濫用の抗弁権として構成する立場を明らかにした。このうち第一のライニッケの原則は、その後の判例③④⑤において維持されることにより確立した判例理論の地位を占めるに至ったが、第二の権利濫用の抗弁権という構成は支持されず、この立場をとる判例はこれを最後としてその後はもはや現れていない。権利濫用の抗弁権または信義則違反の抗弁権という構成によると、原因債権に対する留置権または同時履行の抗弁権がある場合に、手形債権者が引換給付判決ではなく手形債権の勝訴判決を求めると、全部敗訴判決が導かれ、手形債権者は原因債権を行使する場合よりも不利益となる恐れがあると指摘した判例②に対するブルラによる批判論[71]が影響を与えているのではないかと思われる。さらに判例③においては、判例②で示されたライニッケの原則を維持しつつ、瑕疵が給付の受領後に明らかとなった場合を対象として、修繕を求める給付拒絶権は引換給付判決を導くことを認めるとともに、「手形債権者は原因行為に基づく債権を行使する場合よりも悪い地位におかれてはならない[72]」と述べて、ライニッケの原則と合わせて、手形債権を行使しうる範囲を原因債権のそれと正確に一致すべきものとみる立場を明らかにしている。この点は、権利濫用の理論には触れずに[73]、それに向けられた批判論の趣旨に沿う内容を端的に示したものとも評価することができよう。また、判例④においては、引換給付判決を認めた判例③とは異なり、手形債務者（被告）が仕事の瑕疵のゆえに原因関係上の「給付を受け取らず、しかも被告が同時履行の抗弁権を放棄しなかった」ときは、手形の「請求を棄却しなければならない[74]」とした。原因債権（請負代金債権）が不成立であるゆえに、手形に対して不当利得の抗弁権が成立する典型的なケースでありえたためと解せられる。判例⑤においては、ライニッケの原則から出発する判例理論の到達点として、最終的に、「原因行為からの抗弁を行使する可能性を、もはや不当利得の抗弁権または許されない権利行使の抗弁権から導くのではなく、直接に〝無因的〟債権の行使が手形または小切手の交付の際に合意された目的をとおして正当とされないことから導く[75]」との原則的立場を示すことによって、従来の不当利得の抗弁権による構成や権利濫用ないし信義則違反の抗弁権という構成を排斥し、原因関係からのすべての抗弁を直接に手形小切手の交付の際になされた合意のうえに基礎づける、最も拡張された交付合意論の立場を明らかにするに至っている。判例⑥においては、新たな理論が提示されているわけではないが、「一義的に異なる当事者の合意がない限り[76]」売主への割引代金の交付を売買代金債務の支払と認めて原因債務履行の抗弁を認めており、一連の判例の展開の中においてこれをみるとき、手形の交付の際になされた合意の趣旨によって、割引代金による支払が最終的な売買代金債務の支払を導くかどうかが判断されており、交付合意論の具体的な適用事例としてこれを位置づけることができるであろう。

3　以上を要するに、ドイツの連邦通常裁判所の判例は、いずれも手形債権または小切手債権の独立性（判例②③）または無因性（判例④⑤）を明示的に維持する立場を前提としつつ（判例⑥は②と同じ第八小法廷判決であるから、手形債権の独立性を基礎とするものと理解しうる）、独立的または無因的な手形債権に対する原因関係上の抗弁の範囲をできるだけ広く認める一方で、原因債権を行使する場合よりも悪い地位には置かれないとすることによって、手形債権を行使しうる範囲を原因債権のそれと正確に一致させようとするもの（判例③）であるということができる。このように原因関係上の抗弁を対抗する根拠を、手形（小切手）の「交付の際に合意された目的」によって無因債権の行使が正当とされないこと、すなわち「交付の合意」から導くという交付合意論は、一九七〇年代に判例②が採用したライニッケの原則が判例③において維持されたことを前提として、一九八〇年代に入って判例④と⑤によって確立されたものである。このようなドイツ連邦通常裁判所の判例の発展を機能的に捉えれば、それは、ライニッケの原則とそれを取り込んだ交付合意論を用いることによって、手形債権の無因性を前提としつつ、実質的に手形債権が原因債権と同一の効力範囲を有するという意味において両者の同一性を認め、手形債権の実質的な有因性を認める結論を導こうとする方向に向かってきたといえるのではないかと思われる。むろんドイツの判例理論は、通説と同様、手形債権の無因性の中核部分については、これを理論上も実際上も厳格に維持してきている。[77]しかしそれにもかかわらず、判例理論としての交付合意論は、手形債権の独立性ないし無因性と論理的に矛盾しない形式で、手形授受の当事者間に関する限り、実質的に手形債権の行使（のみ）を原因債権と同一の範囲に限定することによって、当事者間における手形債権と原因債権の同一性あるいは手形債権の有因性に限りなく接近しようとしているのであって、そのため、これを手形権利を行使する側面においてのみ有因性を認める手形権利行使有因論ともいうべきものとして把握することができるのではないかと思われる。

4　ところで、右にみてきたように、ドイツの判例理論は、「契約当事者は手形債権者としてもまた彼に原因行為から帰属するより以上の権利を自己のために手形に基づいて請求してはならない」とするライニッケの原則と、

「原因行為からの抗弁を直接に無因的債権の行使が手形または小切手の交付の際に合意された目的をとおして正当とされないことから導く」という交付合意論との結合から成り立っている。すなわち、ドイツの判例理論の特色は、ライニッケの原則と交付合意論という二つの要素を結びつけた点にあるということができる。そこでこの二つの要素がいかなる関係にあるのかが問題となる。

このうちまず前者の「契約当事者は手形債権者としてもまた彼に原因行為から帰属するより以上の権利を自己のために手形に基づいて請求してはならない」とする原則は、「手形債権者は原因行為に基づく債権を行使する場合よりも悪い地位におかれてはならない[78]」との原則と結びついて、手形授受の当事者間においては手形債権の行使範囲を原因債権のそれと同一の範囲に限定しようとする具体的で明確な内容をもっている。したがってこれに対しては、例えば、手形債権の無因性によって債権者が原因債権よりも何らかの範囲で有利な扱いを受けうるとみる立場からの反論が具体的に提出されうるような、実体的な内容をもつ原則であって、事実、ドイツの判例に対する批判論もまた、この点に向けられるのである[79]。

これに対して、後者の「手形または小切手の交付の際に合意された目的」に照らして手形債権の行使が正当とされない限りで「原因行為からの抗弁を導く」理論のほうは、交付の際の合意というものをどのような内容のものとして把握するかによって、様々な立場と結びつきうる。すなわち、交付の合意の解釈によっては、原因行為に基づく対抗可能な直接抗弁の範囲に差異を生ずるのみならず、手形を相手方に原因債務の履行のために交付することによって、交付時に存在した抗弁を原則的に留保しているとも、交付時に存在したすべての抗弁を原則的に放棄しているとも、あるいはまた、交付後満期時までに成立しうる原因関係上のすべての抗弁をあらかじめ手形の交付時に放棄しているとも、いずれとも解しうる可能性があるのであって、既にこれまでの注の中でみてきたように、この点については様々な解釈が展開されている。その意味で、交付合意論そのものは、必ずしもただちに合意の内容を具体的に示すものではない。すなわち、それは、抗弁対抗の根拠が当事者の明示または黙示の合意にあることを意味するだけの形式的な理論にすぎないものと解される。事実、交付合意論じたいは、判例理論のようにライニッケの原則とも結びつきうるが、また逆に、ツェルナー[80]やカナリス[81]らによる徹底的な無因論やフーバーのような当事者間における完全有因論[82]などそれ以外の立場とも、論理的に矛盾なく結びつきうる理論として存在している、ということができる。またそれと関連して、交付の合意の解釈によっては、ある具体的な抗弁が、ある立場では、手形法一七条の狭義の人的抗弁として構成されるのに対して、別の立場では、一六条二項の無権利の抗弁[83]として構成されることにもなりうるのである。さらにまた、当事者間での原因関係に基づく抗弁対抗の根拠を交付の合意に求めること自体は、現在ドイツにおいて一般に認められていることであるといえるが、そこでの交付合意の妥当範囲についても、判例理論のように不当利得の抗弁権や権利濫用の抗弁権による説明を一切排除して、すべての人的抗弁を交付合意のうえに基礎づけるところまで徹底するか、それとも、ヘーファーメールがかつて考えていたように[84]不当利得の抗弁権や権利濫用の抗弁権による説明を維持しつつ、それらによって十分に説明できない場合のみを交付の合意によって基礎づけるか、見解は分かれている状況にある。

このようにみてくると交付合意論は、ドイツの手形法学においては、それ自体としては特定の内容をもたず、ただ原因関係の当事者間において原因関係からの抗弁を手形に対する人的抗弁（直接抗弁）となしうる根拠ないしその範囲をめぐる様々な立場の人々が、それぞれの解釈をそこに盛り込む共通の形式的な枠組として機能しているにすぎない、と理解することができる。そこに交付合意論の形式的な機能があり、また、内容的な限界があるというべきではないかと思われる。

このように考えると、ドイツ連邦通常裁判所の判例理論としての交付合意論は、ドイツで現在展開されている様々な内容の交付合意論の中の一つの立場にほかならないのであって、とくにその内容を前述したライニッケの原則に求めることによって、原因関係上の直接当事者間では「無因性原則は、必ずしも全面的には排除されないが、法律上当然に背後に退く[85]」と解する点に実質的な特色が認められることになる。すなわち、それは、前述の権利行使有因論ともいうべき具体的な内容を盛り込んだ交付合意論にほかならないのである。

5　以上のようにドイツの判例（および通説）の基本思想は、これを実質的に手形債権の無因性とライニッケの原則を盛り込んだ交付合意論である手形権利行使有因論とを結合する立場として理解することができる。

このようにいえるとすると、ドイツの判例理論は、まず第一に、わが国の通説（契約説）がこれまでとってきた立場に極めて近いといえるのではなかろうか。従来、わが国の通説は、手形債権の無因性を認めながら、当事者間では満期あるいは請求の時点で存在している原因関係に基づくすべての抗弁を対抗しうることを認め、一般に原因債権に対する留置権や同時履行の抗弁権をも、手形債権を直接に制約する抗弁として、ストレートにこれを認めてきたからである。(86) このことは、わが国の通説がドイツの伝統的な無因論におけるように厳格な意味での無因論をとってきてはいないことを示している。すなわち、わが国では、原因関係上の抗弁を主張しうる根拠としては、あるいは、手形上の債務は実質関係の手段であるから、手形上の債務負担の事由が当事者間に消滅したのにかかわらず、抽象性を理由にその権利行使を認めることは本末転倒といわざるをえないからである(87)、あるいは、手形による無因債務の負担自体が一個の給付と認められ、原因契約が無効かまたは消滅するときは無因債務の負担自体が不当利得を構成するので、手形による請求に対しては、不当利得の抗弁を、免責請求権および手形の返還請求権という内容のものとして、対抗しうるためである(88)、などと説明されている。このうち前者の実質的な説明は、わが国の一般的見解に合致するものであるといえるが、手形債権を原因債権の無効・取消によって影響を受けない別個独立の権利と構成するときは、そのような独立の無因的権利に対抗するためには、後者のように、ドイツ的な不当利得の抗弁権という独立の反対権を構成することが最も一貫していると思われる。しかしそこまで徹底した無因論をとってきていないわが国の通説は、もともと不当利得の抗弁権という構成を採用する場合であっても、これに直接の関係における人的抗弁対抗の排他的な根拠を求めるというよりは、むしろ対抗可能な人的抗弁の一部分だけをカバーすれば足りるものとして、これを位置づけてきたのではないかと思われる。このように考えると、ドイツの判例理論が原因債権に対する留置権や不当利得の抗弁権を直接抗弁と認め、その際に不当利得の抗弁権による伝統的な説明方法を捨てて全面的に交付合意論による立場を明らかにしていることは、既にみてきたとおりであるが、しかしそうであるとしても、ドイツにおけるこの点の判例理論の展開は、当然にわが国においても、不当利得の抗弁権という構成が必要ではなくなり、交付の合意に根拠を求める交付合意論、あるいは、権利濫用や信義則違反などの一般理論で十分であることを指し示すことになるわけではないことは、当然のことであろう。交付合意論じたいが問題なのではなく、むしろその内容が問題であるからである。したがってわが国の解釈論としては、従来どおり、むしろ様々な種類の原因関係からの抗弁についてその対抗の根拠を個別的に検討することが必要であろう。その際には、ドイツにおいて、交付合意論に根拠を求める抗弁を当事者間の特約に基づく抗弁を別として留置権や同時履行の抗弁権の場合に限定し、原因関係の無効・消滅の抗弁の場合には、従来どおりその根拠を不当利得の抗弁権という構成に求める、折衷的な立場が少なくないことが参考になるのではないかと思われる。[89]

6 ドイツの判例理論は、第二に、わが国の二段階行為説において手形債務負担行為を無因と構成しつつ手形権利移転行為を有因と構成する立場とも極めて近いと思われる。二段階行為説もまた、原因関係の当事者間では原因債権の範囲を超えてあるいは原因関係上許される範囲を超えて手形権利を取得することを認めないからである。[90]手形権利移転行為有因論は、原因債権あるいは当事者間の合意が直接に手形所持人の取得する手形権利の範囲を決定すると解するのに対して、ドイツの判例（および通説）の立場が、手形権利の行使面だけを有因とみるにとどまるのは、それが前提とする手形理論としての交付契約説のゆえに、手形授受の交付契約の中に手形債務負担行為と手形権利移転行為が一体となっているため、二段階行為説のように手形権利移転行為を有因と構成すると、手形債務負担行為もまた有因となってしまい、そうなると対第三者間での人的抗弁の制限の説明が困難となるほか、当事者間における手形の機能までも否定することにならざるを得ないからである。しかしそれにもかかわらずそしてまさにそのゆえに、そのような前提のもとでは、手形債権の無因性と手形権利行使有因論の結合というドイツの判例理論の向かう方向は、妥当な方向をめざしているといってよいように思われる。

なお、二段階行為説の立場では、原因関係の無効・消滅の抗弁という伝統的なドイツの通説が不当利得の抗弁権として構成している場合を、手形権利移転行為の無効を導く無権利の抗弁として構成するのに対し、原因債権の存在を前提としたうえで問題となる留置権や同時履行の抗弁権などの履行拒絶権は、これを当事者間の特約に基づく支払猶予の抗弁などとならんで、狭義の人的抗弁と構成することになる。しかしこれらの抗弁は、契約説の立場では、すべて手形法一七条の人的抗弁として構成される。したがって同じく契約説を前提とするドイツの判例および通説が、直接の相手方に対して対抗しうることを基礎づけるため交付の合意の解釈問題として議論している内容は、わが国の二段階行為説の立場では、一部は、手形法一六条二項の無権利の抗弁の問題として、一部は、一七条の狭義の人的抗弁の問題に、それぞれ対応するものとして参考となしうることになる。

四　結　語――原因関係の当事者間における手形債権と原因債権の同一性――

以上、本論文においては、ドイツ連邦通常裁判所の判例理論を紹介し検討することにより、その基本思想を明らかにしようとしてきた。それによって、第一に、ドイツの判例理論は、従来の通説である不当利得の抗弁権や権利濫用の抗弁権という理論を捨てて、原因関係の当事者間における抗弁主張の根拠を一元的に交付合意論に求めるに至っていること、第二に、判例理論は「契約当事者は、手形債権者としてもまた、原因行為から彼に帰属する以上の権利を自己のために手形に基づいて請求してはならない」というライニッケによって設定された原則を中核として、これを後に交付合意論の内容としたものであること、第三に、ドイツで展開されている交付合意論自体は、様々な内容や立場と結びつきうる形式的な枠組みにほかならず、固有の内容をもつものではないこと、第四に、しかしその形式的な枠組みの中に、ドイツ連邦通常裁判所はライニッケによる右の原則を取り込むことにより、手形債権の無因性を維持しつつ手形授受の直接当事者間においてはその行使を有因と解する手形権利行使有因論ともいうべき内容と性格を有する独自の理論を構成したこと、などを明らかにしえたと思う。ドイツの判例が、手形債権者に原因債権より以上の権利の行使を認めないという原則のうえに、留置権や同時履行の抗弁権を含む原因関係上の抗弁を対抗しうる根拠を求めているのは、基本的に、わが国の解釈と同じ方向を目指すものであって支持しうると同時に、不当利得の抗弁権という確立した理論をもたないわが国の理論に対しても、積極・消極の両面から再検討すべき契機を与えるものである。

このようなドイツの判例理論の現状は、学説史的にこれを捉えれば、ドイツ法がその固有の理論として手形債権の無因性を認めながら、再びその有因性を肯定する立場へと復帰しようとしている傾向を意味するように思われる。すなわち、一九世紀前半のドイツにおいてアイネルト、リーベ、トェールらライプチッヒ学派の人々によって確立された手形債権の無因性は、基本的にそれ以来一貫して維持されてきたのであるが、これと対立する手形債権と原因債権を同一視する有因的な思想もまた、サヴィニーやブルンナー(およびそれを引き継ぐヤコビ)らのベルリン学派の人々によって受け継がれてきている。(91) この意味において、ドイツの判例理論のとる手形債権の無因性と交付合意論は、それぞれにライプチッヒ学派とベルリン学派の思想的成果を引き継ぐものであるといってもよいであろう。さらに、フランス法との関係でいえば、ドイツ法は、一九世紀前半に無因性の理論を確立することによって訣別した(それ以前にドイツの理論に支配的な影響をおよぼした手形債権と原因債権の同一性を認める)フランス法的な立場へと、約一世紀半の歴史を経て、無因性を維持したうえで新たに接近ないしは復帰しようとしているというように捉えることができるのではないかと思われる。

この方向を妥当なものとして受け止めるとすれば、交付合意論、すなわち、手形債権の無因性を認めつつ手形権利行使有因論をとるドイツの判例(および通説)の理論は、なお不徹底であるように感じられる。この問題は、結局、「手形行為の無因性」を認めると同時に、手形授受の当事者間では手形債権と原因債権とは法律的にも同一物であるとみる「手形債権と原因債権の同一性」を認める場合にはじめて、自然な説明となりうるのではないかと思われる。この両者を結びつけようとする私見の大筋は「プロイセン手形立法史の概観と考察」という論文の中でも述べたところであるが(92)、その詳細な展開は別の機会に譲りたいと思う。

（1） ドイツにおける判例・通説の変遷の跡を忠実に反映するものとして、ヘーファーメールの見解がある。彼は『手形法小切手法注釈書』(Baumbach/Hefermehl, Wechselgesetz und Scheckgesetz) において、一九七〇年の『第一〇版』では、「原因行為の瑕疵は、手形債権に対しては、それが返還請求権すなわち原則として不当利得返還請求権という分母の上へともたらされる場合にのみ、主張されうる」から、手形に基づく訴えに対して、原因債権に対する同時履行の抗弁権 (BGB 320) や留置権 (BGB 273) は排除される、と解しつつ (10. Aufl. Art. 17. Anm. 45. S. 144)、同時に「買主は、むしろ、契約からの請求権が例えば彼が正当に契約を解除したゆえに成立しえないこと (BGB 326) または、反対給付の提供なき手形の行使の中に許されない権利行使があることを、証明しなければならない」とも述べていた (a. a. O.)。この権利濫用の理論への言及は、少なくとも一九六五年の『第八版』の叙述 (8. Aufl. Art. 17. Anm. 45. S. 133) と同じであり、ＢＧＨの後掲判例②の権利濫用論やライニッケの見解 (後掲注(6)) に影響を与えたものとみられる。新抗弁理論の体系を確立した一九七三年の『第一一版』では、「原因関係上の抗弁権(Rechtsgrundeinrede)の基礎づけのために不当利得法という周り道を必要とするかどうかは、むろん疑わしい (11. Aufl. Art. 17. Anm. 67. S. 163)」と述べ、「手形債権の行使のなかに、それが原因行為との矛盾において行われるときは、許されざる権利行使 (unzulässige Rechtsausübung) (BGB 242) がありうる (BGH 57. 292/300；Reinicke DB 70. 1368；Liesecke WM 71. 292/301；Miller DB 70. 1370/1372；Stötter NJW 71. 359.)。それによって無因性の形式的効果が克服される。許されざる権利行使の抗弁をもって手形債務者は、したがって留置権または同時履行の抗弁権を主張しうる」(なお、債務者は先給付または引換給付の抗弁を放棄しうるが、抗弁権の存在の立証責任は手形の無因性のゆえに手形債務者にある) との立場をとった (11. Aufl. S. 164)。一九七八年の『第一二版』と一九八一年の『第一三版』では、さらに前進して「原因関係上の抗弁権を基礎づけるために、実際には不当利得法の周り道を必要としない」とし、「このことは、契約の当事者間では手形債務は必ずしも完全には原因行為から切り離されていないことから結果する」（12. Aufl. Einl. Anm. 10. S. 31.；13. Aufl. Einl. Anm. 10. S. 33.）とした。一九八四年の『第一四版』においては、右の引用部分に続いて「手形債権者としてもまた、契約当事者は彼に原因行為から帰属するより多くの権利を請求してはならない（BGH 57, 292/300；85, 346/349 (für Scheck)；WM 76, 382/383；Art. 17 Rdn. 67)」（14. Einl. Anm. 10. S. 48.）とした。なお、さらに一九八八年の『第一六版』では、「法律上の原因からの抗弁権の理由づけのためには、不当利得法の周り道は必要ではない（812 II BGB；Ulmer, S. 184；Kübler, Feststellung und Garantie, 1967, S. 209.；反対、Hueck/Canaris, 17 I 1a)。このことは手形授与の際になされた、法律上の原因を手形債権と連結する目的合意（Zweckvereinbarung）から結果する。それによって無因性の効果は制限される。最初の手形取得者は手形から原因関係上彼に帰属するより多くの権利を行使することはできないのである」（16. Aufl. Einl. Rdn. 10. S. 50.）と述べて、交付合意論に転換した。この立場は、一九九九年の『第二一版』でもそのまま維持されている（21 Aufl. 1999. Einleitung Rdn. 38. S. 68-S. 69.）。要するに、ヘーファーメールにおいては、原因行為に基づく抗弁の許容性の根拠を不当利得の抗弁権に求める立場から、権利濫用の抗弁権に求める立場を経て、交付合意論へと発展する過程が示されている。なお、後掲注（84）参照。

（2） 最近のモノグラフィーとして Pia Prantl, Die Abstraktheit des Wechsels, 1989.；Jörg Michael Lang, Wechselrecht und Abstraktionsdogma, Eine Untersuchung zu den Wirkungen von Einreden aus dem Grundgeschäft gegenüber der Wechselforderung des ersten Nehmers, 1990. がある。いずれも手形の無因性を認めつつドイツ連邦通常裁判所の解釈を支持するが、プラントルは、交付合意を原因債権への手形債権の付従性を導くものであるとして捉え、ラングは、判例が認める以上の範囲では無因性は一般的に放棄されるべきであると主張している。いずれについても機会を改めて検討したい。

（3） この問題を扱うわが国の文献として、福瀧博之「原因関係に基づく手形抗弁の法律構成」川又良也先生還暦記念・商法・経済法の諸問題（平成六年二月）三九八頁―四二七頁、今泉恵子「手形理論と手形抗弁理論の交錯――

契約説と創造説の折衷理論における付随的な約定の法的評価を中心として――」私法五六号（平成六年四月）二四七頁、同「契約説と創造説の結合理論について・序説㈠――前田説とフーバー説の比較検討――」北九州大学法政論集二三巻一・二合併号（平成七年六月）一頁、椽川泰史「手形取引当事者の合意と手形抗弁」私法五六号（平成六年四月）二五四頁、同「手形の利用方法に関する取り決め」判タ八一一号五五頁、菊池和彦「交付の合意と融通手形の抗弁」私法五八号（平成八年四月）二三五頁、同「交付の合意と手形取引当事者」〔日本私法学会ワークショップ〕私法五九号（平成九年四月）一二八頁、などがある。このうち、福瀧教授は、交付合意論の広範な適用に反対して手形の無因性を徹底する立場から展開されたツェルナーの論文（後掲注（24））を詳細に紹介することによって不当利得の抗弁権による法律構成論を分析し検討されており、今泉（恵）教授は、客観的にドイツの交付合意論が、わが国のいわゆる手形権利移転行為有因論の立場で行われている原因行為からの手形返還請求権の成否に関する当事者の合意内容とパラレルな機能をもつものとみる立場から、両者の比較検討をとおしてそこに対抗可能な人的抗弁の範囲を確定する手がかりを求めようとされている。椽川助教授と菊池助教授は、ドイツの交付合意論を紹介と同時に支持したうえで積極的に具体的な問題に適用しようと試みている。このほか、ドイツ法の包括的な紹介の中でこの問題にも触れるものとして、今泉邦子「手形の流通性の限界――手形抗弁の切断と継承――㈠㈡」三重大学法経論叢一五巻二号（平成一〇年二月）一頁、一六巻二号（平成一一年三月）一頁、七頁以下、参照。なお、手形の無因性に関する一連の基礎的研究として注目すべきものに、渋谷光義「無因債務とその法律上の原因――Hermann Weitnauer の所説を中心に――」法学雑誌タトンヌマン一号（平成九年三月）五八頁、同「Hermann Weitnauer の原因（causa）論」同二号（平成一〇年三月）三四五頁、同「手形の無因性と人的抗弁の制限」慶応大学法学政治学論究三七号（平成一〇年夏季号）一五三頁、同「Andreas von Tuhr の無因論」同三号（平成一一年三月）三二九頁、がある。いずれも手形の無因性と不当利得の抗弁権などに関するドイツ学説を正確に紹介し評価しており、信頼できる研究である。タトンヌマン二号三五七頁では、交付合意論にも言及している。

（4）　拙著『手形抗弁論』（平成一〇年二月）一四七頁以下、三五一頁以下など、参照。新抗弁理論についての文献は少なくないが、とくに緻密に分析し考察した論文として、今泉恵子「手形理論と手形抗弁（一―三完）」（長崎大学）経営と経済六八巻四号（平成元年三月）二三七頁、六九巻四号（平成二年三月）一八九頁、七〇巻四号（平成三年三月）一二五頁、参照。

（5） 交付合意論は、原因関係の相手方である手形債権者に対して原因関係上の抗弁を対抗する根拠を論ずるものであり、通常、狭義の人的抗弁を構成する問題であるが、フーバーの見解のように、無権利の抗弁や有効性の抗弁の問題にも関わるようにみえる場合がある。Vgl. Ulrich Huber, Einwendungen des Bezogenen gegen den Wechsel, FS für Werner Flume zum 70. Geburtstag（12. 9. 1978）Bd. II. S. 83 ff. 拙著・前掲注（4）三七二頁、四二三頁以下、参照。

（6） OLG Oldenburg, Urt. v. 14. 11. 1969–6 U 50/69. NJW 1970, Heft 15 S. 668. 本件に対する判例研究として、Dietrich Reinicke, Die Bedeutung der Einrede des Zurückbehaltungsrechts aus dem Grundgeschäft gegenüber der Wechselforderung, DB 1970, Nr. 29/30, S. 1368（ライニッケ「手形債権に対する原因行為からの留置権の抗弁権の意義」判旨に反対。後掲注（11）（12）（13）参照）、Fritz Georg Miller, Wechselforderung und Einrede des nicht erfüllten Vertrages aus dem Grundgeschäft. DB 1970, Nr. 29/30, S. 1370（ミラー「手形債権と原因行為からの同時履行の抗弁権」判旨に反対。後掲注（14）参照）、Viktor Stätter, Die Wechselforderung und die Einwendungen des Wechselschuldners aus dem Grundgeschäft. NJW 1971 Heft 9, S.359（シュテッター「手形債権と原因行為からの手形債務者の抗弁」判旨に反対。後掲注（15）参照）がある。

（7） ＢＧＢ八一二条「①他人の給付またはその他の方法により他人の損失において法律上の原因なくして利益を受けた者は、その他人にこれを返還する義務を負う。この債務は、法律上の原因が後に消滅しまたは法律行為の内容に従って給付の目的とした結果が発生しないときにもまた、存在する。②契約によってなされた債務関係の成立または不成立の承認はこれを給付とみなす」。ＢＧＢ八二一条「法律上の原因なくして債務を負担した者は、債務の免責を求める請求権が時効によって消滅した場合にもまた、履行を拒絶することができる」。手形債務者は、原因関係の無効・消滅の場合、前者によって手形の返還を請求することができ、後者によって手形金の支払を拒絶することができる。手形の無因性を前提とするとき、いずれも不当利得の抗弁権として手形に対抗されうる。

（8） 判旨は、Baumbach/Hefermehl, WG 9 Aufl. Art. 17. Rdnr. 45；Stranz, WG, 14Aufl. Art. 17 Anm. 40, 40e；OLG Rostock, OLG Rspr. 28, 408, 410を引用している。

（9）　ＢＧＢ二七三条「①債務者が債務を負担したのと同一の法律関係に基づいて債権者に対して弁済期の到来した請求権を有するときは、債務関係より別段の結果を生じない限り、債務者は自己に帰属すべき給付を受けるまでその負担する給付を拒絶することができる（留置権 Zurückbehaltungsrecht）。②③略」、二七四条「①債権者の訴えに対しては、留置権の主張は、債務者が自己に帰すべき給付の受領と引換に給付をなすべきこと（引換給付 Erfüllung Zug um Zug）の敗訴判決がなされなければならないという効力のみを有する。②略」。留置権は、ドイツ民法上は物権ではなく債権の効力としての履行拒絶権である点で、日本法とは異なる。清水元『留置権概念の再構成』（平成一〇年四月）参照。

（10）　判旨は、引き続いて、次のように言う。「一定の日に満期となる手形の交付は、債権者がこの日に手形金額を、反対給付または原因行為と法的関連に立つ給付が既に行われたかどうかを顧慮することなく、受け取るべきであることを意味する（OLG Rostock）。それと異なるのは、手形自体の行使が明示的または黙示的に反対給付の先履行またはその他の手形債権者の債務に従属させられた場合（Stranz）、したがって本件において当事者が明示的または黙示的に〈手形は少なくともＹのペルシャ絨毯がＹに返還されない限り支払われる必要がないこと〉を合意した場合だけであろう。しかしそのことは証明されていない……（NJW 1970, Heft 15 S. 668）」と。要するに、手形債務者は、無因性によって満期における反対給付の有無や原因行為の存否に左右されない手形を交付した以上、原因債権に対する同時履行の抗弁権や留置権を主張できず、その例外は、債権者の反対給付またはその他の債務の履行を手形権利行使の条件とする明示または黙示の合意がなされた場合であるが、その事実は債務者が立証すべきものと解するのである。当時の通説に従うものと解される（B/Hefermehl, a. a. O. 8. Aufl. Art. 17. Anm. 45. S. 133）。

（11）　ライニッケ・前掲注（6）は、「手形債務者に手形の基礎にある債権に対して同時履行の抗弁権またはその他の留置権が帰属する場合に、債務者は、彼が最初の手形受取人によって請求されるときは、手形請求権に対して、債権者が彼に課された給付の実行と引換にする支払よりも多くを要求するときは、債権者は無因債権の所持人としての彼の形式的な法的地位を濫用していることを抗弁しうる」が、しかし「債務者は手形債権者に対して、債権者が自己の給付をまだ提供しなかったという事情に基づく抗弁を放棄することができる。債権者は放棄を生ずる事実の存在を主張しなければならず、この主張に反駁することは債務者の責任である」（DB 1970, Nr. 29/30. S. 1370）と述べて、オルデンブルク判決の結論に反対する。ライニッケは、同判決とは異なり、手形債権者が原因債権に対する留置権や同時履行の抗弁権の存在にもかかわらず引換給付以上の請求をすることは権利濫用になるとみて、権利濫用の抗弁権を対抗しうるとする。そしてこの抗弁権の立証責任は債務者が負うが、抗弁の放棄については、手形請求権の無因性から（DB 1970, 1369）、債権者はその主張責任を負い、債務者は抗弁を放棄していないことの立証責任を負うと解するのである。ただしライニッケは、原因債務の無効・消滅の場合については、伝統的な不当利得の抗弁権という構成を維持する（DB 1970, 1368）。

（12）ライニッケ・前掲注（6）は、手形の無因性の意義について、次のように言う。それは「手形が第三者によって取得された場合にとりわけ意味をもつ。第三者に対しては原則として原因行為に基づく抗弁は対抗されえない」。しかし「手形がまだ第一受取人のもとに存する限りでは、手形債権の無因性は原因行為からの抗弁を提出することを債務者に妨げない（Ulmer, Das Recht der Wertpapiere (1938) S. 62 f., 182 ff.）。独立性は、ここでは、たんに債権者が手形を訴えの基礎として利用しうるという利益を有するだけである。債権者は手形の基礎にある法律行為に遡る必要はなく、この行為をあばきこの行為から抗弁を導出することは、債務者に任せうる。手形は、最初の受取人に対し、実質的にその履行のために債権者に手形が与えられたところの契約に基づいて債権者に帰属するより以上の権利を与えるべきではない」（DB 1970, 1368/1369）と。ライニッケは当事者間では手形は訴訟的な機能をもつに過ぎないとみて、原因債権に対するすべての抗弁の対抗を認めるが、それを補強ないし支持するために彼の設定した命題（傍点部分）は、判例②に採用されて判例・通説の立場を形成するに至るのである。

（13）ライニッケ・前掲注（6）は、債務者が一定の日を満期とする手形に署名して無因債務を負担したとしても、それによって直接の手形受取人に対する不当利得の抗弁権や権利濫用の抗弁までを放棄したわけではない、と述べて注（10）のオルデンブルク判決の立場に反対し（DB 1970,1369）、また、シュタウプ＝シュトランツ（Staub/Stranz, WG 13. Aufl. Art. 17. Anm. 38f.）に反対して、商品の受領前に手形に署名したとしても先給付義務を負ったわけではなく、むしろ買主の手形を受領する売主は、売買契約に基づく反対給付が問題となるところのものを先給付すべきである（DB 1970, 1369）、と述べている。いずれも妥当な結論として支持しうる。

（14）ミラー・前掲注（6）も、判旨に反対し、その理由として、フランス・スイスでも手形債権は原因債権と並ぶ独立の債権ではあるが有因債権とみなされており、無因性を引き継いだイタリアでは無因的債務約束も実体的な抗弁権（したがって不当利得の抗弁権）の体系ももたないが、いずれにおいても同時履行の抗弁権は原因関係の当事者間では直ちに一般的に許されていることを指摘し（DB 1970, 1371）、ドイツの解釈論的立場からも不当利得の抗弁権と同時履行の抗弁権の間の鋭い切れ目は主張しえないとして、①今日第三者に対する抗弁排除の基礎はレヒツシャイン原則に求められるため、無因性の説明システムは時代遅れとなっていること、②ＢＧＢ八一二条二項・八二一条と二七三条・二七四条および三二〇条・三二二条は、いずれも信義則の適用事例にすぎずその間に重要な差異はないことをあげ、ＢＧＨは従来の通説的見解を修正すべきである（DB 1970, 1372）、と主張する。なお、ミラーは、原因関係の当事者間では手形の交付は立証責任転換の機能のみを有するとの立場から、「債務者は、自己の抗弁権が基礎づけられていることの立証責任のみを負い、完全な引渡しが支払の条件とされたことを証明する必要はない」と述べ、これに対して「原告はその相手方に対して原因関係から少なくとも、相手方が同時履行の抗弁権を放棄しそして先履行を欲したことについての最初の外観の立証を提出しなければならない」（DB 1970, 1371/1372）と主張して、前掲注（10）の判旨に反対している。

(15) シュテッター・前掲注（6）も判旨の結論に反対する。彼は、基本的に「手形債権の無因性と原因行為に基づく手形債務者の抗弁への八一二条二項（不当利得。前掲注（7））の準用という通説に固執されなければならない（NJW 1971, 361）」として通説に同調するが、ＢＧＢ二七三条（前掲注（9））の留置権については、判例は「同一の法律関係に基づいて」という文言を広く二つの請求権の「内的に当然の経済的関連」で足りると解してきたので、「ただ二七三条による留置権が二つの請求権（原因債権と手形債権）の牽連性のゆえに無因的な手形債権に対してもまた対抗されうるかどうかの問いに対する答えのみが必要であるにすぎない」（この問いは判例――例えば OLG Rostock と OLG Oldenburg ――上も学説上も回答されていない）が、「この問いは、肯定されなければならない（NJW 1971, 360）」と言う。このようにシュテッターは、原因債権に対する留置権は二七三条の直接適用に基づいて手形債権にも対抗されうると解し、その立場からライニッケが提案する「独立の手形債権の保有者としての形式的な法的地位の濫用」の抗弁（前掲注（11）参照）という構成は必要ではない（NJW 1971, 361）と述べて、これを批判している。

四　結　語

（16） BGH, Urt. v. 24. 11. 1971-Ⅷ ZR 81/70（Oldenburg）, BGHZ 57,292=NJW 1972, 251. この判例②の出現後に現れた論文として、Werner Bulla, Die Einrede des nicht erfüllten Vertrages u. das Zurückbehaltungsrecht aus dem Grundgeschäft im Wechselverfahren, DB Heft 5 vom 31. 1. 1975. S. 191.（ブルラ「手形手続における原因行為からの同時履行の抗弁権と留置権」結論に賛成）がある（後掲注（22）参照）。

（17） 判旨は、判例・学説として BGH, Urteile v. 21. 12. 1959-Ⅱ ZR 121/58-WM 60, 253, 255；BGHZ 51, 69, 72 =NJW 69, 691 を引用している。

（18） 判旨は Reinicke, Betr. 70, 1368；Miller, Betr. 70, 1370, 1372；Liesecke, WM 71, 294, 301；Baumbach-Hefermehl, Wechselgesetz und Scheckgesetz, 10 Aufl., Art. 17 Rdn. 45；Stötter, NJW 71, 359 を引用している。

（19） NJW 1972, Heft 6, S. 254.

（20） この判決の立言は、直接にはライニッケ（前掲注（12）参照）の命題に従うものであるが、そこでライニッケ自身も自らの先行者として位置づけている、手形は最初の受取人の手中では実際上ただ訴訟的機能を有するだけであるとしたE・ウルマー（S. 183）や、ミハエリス（後掲注（21）参照）の見解に遡るものである。

（21） 原因債権に対する留置権ないし同時履行の抗弁権を、権利濫用およびその結果としての信義則違反の抗弁権として構成する学説として、ヘーファーメール・前掲注（1）とライニッケ・前掲注（11）があるが、それらの源流をなすのは、ミハエリス（Richard Michaelis, Wechselrecht, 1932）の一般悪意の抗弁権という見解である。ミハエリスは、不当利得の抗弁権は「形式的権利の濫用を信義則の顧慮をとおして要求される範囲で排除するためには十分ではない」が、「一般悪意の抗弁権の視点のもとでは、手形交付の基礎にある原因たる法律関係からの債権を、成立しないかまたは消滅したものとして現わし、あるいは、永久的または一時的抗弁をもって付着されたものとして現わすすべての事実は、手形請求権の行使に対して対抗されうる」(a. a. O. Art. 82. Anm. 37. S. 373.) とする。そして「原因行為に基づくその他の抗弁のうち最も頻繁であるのは、双務契約においては、〈原因行為が原告によって履行されていないかまたは適切には履行されておらず、それゆえ被告は、手形的に約束された金銭給付を反対給付の実行に至るまで拒絶し（BGB三二〇条）、そして履行不能または遅滞の場合には、BGB三二三条ないし三二六条において規定された権利を行使すべき権利が与えられること〉が主張される抗弁であり、さらに非双務的な法律関係においては、二七三条による留置権を行使する抗弁である」（a. a. O. Art. 82. Anm. 46. S. 376.）と主張していた。

(22) ブルラ・前掲注(16)は、手形の無因性を認めつつ、手形債権の行使は原因契約の内容と矛盾する限りでは認められないとしたミハエリス（注(21)）の立場を妥当とするが（a. a. O. S. 192.）、ライニッケの権利濫用論（注(11)）およびこれを採用した判例②の立場に反対する。すなわち、同時履行の抗弁権や留置権があるときにこれをBGB二四二条の信義則違反による悪意の抗弁権（権利濫用の抗弁権）として構成すると、原因債権の場合には、無限定にこれを行使する場合であっても、当然に引換給付判決が得られるのに対して、手形債権の場合には、同時履行の敗訴判決に限定せず、無限定に請求したときは、権利濫用のゆえに全部敗訴の判決がなされるため、「手形債権者は、実体法的には、彼が原因行為のうえに彼の訴求債権を基礎づけた場合よりも劣悪な地位に立つことになる」と述べて、「原因債権より以上の手形債権の行使を阻止するために二四二条の迂路は必要ではない」（S. 192）という。結局、ブルラは、原因関係の当事者間では、原因行為に基づく同時履行の抗弁権またはその他の留置権は、手形債権に対しては、BGB三二〇条、三二二条、二七三条、二七四条の準用によって対抗しうるとする。またブルラは、原因行為に基づく留置権を基礎づける事実を認識しつつ無留保で手形を交付した場合には、客観的な表示価値として抗弁権の行使を放棄したものと解すべきであるとし、その立場から、抗弁権の留保についての主張・立証責任は手形債務者が負うのに対して、手形債権者は、債務者が抗弁事実を認識していたことの主張・立証責任を負うと主張し、手形が三二〇条、二七三条を基礎づける事実の不知において交付された場合や、抗弁権が手形交付後にはじめて成立した場合における、留置権の放棄についても同様であるとする（S. 193）。立証責任について、判例①、ライニッケ、ミラーのいずれとも異なる解釈をとるものとして注目される。

(23) BGH. Urt. v. 9.2.1976- II ZR 162/74〔Celle〕, NJW 1976, Heft 32, S.1452. 判例雑誌の標題は「原因行為に基づく留置権または給付拒絶権が手形債権に対しても及ぶときは、それは法律上の原因から排除されないことであるが、手形債務者は手形金額の支払へと手形債権者によって提供されるべき反対給付と引換にのみ敗訴判決がなされなければならない（BGHZ 57, 292=NJW 1972, 251 判例②の確認）」と記載されている。判例研究として、Werner Bulla, NJW 1976, Heft 32, S. 1452.（ブルラ「判例③研究」第二論文、判旨に疑問、注(28)参照）がある。

四　結　語

（24） ＢＧＢ六三五条「仕事の瑕疵が請負人の責に帰すべき事由に基づくときは、注文者は解除または減額に代えて不履行による損害賠償を請求することができる」。

（25） 判旨は、ここで、BGHZ 57, 292〔300〕=NJW 1972, 251. m. w. Nachw.; neuerdings Baumbach-Hefermehl, Wechsel-und ScheckG, 11. Aufl. Art.17 Anm. 67; Bulla, Betr. 1975,191. を引用している。

（26） NJW 1976, 1451.

（27） NJW 1976, 1451/1452.

（28） ブルラ（前掲注（23）参照）は、本判例③において第二小法廷は、判例②の第八小法廷の立場に明示的に連なったものであり、その特徴は「手形事後手続においては、原因行為に基づくそれ自体許されない抗弁〔留置権または同時履行の抗弁権〕は、ＢＧＢ二四二条により直接に手形債権に対して許される抗弁〔信義則違反または権利濫用の抗弁〕へと解釈によって改められる点にある（NJW 1976, 1452）」と捉える。そのうえでブルラは、ミハエリス（前掲注（21）参照）の基本思想に賛成するが、ＢＧＢ二四二条の周り道は必要ではない（NJW 1976, 1452）として、判例②に対して述べた（前掲注（22）参照）のと同じ批判を本判例③に対しても繰り返している。しかし本判例③は「契約当事者は手形債権者としてもまた彼に原因関係上帰属するより以上の権利を自己のために手形に基づいて請求してはならない」（NJW 1976, 1451）と述べてライニッケの命題（前掲注（12）（20）参照）を明言しているのみであって、信義則違反ないし権利濫用の抗弁には言及していないから、この批判論は必ずしも正当とは思われない。また、ブルラは、原因債権に対する同時履行の抗弁権や留置権が手形債権に対して原則的に許容されるとしても、「留保なく手形を交付した場合には、権利の行使の放棄がありうる」とし、それは信義則による解釈の問題であるが、「無因的に基礎づけられた債務のゆえに、抗弁が基礎とする事実が既に手形引受の交付の際に知られていた限りで、原因行為に基づく抗弁は対抗されえない。これらの場合には、手形引受の中に自己に帰属する抗弁および抗弁権の行使の黙示的な放棄が存在する」と述べて（NJW 1976, 1453）、ここでも彼の主張を繰り返している。

（29） 本判決が権利濫用の抗弁という構成に言及していないのは、判例②に対するブルラ第一論文の批判論（前掲注（16）（22）参照）を考慮したものと推測される。

（30） BGH, Urt. v. 8. 11. 1982-II ZR 44/82 (Düsseldorf), NJW 1983, Heft 19, S. 1059.=BGHZ 85, 346. 判例雑誌

の標題は、「小切手振出人は、別段の合意がなされない限り、最初の小切手受取人に対し、小切手がその履行のために交付されたところの原因行為に基づく債権が行使できないものであることを抗弁することができる（同時履行の抗弁権、留置権）。このことは小切手を他人の債務のために振出しかつ交付した者のためにもまた妥当する」と記載されている。

（31） 本判例④の判例研究として、Volker Emmerich, JuS 1983, Heft 8, S. 633.（エンメリッヒ「判例研究」判旨に賛成、注（36）参照）、Werner Bulla, Leistungsverweigerungsrechte gegenüber Wechsel-und Scheckforderungen–BGHZ 85, 346., JuS 1983, Heft 10, S. 755.（ブルラ「手形および小切手債権に対する給付拒絶権」第三論文、判旨の理由づけに反対、注（37）参照）がある。このほか、カナリスは、後掲判例⑤の研究（注（38））の中で、本判例④を厳しく批判している。後掲注（52）参照。

（32） NJW 1983 Heft 19. S. 1059.；NJW 1976, 1451（判例③）；NJW 1972, Heft 6, S. 254（判例②）。前掲注（12）（20）（28）参照。

（33） NJW 1983 Heft 19. S. 1059.

（34） NJW 1983 Heft 19. S. 1060.

（35） NJW 1983 Heft 19. S. 1060.

（36） エンメリッヒ（前掲注（31））は、請負人には先給付義務があり（BGB六四一条）、仕事の完成と受領の後にはじめて請負代金の支払を請求しうる（三二〇条、六四〇条、六四一条）が、仕事に瑕疵があるときは、瑕疵が除去されるまで注文者は受領を拒否できるから（三二〇条）、三二〇条による抗弁権の提出は請求棄却へと導く。これに対し仕事の受領後は、請負代金の履行期は到来しているので、仕事の瑕疵による同時履行の抗弁権の提出は、請負人による瑕疵の除去と引換に支払うべき注文者の敗訴判決へと導くのみであると説明し、この法律状態は、請負人が代金請求権を第三者に譲渡したり、注文者（A）が、本件事案のように、瑕疵の除去請求権を第三者（妻Y）に譲渡した場合にも変わらないと言う（JuS 1983, Heft 8, SS. 633-634）。そしてこのことは、注文者が請負代金債務者として手形を引受けまたは小切手を振出した場合にも、原則として変わらず、「小切手振出または手形引受は、立証責任の転換の効果を有するにすぎないので、同時履行の抗弁権は〈抗弁権の提出が、例外的に事案の状況によりとくに債務者が明示または黙示に抗弁権を放棄したゆえに、信義則に違反する場合でない限り〉原則的に手形小切手請求権に対してもまた対抗されうる（JuS 1983, Heft 8, S. 634)」と述べている。このエンメリッヒの見解は、同時履行の抗弁権の立証責任は手形債務者が負うが、債務者が抗弁権を放棄したなどのゆえに抗弁権の提出が信義則に違反するとの立証は、手形債権者が負う、と解するようである。

(37) ブルラ（前掲注（31）第三論文）は、同時履行の抗弁権および留置権の抗弁権をもまた、不当利得の抗弁権として理論構成しうると主張して、本判決④の理論構成に疑問を提起する。すなわち、「BGB三二〇条、二七三条がBGB八一二条による不当利得返還請求権という分母のうえにもたらされないという理論は、この〔BGHの示すような〕一般論としては支持し難い（S. 757)」。それらはなるほど手形小切手（および債権）の返還請求権を基礎づけないが、しかし「手形または小切手所持人が債務者に向かって無制限に請求しうる資格を与える法的地位を獲得することは争われない。この有利な法的地位を債権者は、原則として彼の債権に対して原因行為に基づく給付拒絶権が存在する場合にもまた取得する。……その限りで債権者は、法律上の原因なしに債務者が八二一条により抗弁権の方法で主張しうるところのものを利得したのである。通説は、それゆえ結果において、既に伝統的解釈に従えば、手形小切手債権に対する給付拒絶権が直接の受取人に〈証券に基づく訴えにおいてもまた、ただ引換給付の敗訴判決がなされうる（BGB二七四条、三二二条）という効果をもって〉対抗されうることを誤解している（S. 757)」と。ブルラは、この立場から、これらの抗弁が「八二一条によるか、それとも三二〇条、三二二条、ならびに、二七三条、二七四条の準用をとおして基礎づけられるのかは、差異をなさない（S. 758)」と結論する。なお、ブルラは、新抗弁理論の立場から、証券上の抗弁・有効性の抗弁・人的抗弁という三種類の手形抗弁を区別し、本件の問題が人的抗弁の問題である（JuS 1983 Heft 10 SS. 755-756）と位置づけている。

(38) BGH, Urt. v. 30. 1. 1986-II ZR 257/85 (OLG Stuttgart), JZ 12/1986, S. 601. 本判例⑤の研究として、Claus-Wilhelm Canaris, Anmerkung, JZ 14/1986, S.684.（カナリス「判例研究」判旨に反対、後掲注（52）参照）がある。

(39) JZ 12/1986, S. 601.

(40) JZ 12/1986, S. 601. 判旨はここで批判論として、Bulla NJW 1976, 1452（前掲注（23）（28）参照）und JuS

1983, 755（前掲注（31）（37）参照）；Hagemeister ZIP 1983, 1427 und eingehend Zöllner ZHR 148〔1984〕, 313.（後掲注（42））を引用している。

（41） 判旨はここで、この解釈を支持するものとして、Baumbach/Hefermehl, 15. Aufl. WG Einleitung Rdz. 10, 38 und Art. 17 Rdz. 67c；Eugen Ulmer, Festschr. f. Raiser S. 240；Bundschuh, WM 1983, 1186. を引用している。判旨は、ツェルナー（後掲注（42）S. 330）がこの価値評価が原則として法的に適切であることを説得的に証明している（JZ 1986 601）と述べている。

（42） Wolfgang Zöllner, Die Wirkung von Einreden aus dem Grundverhältnis gegenüber Wechsel und Scheck in der Hand des ersten Nehmers, ZHR 148（1984） SS. 313-337.（ツェルナー「最初の受取人の手中における手形および小切手に対する原因関係からの抗弁権の効果」）。この論文は、判例④までの展開を踏まえて、学説の一部と連邦通常裁判所の判例において行われた「手形小切手債権者としての契約当事者は、もはや彼らに原因行為に基づいて帰属する以上の権利を請求してはならない」という命題において頂点に達する無因性原則からの乖離はきわめて行き過ぎであり、「不当利得法と無因性原則に反するのみならず、いわゆる履行の合意にも反している（S. 313）」と批判する立場から、無因性を徹底し、不当利得の抗弁権の理論によって当事者間における人的抗弁の対抗の根拠とその範囲を基礎づけようとしたものである。福瀧・前掲注（3）参照。

（43） ツェルナー・前掲注（42）S. 313参照。

（44） JZ 1986, 602.；NJW 1983 Heft 19. S. 1060.（前掲注（34））

（45） JZ 1986, 602.

（46） JZ 1986, 602.：ツェルナー・前掲注（42）S. 315. は、BGB八一二条二項によれば、負担された手形小切手債務もまた不当利得返還請求されうるが、消滅時効の抗弁権だけは例外であるという。この結論は、ドイツ法上は原因債権につき消滅時効が完成しても、日本法のように債権自体が消滅するのではなく、履行拒絶権が生ずるにすぎないので、手形の返還請求と結びつく不当利得の抗弁権の問題とはならないためと思われる。日本法の解釈は分かれるが（浜田惟道・手形小切手判例百選五版一五六頁）、最判昭和六二年一〇月一六日民集四一巻七号一四九七頁は、原因債権の時効消滅は人的抗弁事由になると解しており、私見もこれに賛成する。なお、BGB二二二条一項「消滅時効の完成後は債務者は給付を拒絶する権利を与えられる」、同二項「時効消滅した請求権の満足のために給付されたものは、給付が時効の不知において行われた場合にも、返還請求されえない。（以下略）」、八一三条一項「債務の履行の目的のために給付されたものは、請求権の行使が永続的に排除される抗弁権が請求権に対抗した場合にもまた返還請求されうる。二二二条二項の規定はこれによって影響を受けない」、参照。

(47) JZ 1986, 602.

(48) JZ 1986, 602.

(49) Zöllner, a. a. O. S. 333.

(50) JZ 1986, 602. ＢＧＢ四七八条一項「解除または減額を求める請求権が時効消滅する前に買主が瑕疵を売主に通知しまたは通知が発送されたときは、買主は時効の完成後もまた、解除または減額に基づいてその権利を与えられる限りで代金の支払を拒絶することができる。以下略」。

(51) JZ 1986, 602.

(52) カナリス・前掲注(38)は、本判決⑤の結論にも理由づけにも反対する。すなわち、カナリスは、本事案の中心問題は、手形債務者が、売主として原因関係上の契約の相手方である手形所持人に対して、ＢＧＢ四七八条に基づく瑕疵の抗弁権を、瑕疵担保請求権がＢＧＢ四七七条に従って時効消滅したにもかかわらず、対抗しうるかという点にあるとし、伝統的な手形無因論によれば、「ＢＧＢ四七八条は買主に不当利得の抗弁権を与えず、ＢＧＢ八一三条一項一文も時効の完成後は適用されないので、手形の交付は、この立場の基盤から、ＢＧＢ四七八条の抗弁権を排除する (S. 684)」と解すべきであるにもかかわらず、ＢＧＨは、判例④、そして本判決⑤において、「原因行為からの抗弁を手形債権に対して行使するという可能性は、不当利得の抗弁権または権利濫用の抗弁に基づくのではなく、手形債権の行使は証券の交付の際に合意された目的をとおして正当とされないことに基づく」というように修正し、そこから「手形債務者は手形所持人である売主に彼の瑕疵担保請求権の時効消滅にもかかわらず四七八条の抗弁権を対抗することができる」という結論を導いている、と言う。そして、それによってＢＧＨは、第一に「手形小切手の無因性を破壊し、〔第二に〕支払取引の手段としてのその機能を害する (JZ 1986, 684)」とする。その批判は詳細なものであるが、その骨子は、第一に、判旨が手形債権に対して原因からの抗弁（永久的抗弁および延期的抗弁）を対抗しうるとしつつ抗弁を放棄したときはその限りでないと解するのは、原則と例外を逆にするものであって無因性に反するとし、むしろ抗弁の放棄が原則であって抗弁の対抗（留保）は例外とみるべきであること（JZ 1986, 685）、第二に、現金で支払った場合に対抗できなくなる抗弁（すなわち本件で問題となるBGB四七八条からの抗弁権）は、手形小切手に対しても対抗できないと解すべきであり、そのように解さないと、手形小切手の受領は［抗弁を対抗される分だけ］現金支払の場合よりも不利益となり、支払手段としての性質に反すること（JZ 1986, 685）を主張する点にある。BGHは、BGB四七八条を適用するために、手形の交付によって現金支払とは反対に法律状態の確定（Stabilisierung）は生じないと言うが、むしろそれは無因性を徹底する場合、手形の交付において生じている、とカナリスは主張する（JZ 1986, 685）。最後に、カナリスは、本判決⑤はリーディング判決④（BGHZ 85, 346）の一貫した継続にすぎないとしたうえで、④を「BGHが有価証券法的な無因性原則を破壊し、支払取引の手段としての手形および小切手の機能を害すること」を示すものであると批判する（JZ 1986, 686）。すなわち、④においてBGHは、原審とは反対に、小切手からの債権の行使が交付契約の目的決定と調和しないゆえに、夫人Yの主張を正当としたが、「それは設置の際に支払われるべきであるとの合意と著しく矛盾している」。むしろ小切手交付の目的決定は、企業者Xを可能な限り現金払の場合におけるような地位におき、その結果として、注文者からはBGB三二〇条の抗弁権を奪うこと（そして注文者にBGB六三四条の方法およびもしかするとあるかも知れない払戻訴訟の方法を指示すること）を求めている。「判決はそれゆえ不当であり、そして、BGHは、それを一貫して徹底する場合には、個別の場合のもしかするとあるかも知れない特殊性の顧慮のもとに目的合意を解釈することを要求するところの、その固有の構成を実行しておらず、手形および小切手債権を実質的にあっさりと原因債権に対する関係で付従的なもの（als akzessorisch）として取り扱うことを示している」。カナリスは、このように述べて「古くから維持されてきた無因性原則に、それと結びつけられた〝果断性（Schneidigkeit）〟が手形または小切手の交付の典型的な意味に即応し、とくに支払手段としてのその機能を強化するゆえに、固執されるべきである（JZ 1986, 686）」と結論する。

（53） BGH, Urt. v. 26. 2. 1986- Ⅷ ZR 28/85 (OLG Stuttgart), JZ 15/16, 1986, S. 755. 判例雑誌の標題は本文を見よ。判例研究として、Heinrich Honsell, JZ 15/16, 1986, SS. 757-758.（ホンゼル「判例研究」判旨に反対、後掲注

四　結　語

（66）参照）がある。

（54） 本件では、売主が買主のために自己指図の為替手形を振出し買主に裏書し、買主は引受署名をしたうえで銀行に割り引いてもらい、割引代金を売買代金の支払に当てる方法がとられている。売主は現金払を受けたのと実質的に同じ効果をもたらし、買主は支払資金の融通をえたことになり、判旨もいうように、通常現金払に伴うディスカウントを享受しうるというメリットがある。通常は、割引代金は、売買代金支払のために買主が振出した小切手の支払資金とされるので、手形小切手手続（Wechsel-Scheck-Verfahren）といわれる。後藤紀一＝Matthias Voth『ドイツ金融法辞典』（平成五年三月）「Akzeptaustausch」の項、参照。なお、ホンゼル・前掲注（53）S. 757によれば、引受人手形手続（Akzeptantenwechsel-Verfahren, Umgedrehter Wechsel 転換手形）およびこれと類似の手形小切手手続は、手形騎乗（Wechselreiterei）とも引受交換（Akzepttausch）とも比較されるべきでないことには争いがない。融通手形（Finanzwechsel）の交付は、原則として公序良俗違反ではなく、公序良俗違反の手形騎乗は、ただ信用力の弱い人々によって隠蔽された信用調達のために行われる手形小切手の濫用的な利用の際にのみ存在する。これに対して引受人手形は商業手形（Handelswechsel）であり、割引銀行は担保を含む売買契約に基づく諸権利を行使できないことを知っている、と説明される。

（55） JZ 15/16, 1986, SS. 755-756.

（56） JZ 15/16, 1986, S. 755.

（57） 判旨はここで BGHZ 86, 267, 269=JZ 1983, 446. を引用している。

（58） JZ 15/16, 1986, S. 756.

（59） JZ 15/16, 1986, S. 756.

（60） JZ 15/16, 1986, S. 756. 判旨は、この個所で BGHZ 56, 264, 267 を引用している。

（61） JZ 15/16, 1986, S. 756.

（62） JZ 15/16, 1986, S. 756.；通説の立場をとる学説・判例として、*Matzel* NJW 1968, 1867；*Liesecke* WM 1973, 1154, 1160；*Serick*, Eigentumsvorbehalt und Sicherungsübertragung, Bd. IV, §42 I 5 S. 58 ff.；*Graf Lambsdorff*, Handbuch des Eigentumsvorbehalts, Rdn. 159；*Palandt / Heinrichs*, BGB, 45. Aufl., §362 Anm. 3

：*Münch Komm-Heinrichs*, BGB, 2. Aufl., §362 Rdn. 14；*Kohlhosser*, Anmerkung zum BGH—Urteil vom 14. Juni 1971—II ZR 109/69=BGHZ 56, 264—in JR 1972, 64, 65；*Roller*, Anmerkung zu dem hier angefochtenen Berufungsurteil in ZIP 1985, 239.；II. Zivilsenat des *BGH*（*BGHZ* 56, 264, 267）und *OLG Saarbrücken* und *Karlsruhe* in unveröffentlichten Urteilen vom 27. 1. 1978—4 U 71/77—bzw. 24. 7. 1979—8 U 101/79—（zitiert bei *Thamm* in ZIP 1984, 922, 923 Fußn. 13）を列挙している。

（63） JZ 15/16, 1986, S. 756.；有力説の立場をとる学説として、*Ulmer/Heinrich* DB 1972, 1149, 1151 ff.；*Thamm* ZIP 1984, 922 ff. und—jeweils unter Bezugnahme auf *Ulmer/Heinrich* aaO：*Canaris*, Großkommentar, HGB, III 3. Teil, 2. Bearb., Rdn. 1592；*Honsell*, JuS 1981, 705；*Staudinger/Honsell*, BGB, 12. Aufl., §455 Rdn. 20；*Münch Komm-Westermann*, BGB, §455 Rdn. 24；*RGRK-Mezger*, BGB, 12. Aufl., §455 Rdn. 40；*Baumbach / Hefermehl*, Wechsel-und Scheckgesetz, 14. Aufl., Art. 17 Rdn. 54 a. E. を列挙している。

（64） ウルマー＝ハインリッヒ（Ulmer/Heinrich, DB 1972, 1149, 1151 ff.）は、「売買代金はただ履行のためにのみ給付され、それゆえ売買代金請求権の究極の満足は、買主による手形の受戻しによってはじめて生ずる」とみる。判旨は、彼らがこの結論を「引受人手形手続が、売買代金請求権の成立後にはじめて合意されるのではなく、——原則に従って——既に走っている取引関係の枠内において合意された本件のような種類の諸場合においては、引受人手形手続の合意は、買主が売買代金の支払に加えて、さらなる履行条件として売主を手形責任から免れさせなければならない、というように解釈されなければならない。そのように理解された契約当事者の合意は、代金支払がただ履行のためにのみ給付されるという内容の履行の合意（Erfüllungsvereinbarung）として評価されなければならない」という考慮をもって基礎づけている（JZ 15/16, 1986, S. 756.）、と述べている。

（65） タム（Thamm, ZIP 1984, S. 922ff. S. 923/924.）は、「買主による契約価格の支払が究極的か、そしてそれゆえ履行の効果が所有権留保の消滅の効果を合わせ有するかどうかの問いは、もっぱら経済的視点に従って決定されなければならない。経済的には、しかし究極的な支払は存在せず、売主には割引銀行への償還（Rückzahlung）の恐れがあるゆえに、ただ暫定的な支払のみが存在する」と考えている（JZ 15/16, 1986, S. 756.）、と判旨は述べている。

(66) ＢＧＢ三六二条「①債務の目的たる給付が債権者になされたときは、債務関係は消滅する。②略」
(67) JZ 15/16, 1986, S. 757.
(68) ホンゼル・前掲注（53）は、本判決は一見なるほどと思わせるが詳細に考察すると支持し難いと言う（S. 757）。本件では、買主が売主の手形上の責任をとおして受け取った信用に基づく売買代金の支払が、売買代金債権を消滅させるかどうかだけが、問題とされており、ＢＧＨは「買主は支払ったから代金債権は消滅している」と、ただ形式的かつ構成的に述べている。その結果、ＢＧＨは「売主は、手形遡求権をもまた把握する拡張された所有権留保を合意しなければならず、合意しないときは、所有権留保は消滅する」と解しているが、この議論は説得的ではなく、信義誠実の視点を軽視している。「売主がより長期の取引関係の枠内において買主に、当座勘定信用と比較してより有利な手形信用を与え、それによって割引を利用する地位におくときは、様々な取引へと分解することをとおして売主を通常の信用債権者として取扱い、そして売主から売買契約に基づくすべての権利を奪うことは正当とされないように思われる」。むしろ「取引は、全体としてみられなければならない。そこでは、買主は手形を満期に実際に受戻す場合にのみ買主が割引金を保持し、そして売主が所有権を失うべきであることは明白である（S. 757）」。ホンゼルは、最後に「ＢＧＨが、所有権留保の維持（および債権の非消滅）は、当事者間の対立する利益状態のゆえに〃追加的な表示または態度方法〃さらには〃一義的に異なる合意〃を要すると考えているとすれば、正当ではない（S. 758）」と結論している。
(69) 前掲注（19）、ライニッケの見解につき（12）参照。
(70) 前掲注（18）（19）、ライニッケの見解につき（11）参照。
(71) ブルラの見解につき、前掲注（16）、とくに（22）参照。
(72) 前掲注（27）（28）、参照。
(73) 前掲注（29）、参照。
(74) 前掲注（35）、参照。
(75) 前掲注（41）、参照。
(76) 前掲注（56）、参照。

(77) 判例理論としての交付合意論を完成させた判例⑤もまた、原因関係の直接当事者間では「無因性原則はなるほど必ずしも全面的には排除されないが、しかし法律上当然に背後に退く」（前掲注（45）参照）というとき、無因性の否定を全く意図していない。すなわち、手形所持人は手形のみによって訴えを提起することができ、そのためには原因関係の証明を要しないこと、および、人的抗弁の立証責任は手形債務者にあること、手形の第三取得者が前者が対抗されえた人的抗弁の対抗を受けないこと、以上の無因性の諸帰結は、すべてのドイツの理論が承認している。見解の対立は、主として、手形授受の当事者間において、判例理論のように原因関係からの抗弁をすべて許すことによって実体法的な無因性を認めず、原因債権の立証責任を原告が負うのではなく、被告が原因債権の消滅などの立証責任を負うというように無因性によって立証責任の転換が導かれるに過ぎないと解するか、それとも、当事者間でも原因関係からの抗弁が不当利得の抗弁権を構成しない限り排除されるというように実体法的な無因性の効果を認めるか、という点にある。

(78) 前掲注（27）、参照。

(79) ツェルナー（前掲注（42））およびカナリスの批判論（前掲注（52））を参照。いずれもその批判は、上記注に示したように、判例理論が無因性に反しかつ現金支払の機能に反することを指摘している。

(80) ツェルナー・前掲注（42）、参照。

(81) カナリス・前掲注（52）、参照。

(82) フーバー・前掲注（5）S. 105/106 は、「その履行のために支払人が手形債務を引受けたところの債務法的な合意が有効でないときは、手形債務者と履行の合意を結んだ手形債権者は手形に基づく請求権を取得しない。それゆえ手形の引受は、原因行為の無効のゆえに、法律効果を有しない」と述べて、当事者間では有因論をとる。なお、抗弁の根拠を交付の合意（履行の合意は、担保の合意とともにその一種）に求める点は、a. a. O. S. 101 参照。そこでは、フーバーは、売買代金債権が成立しない場合、買主に不当利得の抗弁権が生ずると一般に解されているが、買主は代金債務を承認するためにではなく、支払うために為替手形を引受けるのであるから、このような場合に手形債務を拒否しうることは、そもそも（BGB八一二条二項からではなく一項に基づく）不当利得返還請求権からではなく、たんに手形が〝履行のために〟与えられたという合意から結果するとし、履行の合意がそれ自体として有効でない場合にのみ不当利得の抗弁権が生ずる、と述べている。

(83) フーバー・前掲注(5)(82)、参照。

(84) 前掲注(1)、参照。ヘーファーメールは、最新版である二〇〇一年の『第二二版』Art. 17. Rdn. 67c. S. 246. では、権利濫用の抗弁権の説明をそのまま残しつつ、それに続けて「しかし手形請求権に対する原因行為からの抗弁の許容性は、不当利得の抗弁権や権利濫用の抗弁権に基づいてはじめて生ずるのではなく、既に直接に手形または小切手の交付の際に行われた目的合意(Zweckvereinbarung)から生ずるのである」と述べている。

(85) 前掲注(45)、参照。

(86) 上柳克郎「手形の無因性についての覚書」会社法手形法論集(昭和五五年一二月、初出は昭和五三年)三八六頁、三八八―三八九頁。そこでは「わが国の学説判例の大勢は、手形無因論をドイツから承継しながら、ドイツの通説的見解においては手形無因論と表裏一体をなすものと考えられている「無因債務の不当利得」論ともいうべきものを採用しておらず、ドイツ理論の反面継受ともいうべき状況が認められる」と指摘しておられる。

(87) 田中耕太郎『手形法小切手法概論』(昭和一七年一月)一八一頁。

(88) 上柳「手形債権の無因性」会社法手形法論集(昭和五五年一二月、初出は昭和二八年)三六三頁以下、三七五頁、参照。

(89) ライニッケ・前掲注(11)、ブルラ・前掲注(37)、など参照。

(90) 前田庸『手形法小切手法入門』(昭和五八年三月)一三九頁。

(91) 拙稿「一九世紀プロイセン手形立法史の概観と考察――一八四七年プロイセン手形条例草案を中心として――」現代企業・金融法の課題(平出慶道先生・高窪利一先生古稀記念論文集)(平成一三年二月)所収。なお、ヤコビ(Ernst Jacobi)は、彼の Wechsel-und Scheckrecht, 1956, §. 36. S. 275 ff. において「手形小切手債務の無因性(Abstraktheit der Wechsel-und Scheckverpflichtungen)」という標題のもとに、彼の無因論を展開しているが、無因性の強弱に三段階を認め「債権債務の強い独立性は端的に否定されなければならない」としている(S. 275)。他方、彼は人的抗弁の制限を権利外観理論(と原因主義の結合)によって説明するから、外観が働かない限り、人的抗弁はつねに手形債権とともに被裏書人に移転するのであり、手形債権が手形外の人的抗弁によって直接に制約されている姿が浮かび上がるのである。結局、ヤコビの理論は著しく有因論に傾斜していると考えられる。この点は、改めてヴィーラントの理論と比較しつつ検討したい。

(92) 拙稿・前掲注(91)、参照。

企業倫理と法

田島　裕

一　序　章

一九九五年に筑波大学に企業科学研究科（博士課程）が新設されたとき、表題の科目がはじめて開講された。この科目は、経営システム科学の教授（河合忠彦氏）と筆者が共同で担当してきたが、十分な議論をしたうえで新設された学問領域ではなく、その内容はあいまいである。筆者も数年後には退官をひかえており、本稿によって、それがいかなる学問であるか理論化を試みて、創設者としての責任のいったんを果たしておくことにしたい。

この科目は、問題解決学習の形で講義が進められているので、モデル事例をしばしば取り上げている。最近では、雪印牛乳の事件や三菱自動車の事件が問題となっており、モデル事例を示すことは容易であるが、ここではむしろフィクションとしてのモデル事例を検討する。その前に、読者の便宜のために本研究の視点を明らかにしておこう。まず第一に、この研究は、企業経営のあり方を法的価値観に照らして検討し、一定の評価を試みようとするものである。第二に、個々の事例について善悪を判断するのではなく、健全な企業経営のあり方（企業経営の民主化）が本稿の主たる関心事となっていることである。もちろん、企業ぐるみの法律違反も当然無視できないことがらであるが、個々の企業活動に関するコンプライアンスの問題にも言及する。何よりも「企業責任」ということばが、どのように定義されるべきか、その責任の内容が何であるか、究明することがこの研究の主要課題である。

この研究では、理想的な企業経営を「自由で闊達」というシンボリックなことばで表現し、否定されるべき企業経営を「陰湿な」経営と呼んでいる。このようなレッテルを貼るときには、すでに倫理的な判断を混在させている。しかし、後にもっと正確な検証がなされるべきであるとしても、調査の糸口を掴むのには便利な概念である（実際、問題を起こす企業を調べてみると「陰湿な企業活動」の要素が混じっている）。ここでは、フィクションとして、一九九九年一二月の香川県での「国際環境法シンポジューム」のときに旧友たちから聞いたヨーロッパの大学の「陰湿」なはなしを最初に示しておこう。(1) この逸話は、日本の陰湿な企業の現状にも当てはまると思われるからである。また、この逸話に登場する「ハイエナ」は、この研究で評価の対象とされる企業活動の主体を意味するものとして、本稿の論述の中でも用いている。

二 「うさぎときつね」の逸話と研究課題の設定

(1) 「うさぎときつね」の逸話

きつねがうさぎを捕まえ、殺そうとしたとき、うさぎは、「博士論文がほとんど完成しており、三日まってくれれば提出できる。人生最後の一大事であり、完成できなければ悔やまれてならない」と言った。その題目はと聞くと「きつねのうさぎに対する優越性の研究」であると言うので、きつねはこれに同情し、三日の猶予を与えたところ、うさぎは安全な逃げ穴を完成してしまった。そして、博士論文も見事に完成した。しかし、論文の題目は「うさぎのきつねに対する優越性の研究」と変わっていた。

他の動物たちは、うさぎを羨ましく思い、その理論の論証を迫った。そこで、うさぎはみんなを引き連れてきつねの寝床へでかけてみると、きつねは何者かにかみ切られて死んでいた。そこで、事情を知りたいと思って指導教官を訪ねてみると、指導教官の家もすっかり様子が変わっていた。指導教官はライオンであったが、実は、きつねがうさぎを殺さなかったことには、その指導教官のコントロールが働いていた。しかし、百獣の王ライオンも、ハイエナの集団に不意を突かれ、殺されてしまった。その家は真っ暗になっていて、ライオンの王冠をかぶったハイエナの小集団が青い不気味な目をぎょろつかせていた。

現在のヨーロッパの大学は、このような状態になっていて、餌食となるつもりならば出かけてもよいが、古い時代を懐かしく思ってでかけるならば失望するだろう、とわたしに助言してくれたのである。ハイエナは王冠には似つかわしくなく、ハイエナは集団でのみ力をもつ。無言のまま「共謀」し、いろいろな罠をしかけ、獲物を貪りつつ生きている。このような生き方も神から与えられた自然の摂理ではあるが、あまり楽しい話ではない。「陰湿」ということばがぴったり当てはまるのであろう。この逸話が何を意味するかは、一通りの議論を済ませてから、明らかにされる。要するに、企業にたとえてこれを説明すれば、この状態はコーポレート・ガバナンスを失っており、もはや存続の正当性を失っているといえる。このような集団が存続することになれば、美しい自然は破壊され、地獄を思わせる荒れ野が拡がることになる。

(2)　研究課題の設定

さて、本稿で第一に問題にすることは、企業経営における民主主義をいかにして実現するかということである。企業活動は、憲法の「営業の自由」の規定によって保護されており、原則としてその自由意志に従って何でもできる。しかし、この自由は「公共の福祉」に従う(2)。法律（憲法）は、「個人の生命、自由、財産」を保護することを第一の目的としており、このような重要な価値を否定する企業活動は、「公共の福祉」に反する行為であり、法律によって制裁を受けるものである。たとえば、上述の雪印牛乳の事件や三菱自動車の事件で糾弾されるべきことは、消費者（個人）の生命の軽視である(3)。しかし、もし企業の意志決定が民主的なプロセスを経てなされていたならば、事件は起こらなかったであろうと仮定する。このプロセスを探求するために、コーポレート・ガバナンスの判断基準が検討されなければならない。

第二の研究課題は、「責任」を究明することである。上述の問題が手続的正義の問題であるのに対し、この問題は実体的正義の問題である。この「責任」ということばは、「自由」と裏腹にあるものであり、「営業の自由」に対する責任は「経営の責任」である。(4) この責任は、後に説明するコンプライアンスの責任を含む。大方の企業は株式会社の形態で企業活動を行っており、この場合、意志決定は株主総会によってなされるものと擬制されるので、「株主責任」についても検討されなければならない。(5) また、今日の企業活動は、国際社会の中で行われるものであり、ここでの議論が国際的スタンダードと調和がとれているものかどうかも、検証されなければならない。

三　企業意志に従う企業活動

(1)　河合教授のマネージメント理論

最初に、本稿の研究対象となる「企業活動」についての河合教授の研究に注目することにしよう。(6) 河合教授は、企業意志を総括的に「企業戦略」と呼び、その戦略の形成と実行がトップ（社長、役員、取締役）とミドル（事業部長、課長）との連携によってなされていると把握している。「構造的不確実性」と「競争的不確実性」を条件としながら、まず「基本戦略」に基づく包括的インフラを整えた上で、具体的な戦略を形成し、実行に移す。この試行錯誤の結果を再び「戦略」検討に反映させて、新たな戦略を練り直す。このループ状のプロセスにおいて、だれが、どのように、リーダーシップをとるかを問題にしている。ただし、この研究は経営学（企業経営）の観点からなされたものであって、法律学の視点からなされたものではないので、この論文の文脈にこれを当てはめることは河合教授の意図したところと異なるかもしれない。

河合教授はミドルの創発力に注目し、上述の連携のあり方を受託型、説得型、独創型、造反型の四つに分類している。このミドル創発力の分類をトップのあり方と結び付け、三つのタイプに分類している。第一は、「包括的戦略を形成して実行する」やり方をとるものをあげている。第二は、「創発ループにおけるミドルの創発的行動の許容」型をあげている。第三は、「創発的インフラを形成して、それを維持する」型をあげている。いずれのリーダーシップ・モデルを選択するにしても、「自己組織化」と「カオス」というサブパラダイムと結びついて動的な発展のプロセスを示すものであり、そのようなものとして「企業の意志形成」と「企業活動」は分析されなければならないという。(7)

自然科学的な手法を取り入れた上述の理論を当てはめて、具体的な事例を分析している。例えば、ソニーの事例分析について、河合教授は、次のように述べている。「トップとミドルのリーダーシップが一方ではそれぞれ独立に機能しながら、他方では意図的ないし結果的にリンクして相互補完的に機能したこと」が、ソニーの総合的な成功要因であったと分析する。(8)具体的には、トップがリーダーシップをとって事業本部制を導入し、ミドルがこれに応えて新製品を次々と生み出し、さらにトップがその成果を全社戦略に組み込んで、包括ループにおけるリーダーシップをとったことが、成功の主要原因であるという。「個々の事業ユニットによるボトムアップの力がトップ・マネージメントに創発的進化を起こし、これがトップダウンで事業ユニットにフィードバックされ、さらに新しい創発的進化を呼び起こした」というのである。その結果、「自由闊達な風土」が出来上がっていると評価する。

(2) 「法」の立場からの分析——法と道徳の拮抗

本稿の研究対象となる「企業活動」は、河合教授のいう企業の「意志形成」と「実行」の部分に当たる。法律学の立場からは、この実行行為に至るまでの意志形成が民主的に行われているかどうか、また、その行為が直接法規範に違反することはないかが問題となる。そもそも、「法」というものは、強制力(主権者の意志)をその重要な要素とする。倫理は内面的な規範であるが、法は外面的な規範である。法の目から見た場合、第一にコーポレート・ガバナンスが問題になるが、河合教授のことばを借りれば、法律は「創発的インフラを形成して、それを維持する」やり方をとっている。第二に、コンプライアンスが問題になるが、個々の法律に関わる問題であり、「実行」を一つ一つ評価する必要がある。[9] 一般的にいえば、この評価によって否定される企業活動は、個人（消費者）の「生命、自由、財産」を侵害することである。

学問上、厄介な問題は、強制力をもつ法規範と強制力をもたない法規範とをどのように使い分けるかである。とくに後者は、「公的道徳規範」とも呼ばれるものであるが、これと企業倫理と同じものであるか検討する必要がある。これは法哲学のもっとも重要な問題であり、簡単に結論を出せない。[10] 企業科学研究科の講義科目の表題の付け方は、倫理も法も「道徳規範」にかかわりをもつが、倫理が内面的な規範であるのに対し、法は外面的な規範で、本人の意志にかかわらず強制されるという特色に注目している。企業の行為を規律する規範が倫理であるとすれば、その倫理に対して外部から一定の評価を与え、その行為を規律するものが法である（一般予防法学）。

予防法学が十分な機能を果たしえなかったのは、「法」の多くが道徳規範として扱われてきたことにある。二〇世紀の法学では、「法」と「道徳」の分離が議論されてきた。[11] ここでいう「法」の捉え方を単純化して説明すれば、第一に、オースティンを初めとする分析法学派は、法の目的は「個人の生命、自由、財産」を守ることにあり、法が強制力をもちうるのは、その目的を実現するためにそれが必要であるからだと考えている。これに対して、いわゆる自然法を唱える法学者は、法は道徳を実現するための実定法規範であり、その目的は個人のかかる権利を守ることだけに限られるものではないと主張した。この議論の対立の意味するところは、ナチス時代のドイツ社会に当てはめてみると非常によく分かる。自然法論は全体意志の名の下に個人の法的利益を否定することがしばしばある。

(3) 法規範と企業意志の関係

企業のトップは、自己の地位を維持することを意識して、短期間に大きな収益をあげることを第一の目標（企業意志）とする傾向をもつ。分析法学派のいう法規範は、その目標を実現するためには、しばしば障害となりうる。現実には、法規範はしばしば強制されないことがあるため、トップは法規範を侵すリスクを選択することがある。しかし、法規範は関連する数多くの利害関係を公正に扱うための秤であり、この秤にかけないで進められる企業活動は、その過程で多くのコンフリクトを生み出すことになる。たとえば、牛乳が消費者の生命を脅かすことがあれば、たとえ刑事裁判にならない場合でも、「公的道徳」からの批判によって企業の存在そのものが危機に直面させられることになる。法規範に従う企業活動は、「自由闊達な」企業を育て、長期にわたる成功を保証するものである。

四　法規範による企業活動の健全化

(1)　「企業倫理」と法規範（コーポレート・ガバナンス）

さて、「企業倫理」[12]は、「企業活動」を行うさいの企業の心理状態をコントロールする規範を意味する。この規範は、直接強制力を伴なう法規範と同一ではない。しかも、直接強制力を伴わない「公的道徳」とも異なる。この分類を雪印牛乳の事件における企業の考え方に当てはめてみよう。ここで注目する事実は、牛乳を生産する過程で、不可抗力により停電が起こり、生産された牛乳に有害な菌が発生したと仮定しよう。企業の取締役会は、関係のある牛乳を全部廃棄すれば大きな損失が生じるので、リスクがあるにもかかわらず、再利用を実行した。結果として死者はもちろんのこと、生死にかかわる病人も出ていないので、個別的に苦情を処理するのが一番得策であるとトップは考えた（企業倫理判断）。

もし死者または病人が出ておれば、その企業は法規範の違反に対する責任（刑事責任）を問われる。これはコンプライアンスの一側面である。しかし、「公的道徳」の違反は直接法的責任に結びつかない。「公的道徳」は、結果の如何にかかわらず、人の生命を軽視する態度について責任を問うものであり、雪印牛乳は、この「公的道徳」（マスコミを含む世論の批判）に屈した。「企業倫理」は、少なくとも法規範を遵守すべしということを含んではいるが、内部コントロールはそのようには機能しなかった。なぜこうなるのか。

コーポレート・ガバナンスの原則[13]は、企業の在り方について、個々の企業活動を個別的に価値判断するものではなく、一般的な健全性を維持することによって、結果として健全な企業活動が行われることを期待する。実際、西洋医学に対する東洋医学のアプローチに示されるように、企業の全体像を外から客観的に観察すれば、その企業が病気にかかっているか否かは、相当程度まで正確に推察することができる。例えば、ねずみ講式の販売活動を行っている会社は、決算に関わる書類を見るだけでも推察できるはずである。

⑵　法規範による企業活動の健全化

コーポレート・ガバナンスの原則を究明するために、大手建設会社が「環境破壊をもたらしかねないマンション建設[14]」を検討しているものと仮定しよう。これに関する取締役会の議事録は、つぎのように記録している。

取締役Ａ：「前回の会議で詳細な資料をお配りして、説明しましたので、プロジェクトの説明は省略させていただくことにして、宿題となっておりました論点【環境破壊】について、ご討論をいただきたいと思います。」

取締役Ｂ：「前回の会議からかなり期間が過ぎているので、資料を全部説明しなおし、その上で討論に入るべきではないか。」

取締役Ｃ：「聞くところによると、前回の資料は、あなたが勝手に一部の者に押し付けたものを代弁させただけのもので、調査が本当には行われていないのではないか。」

取締役Ｄ：「あなたが提出した資料を読んでみると、誤字や脱字が多くて、そもそも信頼に値しないので、この問題の検討に入るのは早すぎるのではないか。」

取締役B、C、Dが取締役Aと競争関係にある場合には、このような議論が展開されがちであるが、B、C、Dにとっては、客観的な環境破壊の評価よりも、Aを失墜させることに最大の関心事がある。もし取締役Eが、「問題のプロジェクトが、どの程度の利益をもたらし、どの程度のリスクを含んでいるかが重要だと思います。前回の資料をわたくしなりに検討させていただき、リスクについての分析をした結果、わたくしは優れたプロジェクトであると思います。ご提案に賛成します。」と述べ、決議がなされたとすればこの会議は民主的なものである。あるいは、「その提案にはこの部分に欠陥があります」という議論を立てて、具体的な資料を提出するべきである。しかし、実際には、A以外の取締役は、Aとの人間関係によって賛成ないし反対の屁理屈を述べることが多いという(15)。真実を明らかにして、関連する諸利益を分析し、公正に比較考量することがなされていない。

右のような取締役会は「人の支配」によるものであり、民主主義の基本理念である「法の支配」は否定されている。河合教授の論理的枠組みを利用して、トップの意志形成のあり方について、上記の事例を参考にしながら検討してみよう。もし問題のプロジェクトをミドルが提案したものであるとすれば、トップは、意志形成の前提となる資料が正確に作られているかどうか、検証する義務を負う。さらに、コスト・ベネフィットを検討し、関係する諸問題（法律の遵守を含む）を調査し、実施の方法を決めなければならない。「公共の福祉」は、環境利益を害することが最も少ない選択肢が最終的に選ばれることを要求する。

五　経営責任

(1)　コーポレート・ガバナンスの原則

(1)　取締役の責任

コーポレート・ガバナンスの原則をさらに具体的に説明しよう。第一に、企業活動の責任は代表取締役にあるが、その役割は企業を代表して企業活動を推進することである。上述の「環境利益」と衝突するプロジェクト推進の戦略が決定されたとしても、これをいかに進めるかはその代表取締役のリーダーシップにかかっている。いわゆる河合教授のいうトップは、会社に対して忠実義務を負う。[16] ここでいう会社は、総体としての株主を意味し、株主一般に対して最大の利益をもたらす義務を負っている。「企業」は利益を追求するものであるが、一時的に大きな利益をもたらすとしても、次の瞬間に損失（信用の失墜を含む）を生み出すということであれば、その義務を果たしたことにはならない。そこで、コーポレート・ガバナンスの原則は、「経営判断の合理性」を要求する。[17] すなわち、これを前述のプロジェクトに当てはめるならば、実現可能な選択肢を数多く模索し、合理的に検討することを要求される（手続的正義）。

「経営判断の合理性」の法理は、アメリカ法で生まれたものであるが、日本の判例でも採用されている。たとえば、東京地方裁判所平成五年九月一六日の判決[18]は、野村證券が大手顧客にたいして損失補償を行ったことが証券取引法および独占禁止法に違反するとされた事件で、取締役の責任は、経営判断の裁量のうちに含まれるならば生じないと判決した。「取締役は会社の経営に関し善良な管理者の注意をもって忠実にその任務を果たすべきであるが、企業の経営に関する判断は、不確実かつ流動的で複雑多様な諸要素を対象にした専門的、予備的、政策的な判断能力を必要とする総合的判断であるから、その裁量の幅はおのずと広い」と述べて、実際上、補填が行われたことによって、会社の損失を防いでおり、企業責任は果たされていると判示した。ただし、個々の役員のコンプライアンスの問題は別問題として扱っている。[19]

コーポレート・ガバナンスの第二原則は、公正取引の義務を負わせる（実体的正義）。法律学上「責任」を問題とする場合、第一に、取締役は「企業経営」を行う委任契約を結んでいると考えられ、この違反に対する契約理論上の「責任」が生まれる。商法はこれを「委任」と定めているので、その義務は通常の善管注意義務を意味する。[20] 第二に、アメリカ法上では、取締役は信認義務を負うと理解されており、日本の会社法の解釈としても、信託法の理論を擬制して信認義務違反の責任が問われることもある。[21] さらに、個々の取締役は、企業業務執行の意志決定機関としての取締役会の構成員となり、株主総会に出席するほか、会社の経営が軌道をはずれた場合に各種の訴えを提起し、整理を申し立てることができる。[22] そのために、個々の取締役は、日常のモニタリングを行わなければならない。その反面、競業避止義務を負う外、利益相反取引は禁止され、一定の商法違反の行為に対して責任を負わされる。[23]

(2)　企業組織における一般社員の役割とその責任

河合教授の分析においては、ミドルが企業の意志形成に大きく関わっており、ミドルの行為も俎板に乗せなければならない。たとえミドルがトップに代って行為したものとしても、ミドルの犯罪行為は個人として責任を問われる。ミドルは常にトップの道具（代理人）であるというわけではない。このことは、第一に、コンプライアンスの責任は、一般社員が負うものであり、前述のように、取締役は、コンプライアンスの情況をモニターする責任を負う。[24] 換言すれば、ミドル以下の個々の社員に対し、自律の精神が存在しているかどうかが「自由闊達」の評価基準となる。次の事例におけるミドルについて、法的評価を試みることにしよう。

[1]　会社の社員有志があつまり、上高地へ旅行にでかけたところ、その上司（河合教授のいうミドル）も参加したという。合計一八人の集団旅行であり、かなり大がかりなものであったが、徳沢園で牛肉のバーベキューをやったところ、その課長が人の分まで食べてしまい、バーベキューを食べられない者がいた。この課長は取り仕切ることが好きで、バーベキューのためのラジウス（スウェーデン製の新品）に火をつける役割を自ら引き受けたのであるが、ガソリンが周りに飛び散り、小さな火事になりかけた。この事故の結果、ラジウスは故障して使えなくなった。その課長は責任を負うこともなく、何事もなかったように平然としていた。

[2]　みんなが集まったときにこの課長は演説をはじめた。スコットランドの詩人の詩を英語で朗読し、「こころ清らかな人が好きです」と言って胸をはった。ことばの美しさとは裏腹に、その心はハイエナのごとくであり、

その学生からみると、課長はジキル氏とハイド氏のような二重人格者であった。権力欲の塊であった。小さなグループの中で支配力を維持するために、いろいろな政治的な小細工をこらす人物である。部下に対して役割分担をし、固守淡々と獲物を狙っている。人事の報告書の中で悪口を書きながら当人に対してはその反対のことを平気で言う人間である。上高地のホテルでは、かねて支配人を知っており、その弱みを握っていたことから、一八人のビール代をサービスとして無料にさせた。

[3] この旅行以来、その課長はハイエナ氏と呼ばれるようになった。いつも仲間で集団行動をとり、ねらった獲物は残酷に噛み殺す。「陰湿」ということばはこの男に非常によく当てはまる。一般論として、今日の日本の会社は、このようなハイエナ氏のような人物を巧みに使うことによって、企業は成功を収めている。今日の企業法務の責任者は、このような男によって取り仕切られているという。「法の支配」の理念を尊重することはまったくなく、政治の流れにうまく乗っている。「人の支配」が規律している。

[4] ハイエナ氏は部下の三人と一緒に風呂へ入った。そこで「これは公にすべきことではないが」と断って、「君たちの昇進のことを考えている」と言った。その上でさりげなく競争相手の同僚の悪口を言った。独占禁止法でいう「共謀」のミニチュアがここに見られる。「公正」の観念が欠如している。[25] 会社は業績主義をとっており、売り上げさえよければ倫理や義理人情のことなどには関心がない。会社の在り方として、これで問題はないのであろうか。

このモデル事例では、ハイエナ氏という架空の人物に登場してもらって、日本の企業のミドルの一つの実態を示した。このモデル事例は、企業生活のなかで見られる日常茶飯事を取り上げているが、企業活動の中でも同じ世界観、人生観に従って、企業活動が行われているにちがいない。このような日常生活の中にこそ、企業人の企業倫理がはっきり表れている。上記のモデル事例には次のような問題が含まれている。

第一に、企業内の法意識が欠如している。ラジウス（スウェーデン製の新品）を損壊したことに対する損害賠償の責任をハイエナ氏が負うべきであるにもかかわらず、まったく問題となっていない。もし損壊の意志があるのであれば、器物損壊罪という犯罪すら成り立つ。しかし、企業内においては、市民社会の法意識はなくなってしまっている。一体、誰がその損失を負担したか。些細な犯罪ないし発見され処罰されない犯罪は、企業社会では見過ごされている。[26]

第二に、ホテルの支配人に対する対処の仕方に問題はないか。人情の問題として、友人とのつきあい方は、これで問題はないのか。カントは他人を目的として見るのではなく、主体としてとらえるのが正しいとしている。[27]ハイエナ氏は、おそらく商売するときにも同窓会名簿などを利用して、同じように同窓生を道具としてみているのであり、カントの人倫に反する。このような人間関係によって生み出される社会は、実にギスギスとした、他人に信頼を置くことのできない、住み難いものとなってしまうであろう。

第三に、上述のモデル事例は、ロゥルズが論じている「平等」の問題を提供する。[28]今日の社会の資源には限りがあり、各人に割り当てられたものを互いに判断し、他の人々の持ち分を侵害しないという配慮がなければ、現実には不公平が生じる。「共存の感情」こそ現代社会において重要なものであるが、ハイエナ氏が三人分のバーベキューを食ってしまったとき、そのコミュニティの「共存の感情」が傷つけられている。

そこでトップ・マネージメントの観点から、トップはハイエナ氏をどのように評価すべきかが問題となる。風呂でのやりとりをはじめ、ハイエナ氏の行動は犯罪性を帯びている。しかし、日本の企業は、そのようなことは問題にせず、企業内部は一般法の適用のない世界となっている。ハイエナ氏が企業利益をもたらす人物である限り、これを巧みに利用して利益追求に走ってきた。今日のような事件が次々と起きているのは、このような企業内の体質に原因があるのではあるまいか。この問題はコンプライアンスに関係する。

(3)　「コンプライアンス」の定義

ここで「コンプライアンス」という用語の定義を示しておこう。コンプライアンスは英語であるが、あえて日本語に翻訳すれば、法の「遵守」ということを意味する。このことばは専門用語として定着しているわけではないが、一〇原則として説明されることが多い[29]。この一〇原則は詳細に検討する必要のないほど自明であり、遵守を三つのレベルに分けて考えれば十分である。第一に、法令に違反してはならないという一般市民として当然のことを意味する。第二に、それぞれに事業に関係する規制に従わなければならないことを意味する。たとえば、不動産媒介業者は、宅地建物取引業法三五条によって、重要事項の説明義務を負わされているが、これはコンプライアンスの義務を法令化したものである。第三に、電力会社の環境保護の問題など、企業活動と「公的利益」の保護とのバランスから生じる法規範の問題（例えば環境保護）がある。

上述の三つのレベルのコンプライアンス義務と法的「責任」を関連づければ、次のようになる。第一のレベルのコンプライアンス原則は、刑事責任または民事責任の問題である[30]。第二のレベルのそれは、英米法のことばを借りれば、エクイティと呼ばれる法学の領域にかかわりをもつ。「信義誠実」「良心性」「権利濫用」「公正」「公平」「平等」などのことばでそれは表現される。アメリカ法のことばを借りて言えば、デュー・プロセスの問題である。第三のレベルのそれは、「公的道徳」に基づく世論による制裁に服することになる責任問題である。

それでは、コンプライアンスの義務は、トップ、ミドル、社員一般という立場により、異なるのであろうか。企業が大きな利益を得たとしても、このことは社員の利益と直接関係するものではない。企業に勤める個々の社員は、雇用契約により拘束され、企業に対し一定の忠実義務を負うにすぎない。その行為は、民法七一五条に従って、「使用者責任」が問われるものである[31]。従って、コンプライアンスの主体は主にトップおよびミドルである。第一レベルの市民としての義務は消滅するものではなく、たとえ企業秘密の守秘義務が社員に負わされているとしても、社員の自律は失われておらず、内部告発が必要とされる場合もありうる。第二レベルのコンプライアンスはミドルの問題であり、第三レベルのそれは、トップの問題である。

(2) 企業活動に関わる外部者の連帯責任

(1) 部外専門家の責任

これまで議論してきた「責任」とは性質の異なる、もう一つの責任の問題があることも指摘しておかなければならない。これは「専門家責任」と呼ばれるもので、部外者として企業活動ないし企業経営に関わる専門家の責任である。会計士や弁護士、問題によっては建築士、医師などが関係するが、これらの専門家は企業から報酬を得ている。その意味で、もし専門家のサービスに欠陥があれば、企業がその専門家を相手に契約責任を問うことも可能である。しかし、ここで問題にする責任は、不法行為法の「過失責任」の理論によるものである。「専門家」として一定の注意義務を負わされるが、その注意義務に違反したことに対して課せられる責任である。(32)

第一に、監査役の責任がある。「監査役」は、会社法上、設けられた一つの重要な機関であり、企業経営において不正が行われないよう監視する役割を担わされている。(33) 第二に、顧問弁護士である。顧問弁護士が企業の経営にどのように関わっているかは、明瞭ではない。しかし、一般論としていえば、上述の注意義務の基準は職業人の間で常識とされている判断基準であって、通常人のそれよりは多少高度のものである。第三に、その他個別的な情況と関連して、建築士、医師その他の専門家がかかわってくる。例えば、ある建物の設計を請け負う場合、建築士は危険が予測できる建築を進めることは許されない。この義務違反に対する責任は、過失責任の理論で説明される。法は注意義務の存在を推定し、この義務を尽くしていない者に対して、そのことから生じる損害の賠償を強制する。(34)

専門家の「過失責任」について、アメリカのカードウゾ裁判官は、「不確定なクラスに対し、不確定な期間、不確定な額」について責任を負わせる法理は存在しないと述べた。(35) コモン・ロー上、公認会計士は企業に対して契約上の責任を負うが、第三者との契約関係はないので、第三者に対する責任は生じないのが当然である。しかし、その報告書がどのように使われるかを知っており、それを使ったときに損害が生じることを合理的に推測できるときは、よき隣人として「当該第三者」に損害を与えない注意義務を負うと判決した。この注意義務の判断基準は、今日では相対的に高くなってきている。たとえば、医師についていえば、病院が過去の事故を研究し、それを防止するためのマニュアルを作り、研究会を開いて研修を行っており、医師に対して要求される注意義務はよりきめ細かなものになってきている。[36] 医師以外の専門家についても、類似した情況がある。

(2) 銀行の貸付け責任

以上の外、アメリカ法には貸付責任の法理がある。これは主に連邦環境法の規定に論拠を置くものであるが、コモン・ローの一般理論ともなっている。[37] この理論によれば、銀行が多額の金額の貸付を行う場合、当然、企業のプロジェクト評価を行っているはずであり、銀行の融資は、そのプロジェクトを支援している。つまり、一種の共同事業者の立場に立っているのであり、連帯責任を負うべきであるという考え方である。[38] この考え方は、アメリカの連邦環境法の中に明記されている。

コーポレート・ガバナンスの第二原理は、公正取引の義務を負わせる（手続的正義）。先の環境破壊プロジェクトの融資について、代表取締役は、メイン・バンクに相談を持ち込んだと仮定しよう。銀行内部では、これに対して、どのような対応を示すであろうか。第一に考えるのは、銀行が関与することになる金額であり、その金額を貸し付けるに当たり、どのようなリスクがあるか検討する（その金額が少額であれば、銀行組織のミドルのレベルで処理される）。[39] 上述のような大規模のプロジェクトに関連するということになれば、銀行の取締役会で取り上げられることになろう。そこで、銀行の取締役会についても、意志決定のプロセスにおけるコーポレート・ガバナンスの問題が生じることになる。

本章で問題にしているのは、コーポレート・ガバナンスの第二原理の適用ではなく、この原理の遵守である。野村修他は、「金融機関に求められるコンプライアンス体制」と題する論文の中で、[40] 銀行による不正融資の問題を分析している。銀行は、通常、融資のコスト・ベネフィットを計算するが、人的な関係に影響を受けた融資決定は不正である。その原則の遵守をはかるために、コンプライアンス・マニュアルが企業内部で作られ、これが守られているか否かを監視する企業内オンブズマンが設置されはじめている。(41)

ここで問題とした「銀行の貸付責任」という考え方の背後には、企業の社会一般に対する責任が存在する。銀行が貸付けを行うという行為は、国家の経済基盤を形成するという側面をもつ。従って、銀行は反社会性をもつものであってはならず、消費者利益や環境利益に対し特別な考慮を払わなければならない。土地の値段が一月に三〇%も上昇していたときには、プロジェクトに融資することに銀行は躊躇しなかったと思われる(不動産を担保として確保することにより、リスクをカバーできると考えた)が、マンション建築業者とは違った立場に立ってプロジェクトの健全性の評価を行わなければならない。バブルの時代には、地価の公正市場価格の統計を参考にした程度で、不良融資が行われた。しかし、その結果、現在、企業破産を含む数多くの難問が生まれている。(42)

(3) 公的機関の関与による免責

日本では、企業活動は公的機関の指導を受けながら行われることが少なくない。これが免罪符として使われることもある。日本経済新聞二〇〇〇年二月二五日の社説は、旧ミドリ十字の元社長に関する大阪地裁の判決について、次のように述べている。

「薬害エイズ事件で、制約会社・旧ミドリ十字の歴代社長三人に実刑を言い渡した大阪地裁の判決は、社会に新鮮な驚きを与えた。(中略)この裁判で三人の元社長が問われたのは、職務上の注意を怠り一人の肝臓病患者をエイズウイルス(HIV)に感染・死亡させたという業務上過失致死罪であった。(中略)判決は、旧ミドリ十字の元社長らが、HIV汚染の恐れのある非加熱製剤を販売中止するどころか、国内原料を使用しておりエイズの危険性はないと虚偽の宣伝までしていたと述べた。こうなると過失というより故意に近い犯罪である。薬害エイズ事件は、制約会社と厚生省と医学関係者の「産・官・医」の癒着がもたらした複合薬害であると指摘されている。(以下、省略)」

この事件を法倫理の観点から抑止できる立場にあったのは、旧ミドリ十字に関係する法律家であり会計士であったはずであり、本稿の主題もそのことにかかわりがある。この事件は、企業内において法規範を守る意識が全く欠如していること（陰湿な企業倫理）をよく示している。公的機関の関与にも問題があったことをこの社説は指摘している。一般論として、企業活動に対する公的機関の関与（多くは行政指導）は、企業活動を正当化すると考えられがちであるが、「法」はこの考えを認めない。

しかし、日本のように一般国民の草の根から新案が生まれることが期待できない社会では、公的機関がイニシャティヴをとって倫理基準を明確化するのが望ましい。実際、一九九八年には経済企画庁経済研究所が『日本のコーポレート・ガバナンス』という報告書をまとめている。また、一九九九年には、通産省（ＫＰＭＧ）が、コーポレート・ガバナンスについて意見をまとめている。この通産省のまとめによれば、⑴金融・資本市場の在り方、⑵労働問題、⑶企業の内部組織、⑷企業間の問題の四分野に分けてとらえることができるという。これも一つの捉え方ではあるが、現在起こっている諸事件に余りにも引き寄せられすぎていて、一般的な基準が見えない。一般的には、カントがいうように、自分の利益を扱うのと同じように、他人（市民一般）の利益にも十分な配慮を払うべきである。ここにいう利益は、「個人の生命、自由、財産」がもっとも重要なものである。この観点から法的評価がくだされるのであり、責任の重さによって三つのレベルの制裁が用意されていることは、すでに説明したとおりである。

⑶　管理者責任（企業の社員に対する責任）

経営責任の問題として、これまで企業の外部に対する責任を問題にしてきたが、注（29）で述べたコンプライアンスの第六原則（「企業に勤務する個人の利益を保護すること」）は、内部に対する責任を問題とする。例えば、二〇〇〇年五月一八日（木）に広島地方裁判所は、二四歳の社員が「過酷な職務と長時間労働でうつ的状態になっていたので、会社が改善措置をとらなかったこと」に責任を認め、一億一、一〇〇万円の損害賠償を認める判決を下した。[43]この事件は、まさにその第六原則違反に対する責任を問うたものであり、この事例はコーポレート・ガバナンスの第二原理が適正に機能していなかったことを示している。このような「陰湿な」状態を生み出したことについては、労働組合の責任も考えられなくもない。

企業の社員に対する責任は、職場の安全性の維持やセクシャル・ハラスメントの排除が第一に問題となる。前者は客観的なものであって、しばしば行政が一応の基準（ガイドライン）を設定している。後者は、平等原理（男女雇用の平等）や社会的な利害のバランスが考慮されるもので、この「公的倫理」の法規範は、一般化するのが困難である。[44]しかし、銀行取引や証券取引については、シティ・コード（倫理綱領）を作成し、略式の手続で事件処理をするシステムの導入が考えられる。わが国においても、コンプライアンスのマニュアルを個々の企業（または企業グループ）が作成し、モニターをはじめている。野村修也によれば、一九九八年に金融監督庁が本格的なマニュアル作りにとりかかっているという。[45]アメリカ法では、法律家の法曹倫理綱領の中にこの責任が明記されている。[46]

六　株主責任

(1)　株主責任の限界

株主は、株主総会を通じて意志を表明するものであって、株主総会の決議が企業意志である。個々の株主は、投資した会社の利益の配分にあずかることを期待する権利はあっても、この企業意志を具体化するのは、取締役会である（河合教授のいう包括的戦略の決定）。企業活動の重要な実施の意志決定は、この取締役会がするのであって、企業活動に対する一次的な責任は、この取締役会が負う。株主の責任は、投資を喪失する限度に限定される。しかし、これまで論じてきた問題のトップ（取締役）は、企業の大株主である。主たる投資家と企業経営者が同一人物であるために、その株主の「利益追求」が主要目標とされがちである点に問題が起こる遠因がある。そこで、商法は企業民主主義を実現するために少数株主に対して一定の権利を付与している。(47)

(2) 株主代表訴訟

少数株主が訴えを起こすことは、企業民主主義における少数者利益の保護という側面をもち、コーポレート・ガバナンスの原則の促進に役立つ。これと関連して、アメリカ法は株主代表訴訟の制度を育ててきた。(48) 日本の商法においても、すでにこの理論は導入されている。商法二六七条は、「六月前ヨリ引続キ株式ヲ有スル株主」に対し、取締役の責任を追及する権利について規定しているが、この権利はしばしば使われるようになっており、企業活動の民主化のために一定の役割を果たしている。(49)

訴訟も起きている。たとえば、東京地方裁判所判決において、株主が会社に対して第三者割当増資を求めて、会社がこれを否定したために、この株主が訴訟を起こしたことは、株主権の濫用には当たらず、「倒産を予見できるのに、十分な債権保全措置を講ずることなしに行った多額の貸付および保証は、取締役としての善管注意義務・忠実義務に違反する」と判決した。(50) また、この貸付が危険であることを知りながら代表取締役の貸付に同意した取締役は、監視義務違反に問われた。先に取り上げた野村證券の訴訟では、原告の主張は認められなかったのであるが、これも株主代表訴訟の一つである。

七 国際取引のグローバル・スタンダード

これまで述べてきた倫理規範は、国際的にも通用するものでなければならない。しかし、今日の世界は、混沌とした状態にあり、しばしば国際基準が論じられているにもかかわらず、一般的な判断基準がない。例えば、国際法というものは国家の上に存在する一般的な法規範であると理解されてはいるが、実際には、それはアメリカの国際法であったり、フランスの国際法であったりするのであり、決して一つの普遍的な国際法が存在するわけではない。最近、銀行法のグローバライゼーションがわが国の主要目的とされているが、実際には、世界において銀行間の融資を行う機関としてもっとも有利な組織が設定した基準（例えば、ＢＩＳ）をいかに満たすかを問題にしているにすぎない。決して理想的な国際銀行法の法規範が存在するわけではない。

これと関連して河合教授が取り上げたのは、日米貿易摩擦の問題であった。河合教授がいうとおり、アメリカ側が主張する国際基準にいかなる意味においても客観性があるわけではない[51]。第一に、マハティールの理論を検討し、「市場主義」は正しいという。第二に、グローバル・スタンダードを論じながら、米国が主張する「自由で公正な競争」には正当性がないという。この点に関して、日本企業に対するダンピング事件を取り上げながら、「自由競争」と「不公正取引」という二つの判断基準を二枚舌によって使い分け、不平等なスタンダードを日本に押し付けようとしていると主張している[52]。筆者は、ダンピング事件は教材としては余り適当でないと考えている。この問題は政治によって大きな影響を受けており、判例を読んでみても「公正」は貫かれていない[53]。

国際社会において説得力のある公正基準を形成するためには、国家利益を超えたところに、いわゆる国際慣習法と呼ばれるものを置くことを考えるべきであろう[54]。本稿で説明したコーポレート・ガバナンスやコンプライアンスは、国際法上、企業活動におけるデュー・プロセスの理論として説明されているものであり、一般的な法理論として既に認められている。その核心をなす部分はディスクロージャーの法理（公正、透明）であるが、企業内の在り方が外部からも見えるようにして、企業民主主義を実現することが目的とされている。数多くの制定法の中にも法文化されている法原理であり、文化的な先進国においては、裁判所による強制が可能なものであるといってよい[55]。ただし、多国籍企業の営業活動にその法原理を当てはめる段階においては、考慮すべき技術的な問題が関係してくるので、本稿の議論に付加的な考察を追加する必要があるかもしれない。しかし、本稿ではその問題は別個の研究に譲りたい。

八　結　論

「企業倫理と法」について、筆者が何を主張しようとしているかは、上述のことからすでに明瞭であると思われるが、結論に代えて、その意味するところを要約しておこう。「自由闊達」な企業のヴィジョンを実現することが目的とされており、企業民主主義の実現が主要な課題とされている。「陰湿」ということばは、倫理の観点からは、一つの典型的な病理現象を指している。このことばは、「裏切り」「だまし討ち」「談合」などと関連するものであり、社会的に大きなマイナスの価値をもたらすものであることから、「法」はこれらを否定する。

ここで改めて本稿の冒頭で取り上げたヨーロッパの大学の逸話を読み返してみよう。ハイエナの集団に占拠された大学は、墓場のようになっているであろう。(56) 大学が「自由闊達な共同社会」でなくなれば、新しい文化的な・学術的な・精神的な価値を生み出す能力を失っており、存在意義はない。企業の目的は、大学とは違って、原則的に「利益追求」を目的とするものではあるが、企業そのものの存在が、「公共の福祉」に反しないことを条件としている。「陰湿な企業」は反社会的な価値を生み出す強い傾向をもつことを本稿で論証したが、「企業倫理と法」という大学院博士課程の科目は、このことを数多くの事例に当てはめて検証することを要求する研究領域なのである。

(1)　国際法を専門とするキス教授、ダイナ・シェラトン教授、その他四人の外国人研究者と会食をしたときの話である（朝日新聞一九九九年一二月一四日（香川版）朝刊）。

(2)　日本国憲法二二条は「何人も職業選択の自由を有する」と規定しているが、この自由には「いわゆる営業の自由を保障する趣旨を包含する」最高裁昭和四七年一一月二二日判決。

（3）例えば、形式的な意味における法律に違反していない限り、その高利貸しが債権取立行為によって債務者を自殺に追いやったとしても、いかなる責任も生じない。しかし、もし当該の高利貸しが、その債務者には返済能力がないことを知りながら金を貸し付けたとすれば、自らの手を汚すことなく、殺人を企んだ（個人の生命の否定）と推論できる可能性が生まれる。利息制限法による利息制限や、出資の受入れ、預り金及び金利等の取締りに関する法律（一九五四年）第五条による高金利（年四〇・〇〇四％以上）を処罰する規定、貸金業の規制等に関する法律（一九九三年）第二一条による「人を威迫し、私生活の平穏を害する」取立ての禁止、などが「公共の福祉」の制約の具体的内容である。

（4）カントによれば、自然は人間の本性を意味し、「法」も神に由来するものではなく、人間の自然本性に由来するものである。人間の人格性に義務の根拠を求めている。カントは、「君の意志の格率がいつでも同時に普遍的立法の原理として妥当しうるように行為せよ」（実践理性の根本法則）と主張する（カント［波多野、宮本、篠田訳］『実践理性批判』（岩波書店、一九七九年）七二ページ）。他人を自己の目的のための道具とみなすことを禁じ、合理的な判断による自己規律を重要視しているのである（カント［篠田訳］『純粋理性批判』下（岩波書店、一九六二年）も参照）。ちなみに、カントは、大学教育について「学生に独断的教説を教え込むことはしてはならず、純粋理性の批判について十分な訓練をほどこすべき」であるとも述べている（同五四ページ）。

（5）ここで「擬制される」と述べたのは、わが国の企業の多くは家族企業であり、実際には、株主総会は形骸化しているからである。

（6）河合信彦『複雑適応系リーダーシップ』（有斐閣、一九九九年）第七章ないし第九章。なお、同書四三ページには、「図3－1　経営革新スパイラル・モデル」を図示しているが、この図は河合の理論を理解するのに役立つ。

（7）河合は、カオスを「因果関係の明白な法則（決定論的法則）に従って生じているのにもかかわらず、非常に不規則な振る舞いを示し、遠い将来の状態が予測できない現象」と定義している。河合、前掲注（6）、二九ページ。これは「ゆらぎ」の問題にかかわる論点であり、企業モデルに組み込むことが成功の秘訣であるという。

（8）河合、前掲注（6）、一七二ページ。

（9）経営学の立場から企業倫理が問題とされるとき、独占禁止法違反の防止などコンプライアンスの事例が論じられる。河合教授は、通産省『企業行動の現状と問題点（白書）』（一九七七年）を参考にしながら、企業支配力、問題商品、公害、労使問題、環境保全、不当表示、災害、消費者物価、その他のコンフリクト（紛争）を論じている（坂井・村本・山田・河合『経営学入門』（有斐閣、一九七九年）一三六―一四四ページ）。ここでいう「企業支配力」のコンフリクトはヤミカルテルや再販売価格維持などの紛争を考えているようであるが、これらの事例について、企業倫理と法倫理との関係は、むしろ対立している。

(10) この論点について引用すべき文献の数は、枚挙にいとまがないほどであるが、ここでは、一般的に分かり易く説明した概説書として、DAVID LYONS, ETHICS AND THE RULE OF LAW (1984) を引用するのみにとどめる。

(11) Devlin-Hart 論争でこれが問題とされた (Devlin, The Enforcement of Morality (Oxford, 1965) ; H. L. A. HART, LAW, LIBERTY AND MORALITY (1963))。しかし、「法と道徳」の問題は、その論争の中で引用されているように、一九世紀にも論じられていたし、さらに古くローマ法の時代に遡る問題である。

(12) 「他人に迷惑をかけるな」とか、「嘘をついてはいけない」というレベルの倫理が企業にも存在することは間違いない。しかし、金子晴勇『倫理学講義』（創文社、一九八七年）一五ページによれば、「倫理は人間自身の生き方にかかわる学問である」という。社会の中に個人をとらえ、その個人を内面的に理解する。換言すれば、人と人との関係に道筋を立て、グローバルな人生の中で、愛、幸福、自由、正義、美など、人間が理想とするものをどのように追求するかを究明する学問であるという。歴史的にみれば、ソクラテス、プラトン、アリストテレスらによるギリシャ哲学、孔子や老子の思想、その他さまざまな宗教や哲学の一面にもかかわりをもってくる。佐藤俊夫著『倫理学（新版）』（東京大学出版会［四九刷］一九九六年）一一三ページによれば、「近代倫理学はカントによっていちおうの完成をみる」のであり、それ故に、前掲注（4）において、カント倫理学に多少注目しておいた。「法」が要求する注意義務は、良き隣人としての他人に対する生き様を示している。

(13) AMERICAN LAW INSTITUTE, PRINCIPLES OF CORPORATE GOVERNANCE (1994) がこの原則を詳細に説明している。W. L. CARY & M. A. EISENBERG, CORPORATIONS—CASES AND MATERIALS (1988) や M. A. EISENBERG, THE STRUCTURE OF THE CORPORATION (1976) でも、異なる視点からこれが説明されている。

(14) この設題は、伊豆の離れ小島にリゾート・マンションを建設する場合に「環境利益」をどのように扱うべきかを問うている。

(15) 聞くところによると、現実には、取締役Aに反対する派閥の議論は、提案されたプロジェクトに対する合理的な議論ではなく、個人攻撃に終わっていることが多いという。

(16) 商法二五四条の三参照。

(17) American Law Institute, *supra* note 13, vol. 2 (1994) は、§4.04 (c) [p.139] において、この法理を次のように説明している：取締役または役員が、(1)判断の対象となるものについて利害関係をもっておらず、(2)その判断に必要な情報を充分に集めており、かつ(3)選択した判断が会社にとってもっとも利益となると信義誠実に信じたことが要求される。

(18) 判例時報一四六九号（一九九三年）二五ページ。なお、この事件の控訴審判決、東京高等裁判所平成七年九月二六日判決、判例時報一五四九号（一九九六年）一一ページも見よ。

(19) 取締役の忠実義務とか「公正取引」の義務とも呼ばれる。最高裁判所昭和四九年二月二八日判決、判例時報七三五号（一九七四年）九七ページ。

(20) 最高裁判所昭和四五年六月二四日判決、民集二四巻六号六二五ページ。

(21) たとえば、倒産状態にある企業への銀行融資が、「信頼利益」を害するようなものであれば、エクイティの救済（差止命令、払戻し、原状回復など）が認められる。

(22) 鈴木竹雄＝竹内昭夫『会社法〔新版〕』（有斐閣、一九八七年）二四三ページ。

(23) 商法二六四条―二六六条。東京地裁判決、平成六年一二月二二日、判例時報一五一八号（一九九五年）三ページ（贈賄行為）、東京高裁判決、平成七年九月二六日、判例時報一五四九号（一九九六年）一一ページ（独占禁止法違反）、東京地裁判決、平成八年六月二〇日、判例時報一五七二号（一九九六年）二七ページ（関税法、外為法違反）参照。また、商法二六六条の三(1)は、「故意または重大なる過失」によって、第三者に損害を与えたときは、当該取締役が損害賠償の責めを負うことを規定している。

(24) このモニタリング義務の内容として、第一に、公務員に対する贈収賄、過剰接待、独占禁止法違反などの禁止がある。「非良心性（unconscionability）」や「権利濫用」の取引もときには問題となりうる。生産部門に関しては、製造物責任や瑕疵担保の問題が考えられる。法務部門に関しては、契約書の作成やトラブルの処理の問題がある。そして、人事に関しては、労働法（職場の安全性維持、男女差別の禁止、セクシャル・ハラスメントの防止など）がある。

(25) 今日の日本の繁栄は、談合の利用により成り立っている。公式の会議の場ではなく、夜集まった派閥の「談合」のなかで重要問題が決められることに「陰湿」の根源がある。

(26) 主として「金融業務」に関する刑事責任について詳細な研究を示した文献として、西田典之編『金融業務と刑事法』（有斐閣、一九九三年）参照。

(27) 前掲注（4）参照。別の部分で「自律」の重要性を指摘したが、各人の自律ということが民主主義の大前提となっている。

(28) J. Rawls, A Theory of Justice (Belknap Harvard, 1971) の特に社会制度（institutions）について論じた第四章および第五章を見よ。

(29) 久保利英明＝菊池伸「事業会社におけるコンプライアンスの進め方」商事法務一五二七号（一九九九年）四一〇ページ、および河村寛治「国際取引におけるコンプライアンス」JCAジャーナル四六巻一〇号（一九九九年）一二一一九ページ。これらの論文は、一九九六年一二月一七日に作成された経団連「企業行動憲章」を参考にしている。一〇原則は、⑴社会的に有用な財、サービスの開発・提供、⑵公正、透明、自由な競争と政治、行政との健全・正常な関係維持、⑶株主・社会とのコミュニケーション、企業情報の積極的かつ公正な開示、⑷環境問題への取組み、⑸「良き企業市民」と社会貢献活動、⑹従業員のゆとり、豊かさの実現、人格、個性の尊重、⑺反社会的勢力・団体との断固たる対決、⑻海外の文化・慣習の尊重、現地発展に貢献する経営、⑼経営トップの率先垂範と倫理観の涵養、⑽本憲章に反するような事態への対応と厳正な処分、である。

(30) 「詐欺」「背任」「横領」の犯罪がこの直接的違反であるが、後掲注（33）で問題にする連帯責任もその一つである。取締役であった者でも、行為時に辞任していれば、特別背任罪は成立しない。神戸地裁昭和三四年五月六日、下級刑一〇巻五号一一七八ページ。

(31) 民法七一五条三項は、従業員に対する求償権を規定しているし、企業による懲戒という形での問題があることは言うまでもない。
(32)　Jackson and Powell, Professional Negligence (Sweet & Maxwell, 1992) は、ここで取り上げた専門家責任を何千という判例を分析して、詳細に説明している。
(33)　商法二六〇条の三、二七四条、二七七条、二七八条。公認会計士の監査義務は、イギリス法の場合、第一に、依頼人に対し契約法上の責任を負うことのほか、第二に、専門家として予見できる損失について、一定の法律上の義務を負わされている。第三に、会社法により、一定の義務を負わされることがある。日本の商法では、監査役の責任を「連帯責任」と規定しており、取締役の責任に類似したものと考えている。
(34)　Wilson v. Bloomfield, (1979) 123 S. L. 860. 第三者に対する責任を認めた多くの事例は、遺言の受益者に対する責任を認めたもので、第三者の「信頼利益」を保護しようとしている。
(35)　Ultramares Corporation v. Touche, 174 N. E. 441 (N. Y. 1931).
(36)　Anns v. Merson London Borough Council, [1978] A. C. 728は、今日の注意義務の判断基準を説明している。この判決は、過失責任の最近の基準を示したものであるといわれるが、この事件では、凶悪犯罪者が刑務所を逃亡し、刑務所の管理者が、逃亡犯罪者が一般市民に与えた危害に対する過失責任が認められた。具体的にいえば、公認会計士が作成をした報告書を通常読むであろうと考えられる第三者（例えば、投資家）に対し、それを読んだときの結果が合理的に予測できる場合には、注意義務が認められる可能性がある。Caporo Industries plc v. Dickman, [1990] 2 A. C. 605. 日本においても、小野秀誠『専門家の責任と権能』（信山社、二〇〇〇年）五九ページは、関連判例を分析して司法書士は第三者に対しても責任を負うと述べている。
(37)　これについて研究した文献として、飯田哲久「スーパーファンド法による潜在的当事者責任」企業法学（一九九六年）第五巻一四三－一六六ページ参照。
(38)　消費者取引において、金融会社に対する「抗弁権の切断」を認めない法理論もこの論理にもとづいている。
(39)　取締役会の審議を経ずに融資がなされるが、この場合には、「公正取引」コンプライアンス原則は、取締役に対し、客観的な基準を当てはめ、適正な調査後に融資することを要求し、この遵守をモニターする義務を負わせる。
(40)　野村修他「金融機関に求められるコンプライアンス体制」商事法務一五二七号（一九九九年）一一－一九ペー

ジ。

(41) 通常、コンプライアンス・オフィサーと呼ばれているが、その地位は社長の下に置かれており、人事、営業などの部局とは独立している。

(42) 上述のように、アメリカ法では、信認義務違反が認められれば、受益者は不正融資者に対して追求権(tracing)をもつので、個人財産から補償を受けることができる。

(43) この事例には、本稿のモデルとした逸話を思わせる状況が含まれている。

(44) この領域では、略式の紛争処理機構を設置することが一つの解決策であろう。

(45) 野村修也、前掲注(40)、一一ページ。ちなみに、全国銀行協会連合会も一九九六年に「銀行のコンプライアンスについての倫理憲章」を公刊している。

(46) 綱領に違反があれば、弁護士の資格を剥奪されることになる。アメリカのロー・スクールでは、これは必修科目となっており、その教育を徹底している。

(47) 竹内昭夫「株主の代表訴訟」法学協会雑誌一〇〇年論集三巻(一九八三年)一六三ページ。

(48) アメリカの判例法、Graham v. Allis-Chalmers Manufacturing Co. 188 A. 2d 125 (1963) では、企業の一部門が商品の価格を決定するときに競争会社との談合を行い、この通謀に係わった従業員が独占禁止法違反に問われた。これを防止できなかったことから生じた株主への損害の賠償を求めて、原告株主が代表訴訟を起こしたものである。問題の企業は大規模の電気関係の製造者であり、商品の価格は、担当部門ごとに決められていた。

(49) 最高裁判所平成五年九月九日判決、金融法務一三七二号(一九九三年)二二ページ、大阪高等裁判所平成九年一二月八日判決、資料版商事法務一六六号(一九九八年)一三八ページ、東京地方裁判所平成七年一〇月二六日判決、金融法務一四三六号(一九九五年)三八ページ。

(50) 平成七年一〇月二六日判決、金融法務一四三六号(一九九五年)三八ページ。

(51) 北川俊光＝柏木昇『国際取引法』(有斐閣、一九九九年)三八三ページも、国際取引における公正・不公正の紛争の背後には、「その関係国の国内産業のビジネス戦略」が見えているという。同書は、一二〇―一四八ページに反ダンピング法を詳細に説明している。

(52) 滝川敏明『貿易摩擦と独禁法』(有斐閣、一九九四年)は、その第九章において、アメリカ法の特殊性を説明している。アメリカ通商法(一九七四年)三〇一条の適用がジャパン・プロブレム(政府規制と企業慣行の相違)の解決に向けられたものであり、三〇一条の「不公正」基準に問題があると指摘している。

(53) ヨーロッパ共同体の判例 NSK v. Commission (Case245/95 P), [1998] ECR I-401 は、ボール・ベアリングの輸出取引に関して、日本企業には反ダンピング違反はなかったと判決した。この上訴審でも、日本側の主張が認められたというだけでなく、訴訟費用までも原告(ヨーロッパ共同体委員会)が支払うべきであると判決した。1998 ECJ CELES LEXIS 5873. この判決の基準は、アメリカ法のそれとは著しく異なっている。

(54) 国際慣習法は法源の一つと認められているが、その成立のためには、(1)諸国間の一般的慣行となっていること、および(2)それを法と認める「法的信念」という心理的要素が必要とされる。

(55) 今日の国際法には、経済的国際協力を義務付ける条約が多く成立しているし、国際取引に関してはＷＴＯ、国際金融に関してはＩＭＦ、労働問題に関してはＩＬＯなどの紛争処理機関があり、いわゆる判例法ができている。一般的に、Muchlinski, Mutlinational Enterprises and the Law 322-345 (1999) 参照。また、ヨーロッパ連合は主権をもつ連邦国家となりつつあり、ヨーロッパ共同体法は一つの包括的な法秩序を形成しつつある。さらに、国際仲裁によって確認された法原理もある。これらの法源の共通部分は、「文明国が認めた法の一般原則」(国際法の第三原則)となっている。国際連合国際法委員会は、「国家責任」を法典化する作業を行っているが、その内容は本稿で示した「責任」の考え方と共通する。

(56) 本書は、企業法学の大学院大学を筑波大学に創設して一〇年になるのを記念して出版されるものだそうであるが、博士課程の創設はその発展過程の一ステップであった。修士課程の教育は一応の成功を収めることができたと思う。修士論文を提出した者は二五〇人を超えるが、その半数が論文を公刊し、それなりの社会的評価を受けてきた。より深い高度の研究のため博士課程へと進み、大学の教師となった者も数人いる。しかし、博士課程の教育は、おそらくは失敗に終わったと思われる。今後の発展に大きな期待を寄せている。

民事訴訟法第二四八条に関する実体法学的考察

平井宜雄

一 問題

平成一〇年一月一日から施行された民事訴訟法（平成八年法一〇九。以下、新民訴法という）は、「損害額の認定」と題する規定を新たに設けた。「損害が生じたことが認められる場合において、損害の性質上その額を立証することが極めて困難であるときは、裁判所は、口頭弁論の全趣旨及び証拠調べの結果に基づき、相当な損害額を認定することができる」と定める第二四八条（以下、単に二四八条または文脈に応じて同条という）がそれである。これとほぼ同じ趣旨の規定は、その後、特許法（一〇五条の三）・著作権法（一一四条の四）等のいわゆる知的財産法の改正の際にも新設されており、その意味で、同条は、新民訴法における新設規定の中でも、最も影響力を持った規定の一つと言い得るであろう。しかし、それにもかかわらず、後述するとおり、二四八条の理論的性質それ自体について、学界では——もっとも、当然ながら論じる者の多くは民事訴訟法専攻者であるが——すでにして争いが存在する。要するに（詳細については後述する）それは、同条が損害額の算定について裁判官の裁量を承認した規定であるのか、すなわち、実体法（民法）に関わる規定なのか、それとも事実認定における証明度を軽減するという趣旨の、すなわち、もっぱら訴訟法に関する規定なのか、を巡る論争である(1)。立法の形式としては明らかに民事訴訟法に属する規定であるのに、しかも新民訴法の立法過程中または立法直後であるにもかかわらず、二四八条の理論的性質如何という根本問題を巡ってかような論争が生じるのは異例ではないかと思われるが[2]、それだけに、実体法学に携わる者にとっては興味深い論争であると言い得るであろう。かくして本稿は、これまで必ずしも多くを発言してこなかった実体法学[3]の立場からこの論争を考察しつつ、若干の問題を提起するとともに、いずれの側を支持すべきかについて、実体法学の眼をもって論じようと試みるものである[4]。言うまでもなく、この論争は二四八条の理論的性質に関わるものであって、同条の解釈論に資するような個別的問題と関わらないし、また、上告受理制度の創設（新民訴法三一八条）によって、実体法の問題であるのか（こう解すると、法律問題と解釈することになるであろう）、それとも訴訟法の問題であるのか（こう解すると、事実認定の問題に帰着し、事実問題と解釈されることになろう）、という問題の立て方自体、意味を大きく失ったとも言い得るであろう[5]。しかし、同条の理論的性質如何を問うことは、やはり個別的問題についての解釈論の前提となる、最も基本的な問題提起であり、これに答えようとする企てが価値少ないとは言い切れないのである。

そこで、以下、まず**二**において、同条の立法趣旨およびその理論的性質を巡る議論について考察する。次に、**三**において、同条が実体法的性格を有する規定なのか否かを論じるにあたって避けてとおれないと思われるドイツ民事訴訟法第二八七条（以下、ZPO二八七条という）と実体法たるドイツ民法における損害賠償法との関連を考察する。**四**では、以上の考察に基づき、日本の損害賠償法との関連における二四八条の理論的性質を論じ、前記の論争についての私なりの結論を示して結ぶ（**五**）ことにしたい。

二　二四八条の立法趣旨と同条の理論的性質を巡る議論

(1)　二四八条の立法趣旨

公式の立法理由書のごときものが存在しないのが、わが国の立法における一つの慣行であるだけに、二四八条がどのような趣旨で立法されたのかを一義的に示すのは、困難な作業である。しかし、立法趣旨を明らかにするために、これまで比較的よく採用されてきたのは、政府提出の法律に関しては、当該法律を主管する官庁の立法担当者の解説に依拠するという方法である。本稿も、それに従うことにしたい。(6) そうだとすると、二四八条の立法趣旨は、ほぼ次のようなものであったと理解することができる。

(ア) 同条の趣旨は、「自由心証主義の下での証明度を軽減(「低減」の語も用いられるが、以下、「軽減」の語に統一する)」することにある。

(イ) 証明度を軽減した理由は、原告・被告間に生じるであろう不公平を是正するためである。すなわち、損害賠償請求訴訟において、損害額についても通常の事実関係の立証と同様の厳格な立証を要求するならば、損害額について具体的な数額の立証ができない場合には請求棄却となって、原告に不利益となるからである。

(ウ) 同条は、判例・実務で採用されてきた損害額算定の基本的な考え方を明文化したものである。その考え方とは、例えば、①幼児が死亡した場合における逸失利益の算定方法について、あらゆる証拠資料に基づき経験則と良識を活用してできる限り蓋然性のある額を算出すべきであると判示した昭和三九年の最高裁判決[最判昭和三九・六・二四民集一八巻五号八七四頁]、②慰謝料については、裁判所が諸般の事情を斟酌して適当と認める金額を示せば足りるという実務、において示されている。

(エ) 同条は、ドイツ民事訴訟法に設けられている同様の規定[ZPO二八七条]をも参考にしたものである。ただし、ドイツにおいては、損害額だけではなく、損害の発生についても同様な考え方が適用されるが、二四八条は、損害の発生についてまでは対象にしていない点で、ドイツとは異なっている。

右の説明によれば、立法担当者は、二四八条の立法趣旨が証明度の軽減であることを明言するとともに(ア)参照)、その理由または根拠(イ)〜(エ)参照。ただし、(エ)の説明は、ZPO二八七条と二四八条とが異なる理由を示していない)を明らかにしていると理解できるであろう。二四八条の趣旨を証明度の軽減に求めていることは、損害額の算定という作業が事実認定の性質を持つと解していることを意味——同条の表題が「損害額の認定」となっているのはそのためであろう——するから、立法担当者は、同条をもっぱら訴訟法的な性質を持つ規定だと解していることになる。以下では、右のような考え方を「訴訟法説」と呼ぶことにする。

(2) 「訴訟法説」に対する批判

立法担当者の挙げた、以上の四つの命題のそれぞれについては、後に検討することとして(四(1)参照)、まずは、二四八条のこのような性格づけについての説明に対して生じた学界・実務界側の反応を眺めよう。興味を惹かれるのは、「訴訟法説」に対しては、論者の多く——その中には同条の立法過程に関与したと見られる論者も数えられる——が批判していることである。[7] 表現上の細かな差異を捨象して、かつ私なりに若干敷衍しつつ、その批判を要約すれば、ほぼ次のとおりである。

(a) 裁判官の行う損害額の認定という作業は、事実の存否の認定ではなく、評価(法的な判断)である。[8] したがって、二四八条は、自由心証の問題でもないことはもちろん、証明度の軽減に関する問題(二(1)(ア)参照)でもなく(つまり、同条は、訴訟法上の性質を持つものではなく)、この評価についての裁判官の裁量を許容した裁判規範である。

(b) 幼児の逸失利益の算定及び慰謝料の算定は、判例によって創造された実体法規範に基づき、その適用によって行われてきたと解すべきであるから、二四八条を証明度の軽減に関する規定だと解しつつ、同条を判例・実務の考え方の明文化だと解するのは(二(1)(ウ)参照)、判例法理の理解としては、不適切であり、誤りである。[9]

(c) 二四八条は、損害の発生と損害額の認定(評価)とを区別する。そうだとすると、損害額が立証されていないという理由で損害賠償請求を斥けることができない場合が生じるので、損害額と区別された意味における損害とは何か、が問題となるはずである。そして、損害とは何かという問題は、実体法に属する[したがって、同条は、実体法に関わる問題を扱っていることになる]。[10] 以上のように、二四八条の理論的性質を実体法の規定だと考える説を、以下、「実体法説」と呼ぶことにしよう。

それでは、以上のような「訴訟法説」と「実体法説」との対立を、いかに考えるべきであろうか。この問題を考察するにあたって手掛かりとなるのは、二四八条の立法にあたって参考とされたと明言されている（二(1)(エ)参照）ＺＰＯ二八七条であろう。[11] なぜなら、言うまでもなく、ドイツは、民訴法と並んで民法という実体法典を有しており、ドイツ民訴法二八七条と同民法における損害賠償に関する規定およびそれが依拠する理論（以下、ドイツ損害賠償法と言う）との関係を検討することは、「実体法説」と「訴訟法説」との対立をいかに考えるか、という問題を考察する際の出発点となりうると思われるからである。しかも、二四八条の立法にあたっては、ＺＰＯ二八七条の研究が十分に行われたことは言うまでもないとしても、ドイツ損害賠償法の研究がなされたとは──私の誤解であることを望むが──必ずしも思われない。[12] そこで次に、ＺＰＯ二八七条とドイツ損害賠償法の構造との関係を検討することにしよう。

三　ドイツ損害賠償法の構造とＺＰＯ二八七条との関係

(1)　ドイツ損害賠償法の基本構造

ＺＰＯ二八七条を理解するに当たって我々が何よりも頭に刻んでおくべきなのは、同条が実体法に関わる規定では全くない、という点である。[13] 同条を巡っては、各種の解釈論上の問題があることは言うまでもないが、この点だけはすべての学説判例は一致する。つまり、先程述べた文脈で表現するならば、同条は、「純粋」な「訴訟法説」に立脚した規定なのである。そうだとすると、この規定が前提とするドイツ損害賠償法の構造とはどのようなものかが、次に問われなくてはならない。[14]

(ア)　ドイツ損害賠償法の構造は、ドイツ民法二四九条一文に集約されている。すなわち、「損害賠償義務を負う者は、賠償を義務づけられる事態が生じなかったならば存在するであろう状態を回復しなければならない」。金銭賠償による損害賠償（同条は、損害賠償の原則が原状回復であり、金銭賠償は補充的のものであるという考えに立脚している）に関しては、ここから次の帰結が導かれる。

(a) 損害とは、「賠償を義務づけられる事態（der zum Ersatz verpflichtende Umstand）」が生じなかったならば存在したであろう財産状態と現在の財産状態との差額である（損害をこのように把握する考え方をドイツ民法上「差額説」と言う）。言い換えれば、損害賠償請求を認めるにあたっては、裁判所は、当該請求権者個人につきその財産状態の変化を調べ、その差を金額に表示されたものとして把握しなければならず、把握すれば、それがすなわち賠償を義務づけられる損害なのである。[15]

(b) 右の損害概念は、財産的損害に関わるものであるが、原則として損害一般についてあてはまる。というのは、ドイツ損害賠償法は精神的損害の賠償を認めるのにきわめて消極的であり、明文の規定があるときに限ってこれを許すからである（ドイツ民法二五三条）。

(c) 差額説は、生じたすべての損害を賠償すべきことを裁判官に命じる（「完全賠償の原則」と言う）。財産状態の差を、損害として把握することは、財産状態に生じたあらゆる変化すべてを賠償せよということにほかならないからである。また、それは、賠償請求すべき損害が、請求権者に生じた損害以上であることも以下であることも許さないことを意味する。つまり、損害賠償制度の目的は、請求権者に生じた損害の塡補に尽きるのであって、制裁を加えることや請求権者に利得させることであってはならないこと、言い換えれば、民事責任と刑事責任とは完全に分化されるべきだという思想に立脚していること、を意味するのである。

(d) 完全賠償の原則は、損害賠償の範囲をなんらかの基準によって制限してはならないことを意味する。すなわち、例えば予見可能性の有無や直接損害・間接損害等の区別（フランス民法一一五〇条・一一五一条参照）によって損害賠償の範囲が左右されてはならない、という趣旨である。したがって、損害賠償義務を生じさせる要件たる事実（責任原因）と因果関係を有する損害であればすべて賠償されるべきことになる。そのことはまた、一旦責任原因が充足されるならば、その要件となる故意過失等の有無・程度は、賠償範囲を定めるにあたって一切顧慮されてはならないことでもある。つまり、責任原因と賠償範囲とは切断される。

(イ)　右に述べた損害賠償法の構造は、基本的には、ゲマイネス・レヒト時代におけるモムゼン（Fr. Mommsen）の学説に従ったものであるが（第一草案はその影響を明瞭に示している。第二草案は、やや異なる方向を目指したが、現行ドイツ民法は第一草案の基本的構想に復帰した）、ドイツ民法施行後の学説判例の発展は、この基本構造と理論的に相いれない部分を生み出してきたことも確かである。例えば、差額説は、これを首尾一貫して適用しようとすれば、差額だけで損害を把握するのであるから、侵害された目的物の所有による具体的な使用状況を考慮した損害の算定ができないとか、財産状態に生じた利得をも考慮するから、不当利得法における「利得」との区別が難しくなるとか、といった困難を覚悟しなければならない。二つの財産状態の差額だけではなく、法的判断を加えた損害概念（「規範的損害概念」）を定立しようとする学説が主張されるのはそのためである。また、完全賠償の原則は、学説判例による法的因果関係（その代表は「相当因果関係（adäquater Kausalzusammenhang）」）概念の導入によって修正され、しかも、いわゆる「規範目的説（Normzwecktheorie）」の有力化につれて、賠償範囲を制限しようとする学説判例の傾向は加速しつつあるように見える。しかし、右に述べた損害賠償法の基本構造は、学説史的沿革・実定法的根拠・相互に関連する論理や概念に支えられたものであって、これを批判しようとするいかなる学問的企ても、まず出発点としなければならないという性格を有する。[16]この意味において、後述するように、日本の損害賠償法とは全く異なっていることが注意されなければならない。

(2)　ＺＰＯ二八七条の理論的性質

先に一言したとおり、「純粋」な「訴訟法説」に立つＺＰＯ二八七条は、右に述べたドイツ損害賠償法の基本的構造に全く手を加えていない。それどころか、正確に言えば、ドイツ損害賠償法の構造自体が同条の存在を必要としたのである。このように、同条が、実体法であるドイツ損害賠償法のいわば「存在拘束性」の下にあることを認識しておくのは——実体法と手続法との関係である以上は当然だとはいえ——、以下の叙述にとって重要である。すなわち——

(ア) 民事訴訟の一般原則によれば、損害賠償請求訴訟においては、原告が損害を立証しなければならない。したがって、ゲマイネス・レヒト時代にほぼ確立した差額説的損害概念では、財産状態の差額(金額)が損害であるから、侵害された対象の一つ一つにつきこの差額を立証し、それを総計した具体的金額(一括して抽象的に算定することは差額説の下では許されない)を損害として請求しなければならない[17]。これは、原告に多大の労力のみならず、場合によっては不可能事を要求する結果となる。しかも、同じく民事訴訟の一般原則によれば、裁判官は、その具体的損害額の存在につき心証を得ることができないときは(差額説の下では、それは、原則として財産的損害そのものが発生していないことを意味する)、請求を棄却せざるを得ない(その上、前述のように、慰謝料請求によって救済を得る途はきわめて限られている)。こうして、損害賠償請求訴訟における原告の地位は被告のそれに比べて著しく不利かつ不公平なものとなる。この不公平さを理由に、一九世紀のドイツ各ラントの損害賠償請求訴訟の実務に対して激しい非難——中でもザクセン王国の実務に対するレーマン(G. Lehmann)の批判が有名である[18]——が浴びせられ、これに応えて各ラントでは、次第に損害賠償請求訴訟における裁判官の裁量を承認する規定を民事訴訟法典に置くことによって対処するようになり、次いで統一ドイツ成立後制定された同法典(一八七七年のいわゆるCPO)は、その二六〇条に、損害賠償請求訴訟における裁判官の裁量を承認する(これが現行ZPO二八七条の前身となる)規定を置いた。一八九八年に施行された現行ZPOにおける二八七条は、以上のような経緯によって生まれたのである[19]。

(イ) こうして誕生したZPO二八七条は、「損害が発生したか否かおよび損害の額または賠償すべき利益の額について、当事者間に争いのあるときは、裁判所は、すべての事情を評価して自由な確信(freie Überzeugung)により決定する」(同条一項一文)と定める。この規定の趣旨が、裁判官の裁量を拡大することにより自由心証主義を定めた同二八六条の枠内でその制限を緩和した点にあることには――ただし、同二八六条と二八七条との境界をどのように定めるかを巡っては議論がある――争いがない。この規定を巡る解釈論について論じることは本稿の目的ではないが、後述するところとの関連上、実体法たるドイツ損害賠償法にかかわる次の二点についてだけは、注意しておく必要があると思われる。

(a)　右の沿革が示すとおり、本条は損害賠償請求権が訴訟上実現することを容易ならしめ、損害賠償の目的を実効あるものにしようとする趣旨の規定である。そして、裁判所は実体法たる損害賠償法に拘束されて(同条によって認められた裁判官の裁量はあくまでその枠内にとどまる)判決を下すのであるから、本条は、前記の完全賠償の原則の実現を容易ならしめる結果をもたらす。すなわち、本条は――当然のことながら――、実体法たる損害賠償法の目的の実現に奉仕するための規定なのである。

(b)　本条は、「損害が発生したか否か」についても適用される。損害の発生は実体法上の要件であるから、一見すると、本条は、実体法の領域にまで踏み込んでいるような印象を与えるかもしれないが、そうではない。通説[20]は、責任原因の構成要件たる事実の認定については一般原則たるＺＰＯ二八六条が適用されるという解釈を前提として、損害賠償の要件である因果関係を、①「責任設定的因果関係(haftungsbegründende Kausalität)」と②「責任充足的因果関係(haftungsausfüllende Kausalität)」とを区別し(この区別は実体法学でも用いられる)、①は責任原因の構成要件であるから同二八六条の問題であり、②は同二八七条の問題であると解する。この点をドイツ民法八二三条一項(不法行為の要件の一つ)を例に述べれば、絶対権侵害によって損害が生じたか否かの問題が①であり、①の因果関係が肯定され不法行為の構成要件が満たされた場合において、当該不法行為によって損害が生じたか否かの問題が②である。もっとも、何が①であり、何が②であるかについては学説判例上の争いとなる場合が少なくない(契約上の義務違反を含めて義務違反を理由とする損害賠償請求について問題となっている)。しかし、ここで重要なのは、右に述べたように、完全賠償の原則の帰結として、損害および損害額が常に因果関係概念の解釈という形をとって現れざるを得ないこと（三⑴ⓓ参照）、そして、因果関係概念の操作によって、ZPO二八七条が実体法の領域に踏み込むのが避けられていること、である。

㈦　以上を要するに、ZPO二八七条は、次の命題の下に成り立っていることが知られるであろう。——①実体法規範（ドイツ民法）は、損害概念として差額説を採るべきことを命じている。②差額説は、責任原因事実発生前と後の財産状態の差額の探求（事実の認定）を裁判官に命じる。右①及び②が実体法の問題を扱っていることは、言うまでもない。③裁判官の自由な心証によっても右の差額が認定できないときは損害の立証がなかったことになるので、裁判官は、民事訴訟の一般原則により原告敗訴の判決を下すべく義務付けられる。このことが原告にとって不公平なので証明度を軽減したのが、ZPO二八七条である。すなわち、同条は、「純粋」な「訴訟法説」を体現する規定である。④その結果、ZPO二八七条は、差額説のコロラリーである完全賠償の原則という実体法上の規範を訴訟上実現するという役割を果たす。すなわち、同条は、実体法と手続法との役割の分化を理論的に貫徹するものである。

それでは、右に眺めてきたドイツ損害賠償法とZPO二八七条との関係を、日本の損害賠償法の構造と二四八条との関係にあてはめてみるならば、どのような結果が導かれるであろうか。次に、その点を考察することにしたい。

四　日本損害賠償法の構造と二四八条

⑴　立法趣旨の実体法的前提

先に述べたように、立法担当者は、二四八条の立法趣旨を説くのに、「訴訟法説」に依拠しているものと解される。そうである以上、損害賠償に関する実体法的権利義務関係（損害賠償法）が前提されていなければならないはずであるが、その前提たる損害賠償法は、いかなる構造を有するものと想定されているであろうか。このような視角から、先に紹介した立法趣旨を検討してみよう。

(ア)　立法担当者によれば、二四八条の趣旨は、自由心証主義の下で証明度を軽減するところにある（二(1)(ア)参照）。証明度の軽減は、まさにＺＰＯ二八七条の意図したものであるから、ドイツにおけると同様に、実体法上の損害概念として、差額説が前提されていると想定することができる。事実、日本の民法学説も、後述するように、かつては——現在の民法学説は、損害概念の理論的・一般的意味を論じることに興味を示していない——日本の損害賠償法との構造的関連を意識しないままに、差額説的な損害の定義を採用していたから、このように想定するのは無理ないように見える。[21]しかし、二四八条が差額説を前提として立法されたと解するのは、次の理由に基づき、理論的には承認できないと言わざるを得ない。

(a)　第一に、二四八条の文言それ自体がこのような想定を許さないと考えられるからである。すなわち、同条は、「損害の発生」と「損害額の認定」とが別個の問題であるという認識を前提として立法されたと解さざるを得ないが（二(2)(c)参照）、差額説は、損害を財産状態の差額（金額）として把握するのであるから、金額で把握できなければ、損害の発生を問題とする余地がなく、したがって、損害の発生と損害額とを区別するという発想は、差額説からは理論的には生じ得ないのである。これとの関連で注意されるべきなのは、「二四八条の立法に際し、ＺＰＯ二八七条を参考としたが、後者が損害の発生をも適用対象としているのに、前者は損害額のみに適用されるものであり、その点に差異がある」、という立法担当者の説明（二(1)(エ)参照）である。[22]いま述べたように、差額説によれば、損害は常に金額で表示されるべきものであるから、損害が発生したか否かも、金額で表示可能か否かの問題となる。金額の立証の困難さの救済がＺＰＯ二八七条の意図するところであるならば（二(3)(ア)参照）、それは当然に損害の発生をも適用対象とせざるを得ない。こうして、同条が損害の発生をも適用対象としているのは、差額説の帰結なのである。したがって、二四八条が差額説を前提に立法されたと考えるのは、同条の文言からして無理だと言うべきである。

(b) 第二に、民法は、ドイツ民法と異なり、実定法的根拠を有する損害概念を欠いているばかりでなく、損害賠償法の構造自体がドイツのそれと全く異なるからである。すなわち、民法は、少なくともすべての不法行為において非財産的損害の賠償が可能であることを明文で認める（七一〇・七一一条）。したがって、ドイツ損害賠償法と構造的関連を有する差額説が、損害一般の定義として貫徹できないことは明らかであり、現に、差額説に倣った損害概念について言及する体系書も、損害一般の定義として「法益につき蒙った不利益」という、日本民法における損害概念としては無内容な定義を述べるだけである。[23] しかも、四一六条は、損害賠償の範囲を当事者の予見可能性によって制限しており、いわゆる富喜丸事件（大判大正一五・五・二二民集五巻三八六頁）において確立された準則によって判例は同条を不法行為に類推適用されるものと解している。つまり、損害賠償法は、完全賠償の原則の採用を否定している――言い換えれば責任原因と賠償範囲とを結合している――のであり、したがって、右原則のコロラリーである差額説はそれだけですでに妥当しない。したがって、その原則と論理的に不可分であるところの、「賠償請求権の成立および範囲は、損害との因果関係の存在のみで足りる」という命題も、また成立し得ないのである。

(c) 第三に、法律学がいわば「自前」で発達した国における法的概念がすべてそうであるように、差額説的損害概念の成立には、長い学説史的背景が存在する。それを一言で言えば、個々の責任原因ごとに分裂し、分化していた利益概念を、理論的・学問的に洗練して統一的・論理的な「賠償されるべき利益」概念にまで高めるに至った、というドイツ民法学説上の歴史的展開過程である。[24] したがって、いわば「輸入学問」であるわが国の法律学が、少なくとも解釈論としては、このような学説史的背景を有する概念を採用することは、必要ないと考えるべきである。

右のとおりだとすれば、二四八条が、差額説またはそれに類似した損害概念（差額説的な損害概念）を実体法上前提としたものだと解することは、同条の文言からも、損害賠償法の構造からも、支持し得ないと思われる。そうだとすると、同条が前提としている実体法上の損害概念とはいかなるものか、が問われなければならない。

(イ)　①証明度を軽減した理由として、立法担当者は、損害額について厳格な立証を要求すると原告の不利益となり不公平な結果となることを挙げると共に、②二四八条は、判例・実務の考え方を明文化したものであること、と述べている（二(1)(ウ)(エ)参照）。①の理由は、ＣＰＯ二六〇条を受け継いだＺＰＯ二八七条の立法趣旨としては、まさにそのとおりである（三(2)(ア)参照）。しかし、日本においては、事態はドイツと同じではない。②に挙げられた判例・実務は、日本の損害賠償法の下で生じうる後述のような不公平な結果を防ぐために実務が編み出した工夫であり、しかも、そのような工夫は、ドイツと異なる構造を持つからこそ可能であった（慰謝料に関する判例・実務がそうである）と考えるべきだからである。そして、判例・実務はその工夫を証明度の軽減によって実現したのではなく、損害額算定に関する実体法規範を作り出すことによって実現したと解すべきである。すなわち、差額説におけるように、実体法が損害賠償額算定の一般的方法を指示し得る構造になっていない日本民法では、賠償額の算定方法は、個別的・具体的な場合に応じた規範の定立によってしかできない。しかも、それらの規範が、少なくともその個別的・具体的場合においては、裁判官を拘束することは明らかであるから（例えば、幼児の逸失利益を算定不可能として棄却するのは、前示の最判昭和三九年以降では許されない）、こうして、②に挙げられた判例・実務は、判例法理により創造された実体法規範を適用して、損害額の算定を行ってきたと考えざるを得ないのである。[25] したがって、①、すなわち、証明度の軽減という立法理由と②、すなわち、判例・実務の明文化という立法理由とは相互に矛盾していると評すべきであって、とくに右①は、差額説に立つドイツ損害賠償法とは整合的であるとしても、日本の損害賠償法においては、理論的には支持し得ないと言うべきである。もっとも、判例・実務によって創造された実体法規範を前提として、「訴訟法説」にできるだけ忠実であるように二四八条を解釈する方法が、ないわけではないように見える。すなわち、実体法規範が定めた損害額の算定方法（例えば、「不動産の不法占拠による損害額は、不法占拠期間中の賃料相当額をもって算定すべきである」という実体法（裁判）規範）を事実にあてはめようとする場合において、右算定方法の示す実体法的要件にあてはまる事実であるか否かを探求する（つまり当該事件において「賃料相当額」とは金何円かを探求する――これが最終的には不動産の鑑定に帰着する事実認定の問題であること疑いない）ときに、まさに二四八条が適用されると解釈することである。しかし、このような解釈は、二四八条（という訴訟法上の規定）にいわゆる「損害の発生」と「損害額の認定」との区別から出発しているものに過ぎず、二四八条がいかなる実体法上の損害概念を前提にして成り立っているのか、にまでさかのぼった解釈ではない。したがってこれは、権利義務を訴訟上実現しようとする「訴訟法説」の態度とは、理論的には矛盾する解釈だと言わなければならない（後述するように、二四八条をこのような狭い活動範囲にとどめてよいか、という価値選択の問題は別論としても）。やはりここでも、実体法上の損害概念とは何かが問われなくてはならないのである。(26)

以上の(ア)及び(イ)の論述が示すのは、二四八条の立法趣旨、つまりその理論的・法技術的意味を明らかにするには、同条が、いかなる実体法上の損害概念を前提として立法されたのか、という問題に行き着くほかない、ということである。しかも、差額説（的損害概念）が理論的・法技術的意味を持たないことに加えて、これまでの民法学では損害概念を巡る議論に乏しかったことにかんがみると、日本の損害賠償法に適合的かつ理論的・法技術的意味を有する損害概念を構成するには、実務が築きあげたきた現実を観察することから出発し、その現実を把握して、それを伝達可能なような言明に定式化できる理論を構想するほかない。

(2) 二四八条の意味

(ア) それでは、わが国の損害賠償法の「現実」は、これをどのように把握すべきなのであろうか。膨大な判決例が蓄積され、その結果、最もよく「現実」を示すものと考えられる不法行為の分野を中心として考察しよう。

まず、指摘しておくべきなのは、実務では——少なくとも昭和三〇年代後期または四〇年代初期くらいまでは——差額説（的損害概念）のもたらす各種の帰結に類似した扱いが——それには差額説の影響がなかったとは言えないであろう——、財産的損害の額の算定に際して行われてきたという事実である。すなわち、例えば、①積極損害であろうと逸失利益であろうと、算定可能な金銭に表示され得る限りで損害と認めるという損害の把握の仕方、②損害額の算定は右①により表示された個々の金額の合算により行うべきものと解し、包括的・一括的な算定を認めない態度が、それを示すものであった。しかし、現在では、自動車交通事故訴訟を中心に発展してきた実務は、この状況を一変させてしまっている。すなわち、③人身損害に関する下級審判決例は、死傷という事実自体を労働能力の喪失による損害と認め、それを金銭に評価するという扱いを確立しており、最高裁判決も、次第に、①の態度を脱してこの方向に向かっていると解釈できる。[27] こう考えてくれば、①は、もはや現在の実務の採用するところではない、と言うべきである。[28] さらに、④下級審の実務は、交通事故における入院費・付添費用または支出した弁護士費用等のように、金額で立証可能な積極損害についても当該金額ではなく、諸般の事情を斟酌して裁判所が定めた「相当」な額の範囲でしか、賠償を認めず、この扱いは最高裁によっても承認されている。[29] また、いわゆる公害訴訟において、多数の原告が——、それ以外の額を請求しない趣旨を示して——同一の損害賠償額を請求する場合（一律請求および包括請求）に、最高裁は慰謝料の請求の趣旨だと解しつつ、それを認め、[30] その限りで個別的・具体的事情に応じた算定方法を守っているわけではない。こうして、②についても、現在の実務の従っているところではない、と言い得るのである。注目すべきは、⑤慰謝料額の算定についての実務である。古くからの確立した判例法理によれば、慰謝料については、事実審裁判所が、諸般の事情を斟酌し、算定の根拠を示さずに、金何円の額だけを決定することができる。これは、慰謝料の算定についての裁判所の自由裁量を認めたものと解されているが、これを利用するならば、財産的損害の立証が困難であるときは、慰謝料を活用して立証の困難または低額の立証しかできないことによって原告の被る不利益を是正しようとする扱いが実務で行われてきた（いわゆる慰謝料の補完的機能）。最高裁は、同一の交通事故における損害賠償請求訴訟の訴訟物を、財産上の損害及び精神上の損害を含めて一個と解しつつ、申し立てた請求額を越えて慰謝料を認容すること許される旨を判示しており、(31) 中立全額を越えない限り、当事者の申し立て加えて一層明確となったと評価できる。慰謝料をこのように活用することを可能にしたのは、前述したとおり、慰謝料が認められる場合をきわめて狭く限定するドイツ損害賠償法と全く異なった、日本損害賠償法の構造であることが注意されなければならない。さて、以上が日本損害賠償法の現実であるならば、それに適合的な損害概念はどのようなものであるべきなのか。

(イ) 右③~⑤を理論的に説明できる損害概念は、右③において確立された人身事故における損害概念を拡張することによって生み出されるべきだと私は考える。死傷という事実を損害として把握し、それを金額で示したものが賠償請求をすることのできる、かつ判決で認められるべき損害額だという考え方を拡張すれば、およそ損害賠償請求権が存在し得るには、損害の事実とその金銭への表示（金銭賠償主義の下では最終的にはすべてこのような形を採らざるを得ない）という二つの判断を経ることが必要である、という考え方に導かれるからである。この二つの判断の区別が実体法上十分に認識されなかったのは、ドイツ損害賠償法特有の産物である差額説を「直輸入」したことにあったと認めるべきであろう。

判例・実務は、おそらく、右に挙げた二つの判断の区別を次の過程を経て認識し、差額説的損害概念から脱却するに至ったと思われる。まず、差額説的損害概念の影響下にあっても、非財産的損害を金銭に表示することはその性質上困難であることが意識されざるをえず、裁判所の自由裁量によってしか決することができないという考えに至る。⑤に示した実務が早くから築き上げられたのはそのためである。次に、自動車交通事故の激増によって、大量事件の迅速な処理と、同種の事案を同様に処理することによる公平さが要請されるようになり、そのことは、個別的・具体的事情を顧慮した損害額の算定を疑問視するようになる。このために、損害額の定額化が図られ、推し進められることになるが、定額化する以上は、被害者のおかれた個別的・具体的事情を捨象することになるのであるから、損害を金銭に表示することは、多かれ少なかれ裁判所の裁量（評価）にかかっていることが認識される。③および④に示される実務が死傷という事実を損害と考え、そのために必要となる金銭の支出をその損害の認定のための資料と考えたのは、そう解したほうが、損害の定額化・認定の迅速化につながるからであったと思われる。これらの傾向をさらに理論的に前進させるならば、③における人身損害における損害概念を拡大して、日本の損害賠償法全般に通じる——つまり、損害賠償法における各種の問題（例えば、損害賠償額算定の基準時といったようなきわめて錯綜した問題）に対しても統一的・整合的な解釈論を提供できる——理論的な損害概念を定立することが可能となるであろう。(32)すなわちそれは、損害の事実とその金銭的評価との区別である。損害の事実とは、損害賠償請求権を発生させる原因が原告に与えたすべての不利益な変化（「不利益」であるか否かは実体法上の規範的判断に帰着する）を言い、その金銭的評価とは、その事実を金銭に表示する作業である。前者は裁判における事実認定の問題であるが、後者はそうでない。金何円という損害額自体が、過去の事実の探求（その訴訟上の再現）によって得られるわけがないからである。損害の事実を金何円と決めるのは、裁判官の裁量または評価に属する（つまり、裁判官の法的は価値判断を含んだ）問題にほかならない。損害の事実の認定と認定された事実の金銭的評価とは、その性質を異にするのである。③〜⑤の考察から得られた右のような損害概念を、①および②に示された考え方を純粋に貫徹しようとする損害概念（これを損害＝金銭説と呼ぶ(33)）と対比して、損害＝事実説と呼ぶことにしよう。

以上で述べてきたところから、損害＝事実説に拠る損害概念こそが日本の損害賠償法において理論的意味のある損害概念である、という帰結が導かれる。そして、二四八条が訴訟法上の規定である以上、それは実体法上の損害概念を前提としなければならないが、実体法上、損害＝事実説が適切であると考えるならば、同条はそのような損害概念を前提としたものだと解釈しなければならない。したがって、同条がドイツ損害賠償法を前提としたZPO二八七条を参考として生まれたのが事実だとしても、その意味は、ZPO二八七条と全く異なるはずである。そこで次に、なぜ、損害=事実説を前提として二四八条を解釈することが適切であるのか、もし適切であるとすれば、二四八条の意味はいかなる点にあるのか、言い換えれば、二四八条の「日本的」意味が、問われなければならない。前者の問題から考察しよう。

(ウ) 二四八条が損害=事実説を前提としていると解さざるを得ない理由は、なによりも、同条の文言――新設された規定の場合には、とくにこれが重視されるべきである――にある。すなわち、同条は、「損害が生じたことが認められる場合」でありながら「損害の性質上その額を立証することが極めて困難な場合」を適用対象としているが、このことは、「損害の発生」と「損害額［の認定］」とを区別するという理論的立場を前提としていると考えるほかない。そうだとすると、①「損害額」と区別されるべき「損害」とは何か、②なぜ、この二つは区別されるのか、③前者についてのみ同条の適用対象とするのは何ゆえなのか、という実体法上の問題に答えなくてはならない。これらの問いに理論的かつ整合的に答え得るのが、損害=金銭説ではなく損害=事実説であることは、すでに述べたところから明らかであろうと思われる。しかも、先に述べたように、「損害の発生」を適用対象としないことが――その理由が明示されないままに――ZPO二八七条との差異だと説かれているけれども（二(1)(エ)参照）、損害=事実説によれば、その差異を理論的に説明できる。すなわち、ZPO二八七条が「損害の発生」をも適用対象としたのは、実体法上確立された損害概念である差額説を前提する――ただし、前述のようにドイツの学説はこれほど単純ではないが(34)――からこそ、そう規定したのであり、これに対して、二四八条は、損害=事実説に立脚するがゆえに「損害の発生」を適用対象とすることが実体法上の損害概念によって許されないのだ、と説明できるのである。

もちろん、理論的一貫性を犠牲にしても、二四八条を損害=金銭説を前提とした規定と解し、右と異なる解釈を採ることは、不可能ではない。先述のように（四(1)(イ)参照）、判例法理が確立した損害額の算定方法を事実に当てはめる際に生じうべき算定の困難さ（例えば、家財道具一式が焼失したときに、それを構成する一つ一つの物ごとに、その時価を立証し、それらを合算する場合）を救うのが二四八条の立法趣旨だと解するごときである。しかし、このような解釈は、同条の適用範囲を極端に狭く限定することになる。新設された規定がそのように存在理由の乏しいものだと最初から決めてかかるのは、解釈の基本的態度としてはあるべきではないと思われる。むしろ、本条は、例えば、損害額の定型化・包括請求・一律請求・生命侵害における男女間・内外国人格差の是正といったように、実務がその解決に工夫を重ねてきた問題の処理を理論的に基礎付け、さらに、知的財産法上・独占禁止法上の損害賠償請求のように、判例法理も未だ存在せず、今後生じうべき困難な問題の解決にも資するような規定として本条を位置付けるべきものと思われる。現に――、どちらかと言えば新設規定の運用に慎重な態度をとることが多いと思われる――実務家の間でさえ、本条が多くの可能性を秘めた規定であることを期待する声があるのは、[35]このことを示すものであろう。

(エ)　以上の考察に基づいて、日本の損害賠償法との関連において、二四八条の意味を述べるならば、次のとおりである。①実体法の採る損害概念は、損害＝事実説に拠るものと解すべきである。損害＝事実説は、損害の事実とその金銭的評価とを区別すべきことを裁判官に指示する。前者は、実体法上の損害概念（その内容をなすところの、何が「不利益」な事実であるか否かは、実体法の解釈論の問題である）を事実にあてはめる事実認定の問題である。後者は、評価の問題であるから、その性質上裁判官の自由な裁量に委ねられるべき問題である。二四八条は、このような実体法の損害概念を前提とした規定であると解すべきであり、同条が「損害の発生」と「損害額の認定（すなわち損害の金銭的評価）」とを区別したのは、実体法上の損害概念から生まれる区別に従ったものと考えるべきである。②後者の金銭的評価における裁判官の裁量は、これまで判例法理が発展させてきた実体法上の算定方法によって、かつそれが確立している程度に応じて、実体法的に「枠をはめられている」と考えるべきである。二四八条は、それら確立した実体法上の算定方法に従って金銭的評価を行うべきことを裁判官に明文上指示するとともに、判例法理が未だ確立していない分野においても、金銭的評価という実体法的概念に従って判決すべきことを指示する規定である。③しかし、金銭的評価をすべて裁判官の裁量に委ねたのでは（とくに実体法上損害の算定方法、つまり、損害の金銭的評価の方法が確立してない分野において）、裁判官も当事者も、判決または攻撃防御にあたって拠るべき指針を欠くことになる。すなわち、「裁判所にいわば白紙委任をすることになって、裁判所のほうも困るだろうし、当事者としても非常に困る」[36]ために、二四八条は、「a）損害の性質上その額を立証することが極めて困難であるときは、裁判所は、b）口頭弁論の全趣旨及び証拠調べの結果に基づき」、という要件の下で、c）「相当な損害額」を定める権限を裁判所に与えたものと解すべきである。このように解釈するならば、右a）及びb）の要件は、本来自由であるべき裁判官の裁量c））に実体法的な「枠」をはめたものというべきである。すなわち、二四八条は、実体法上の損害概念（損害＝事実説）を前提として規定されたものであるが（①及び②）、③が存在するがゆえに、実体法に属する規定と解しなければならない。

このように述べると、形式的には「民事訴訟法」に属する規定であるのもかかわらず、それを実体法的性質を有すると解するのは、「理論」的に誤っていると言う批判もあり得よう。

確かに、実体法と手続法との分化は、論理必然的現象ではなく、歴史的現象にすぎないけれども、各ラントで、各種の法典が分立したが故に法的知識の論理化・体系化・精緻化、つまり学問化（これは法典化の前提条件である）が特に進展した一九世紀ドイツにおいては、実体法と手続法との分化が促進されて、ともに法典化され、しかも、一つの学問分野が成立するには、それに固有の対象と方法とが存在しなければならないという、ドイツ特有の学問観（法律学が大学において教授・伝達されたことと深く関係する）がそれに加わると、両者の役割の分化が一層強調されるようになったことは、事実である。民法（学）の定める権利義務関係を訴訟上実現する手続を定めるのが民事訴訟法（学）の役割だという法律観または学問観はこうして生まれたものであり、これまで述べてきたところから明らかなように、それはＺＰＯ二八七条の立法趣旨および解釈によく結実していると思われる。日本においても、民法および民事訴訟法という二つの法典が存在しており、それと共に右のような法律観または学問観が存在するであろうから、民事訴訟法典に置かれた規定である以上、その性質を実体法と解するのは誤りだという見方は、あるいは正統的であるかもしれない。しかし、立法は、その時々の社会的状況によって条件付けられながらなされるものであって、「理論」的に行われるものではないと言うべきである。現に、実体法と手続法とを分化する必要性があれほど叫ばれたドイツにおいてさえ、通説判例は、例えばドイツ民法二五二条二文が、逸失利益の賠償の範囲を定めた実体法的規定ではなく、逸失利益についての立証の負担を軽減するところの訴訟法的意味を持つ規定だと解している。[37] 日本民法における通説も、例えば、四一四条は、本来、民事訴訟法典に置かれるべき規定だと主張——私自身はこの通説に反対であるけれども[38]——する。これらの例が示すように、或る特定の規定がいかなる性質を有するかは、その規定が属する法典の形式によって定まるものではなく、当該規定の解釈によって定まるものであり、そして、いかに解釈すべきかを決するのが、まさに「理論」の役割なのである。

かくして、本稿の結論は、二四八条をもって損害＝事実説に立脚した実体法的な規定と解すべきだ、というものである。そして、実体法学の立場から、同条についての「実体法説」を唱える民事訴訟法学者を、結論的には、支持しようとするものである。

五 結び

以上の結論は、二四八条の解釈にいかなる態度をもって臨むか、という基本的問題に、一つの方向づけを与えると思われる。例えば、①同条は、損害賠償請求訴訟だけに適用されるべき規定であるのか、それとも他の種の訴訟（例えば、貸金返還訴訟において被告が原告に対する損害賠償請求権の存在を主張して相殺の意思表示をした場合）においても適用されるのか、[39] ②「損害の性質上」または「極めて困難であるとき」という要件を厳格に解すべきか否か、[40] ③同条が適用されるべき場合を広く解すべきか（例えば、いわゆる鶴岡灯油訴訟に適用されるべきか）[41]、それとも限定的に解すべきか、④同条が類推適用されるべき場合があるのか（ZPO二八七条二項参照）[42]、あるとしたらどのような場合であるか、というような基本的問題である。しかし、それらを論じるにはすでに紙数が尽きている。他日を期しつつ、本稿を閉じることにしたい。

（1） 二四八条の理論的性格についての考え方を、実体法に属するか訴訟法に属するか、という文脈で定式化したのは、春日偉知郎教授である。同教授によれば、「［二四七条と二四八条との関係は］原則・例外としてとらえるよりも、むしろ、後者については自由心証の問題とは一応区別されており、強いて言うならば、実体法的な損害範囲の問題を規定したものであると考えるのが妥当であろう……このような位置づけは、同条が、『証拠』の箇所ではなく、『裁判』の箇所に置かれていることからも推測することができるであろう」（同「『相当な損害額』の認定」ジュリ一〇九八号七五頁。また、同「比較法から見た損害額の認定」『民事証拠論集』、一九九五、一四四頁以下も、すでにこのような定式化を用いている）。つまり、二四八条は、「証明度を緩和する効果を伴うけれども、本質的には損害額の確定を裁判官の裁量に委ねることを許容する裁判規範であると理解すべき」である（同七四～七五頁）。二四八条の理論的性質に関する議論では、同条が証明度の軽減（または低減）に関するものか、それとも損害額についての裁判官の裁量または評価について定めたものか、という形で問題となっており、あるいは、「証明度軽減説」と「裁量評価説」（「研究会『新民事訴訟法をめぐって』（第一九回）」ジュリ一一三〇号八六頁［以下、「研究会」として引用］の青山発言では、この用語が用いられている）という表現が適切かもしれない。しかし、右の引用箇所が示すように、春日教授の「実体法の問題」という性格づけも、「裁量評価説」と等しい。実体法学の立場から論じることを目的とする本稿では、「実体法説」という表現と、それと対になる「訴訟法説」または「手続法（説）」という表現とが適切なので、春日教授の定式化に従うことにする。前者は「裁量評価説」、後者は「証明度軽減説」と同義である。

（2） このことは、二四八条の立法過程で白熱した議論があったことを推測させる（福田［剛久］発言・「研究会」八七頁参照)。山本教授は、新民訴法の立法過程で立法担当部局から発表された「民事訴訟手続に関する検討事項」(一九九一)と「民事訴訟手続に関する改正要綱試案」(一九九三)の二つを比較検討して、「実体法説」(「検討事項」がこれに近い)から「訴訟法説」(「要綱試案」がこれに近い)に変化していることを指摘され、その段階ですでに意見の対立があったことを示唆される。そして、新民訴法制定後も、この二つの説の対立があることを述べておられる(山本克己「自由心証主義と損害額の認定」、『講座新民事訴訟法2』三〇三〜三〇四頁、三〇五頁、三一〇頁注(3))。

(3)　民法学の立場から二四八条に言及するものは、山口成樹「人身損害賠償と逸失利益」、淡路剛久「差額説から解放された損害評価と経済的損害」(いずれも、『新現代損害賠償法講座6』、一九九八、所収)。

(4)　結論を示すに先立って、次のような事情の故に、二四八条の理論的性質に関する私の考えを、予め述べておく必要があると思われる。私は、三〇年以上も前から、日本の損害賠償法においては、損害の事実とその金銭的評価とが理論的に区別されるべきことを主張してきた(平井宜雄「損害賠償額算定の『基準時』に関する一考察」法協八三巻九＝一〇号、八四巻三号・六号、同『損害賠償法の理論』、一九七一。なお、同『債権各論Ⅱ』、一九九二、七四頁以下、一二九頁以下は、このことを体系的に述べている)。新民訴法の立法にあたっては、「要綱試案」のうち、実体法に関連する部分が法制審議会民法部会に示され、意見を述べるように求められたが(この事実は、容易に入手できる出版物において、すでに明らかにされているので「福田発言・「研究会」八七頁」、ここに言及することが許されるであろう)、その中に現行二四八条に関する試案が含まれており、それについての意見をも求められた。私は、民法部会委員として出席し、右試案の実体法的基礎については議論すべきところが大であるが、結論として右試案に全面的に賛成する旨を述べたが、その席上(当時、民法部会の前に準備会という名で自由に討論することを予定した会議が設けられており、その席上であったかもしれない)で、或る委員から、「この試案は平井説をそのまま採用したものと思われるが、それでよいのか」という趣旨の発言があったことを記憶している(法律論を批判するときは、「誰が言ったか」ではなく、「何を言ったか」が批判の対象となるべきだというのが、私の年来の持論であるので、この発言には批判一般のあるべき姿として承服しかねるものがあるが)。この発言から推測すると、民法学者の間では、二四八条をあるいはそのように理解する向きもあるかもしれない(本文で後述するように、立法担当者の意思はそうではない)。もし、その推測が当たっているならば、後述のように、私が実体法説を支持するのは当然の結論であって、結論先取りの誤謬を犯している、という批判が加えられるであろう。私は、その種の批判を予想しなかったわけではなく、したがって、本稿において、できるだけ、いわば「自説から距離を置いた」叙述に努めたつもりであることをお断りしたいと思う。そして、本稿は、先の私の発言でほとんど明らかにできなかった二四八条の「実体法的基礎」を示そうという試みでもある。

(5) 清水正憲「損害額の認定」滝井繁男他編『論点民事訴訟法』、一九九八、四〇一頁が、このことを指摘する。

(6) 新民訴法の立法作業において、主管官庁の側で中心的な役割を果たされたのは、柳田幸三判事(当時は、法務省民事局参事官)であるが、以下では、同判事を含め、新民訴法の立法に携わった方々を「「立法担当者」と呼び、その考えは、同法についての柳田判事の説明により代表されていると解することにした。二四八条に関する同判事の説明(私の調べ得た限りでは、他に、塚原朋一他編『新民事訴訟法の理論と実務下』、一九九七、二二一~二二三頁でも、本文で要約したところとほぼ同旨を、簡略化された形で発言しておられる)で最も詳細だと思われるのは、「研究会」八五~八六頁に掲載されたもので、それをもって本文にいわゆる立法趣旨と扱うことにした(ただし、本文で私が要約したものの記述の順序は、「研究会」での同判事のご発言の順序とは異なっていることを断っておきたい)。なお、法務省民事局参事官室「民事訴訟手続に関する改正要綱試案」、一九九三の「補足説明」及び法務省民事局参事官室編『一問一答新民事訴訟法』、一九九六、二八六~二八八頁も、立法担当者の考えを示すものと思われるが、いずれも、右「研究会」におけるものよりも簡略である。

(7) 春日・注(1)七五頁、同・田尾桃二他編『民事事実認定』、一九九九、三二七頁、倉田〔卓次〕発言、判タ八七七号三六頁。竹下〔守夫〕発言・「研究会」八六頁、鈴木〔正裕〕発言・同八七~八八頁、伊藤〔真〕発言・同九一頁、坂本恵三「判決③——損害賠償額の認定」三宅他編『新民事訴訟法体系』第三巻、二七五頁。これに対して、「訴訟法説」は、青山発言「研究会」八六頁のほか、体系書に見られる。例えば、中野貞一郎他編『新民事訴訟法講義』、一九九八、二九六頁、新堂幸司『新民事訴訟法』、一九九八、四八七頁注(2)。

(8)「実体法説」が、「訴訟法説」をほぼ一致して批判する論拠は、この点にある。これに対する応答としては、柳田発言・「研究会」九〇~九一頁。なお、加藤〔新太郎〕発言・注(6)四一頁は、損害額の算定を裁量的なものと考えてきたのが、これまでの実務であったと述べる。また、二四八条との関連で論じたものではないが、藤原弘道「損害及びその額の証明」判タ七三三号〇頁以下も、損害額の算定において裁判官の自由裁量性を承認してきたのが実務の実情であったと述べる。

(9)　山本・注（2）三一三頁は、「要綱試案」の「補足説明」が、慰謝料の算定についての判例を証明度軽減に関するものと理解していることを「誤っている」と批判している。また、加藤発言・注（8）引用箇所、坂本恵三「損害賠償の金額」法学教室一九二号三一頁も、慰謝料の算定に関する判例は証明度の軽減に関するものでないと解している。

(10)　［　］内の箇所は、清水・注（5）四〇一～四〇三頁の記述を私なりに敷衍して述べたものである。同箇所の要旨は、損害の発生自体とその額の認定（評価）という作業を観念上分けて考える必要があると指摘するにとどまり、「実体法説」を主張しているわけではないからである。また、同箇所は、その観点から、本文で述べたことの他に、いわゆる鶴岡灯油訴訟（注（38）参照）において最高裁の採用した実体法上の損害概念の再検討の必要をも説いている。極めて鋭い指摘であり、後述のように、本稿の視点にとって重要なので、敷衍しつつも、「実体法」説の一つの根拠となりうると考えて、引用する次第である。

(11)　ＺＰＯ二八七条を考察の手掛かりとするのは、単に立法担当者が明言しているという理由だけでなく、比較法的考察を試みようにも、さしあたり、それ以外の手掛かりが見当たらないからである。すなわち、たとえば、民事訴訟法典を持つ国として、ドイツの他にフランスがあるけれども、後掲注（17）にあるように、フランスでは、損害額の算定は事実審裁判官の「全権」、つまり完全な裁量に委ねられており、そのことに争いは全くない。しかも、そのことを正面から規定した条文は、民法典及び民事訴訟法典には見当たらず（刑法五一条を根拠として挙げる学説がある）、実務が築いた法理というほかない。また、損害額の算定を陪審に委ねるコモンローが二四八条の理論的性質の検討に当たって参考とならないのは、明らかであろう。

(12)　このように推測する理由は、二四八条との関連においてＺＰＯ二八七条を論じるもののなかに、実体法たるドイツの損害賠償法の構造について言及する論稿が――私の調査に誤りがなければ――皆無であったことによる。

(13)　Stein-Jonas, Komm. zur ZPO, 21. Aufl., 1997, Bd. 3, Rdnr. 12 u. 20 zu §287 (Leipold), Rosenberg-Schwab-

Gottwald, Zivilprozeßrecht, 15. Aufl, 1993, SS. 665-666, Münchener Komm. zur ZPO, 1992, Bd. 1, Rdnr. 3 u. 16 zu §287 (Prütting).

(14) ドイツ損害賠償法の基本構造については、簡単ながらかつて言及したことがある。――平井宜雄『損害賠償法の理論』(注(4))、二四頁以下参照。

(15) モムゼン以降の差額説の形成を追跡し、ドイツ特有のその損害概念を日本の損害賠償法における損害概念と対比しつつ、その差異を示して日本民法における法技術的損害概念を構成する試みを、私はかつて行ったことがあるが、果たせなかった。未完のままである平井宜雄「損害概念の再構成(一)」法協九〇巻一二号がそれである。その後も、この種の研究は見当たらないように思われるので、体力が許せば、もう一度この試みに挑戦してみたいと願っている。

(16) 完全賠償の原則に立脚したドイツ損害賠償法の基本構造が、その後の学説判例の発展によって、現実において変化していく有様を描き出すことは、極めて興味あるテーマであり、何度かそれを扱おうと試みたが、これも果たせないままに現在に至っている。大きなテーマであるだけに、これ以上この場で述べることはできない。

(17) 差額説およびそれがもたらすこのような厳格な損害額算定の方法は、比較法的に見ても、その極端な形態である。Stollは、ドイツ法における損害額算定方法とフランス法のそれとを対極にあるものとして位置づける。すなわち、フランス法では、損害額の算定は、事実審裁判官の「全権(pouvoir souverain)」に属し(損害額に関する争いは事実問題であり、最終的には鑑定人の争いに帰着する)、裁判官は、すべての損害(フランス法は非財産的損害[dommage morale]の賠償を認めるのが原則である)を一括して(判例によれば、裁判官は、個々の損害項目に分解して判決すべき義務を負わない)裁量によって判示すれば足りる。そして、Stollは、general damagesとspecial damages(この概念は、契約違反の損害賠償の範囲に関するHadley v. Baxendaleのルールにおける実体法的区別と異なり、pleadingにおける区別であって、後者については個々的に損害を立証しなければならないのが原則である)とで立証の程度を異にするコモンローを、ドイツ法とフランス法の中間にあるものとして位置付ける(H. Stoll, Consequences of Liability: Remedies, 1972, International Encyclopaedia of Comparative Law, Torts, Chap. 8, ss. 18〜23)。日本の損害賠償法を、これに倣って比較法的に位置付けるならば、本文で後述するように、かつてはドイツ法寄りの中間的位置であったが、現在では、フランス法寄りの中間的位置に変えつつある、と言い得るであろう。

(18) G. Lehmann, Der Notstand des Schädensprocesses und der Entwurf der Königlichen Sächsischen Zivilproceßordnung, 1865. この書物はザクセンにおける損害賠償請求訴訟の当時の状況を痛烈に批判し（五十部豊久「損害賠償額算定における訴訟上の特異性」法協七九巻六号七三〇頁注（13）に、その一部が引用されている）損害額の算定を裁判官の自由裁量に任せるべきことを主張するものであるが、前注で述べたフランスの実務を引き合いに出しているのが注目される（付録にはフランスの判例が多数掲載されている）。

(19) ＺＰＯ二八七条の沿革については、宮里節子「損害賠償訴訟における立証軽減」琉大法学二八巻四四九頁以下、その解釈論については、中村壽宏「損害賠償額の裁量的算定手続」法学政治学論究一〇号七七頁以下参照。

(20) Stein-Jonas, aaO., RdNr. 13 ff., Rosenberg-Schwab-Gottwald, aaO., SS. 666～667, Münchener Komm., aaO., RdNr. 8-14.

(21) 日本における損害概念の学説史については、高橋真「損害論」『民法講座別巻1』、一九九〇、を参照）。現在の学説は損害概念についてあまり論じないので、差額説のような定義（ただし、これも不明確に用いられることについては、右の高橋論文を参照せよ）が通説だというのは、一時代前の現象と言ってもよいかもしれない（この点についても、高橋論文参照）。

(22) ただし、本文で述べたように（三(2)(イ)(b)）、「責任設定的因果関係」については、ＺＰＯ二八七条は適用されないというのがドイツの通説であるから、右の因果関係に立つ損害については、同条は適用されない。

(23) ドイツ民法学においてもこのような定義が見られるが、それは、損害賠償の一般原則である原状回復主義（二四九条一項）をも念頭に置いて定義しようとするからであって、ドイツ民法においては意味のある定義である。しかし、金銭賠償主義を原則とする日本民法では、法技術的意義を欠いており、無意味というべきである（原状回復主義を念頭に置いたこの定義も、ドイツ民法学から受け継がれたものであろう）。

(24) 北川善太郎「損害賠償論の史的変遷」論叢七三巻四号は、現在でも、この点に関するわが国での唯一の業績である。

五　結　び

(25) この意味で、幼児の逸失利益及び慰謝料の算定に関する判例法理を実体法の適用の問題であると位置付けた山本・注(2)三一三頁は、支持されるべきである。
(26) 清水・注(10)所引箇所が重要である旨をそこで述べたのは、問題が実体法上の損害概念の再検討につながることを指摘していたからである。
(27) 最判昭和四二・一一・一〇民集二一巻九号二三五二頁と同昭和五六・一二・二二民集三五巻九号一三五〇頁とにおける「損害」の把握のしかたの変化を対比せよ。この点については、平井・注(4)、七五頁を参照。なお、詳論するだけの紙幅を与えられていないけれども、最近の最高裁判決は、一層このような傾向を強めているように思われる。——最判平成八・四・二五民集五〇巻五号一二二一頁、同平成八・五・三一民集五〇巻六号一三二三頁、同平成一一・一二・二〇民集五三巻九号二〇三八頁、同平成一一・一二・二〇民集五三巻九号二〇三八頁参照。
(28) この点については、平井・注(4)一三一～一三二頁参照。
(29) 弁護士費用の賠償につき、最判昭和四四・二・二七民集二三巻二号四四一頁。
(30) 最判昭和五六・一二・一六民集三五巻一〇号一三六九頁。
(31) 最判昭和四八・四・五民集二七巻三号四一九頁。
(32) この点については、平井・注(4)七四～七七頁参照。
(33) 損害=金銭説は、一般には差額説と呼ばれている。しかし、私は、ドイツ損害賠償法と構造を全く異にする日本の損害賠償法の下における損害概念を、ドイツと同様に差額説と呼ぶことは、理論的に不正確であり、かつ混乱を招くと考えている、甚だ熟しない語であるが、損害=事実説と対比させて、損害=金銭説と呼ぶのは、そのためである。
(34) この点については、注(21)参照。
(35) 福田発言・「研究会」八七～八八頁、秋山[守男]発言・同八七頁。これに対して、柳田発言は否定的である(同八七頁参照)。
(36) 竹下発言・「研究会」八六頁。しかし、比較法的にみれば、フランス法におけるように(注(16)参照)、判例実務の蓄積による算定基準の自生的形成にまつ、という態度も、選択肢としてありえないわけではない。

(37)　例えば、Staudinger, Komm. zum BGB, 12. Aufl., 1983, Rz. 4, 20 zu §252(Medicus), Soergel, Komm. zum RGB, 12. Aufl., 1990, Rz. 12 zu §252 (Mertens), Müchener Komm. zum RGB, 3. Aufl., 1994, Rz. 8 zu §252 (Grunsky). 民法典に属する規定であるにもかかわらず、通説がこのように解するのは、完全賠償の原則を貫徹しようと考えるからである。この解釈の結果、逸失利益の立証に関しては、二五二条二文とZPO二八七条との差異は、実質的にはほとんど存しないと考えられている。なお、春日「『民事証拠論集』（注（1）所引）一四四頁、一五〇頁によれば、オーストリア民事訴訟法二七三条（条文は、右右・一四五～一四六頁に訳出されている）の解釈として、損害額につき裁判官に「自由裁量」を認めた実体法規であると解するのが、同国の学説判例であるとのことである。

(38)　平井宜雄『債権総論（第2版）』、一九九四、[二一八]――少なくとも、四一四条一項は、実体法の原則を表明したものと解する。

(39)　山本・注（2）三九四頁は、「検討事項」にあった「損害賠償請求訴訟において」という文言が、「要綱試案」では欠けていることを根拠に、本文に挙げた、このような場合でも、二四八条が適用されるのではないかと推測する。しかし、立法担当者は損害賠償請求訴訟以外の場合を考えていないようにも見える。――柳田発言「研究会」八五頁参照。

(40)　「実体法説」に立つ論者は、おそらく、この要件を厳格に解釈せず、これを広げて活用の余地を大にしようと努めるのではないかと推測される。

(41)　いわゆる鶴岡灯油訴訟（最判平成元一二・八民集四三巻一一号一二五九頁）が二四八条の適用対象となり得るかについては、「研究会」八九頁以下において、議論が交わされている。立法担当者は、これに否定的である（柳田発言・右引用箇所参照）。なお、現時点（平成一二年九月）では、二四八条を適用して損害額の認定を行った判決で公表されたものは、まだ二件（東京高判平成一〇・四・二二判時一六四七号七一頁。平成一一・八・三判時一一六八七号三九頁）だけのようである。前者は、課税関係を生じないようにマンションの建設をすべきであったのにその点を配慮しなかった結果、税を納付したことにより損害を受けた、と主張して建設業者に対し損害賠償を求めた建設主からの損害賠償請求につき、どのような課税関係が生じるかは予測困難であるとして、納付した税額の三分の一に当たる額を相当な損害額と認定したものであり、後者は、家財道具等の焼失によって生じた損害につき、損害保険の査定基準に依拠した農協の評価額の一割増をもって相当な損害額と認定したものである。少なくとも前者は、二四八条なしには認定が困難であった事案であろうと思われる。このほか、「二四八条の規定の趣旨に照らして」損害額を認定した判決も現れている（東京地判平成一〇・一〇・一二判タ九八六号一四四頁、平成一一・二・二四判タ一〇二三号二一二頁）。

(42) ＺＰＯ二八七条二項は、「当事者間において債権額につき争いがあり、かつ、その際の基準となるすべての事情を解明することが、争われている債権の部分の重要さと関係のない困難さを相伴う限りにおいて、財産上の権利についての争いに関する他の場合にも、前項第一文及び第二文が適用される」と定めているが、これを参考として、二四八条が類推適用されるのはいかなる場合であるか、について議論されている（春日・注（1）ジュリ一〇九八号七六頁、坂本・注（7）二八二頁）。

特許法における「発明」と「実施」の再構成
——ネットワーク環境への適応を契機として——

平嶋竜太

一　はじめに

いうまでもなく特許法は、技術保護法としての役割上[1]、新技術の登場や技術を取り巻く背景事情の変化にも対応して、一定の技術的思想に適切な法的保護を付与する制度的枠組みを提供しなければならない。実際、日本特許法の場合、現行法の昭和三四年法制定以来、物質特許の導入[2]や不特許対象の減縮など[3]、特許法における保護対象の範囲は絶えず変移を続けている。技術進歩に限って着目すると、コンピュータやバイオテクノロジーといった新技術に係る発明について、日本特許法は、その保護対象を確定する「発明」定義の構造上[4]、さほど解釈論上の大きな混乱を招来することなく、主として特許庁を中心とする実務レベルで対応してきた[5]。

しかしながら、当初、一技術領域に過ぎなかった情報処理技術や通信技術は、その基盤となる電子工学技術・生産技術の目覚しいまでの進歩に裏付けられて発展し、今日いわゆる情報技術（Information Technology, IT）[6]として、より広汎かつ普遍的な社会基盤の構成要素へとなりつつあり、他のあらゆる技術分野とも融合し、幅広い産業分野へ浸透しつつある。

また、インターネットを中核とする情報通信ネットワークを存立基盤として、商取引や宣伝活動、情報交換、マスコミュニケーション等々、現実の社会空間で従来行われてきた営みの一部がネットワーク環境という仮想的な空間においても展開されるようになってきた。[7]

このような現象は、単に新技術の登場とそれへの対応という従来の対応図式とは全く異質なものといえる。これまでの技術進歩については、時間推移にともなって一方向かつ垂直的な進化を遂げていくという比較的単純な図式化ができるとするなら、情報技術がもたらす変化とは、本来特許法が予定すらしていなかった産業領域も含めて特許法の保護対象へ引き込みうる、水平的な広がりの影響効果をもつものであり、また一方では、ネットワーク環境という既存の特許法が想定すらしていなかった仮想空間における特許発明の利用という状況までも考えることを避けられなくしてしまうものであるといえよう。

すなわち、情報技術の発展、とりわけネットワーク環境の浸透という現象は、単に新技術への対応という範疇を超えて、特許法を取り巻く環境そのものの大きな変化として把握されるべきであり、特許法における解釈理論もかような環境変化に適応してゆくことが急務であると考えられる。また、解釈論上の限界が明らかであることが判明すれば、直ちに、立法論も含めた、環境変化に相応しい再構成へ向けた検討につき着手されるべきであろう。

本論文は、上述の問題認識に基づき、ネットワーク環境の下においては、現行日本特許法の枠組みにおける「発明」と「実施」という概念についての再検討・再構成が必要であることを提示し、解釈論上の課題・限界の考察に留まらず、今後の特許法における制度設計の在り方についての方向性を提示することまでを意図するものである。

二 「情報技術」による特許法への挑戦――現行特許法の解釈論による課題と限界

(1) 「情報技術」――本質的特徴

昨今、「情報技術」(Information Technology, IT) なる語が頻繁に使用されているが、その用語の意味する範囲は必ずしも明確ではなく、(8) 論者によっても微妙に異なることから、本論文において用いる「情報技術」の意味付けについて、若干触れておきたい。

すなわち、ネットワーク環境の実現に不可欠な個々の構成要素技術である、ソフトウエア工学を中心とした情報処理技術、コンピュータのハードウエアを実現する半導体技術・電子技術、個々のコンピュータ端末を相互に接続する通信技術といった技術の統合によって実現される、大量の情報を短時間に任意の形式に処理し、通信技術を介して地理的隔地間でもリアルタイムにやりとりすることを可能とする技術の総体のことを、ここでは広く「情報技術」として念頭に置くことにする。その本質的特徴として、どのような点が挙げられるであろうか。

一つは、自己完結した特定の技術分野ではなく、様々な技術分野の統合的技術である点が挙げられよう。もう一つの特徴として、情報技術についての応用・適用分野は一つに定まらず、ソフトウエアを通じて、逆に他のあらゆる技術や産業分野におけるノウハウ等と結合することで、それらの技術分野や産業分野における改良や進歩の実現手段として機能するという点が挙げられる。加えて、ネットワーク環境という、いわば現実の空間に対峙する概念としてのヴァーチャルな空間が形成されるようになったこと、さらにそのようなネットワーク環境の下で、大量の情報が加工・処理されることをはじめ、ネットワークを介することで情報そのものを媒体を介することなく直接に取引・利用することが実現されうるという点も特徴として列挙できるであろう。

このような特徴付けができる情報技術において、中心的役割を果たすのがソフトウエア技術である。もちろんネットワーク環境を構築する上では、通信技術や半導体技術等のハード面の進歩が必須である反面、ハードウエアの資源をいかに有効に活用し、また現実空間における技術や人間活動をネットワーク環境と結びつけるというインタフェースとしての役割はソフトウエア技術によって担われるといえるからである。(9) そして、ネットワーク環境の形成発展が特許法に対してもっとも大きな影響を及ぼすとすれば、やはりソフトウエア技術を通じてもたらされると考えられる。というのは、特許法は元来発明という無体物を保護の対象にしているとはいえ、実質的には、発明を具現化した有体物を前提とした行為に対する権利構成となっているため、ネットワーク環境との直接の接点はソフトウエア技術のほかをおいてはほとんどないからである。

そこで、以下では、さしあたり、ネットワーク環境下でのソフトウエア保護と特許法における諸概念を巡る議論を糸口に検討を進めることとする。

(2) ネットワーク環境下でのソフトウエア保護と特許法――「発明」と「実施」の概念を中心に

① 日本特許法におけるコンピュータ・ソフトウエア――ヴァーチャル空間出現前夜の状況

日本特許法において、コンピュータ・ソフトウエアに関する創作物をいかに取扱うべきかを巡っては、比較的以前から議論されてきた(10)といえよう。

なお、コンピュータ・ソフトウエアという言葉自体、多くの意味内容を包含する多義語であることから、本論文では、以下、ソフトウエアの中核的存在であるコンピュータ・プログラムを示すものとして、両者を同義的に取扱って議論を進めることにする。

日本特許法における保護対象の前提となる「発明」の定義規定において、自然法則利用性が明確に打ち出されている(11)以上、その本質が数学的アルゴリズムであるコンピュータ・ソフトウエア自体について「発明」を構成すると解釈することは困難とされてきた。(12)

しかしながら、このことはコンピュータ・ソフトウエアに関連した技術的創作について特許法による保護が一切及ばないということを直ちに意味するものではない。すなわち、ソフトウエア関連発明については、特許明細書中の「特許請求の範囲」（以下、クレームと呼称する。）の記載において、ソフトウエアによって実現される一連の処理過程あるいはソフトウエアの有する機能を実現する「装置」や「システム」に関する「発明」として再構成し、記述することによって、それぞれ特許法における「方法」あるいは「物」に関する発明であるとして、保護対象の土俵に載せることが事実上可能であった。そして、このような取扱いは、日本特許庁におけるソフトウエア関連発明に係る審査上の運用方針上も確立した実務となっていた(13)。

ところで、このようなクレーム記載形式の特許権については、現実の権利行使という側面での不都合が数多く指摘されていた。すなわち、技術的創作の本質はあくまでソフトウエアという無体物の部分であるにもかかわらず、特許権の効力は、クレームの文言を基本に画定される「方法」や「装置」に対してしか及ばないという問題がある。とりわけ、物の発明としての「装置」や「システム」といったクレームの特許権については、あくまでソフトウエアとハードウエアが一体となった状態のものについてしか特許権の効力は及び得ず、ソフトウエア部分単独については、本来、特許発明の中心であるにもかかわらず、保護されないことになる。これでは、ソフトウエア部分が単独で取引・流通される形態が普及するにつれて、事実上、ソフトウエア関連発明の特許法による保護は形骸化するというわけである。

そこで、この問題についての、解釈論による対応策として、間接侵害の成立可能性が議論された(14)。ソフトウエア部分は、クレームで特定された「装置」や「システム」という特許発明の生産「のみ」に使用するものであると解することができるとすれば、ソフトウエア部分のみの製造・販売行為自体も、間接侵害を構成し得る。もっともこの議論については、解釈論上の大きなハードルがあった。一つは、特許法一〇一条における「物」の解釈として、ソフトウエア部分を含めると解することができるのか、次にソフトウエアをハードウエアに導入し、動作させる行為を、「生産」と解することができるのか、さらに、ソフトウエア部分をクレームされた特許発明の生産に対して「のみ使用」していると解釈することができるのか、といった点が挙げられる。

第一の点については、ソフトウエア部分といっても、従来はフロッピーディスク等の有体物の記録媒体を介して取引・流通する場合がほとんどであったことから、解釈論の上でもさほど困難は少ないと考えられる。しかし、第二、第三の点については、積極説[15]もみられる一方、現実の解釈論としては困難という見方も強く、あくまで理論的な可能性に留まっていた。特に第三の点を巡っては、通常、記録媒体上には複数機能を併せ持ったソフトウエアが記録されている場合が多く、そのような場合に果して「のみ」の要件を充足しうることはむしろ少ないのではないのかという懸念[16]が示されていた。

このような問題状況に対処すべく、日本特許庁は、一九九七年から新たな審査運用指針として、ソフトウエアを保存した記録媒体についても、特許法における「物」の発明として取扱うという方針[17]をとることで対応した。このような解釈運用によって、ソフトウエアを保存した記録媒体についても「物」の発明としての特許権（いわゆる「媒体特許」）を得られることが可能となった。

このような運用による利点として、先に議論されていたような権利行使を巡る限界については、少なくとも記録媒体を介した取引・流通形態を前提とする限り、ほぼ解消されたことになる。例えば、特許発明に係るソフトウエアの違法コピー製品がＦＤや光ディスクといった記録媒体という形で製造販売されたとしても、当該ソフトウエアに関する媒体特許の権利行使によって、直ちに対処可能となる。

もっとも、このような解釈論自体についても議論が生じている。確かに記録媒体は有体物ではあるものの、記録媒体自体は既に公知の物であり、それ自体として特許発明を具現化している物ではない。特許発明はあくまでもソフトウエアという無体物であって、特許発明の技術的構成においては実質的に何らの寄与もしていない記録媒体の有体性を根拠に物の発明とすること自体、解釈論として問題が残る[18]であろう。

以上のように、解釈論の上で疑念は残るものの、このような運用方針によって、ソフトウエアの特許法による保護を巡る懸案の問題は一応の解決をみたかのように見えた。しかし、情報通信技術の発展・普及に伴なうネットワーク環境の出現によって、たちまち新たな課題が浮上してきた。

②　ネットワーク環境におけるソフトウエア保護の課題

近年におけるインターネットの急速な普及や通信回線の大容量化・高速化にともなったネットワーク環境の拡がりは、ソフトウエアの取引・流通形態さらには、開発形態や利用形態においても大きな転換をもたらしつつある。(19)

取引・流通面の変化としては、従来のソフトウエア流通の主流であったＦＤやＣＤ－ＲＯＭ等の記録媒体を通じたものから通信回線を介して伝送される信号による直接的な取引・流通がなされるものの割合の増加という傾向がみられる。

従来は、ソフトウエアという情報の取引に際して、記録媒体という現実空間における存在をいわばビークル(vehicle)としていたわけであるが、ネットワーク環境という仮想空間の下では、ソフトウエアは情報という本来の存在形態のままで取引されるようになったといえよう。

すると、このような仮想空間の下での取引・流通において、従来の「装置」や「システム」、あるいは記録媒体に関する特許権によって十分な法的保護が確保されるのかという問題が表面化することになる。具体的には、ネットワーク環境におけるソフトウエアの取引・流通においては、通信回線を介した送信及び受信という行為が常に基本となることから、送信行為及び受信行為が、「装置」等や「媒体」に関する特許発明の実施概念上どのように評価されるのかということが中心的な課題となってくる。

まず、ソフトウエアを受け取る側における受信行為に際しては、現在の技術状況では信号として受信されたソフトウエアを一旦ハードディスク等の記録媒体に保存し、その後に使用する場合が多いと考えられることから、(20)この場合、受信行為は特許発明に係る記録媒体を「生産」する行為として評価し、解釈することが可能であろう。

もっとも、単に受信した段階では、圧縮ファイルのような形で直ちに利用できない場合も考えられる。このような場合については、圧縮を解凍することで、ハードディスクにインストールされた段階をもって、特許発明に係る記録媒体の「生産」と解する方が適切かもしれない。「装置」等の特許発明との関係では、やはり単に受信されただけでは、「装置」等を「生産」する行為として評価することは困難である上、さらにインストールされ利用可能とする行為をもって「生産」と解すべきなのか、あるいは当該ソフトウエアが現に起動された段階をもってはじめて「生産」と評価すべきなのか、「使用」概念とのバランスも含めて疑義の残るところではある。とはいえ、以上の検討により、ネットワークを介してソフトウエア全体を一旦すべて受け取るという取引・利用形態を前提とする限りにおいては、受信行為を記録媒体に関する特許発明の「実施」として解釈することで対応できる部分はあるものの、あらゆる受信行為を広く「実施」概念にとり込むことには限界があろう。

一方、ソフトウエアを提供する側による送信行為の評価については、さらに容易でない面が生じてくる。仮に受信行為の際の検討と同様に、ソフトウエア全体をネットワーク上にアップロードすることで送信する[21]という取引・利用形態を念頭に置いた場合、送信行為を特許発明に係る記録媒体の「譲渡」行為あるいは「貸渡し」行為と解釈できるとすれば、記録媒体に関する「実施」行為に送信行為を含めることが可能となる。しかしながら、送信行為を現象面からみると、あくまでソフトウエアという情報だけが通信回線を移動するのであって、送信者側には元の記録媒体は依然残り、受信者側の記録媒体には伝送された当該ソフトウエアが新たに記録されることになる。すなわち、送信者側の記録媒体自体については、何らの占有移転も生じておらず、これは元来、有体物を前提として占有移転を必須としている「譲渡」「貸渡し」の通説的解釈とは相容れないことになる。したがって、送信行為をもって「譲渡」「貸渡し」の各行為に相当すると評価することは困難であると考えられる。「装置」等のクレームの特許権についても、同じ点の解釈を巡って同一の結論となることはいうまでもない。

もっとも、送信者側が積極的に送信行為を行っている場合には、送信者は、信号を送信することによって、受信者側の記録媒体を用いて特許発明に係る記録媒体の「生産」行為を行っていると解釈できる余地があるとする説もみられる。[22] 確かにこのように解釈し得る形態も考えられるところであろうが、受信者側からのリクエストに応じて自動的にファイル転送が行われるような場合にまで、送信者側が「生産」を行ったと評価することには疑問が残るし、また受信後の解凍やインストール等の受信者側の作業を伴なう場合については、送信者側からの単なる送信行為のみをもって特許発明に係る記録媒体の「生産」と解することにはやはり無理があるように考えられる。もちろん、送信者側と受信者側の共同不法行為として構成し得ることは別途考えられよう。[23]

いずれにせよ、送信行為については、「装置」等に関する特許権はいうまでもなく、媒体に関する特許権をもっても、一般的に効力範囲に含ましめることは、解釈論の上で困難であるといえるのである。

そこで、窮余の策として、このような場合でも、通信回線を構成する伝送媒体上（いずれかの位置に）ソフトウエアが存在しているとして伝送媒体をクレームする特許権を得ることを求める動きも見られ、実務上の混乱も生じるようになった。このようなクレーム形式の特許権は、通信回線上のどこにソフトウエアが存在しているのか特定できないこと、実質的に考えても、送信行為が行なわれる瞬時にしかクレームで特定された媒体が実現されていないことから、特許法における記載要件（三六条六項）に違反したクレームとして解釈され、認められるべきではないであろう。[24]

とはいえ、送信行為自体を特許発明の実施概念に含ませることによって、特許権の効力を及ぼせることの実質的必要性は、受信行為よりもむしろ高まる一方である。受信行為の場合、行為者は一般消費者である場合も多く、たとえ「実施」概念に包含される行為がなされたとしても、「業として」という要件（特許法六八条）を充足せず、結局のところ、特許権の効力が及び得ない場合が多いと考えられるのに対して、送信行為の方は事業者によって、組織的かつ反復継続的に行われる場合が多いものと考えられること、また、特許権をはじめとした知的財産権を侵害したソフトウエア製品は、ネットワークを介することで、ＦＤやＣＤ－ＲＯＭ等の記録媒体を介する場合よりも格段に短期間かつ広範囲に拡布されることが可能となり、権利者が被る損害も拡大する可能性を伴っているからである。送信段階で特許権の効力が直接及ぶとすれば、権利侵害行為の発生・展開を元の段階で阻止する事が可能となり、権利者はより十分な法的保護を受けられるというわけである。

③ 特許庁新審査基準による対応と法解釈論との調和

以上のような背景事情の下で、日本特許庁は二〇〇〇年一〇月に、コンピュータ・ソフトウエア関連発明の審査基準改訂案（以下、改訂案と呼称する。）を公表し、意見聴取を行った上で改訂案に部分的修正が加えられた後、二〇〇〇年一二月二八日に新しい審査基準（以下、新審査基準と呼称する。）[25]を公表した。

新審査基準では、「ソフトウエア」、「プログラム」といった用語についての定義を明確にした上で[26]、「コンピュータの動作に関するプログラム」である「ソフトウエア」において、「コンピュータによる処理に適した命令の順番付けられた列からなるもの」である「プログラム」[27]について、コンピュータが果たす複数の機能を特定するものであれば、「物」の発明として記載できることを明らかにしている。

従来の審査基準[28]ではソフトウエアを構成するプログラム自体については、「情報の単なる提示」として扱われ、特許法における「発明」を構成し得ないものとされてきたわけであるが[29]、新審査基準ではこのような考え方を改めて、プログラムという無体物そのものを「物」の発明として取扱うという大きな方針転換を行なっている。

特許法における「物」の発明とは、通説として、民法上の「物」（民法八五条）の解釈と平仄をあわせて、物理的実体のある有体物に関する発明と解されてきたといえる[30]。そのような通説的解釈からすれば、新審査基準は、その理論的根拠として、無体物であっても対象を具体的に特定可能であれば、特許法における「物」概念に含めることができるという、ある意味での拡張的解釈に基づいているということになるであろう。

もっとも、新審査基準においても、「プログラム言語」という形式については人為的取決めにあたり、「プログラムリスト」という形式については、「情報の単なる提示」にあたり、それぞれ「発明」に該当しないものと扱うことが明らかにされているし[31]、特許請求の範囲の記載上、必ずしも「プログラム」となっていない場合であっても、コンピュータによる機能が特定される「プログラム」に相当する場合は認められるが、「プログラム信号」や「プログラム製品」といった形式では、発明が不明確で認められない（法三六条六項二号）とされている[32]。したがって、その意味では、ソフトウエア自体であれば任意のクレーム記載形式の特許権でも許されることを認めているわけではなく、「物」の発明という概念をあらゆる無体物にまで拡張する解釈論を採っているとはいえないものの、「物」の発明を無体物まで拡張するという解釈論が果たして、特許法の解釈論として受容れうるものであるのかという点については慎重な検討を要しよう。

一方、このような審査基準の利点としては、いうまでもなく「プログラム」自体をクレームする特許権が成立しうるということに尽きよう。すなわち、先に検討したようにネットワーク環境下におけるソフトウエアの取引・流通を巡って、従来のクレーム形式をとった特許発明の実施概念では十分にカバーしきれなかった部分を、直接的に特許権の効力範囲に取り込むことが期待されるわけである。それによって、特許法によるソフトウエア関連発明の実質的保護の充実が最終的に実現されることに意味がある。しかしながら、そのためには、プログラムに係る特許発明の「実施」概念の解釈として、ネットワークにおける送受信行為を適切に取り込むことができることに限らず、特許法における「物」概念の拡張的取扱いに伴なった「実施」概念における解釈上の混乱といった副作用を何らもたらさないことが大前提であって、新審査基準と法解釈論の真の意味での調和が実現したと評価するためには、これらの点についての検証を要するのである。

このようなことから、ネットワーク環境の拡がりに伴って、特許法を構成する基本概念について、解釈論の上で大きな見直しを迫られているものが浮き彫りになったといえよう。第一には、「発明」概念、特に「発明」の一カテゴリーとしての「物」の発明の解釈、第二には、「実施」概念の解釈である。新審査基準が、これらの解釈論を巡る課題につき、解決策としての新しい回答を与えたとにわかに評価することは避けるべきであり、検討の結果如何によっては、むしろ新たな問題提起をしていると理解すべき場合もありうると考えられるのである。以下でより詳細な検討を行う。

(3) ビジネス関連発明の台頭――対象領域の拡がりと波及的影響

情報技術による特許法への挑戦に位置付けられる問題として、もう一つは、ネットワーク環境を前提としてソフトウエアによって具現化されたビジネス方法に関する発明の出現が挙げられる。アメリカにおけるState Street Bank控訴審判決[33]を契機として、一九九九年頃から日本においても社会的な問題[34]とまでなった、いわゆるビジネスモデル特許を巡る問題である。ここでは、特許法における「発明」概念と「実施」概念へもたらされたインパクトという観点に絞って検討を行う。

ビジネス方法に関連する発明（以下、ビジネス関連発明と呼称する。）自体については、決して目新しいものではなく、コンピュータ・ソフトウエアを利用しない、単なる取極めや人間の行動のみを構成要素とする発明は、ビジネス方法に関するものであれなにであれ、特許法上の「発明」を構成しないという解釈は、判例上古くから確立されてきた[35]といえる。

また、現行特許法においては、「発明」の定義規定（特許法二条一項）の上で、明確に自然法則利用性を提示している以上、この種の発明が特許法の上での「発明」を構成し得ないことは議論の余地がないといえる。特許庁における審査基準においても、「請求項に係る発明が、自然法則以外の法則（例えば、経済法則）、人為的な取決め、数学上の公式、人間の精神活動に当たるとき、あるいはこれらのみを利用しているときは、その発明は、自然法則を利用したものとはいえず、「発明」に該当しない。」とされている[36]。

問題となるのは、ネットワーク環境を背景とする、ソフトウエアによって具現化されたビジネス関連発明である。この場合、特許法における「発明」を構成し得るか否かは、専らソフトウエア関連発明における取扱い一般に沿う。これまでの審査基準[37]によれば、自然法則利用性が認められないとされる「コンピュータを用いて処理する」場合と自然法則利用性が認められる「ハードウエア資源を用いて処理する」場合の違いが不明瞭であり、それぞれの趣旨からすると、請求項の記述に際して、ハードウエアにおける処理プロセスをある程度具体化して記述すれば、「ハードウエア資源を用いて処理する」、すなわち、自然法則利用性は充足すると解されるように考えられた。新審査基準においては、このような考え方をさらに一歩進めて、「ソフトウエアによる情報処理がハードウエア資源を用いて具体的に実現されている」こと、すなわち、「ソフトウエアがコンピュータに読み込まれることで、ソフトウエアとはハードウエア資源が協働した具体的手段によって、使用目的に応じた情報の演算又は加工を実現することにより、使用目的に応じた特有の情報処理装置(機械)又はその動作方法が構築されること」によって、ソフトウエア関連発明は特許法上の「発明」を構成しうるとされている。(38)

このようなことから、ソフトウエアを用いた発明についてみる限り、当該ソフトウエアがハードウエアによって動作可能な状態が明らかになっており、その動作内容について具体的に特許明細書に開示がなされていれば、実質的にはほとんどの場合「発明」と解されるように考えられる。

以上より、ソフトウエア関連発明であれば、もはや特許法における「発明」の成立性は問題視されないように変化しつつあるといえよう。

そしてこのことは、「発明」概念へのインパクトという見地からは、少なからず無視し得ない大きな意味を持ちうる。というのは、本来であるならば、特許法における「発明」を構成し得ないとされる人為的取決めのようなものと同質な、ビジネスに関するアイデアであっても、ソフトウエアによって具現化されることをもって、自然法則利用性が充足したとされ、特許法における「発明」へと取り込まれてしまう可能性を含んでいるからである。(39)そのような意味でソフトウエア技術とは、「発明」概念の実質的な対象領域を著しく拡大させうる作用を有しているといえよう。

対象領域の拡がりに歩調を合わせるように、「実施」概念を巡っても波及的影響が生じつつあるといえよう。なぜなら、ビジネス関連発明について特許権が付与された場合、その「実施」の外延画定につき、これまでの特許発明にはみられない特徴がみられるからである。ビジネス方法の場合、異なる複数の当事者の行為が組み合されることではじめて一つのまとまりをもったビジネスが成立し得るという場合が多く、そのような発明の実施、特に「使用」といった場合に、異なる主体が、クレームの構成要件の一部のみをそれぞれ「実施」して完結するということになる。[40]したがって、単一の主体がクレームの構成要件すべてを実施しない限り非侵害という解釈を採るとすれば、この種の特許権の効力は事実上ほとんど意味を持たなくなってしまうというわけである。このような見地から、主として「実施」概念における主体と発明の構成要件の分担という観点から再検討される必要があろう。

三　諸外国における試行の検討

(1)　アメリカ

①　ネットワーク環境におけるソフトウエアの特許法による保護

アメリカでは、コンピュータ・ソフトウエアが特許法における保護対象となりうるかを巡って、かつて大議論が展開されたが[41]、連邦最高裁判決であるDier判決[42]以降は、ソフトウエアについても保護対象たりうるという基本方針自体は固まり、いかなる要件を充足すればいいのかという観点を巡って判例・学説が蓄積されてきた。[43]とはいえ、クレーム形式については、日本と同様に、装置やシステムといった、いわゆる「物」形式のクレームあるいは「方法」形式のクレームが認められるものの、ソフトウエア自体についてのクレームについては認められていなかった。

一九九六年にアメリカ特許商標庁（U. S. PTO）が公表したコンピュータ関連発明に関する審査基準[44]では、コンピュータ・プログラムを記録した、コンピュータ読み取り可能な媒体（computer-readable medium）についても、特許法における保護対象となりうることが明らかにされた[45]。これは、フロッピーディスク（ＦＤ）上のソフトウエアというクレームについての拒絶査定、及び同旨の審決を不服とした控訴審判決である In re Beauregard 判決[46]の過程で、U. S. PTO 側（長官）が、媒体上に保存されたコンピュータ・プログラムについては、特許法における保護対象たりうる、という見解を表明したことを契機に新たに策定された基準である。

審査基準における媒体（medium）の解釈としては、ＦＤやＣＤ－ＲＯＭ等の有体物の記録媒体に限らず、搬送波信号のような無体物の媒体も認めうることを明らかにしている。このため、搬送波信号（propagated signals）上に載せられたプログラムについても、特許法上の保護対象となるというのがアメリカ特許商標庁（USPTO）の運用方針とされている[47]。もっとも、本審査基準においても、コンピュータ・プログラムの機能性を実現するのに必要な何らの媒体（medium）を伴わない、いわばプログラム自体については、機能性のある記述的素材（functional descriptive materials）そのものに過ぎないとされて、特許法上の保護対象とはならない[48]（non-statutory）とされている。すなわち、機能性のある記述的素材に該当する場合は、当該機能を実現するため用いられる媒体（medium）との間に何らかの構造的、機能的相互関係（interrelationship）が存在していない限り、特許法における保護対象とはならない[49]ということになる。これは、単にプログラムといっても現にコンピュータへ何らかの作用をし得る形態のみを保護対象とするという意図を示しているものといえよう。したがって、プログラムリストについては、当然ながら特許法の保護対象とはならない。

このように、アメリカにおいては信号のような媒体に載せられていることを要件とするものの、ある意味では既に無体物としてのプログラムに対して直接に特許権が付与される余地があるといえる。一方、日本の新審査基準の下で認められるようになった「プログラム」自体は保護対象として認められず、日本の新審査基準の下では認められていない「プログラム信号」については逆に保護対象となりうるという状況であり、ソフトウエアであれば任意の形態についても保護対象として認めているということではない。

ただ、アメリカの審査基準においては、媒体を介することでプログラムが直接的にコンピュータ・ハードウェアに作用する状態が確保されていることを日本の審査基準よりも明確に要求しているようでもあり、その分、権利行使の局面においては、解釈論上の疑義が少ないようにも考えられる(50)。

しかしながら、搬送波信号も含めた無体物の媒体（medium）にまで拡張しうるという審査基準における解釈については、学説上はかなり懐疑的な立場が多くみられる(51)。また、権利侵害を巡る紛争機会が飛躍的に増加する可能性を懸念する見解もみられるところである(52)。また、実務上も、「信号」形式のクレームについては、ネットワーク環境における充実した保護が期待できる反面、有効な権利としての成立性という観点からはさほど期待されていないようでもある(53)。

② ビジネス関連発明への対応

ビジネス関連発明を巡る議論は、そもそもアメリカに端を発するものではあるが、問題発生の系譜、現実の問題状況といった面で、日本とは相当事情が異なっていることを留意すべきである。ここでは、議論が生じた理論的背景、State Street Bank 控訴審判決(54)以降の保護対象（Subject Matter）概念と波及的影響を中心に、日本におけるビジネス関連発明を巡る議論と簡単に比較対照することを主眼に検討を行う。

アメリカ特許法においては、日本特許法のような「発明」の定義規定は存在せず、特許法により法的保護が付与される大枠を画定する概念として保護対象（Subject Matter）要件が用意されている(55)。そこでは、新規かつ有用という要件の充足に加えて、方法（process）、機械（machine）、製品（manufacture）、組成物（compositions of matter）という四つのカテゴリーのいずれかに属することを要するという極めて大まかな限界しか規定されていないが、実際には保護対象（Subject Matter）に包含されそうなものであっても、アプリオリに保護対象から除外されると解されているカテゴリー（Non - Statutory Subject Matter）(56)が存在している。

そして、ビジネス方法についても、そのようなカテゴリーの一角を占めるものと長らく考えられてきており、U. S. PTO による審査基準（ＭＰＥＰ）の上でも、この点は明示されており、[57] ″Business Method Exception〃と呼称されきた。

このような「原則」は、一九〇八年の Hotel Security 判決[58]以降確立されたと信じられていたが、ビジネス方法に関連した裁判例を時系列的に詳細に検討した限りでは、″Business Method Exception〃なる概念を直接的根拠として、特許法における保護対象に包含されることを否定した判決は、実のところみられず、ほとんどは、新規性、非自明性といった他の要件を根拠として判断を下している。[59] また、先例とされる Hotel Security 判決においても、必ずしもいわゆるビジネス方法（″Business Method〃）はすべて特許法の保護対象（Subject Matter）から除外されることを前面に押し出した判決と読むことはできず、むしろ Subject Matter 該当性の判断に際して、ビジネスを行うシステムを実施するための具体的手段とビジネスを行うシステムの発想自体を分離して評価・判断すべきという考え方を明確に示した点で注目されるべき事案と考えられるのである。

また学説上も[60] ″Business Method Exception〃の不明瞭性を批判する説[61]はみられるものの、このような「原則」の成立根拠や限界につき明確にするものはみられない。

したがって、″Business Method Exception〃なる「原則」自体、その根拠、成立過程、適用範囲様々な局面で極めて不明瞭なものであり、判例上も裏付けられた確固たる法理であるとは評価できないように考えられる。にもかかわらず、一〇〇年近くの間、亡霊の「影」のごとく曖昧なかたちで影響を及ぼしてきたといえよう。

一九九八年の State Street Bank 控訴審判決は、ビジネス関連発明を認めることを初めて明らかにした判決とされ、いわば最近のビジネス関連発明を巡る議論や騒動の火蓋を切った判決に位置付けられるわけであるが、その意味では理論的には特許法の保護対象の範囲を拡張した判決とは位置付けられないといえる。

とはいえ、State Street Bank 控訴審判決以降の保護対象（Subject Matter）概念は実質的に大きく変容しつつあることも事実であろう。State Street Bank 控訴審判決においては、数学的アルゴリズムを含む場合であっても、有用（useful）かつ具体的（concrete）、実体のある（tangible）な結果を生み出すものである場合については、応用的利用がなされているとして保護対象からは排除されず、とりわけ実用上の有用性を重視すべきという基準が示された。

これは、少なくともソフトウエア関連発明に関する限り、有用性という要件を充たす限りにおいて、ほとんどいかなるものでも特許法の保護対象に含まれることになり[62]、実質的には他の特許要件で評価することで足りる[63]ということを意味しよう。すなわち、保護対象概念はもはやほとんど何らのフィルターとして機能し得ないようにも考えられるのである。

しかしながら、三極特許庁の見解によると、アメリカでも保護対象（Subject Matter）たるためには依然として技術的側面が要求され、"in the technological arts" であることが求められている[64]し、コンピュータを用いていないビジネス方法の場合については、やはり、抽象的アイデアか否かという篩い分けをもって保護対象該当性がフィルターとして機能することに期待せざるを得ないのではないかとも考えられる。しかし現実問題としてどの程度有効なフィルターとして機能しうるかは定かではない。

このように、アメリカ特許法における保護対象概念は、ソフトウエア関連発明についてはもはや実質的に形骸化しつつあるという状況は、日本特許法における「発明」概念の置かれている状況と似ているものといえよう。一方、アメリカ特許法においては、コンピュータを用いないビジネス方法についても、理論的には特許法における保護対象となりうると解されている[65]ことから、日本特許法のように、本来、保護対象外であったものが、コンピュータを介して実現されることによって取り込まれうるようになってきたという現象は直接的には認識しにくいであろう。一方、インターネットを活用した商取引が活発になるにつれて、この種のビジネス関連特許を巡る紛争事例は増える傾向にあるものの、特許権における効力範囲の解釈を巡る議論は未だそれほど活発になっていないようでもある。[66]

(2) 欧　州

① ソフトウエアの特許法による保護

欧州特許条約（European Patent Convention 以下、ＥＰＣと呼称する。）では、三要件（industrial application, new, inventive step）を充足する発明（"inventions"）について特許権が付与され得る。[67]

ＥＰＣにおいては、「発明」（"inventions"）について何らの定義規定が置かれていないものの、コンピュータ・プログラム（"programs for computers"）は五二条(1)により特許権が付与されうる「発明」（"inventions"）とはみなされない。[68]

もっとも、ソフトウエアを用いた発明であっても、特許法における保護の対象から全く外れるというわけではなく、「技術的特徴」（technical character）を有するものであれば、実質的にはソフトウエアが発明の中核となるものであっても、「装置」のような物や「方法」について特許権が付与され得る。[69]

ところが、一九九八年七月の欧州特許庁（ＥＰＯ）の審決[70]では、コンピュータ・プログラムそのものであっても、従来のソフトウエアとハードウエア間での相互作用を超える何らかの技術的特徴（technical character）があり、コンピュータ上で動作するのであれば、必ずしも保護対象から排除されないという見解を示し、製品としてのプログラム自体（program product）について特許権が成立し得る余地を認めた。そして、同様の立場はその後一九九九年二月の審決[71]でも提示された。また、学説上支持するものもみられる。

これを契機に、ＥＰＣ改正の動きを巡る議論がにわかに高まり、二〇〇〇年三月にはヨーロッパ欧州機構（European Patent Organization）によってヨーロッパ特許条約（ＥＰＣ）の改正案が提示され[72]、改正最終案[73]では、五二条(2)(c)、(3)の特許法の保護対象外となるものの類型からコンピュータ・プログラムは削除された。二〇〇〇年一一月開催の改正会議で議論され、ＥＰＣ一七二条に基づき改正されることを予定していたが、最終的にこの部分の改正は見送られた。[74]

また、このようなEPC改正の動きを受けて、ヨーロッパ委員会でもコンピュータ関連発明の特許要件についてのEU域内における統一立法の可能性も含めた検討に取り組み、二〇〇〇年一〇月に、"the Patentability of Computer-Implemented Inventions" (Consultation Paper by the Services of the Directorate General for the Internal Market, Commission of the European Communities) を公表し、[75]二〇〇〇年一二月までの意見聴取を行った。さらに、コンピュータ・ソフトウエアに関する特許権の経済的影響についての研究成果も公表されている。[76]

このように、欧州特許条約においては、「発明」概念における明確な定義概念を対応させていない一方で、その解釈として「技術的特徴」(technical character) という要件を充足することを要求している点で特徴的であり、ソフトウエア関連発明についても、技術的機能としての特徴が重視されているといえる。昨今のEPO審決が示したプログラム自体についての特許権を認めうるという判断も、この点を表しているものといえよう。そして、このようなプログラム自体をクレームする特許権は、ネットワーク環境におけるソフトウエア取引・流通に対応しうるものであると考えられるが、[77]このような情報そのものをクレームする特許権の有効性、さらに効力範囲の解釈を巡っては未だそれほど問題認識がなされていないようである。

② ビジネス関連発明と特許法への対応

ビジネス方法についても、欧州特許条約(EPC)五二条(2)(c)、(3)の下でコンピュータ・プログラムと並んで、ビジネスを行なうスキーム、規則、方法("schemes, rules and methods for doing business,")は特許法の保護対象外となることが明文上規定されている。[78]そこで、コンピュータを用いないビジネス方法等については、日本特許法同様に「発明」を構成せず、原則的には保護の対象とはならない。

一方、ヨーロッパ特許庁(EPO)は二〇〇〇年八月に"Patentability of methods of doing business"という文書を公表し、[79]EPOにおけるビジネス関連発明の取扱いについての方針を提示した。すなわち、五二条(2)(c)で、これらについては明示的に「発明」でないことが示されているものの、従来の扱い通り、「技術的特徴」（technical character）を有しているものについては、特許権が付与され得ることを確認している。[80] さらに、ビジネス方法に関するものを含めてコンピュータ・プログラム自体については、審決（T1173/97）の判断基準に沿って処理されることを明らかにした。

また、ヨーロッパ委員会による先のConsultation Paperで提示された幾つかのKey Pointsのうちにも、「技術的特徴と非技術的特徴の評価――ビジネス方法について」（The Assessment of technical and non-technical features-consequences for business methods）という検討項目が提示されている。[81]

このように、ビジネス関連発明については、欧州では日本同様に、実質的にはコンピュータを用いたソフトウエア関連発明という文脈でのみ議論の対象となりうるのであって、加えて「技術的特徴」という概念で明確に制限されることから、本来、保護対象外のビジネス方法がソフトウエア関連発明を介することによって保護の対象へ取り込まれる可能性は日本法における状況に比べれば少ないようにも考えられる。もっとも、先述のＥＰＯによる取扱い方針以降、二〇〇〇年九月に出された審決（T0931/95）[82]は、「年金利潤コントロールシステム」という、コンピュータを用いたビジネス関連発明に関するものであったが、方法クレームについては一般論としても「発明」を構成しないとしたものの、装置クレームについては、経済活動に用いられるか否かにかかわらず、「発明」に相当すると判断した。基本的な判断基準は審決（T1173/97）に沿っていると解されるものの、「発明」該当性判断における技術的寄与の考慮については批判的見解も示しており、今後欧州において、「発明」概念における技術的特徴の占める重みが変化することも考えられるところである。

以上のように、欧州におけるコンピュータ・ソフトウエアの特許法による取扱いを巡っては、まさに目下変動期を迎えており、未だ十分な議論が尽くされていない状況にあるといえよう。今後、特許法における保護の対象や効力範囲についての方向性が明らかになると考えられる。

四　日本特許法における既存概念の見直し

(1)「発明」概念についての再検討

これまでの検討結果より、ネットワーク環境の展開にともなって、特許法において新たな見直しを迫られている既存概念として、第一には「発明」概念、第二には「実施」概念が挙げられることが明らかになった。そして、アメリカ、欧州の現況を検討した限りでは、「発明」概念を巡って、目下、議論されているものの、「実施」や「効力範囲」の解釈に関する方向性は未だ明確とはいい難いといえよう。以下、個別に検討を行う。

まず、「発明」概念であるが、これについては再検討の方向性として大きく二つあると考えられる。一つは、新審査基準によって示唆されるように、「発明」の一カテゴリーたる「物の発明」における「物」概念の拡張的解釈の妥当性である。もう一つは、ビジネス関連発明を契機に顕在化したように、情報技術による「発明」概念そのものの実質的な拡張を視野に入れた、「発明」の定義規定についての見直し可能性である。

後者の点について、日本特許法の「発明」の定義規定における自然法則利用性の要件は、ビジネス関連発明を巡る議論、とりわけアメリカにおける問題状況との比較において、保護対象に関する審査実務や解釈論上の混乱を回避するという意味で、少なからず無視できない役割を果たしていると評価しうるであろう。しかしながら、ソフトウエア関連発明における審査基準にみられるように、実質的意味での自然法則利用性の解釈・適用は次第に形骸化しつつあり、ソフトウエア関連発明として構成されることでビジネス方法が半ば当然に特許法における「発明」に取り込まれることも一方では事実である。であるとすれば、今後も情報技術が様々な技術分野・産業分野に浸透するに伴なって、従前のような自然法則利用性を要とする「発明」概念そのものを解釈論あるいは立法論も含めて見直すという発想も考えられるところである。

具体的には、これまでの自然法則利用性要件の解釈論による緩和をさらに漸次的に進めることで、実質的に「発明」概念の間口を広げるという考え方、(83)あるいは、広く産業発展への寄与を目指すという立場から従来の特許法の対象領域では狭く、優れたアイデアであれば自然法則利用性に拘泥せずに特許法の保護対象とし、そのために自然法則利用性の削除、さらには「発明」の定義規定そのものの削除といった考え方(84)もありえるであろう。

次に前者の点について、新審査基準では、プログラムという無体物についても特許法における「物」の発明として扱う（あくまで「物」とするのではなく）とされていることから、その理論構造としては、特許法二条に定められる「物」の解釈論として、プログラムのような無体物も含まれるという拡張的な立場を論理的前提としていると考えざるを得ないであろう。

そこで、このような解釈を巡っては、さらに二つの検討課題が浮び上がる。

一つは、このような解釈が理論的に十分根拠付けられるものであるのかという点であり、もう一つは、このような解釈の下では、「物の発明」と「方法の発明」の分別に際して、いかなる平仄をとるのかという点である。

第一の検討課題について、検討する。「発明」とは本来、技術的思想といういわば情報であり、無体物であるが、特許法における保護対象としての「特許発明」については、明文上、「物」に関する発明及び「方法」に関する発明という類型（カテゴリー）に大別（法二条三項）されている。そして、このような発明のカテゴリー化自体は、さほど本質的なものではなく、「物」と「方法」に限られるわけではないことは、学説上または現行法の立法過程においても認識されていた(85)といえる。

しかしながら、発明のカテゴリーのそれぞれは、「実施」概念を通じて、実質的には特許権の効力範囲を画定するものであって、現実問題としては特許権の実質的な効力の強さに大きな違いを生ぜしめる分かれ目となる概念(86)といえるのである。その意味では、「物」概念と「方法」概念を区別するメルクマールは、その適用限界が明確で画一的に適用可能なものとなることが強く要請されるといえる。

先にも示したように、これまでの通説としては、「物の発明」における「物」とは、経時的要素のない、一定の物理的存在として把握されており[87]、立法趣旨としても、民法における「物」概念（民法八五条）にいう「有体物」と歩調を合わせていた[88]といえよう。また、これに対して、「方法」とは、経時的要素をもち、一定目的へ向けた系列的に関連ある行為や現象によって成立するもの、という解釈[89]がなされてきた。

もっとも、民法においても、「物」の解釈を巡っては古くは数多くの議論が存在した[90]。とりわけ、電気のようなエネルギーを民法上の「物」と解すべきかを契機とした議論が展開した[91]。学説上は、あくまで物理的考察を中心として、空間の一部を占める有形的存在としての有体物に限るという解釈を採る立場と社会的経済的事情に合わせて、広く「法律上の支配可能性」とする立場に分かれるというが[92]、現在の通説的立場は前者であるといえよう[93]。そして、空間を占める有形的存在として把握する場合、経時的変化は問題となりにくいであろう。

確かに機械や装置といった「物の発明」であっても、その動作によって時系列的な行程を内含するものであり、それによって発明の効果が実現されるということを考えると、厳密には「物」と「方法」を経時的要素という概念で切り分けられない部分もあるとは考えられるものの[94]、発明という無体物に排他的独占権たる特許権を付与し、権利行使を実現させることで法的保護を提供しようとすることを念頭に考えると、当該発明が物理的存在をもった有体物上に具現化されている場合とそうでない場合に分けて考えるということは、ある意味で明確かつ一律に適用できる切り分け方であるように考えられる。そのような見方に立つと、「物の発明」における「物」をひとまずは物理的存在を持った有体物という意味での民法上の「物」概念に合わせるということには合理的な根拠があるように考えられる。そしてこのことは、先述のように、現行特許法の立法過程においても、「物」概念とは民法の「物」概念を前提として組立てられていたとされていることからも裏付けられるのである。

このような背景事情を考慮すると、やはり特許法における「物」概念とは、民法上の通説的な「物」概念に同期させる方が素直な解釈態度であるように考えられるのである。

とはいえ、「物」概念を、個別の法制度の趣旨にしたがい、無体物にまで拡張するという解釈は、従来みられなかった訳ではなく、例えば、電気について刑法上の「人の所有物」に含まれるとした解釈(95)などが古くから知られる。民法の規定にも、「本法ニ於テ」と限定が付されていることや、民法の「物」概念にしても、先に述べた通説的立場を裏付ける前提として、「物」概念は実質的には物権における客体を限定するという限られた役割機能しか有していないという指摘もみられること(96)から、民法における「物」概念の解釈に過度にとらわれる必要はなく、法制度における「物」概念の趣旨や機能に配慮して、相応しい解釈をするという考え方も一面では妥当性を持ち、理論的には考えられ得る立場であるといえるであろう(97)。

新審査基準の背景となっている具体的根拠には、ネットワーク環境下におけるソフトウエア取引が拡大していく現状における実質的保護の実現という要請に加えて、ソフトウエアが果たしている役割や機能による特定性を考慮すると、たとえそれを構成するプログラム自体が無体物であっても発明を具現化する手段としては、有体物と実質的に同様な支配可能性が実現され得ることから、有体物同様に特許法の上でも取扱うべきであるという価値判断があるものと考えられる(98)。特許法の制度趣旨という観点のみに限ってみれば、このような立場の意図するところは、決して合理性を欠く根拠とはいえない。

しかしながら、加えて、特許法における「物」概念の果たす「副次的な」役割機能についても注目して検討を行うことを怠ってはならない。先述したように、特許法における「物」概念とは、発明の一カテゴリーを単に占めるのみならず、「実施」という概念を介して、特許権の効力範囲を画定し、権利侵害の対象物までも特定するという役割機能を同時に担っているのである(99)。したがって、拡張的解釈を採ることに対応して、これらの面においても、バランスの取れた明瞭な解釈論が維持されることは、当然要請されるべきことであろう。一部の解釈が合目的的であるとしても、それによって他の部分における解釈に混乱をきたすのでは、却って法制度全体が機能不全となってしまう恐れがあるからである。そこで、新審査基準のような解釈を採った場合、「物」概念の果たす役割機能に関連した他概念にいかなる影響が生じうるのかを明らかにする必要がある。とりわけ、発明のカテゴリーの違いが特許権の効力範囲に差異をもたらす「実施」概念における影響に注目されるべきである。

次に、第二の検討課題、すなわち「物の発明」と「方法の発明」の両者の区別におけるバランスの問題についても以下、検討する。

コンピュータ・プログラムとは、新審査基準の定義にも示されているように、「コンピュータによる処理に適した命令の順番付けられた列からなるもの」であって[100]、時系列的な命令群から構成されている以上、本質的に経時的要素から逃れられないことから、従来の「物の発明」の概念と合い入れないようにも思われる。もっとも、先述のように装置発明の場合も、機能実現には経時的状態変化を伴うと考えられる事から、「プログラム」が、時間変化に関係なく（例えば、記録媒体等に）安定的に固定されていることを前提とする限りにおいては、そのような装置発明等の場合と本質的な違いは存在しないように考えられる。しかし、媒体を介さないプログラム自体のクレームである以上、安定的な固定状態は必ずしも前提とし得ないことから、このような解釈を採ることは、事実上、「物の発明」と「方法の発明」との区分けが消滅することへつながるように考えられるのである。

(2)　「実施」概念についての再検討

「実施」概念を巡って再検討すべき事項としても、やはり二つに大別されよう。第一には、先に検討した結果を受けて、新審査基準の背景にある「物」概念の拡張的解釈が、「実施」概念にいかなる影響を及ぼしうるのかを明らかにするということである。第二に、ビジネス関連発明を契機に顕在化した、異なる複数の主体の行為が集積することで完結する「実施」行為の問題が挙げられる。

第一の検討事項について、以下「物の発明」における「実施」概念の諸類型に沿った解釈につき検討する。

「生産」行為とは、特許発明に係る「物」を作り出す行為とされていること[101]から、新たにプログラムを作成する行為はもちろん、複製行為についても広く含まれるように解釈できると考えられる。したがって、ネットワーク上の送信行為に際したパケット生成に伴う複製についても「生産」行為と解しうるであろう。

「譲渡」行為とは、特許発明に係る「物」の移転行為であり、[102]「貸し渡し」行為とは、特許発明に係る「物」の貸与行為であり、[103]いずれの行為についても従来は占有移転を伴うことを必須と解されてきた。[104]しかしながら、これはあくまで有形的存在としての有体物を前提とするものであり、プログラム自体の場合は情報であって、そもそも占有概念が存在しないのであるから、[105]占有移転という概念を必須と解する限り、「譲渡」「貸し渡し」という行為そのものを観念し得なくなってしまう。すなわち、プログラム自体をわざわざ「物」の発明として取扱ったにもかかわらず、結局のところ、ネットワーク上での送信行為を「生産」行為と解釈し得る場合を別として、送信行為に対して直接的に特許権の効力が及ばないことになってしまう。その場合、送信行為に際して、元のプログラムとは別途に「譲渡」対象となるプログラムが瞬時に新たに「生産」されたと観念し、それが直ちにネットワークを介して受信者側へと「譲渡」されたものとして解釈するのか、あるいは解釈論上占有移転を伴わない「譲渡」「貸し渡し」というものを観念せざるを得なくなるが、後者は「譲渡」「貸し渡し」の解釈一般にとって極めて異質である。そして、他の局面で解釈論上の混乱を招来する恐れがあり、引いては、特許法における「実施」概念全体が大きく変質することになる。したがって、送信行為を広く「実施」行為の範囲内に取り込むためには前者のような解釈を採らざるを得ないであろう。しかし、このような解釈にしても、新たに「生産」されたとするるプログラム全体としては一瞬たりとも送信者側に占有されていたとはいえないのであって、かなり解釈論上無理があろう。

また、ネットワーク上のプログラム取引については、実体問題として一度送信したプログラムを再度返還するということは考えにくく、その意味で「貸し渡し」概念は考えにくい。

「使用」行為とは、典型的にはプログラムを起動し動作させる行為が想定されるが、ソフトウエア起動のためにメモリにプログラムのコピーが生成する状況を巡って「生産」行為の解釈との調整がどのようになされるべきなのか明らかでない（とりわけ後述する間接侵害成立の可能性という点も含めて）。また、必要に応じてネットワークから一時的に記録媒体に保存され動作されるタイプのソフトウエアの場合[106]、一括して当該ソフトウエアの使用行為と評価されるべきなのか、あるいは生産行為と使用行為が同時並行的に行われていると評価すべきなのか判然としない。

「輸入」行為とは、外国にある貨物を日本に搬入する行為と解されている[107]。ネットワークを介して外国から送信されたプログラムを受信する行為について、「輸入」と解釈できるようにも考えられるが、「譲渡」「貸し渡し」と同様に、占有概念を伴なわない場合に当てはまるのか疑問が残るところである。

このように、プログラム自体に関する特許発明における各「実施」概念と現実にプログラムに関して行なわれる具体的行為類型が、解釈論上どのように対応付けられるのか明確でない。とりわけ、ネットワーク環境における送信行為・受信行為について、「実施」概念の各類型についての現行の解釈下では、十分に対応できないように考えられるのである。

その他に、「物」概念の拡張的解釈は別の課題も提示している。

「物を生産する方法の発明」という類型における「物」の解釈上もこのような拡張的解釈が適用され、プログラムも含まれると解されるとすれば、従来、方法の発明とされていた自動プログラミング方法といったタイプの発明が、このような発明のカテゴリーに含まれることとなり、その結果、当該特許権の効力範囲は、自動プログラミング方法により生成されたプログラムで任意のものについても、「特許発明による方法によって生産された物」に該当し、その「生産」のみならず、その「使用」「譲渡」「貸し渡し」「輸入」等々の「実施」行為まで及ぶこととなる。すなわち、本来、特許要件を充足し得ないはずのプログラムにまで、実質的には特許権の排他的効力が及ぶという極めて不適当な結論となる余地が生じよう[108]。

さらに関連する問題として、間接侵害規定の解釈を巡って生じる問題も想定される。すなわち、「物」概念の拡張的解釈によって、間接侵害の規定における「物」についてもプログラムを含むということにもなりうるものと考えられる。すると、あるプログラムに関する特許権が存在している場合、当該特許発明に係るプログラムにおける構成要素（コンポーネント）の一部となっているプログラムまでもが、特許法一〇一条における「（特許発明の）生産のみに使用する物」として含まれると解される余地が生じる。もっともこれは先に検討したように「プログラム」という特許発明について「生産」概念自体の射程が曖昧になることとも連動している。[109]

その結果、クレームで特定された特許発明の構成要件の一部について、必ずしも特許要件を充足しているか定かでないにもかかわらず、間接侵害の成立によって、実質的には独立して特許権が付与されているのと同様の効果がもたらされる可能性があろう。もちろん「のみ」の解釈によっても実際上の結論は異なるであろうが、特許発明の構成要件をすべて充足することをもってはじめて特許権侵害が成立するという特許法における大原則が、プログラムの特許権については崩壊しうるという危惧への懸念が意識されるところである。[110]

以上、検討してきたように、特許法における「物」概念の拡張的解釈を採った場合、「実施」概念の解釈において、「物」概念の拡張に連動した適切な再解釈を行えるのか、懐疑的な結論を示さざるを得ない。むしろ、「実施」の諸概念において、新たな解釈上の不明点や問題点を多々生じさせるだけで、その見返りとして得られることが期待される効果面は限られているように思われるのである。

第二の検討事項について、従来、「実施」概念とは、単一の主体によって行われるということを、ほとんど当然の前提としていたが、複数主体を前提としなくては、およそ特許発明に係る「実施」をなし得ない場合が、ビジネス関連発明について多く認識されている。もっとも必ずしもビジネス関連発明に限られず、地理的に離れた位置においても逐次的に構成要素を実施することで発明の効果を実現できるという意味では、ネットワークを構成要素とするソフトウエア関連発明一般について想定できる課題であろう。特許法においては、「実施」主体については特段の規定を設けていないものの、仮に、「実施」に関わる各主体について、特許発明の構成要件の一部しか[111]

「実施」していないことを根拠として、各主体のいずれに対しても特許権の効力が及ばないとすると、事実上、特許権は何人に対しても権利行使し得ないことになり、あまりに不都合であろう。そこで、このような場合、複数主体によって分担される「実施」行為についての適切な解釈論が用意される必要が生じよう。

(3) 「発明」と「実施」の再構成――特許法の制度的機能からの考察

これまでの「発明」及び「実施」に関する再検討の結果を踏まえて、特にネットワーク環境への対応という見地から必要とされる、「発明」及び「実施」というそれぞれの概念の再構成について考察を行うこととする。考察に際して、特許法が本来果たすべき制度的役割・機能についても多分に配慮するものとする。

まず、「発明」の定義規定についての見直し可能性についてであるが、「発明」の定義規定削除や自然法則利用性の削除といった考え方は、既存の特許法よりも幅広い「創作」という情報財を保護する法制へと特許法そのものを発展させることを意図するものといえる。そして、このような立場を取る以上は、もはや既存の法制度の解釈論を超えた立法論に結びつく。ネットワーク環境への対応という問題のみに限って考えるのであれば、当面のところ、そのような必要があるのか疑問である[112]。

また解釈論として、事実上「自然法則利用性」を形骸化するという考え方についても、特許法を取り巻く社会的背景が変わったことを根拠とするにしても、「発明」概念を解釈によって徒に拡張する姿勢は避けるべきではないかと考える。ソフトウエアに代表される情報技術における進歩・普及に伴なって特許法における「発明」概念がある程度の広がりをもってくること自体はやむを得ないにしても、やはり特許法という単一の法制度が一体性を維持していく上での本質的な限界線を認識すべきである[113]。その意味では、ソフトウエア技術を介するビジネス関連発明は、ある意味ではその限界線に肉迫するものであるように考えられる。そして、本来限界線を超えているものを法的にいかに取扱うべきかについては、現行法の解釈論の場で行われるべきではなく、あくまで立法論の問題として議論されなくてはならない。その結果、仮に、限界を超えていると目されるものに対して何らかの法的保護が必要とされるのであれば、先の立法論同様、別途産業立法[114]で対応されるべきであるか、あるいは他の知的財産法制の枠組みによる対応を模索すべきである。

従前通り「発明」の基本的概念は変えずに自然法則利用性も維持するという立場も考えられよう。私見としては、日本特許法における「自然法則利用性」がビジネス方法発明の取扱いにおいて果たす役割をはじめ、現行特許法の「発明」定義規定の有する潜在的価値については再評価されるべきであろうと考える[115]。

また、特許制度の機能[116]という観点に立ち返ってみれば、本来は万人が普遍的に利用し、その効用を享受しうるという性質を本質的に備えた技術的情報を保護客体としているからこそ、それを生み出し開示するインセンティヴを十分に確保するための仕組みが法制度として組立てられているといえるはずである。また、情報財に排他権を付与する知的財産法制のうちでも、特許権は物権類似の独占権という相対的に排他性の強い権利構成がなされていることも考慮すると、逆にそれだけの強いインセンティヴ形成が必要とされる範囲に保護客体は厳格に限定されると考えるべきであろう。そうだとすれば、特許制度における保護客体とは、理論的には歴史的・社会的・文化的状況といったものに一切左右されず、何人でも客観的条件さえ整えば実現し効果が生じ得るものであるべきと考えられ[117]、その射程を明確にする要件として「自然法則利用性」は適切であるようにすら考えられるのである。

このようなことから、「発明」概念を定義する規定自体については、見直し必要性はさほど大きくはないように考える。

一方、特許法における「物」概念の拡張的解釈については、理論的には民法の解釈論の束縛から逃れて特許法固有の解釈を展開するという立場自体は受容れられなくはないものの、新審査基準の裏付けとなっているような拡張的解釈は、特許法の「実施」概念に関して新たな解釈上の混乱を招来する可能性が強く、さらに特許権の明確な効力範囲画定に際しても負の影響を及ぼしうると考えられる。したがって、特許法全体としての解釈の調和バランスを維持しつつ、ネットワーク環境下における十全な法的保護の提供という要請に対応した「実施」概念の再構成を、特許法における「物」概念の一方的な解釈変更のみによって実現するということは実質的に困難であろう。

やはり、現行特許法は、特許発明の実施製品は有体物たる「物」となることを前提として制度設計されたことは認めざるを得なく、無体物であるソフトウエア自体が特許発明の実施製品となることは、本来的に想定しておらず、もはや解釈論だけでは適切に対応しきれないように考えられる。

そこで、立法論的観点からも、「発明」のカテゴリー及び「実施」概念の再構成を目指した検討を行うこととする。解決されるべき課題として、ネットワーク環境下におけるソフトウエアの十全な保護への対処、とりわけ、ネットワーク環境における送信行為・受信行為への対応を念頭に置く必要があろう。

まず、「発明」のカテゴリーについて、最も簡潔な立法論としての方向性としては、「物」、「方法」以外に第三の発明のカテゴリーを新たに設けて、それに相応しい「実施」概念の範囲を新たに規定することが考えられる。すなわち特許法二条の補充的改正ということである。このような対応によって、既存の発明カテゴリーにおける「実施」概念の再解釈を巡る混乱を避けることができる。当然、それに伴って、新しいカテゴリーの特徴に相応しい形で効力範囲も構成可能となることが期待される。

特許法の立法経緯上、発明のカテゴリーは必ずしも「物」「方法」に限られないと認識されてきた(118)ことからも、新しい発明のカテゴリー及びそれに対応した「実施」概念を法改正により規定する事自体については、理論的にも障害は少ないであろう。

残された問題は、具体的にどのようなカテゴリーとして規定し、いかなる行為を「実施」行為として特定するのか、という点であろう。

技術進歩の方向性については、常に明確な予測を行うことが不可能である以上、コンピュータ・ソフトウエア以外にネットワーク環境下で取引・流通し、なおかつ特許法による保護の対象として適格な創作物が、将来的に出現する可能性は否定できない。とはいえ、そのような創作物を解釈論で取りこむことを期して、例えば「情報の発明」といった漠たる概念のカテゴリーとした場合、却ってその具体的射程の明確化や「実施」概念の規定が極めて難しくなる。(119)

このようなことから、新審査基準で定義されている用語の意味での「プログラム」あるいは「ソフトウエア」という発明のカテゴリーで当面のところは足りるのではないかとも考える。(120)

「実施」概念については、いうまでもなくネットワーク環境下でのソフトウエアの利用・取引形態に即した行為を中心に据えるべきである。少なくとも、ソフトウエアについての「送信」、「受信」、「保存」、「実行（起動）」、「複製」、さらにはインストールや解凍といった「実行のための準備行為」等々の行為を直接にカバーできるような規定とする必要があろう。これらについて、著作権法上の支分権における概念を参考とすることも考えられよう。また一方で、「実行（起動）」ためのメモリへの一時的保存のような行為については「実施」行為外とするといった例外規定の設定にも配慮する必要があろう。もちろん、これらは一つの試みとしての再構成概念であって、他にも様々な立法論が想定できよう。(121)

最後に、複数主体によって分担される「実施」行為についての解釈論について、複数主体全員が全体として一つの「実施」行為、例えば、「使用」をしていると評価されうるのであれば、原則としてその全員に対して特許権の効力は及び、当該複数主体全員に対して差止請求権は行使し得ると解するべき余地はあろうと考えられる。(122)立法論としては、この点、「実施」の主体については単一の主体であることを必ずしも要さない旨の確認規定を設けるという方向性も考えられよう。

五　結び——ネットワーク環境への適応から「純化した情報財」保護法制への進化？

以上、情報技術の発展・普及に伴なって浸透をみせる、ネットワーク環境への特許法による適応を基本的な問題認識として、現行の日本特許法の枠組みにおいては「発明」と「実施」の両概念についての再検討・再構成が必要であることを提示した上で、比較法的検討や最近公表された特許庁の新審査基準についての分析も行ないつつ、具体的な再構成の方向性を提示した。

結論としては、ネットワーク環境の下といえども、特許法は本来果たすべき制度的役割・機能を維持することが望ましく、その意味では、「発明」の定義概念を見直す必要性は当面乏しいといえる。とはいえ、ネットワーク環境の下で、無体物のままで直接に取引・流通されるようになってきたソフトウエアについては、既存の「発明のカテゴリー」及びそれによって画定される「実施」概念の再解釈のみをもっては、もはや十分に対応できなくなってきたと結論せざるを得ない。そして、その限りで立法上の手当てが必要な時期に来ているといえる。今後は適切な立法上の措置を視野に入れた議論が尽くされなくてはならない。

また、ネットワーク環境への適応とは、一面では、より純粋な意味での情報財への法的保護に向けた適応にも通じるものがあるといえる。

特許法における保護客体である特許発明とは、そもそも情報財ではあるものの、「物の発明」は、従来、有体物に化体する形で把握されることで、現実空間において取引され、利用に供されてきた。しかし、情報通信ネットワークによる仮想空間が拡大することで、情報財が何らの媒介によらず、より純粋な形で取引され、直ちに利用されうる環境が生成するようになってきた。そして、それに伴って、特許法は、現実空間のみならず仮想空間の世界においても適切な法的保護を付与すべく適応することが要請されているのである。(123)

特許法が、今後より一層このような「純化した」情報財保護法制として進化を遂げていくとすれば、その行方は、技術進歩と、それに対応した知的財産法制の継続的発展にゆだねられているといえるだろう。

(1) 特許法を新技術保護法であることを、明確に述べる立場として、吉藤幸朔・熊谷健一補訂 特許法概説(第一三版)(有斐閣・一九九八)一頁

(2) 日本特許法では、昭和五〇年特許法改正によって、化学物質が特許されない発明のカテゴリーから外されることで、物質特許制度が導入された。その根拠は、純粋に国内産業政策上の事由といえる。

(3) 昭和五〇年特許法改正によって、化学物質と並んで特許されない発明とされていた、飲食品又は嗜好物、医薬又はその混合方法についても不特許発明から外された。また、原子核変換の方法によって製造されるべき物質(原子核変換物質)についても、長らく特許されない発明とされてきたが、平成六年法改正によって不特許発明から外された。現行法の下では、不特許発明は、公序良俗・公衆衛生を害する発明に限られている。(特許法三二条)

(4) 日本特許法における「発明」の定義規定(二条一項)においては、「発明」とは、「自然法則利用性」「技術的思想」「創作性」という要件を明確に要求している。

(5) これに対して、例えばアメリカにおいては、特許法における保護対象の拡大に際して、法解釈上の大きな議論を呼び、連邦最高裁判決によって、保護対象に含まれることが解釈論の上で確認されるというプロセスを経たものも多い。例えば、生物体については、Diamond v. Chakrabarty, 447 U. S. 303 (1980)、コンピュータ・ソフトウエアについては、Diamond v. Diehr, 450 U. S. 175 (1981) によって、それぞれ保護対象 (subject matter) たりうることが明らかにされた。

(6) 昨今、情報技術、ITという用語が頻繁に用いられることが多いものの、後に検討するようにその指し示す範囲は確固たるものではない。

(7) 最近では、インターネットを核とするネットワーク環境一般を、サイバースペース (cyberspace) と呼称することも多く見られるようになってきた。

(8) コンピュータ関連の基礎技術から応用技術までを幅広く包含する語としてもちいられている。(二〇〇〇年版情報・通信新語辞典(日経BP社・一九九九)四四〇頁)その意味では、本来、工学における体系として存在していた語ではないといえる。昨今では、IT革命やIT戦略といった、極めて通俗的な状況で用いられる言葉となっている。

(9) 例えば、インターネットとは、基本的には複数のコンピュータを通信回線によって相互に接続するという極めて単純なハードウエア構成であるものの、今日のように飛躍的に普及した大きな契機は、隔地にあるコンピュータの持つ情報を画像で簡単に表示することを可能とした、ウエヴブラウザーというソフトウエアの出現によるところが極めて大きいといえる。

(10) 当初は、プログラムのデッドコピーに対する法的保護が議論の中心にあり、特許法による保護は相応しくないという見解も強かったという。(中山信弘編 注解特許法(第三版)上巻(青林書院・二〇〇〇)二八頁(中山信弘執筆部分)そのため、著作権法による保護を巡る議論が中心となっていた。

(11) 日本特許法二条一項

(12) 中山編・前掲注(10)二八―二九頁、中山信弘 工業所有権 上(第二版)(弘文堂・一九九八)九七―九八頁、吉藤・前掲注(1)一六三―一六五頁

(13) 当初は「コンピュータ・プログラムに関する発明についての審査基準(その1)」(一九七六)では、「方法の発明」に限って認められてきたが、その後「マイクロコンピュータ応用技術に関する発明についての審査運輸指針」(一九八二)以降は装置等の「物の発明」としても認められるようになった。これらの審査基準及び問題点、さらに媒体特許導入経緯について詳細に検討したものとして、加藤公延・ソフトウエア関連発明についての記録媒体発明による保護の限界及び今後の保護の方向性について(1)、(2)・パテント五二巻八号(一九九九)三―一九頁、同五二巻九号五三―五九頁

(14) 中山編・前掲注(10)九六五―九六六頁(松本重敏・安田有三執筆部分)、中山・前掲注(12)四二三頁、水谷直樹・ソフトウエアと間接侵害・法とコンピュータ一二巻(一九九四)六五頁、椙山敬士 ソフトウエアの著作権・特許権(日本評論社・一九九九)一四九頁、光主清範・コンピュータソフトウエアの特許侵害について・特許研究

一七号（一九九四）四七頁

(15) 光主・前掲注（14）、椙山・前掲注（14）

(16) 水谷・前掲注（14）は、解釈論上は可能としながらも、このような理由により現実には成立困難とする。

(17) 特許庁・「特定技術分野の審査の運用指針」「第一章　コンピュータ・ソフトウエア関連発明」（一九九七）

(18) 中山・前掲注（12）一〇一―一〇二頁（脚注（11））は、これまで技術的思想でないとして拒絶していたクレーム形式を運用方針の変更で新たに認めることを問題視する。その他、媒体特許による保護の問題点について、詳細に検討したものとして、弁理士会ソフトウエア委員会・プログラムを記録した記録媒体の実施に関する問題点の検討・パテント（弁理士会・一九九九）五二巻八号二〇―三四頁も参照。

(19) とりわけ、ソフトウエア開発環境において、大きな影響をもたらしつつあり、このことは、今後のソフトウエア保護法制のあり方にまで大きな見直しを迫ることになるかもしれない。すなわち、Linux に始まるいわゆるオープンソース型のソフトウエアの広がりである。このタイプにおいては、ネットワーク環境下にソースコードを公開して、広く改良と配布の機会を提供することによって、知的財産権保護を背景にソースコード公開を避けてきた、従来のソフトウエア開発に比して、極めて安価に高品質・高信頼性のソフトウエアを短時間に開発できるとして注目されつつある。このような開発手法と今後のソフトウエア保護法制をどのように対応付けてゆくべきか検討を要する課題であろう。オープンソースの基本発想を説くものとして、Eric S. Raymond, "The Cathedral and the Bazaar", (http://www.tuxedo.org/~esr/writings/cathedral-bazaar/) 日本語訳として、山形浩生訳・伽藍とバザール・川崎和哉編　オープンソースワールド（翔泳社・一九九九）七一―一一八頁。

(20) もちろん、Java によるアプレットのように必要に応じて一部のプログラムが随時送られて、受け手側のコンピュータ上で実行されるタイプのソフトウエアもあろう。

(21) このような送信形態を前提として、ネットワーク上のプログラム販売行為につき検討したものとして、平成一〇年度弁理士会ソフトウエア委員会・ネットワーク上のプログラムの販売行為について・パテント五二巻七号（一九九九）一九―二八頁

(22) 椙山・前掲注（14）

五　結　び

(23) 椙山・前掲注(14)

(24) このため、特許庁は、伝送媒体上のソフトウエアというクレームに対しては、固定がなされていないことを理由に媒体クレームとして認めない立場を明らかにした。特許庁・コンピュータ・ソフトウエア関連発明における「伝送媒体」等のクレームの審査上の取扱いについて・平成一一年八月(http://www.jpo.go.jp/より入手可能。)

(25) 特許庁・「第Ⅷ部　特定技術分野の審査基準　第一章　コンピュータ・ソフトウエア関連発明」(二〇〇〇年一二月二八日)(http://www.jpo.go.jp/より入手可能。)

(26) 特許庁・前掲注(25)第一章二頁

(27) 特許庁・前掲注(25)第一章1.1.1.(2)(b)

(28) 特許庁・「特定技術分野の審査の運用指針」「第一章　コンピュータ・ソフトウエア関連発明」(一九九六年)、ちなみに新審査基準は、平成一三年一月一〇日以降の出願のみに適用されるという。

(29) 特許庁・第二部　第一章「産業上利用することができる発明」の審査基準(一九九三年)1.1(5)②

(30) 中山編・前掲注(10)三四頁、中山・前掲注(12)一一二頁、吉藤・前掲注(1)六六頁も、基本的に有体物を念頭においていると考えられる。

また、SOFTIC(財団法人ソフトウエア情報センター)・コンピュータ・プログラム特許に関する調査研究報告書(平成一二年三月)・特許法における「物」と「方法」——特許法二条三項・六八条・一〇一条の沿革——(君島祐子執筆部分)八頁、一七頁(脚注(31))によると、現行特許法の立法過程においても、「物」とは、民法における「物」概念と同様であるという認識が明確に示されていたという。

(31) 特許庁・第Ⅱ部　第一章「産業上利用することができる発明」の審査基準(二〇〇〇年)1.1(5)(b)

(32) 特許庁・前掲注(25)第一章1.1.2(1)(a)、(b)

(33) 149 F.3d 1368 (Fed. Cir. 1998)

(34) 主としてマスコミにおける話題やビジネス上の関心として注目を集めた。しかしながら、いずれも特許法における正確な理解や検討に欠けるものも多く、混乱助長を招来したと言わざるを得ないであろう。また、アメリカによる挑戦という受け止め方もなされた。ビジネス上の関心に根ざしたものとして、特集ビジネスモデル特許の脅威・週刊東洋経済二〇〇〇年六月一七日号四四―五〇頁、ＢＭ特許はこう使う・Trigger二〇〇〇年四月号一〇一―一〇九頁、特集ビジネスモデル特許・日経ネットブレイン二〇〇〇年八月号三八―五五頁、アメリカによる「挑戦」という見方として、岸宣仁・アメリカの新たな挑戦状〈ドキュメント〉「金融ビジネス特許」水際の攻防・中央公論二〇〇〇年二月号九六頁―一一七頁、緊急特集米国が仕掛けた特許爆弾ビジネスモデル特許・Trigger（トリガー）二〇〇〇年一月号五―二〇頁等。

(35) 例えば、「欧文字単一電報隠語作成方法」（最判昭和二八年四月三〇日民集七巻四号四六一頁）、「和文字単一電報隠語作成方法」（東京高判昭和二八年一一月一四日行集四巻一一号二七一六頁）、「電柱広告方法」（東京高判昭和三一年一二月二五日行集七巻一二号三一五七頁）といったものについての事案が存在する。

(36) 特許庁・前掲注（31）

(37) 前掲注（28）

(38) 特許庁・前掲注（25）第一章2. 2. 1(1)

(39) 新審査基準でも、進歩性の判断基準（特許庁・前掲注（25）第一章2. 3. 4(4)、(5)など）として、単に人間が行なっている業務のシステム化や公知の事象をコンピュータ上で再現することについては、当業者の通常の創作能力の発揮に当たるとして、進歩性を充足しないという基準を定めてはいるが、「発明」要件では、この点について振分けを行うことは期待できない。

(40) いわゆる共同直接侵害の問題である。このような問題を提起するものとして、緒方延泰・ビジネスモデル特許における法的諸問題・JICPAジャーナル五四一号（二〇〇〇）九〇―九二頁、またコンピュータ・システム一般における、この問題を提起し論じるものとしては、尾崎英男・コンピュータプログラムと特許侵害訴訟の諸問題・清水利亮＝設楽隆一編集 現代裁判法体系26 知的財産権（新日本法規・一九九八）二二〇―二三一頁

(41) 議論の要点を簡潔にまとめるものとして、Robert P. Merges, Peter S. Menell, Mark A. Lemley, Thomas M. Jorde, "Intellectual Property in he New Technological Age",（Aspen, 1997）pp. 955-1004, Donald Chisum, "The Future of Software Protection : The Patentability of Algorithms", 47 U. Pitt. L. Rev. 959（1986）も参照。

（42）Diamond v. Diehr, 450 U. S. 175（1981）

（43）例えば、CCPA（連邦関税特許控訴裁判所）における一連の控訴審レベルの判決によって確立されたテストである Freeman-Walter-Abele（In re Freeman, 573 F. 2d 1237（C. C. P. A. 1978), In re Walter, 618 F. 2d 758（C. C. P. A1980), In re Abele, 684 F. 2d 902（C. C. P. A. 1982））のテストとは、ソフトウエア関連発明の方法（process）クレームが保護対象となるものか否かを判断するテストであり、二段階から成る。第一のステップとしては、クレーム内に数学的アルゴリズムあるいは数式が直接的または間接的な形で記述されているかどうかについて判断し、もし記述されているとすれば、第二のステップへと進むことになる。第二のステップでは、クレームされた発明が当該数式またはアルゴリズムを直接的に目的としているものか否かにつき判断される。仮に直接的に目的としているものと判断されるとすれば、当該クレームは特許法における保護対象とはならない。一方で、数学的アルゴリズムまたは数式が物理的要素やプロセスのステップに応用され、または限定されている場合には、当該クレームは保護対象に含まれるものと解される。

　もっとも、このテストの有効性については、多くの議論があり、判例上も、In re Alappat, 33 F. 3d 1526（Fed. Cir. 1994）において、その有効性に疑問が提示され、このような懐疑的な立場はさらに State Street Bank 控訴審判決以降の判断でも支持される。そして、Alappat 判決以降は「有用かつ具体的、実体のある結果」というメルクマールが用いられている。

（44）U. S. PTO 1996 Examination Guidelines for Computer Related Inventions, 61 Fed. Reg. 7478（1996）

（45）U. S. PTO・前掲注（44）

（46）53 F. 3d 1583（Fed. Cir. 1995）

（47）U. S. PTO・前掲注（44）及び U. S. PTO のコンピュータ関連発明審査ガイドラインと同時に公表された審査官用トレーニング資料（the Training Material）に挙げられた例では、"A Computer Data Signal embedied in a carrier" とあり、搬送波に載せられた信号についてもクレームしうる対象として想定されているものと考えられる。Nancy J. Linck, Karen A. Buchanen, "Patent Protection for Computer-Related Inventions : The Past, the Present, and the Future", 18 Hastings Comm/Ent L. J. 659（1996）は、将来的な方向性として、このような信

号形式クレームについても認められることが期されるとする。

(48) U. S. PTO・前掲注(44) Ⅳ. B. 1.(a), Shawn Mcdonald, "Patenting Floppy Disks, or How the Federal Cirduit's Acquiescence has Filed the Void Left by Legislative Inaction", 3 Va. J. L. & Tech. 9 (1998) は、記録媒体に保存されたプログラムでも、実行メモリへ読み込まれない限り所定の機能をもたらさないのであるから、このような機能性(functional)という分類基準は、技術の実状に根拠付けられたものではないと批判する。

(49) U. S. PTO・前掲注(44) Ⅳ. B. 1.(a), (b)

(50) すなわち、アメリカ特許法における効力範囲を画定する概念としては、「生産、使用、販売譲渡」(make, use, sell) 等々があり、プログラムを載せた信号についての「生産、使用、販売譲渡」の解釈として考える限りにおいては、件のネットワーク上の送受信行為、さらにはプログラムの使用を含めることはさほど違和感が少ないように考えられるのである。

(51) Richard H. Stern, "An Attempt To Rationalize Floppy Disk Claims", 17 John Marshall J. of Comp & Info. Law. 183 (1998) 特に footnote 12 では、信号クレームのような無体物についてまで、特許法の保護対象へ安易に含ませることは慎むべきで、慎重に検討すべきと主張する。なお、有体物の記録媒体クレームについても、Shawn・前掲注(48)は、十分な根拠に乏しいとして、その有効性を疑問視する。その他、Allen B. Wagner, "Patenting Computer Science : Are Computer Instruction Writings Patentable?", 17 John Marshall J. of Comp & Info. Law. 5 (1998) は、知的財産法の基本原則に抵触するとして、この種のクレームに異議を唱えるとともに、独立したソフト事業者以上にハードウエア事業者を有利な立場に置きかねないとして批判する。

(52) Jeffrey R. Kuester, Scott A. Horstemeyer, Daniel J. Santos, "A New Frontier in Patents : Patent Claims to Propagated Signals", 17 John Marshall J. of Comp & Info. Law. 75 (1998) も、保護される機会は増えるものの、通信事業者やプロバイダーといった、従来、特許権侵害とは無縁であった立場の者が巻き込まれる可能性を指摘する。

(53) Jeffrey R. Kuester, Scott A. Horstemeyer, Daniel J. Santos、前掲注(52)。信号クレームが、仮に認められたとした場合、その有効性については認められるとするが、一方で、他の形式によるクレーム記載も併せて欠かすべきでないとしており、信号クレーム自体の有効性に、実際のところさほど期待していないようにも思われる。Dana M. Wilson, “The Propagated Signal Claim”, 6 J. Intell. Prop. L. 425 (1999) も、この種のクレームの取扱いについての今後は未知数とする。

(54) 前掲注（33）

(55) 現行アメリカ特許法である一九五二年法では保護対象(Subject Matter)について一〇一条(35 U. S. C. §101)で規定している。

(56) Diamond v. Diehr, 450 U. S. 175 (1981) において、自然法則（laws of nature）そのもの、物理的現象(physical phenomena)、抽象的アイデア（abstract ideas）の三つが列挙されている。これをさらに具体化したものがアメリカ特許商標庁（U. S. PTO）の審査基準（MPEP）上規定されている。

(57) 審査基準（MPEP）§706. 03(a)において規定されていた。もっともState Street Bank判決以前の一九九六年版審査基準（MPEP）の§706. 03(a)からは、この点については既に削除されていた。

(58) 160 F. 467 (2nd Cir. 1908)

(59) これらの判例については、平嶋竜太・特許法における保護対象としてのビジネス方法――判例・学説の考察と今後の方向性について――・IIP研究論集5　米国におけるビジネス方法特許の研究(雄松堂書店・二〇〇一刊行予定)所収、又は平嶋竜太　アメリカ特許法における保護対象の変容――いわゆる“Business Method Exception”を巡る動向について――・特許庁委託平成一一年度工業所有権研究推進事業報告書（知的財産研究所・二〇〇〇）において個別検討を行なった。

(60) このような考え方は、Hotel Security 判決（前掲注（58））以降、幾つかの判例においても用いられているようである。

(61) 古くはGeo. E.. Tew, “Method of Doing Business”, 16 J. Pat. Off. Soc'y. 607 (1934) で既にこのような考え方は示されており、昨今ではMichael L. Fuelling, “Manufacturing, Selling, and Accounting : Patenting Business Methods”, J. Pat. Trademark. Off. Soc'y 471 (1994) ; Rinaldo Del Gallo, III, Are “Methods of Doing Business” Finally out of Business As a Statutory Rejection?, 38 IDEA 403 (1998) 等がみられる。

(62) 例えば、Michael A. Glenn, "Business and Patents and Business Patents", 22 Hastings Comm/Ent L. J. 203 (2000) ; John R. Thomas, "The Patenting of the Liberal Professions", 40 B. C. L. Rev. 1139 (1999) ; など。またそのような状況の是非は別としてRochelle Cooper Dreyfuss, "Are Business Method Patents Bad for Business?", 16 Santa Clara Computer High Tech L. J. 263 (2000) も同様の現状認識をしているものと考えられる。

(63) State Street Bank控訴審判決（前掲注（33））でも、このような立場を採っている。U. S. PTOでは二〇〇〇年七月にWhite Paperの公表と前後して、「コンピュータを用いたビジネス方法発明出願に関する一〇三条による拒絶事例集（Formulating and Communicating rejections under 35 U. S. C. 103 for Applications Directed to Computer-Implemented Business Method Inventions）」を公表し、ビジネス方法発明についての非自明性（non-obviousness）要件判断事例についての分析を示している。これは実質的な意味で、今後は非自明性要件による判断がもっとも中心となることが認識されている現われともいえよう。

(64) 三極特許庁専門家会合「ビジネス方法関連発明に関する比較研究」（日本特許庁（二〇〇〇年六月）http : //www. jpo. go. jp/）より入手可能。

(65) 実際、State Street控訴審判決の射程は、コンピュータを用いないビジネス方法発明に対しても及ぶとする見解はかなりあるという。例えば、平成一一年度特許庁工業所有権制度問題調査報告書・新領域（ビジネス方法）における保護のあり方に関する調査報告書（平成一二年三月・財団法人知的財産研究所）資料12海外調査報告によると、アメリカ法曹協会（ABA）、連邦巡回区控訴裁判所（CAFC）、アメリカ知的財産法律家協会（AIPLA）でのヒアリング結果からも、コンピュータを用いないビジネス方法でも保護対象となりうると考えられるという専門家による見解が明らかになっている。また前掲注（62）も参照。

(66) もっとも一般論として、ネットワークを前提としたビジネス関連特許の権利行使によるInternet上での競争阻害性やネットビジネスにおける効率の低下については懸念が示されている。Jared Earl Grusd, "Internet Business Methods : What Roles Does and Should Patent Law Play?", 4 Va. J. L. & Tech. 9 (1999) なお、国外から情報通信ネットワークを介して特許権侵害がなされる可能性を指摘し、アメリカ特許法における対応を検討するものとして、Timothy F. Myers, "The Impact of E-Commerce on the Laws of Nations Article : Foreign Infringement of Business Methods Patents", 7 Willamette J. Int'l. & Dispute. Res. 101 (2000)

(67) 欧州特許条約（European Patent Convention, EPC）五二条

(68) 欧州特許条約（European Patent Convention） 五二条(2)(c)で、「発明」に該当されないカテゴリーが列挙されている。

(69) もっとも、プログラム自体についての特許権については当然認められていない。

(70) Decision of the Technical Board of Appeal 3. 5. 1. (T1173/97), 1 July 1998

(71) Decision of the Technical Board of Appeal 3. 5. 1. (T935/97) 4 February 1999

(72) The Draft Basic Proposal for Revision of the European Patent Convention (CA/100/00) (24 March 2000)
(http : //www. european-patent-office. org/epo/ より入手可能。)

(73) Draft Revision Act, MR/3/00 (Munich, 30. 10. 2000)
(http : //www. european-patent-office. org/epo/ より入手可能。)

このような改正が、TRIPs二七条(1)にも適合するものであることを、以前から提示するものとして、Daniele Schiuma, "TRIPS and Exclusion of Software" as such "from Patentability", 31 IIC 36 (2000)

(74) "Statement by Dr. Roland Grossenbacher, Chairman of the Administrative Council of the European Patent Organisation" (29 November 2000) (http : //www. european-patent-office. org/news/ より入手可能。)

フランス代表による提案（MR/8/00, 17. 11. 2000）(http : //www. european-patent-office. org/ より入手可能。)は、単なる削除によって保護対象を拡張したと誤解される弊害を懸念して、当面改正を見送ることを示している。実際には、フランスの他にデンマーク、ドイツも削除の延期を提案し、オーストリアを除く他の加盟国もこの提案を支持したという。また、改正会議に先立って、二〇〇〇年一一月一七日にブリュッセルで開かれた会議で、既にこのような基本方針が決められており、改正会議ではこの論点については、事実上ほとんど議論されなかったという。今回、削除が延期された理由としては、関係者のさらなる検討が必要とされたこと、ヨーロッパ委員会がこの問題について域内での統一した取扱いへ向けた対応に取り組み始めたこと、削除によって、特許法による保護の対

象の範囲が拡張したものと誤解されうること、が挙げられている。一方、スイス代表は、このような結論の問題点を提示していたようである。今回の削除見送りは、ヨーロッパ特許庁による実務の現状を認めるものであって、決して批判するものではないことは、今回の会議においても強調されている。このようなプログラムに関する検討も含めた改正会議の状況報告につき、Ralph Nack, Bruno Phelip, "Report on the Diplomatic Conference for the Revision of the European Patent Convention", (http://www.aippi.org/reports/ より入手可能。) を参照。

(75) http://europa.eu.int/comm/internal_market/ より入手可能。コンピュータ関連発明についての特許要件につき、EPC改正によって各国の歩調が乱れることを懸念し、EU立法としてのDirective策定を目指しているようである。EPC五二条の改正が今回見送られたのも、このようなヨーロッパ委員会の行動を視野に入れているようにとれる。

(76) "The Economic Impact of Patentability of Computer Programs" Study Contact ETD/99/B5-3000/E/106 report to the European commission, by Intellectual Property Institute.

(77) もっとも、先述のヨーロッパ委員会によるConsultation Paper (前掲注(75)) においては、ネットワーク環境におけるソフトウエア保護への対応という問題認識はさほど強く提示されていない。Keypoint Ⅵにおいては、クレーム形式を取り上げてはいるものの、プログラム自体のクレームについては何らコメントしていない。

(78) 欧州特許条約 (European Patent Convention) 五二条⑵ⓒで、やはり「発明」に該当されないカテゴリーとして列挙されている。

(79) "Patentability of methods of doing business" (http://www.european-patent-office.org/news/pressrel/ より入手可能。)

(80) 前掲注 (70)

(81) 前掲注 (75) keypoints V.

(82) Decision of the Technical Board of Appeal 3. 5. 1.(T0931/95), 8 September 2000. なお、審決 T0769/92(31 May 1994), T1002/92 (6 Jury 1994) も、ビジネス関連発明に係るものとして参照。

(83) 相澤英孝・ビジネスの方法と特許・ジュリスト一一八九号（二〇〇〇年）二七―三三頁

(84) 特許法二条一項における自然法則利用性削除を明確に提示する立場として、川口博也 特許法の構造と課題(三嶺書房・一九八三)四〇頁。また、立法論の方向性として、このような可能性についても検討するものとして、山神清和・ソフトウェア関連発明の特許性──特に発明であることの要件について・本郷法政紀要三号(一九九四)三五七頁以下参照。
(85) SOFTIC・前掲注(30)九一一〇頁
(86) 例えば、「方法の発明」と「物を生産する方法の発明」の間には、特許権としての効力範囲に明確な差異が存することを示す判決として、最判平成一一年七月一六日・民集五三巻六号一頁。その意味でも、「物の発明」の拡張的解釈は、「物」「方法」両カテゴリーについて、これまで培われてきた振分けを崩すことになりかねないのではないかという懸念も生じるところである。
(87) 吉藤・前掲注(1)六六頁中山編・前掲注(10)三四頁、中山・前掲注(12)一一二頁
(88) 前掲注(30)
(89) 吉藤・前掲注(1)六六―六七頁、中山・前掲注(12)一一二―一一三頁、判例上も、「方法」とは、「一定の目的に向けられた系列的に関連のある数個の行為または現象によって成立するもので、必然的に経時的な要素を包含するもの」(東京高判・昭和三一年五月二二日行集八巻八号一四六三頁)と解されている。
(90) このような一連の議論の簡潔な流れについては、林良平編集・注釈民法(2)(増補版)(有斐閣・一九八四)三六七―三九二頁(田中整爾執筆部分)
(91) 林編・前掲注(90)三八二―三八四頁、電気について「物」概念を拡張して、民法上の物権の客体として含ましめるべきという説と、あくまでも民法上の「物」の枠とは分けて考えるべきであるとする説が対立していた。「物」とは区別するべきとする説の根拠としては、「物」概念はローマ法以来の歴史的経緯を含むものであり不用意な拡大解釈は避けるべきこと、必ずしも「物」概念に含めなくとも「物」に関する規定が相応しい範囲で適用すればよいこと、仮に「物」概念に含めて絶対権を認めたとしてもその結論には差が生じないことを挙げている。(浅井清信・電気の私法上の地位について・法学新報三九巻九号(一九二九)三一―六三頁)また、電力供給契約の法的性質を巡って、大判昭和一二年六月二九日民集一六巻一〇一四頁では、電力という物類似のものを売る契約と解釈して、

産物の売却に係る売買契約に類する有償契約であると判断した。その意味では、実質的には、物に準じて扱われていることには相違ない。中川善之助・電気は物か・法学セミナー二八巻（一九五八）五八―五九頁も参照。

(92) 林編・前掲注（90）三六七―三六九頁、SOFTIC・前掲注（30）一九頁、星野英一・民法概論Ⅰ（良書普及会・一九七九）一五八―一五九頁は、有体物を限定的に解するのは妥当ではないとして、電気に関する事案（後注（95））の事例について、民法によったとしても、有体物にあたらないと解する必然性はないとする。また、四宮和夫・民法総則〔新版〕（弘文堂・一九七六）一二九―一三〇頁は、有体物以外については、法の欠缺と考え、それぞれの性質と問題に応じて物または物権に関する規定を類推適用すれば足りるとする。要は、どこまでが妥当な類推なのかという判断の問題となるであろう。

(93) SOFTIC・前掲注（30）一九―二〇頁、林編・前掲注（90）三六七頁（田中整爾執筆部分）

(94) 島宗正見・物と方法・工業所有権の基本的課題（上）（原増司判事退官記念）（有斐閣・一九七一）一二七―一四三頁も、装置のような発明に関しては、その機能遂行に際して、装置構成部分が一定順序で、時間的に、また部分的に同時に、作動することから、方法のカテゴリーで表現してもよいとせざるを得ないことも多いことを認識している。

(95) 大判明治三六年五月二一日刑録第九輯八七四頁。すなわち、可動性と管理可能性の有無をもって窃盗罪の目的物か否かを判断すべしとする。

(96) SOFTIC・前掲注（30）二二頁、林・前掲注（90）三六七頁、三七九―三八二頁も参照。

(97) 相澤英孝・特許法の保護の対象としてのコンピュータ・ソフトウエア・二一世紀における知的財産の展望（知的財産研究所一〇年記念論文集）（雄松堂書店・二〇〇〇）一―二九頁は、プログラムを特許法上の「物」として特定することは、合目的解釈の範囲内とする。四宮・前掲注（92）における類推の延長として、どこまでを妥当とするのかという評価の問題であろう。

五　結　び

とはいえ、電力を民法上の「物」概念に含ませることで絶対権を認めるという解釈を採るべきかを巡る議論において、浅井・前掲注（91）五六―五七頁が、Niessen の説による、経済上の情況から導かれる論理的な推理によって、制定法が権利範囲、特に絶対権に対して建てている限界を除去することはできず、法政策上の要求と合目的な理由とによって現行法秩序を変更しようとする努力は法律は歴史的所産であるということを看過し、人間共同生活の確実な秩序ある基礎たるべき法律の任務を忘却させるものである、という見解を引用した批判についても、傾聴すべきものがあると考える。電力というエネルギーの場合、形態としては無体物ではあるものの、排他性という観点からは情報財とはいえず他の有体物による経済財と同視しても、さほど本質的差異は認識しにくいように思われるにもかかわらず、「物」概念の拡大解釈にこれ程までに慎重であったことを考慮すると、有体物に具現化された発明とソフトウエアのような無体物そのものの発明という、排他性の観点から通常の有体物やエネルギーなどと大きく性質が異なる両者を合目的理由だけで同一視する解釈が可能であるのかという疑念が生じるのである。

(98) このような価値判断は、例えば新審査基準に併せて公表された「コンピュータ・ソフトウエア関連発明の改訂審査基準に関するQ&A」(http://www.jpo.go.jp/より入手可能。)問一、問二に対する回答に明確に示されている。

(99) 島宗・前掲注(94)一三五—一三六頁の示すように、侵害訴訟においては、発明のカテゴリーは裁判所がクレーム解釈を行なうに際して確定するのであり、また、クレームの文言の表現形式だけで確定されるべきでなく、発明の実体によって区別すべきであるとされている(吉藤・前掲注(1)六六頁、東京高判・昭和三二年五月二一日行集八巻八号一四六三頁)ことから、特許庁における権利付与段階では、「物の発明」として付与されたはずのプログラム自体のクレームを、侵害裁判所の段階では、必ずしも「物の発明」として解釈せずに、端的には「方法の発明」と解して、効力範囲を画定するということも考えられるであろう。しかしこのような場合、実務上も大きな混乱が生じるであろう。

(100) 特許庁・前掲注(25)第一章二頁

(101) 中山編・前掲注(10)三四頁、吉藤・前掲注(1)四三三頁

(102) 中山編・前掲注(10)三五頁

(103) 中山編・前掲注(10)三五頁

(104) 椙山・前掲注(14)一五二頁、中山編・前掲注(10)三五頁

(105) 本来、情報財のもつ特徴として、共有可能性、占有困難性、価値の相対性というものが挙げられる。占有困難

であるということは、逆にいえば、一度に複数主体が相互の効用を減ずることなく維持できるということでもある。例えば、ネットワークを介してコンテンツを共有することなどを考えれば明らかであろう。

(106) 前掲注(20)でも触れたように、Java 言語によるアプレットなどが典型的である。

(107) 中山編・前掲注(10)三五頁

(108) 最判平成一一年七月一六日・民集五三巻六号一頁で示されたように、「方法の発明」と「物を生産する方法の発明」の間には、本来、特許権としての効力範囲に明確な差異が存することは、従来から認識されているところである。

(109) 近年のソフトウエア工学の傾向として、コンポーネンツ指向開発へ推移しつつある(例えば、青山幹雄・コンポーネンツ指向開発・bit三二巻三号(二〇〇〇)三頁)というが、ここでは、このようなものに限らず広くソフトウエアを組立てている構成要素(部品)のことを意味するものとする。

(110) ある程度、汎用性のある構成要素であれば、「のみ」の要件を充たさないものとも考えられるものの、プログラムのどの部分を評価するかによって、結論は変わってくるようにも考えられる。間接侵害の規定についての解釈を巡っても、有体物中心の既存の解釈では不十分であり、新たな解釈論が展開されることを要しよう。間接侵害の最近の解釈例として、大阪地判・平成一二年一〇月二四日・平成八(ワ)一二一〇九号事件(http://www.courts.go.jp/より入手可能。)は興味深い。

(111) この点を検討するものとして、尾崎・前掲注(40)。

(112) 但し、全く別の発想として、特許法の保護対象には含まれるべきではないものの、技術進歩に伴なって派生的に生じてきたある種の創作やノウハウといったものにつき、特許法よりも弱い法的保護を付与する仕組みを用意すべきであるという考え方はありうる。例えば、J. H. Reichman, "Legal Hybrids Between the Patent and Copyright Paradigms", 94 Colum. L. rev. 2432 (1994) 等を参照。Reichman はソフトウエアに関する創作をこのような新たな法制の枠組みで保護することを主張している。一方、このような「準特許法」的な法制、例えば日本実用新案法や欧州における "utility model", "petty patent" といった法制度を総称して "second tier patent" として、批判的検討を加えているものとして、Mark D. Janis, "Second Tier Patent Protection", 40 Harv. Int'l. L.

五　結び

J. 151 (1999) も参照。

(113) Rebecca S. Eisenberg, "Analyze This : A Law & Economics Agenda for the Patent System", 53 Vanderbilt L. Rev. 2081 (2000) は、法と経済学による特許制度の分析課題として、特許法の保護対象の限界が、益々拡張し、あいまいになってゆくなかで、特許法という一つの法制度の枠組みの中で、どこまでを取り込むべきであるのか、換言すれば、特許制度の枠外における対象とすることができるのかという点について、経済分析を行なう必要があることを示唆する。

(114) 仮に、ネットビジネスを促進することが法政策の問題として要請されるのであれば、「電子商取引振興法」や「ITビジネス促進法」といった産業立法を行ない、知的財産法制の枠組みとは無関係に、優れたビジネスモデル構築を奨励する制度的仕組みを整えればよいという話である。

(115) すなわち、四(1)で提示したように、ビジネス関連発明を巡る議論、とりわけアメリカにおける背景事情との比較において、保護対象に関する審査実務や解釈論上の混乱を回避することに寄与したといえよう。また、特許法二条の「発明」定義規定の意義一般について議論するものとして、兼子一他 特許法セミナー(1)発明(有斐閣・一九六九)二―一五頁を参照。特に、二条は、単なるアクセサリーではないとする考え方(染野義信発言、五頁)と、却って問題の種をまいたとする考え方(原増司発言、六―七頁)に注意せよ。

(116) 特許制度を含めた知的財産法制が経済学的側面において果たすべき機能については、平嶋竜太・システムLSIの保護法制(信山社・一九九八)一八五―二一七頁で整理・検討した。また、田村善之・知的財産法(第二版)(有斐閣・二〇〇〇)五―二〇頁も参照。

知的財産権の法と経済学的分析については、例えば、Steve P. Calandrillo, "An Economic Analysis of Property Rights in Information : Justifications and Problems of Exclusive Rights, Incentives to Generate Information, and the Alternative of a Government-Run Reward System", 9 Fordham Intell. Prop., Media & Ent. L. J. 301 (1998) ; Ejan Mackaay, "Economic Incentives in Markets for Information and Innovation", 13 Harv. J. L. & Pub. Pol'y 867 (1992) ; Michael Lehmann, "Property and Intellectual Property-Property Rights as Restrictions on Competition in furtherrance of Competition", 20 IIC 1 (1989) 等を参照。

五　結　び

(117) ビジネス上のアイデアの場合、各事業者はそれぞれの資金量や人的リソース、市場環境において置かれている位置等の制約があって、必ずしもアイデアの意図する効果の実現が再現されうるのか定かではない。Rochelle Cooper Dreyfuss・前掲注(62) pp. 274-277は、ビジネス方法特許は、イノヴェーションにとって逆効果であり、経済にとっても悪影響をもたらすという見解をとっている。そして、知的財産権は、基本的にフリーライド問題の解決策であり、とりわけ特許権は技術開示の奨励という意義を有しているとした上で、ビジネス方法特許については、何らこれらの意義を正当化するものとはならないとする。すなわち、ビジネス方法とは、公に実施される以上開示の必要性に乏しいし、社会構造に強く依存するものであって、フリーライド自体が困難であることから、その対策の必要性も乏しいとする。そして、ビジネス方法を創作したことに対しては、先行者利益、ロックインやネットワーク効果を通じた利益によって、投資に対する回収が行えるとする。

(118) SOFTIC・前掲注(85)

(119) 端的には、著作権法における保護対象との境界が曖昧になる上、自然法則利用性の形骸化もあいまって、コンピュータを介した様々な創作物が入り込み混乱をきたす恐れがある。

(120) これまでのところ、特許法により保護すべき対象で、「物」「方法」のいずれでも適切に振り分ける事が困難な技術分野として、やはりソフトウエア関連発明は大きな柱であると考えられるからである。そのほか、バイオインフォマティクスの進歩によって、生命科学分野における技術も、従来の物質中心の発明から、次第に発明の本質自体が情報的側面に存在するという方向へとシフトしつつあるように考えられる。例えば、近年議論されているゲノム計画の解析成果物(EST等)に代表される遺伝物質の塩基配列などは、遺伝物質自体の特徴ではなく、そこに化体された遺伝情報の価値や機能に着目しているわけである。今後、現れてくるあらゆるゲノム研究成果物も、情報としての機能がポイントとなる場合が多いであろう。その意味では、現状のように、あくまで「物の発明」として位置付けた場合、その効力範囲は適切であるのかという問題も潜在化しているものと考えられる。一般的傾向としては、特許法は、このようなより純粋な情報財としての発明へ対応せざるを得ない局面に入りつつあるといえよう。

(121) ネットワーク環境で単にソフトウエアをやり取りするような技術のみならず、エージェントといった新しいソフトウエア技術への対応を考えると、本文で例示した方向性では不十分かもしれない。別途検討を要する。

(122) 緒方・前掲注(40)は、この点を適切に指摘し、例えば、ある者がシステム全体についての運営についての認識しているという主観的事情があれば、他の者(一般消費者等のユーザー)によって分担してなされた構成要件に係る行為についても、その者による行為と同視するという規範的評価ができるのではないかとする。また、「実施」の各類型のうち、とりわけ「使用」概念の再解釈の必要性を提唱する。また、尾崎・前掲注(40)も、このような場合においては共同直接侵害を構成しうるものとして、客観的に一つの発明の実施行為とみることができるのであれば、複数の行為者全員に対して差止請求権が成立するとする。

(123) 既存の知的財産法制一般が、ネットワーク環境においていかなる適応をすべきについて、新たな基本ルールの可能性につき検討を行うものとして、Dan L. Burk, "Muddy Rules for Cyberspace", 21 Cardozo. L. Rev. 121 (1999) も参照。

持株会社株主総会の子会社に対する権限の拡大と株主総会の運営

前田重行

一　序説

(一)　平成九年の独禁法改正により持株会社が解禁され[1]、わが国においても諸外国と同様に企業社会において持株会社を利用しうることとなり[2]、さらに平成一一年および平成一二年の商法改正により[3]、株式交換、株式移転および会社分割の制度がわが国の商法にも導入され、事業会社から持株会社への転換が容易となった。このような持株会社をめぐる法的な環境変化にともない、わが国においても持株会社が広く普及することが予想され、現に銀行等を中心とした金融持株会社が積極的に形成されてきており、その他の事業部門においても持株会社の利用が増えつつある。

わが国における持株会社制度の容認とそれにともなう普及は、会社に対する一般的な法規整を任務とする会社法に対して新たな規整課題を提示するものであり、会社法の解釈論および立法論において改めて検討すべき種々の問題を投げかけてきている。もちろん従来の持株会社制度に関連した立法作業においても、持株会社が形成された場合に生じうる会社法上の問題が無視されてきたわけではなく、部分的ではあるが、一連の具体的な立法的措置がすでになされている。すなわち前記平成一一年商法改正において親会社株主の情報開示請求権を子会社にまで拡大するとともに[4]、親会社監査役の子会社に対する調査権限の強化等がなされている（二七四条ノ三、二九四条二項)。これらの立法措置は、親子会社法制の整備の一環としてなされたものではあるが、単なる親子会社のみならず持株会社とその傘下の子会社とからなる企業結合体をも含むものであり、持株会社株主の保護や監査の強化も図るものといえる。

しかしながら右のような立法措置は、持株会社に関する会社法上の問題の一部に対する対策に過ぎず、なお多くの問題点が存在しており、そのような多様な問題は、立法当局によってもすでに提起されているところである。(5) そしてこのような問題提起に対しては、関係諸団体から一応の考え方が示されているが、必ずしも十分な検討がなされているわけではなく、その多くの問題についての本格的な研究はこれからの課題となっており、現時点では持株会社に関する諸問題の多くは、問題提起に留まっているという状況にある。したがって、持株会社に関する会社法上の諸問題を考慮した体系的な法規整の整備は、これからの課題であるといわざるをえない。

(二) 右に述べた持株会社に対する体系的な法規整の整備の問題の中でも、重要な点としては、持株会社の運営機構に対する規整が考えられる。持株会社の事業内容の特殊性を考えると、持株会社の運営およびその運営にあたる機関の権限に関しては、現行法による規整の下では種々の問題が生じるおそれがある。持株会社の主たる事業は、その傘下にある子会社の支配・管理であり、特に持株会社の典型たる純粋持株会社の場合は、子会社の支配・管理のみが会社の事業ということになる。そして会社の収益源は子会社からの利益配当ということになるから、持株会社の実質的な収益事業はもっぱら子会社による事業ということになろう。換言すれば持株会社の実質的な収益源は、別法人たる子会社によって行なわれている製造、販売およびサービスの提供などの事業ということになる。そしてこのような実際上の事業を行なっている子会社の運営・管理に関する中・長期的経営政策の立案や方針の策定、それに基づく経営の指揮、監督および子会社に対する資金の配分や資金調達等の財務の統括的処理、さらには子会社の異動を伴う措置等の支配・管理業務は持株会社における業務執行事項として、持株会社の代表取締役ないしは取締役会が担当することとなる。(6) この結果持株会社の株主総会は、持株会社の主たる事業にはほとんど関与しないことになる。特に実質的には持株会社の重要な営業部門ともいうべき、子会社の存否や組織の変更等の措置の決定に関しても、持株会社の株主総会はなんら関与し得ないことになる。このことは、もし持株会社とその傘下の子会社からなる企業結合体が持株会社形態をとらず、通常の単一の事業会社の形態に留まる場合には、右のような子会社は社内の一事業部門として、その規模や重要さに応じてその譲渡等の処分は株主総会の承認を必要としたことを考えると、事業会社の持株会社化は実質的に株主総会の権限を変更し、その存在意義を大きく変容するものといえよう。このことは、端的に言えば持株会社における株主総会の空洞化の現象といってよいであろう。特にこの現象は、持株会社の典型たる純粋持株会社を前提とし、かつこの純粋持株会社の傘下に一社ないし二、三社の事業子会社が存在するような企業結合体を想定した場合に、鮮明に浮かび上がってくる現象である。この結果、持株会社における株主総会は通常の事業会社の場合と比べて大きく様変わりすることになるものと考えられる。

しかしこのような持株会社における株主総会の空洞化を持株会社制度にともなう必然的な現象として是認し、これを前提として持株会社の株主総会の運営を考えることは妥当ではないであろう。右のような株主総会の空洞化は、持株会社株主の地位の弱体化を招き、その利益を害するおそれが生じうるだけではなく、他面では右の株主総会の空洞化に対応して持株会社理事者の権限の肥大化が生じ、結果としては会社の機関相互間の権限の不均衡を招くことになるからである(7)。したがって、このような株主総会の空洞化現象を可能な限り是正し、株主総会と業務執行機関との間の適正な関係を回復する必要がある。現行会社法は純粋持株会社のような特殊な会社形態を予想しておらず、したがって持株会社制度を現行会社法の下に導入する場合には、どうしても現行会社法におけるガバナンス・システムとの調和を図ることが必要であり、そのための調整作業が解釈論および立法論として行なわれなければならないことになる。前述の持株会社株主総会の空洞化を是正し、株主総会の適切なあり方を改めて探ることは、まさに現行会社法のガバナンス・システムとの調和を図るための調整作業の一つということになろう。

本稿は、右に述べたような調整作業を行なうことを意図しつつ、持株会社における株主総会のあり方を包括的に検討しようとするものである。具体的には、持株会社における株主総会の権限および総会の運営に関して考えうる問題を取り上げ、再検討を行なおうとするものであり、その際、前記の株主総会の空洞化を是正する努力を試みることにしたい。

なお本稿で言う持株会社とは、独禁法九条三項で定義されている持株会社を意味するものとし、(8) かつ本稿では、特に前記の持株会社固有の問題の検討に重点を置くことから、持株会社としては純粋持株会社を考え、かつこの純粋持株会社の傘下にある事業子会社としては、一社ないしはそれぞれが持株会社の資産に大きなウエイトを占める大規模な数社の事業子会社を想定している。

二　子会社に対する持株会社株主の関与と持株会社株主総会の権限

(一)　持株会社株主の関与

持株会社の株主が、前述のように現行会社法の下では、その経営参加権を大幅に縮減させられることとなり、結果としては株主総会の空洞化を招くことに対しては、すでに学説上、その対策として、子会社に関する事項についても、持株会社の株主の関与を認めるべきであるとする主張がなされてきており、(9) 具体的には一定の子会社に関して、その組織・構造上の重要な変更を行なう場合には、その決定につき持株会社株主を関与させ、株主の承認を必要とすべきであるとする立法提案がなされている。(10) このような主張、提案は、持株会社の株主の経営参加権の縮減を防ぎ、その利益を保護するとともに、持株会社理事者の権限の肥大化を抑止し、持株会社における機関相互間の権限の均衡を回復する上で有効なものと考えられる。また比較法的に見た場合に、右のような問題につき早くからこれを取り上げ、現実的な問題として検討してきているドイツの動向が参考になるが、そのドイツにおける理論的発展とその成果から考えた場合にも、右のようなわが国における主張、提案は説得力を有するものと考えられる。

すなわち、ドイツでは持株会社のみの問題としてではないが、持株会社を含めたコンツェルンにおける上位会社（親会社（支配会社））の株主の保護の問題として、子会社に関する事項についてもコンツェルンにおける親会社株主の関与を認めるべきかどうかという点が従来から積極的に議論されてきている。ドイツではコンツェルン法における議論としては、一九六五年株式法におけるコンツェルン法の立法に至る過程において、またそれ以後においても主としてコンツェルンにおける下位会社としての従属会社（子会社）における少数派株主および債権者の保護の問題が論じられてきていた。しかしその後コンツェルン法における議論は、右の問題からしだいにコンツェルン上位会社（支配会社）における株主の保護の問題に移行し、特に上位会社株主の権利の縮減とそれに対応して生ずる上位会社の経営者と株主総会との権限の不均衡の問題に対する対策が主要な課題とされるようになってきている(11)。

このようなドイツにおけるコンツェルン法の新たな発展をさらに促すこととなったのは、一九八二年において示された連邦通常裁判所（Bundesgerichtshof）の判決である(12)。いわゆるホルツミュラー判決（Holzmüller-Urteil）と呼ばれる同判決は、事業会社が完全子会社を設立し、そこに営業を移転する場合に、形式的には株式法上株主総会の同意を要しないとしても、その営業が事業の重要な部分を構成し、移転の結果株主の権利に著しく影響を与えるような場合には、取締役は自己のみの判断で行なうことは許されず株式法一一九条二項により株主総会決議を求めることが要求されるとし、さらに現行株式法は子会社の重要な決定で支配会社の株主の地位に影響を及ぼすような決定であっても、支配会社の株主の関与についての法的手当がなされておらず、株主保護に関して問題が生ずることから、このような場合には支配会社の株主の参加権は拡大され、当該子会社の決定であっても

（同事案では、子会社における増資の決定）、支配会社の株主総会の承認を求めることが必要とされる、と判示した。[13]このホルツミュラー判決によって示されたコンツェルン法における支配会社株主の参加権の確保についての判断は、その後ホルツミュラー・ドクトリン（Holzmüuller Doktrin）と呼ばれ、次のように要約されるに至っている。すなわち、会社の業務執行行為であってもそれにより株主権およびそれに化体されている財産的価値が深く影響されるような場合には、その行為の決定に対しても株主総会の不文の権限が及ぶべきであり、かつコンツェルンにおける下位会社（従属会社）の決定が上位会社（支配会社）の株主にとっても基本的で重要な場合には、上位会社たる支配会社の株主総会の権限がそこまで拡大されるという理論である。[14]この理論は、その後の判例、学説および実務に大きな影響を与えている。[15]

以上のように、ドイツではコンツェルン形成のみならずコンツェルン管理の面においても子会社の重要な意思決定に関して上位会社の株主の関与を肯定する考え方が有力となっており、そこでの問題提起と解決策は、大筋ではわが国における持株会社の株主の参加権の縮減と株主総会の空洞化の問題に関しても共通するものといえよう。その意味では、持株会社の傘下にある一定の子会社に関して、その組織・構造上の重要な変更についての決定に対して、支配会社たる持株会社の株主の関与を認めるべきであるとする前述の立法提案はこのドイツにおけるコンツェルン法の動向から見ても説得力を有するものといえよう。

ところで、持株会社の株主の経営参加権の縮減の対策として、その子会社に対する関与を認めるとした場合に具体的に問題となるのは、子会社における重要な決定事項のうち、いかなる事項につき、持株会社の株主の関与を認めるべきか、またその際にどのような要件が必要となるかという点である。そしてそもそも、株主の関与の方法として、必ずしも持株会社の株主総会が機関として関与するという方法のみが、唯一の選択肢として考えられるわけではない。その他にも、持株会社株主が子会社の株主総会に直接参加し、議決権を行使するパス・スルー方式も考えられよう。[16]

㈡　持株会社株主の関与の方法

(1)　そこでまず持株会社株主の関与の方法として、前記の子会社株主総会における議決権行使に持株会社株主を直接参加させる方式である議決権のパス・スルー方式と子会社株主総会とは別個に持株会社株主総会を開催し、その総会決議を通して子会社の意思決定に持株会社株主の関与を認めるという方法のいずれが妥当であるか検討することが必要となる。両者の方法に関しては、いずれもメリット、デメリットが考えられるが、持株会社株主の保護ないしは参加権の確保という要請に関しては、いずれの方法によってもこの要請を満たすことは可能である、ただ、この問題に関する他の側面である、持株会社における会社理事者の権限と株主総会の権限との均衡を回復するという点を考慮した場合には、子会社事項に関する持株会社株主の参加は持株会社自体の株主総会における決議事項の問題として構成することが適切であると考えられる。また、この問題は、持株会社株主が形式上は持株会社の社員ではあるが、実質的には持株会社によって統括された企業結合体全体における構成員としての地位を有することから、企業結合体全体に影響する重要な決定に際して、その実質的な地位を考慮し、重視するという面も有するが、しかし子会社と持株会社とは形式上は別法人であり、そのような別法人としての両者の分離を正面から無視した解決方法はなるべく避けることが望ましいということも考えられる。その点からすれば、程度の差に過ぎないとも言えるが、別法人の問題であることをある程度考慮した方法として、持株会社株主総会での株主の参加という間接的な方法の方が、子会社株主総会へ持株会社株主を直接参加させるという、一時的にせよ別法人であることを否定するパス・スルー方式よりも、わが国においては妥当なものと考えられる。[17]さらに、後述するように、一定の子会社事項につき持株会社株主総会の関与につき、現行法の類推適用を認めることが考えられるが、このような類推適用を可能にするためには、議決権のパス・スルー方式よりも、持株会社株主総会の決議事項として構成する間接関与の方法のほうが妥当である。もちろん立法論としては、現行法の解釈論とは別個の方法をとることも考えられるが、しかし立法論の問題としても現行法の解釈論との連続性を保ちうる方法を採用する方が法的安定性の面からも見ても望ましいのではないか。

以上のように検討してくると、持株会社傘下の子会社における組織・構造上の変更に関する重要な決定に持株会社株主の関与を認める方法としては、持株会社株主総会の権限を拡大し、子会社についての右のような重要な事項にまでその権限を及ぼすこととし、持株会社株主は自社の株主総会における右の拡大された権限の行使としての決議に参加するという方法が採られるべきである。

(2) もっとも、子会社における組織・構造上の重要な事項の決定につき、持株会社株主の関与を認める方法として持株会社株主総会の決議事項にこれらの事項を含めるとしても、そのような決議の拘束力を子会社にどのように及ぼすべきかという点が次に問題となる。この点に関しては、立法論のみの問題として考えるならば、右の持株会社株主総会の決議の効力を子会社に直接及ぼすことも考えられないではない。すなわち、一定の場合には持株会社の株主総会の決議が、直接子会社の意思決定まで拘束しうるとするための立法措置を考えることも可能であろう。たとえば子会社が一定の重要事項について意思決定を行なう場合には、自社の株主総会決議に加えて、持株会社株主総会決議も併せて必要とするという規定を新設する等の立法措置が考えられる。しかし、ここでもまた前述したように子会社は持株会社とは法形式上は別法人であり、両者の間は一応はそれぞれの法人格によって法的主体としては分離されている点を考慮すべきであり、そのことを正面から無視するような解決方法は望ましくないとすれば、やはり立法論においても、持株会社の株主総会の決議が子会社に対して直接拘束力を及ぼすような法制度の導入は避けるべきであろう。したがって、持株会社の株主総会の決議事項に子会社に関する一定事項を加えるとしても、その総会決議の拘束力が及ぶのは、同じ持株会社の機関に対してであり、特に持株会社理事者を拘束する意味を持つに過ぎないこととするのが妥当であろう。したがって、持株会社の株主総会の決議事項として構成することは、子会社との関係では持株会社の理事者を通して、子会社の株主総会における意思決定に参加するための手段たる意味を有することになる。すなわち、持株会社の理事者が子会社株主総会で持株会社のためにその議決権を行使する場合に、その行使の方向を右の決議が拘束するわけである。換言すれば、持株会社の理事者は、子会社の株主総会において後述するような一定の組織・構造上の重要な決定が行なわれる場合には、持株会社の議決権行使に際してその行使の方向に関しては、通常の場合と異なり、代表取締役または取締役会のみで決定してはならず、自社の株主総会で予め決定しておく事が要求されることになる。(18)

(三)　持株会社株主の関与の必要性が問題となる子会社事項

(1)　子会社の組織・構造に関する重要な変更事項

(イ)　子会社における決定事項のうち、学説上持株会社の株主による関与の必要性が問題とされてきている事項としては、子会社自体の組織・構造を変更し、あるいはそれに大きな変更を及ぼしうる決定であり、基礎的変更事項とも呼ばれる事項が挙げられてきている。(19) 具体的には子会社における営業譲渡、合併および会社分割などが考えられる。これらの事項は、子会社の組織や構造に大きな変動を及ぼし、その存続自体が影響を受ける事項である。もちろん、子会社におけるこれらの決定がすべて持株会社の株主の権利内容に変動を与え、その地位に影響するものではない。子会社の事業の規模または資産の大きさが、持株会社が統括する企業結合体において比較的小さな場合には、当該子会社の組織・構造の変更や子会社自体を他へ移転したとしても、企業結合体にとって、さほど重要性を持たず、したがって持株会社株主の権利内容への影響はほとんどないか、たとえ影響が生じても僅かなものに過ぎない。したがって、このような小規模な子会社についての決定に関しては、持株会社株主の決定への関与を問題にする必要はない。関与が問題となるのは、子会社が属する企業結合体全体において、当該子会社がその事業または資産の面、あるいはその双方の面において大きな割合を占め、このような子会社についての変動が企業結合体の帰趨に大きな影響を及ぼすような子会社についての決定の場合である。すなわち、前章で想定した純粋持株会社の傘下にある一社ないしは数社の事業子会社で、それらの各社が持株会社の資産ないしは持株会社が統括する企業結合体の事業において、大きなウエイトを占める大規模な子会社の場合である。換言すれば、右のような子会社が、持株会社から別法人として分離されず、事業会社の営業部門として留まっていたとすれば、その営業の譲渡や分割を行なうためには、株主総会の承認が必要となることが考えられる程度の重要性を有する場合である。(20) いわば右のような子会社は、持株会社にとっては重要な子会社ともいうべきであり、このような持株会社にとっての重要な子会社における一定の意思決定に関しては、持株会社株主の関与が認められるべきであると考えられる。(21)

このように子会社の存続に影響するような組織・構造上の変更を行なう重要な決定については、当該子会社が持株会社にとって前述のような意味において重要な子会社である場合には、持株会社株主の関与を認めるべきことになるが、この場合に重要な子会社という概念をどのように規定するかが次に問題となる。この点については、持株会社が統括する企業結合体において、その資産の面またはその事業内容の面、あるいはその双方を考慮して当該子会社の重要性を判断することが考えられるが、しかし持株会社の傘下に複数の子会社が存在し、それぞれ異なった事業を営んでいる場合には、事業内容の面からの判断は困難な場合が多いと考えられる。したがって、重要性の判断は、さしあたり資産の面からのみ判断する他はないであろう。特に重要性の判断について、一般的、画一的な基準を建てるとすれば、子会社の有する資産の面から考えるのが適切であろう。この点に関しては、現行法上会社の営業の移転や組織についての変更に関して株主総会の同意を要求している事項に関して、その必要性の要件に関して資産の大きさで定めている点が参考になる。(22) 特に現行法における会社分割の制度において、会社が分割に際してその営業を他に移す場合に、株主総会の承認が必要か否かを、移転すべき営業を構成する資産の大きさによって判断することとしている点は、持株会社にとってその株主総会の関与を認めるべき重要な子会社を決めるべき判断基準についての一つの指標になるものと考えられる。(23)(24) ただ持株会社にとって、その株主総会の関与を是認すべき重要な子会社か否かの判断基準を決めるに際して、右の会社分割と同様に企業結合体の総資産の二〇分の一という数値をそのまま用いるのが妥当か否かは、なお慎重に検討することが必要であろう。すなわち、立法に際しては、持株会社とその子会社とは、一応は法人が異なり、形式的にはその意思決定機構は別個であるということ、実質的には会社が有する事業部門であっても、持株会社制度をとることにより、その事業部門の移転や組織変更を容易に、かつ迅速になしうることとなるという持株会社制度のメリットをできるだけ維持する必要性があること等にも配慮すべきであり、右の持株会社にとっての重要な子会社を決めるための判断基準を定めるについては、右のような点との関係でかなりの政策的な考慮も必要になると考えられるからである。

(ロ)　ところで、以上のように持株会社にとって重要な子会社における営業譲渡や会社分割等の構造・組織に関わる重要な変更を行なうに際しては、当該持株会社の株主総会の承認を必要とすべきであるとする点は、基本的には立法論の問題であり、新たな立法により、右の子会社概念を定めるための財産に関する数量的基準や株主総会の同意が必要となるべき子会社における決定事項等を定める事が必要となる。しかしながら、右に述べたような持株会社とその子会社との関係において、子会社の組織・構造上の重要な事項についての決定に関して、持株会社株主総会の同意が必要とされる点については、一定の範囲では必ずしも立法論のみの問題に留めるべきではなく、現行法の解釈論としても要求されるものと考えられるのではないだろうか。すなわち、右に述べた持株会社にとって重要な子会社のうち、その典型たる、子会社の資産が持株会社により統括される企業結合体の資産の大部分を占めるような規模の子会社については、その処分または構造・組織上の変更についての持株会社株主総会の同意の必要性は、単に立法論の問題に留まらず、現行会社法上の解釈論としても肯定されると解すべきであろう。すなわち、このような重要な子会社の処分またはその他の組織・構造上の変更に対しては、営業譲渡についての商法二四五条、会社分割に関する商法三七四条ノ一六、合併に関する商法四〇八条の各規定の類推適用が認められるものと考えられる。その理由としては、持株会社の傘下にある一の子会社に当該持株会社のほとんど全ての資産が存在している場合には、前記立法論のレベルで述べた子会社についての決定に対して持株会社の株主総会の関与の必要性が極めて明白に現れるということ、さらに右のような会社に関しては、その子会社の資産は持株会社の資産の全てであり、それが理事者のみの決定で、自由に処分しうるとすれば、株主の受ける影響は極めて大きく、このような会社についても立法的措置を待たなければ、株主はその利益を自ら守り得ないとするのは、不適切であり、株主総会の関与を認めるべき緊急性が存在するという点も挙げられる。さらに純粋持株会社の存在とその一つの子会社に全体の資産のほとんどが集中しているという事実は外部からもかなり容易に把握しうるものと考えられ、その意味では、右のような現行法上の規定の類推適用を認めても法的安定性に欠けることはないと考えられるからである。(25)

したがって、持株会社の子会社でその資産が持株会社とその全ての子会社から構成される企業結合体の全資産の大部分を占める子会社に関しては、(26)その営業全部がグループ外の企業に譲渡される場合は商法二四五条一項の類推適用により、またグループ外の他の会社との合併により当該子会社が消滅する場合には商法四〇八条一項の類推適用により、および会社分割により子会社の営業全部がグループ外の他の会社に吸収される場合には、商法三七四条ノ一六の類推適用により、(27)いずれも持株会社の株主総会の特別決議による承認が必要になると解すべきであろう。もっとも、右の承認の可否は、子会社株主総会の意思決定を直接拘束するわけではなく、前述のように子会社の株主総会において、株主としての持株会社の議決権行使についての意思を形成するものと解すべきであるから、直接には持株会社を代表して子会社株主総会で持株会社のために議決権を行使する会社代表者を拘束する意味を持つことになる。換言すれば、持株会社の理事者は、右のような類推適用の要件を満たす子会社の株主総会において、前述したような営業譲渡等重要な組織・構造上の変更が議事日程とされている場合には、持株会社のために議決権行使を行なうに際しては、通常の場合と異なり、代表取締役ないしは取締役会のみで決してはならず、事前に自社の株主総会において議決権行使の方向に関して提案し承認を求めることが要求されることとなる。

(2)　子会社取締役の選任

持株会社の株主総会の関与が問題となる事項として、さらに検討を要すべき事項として子会社の取締役の選任が挙げられよう。(28) 現行法のもとでは、いうまでもなく、子会社の取締役の選任は子会社の株主総会の権限であり、親会社としての持株会社は株主として、子会社株主総会における議決権行使を通してその決定に参加するにすぎない。しかも、その際の株主としての持株会社の意思決定は、持株会社理事者によって行なわれ、持株会社株主総会は直接的には関与し得ない。このような現行法における子会社取締役の選任のプロセスに対しては、子会社の営業は実質的には持株会社の営業そのものであることから、子会社の営業に対する監督は、実質的には持株会社自体における監督の一部に過ぎないとも考えられ、そのような監視・監督機能を担う子会社取締役の選任は、実際上は持株会社の取締役の選任と変わりがなく、それにもかかわらず、持株会社株主総会が関与し得ないのは不適切ではないかという疑問が生じる。また、子会社取締役の選任は子会社株主総会の権限ではあるが、前述のように実質的にはその権限は持株会社取締役が握っていることになり、このことは持株会社における理事者の権能が一層強化されていることを意味するものとも考えられる。したがって、持株会社における理事者の権限の肥大化とこれに対する株主総会の空洞化現象の是正という点から見た場合に、子会社取締役の選任の実質的な意思決定を持株会社取締役に委ねるのは適切ではなく、この決定に持株会社株主総会をも関与させ、意思決定のプロセスを修正する必要があるとも考えられる。このように考えると、子会社の取締役選任についても、持株会社株主総会の決議も要求すべきことにもなるようにも思われる。

しかしながら、他方では、右のように子会社の取締役の選任についてまで持株会社株主総会の関与を認めることは、持株会社の有するメリットを大幅に削ぐことにならないかという問題も存在する。すなわち、持株会社のメリットとしては、従来から種々の点が指摘されてきているが、(29) その中で、特に個々の事業部門と企業の支配・管理部門とを切り離して、支配・管理部門を持株会社に専念させることによって、子会社の支配・管理をより効率的に行なうことが可能となること[30]および分社化による分権的な経営効果を一層高めること[31]にあるという点が指摘されてきている。前者のメリットに関しては、そこから企業結合体全体の戦略的マネージメントを持株会社の理事者が担うことを意味し、持株会社理事者がそのような戦略的マネージメントを具体的に実施するうえで個別事業部門の経営担当者を自己の指揮の下におくことが望ましく、そのためには当然個々の子会社の経営者を自由に選択しることが必要となる。この点から見ると、子会社の取締役の選任に持株会社株主総会を関与させることは、持株会社理事者の経営についての自由な裁量を制約し、戦略的マネージメントを有効に実施する上からマイナスとなろう。また、持株会社化は、前述のように事業部門の分権化を一層高めるというメリットも有するが、子会社の取締役の選任につき持株会社の株主総会の承認をも必要とすると、子会社の経営者は、その事業経営を行なう上で、持株会社理事者の指揮を受けるだけではなく、持株会社株主総会の支配も直接的に受けることとなり、その経営の自由がかなり制約されるおそれがあり、持株会社の下での事業子会社の分権化によるメリットを失うおそれがある。

以上のように見てくると、子会社の取締役の選任に持株会社株主総会を関与させることは、持株会社の有するメリットを大幅に減殺するおそれがあり、持株会社における理事者と株主総会の権限の均衡という点から、なお疑問がないわけではないが、現状では持株会社においては、その株主総会は子会社取締役の選任には直接的には関与し得ないものと考えることが妥当であろう。そしてこのように持株会社株主総会が子会社の取締役の選任に直接には関与し得ないとする以上、持株会社株主総会に対する子会社取締役の解任権の付与についても、否定的に解せざるを得ない[32]。したがって、持株会社株主総会は持株会社の取締役の選任・解任を通して、子会社の取締役を間接的に監視・監督する他はないことになろう。

(3) 子会社におけるその他の事項

子会社に関する事項のうち、持株会社株主の関与の必要性が問題となる事項としては、上記で取り上げた事項の他にも「親子会社法制等に関する問題点」が指摘している子会社監査役の選任、解任、子会社定款の変更があり(33)、さらには子会社の利益処分の決定の問題も考えられる(34)。これらの問題のうち、子会社監査役の選任・解任については、一方では、監査役が経営を担当する機関ではなく、むしろ経営を監視・監督する機関であるという点から、その選任・解任につき持株会社株主の関与を認めても、取締役の場合とは異なり、持株会社のメリットを損なうおそれは少ないのではないかとも考えられるが、他方では、持株会社株主の関与を認めなくても持株会社自体の監査役に適切な手段を与えれば、持株会社監査役も子会社に対する関係も含めて有効な監査体制を維持し得るとも考えられ(35)、右の問題に対して結論を出すためにはさらに一層の検討が必要であろう。また、子会社の定款変更に関しては、それによる親会社たる持株会社に対する影響は、変更内容に応じて異なることから、定款変更一般につき持株会社株主の関与を認める必要性はないようにも思われるが、変更内容によっては、持株会社理事者のみの判断に委ねるのは適切ではなく、持株会社株主総会の関与を肯定せざるを得ない場合も考えられる(36)。したがって、定款変更についても一概には決し得ないであろう。さらに、利益処分についても、一方では法が定める利益処分についての株主の権限を実質的に保障し、持株会社株主の財産的権利の保護を図る上からは、持株会社株主の関与を肯定する理由があるようにも思われるが(37)、他面では従来から利益処分の決定は株主総会よりは取締役会に委ねるのが適切であるとする立法論も有力である(38)。従って、この問題についても、両者の観点を十分に検討した上で結論を出さざるを得ない(39)。

以上に挙げたような、子会社の重要な事項について、持株会社株主の関与を認めるべきか否かについては、なお検討が必要であり、ここでは結論は控え、問題点の指摘にとどめざるを得ない。

三　持株会社における株主総会の運営

(一)　総　説

持株会社がその会社形態として株式会社形態をとる以上、当然商法の規定に従って株主総会を開催しなければならず、その運営自体は、特に通常の事業会社の場合と異なるところはない。ただ持株会社、特にその典型たる純粋持株会社は、自ら直接収益事業を営まず、その収益事業は間接的にその子会社を通して行なっていることから、株主総会が会社の損益状況やそれに関連した会社の事業活動の問題を取り上げ、それについての情報開示を求める場合には、別法人たる子会社の事業活動や運営状況を取り上げ、その情報の開示を求める等、子会社に対する関与という形態をとらざるを得ない点に特殊性が存在する。もちろん形式上は、別法人の問題である以上、親会社の株主総会といえども直接的な関与はできず、現行法の下では会社理事者を通してその情報の開示を受け、子会社の経営に関して要求があれば、持株会社理事者を通して間接的にする他はない(40)。しかし、前記のように持株会社株主総会の権限が一定の範囲では子会社にも及ばなければならないと解すれば、この点との関係では当然持株会社株主総会は子会社の運営に直接関与することとなり、持株会社株主総会の運営においては、子会社との関係を考慮しなければならないことになる。また持株会社株主総会の運営に関して、子会社との関連性をも考慮すべきであるということに関しては、右の株主総会の権限の拡大ということに留まらず、株主による会社支配を実現させる場としての株主総会の機能を十全に発揮しうるようにするためには、株主総会が子会社の事業内容やその状況、さらには事業を運営する経営機構について必要な情報の提供を受け、それに基づき一定の監督的機能を行使しうる状況が必要である。したがって、このような状況を確保するためにも、持株会社の株主総会の運営に関しては、通常の事業会社の運営とは異なった面において種々検討すべき点が考えられる。それらの点は必ずしも、立法論の問題として提起されるだけではなく、現行法の解釈論としても可能な限り検討されるべきであろう。

(二)　株主総会の招集手続

持株会社の株主総会に関して、前章で述べたようにその権限が重要な子会社の総会決議事項にまで拡大されるとすれば、そのような事項が子会社株主総会の議題とされる場合には、同一の事項が適時に持株会社株主総会でも審議されるように持株会社株主総会の招集時期が定められなければならない。すなわち持株会社の総資産のほとんど全部を有する子会社については、現行法の下でも、営業譲渡や会社分割等は、持株会社の株主総会の承認が必要であると考えられるから(41)、このような子会社の営業譲渡や会社分割あるいは合併が子会社株主総会の議題となる場合には、当該子会社株主総会で株主としての持株会社を代表して議決権を行使する持株会社の代表取締役は、事前に議決権行使の方向につき、持株会社株主総会に図り、総会の意向を決議の形で確定しておくことが必要である(42)。したがって、そのためには右のような議題が存在する場合には、当然持株会社株主総会は子会社株主総会に先立って開催されることが必要であろう。そしてそれ以外の重要な子会社については、さしあたりは、持株会社株主総会の開催時期については右のような配慮は必要ではないが、このような重要な子会社に関しても、持株会社株主総会の権限を拡大する立法的措置がとられた場合には、開催時期については同様の考慮が必要となろう。

持株会社の株主総会において、前記のような商法二四五条等の類推適用により、子会社の営業譲渡等の承認が議題となる場合には、当然そのことが招集通知に議題として記載されねばならないが、その際議案の要領も招集通知に記載されることが必要である（二四五条二項、三七四条ノ一七第三項、四〇八条二項）。その他に、商法特例法上の大会社で議決権を有する株主の数が一〇〇〇人以上の会社においては、招集通知に議決権行使のための参考書類を送付しなければならず（特例法二一条の二）、かつそこでは合併契約書の承認に関する議案、営業譲渡に関する議案については、合併や営業譲渡を必要とする理由やその契約内容等について記載することが要求されているが（参考書類規則三条一項八号・九号）、前記二四五条等の類推適用により子会社の事項が株主総会の議題となる場合にも、これら参考書類規則の類推適用により子会社の営業譲渡や合併等につき同様の趣旨が記載されるべきであろう。もっとも、会社の分割に関しては、営業譲渡や合併の場合と異なり、現行参考書類規則上は分割を必要とする理由および分割計画または契約書の内容についての記載は要求されていないことから、子会社の分割の場合には、参考書類規則上はその他の議案の場合として（同規則三条一項二号）、単に提案理由のみを記載すべきことが要求されることになろう。しかし会社分割を株主総会の議題とする場合にも、参考書類に議案の要領のみならず、分割内容を具体的に示す分割計画書または分割契約書の内容の記載の必要性については、営業譲渡や合併の場合と同様であり、この点については参考書類規則における会社分割の扱いそのものについて立法的手当てがなされるべきであり、いずれ参考書類規則が改正されることになろう。

(三) 総会における会議の運営

(1) 緒　論

持株会社株主総会における会議の運営を考えた場合に、通常の事業会社の株主総会の場合と異なった様相を呈すると思われる点は、出席した株主の関心の多くが、持株会社自体に向けられるよりも、子会社の状況に向けられる点であろう。このことは、持株会社が会社の収益をもっぱら子会社によって行なわれている製造、販売その他サービス提供等の事業に依存していることを考えると当然予想しうることといえる。したがって、持株会社株主総会における会議体の運営を考えた場合に、それが出席株主にとって適切な審議の場として意味を持つためには、右のような子会社に対する株主の関心を十分に満たし、子会社に関して提起される株主の種々の疑問を明確にはらしうる状況が創出されることが必要であろう。そのためには、一方では持株会社の理事者による子会社の状況についての一般的な報告説明が十分に行なわれることが望ましい。また他方では、株主による子会社についての質問に対して、会社役員が適切な説明義務を負うことを確保することが必要となる。

前者の点については、現行法上は営業報告書における記載およびそれについての報告および計算書類等の株主総会での確定ないしは報告を通して、ある程度はなされうることになろう。しかしこれらは、いうまでもなく持株会社自体の営業報告書、計算書類等の説明の付随的な部分としてなされるにすぎず、子会社を正面から対象とした詳細な情報開示を意味するものではなく、持株会社の株主の子会社に対する関心を十分に満たすものといえない。したがって、この点に関しては持株会社の特殊性を考慮した法規整が必要であり、立法的改善措置は必要であろう。ただこのような立法的検討は持株会社制度における株主に対する適切な情報開示の確保一般の問題の一部を構成するものであり、持株会社における開示制度の問題として、持株会社における子会社情報の開示制度において、全体との関連で改めて検討することが必要であり、本稿では別途検討すべき課題として、右の問題指摘に留めざるを得ない。

前記のような子会社事項についての株主への一般的開示とは別に、個別的な事項に応じた開示に関しては、前記後者で指摘した株主の質問権の行使とそれに対する役員の説明義務の制度が考えられる（二三七条ノ三）。特に、前章で検討した持株会社株主総会の権限の拡大の対象となる子会社の組織・構造上の変更に関する決定事項については、当然株主は賛否の意思を決定するために一定の情報を必要とするとともに、さらに自己の株主としての地位にも大きく影響する可能性があることから、個別的にも株主の強い関心が寄せられることになろう。したがって、この株主からの情報開示の要請に対して、役員の説明義務が十分対応しうるか否か問題となる。以下この点との関係を中心として若干の検討を行なうこととする。

(2)　子会社に関する株主の質問と役員の説明義務

(イ)　株主は株主総会において議題に関して質問を行なうことができ、会社役員はこれに回答すべき義務を負っている[43]（二三七条ノ三第一項）。したがって、子会社に関する事項であっても、それが株主総会の議題とされている場合には、持株会社株主は株主総会においてその点につき質問をすることが許される。すなわち持株会社の総資産のほとんど全部を有する子会社については、前記のように現行法の下でも、二四五条等の類推適用によりその営業譲渡等は、持株会社の株主総会の承認が必要であると考えられ、このような子会社の営業譲渡等が子会社株主総会の議題となる場合には、このことは同時に持株会社株主総会においても議題とされねばならないから、(44)持株会社株主は、持株会社株主総会において右の議題とされている子会社の営業譲渡等につき質問することができ、会社役員は説明義務を負うことになる。右のような子会社以外で、現行法の類推適用がされない重要な子会社に関しては、その営業譲渡等は、前述のように現行法の下では持株会社株主総会の議題とはなり得ないから、持株会社株主は株主総会でその点について説明を求めても、回答が得られる保証はない。

(ロ)　ただ現行の計算書類等規則によれば、会社が株主総会の招集通知に添付し、総会に報告するために作成すべき営業報告書の記載事項として、重要な子会社の状況が挙げられており（計算書類等規則四五条一項三号）、会社はこの子会社の現況として、子会社の重要な営業内容や概況を営業報告書に記載すべきことになる。(45)もちろん右の規則の定める重要な子会社と本稿で前述してきた持株会社にとっての重要な子会社とが同じ範囲の子会社を意味するわけではないが、おそらく後者の重要な子会社は前者の重要な子会社の範囲に含まれるものと考えられる。したがって、持株会社はその営業報告書に、本稿でいう持株会社にとって重要な子会社の事業内容や営業の概況等を記載しなければならないことになるから、前述のような二四五条等が類推適用されえない重要な子会社の営業譲渡等であっても、事後的には営業報告書に記載されることになる。このように考えてくると、持株会社にとっての重要な子会社の営業譲渡等の組織・構造上の重要な変更についての決定は、たとえそれが現行法上持株会社株主総会の承認事項にならない場合であっても、事後的には営業報告書の記載を通して持株会社株主には報告されることになる。さらに営業報告書は、定時株主総会における報告事項であるから、定時総会に出席した株主は、営業報告書に記載されている持株会社にとっての重要な子会社の営業譲渡等の組織・構造上の重要な変更につき、さらに説明を求めることができ、会社役員はこの質問に対しては回答をする義務を負うことになろう[46]。

以上のプロセスにより、持株会社株主は自社の株主総会の議題にならない重要な子会社の変動については、現行法上は事後的ではあるが一応は、それについての情報が開示されるうることになり、かつその点についてさらに会社役員に説明を求めることができるものと考えられる。そしてこの点については、前述のように新たな立法により持株会社にとっての重要な子会社の範囲を確定し、それに含まれる子会社の営業譲渡等の組織・構造上の重要な変更についての決定に対しても持株会社株主総会の権限が及ぶことにすれば、当然これらの事項については株主総会での審議事項として総会招集通知に添付すべき書類に記載が要求され、株主総会上でも株主の質問に対しては、役員の説明義務の対象になるわけである。したがって、右のような立法に際しては、当然これらの子会社に関する事項についても株主総会における議事日程に関する情報開示の一環として、招集通知およびそれに添付すべき開示資料（議決権行使に関する参考書類等）の内容として具体的な規定が設けられる必要があろう。

(ハ)　以上の他に、株主総会における計算書類の確定または報告（商法二八三条一項、商特一六条一項）、および利益処分の決定（二八三条一項）に際しては、株主はそれらの議題または報告事項に関して質問を行なうことができるから、これらの事項に子会社についての事項が関連している限りは、子会社についても質問をすることができると考えられる[47]。もっとも、会社役員の説明義務の範囲が、右のような議題または報告事項との関連で子会社に関する事項まで及ぶのかという点については、一般的には疑問がないわけではない。しかし持株会社の場合には、会社の損益は直接的にその子会社の損益状況に連動しており、その決定またはその前提としての計算書類の確定もしくは報告が株主総会で行なわれる場合には、それらについて適切に判断するためには、子会社の計算書類の内容およびそこに現れている損益状況についての一層踏み込んだ説明が必要となる。したがって、持株会社の場合には、その計算書類の確定または報告および利益処分の決定に際しては、それらと関連している限り、その範囲においては会社役員の説明義務は子会社の計算関係にまで及ぶと解すべきであろう。あるいは少なくとも前章で検討した、持株会社にとっての重要な子会社に関しては、右のような説明義務の対象になると解すべきである。[48]

(3) 持株会社株主総会における子会社取締役の出席

以上のように見てくると、持株会社の株主総会においては、株主は一定の範囲では子会社に関する事項についても質問することができ、会社役員は子会社の事項に関する質問に対して議題に関連する範囲で説明義務を負うと解せられる。ただ持株会社役員が負うこととなるこのような説明義務に関しては、会社役員にとって自社のことではなく、子会社とはいえ、別会社のことについて説明義務を負うことになるわけである。もちろん、持株会社役員にとっては、その業務の主要な内容は傘下の子会社の支配・管理であるから、子会社の状況については十分把握していることが考えられ、株主の質問にもある程度は対応しうると考えられる。しかし子会社の全般につき十分に把握しているとは限らず、むしろ複数の子会社を有する持株会社の場合には、子会社の内容につき大綱だけ把握し、具体的な点は子会社役員に委ねているのが通常であろう。そうだとすれば、株主の子会社に関する事項に的確に回答しうるのは持株会社役員よりは子会社役員ということになる。その意味では、持株会社の株主総会においては、当該会社役員のみならずその子会社の役員も出席することが望ましい。ただ、子会社の全ての役員が出席する必要はなく、代表取締役社長とその補佐をする一名程度の役員の出席で足りよう。もちろん、持株会社といえども、現行法上はその株主総会に他社である子会社の役員の出席を強制することはできず、さしあたりは持株会社およびその子会社の自主的措置を期待する他はないが[49]、両社の定款または株主総会の運営規定等で子会社役員の出席を義務づける規定を設けることが望ましい。将来的には、この点についての立法的措置が必要であろう。

四　むすび

本稿は、持株会社の法制に関して論じたものとして、すでに発表した拙稿「持株会社法制における序説的考察——持株会社に対する会社法上の規整——」(50)に次ぐものであり、右の前稿を補充することを意図したものである。右の論文では、持株会社制度につき、その概念、特色、諸外国における実態およびわが国独禁法における解禁を扱い、主として持株会社に対する法規整の前提としての持株会社の制度と実態を検討した。本稿では、右の論文で取り上げえなかった持株会社における株主の権利の縮減の問題、特に経営参加権の弱体化とそれに応じて生じる持株会社株主総会の空洞化の問題を取り上げ検討した。またこのような問題の立法論および解釈論的作業の結果、当然生ずる持株会社株主総会の運営の問題についても若干の検討を行なった。したがって、本稿は直接には右の既述の論文を継続、発展させたものといってもよく、その意味では両者は一体化した論文でもあるともいえる。

ところで本稿で論じたような、持株会社の株主総会の権限を立法論のみならず解釈論としても子会社の重要事項にまで拡大するという考え方に対しては、おそらく実務界からは、持株会社経営者が、自己のみの判断で子会社の売却や組織変更を柔軟にできなくなり、持株会社制度のメリットが失われ、持株会社の使い勝手を悪くするものであるとする批判がなされよう。しかし、本稿の主張するような立法論および解釈論は、持株会社制度の導入によって生ずる会社における機関相互間の権限の不均衡を是正し、会社構成員たる株主の地位を適正に確保するためには、必要やむを得ざるものであり、現行会社法の理念や基本的枠組みを、持株会社制度の下でも維持する上で避けがたい方向ではないかと考えられる。もっとも、右のような考え方は立法論としてはともかく、現行法の解釈論としては行き過ぎではないかという批判も考えられよう。確かに、持株会社の傘下にあるといっても、現行持株会社の別法人である子会社の営業譲渡や合併につき、商法二四五条等を類推適用し、現行法の下でも持株会社株主総会の権限を及ぼすということは、かなりドラスチックな解釈であるということは否定し得ない。しかし、類推解釈による二四五条等の適用に関してはその要件をかなり厳格に絞っており、かつ近年の立法により事業会社が純粋持株会社と唯一の事業子会社からなる企業結合体を形成しうることが比較的容易な状況になってきていることを考えると、右のような解釈の必要性は従来に比べて格段に大きなものになってきていると考えられ、解釈論としての妥当性を十分持ち得るものと考えられる。いずれにせよ、一層の議論を経ることが必要であり、この点に関しては大方の批判を待たざるを得ない。

（1）「私的独占の禁止及び公正取引の確保に関する法律の一部を改正する法律」（平成九年法律第八七号）。独禁法上の持株会社の解禁については、前田重行「持株会社法制における序説的考察——持株会社に対する会社法上の規整——」現代企業・金融法の課題・平出慶道先生・高窪利一先生古稀記念論文集（下）八五六頁以下参照。

（2）持株会社の概念については、前田（重）・前掲注（1）八四四頁以下参照。また諸外国における持株会社制度の利用については、前田（重）・前掲注（1）八三四頁以下参照。

（3）「商法等の一部を改正する法律」（平成一一年法律第一二五号）、「商法等の一部を改正する法律」（平成一二年法律第九〇号）。

（4）商法二四四条四項、二六〇条ノ四第四項、二六三条四項、二八二条三項、二九三条ノ八（以下商法の条文については、条文番号のみで引用する）。

（5）法務省民事局参事官室は、持株会社を含めた親子会社についての法制に関する問題点を提起し（「親子会社法制等に関する問題点」商事一四九七号一八頁以下（以下、「親子会社法制等に関する問題点」として引用する。）、同問題点については、原田晃治ほか「「親子会社法制等に関する問題点の」の解説（商事一四九七号四頁以下）参照。）、各界に意見照会を行なっている。

（6） 持株会社の業務内容については、江頭憲治郎「企業組織の一形態としての持株会社」資本市場研究会編・持株会社の法的諸問題（一九九五年）一六頁、前田雅弘「持株会社の法的諸問題⑴」資本市場一一八号（一九九五年）四四頁等参照。

（7） 持株会社の株主の地位の弱体化とそれに対応して会社理事者の権限の肥大化が生ずるという問題点に関しては、大隅健一郎博士の持株会社法に関する先駆的研究において、すでに指摘されてきたところである（大隅健一郎・新版株式会社法変遷論（一九八七年）一八一頁以下）。またこの点については、神作裕之「純粋持株会社における株主保護（中）」商事一四三〇号（一九九六年）一〇頁以下参照。ドイツでもコンツェルンにおける上位会社（支配会社）たる株式会社の機関の間の権限の不均衡が問題とされ、均衡の回復の必要性が指摘されている（Vgl. E. Rehbinder, Zum konzernrechtlichen Schutz der Aktionäre einer Obergesellschaft, ZGR 1983, S. 94.）。なお、持株会社の株主の地位の弱体化自体の問題は、近年においては、わが国においても多くの研究者によって指摘されているところであり、この点を指摘する文献としては、前田（重）・前掲注（1）八六二頁注（89）参照。

（8） 独禁法九条三項の持株会社については、前田（重）・前掲注（1）八四七頁以下参照。

（9） この点は、早くから江頭憲治郎教授が指摘してきたところであるが（同「企業の法人格」竹内昭夫＝龍田節編・現代企業法講座2――企業組織（一九八五年）九四頁）、近年においては多くの学説も同旨の主張をしてきている（川浜昇「持株会社の機関」資本市場研究会編・持株会社の法的諸問題（一九九五年）八三頁以下、前田雅弘「持株会社の法的諸問題（2）」資本市場一一九号（一九九五年）五八頁、黒沼悦郎「持株会社の法的諸問題（3）」資本市場一二〇号（一九九五年）七四頁以下、森本滋「純粋持株会社と会社法」法曹時報四七巻一二号（一九九五年）一七頁、遠藤美光「持株会社を巡るコーポレート・バガナンス序説」法学論集一一巻一号（一九九六年）四五頁、企業立法研究会（牛丸與志夫、黒沼悦郎、田村詩子、川口恭弘、近藤光男、行澤一人）「親子会社法制の立法論的検討（上）」金法一五三七号（一九九九年）六頁、伊藤靖史「子会社の基礎的変更への親会社株主の関与」同志社法学五一巻二号（一九九九年）五一頁以下等参照）。また、「親子会社法制等に関する問題点」もこの点を検討すべき問題点として挙げている（同第一編第二章2）。

（10） 具体的な立法論としては、前田雅弘「親子会社をめぐる株主等の保護とその問題点」法律のひろば五一巻一一

号（一九九八年）一九頁以下、伊藤・前掲注（9）一一四頁以下。

(11) コンツェルンにおけるこのような問題の存在を最初に指摘したのは、メストメッカーであるが（E-J. Mestmäcker, Verwaltung, Konzerngewalt und der Aktionäre, S. 97 (1958)）、以後この問題を積極的に論じ、発展させたのはルッターおよびルッター学派（M. Lutter, Die Recht der Gesellschafter beim Abschluss fusionsähnlicher Unternehmens-verbindungen, Der Betrieb 1973, Beilage Nr. 21 zu Heft 46, S. 1ff. ; ders., Zur Binnenstruktur des Konzerns, Festschrift für Harry Westermann zum 65. Geburtstag, S. 364ff. (1974) ; ders., Teilfistion im Gesellschaftsrecht, Festschrift für Carl Hans Barz zum 65. Geburtstag, S. 208ff. (1974) ; W. Timm, Die Aktiengesellschaft Als Konzernspitze, S. 47ff., 165ff (1980) ; E. Rehbinder, Ausgründung und Erwerb von Tochtergesellschaften und Rechte der Aktionäre, Festschrift für Helmut Coing zum 70. Geburtstag, Bd.II S. 423ff.; U. Schneider, Die Personengesellschaft als herrschendes Unternehmen im Konzern, ZHR 143 (1979), 485ff. et al.）と呼ばれる上記の1連の学者とその業績である（Vgl. H. Götz, Die Sicherung der Recht der Aktionäre der Konzernobergesellschaft bei Konzernbildung und Konzernleitung, AG 1984, S. 85 ; C. T. Ebenroth, Die Kompetenzen des Vorstands und der Aktionärschutz in der Konzernobergesellschaft, AG 1988, 1f. ; H. P. Westermann, Organzuständigkeit bei Bildung, Erweiterung und Umorganisation des Konzerns, ZGR 1984, S. 355.）。すなわちこの問題は、ルッター等によればコンツェルン形成およびコンツェルン管理の二つの局面における支配会社株主の経営参加権の確保をいかに図るかという問題として展開されてきている。具体的には、会社がその主要な資産である営業を切り離して子会社化し、またはすでに存在する子会社に移すという会社分割等のコンツェルン形成の局面における当該会社の株主の関与をいかに認めるべきか、あるいは既存の子会社における措置ではあるが、親会社の株主の権利に影響を及ぼすような重要な措置については、親会社株主の関与を肯定すべきか、という議論として展開され、これを肯定する考え方は、コンツェルン形成および管理における関与を認める範囲や措置の種類に関して種々の異論はあるが、ドイツにおいては有力となっている（これらの点については、すでに早川勝「コンツェルンにおける上位会社の局外株主の保護」産大法学一九巻四号（一九八六年）五五頁、神作・前掲注（7）九頁以下、同「純粋持株会社における株主保護（上）（下）」商

事一四二九号（一九九六年）二頁以下、一四三一号（一九九六年）一三頁以下で詳細に紹介されている。）。

(12) BGH 25. 2. 1982, BGHZ 83, 122.

(13) BGHZ 83, 122ff. 同判決は、わが国においてもヴォルフラム・ミュラー＝フライエンフェルス（前田重行訳）「一九八一年から一九八二年にかけてのドイツ連邦共和国の商法の発展について」日独法学八号（一九八四年）一二四頁以下、早川・前掲注（11）一頁以下、神作・前掲注（7）商事一四三〇号一三頁以下、伊藤・前掲注（9）五九頁以下等で紹介されている。特に早川・前掲論文は同判決の詳細な研究である。ホルツミュラー判決は、前記のコンツェルン法に関する新たな考え方に沿ったものであり、前記ルッターをはじめとするルッター学派によって支持されたが、他面では、有力な批判も存在する（Vgl. W. Werner, Zustän-digkeitsvrlagerungen in der Aktiengesellschaft durch Richterrecht? ZHR 147（1983）S. 429ff.; K.-P. Martens, Die Entscheidungsautonomie des Vorstands und die „Basisdemokratie" in der Aktiengesellschaft, ZHR 147（1983）S. 377ff.; Westermann, supra note 11, S. 352ff.; T. Heinsius, Organzuständigkeit bei Bildung, Erweiterung und Umorganization des Konzerns, ZGR 1984, S. 383ff.）。すなわち、同判決は株主総会の権限を拡大しすぎ、株式法に予定されている業務執行権限を狭め、取締役による会社経営についての自由を大幅に制約するものである、少数株主を多数派の負担により過剰に保護している、そしてこのようなコンツェルン法における上位会社の株主保護の行き過ぎは、ドイツの大規模会社にとっては大きな負担であり、国際的整合性を欠く、等の批判がなされている。

(14) F.-J. Semler, in ; M. Hoffmann-Becking（Hrsg.）, Münchner Handbuch des Gesellschaftsrechts, Bd. 4, Aktiengesellschaft, 2. Aufl.（1999）, S. 417~418.

(15) V. Emmerlich/Habersack, Aktienkonzernrecht, Vor 311 Rdnr. 13ff.（1998）. なお、ホルツミュラー判決後のドイツにおける裁判例の動向に関しては、伊藤・前掲注（9）六七頁以下参照。

(16)「親子会社法制等に関する問題点」第一編第二章2(1)注（3）、前田（雅）・前掲注（10）二〇頁以下参照。なおアメリカ会社法上、親子会社によって構成される企業結合体の資産の大部分を有する子会社が営業譲渡や合併等の重要な決定を行なう場合には、その可否を決する子会社の株主総会に親会社の株主も参加しその持株数に応じて議決権を直接行使することが認められるべきであるとするパス・スルー（pass-through）理論が学説上有力に主張さ

四　むすび

れている（Melvin A. Eisenberg, The Structure of the Corporation, p. 277 et seq. (1976).）。議決権行使についてのパス・スルー理論に関しては、これを紹介するものとしては、渋谷光子「Melvin A. Eisenberg, megasubsidiaries : The Effect of Corporate Structure on Corporate Control, 84 Harv. L. Rev. 1577 (1971)」（論文紹介）アメリカ法［一九七四］一五六頁 以下および西尾幸夫「議決権のパス・スルーと親子会社規整」阪大法学九九号（一九七六年）五九頁以下がある。

（17） パス・スルー方式よりも、持株会社の株主総会の決議を通して持株会社株主の参加を認める方式が望ましいとすることについては、そのほかにもパス・スルー方式は手続の複雑化を招く（前田（雅）前掲注（10）二〇頁以下、企業立法研究会・前掲注（9）九頁）、子会社に少数株主が存在している場合に親会社株主にパス・スルーによる直接の議決権行使を認めることは、少数派に株主総会での過大な阻止力を与えることになる（前田（雅）・前掲注（10）二二頁）等の理由も挙げられている。もっとも、パス・スルー方式の直接的な議決権行使を認めることにより子会社の少数派株主と親会社株主の協力関係の形成可能性が生じうることは、むしろパス・スルー方式のメリットであり（Eisenberg, supra note 16, pp. 309~310.）、この点を重視すれば、立法論としてはパス・スルー方式を選択することが望ましいとする考え方（西尾・前掲注（16）一三頁以下）もあり得よう。

（18） なおこのような考え方を立法論および後述の解釈論でとった場合に、さらに持株会社の代表者が子会社の株主総会で、事前に行なわれた持株会社株主総会での決議に反して議決権を行使した場合に子会社株主総会における決議の効力をどのように解するのかという問題が生じ（「親子会社法制等に関する問題点」第一編第二章2(1)注（2）参照。）、この点についてもさらに検討することが必要である。

（19） 「親子会社法制等に関する問題点」第一編第二章2(1)注（1）、前田（雅）・前掲注（10）二〇頁、伊藤・前掲注（9）五二頁、一一一頁以下参照。

（20） 前田（雅）・前掲注（10）二二頁。

（21） 前田（雅）・前掲注（10）二二頁も、持株会社の関与を認めるべき子会社の範囲を重要な子会社に限定するが、その場合の重要な子会社については、当該子会社を事業部制の下で一事業部門と見た場合に、株主総会の承認を必要とするような子会社を重要な子会社として見るべきであるとする。

(22) 西尾幸夫「子会社運営に関する親会社株主の権限」ジュリ一一四〇号（一九九八年）一一三頁、伊藤・前掲注（9）一一五頁参照。

(23) 伊藤・前掲注（9）一一五頁参照。

(24) 具体的な指標として考えられる点は、物的分割によって新設会社または承継会社に承継させる財産の帳簿価額が、分割会社の貸借対照表上の資産総額の二〇分の一を超えない場合には、分割会社は当該分割を株主総会の同意によらず、取締役会の決議のみでなしうると定められている点である（三七四条ノ六、三七四条の二二）。このことは現行会社法は、会社が一定の独立性を持った事業部門である営業を切り離し、会社外へ移す場合に、その移転する営業を構成する会社財産が、会社財産の二〇分の一を超える場合には、会社理事者のみで決定してはならず、株主総会の関与が必要であることを示したものと考えられ、いわばそこで示された会社資産の二〇分の一は、会社が営業の移転につき株主総会の関与の必要性を判断するための現行会社法上の指標であるとも考えられる。したがって、持株会社の傘下にある子会社の存否や構造についての重要な決定に持株会社株主総会の関与を認めるべきか否かの判断基準ともなる、子会社の重要性の程度の判断に関しても、右の会社資産の二〇分の一という点が一つの基準としても考えられよう。また現行商法は、営業の譲受に関しても、その対価が会社の資産の二〇分の一を超えない場合には、取締役会決議のみでこれをなしうると定めている点も（商法二四五条ノ五、簡易な営業全部の譲受）、右の重要な子会社概念を定める上で参考になる点であろう。

(25) その他、また親会社としての持株会社の定款には子会社の事業目的が記載されていることが必要であるという従来からの一般的解釈（稲葉威雄＝筧康生＝宇佐見隆生＝永井紀昭編・実務相談株式会社法〔上巻〕（一九八六年）一九四頁以下、森本滋「持株会社と定款の目的の記載」資本市場法制研究会編・持株会社の法的諸問題（一九九五年）三四頁以下、前田（雅）・前掲注（9）五四頁参照）に従えば、企業結合体の資産の大部分を占める子会社がその企業結合体の外部へその営業の全部を譲渡し、あるいは外部の企業に吸収合併されて消滅するような場合には、まさにこの定款における目的条項との関係で持株会社の定款変更が必要になると考えられ、この点から見ても、右のような措置を子会社がとる場合には、持株会社においても二四五条等の類推適用により株主総会が関与すべきであるとする解釈が支持されるものといえよう。

四　むすび

(26) もっともこのような子会社が企業結合体全体の総資産の大部分を占めているのか否かの具体的な判断を行なうことについては、やや困難な面があることは否定できないが、さしあたり考えられる判定方法としては、独禁法九条三項のような方法による他はないであろう。すなわち、持株会社の総資産に対する持株会社の保有する子会社持分の価額の総額の割合で判断するという方法である。したがって、その割合が一〇〇%に近い場合（九〇%以上程度が考えられる。）には、類推適用の対象になると考えるべきである。

(27) 子会社の新設分割の場合も、三七四条の類推適用を肯定して持株会社株主総会の承認を要するとするかは、なお検討の余地があり、ここでは結論を留保せざるを得ない。

(28) 「親子会社法制等に関する問題点」第一編第二章2(1)注（1）参照。

(29) 前田（重）・前掲注（1）八五〇頁以下参照。

(30) 前田（重）・前掲注（1）八五〇頁。

(31) 前田（重）・前掲注（1）八五一頁。

(32) 学説においては、親会社株主総会が子会社の取締役の選任・解任について決議をなし得ることを認めつつも、定款の定めにより選任の決議については排除を認めるべきであるとする立法提案がなされている（企業立法研究会・前掲注（9）九頁）。

(33) 「親子会社法制等に関する問題点」第一編第二章2(1)注（1）参照。

(34) 前田（重）・前掲注（1）八六〇頁以下参照。

(35) 商法二七四条ノ三により親会社監査役に子会社に対する調査権限が与えられ、さらに平成一一年商法改正によりこれが強化がなされている点は、まさにこのような適切な手段を与えることについての一つのステップが踏み出されたものとも考えられよう。

(36) Cf. Eisenberg, supra note 16, pp. 301～302.

(37) 前田（重）・前掲注（1）八六〇頁以下参照。

(38) たとえば、矢沢惇・企業会計法講義〔改訂版〕（一九七三年）四三頁参照。また利益処分の決定を株主総会から取締役会に委ねるべきか否かについては、昭和二五年改正後において、しばしば論じられてきている。この点に関する文献に関しては、前田重行「会社法改正事項に関する文献解題㈢」商事七一〇号（一九七五年）一九頁以下参照。

(39) 企業立法研究会・前掲注（9）九頁は、利益処分については否定的見解をとる。

(40) もっとも、子会社に関する一定の範囲の情報については、持株会社株主は、直接的な情報開示請求権を有している（商法二四四条四項、二六〇条ノ四第四項、二六三条四項、二八二条三項、二九三条ノ八）。ただ、持株会社株主が右の権利を行使するためには、裁判所の許可が必要とされている。

(41) 前記本稿二㈢⑴ロ参照。

(42) 前記本稿二㈡⑵参照。

(43) 会社役員の説明義務については、前田重行・株主総会の研究（一九九七年）一九九頁以下参照。

(44) 前記本稿二㈢⑴ロ参照。

(45) 神田秀樹・新注会（9）計算書類等規則四五条注釈5。

(46) 単なる報告事項であっても、それに関する株主の質問に対しては、会社役員が説明義務を負うことについては、前田（重）・前掲注（43）二一六頁以下参照。

(47) 前田（重）・前掲注（43）二一七頁参照。

(48) もっとも、商法二八二条三項により、親会社株主は裁判所の許可を得ない限り、子会社の計算書類の閲覧ができないとされている以上、株主の質問権の行使による場合であっても、子会社の計算書類自体を明らかにせよ、あるいは決算内容のすべてを説明せよというような質問に対しては、親会社取締役はこれを拒絶しうるものと考えざるを得ない。しかし、持株会社の計算内容あるいは利益処分に関連している限り、子会社の計算書類の内容に関しても概括的ないしは要約程度については、説明すべきではないかと考えられる。いずれにせよ、二八二条三項が、子会社の計算書類を親会社株主に開示することにつき、裁判所の許可を必要としていることについては疑問がないわけではない。

(49) 筆者が、かって在外研究中に見聞したドイツのある持株会社株主総会においては、開会に際して議長が唯一の子会社である事業会社の取締役社長の同総会への出席と発言の許可を総会に求め、その同意を得た上で、子会社社

四　むすび

長を出席させ、株主の質問に対応する態勢をとっていたことが注目された。わが国の持株会社株主総会においても、会社の自主的な措置で同様の対応をすることは可能であろう。

(50) 前田(重)・前掲注(1)。

(追記) 本稿脱稿後、本稿の二に関連する論稿としては、末永敏和「企業再編と株主保護」取締役の法務二〇〇〇年一二月二五日号五〇頁以下および周劍龍「子会社の重要な事項に対する親会社株主の議決権行使」市場経済と企業法・久保欣哉先生古稀記念論文集二五一頁以下に接した。

特許権の国際的な保護についての一考察

元永和彦

本稿では、特許権の国際的な保護の構造について抵触法的見地から考察を試みる。

一　はじめに

特許権の国際的な保護のあり方、あるいはその構造については、論者の間で基本的な見解の差があるように思われる。近年特許権の国際的な保護についての関心が高まるにつれて、筆者はますますこの感を強くしているのであるが、最近日本国内における行為に対して米国特許権に基づく差し止め及び損害賠償を求めた裁判例[1]が公表されたこともあるので、これを機会にこの問題を抵触法的見地から考えてみたいと思い、筆を執った次第である。以下では、まず特許権の国際的な保護において、国際私法がいかなる役割を果たすのか（あるいは何らの役割も果たし得ないのか）という点について若干の整理を行った上で、それを踏まえて前記裁判例を分析する。なお、本稿では特許権を念頭において議論を進めるが、議論の中心は「属地的効力」という権利の特性からいかなる結論が導かれることになるのかということなので、基本的にはそれが認められる限りにおいて、他の知的財産権にも基本的には同様の議論が当てはまるものと考える。

二　特許権の国際的な保護における国際私法の意義

(1)　はじめに

さて、最初に特許権の国際的な保護に国際私法は何らかの役割を果たし得るのか否かという点を論じておきたい。というのは、著作権の国際的な保護に関して以前に書いた拙稿[2]ではこの点を肯定的に解することを暗黙の前提としていたからである。

伝統的な意味での国際私法のメカニズムが働く前提条件としては、自国の裁判所において外国の実質法を適用することができること（外国実質法の適用可能性）と、ある事実関係に適用可能な法律が複数存在すること（法の抵触）の二つが挙げられる。そこで、以下、この二点について個別に考察を試みる。

(2)　外国特許法の日本における適用可能性

外国実質法の適用可能性がない場合には、法の抵触があっても自国裁判所においてで国際私法のメカニズムが働くことはない。例えば、刑法の場合、同一の事実関係に複数の国の刑法が適用されることはあり得る[3]が、日本の裁判所が適用できるのは、日本の刑法のみであるため[4]、日本においていずれの国の刑法を適用するかという問題は生じない。裁判所は、刑法一条ないし四条の二の規定に照らして日本の刑法が適用されるかどうかについてのみ意を用いればよい。

外国の特許に関する法律[5]は、このような意味での「日本の裁判所が適用できない外国実質法」に該当するであろうか。筆者は該当しないと考える。その理由は以下の通りである。

第一に、特許に関する法律は刑法のように国家に帰属する権力の発動の根拠たる性質を有していない。確かに、特許権は物理的に可能な発明の実施行為を制限するという性質を有する点において、所有権のような権利と比較してより法技術的な性格が強いが、特許権者と当該発明の利用者という私人間の利益の調整を図ることを目的としている点において、特許法は民法等の私法と性質を同じくする。従って、日本の裁判所には外国の特許法を適用する権限に欠けると言う必要はない。

第二に、日本の裁判所においては外国の特許法を適用し得ず、日本の特許法しか適用できないとすると、不適切な結果となる。即ち、外国で行われた侵害行為を原因として日本の裁判所において侵害者に損害賠償の支払いを請求した場合に日本の法律を適用するとしたのでは、法廷地漁り（forum shopping）を誘発することとなって適切ではない(6)。

また、このような場合には裁判を行なわない（特許侵害にかかる訴訟については、日本の特許法を適用すべき場合にのみ国際裁判管轄を認める）とすると「当事者間の公平、裁判の適正・迅速を期するという理念」にそぐわない結果となる虞がある。

以上の理由で、筆者は日本の裁判所において外国の特許法を適用することはできないと解すべき理由はないと考える。

(3)　法の抵触の有無

国際私法のメカニズムが働くための前提条件としては、もう一つ、法の抵触が存在することを挙げることができる。もっとも、法の抵触が存在しなければ国際私法は必要ないと言った方がより正確ではある。

法の抵触が存在しない状態とは、理念的に言えば、各々の実質法の適用範囲が重複することなく画されており、かつ如何なる実質法も適用されないような場合が存在しないことである。この状況においては、いかなる場合であっても適用されうる実質法が一つだけあることになるから、その法律を適用すればよい。従って、どの法律を適用すればよいかという問題は生じないことになる。

この点、伝統的な国際私法のメカニズムは、各国の実質法が無限定の適用範囲を有していることを前提にしている。諸国の法律の中には、自国法の適用範囲を定めるという形式の規定を有するものもあるが、このような規定は一方的抵触規定と理解され、その法律が準拠法となった場合でも法廷地で適用されることはないということになるわけである。[8] その為、ある事実関係にはありとあらゆる法域の実質法が適用されうることになる。これが法の抵触と呼ばれる現象であり、国際私法はそれを前提としてそれらの実質法の中から法廷地裁判所が適用すべき法律を選び出すのである。[7]

但し、各実質法の適用範囲の無限定性が措定されなければ（換言すれば各実質法において定められている適用範囲を定める規定を無視しなければ）、国際私法的処理の前提となる法の抵触が生じないわけではない。各実質法自体の適用意思を考慮することは、国際私法的処理と矛盾するわけではないのである。[9] もっとも、いかなる法律が適用されるかを決定するのは最終的には法廷地の側でなくてはならず、適用される側の実質法の意思を絶対視することはできない。そうでなくては、同一の事実に複数の実質法が自らを適用しようとした場合に、いかなる法律を適用すればよいのか窮することになる。[10] つまり、各実質法の適用範囲の無限定性を措定しなくとも法の抵触は存在しうるし、その解決に国際私法は必要であることになる。国際私法が不要となるのは、そのような意味での法の抵触が全く存在しないような場合である。

さて、特許権において、このような意味での法の抵触は存在するか。これを考えるには、いわゆる属地主義の原則について検討する必要がある。無体財産権について用いた場合、属地主義とはその無体財産権の効力が付与国ないし登録国の領土内にのみ及ぶことを意味する。[11] 各国が自国法を制定するにあたって、属地主義の原則に厳格に従い、その効力範囲を自国領域のみに限定した結果、「いかなる事案についてもその事案に適用を欲する法律が複数は存在しない」という状況が現実に存在すれば、そこには法の抵触が存在しないわけであり、[12] 国際私法も不要となるわけである。

しかし、残念ながら現実はこのような状況ではない。伝統的にその効力が自国の領域内にしか及ばないとされてきていた一群の法律（独占禁止法など）についても、自国の領域外で生じた事実についてもこれを適用しようとする現象（域外適用）が近年顕著となってきているが、特許法もその例外ではないのである。[13] 例えば、米国特許法二七一条(b)は、ある特許の侵害を積極的に誘発した者は誰でも侵害者としての責めを負うと定めるが、この規定は域外適用可能な規定である。

このように考えると、特許法に法の抵触が存在しないわけではなく、国際私法が不要であるとは言えないことになる。

(4)　国際的な特許侵害事件には国際私法は不要であるとの見解について

ところで、国際的な特許侵害事件においては、松本直樹弁護士による「抵触規定が必要とされるような国際間での法の抵触が存在しておらず、そもそも国際私法の出番はないと考えるのが妥当だと思われる」という主張があるので、[14] ここで検討したい。

この主張の論拠は、各国の特許法自体がその適用範囲を自国領域に限定している、換言すれば、「各国の特許法は、その実体法としての内容自体として、その国の特許権による独占権は国外には及ばないとしていると考えることが可能である」[15] ところにある。その結果、「各国特許法は相互に抵触するものではない」[16] ことになり、「特許法に関しては、抵触している法の間で抵触規定に従って適用関係が決せられると考える必要はない」[17] という結論が導かれるわけである。

松本説と筆者の立場の相違は、国際私法のメカニズムを働かせる前提としての法の抵触が「いずれの法規定も場所に関して普遍的なもの」[18] である場合にしか生じないのか、実質法自身が主張する適用範囲に関する規則に従っても複数の実質法が適用される場合がない——正確を期すれば、加えて、いかなる実質法も適用されない場合もない——場合にのみ法の抵触がないと言えるのかについての認識の違いであると思われる。松本説でも、「特許権が成立する国へ向けた他国での製造行為などがそれ自体で賠償責任を生じさせる法制があり……、これを他国から認めるかどうかというのは国際私法の問題となり得る」[19]とされており、現実に適用範囲が重複する場合の国際私法の必要性についてはこれを否定していないからである。つまり、私法一般について国際私法がしているような「適用範囲の無限定性の措定」をやめて、各実質規定の定める適用範囲に関する規則を検討し、現実に抵触が起きる場合にのみ国際私法的処理を行うというものだと理解できよう。

ところで、松本説のような思考方法、つまり適用が問題となる法律から出発してその適用範囲を考えるという立場は、国際私法にとって目新しいものではない。米国の抵触法革命の局面において主張された統治利益分析がこのような思考方法をとっているし、そもそも現在のサヴィニー型国際私法が誕生する前は、個別の法規の適用範囲という形で国際的な法の適用関係が問題とされていたのである（スタチュータの理論[20]）。

もちろん、かって一度克服された理論に似ているという理由だけでその立場の正当性が疑われてはならない[21]が、類似の理論がかって克服されたことを考えれば、そこでの批判に耐えられるか否かを考えておくことは無駄ではあるまい。ここでは一点だけ指摘したい。それは、各国実質法の適用範囲を確定する作業は必ずしも容易ではないことである。

前述した通り、各国の特許法はそれ自身の適用範囲を厳格に自国領域に限定しているわけではない。特許権の効力範囲を当該国家の領域内に限定しなければならないという国際法上の制限があるわけではないので、ある国が自国特許法を域外適用する可能性も考えなければならない[22]。そうなると、例えば特許侵害事件については、侵害行為が行われた場所が属する国以外にその侵害行為に自国特許法の適用を欲する国がないかどうかを確認する必要がある。そして、理論上は、現在存在するすべての特許法についてこの作業を行う必要がある。これが、法規から出発してその適用範囲の確定により法の適用関係を解決しようとする立場の実際上の問題点であり、スタチュータの理論がとって代わられた理由の一つであると言える。松本説では、このような困難が生じないであろうことを、特許権の効力には属地性が認められることで説明しようとしているわけであるが、この立場では各国特許法の適用範囲を（法廷地の立場で独自に決めるのではなく）当該特許法の定める所によるとしている訳であるから、高々二カ国の特許法を検討したのみ（しかもそのうち一国（米国）の法律には、域外適用を可能ならしめるような規定が含まれている）では検証として不十分であろう。

もっとも、松本説は「国際的な侵害事件については、行使が主張される或る国の特許権について、その独占権が、侵害行為であると主張されている行為に及ぶものであるかどうかが検討されることになる」(23)とするわけであるから、国際侵害事件については原告の主張に従い特定国の特許法についてのみその適用の有無を判断すれば足りるという趣旨かも知れない。その場合は、確かに国際私法の問題ではない。但し、この立場には遙かに深刻な問題が内在されている。

例えば、Aが米国特許の特許権者であり、Bが日本特許の特許権者であり、Bの行為に日本の特許法と米国特許法の双方が適用可能であるような事案を考えてみよう。この事案でAが自らの米国特許権に基づいてBの行為の差し止めを請求する場合には、米国特許法についてのみ審理判断すれば足り、Bの持つ日本の特許権はなんら考慮されないというのがこの立場の帰結となろうが、この立場は同時に、Bが自己の日本特許を理由としてAに対してB自身の実施行為の妨害の排除を求めた場合、Aの持つ米国の特許権についてなんら考慮することなく審理判断すべきことをも意味するはずである。即ち、同一のBの行為につき、その差し止めとその妨害の排除という相矛盾する判断の双方が認められざるを得ないという混乱を導く結果となるのである。

なお、複数国の特許法が適用されるケースの典型例としては、電子商取引におけるビジネスモデルに関する特許が挙げられる。インターネットに繋がれたウェッブサーバーで使用されるビジネスモデルの場合、当該サーバーに世界中からアクセスできるところから、いずれの国にもその効果が及ぶ。そうなると、当該サーバーの運営者が当該ビジネスモデルについてある国の特許を有していても、世界中の特許を抑えていない限り、抑えていないいずれかの国の特許を有する者からの差止請求が認容されることになるのかということが問題になりうる。

二　特許権の国際的な保護における国際私法の意義

行使が主張される国の特許権について、その独占権が、侵害行為であると主張されている行為に及ぶものであるかどうかを判断するという前提では、この差止請求は認容されざるを得まいが[24]、逆にそのように差し止めを求めた者も自らこれを実施しようとすれば他国の特許権者から差止請求を受ける立場に変わりはないので、結局この技術は誰も実施することはできないということになりそうである。この問題は、行使が主張される国の特許権の適用範囲を検討するという判断枠組みを取らない場合でも解決困難な問題であることには変わりはないのは確かだが、この判断枠組みでは前述の誰も実施できないという結論を回避することができないように思われるのが問題なのである[25]。

以上のように考えると、国際的な特許侵害事件には国際私法は不要であると言うことは適当ではないと思われる[26]。松本説の目的とするところは、特許侵害事件について法例一一条二項の適用を回避するところにあるように思われるが[27]、それならば「特許侵害事件については法例一一条の適用はなく、条理上の抵触規則による」とすれば充分であろう。

三　裁判例の検討

以下では、前に述べたことを踏まえて、東京地判平成一一年四月二二日、およびその控訴審たる東京高判平成一二年一月二七日の検討を行う。

(1)　事実の概要

本件の事実は、概ね以下の通りである。原告Xは、「FM信号復調装置」という名称にかかる米国特許権（以下、本件米国特許権という）を保有している。一方、被告Yは、Xが本件米国特許権の範囲に属すると主張する製品（製品一）を昭和六一年ころから平成三年ころまで日本国内で製造し、米国に輸出しており、その後平成四年ころから、やはりXが本件米国特許権の範囲に属すると主張する別の製品（製品二）を日本国内で製造・販売している（以上の二製品を合わせて「Y製品」と総称する）。以上の経緯の下で、Xが、Yに対し、Y製品を米国に輸出する目的で日本国内で製造してはならないこと、日本で製造したY製品を米国に輸出してはならないこと、Yが日本において占有するY製品の廃棄及び一億八千万円の支払い、等を求めて訴えを提起した。これが本件である。本件における主たる争点は、日本国内でなされたYの行為に米国の特許法が適用される余地があるかどうかである。

(2) 一審判決

一審判決[28]は、差止め及び廃棄請求の可否と損害賠償請求の可否を別々の問題であると解した上で、次のように述べた。

まず、差止め及び廃棄請求の可否であるが、「特許権に基づく差止め及び廃棄請求の準拠法に関しては法例等に直接の定めがな」く、これが「特許権の排他的効力の現れであり、各国の法制上このような請求が認められるかどうかの点を含めて特許権の効力の問題であると考えるべきであるから、これを不法行為の問題と性質決定して法例一一条一項によるべきものと解するのも妥当ではない。」とした。更に「特許権の効力の準拠法に関しても法例等に直接の定めがなく、類推適用すべき規定があるとも言えない」ため、「正義及び合目的性の理念という国際私法における条理に基づいて、これを決定すべきである」とした。そして「特許権は国ごとに出願及び登録を経て権利として認められるものであること」、「特許権に関しては……属地主義の原則が採られ、各国の特許権の効力等は当該国の法律によって定められていること」、「各国の特許権は、その発生、変動又は消滅に関して相互に独立的であり、特許権自体の存立が他国の特許権の無効、消滅、存続期間等に影響を受けないとされていること」（いわゆる「特許独立の原則」）に鑑みれば、「特許権に基づく差止め及び廃棄請求に関しては、当該特許権が登録された国の法律を準拠法とすべきものと解するのが相当である」とし、本件の場合は米国特許法が準拠法になるとした。

そうなると、米国特許法のうち、（米国からみて）国外で行われるある種の行為についても適用可能であることを定めた米国特許法二七一条(b)[29]の規定が問題になるのだが、米国特許法の域外適用については、以下のように述べてこれを否定した。即ち、特許権を始めとする工業所有権については、「いわゆる属地主義の原則が、我が国を含めて国際的に広く承認されている」ところ、この原則によれば「米国特許権の効力が及ぶ地理的範囲は米国の領域内に限られることになるから、他の者の我が国における行為が米国特許権を侵害するということはあり得ないはず」であり、日本の特許法においても「同法の規定を日本国外の行為に適用すべき旨を定めた規定は設けられておらず、我が国と他国との間で互いに相手国の特許権の効力を自国においても認めるべき旨を定めた条約も存在しない」ので、「米国の領域外の行為についても米国特許法の規定を適用すべき旨を定めた域外適用規定は、我が国の特許制度の基本原則ないし基本理念と相いれないものというべき」であって、「米国特許法の域外適用規定を我が国の国内における行為に対して適用することは、我が国の法秩序の理念に反するものであるから、法例三三条により、これを適用しない」としたのである。

一方、損害賠償請求の可否については、その準拠法について「特許権の侵害を理由とする損害賠償は特許権の効力と関連性を有するものではあるが、損害賠償請求を認めることは特許権特有の問題ではなく、あくまでも当該社会尾の法益保護を目的とするものであるから、不法行為の問題と性質決定し、法例一一条一項によるべきものと解するのが相当である」とした。そして「Xが不法行為にあたると主張するYの行為は、すべて日本国内の行為であるから」本件においては日本法が準拠法になるとしたが、日本民法七〇九条の適用にあたって、「我が国においては、外国特許権について、我が国の特許権と同様ないしこれに準ずる保護を与える法令上の規定は存在せず」、「我が国においては属地主義の原則が妥当し、これによれば外国特許権の効力は当該国の領域内においてのみ認められ、日本国内にはその効力が及ばないのであるから、米国特許権は、我が国の不法行為によって保護される権利には該当しない。したがって、米国特許権の侵害にあたる行為が我が国されたとしても、右行為は日本法上不法行為たり得ないと解するのが相当である。」として、Xの請求を退けた。

(3)　控訴審判決

一審判決に対してX側が控訴したが、控訴審判決(30)も、一審判決同様、差止め及び廃棄請求の可否と損害賠償請求の可否を別々の問題であると解した上で、次のように述べた。

まず、差止め及び廃棄請求の可否についてであるが、控訴審判決は、特許権について「いわゆる属地主義の原則」が適用されていることを理由に、「外国の特許権を内国で侵害するとされる行為がある場合でも、特段の法律又は条約に基づく規定がない限り、外国特許権に基づく差止め及び廃棄を内国裁判所に求めることはできない」とし、「外国特許権に基づく差止め及び廃棄の請求権については、法例で規定する準拠法決定の問題は生じる余地がない」とした。そして、この「特段の法律又は条約」が存在しない以上、「Xの米国特許権に基づく我が国内における本件差止め及び廃棄請求は理由がない」としたのである。

ただ、控訴審判決は、続いて、本件差止め及び廃棄請求について「どの国の法律を準拠法とすべきか問題になるとしても、法例等に特許権の効力の準拠法に関する定めはないから、正義及び合目的性の理念という国際私法における条理に基づいて決定するほかない」と述べており、仮定的にではあるが準拠法決定の問題が生じうることを認めている。そして、準拠法については、「本件の事実関係、及び一般にある国で登録された特許権の効力が当然に他の国の領域内に及ぶものとは解されていないことなどに照らすと、準拠法は我が国の特許法又は条約であると解するのが相当である」とした。そして、「Xの本件差止め及び廃棄請求は我が国特許法が認める差止め請求及び廃棄請求の根拠となる我が国特許権に関する主張がない以上、その余の点について判断するまでもなく、理由がない」として、Xの請求を退けた。

一方、損害賠償請求の可否については、その準拠法につき、一審と同じ理由で不法行為の問題として、法例一一条一項によるべきものとした。そして、本件では、「Xが不法行為にあたると主張するYの行為は、すべて日本国内の行為であるから、本件では日本法（民法七〇九条以下）を適用すべき」ものとし、Xの、「結果発生地である米国を『原因タル事実ノ発生シタル地』とする見解又は共同不法行為とみて直接侵害行為が行われた米国を『原因タル事実ノ発生シタル地』と解釈すべきである」とする見解に基づ」いて、本件においては「米国が法例一一条の『原因タル事実ノ発生シタル地』とする主張については、「特許侵害行為についての準拠法は、教唆、幇助行為等を含め、過失主義の原則に支配される不法行為の問題として行為者の意思行為に重点が置かれて判断されるべきであるから、本件では不法行為者とされる者の行動地である我が国が法例一一条一項にいう『原因タル事実ノ発生シタル地』に当たるというべきである」として、これを退けた。

そして、準拠法たる日本法を適用した結果、一審判決とほぼ同様の理由をもってXの請求を退けたのである。

(4) 検　討

第一に問題にすべきなのは、差止め及び廃棄請求の可否と損害賠償請求の可否を別々の問題であるとすることの当否である。一審判決・控訴審判決ともに、差止め及び廃棄請求の可否は「特許権の効力の問題」であるから、「不法行為の問題と性質決定して法例一一条一項によるべきものと解するのも妥当ではない」としている。そして、損害賠償請求の可否を法例一一条によらしめる理由としては、これも一審判決・控訴審判決ともに「特許権の侵害を理由とする損害賠償は特許権の効力と関連性を有するものではあるが、損害賠償請求を認めることは特許権特有の問題ではなく、あくまでも当該社会の法益保護を目的とするものであるから」とするのであるが、損害賠償請求の可否が特許権の効力ではないとは言えないし、ある一定の作為・不作為を求めることができるか否かも特許権固有の問題ではなく、当該社会の法益保護を目的とするものだと言えないこともないのである。両者を分かつところに合理的な理由があるか疑問である。双方について特許権の効力の問題とするか法例一一条の問題とするかで一本化するべきであろう。(31) 但し、「特許権の効力の問題」であるにせよ「法例一一条の問題」であるにせよ、前述した通り、これは抵触法の問題たらざるを得ないのであり、両者の主たる違いは（立法論的に批判の多い）法例一一条二項・三項の適用を甘受するか否かという点にあると考えるべきである。

第二に問題とすべきは、差止め及び廃棄請求の可否に関する一審判決の論理である。一審判決は、「特許権に基づく差止め及び廃棄請求に関しては、当該特許権が登録された国の法律を準拠法とすべきものと解するのが相当である」としており、これは、ある国の特許権侵害に基づく差止めが請求された場合にはその国の特許法を準拠法とするということであろうと思われるが、これは事案との密接関連性を問わずに当事者の一方の主張によって準拠法を決定するということであり、「国際私法の基本的方法からかけ離れる」[32]と言う他はない。また、適用関係を準拠法という考え方によって律する場合、適用される実質法上の適用範囲に関する規則は考慮しないとしてきたのが国際私法におけるオーソドックスな立場であるが[33]、差止めに関する準拠法を米国特許法とした後で、その域外適用の可否を問題とする一審判決の論理構成は、これに反している。更に、域外適用を認めることは法例三三条の公序に反するとして米国特許法の適用を否定しているのであるが、法例三三条の公序は外国法の適用の結果を問題とすべきものであるのに、ここでは「米国特許法の域外適用規定を我が国の国内における行為に対して適用することは、我が国の法秩序の理念に反する」としているのみであり、当該規定を本件に適用した結果いかなる問題が生じるかについては何ら言及がない点は問題である[34]。もっとも、本件におけるYの主張によれば、YはXの米国特許権と同一の発明にかかる日本特許権を有しているというのであるから、これが真実であるならば、Xの本件における差止め請求を認めることは公序違反になると言わざるを得ず[35]、判旨の結論は正当であることになる。

このように、差止め請求に関する一審判決の判断には、「一般の抵触法的処理と知的財産権の属地主義の原則との間の理論的整理が……若干十分ではないような印象[36]」を否めないのであるが、敢えて一審判決の論理をトレースするとしたら、概ね以下のように整理することができよう。本件で、差止め請求についての「準拠法」を米国特許法とするのは、国際的な侵害事件については原告の主張に従い特定国の特許法についてのみその適用の有無を判断すれば足りるということであり、そう解する限りこれは国際私法の問題ではない(37)。法廷地の裁判所は、自ら何ら法選択をする必要がないからである。つまり、この立場においては、裁判所は適用すべき法律を原告の主張によってア・プリオリに与えられるわけであって、「準拠法」という言葉を使ってはいるが、裁判所には自らがこれを選択する機会はなく、そこには「準拠法選択」という過程は存在しないのである。であるから、伝統的国際私法では適用される実質法の定める適用範囲に関する規則が無視されているのと異なり、日本の裁判所が日本の刑法を適用する場合と同じように（域外適用を含めて）その適用範囲を明らかにすれば足り、かつその必要があるということになるのであろう。

但し、前述の通り、この立場は大きな問題を含むものであり、現実に適用するには何らかの理由でこれを修正せざるを得ない。それが法例三三条の公序ということになる。法例三三条は、準拠法の適用の段階の問題であって、当該外国法がいかにして選択されたかとは独立に問題にすることができるので、国際私法的な法選択の過程を経ずに外国法が適用される場合にもこれを適用すること自体に問題はないが、公序違反が具体的な適用結果と離れて問題とされているところが問題で、本来の適用とは異なると言わなければならない。結局属地主義の原則から米国特許法の日本への域外適用は公序違反であると結論づけているわけであるが、ならば何故特許権の効力の問題についても通常と同様の国際私法的処理を行わなかったのかが疑問である。そうしていれば、本件差止め請求については米国特許法は適用されないという結論を、理論的な問題なく導くことは容易かった筈だからである。

ならば、差止め請求に関する控訴審判決の論理はどうか。これが第三の問題である。外国特許権に基づく差止めを日本の裁判所に請求することはできない、つまり日本の裁判所では外国特許法を適用することはできない（外国法の適用可能性の否定）と割切ってしまえば、確かに準拠法決定の問題は生じる余地がない。しかしそれでは、日本企業が外国で当該外国において有効に成立している特許権を侵害した場合であっても、その差止めを（被告の本店所在地である）日本の裁判所で請求することはできないことを意味することになる。これが日本の国際裁判管轄についての制約要因として働くのであれば、それは前述の通り「当事者間の公平、裁判の適正・迅速を期するという理念」にそぐわない結果となる虞があるし、国際裁判管轄の問題ではないとすると（つまり、実体問題に入って請求を棄却することになると）、当該の外国に日本と同様の外国判決の執行・承認制度があり、日本の裁判所が下した請求棄却の判決が承認されることになった場合に非常に不都合である。当該外国の特許法を適用したとしたら権利侵害が認められたであろう場合でも、その特許法の適用が不可能であるが故に下された請求棄却の判決が承認されることになるからである。

但し、控訴審判決は「どの国の法律を準拠法とすべきかが問題となるとしても」という形ではあるが、外国特許法の適用可能性を前提とした準拠法の問題としてもこれを捉えている。そこでは、通常の国際私法的処理がなされており（但し、「法例等に特許権の効力に関する定めはない」ので「国際私法における条理に基づいて決定するほかない」とする）、本件の事実関係と属地主義の原則によれば「準拠法は我が国の特許法又は条約である」と解すべきであるとしている。いかなる準拠法選択規則を採用したのか明言していないこと、及び準拠法を「我が国の法律」ではなく「我が国の特許法又は条約」としていることが気にかかるが、前者については、属地主義には知的財産権の成立、効力、消滅が属地法つまり権利付与国法ないし登録国法による、という抵触法上の原則が含まれるから、それを述べたものと理解することができよう。(38)

第四の問題は、損害賠償請求について、日本法を準拠法としたことの当否である。一審判決・控訴審判決共に「Xが不法行為にあたると主張するYの行為は、すべて日本国内の行為である」ことを理由に日本法が準拠法となるとしている。法例一一条一項の「原因タル事実ノ発生シタル地」をいかに定めるかという観点からこの部分を見れば行動地説を採ったとも言えようが、「本件紛争事実関係に示されたXY双方の、日本社会との圧倒的に強い牽連性」[39]を考慮すれば、本件では原因事実発生地を日本であると評価することは可能であろう。

この点については、「原因タル事実ノ発生シタル地」の意義を、過失責任主義が妥当する不法行為については行動地、無過失責任が妥当する不法行為については結果発生地とする見解[40]を前提として、本件では「米国子会社に米国においてYの製品を販売させる目的で米国への輸出を行っていた」のであるから「これら一連の行為と日本における被告の行為は一体とみることができ、行為者の意思活動の基準になっている地はむしろ米国である」とする大友信秀氏の見解がある。[41]原因事実発生地の決定にあたって行為者の意思的要素をどこまで斟酌できるかという問題であるが、結局意思的要素も客観的事実から認定する他はない。本件では最終的に特許権侵害という結果が米国で発生したと主張されているが、それに連なる一連の行為を、因果関係上遡っていけるという理由だけで、全体を米国で行われた行為と評価するのは難しいのではなかろうか。せいぜい輸出について輸出先を行為地と評価する余地があるだけなのではないかと考える。[42]

また、「わが国特許権侵害に関連する行為が、外国ではなくわが国で行われる場合」に「侵害者と関連する行為の行為者が共同不法行為責任（民法七一九条）を負うことがある」ことを前提に、「関連する行為が外国で行われる場合にも、その行為者に共同不法行為責任を負わせる」可能性を示唆し、その場合の準拠法については「外国における行為の結果発生地を侵害が生じるわが国であると解し、法例一一条一項によりわが国法を適用することができるのではないか」とする茶園成樹助教授の見解もある。[43]「このように解しても、外国における行為をわが国特許権の侵害とするものではなく、わが国で生じた侵害に基づく責任を認めるものに過ぎない」ので、わが国特許権の効力の外国への拡張でもわが国特許法の外国における行為への適用にもあたらず、属地主義の原則とは対立しないとされるのである。[44]ただ、ここでは、「あまりに安易に共同不法行為の成立を認めれば、実際上外国への効力拡張と変わらないことになる」ので、「外国における行為については、その行為者と侵害者に、教唆、幇助、共謀といった意思的関与が存在する場合にかぎって共同不法行為責任を認めるべき」とされている。[45]なお、このような意思的関与は、外国における行為の準拠法を日本法とすることにとっても必要であるとされる。そしてその理由は、外国における行為は、発明の利用行為という性格を有しており、単にわが国特許権の侵害に関連するというだけでわが国法を準拠法とするならば、発明等の利用者における行為の準拠法についての予測可能性を害し、保護国法主義の趣旨に反することになるからとされる(46)。この立場は、外国で行われた行為について日本の特許権の侵害にならないかという観点から述べられたものであるが、抵触法上の立場としては、日本で行われた行為が米国の特許権の侵害にならないかという本件で問題となった事案にも等しく適用される筈である(47)。

ここで述べられている「共同不法行為」は、実質法上の概念としてのそれではなく、数人が不法行為に加功している形態をさし、そこにおいてで法例一一条一項の原因事実発生地がどのように解釈されるべきかということが検討されていると思われる(48)。このような場合には、日本民法七一九条のように数人の不法行為者の責任の関係を定める法律の適用の可能性を考えれば、なるべく各不法行為者についての準拠法が同一になるように準拠法を選択するのが適当であると考える。

これを本件について見るに、本件でXが主張しているような侵害品の拡布という形の特許権侵害の場合には、それに加功した複数の行為者の一部が登録国の外で行為を行っていた場合でも、その外国の行為者が侵害行為地がどこであるかを知った上でこれに直接意思的に関与していたと認めれられる事情があるときには、その原因事実発生地を当該登録国とすることは可能であるように思われる。この場合には、当該外国の行為者は、自己の行為がどこで結果を発生させるかを認識しているからである。もとより、前述の通りこの場合の意思的要素も客観的事実によって認定されざるを得ないが、(外国行為者の行為も含めて)侵害と主張される行為の全体を観察した結果上記の事情が推認されるのであれば、これを認めてもよいと思われる。ただ、本件では、Yの行為として認定されているのは、昭和六一年ころから平成三年ころまで、製品一を日本国内で製造し、米国に輸出していたこと、及び平成四年ころから製品二を製造し、販売していることであり、これだけでは、特に平成四年ころ以降の分については、Xが米国で行われたと主張する侵害行為にYが直接意思的に関与していたと言うには充分ではないと思われる。また、Xの主張する損害の額（一億八千万円）の算定方法は、本訴提起前の六年間（Yの主張によれば、本件訴訟の提起日は平成九年一〇月二九日）のY製品の売上高を基準に、その六パーセントを実施料相当額として算出したものであるが、その期間（平成三年一〇月二九日以降の六年間）の大部分については、Y製品の輸出が行われたと認定されているわけではないから、その点でもXの請求が認められなかった本件の結論は正当であろう。

四　おわりに

特許権の国際的な保護に関する現状は、現在もなお流動的である。本稿ではこの問題を抵触法的見地から考察したが、その帰結が保護のあり方についての諸要求を充たすかどうかはおぼつかないところもある。特に、インターネット上のウェッブサーバーで使用されるビジネスモデルに関する特許の場合、その保護範囲を適切に画することは難しい(49)。ただ、抵触法的にはどのように考えられるのか明らかにすることは決して徒労ではあるまい。伝統的抵触法が守ろうとしている価値は、現在の社会においてもなお守られるだけの意味があると思われるからである。

本稿がこの問題を考えるに当たっての一助となれば幸いである。

（1）　東京地判平成一一年四月二二日判例時報一六九一号一三一頁、およびその控訴審たる東京高判平成一二年一月二七日判例時報一七一一号一三一頁。

（2）　拙稿「著作権の国際的な保護と国際私法」ジュリスト九三八号五八頁（一九八九）。

（3）　日本国民が日本国外で殺人の罪（刑法一九九条）を犯した場合、日本の刑法が適用されるが（刑法三条六号参照）、同時にその殺人が行われた国の刑法も適用されることが通常であろう。

（4）もっともオーソドックスな説明は、外国の刑法は当該外国の刑罰権を行使する根拠であり、日本国の機関である日本の裁判所は外国の刑罰権を行使する権限をそもそも有していないということになろうか。

（5）但し、無体財産権に関する法典の中にある規定のうち、罰則規定は、刑法について前述した所に従うことは言うまでもない。

（6）著作権についてではあるが、拙稿・前掲注（2）・五八頁参照。

（7）例えば、「人の身分及び能力に関する法律は、フランス人が外国にあっても、その者を規律する（Les lois concernant l'état et la capacité des personnes régissent les français, même résidant en pays étrangers.）」と定めているフランス民法三条三項が、これに該当する。

（8）フランス民法三条三項に関して言えば、日本の法例三条が人の能力について本国法主義を採用しているので、現実にはこの問題が顕在化することがないが、仮に日本の国際私法が人の能力についてその者の常居所地法によると定めていたとしたら、日本に常居所を有するフランス人の能力は日本法に、フランスに常居所を有する日本人の能力はフランス法によることとなろう。ここでは、フランス民法三条三項の規定は無視されているのである。

（9）例えば、米国の抵触法革命の中で主張された統治利益分析（governmental interest analysis）の中では、各実質法が当該案件に適用されることを意図しているかどうかが分析されるし、特別連結の理論においても当該法律の適用意思が問題とされる。

（10）カリーの提唱した「真の抵触」とは、まさしくこういう事態である。

（11）木棚照一「パリ条約と工業所有権に関する国際私法上の原則」（同「国際工業所有権法の研究」（一九八九）六九頁）七〇頁。

（12）正確に言えば、これに加えて「いかなる事案についてもその事案に適用を欲する法律が一つは存在する」という条件が満たされなければならない。そうでなければ法の消極的抵触が残ることになる。

（13）35 USC Sec. 271 (b). "Whoever actively induces infringement of a patent shall be liable as an infringer." 本文の翻訳は拙訳。

（14） 松本直樹「クロス・ボーダー・インジャンクションについて」清水利亮・設樂隆一編『現代裁判法体系㉖〔知的財産権〕』四六頁（一九九九）、五九頁。
（15） *Id.* 五九―六〇頁。
（16） *Id.* 六〇頁。
（17） *Ibid.*
（18） *Ibid.*
（19） *Id.* 六〇―六一頁。ここで、前掲注（13）に対応する本文で言及した米国特許法二七一条(b)についても言及されている。
（20） 従って、正確を期すならば、「国際私法の出番はない」というより「サヴィニー型国際私法の出番はない」と言うべきであろう。
（21） スタチュータの理論に類似性を有する立場を基本とした米国の抵触法革命も、過去の理論の亡霊に過ぎず、一顧だに値しないとは言い難いのが現状であろう。道垣内正人「ポイント国際私法・総論」七〇頁（一九九九）参照。
（22） 松本説においても、域外適用には好意的である。松本・前掲注（14）・六一頁。しかし、特許法の域外適用を認めることは、特許法の抵触という状態を惹起するわけであり、*Id.* at 六〇頁の「各国特許法は相互に抵触するものではない」という主張と矛盾するのではないかと思われる。
（23） *Id.* at 六〇頁。
（24） 松本説も「各国特許法がそれぞれに定める自身の独占権の地的範囲を、法廷地法として承認できるかどうかという問題が残る」（*Id.* at 六〇頁）という留保をしているが（もっとも、この「承認」が何を意味しているのかは必ずしも明らかでない）、「この範囲が、完全に自国の内部にとどまっていれば、これが承認されることに問題がない」（*Ibid.*）とするわけであるから、自国領域内から当該サーバーにアクセスできることを問題とする限り当該国の特許法の適用を承認できないとする理由はないであろう。
（25） なお、この部分の記述は、「国境を越える電子商取引に係る紛争解決に関する調査研究委員会」における横山経通弁護士の発言に示唆を得たものである。

(26)　石黒一憲「米国特許権の侵害を理由とする日本国内での行為の差止め及び損害賠償」私法判例リマークス二一(二〇〇〇)一五〇頁、一五三頁が「全くの暴論」と批判するのは、おそらく松本・前掲注(14)の立場であろうと思われる(石黒・前掲・一五三頁が「茶園・前掲(筆者注・茶園・後掲注(32))一七頁注(17)」とするのは「注(9)」の誤記か)。
(27)　松本・前掲注(14)・六一頁参照。
(28)　東京地判平成一一年四月二二日判例時報一六九一号一三一頁。
(29)　前掲注(13)参照。
(30)　東京高裁平成一二年一月二七日判例時報一七一一号一三一頁。
(31)　㈶知的財産研究所「知的財産紛争と国際私法上の課題に関する調査研究」(㈶産業研究所からの委託研究報告書(二〇〇〇)八一頁以下(Ⅲ「知的財産侵害に関する準拠法」4.日本――木棚照一)、八六頁、「大友信秀「米国特許侵害事件の請求を属地主義の原則に基づき棄却した事例《渉外判例研究》」ジュリスト一一七一号一〇七頁(二〇〇〇)、一〇九頁、石黒一憲「情報通信ネットワーク上の知的財産侵害と国際裁判管轄」特許研究二九号四頁(二〇〇〇)、八頁注(11)は、差止め及び廃棄請求の可否の問題も法例一一条の問題とすべきであるとしている。
(32)　茶園成樹「特許権侵害に関連する外国における行為」NBL六七九号一三頁(一九九九)、一六頁。
(33)　前掲注(7)に対応する本文、及び木棚・前掲注(31)・八六頁注(19)参照。茶園・前掲注(32)・一七頁が「そもそも原告がその適用を主張する外国法の適用範囲に関する当該外国の一方的な意思に従う必要はない」とするのもこの趣旨か。
(34)　大友・前掲注(31)・一〇九頁参照。
(35)　茶園・前掲注(32)・一九頁注(18)、石黒、前掲注(26)・一五三頁。
(36)　石黒・前掲注(31)・八頁注(11)。
(37)　だからこそ「国際私法の基本的方法からかけ離れる」(茶園・前掲注(32)・一六頁)と評価されるわけである。
(38)　木棚・前掲注(11)・七〇頁。
(39)　石黒・前掲注(26)・一五三頁。

(40) 折茂豊「国際私法(各論)」〔新版〕一八〇頁(一九七二)、山田鐐一「国際私法」三二五頁(一九九二)。溜池良夫「国際私法講義〔第二版〕三七四頁(一九九九)も、近時の有力説とする。
(41) 大友・前掲注(31)・一〇九頁。
(42) この点、輸出も含めて日本国内で行われた行為としている判決の評価には若干疑問の余地があるが、「本件紛争事実関係に示されたXY双方の、日本社会との圧倒的に強い牽連性」(石黒・前掲注(26)・一五三頁)に鑑みれば、判旨の結論は支持できる。
(43) 茶園・前掲注(32)・一七—一八頁。
(44) *Id.* at 一八頁。その前提として「属地主義の原則がわが国を含めて国際的に広く承認されている現状においては、わが国が属地主義の原則から離脱し、わが国特許権の効力を領域外に及ぼすことは妥当ではないように思われる。外国における行為に対する救済には、属地主義の原則と抵触しない方法が探求されるべきである。」(*Id.* at 一八頁)という価値判断がある。
(45) *Id.* at 一八頁。このように、意思に責任の根拠をおくことによって、属地的効力主義の趣旨を損なうことを避けられるとされる。Ibid.
(46) *Ibid.*
(47) 但し、同時に本件では「XはYの行為がどこで行われたかに関する主張を行なっていないから、不法行為地は日本とするほかなく、」法例一一条一項により日本法が準拠法とされるのは正当であり、「特許権侵害を理由とする損害賠償請求の準拠法を日本法とする以上、侵害の対象となる特許権は日本法上保護されるものでなければならないが、属地的効力主義により『米国特許権は、わが国の不法行為法によって保護される権利には該当しない』から」損害賠償請求を否定した結論も支持される、としている。*Id.* at 一七頁。
(48) 江口順一・茶園成樹「国際取引と知的財産」松岡博編「現代国際取引法講義」一九四頁(一九九六)では、教唆者または幇助者について、「教唆または幇助としての行為地は直接の加害行為地となる」と解することの可能性が述べられており、より趣旨は明確である(田村善之「知的財産法〔第二版〕」四四五頁(二〇〇〇)も同様。木棚・前掲注(31)・八五頁も同旨か)。茶園・前掲注(32)・一八頁は、民法七一九条二項を引用して教唆者および幇助者につき共同不法行為が成立しうることを述べた後で、「そこで、関連する行為が外国で行われる場合にも、その行為者に共同不法行為責任を負わせることができるのではなかろうか」と述べ、更にその準拠法に言及しているが、もしこれが日本法上の共同不法行為が成立することを前提とする趣旨であれば、論理の順序が逆であろう。関連する行為にも日本法が適用されることが決定した後で、民法七一九条が問題となるはずである。

(49) 前掲注(24)に該当する本文参照。

付記：校正の段階で、「国際私法と知的財産権に関する世界知的所有権機構フォーラム」(WIPO FORUM ON PRIVATE INTERNATIONAL LAW AND INTELLECTUAL PROPERTY (Geneva, January 30 and 31, 2001) における報告に接した。この報告(英語)は二〇〇一年二月一九日現在、http://www.wipo.int/pil-forum/en/documents/ において取得可能である。

コーポレート・ガバナンスに関する開示

——取締役の報酬開示を中心として——

弥永真生

一　はじめに——コーポレート・ガバナンスをめぐる議論の活発化

コーポレート・ガバナンスに関する議論は、一九七〇年代以降、アメリカにおいて盛んになされ、一九九四年にはアメリカ法律協会（ＡＬＩ）が『コーポレート・ガバナンスの基本原則：分析と勧告』(Principles of Corporate Governance : Analysis and Recommendations, 1992)（以下『ＡＬＩ原則』という）を公表したが[1]、一九九〇年代に入ってからは、その他の国々でも注目を浴びるようになってきている。たとえば、イギリスでは、キャドベリー報告書（Report of the Committee on Financial Aspect of Corporate Governance, 1992)、グリーンベリー報告書(Directors' remuneration, Report of a study group chaired by Sir Richard Greenbury, 1995)、ハンペル委員会報告書（Report of the Committee on Corporate Governance [chaired by Sir R. Hampel], 1998）が公表されている。また、フランスでは、ヴィエヌ委員会［第一次］報告書（Le Conseil d'administration de Sociétés Cotées, Rapport du groupe de travail CNPF/AFEP, 1995)、マリーニ報告書(La modernisation du droit des sociétés, 1996)、ヴィエヌ委員会［第二次］報告書（Rapport du comité sur le gouvernement d'entreprise préside par M. Marc Vienot, 1999)が、オランダではペータース委員会報告書(Aanbevelingen inzake Corporate Governance in Nederland, 1997)

が、ベルギーではカルドン報告書（Rapport de la commission belge du corporate governance, 1998）や銀行・金融委員会報告書（Recommandations de la commission bancaire et financiere en matiere d'informations a diffuser par les sociétés cotées belges sur l'organisation de leur administration et de leur gestion, 1998）が、ドイツでもがコーポレート・ガバナンス原則委員会のコーポレート・ガバナンス原則（Corporate Governance-Grundsätze（'Code of best practice'）für börsennotierte Gesellschaften, 2000）、それぞれ公表されている。さらに、カナダではトロント証券取引所のコーポーレート・ガバナンス報告書（Where were the directors? - Guidelines for Improved Corporate Governance in Canada, 1994）が、オーストラリアではボシュ委員会報告書（Corporate Practices and Conduct, 1993）やオーストラリア投資マネージャー協会（ＡＩＭＡ）のガイドライン（A Guide for Investment Managers & A Statement of Recommended Corporate Practice, 1995; revised 1997）が、南アフリカではキングス報告書（Corporate Governance, 1994）が、それぞれ公表されている。

　このような世界的潮流に沿って、日本でもコーポレート・ガバナンスが注目されている。しかし、コーポレート・ガバナンスという語はかならずしも明確には定義されていない。直訳すれば「会社統治」であるが、会社の業務執行者（典型的には社長）に対するモニタリングやコントロールをどのように行うべきか、どのような範囲の利害関係者（たとえば、株主、債権者、被用者、地域社会、国など）がいかなる形で会社の経営に影響を及ぼすべきかという問題だけではなく、会社業績の改善のための内部組織の問題なども含めて用いられている。ただ、幅広い問題を取り上げている『ＡＬＩ原則』やヨーロッパ諸国などでここ数年間の間に公表された報告書で取り上げられている中心問題は、会社の業務執行者に対する、主としてその選任機関によるモニタリングの強化である[2]。

　アメリカでは機関投資家の言動がコーポレート・ガバナンスにおいて重要な意味をもつということがいわれるが、日本では、機関投資家が積極的に会社の在り方に口を出すという慣行は従来見られなかったうえ、とりわけ、公的年金や国・地方公共団体およびその関連団体は議決権の行使すら自粛しているといわれている。そこで、日本においても会社の業務執行者に対する、その選任機関によるモニタリングを中心に考えるのが自然であろう。日本コーポレート・ガヴァナンス・フォーラム　コーポレート・ガヴァナンス原則策定委員会『コーポレート・ガヴァナンス原則』（一九九七年一〇月三〇日）（以下、『原則』という）も1－2で「株主の利益を代表するもっとも有効な統治の仕組みは、取締役会である」と指摘している。

二　商法の予定する取締役会・監査役（会）の機能と現状との乖離

(1)　商法の予定する取締役会・監査役（会）の機能

代表取締役が会社の業務執行にあたるが、その選任・解任権（商法二六一条一項）とその第一次的な監督権限（商法二六〇条一項後段）は取締役会にあることとされている。そして、取締役会が必要な情報を入手できるよう、代表取締役は三カ月に一回以上業務執行の状況を報告することが義務づけられている（商法二六〇条三項）。取締役会にはここで、取締役会の業務監督権は、違法性のみならず妥当性または合目的性にも及ぶと解されている。取締役会には業務執行の意思決定をなす機関であり、妥当性、合目的性をもった経営判断をなすことが期待され、またその観点からの監督をなす能力を有しているはずだからである。すなわち、商法の建前としては、取締役会は、代表取締役の職務執行をモニターし、不適切な場合には、それを是正し、場合によっては、代表取締役を解任することができるという位置づけになっている。

同時に、小会社を除き、監査役（大会社では、さらに、監査役会）には、取締役の職務執行を監査する権限が与えられている（商法二七四条）。つまり、監査役（会）は代表取締役の職務執行のみならず、取締役会の職務執行を監査する権限をもっている。これは、取締役会や株主も取締役の職務執行を監督する権限を有するものの、取締役会は代表取締役と密接につながっていて監督機能を十分に果たし得ないことがあるし、能力や意思の点から株主による取締役の監督では不十分であり、企業秘密を守るという点からも株主の監督権限を大きくしすぎることには不都合があるからであろう。大会社においては、監査役のうち一人以上は、その就任の前五年間、その会社または子会社の取締役、支配人その他の使用人でなかった者でなければならないとされ（商法特例法一八条一項）、監査役の独立性の強化が目指されている。同時に、複数の監査役の間で調査の分担を行うことが合理的であり、監査の実効性を高めることになると期待されること、社外監査役が導入されたことなどから、情報交換を行い、適切な監査意見を形成する場として、監査役全員から組織される監査役会制度が設けられている。

(2) 日本の多くの企業の現状といわれていること

ところが、日本では、多くの場合、社長（代表取締役でもある）が従業員の中から取締役候補や監査役候補を選んでいるため、社長は取締役、監査役の中での最上位の者という現実があるといわれており、取締役会も監査役（会）も代表取締役（とりわけ社長）の職務執行を監督・監査することができないと指摘されている。同時に、取締役の人数が多数に上ることや使用人兼務取締役が少なくないため、重要な経営戦略の決定や実質的な討論は常務会などでなされ、取締役会は事後承認機関にすぎないという見方も示されている。(3)

しかし、このような現状認識がかりに正しいとして、何が問題の中核をなしているのか、そして、その現状が会社ひいては株主の利益をどのように損なっているのかについては、もう少し考えてみる必要があろう。まず、代表取締役(とりわけ社長)が取締役、監査役の中での最上位の者であるという事実が存在するとしても、そのことが、社長が一人ですべてを決定することにつながっているのか、また、社長の職務執行をだれもモニターできない、あるいはコントロールを全く及ぼせないという状況をもたらしているのかについては、必ずしも明らかではない。また、社長が多くのことについて実質的決定権限をもっていることが会社の利益を損なっているといいきれるかもう一度考えてみる必要がある。しかも、以前にはメイン・バンクによるモニタリングが存在すると指摘されていたことがあるし、また、政府の規制が経営陣の職務執行に影響を与えていた可能性があるが、現在でも、たとえば、社内では従業員などによるモニタリングが働いている可能性がないわけではない。また、会社の経営者は同業他社の目を気にして行動しているといわれたこともある。さらに、単に社長が最上位者であるというだけで、取締役会あるいは監査役（会）が完全に無機能化するものなのかも考える必要があろう。さらに、北海道拓殖銀行の破綻の事例からみると、市場によるプレッシャーも無視できなくなっている。

他方、業務執行を行う代表取締役等が取締役会の構成員であることから、自らの業務執行を自ら監視監督するという、監視監督の実効性が担保しにくい仕組みになっていることも指摘できよう。この問題は、わが国に限ったことではなく、いわゆる一層式の経営組織を有する国々では共通の問題である。

『原則』は、A目標（五年程度で実現可能と思われる目標）として、独立した社外取締役の選任または社外の有識者から構成される経営諮問委員会の設置を、B目標（中長期的目標）として、取締役会の構成員の過半数を独立した社外取締役から構成することを提案しているが、これは、監督の対象となる代表取締役（あるいは執行役員）からの監督機関の独立性を担保しようとすると同時に自らの職務執行を自ら監視監督するという問題を軽減しようとするものであると考えられる。

(3)　取締役会の「形骸化」

他方、取締役会の外で、実質的な業務執行の意思決定がなされるという指摘についても、検討する必要がある。すなわち、商法二六〇条は、重要な意思決定は取締役会でなすことを要求するが、これは、取締役会でゼロから議論することを要求するものでは必ずしもない。たとえば、取締役会がその下にある委員会やワーキング・グループに議論させ、その審議結果を報告させ、それに納得がいけば、それを承認するというのは、商法が禁止しているものではないと考えられるからである。もちろん、取締役会で決定すべき事項をたとえば常務会などで最終的に決定させるとか、あるいは、事実上、取締役会では審議しない、覆すことができないとされるのであれば問題があるし、また、取締役会で実質的な議論をしないことによって、監査役による監査機能や実質的審議機関に属さない取締役の監督機能を無効にすることは許されない。したがって、取締役会の前に監査役や実質的審議機関に属さない取締役に十分な情報が提供されており、それらの者の意見が十分に聴取されていれば、取締役会そのものが比較的短時間で終了したからといって問題はないと考える余地があろう。たしかに、取締役会の業務執行の意思決定機能を強調すれば、会議の場で情報が提供され、議論をつくすべきということになろうが、監督・監査機能の観点からは、会議の場で情報を提供することを強調する必要性はより低いという見方もできよう。

『原則』は、A目標として取締役会の構成員数を、十分な議論を尽くし、的確かつ迅速に意思決定を行うことが可能な人数とすること、取締役会と執行役員会の分離を提案し、B目標として、取締役会の主宰者と執行役員会の主宰者の業務との区別をあげるが、これは、取締役会の機能を業務執行の監督監視を主たるものとする趣旨であろう。他方、B目標として、取締役会に、指名委員会、報酬委員会、業務監査委員会などを設け、それぞれの委員会の構成員を過半数を社外取締役とすること、社外取締役のみからなる監査委員会を設けること、代表取締役の報酬は社外取締役のみで決定することを提案している。

三 すべての会社に最適なコーポレート・ガバナンス・ストラクチャーは存在するのか

『原則』は、企業経営者、機関投資家、法律・経済の研究者などが討論を行った結果として公表されたもので、わが国の現状のみならず、諸外国の制度などを調査して作成された形跡もあり、傾聴に値するものであることは否定できない。たとえば、カルパースも『コーポレート・ガバナンス・マーケット原則——日本』(http：//www.calpers. ca. gov/invest/corpgov/cgjapan. htm)において、この原則を日本の会社の取締役会は、その義務と責任のベンチマークとして用いるべきであると主張している。

しかし、たとえば、『原則』では、「独立した社外取締役」という概念は明らかにされておらず、しかも『原則』

が指摘するように、十分な人材プールは存在しないというのが共通の認識であろうから、提案の中核をなす部分が当面実現が困難ということになるのではないかという懸念がある。また、「十分な議論を尽くし、的確かつ迅速に意思決定を行うことが可能な人数」というのもあいまいな概念であり（もちろん、会社の規模や環境によって、適切な人数は異なるであろう）、その原則の達成状況を何らかのものさしで図ることは難しいであろう。さらに、現在、法定されていない執行役員（『原則』中では執行役員が取締役と兼任するのか否かに関して齟齬がある。［原則7A］の解説と［原則8B］）や経営諮問委員会を法定するのは容易なこととは思われないし、法定しなければ、それを設けた趣旨が実現されることの制度的保障がないようにも一見思われる。取締役会の中に委員会を設ける点についても法定しないとしたら、どのようにして『原則』が理想とする方向に誘導するかが問題となろう。以上に加えて、日本の伝統的慣行からは、取締役の数を大幅に減らすことは必ずしも容易であるとは思われない。(4) そもそも、意思決定の迅速性のためには、委員会などを設けることで対応することが可能であるし、人数を減らすことが職務執行の監視監督にとって（マイナスでないにせよ）どうしてプラスなのかわからないという見方もありえよう。

OECDの『コーポレート・ガバナンス原則』の前文においても、OECDの原則は、コーポレート・ガバナンスのストラクチャーのあり方については単一のモデルがあるわけではないことを前提として、経営機構あるいは監視機構が一定の構造を採るべきであるというような立場を採らないものとしている。このことも、それぞれの国において最適なコーポレート・ガバナンス・ストラクチャーは異なりうることを示唆していると考えられる。

四　コーポレート・ガバナンスに関する開示の重要性

株主は「退出（exit）」「発言（voice）」という形で、会社の経営のありかたに影響を与えることができるといわれている。「退出」とは、株式を売却することによって、その会社から離脱することであるが、多くの株主がこれを選ぶと、株価が低下して、それが買収などにつながり、会社経営陣の入れ替わりにつながり得るため、会社の経営に間接的に影響を及ぼすと考えられる。他方、「発言」とは、株主総会その他を通じて直接的に会社の経営に影響を及ぼすことである。ここで、留意すべき点は、まず、「退出」も「発言」も十分な情報があってこそ、適切に行えるものであることである。また、その持株の売却が市場価格に影響を与えるほど多くの株式を保有している場合には、「退出」という手段はとりにくくなる。さらに、「退出」という手段は他に適切な投資対象がある場合に有効である。したがって、たとえば、すべての会社が同じようなコーポレート・ガバナンス・ストラクチャーをもっているという場合には、「退出」という手段ではコーポレート・ガバナンス・ストラクチャーに影響を与えることができないため、法令や取引所の規則などが変わらないかぎり、株主としては、「発言」という手段を通じて影響を与えるしかないと考えられる。

そこで（中長期的にも有効であろうが）短期的には会社のコーポレート・ガバナンス・ストラクチャーについての情報を提供することを、たとえば、証券取引所の上場規則などによって要求することがむしろ現実的であると考える余地がある。なぜなら、会社の内部組織の在り方は個々の事情によって異なる可能性があるから、細かい部分まで法律で縛りをかけるのは妥当とは思われないし、閉鎖的会社については内部組織の自由度は高くてもよいと考える余地があるからである(5)。

たしかに、アメリカにおいても、社外取締役は最高執行役員（ＣＥＯ）の知人・友人であることが多く、心理的独立性がどれだけ高いかは疑問であるという見方も示されており、形式的に一定の要求事項に準拠していても、その実効性が確保できる保証はない。しかし、委員会を設け、あるいは社外取締役を導入し、それが取締役の責任に影響を与えるという制度は、取締役の監督監視機能を高めると「法と経済学」的アプローチからは考えられる。ただ、ここで、注目したいのは、多くのヨーロッパ諸国のコーポレート・ガバナンスに関する報告書がアメリカにならって、社外監査役の導入や各種委員会の設置を推奨すると同時に、それらを機能させるためのディスクロージャーとセットにしている点である。

実際、いくつかの国では、あるコーポレート・ガバナンス・ストラクチャーを法律で強制するのではなく、一定の理想形が示され、それに対する準拠の状況を開示させるというアプローチがしばしばとられてきている。(6) たとえば、ロンドン証券取引所の上場規則は、連合王国で設立された会社は上場規則に付属する最善実務条項を当該会計期間を通じて遵守したか否かについて述べなければならず、それらの条項を遵守しなかったあるいは当該会計期間の一部のみ遵守した会社は説明し、遵守しなかった部分について理由を示さなければならないとしている。これは、カナダのトロント証券取引所（上場規則¶825-773）、オーストラリア証券取引所（上場規則4.10）でも採用されている手法である。(7)

一九九九年に公表された経済協力開発機構（ＯＥＣＤ）の『コーポレート・ガバナンス原則』は、Ⅳにおいて、「コーポレート・ガバナンス・フレームワークは、財務状態、業績、所有関係、会社のガバナンスを含む会社に関する重要事項について適時に正確な開示がなされることを保障しなければならない」としたうえで、重要な事項の例として、ボードの構成員・主要な執行責任者および彼らの報酬、従業員その他のステークホルダーに関する重要な問題、ガバナンスのストラクチャーと方針を挙げている（Ⅳ.A）。そして、注釈によれば、投資家はボードの構成員と主要な執行責任者について、その経験と資質を評価し、それらの者の判断に影響を与える可能性のある潜在的な利益相反を評価するために、それらの者に関する情報の開示が必要であるとしている。また、投資家が報酬計画のコストとベネフィットを正しく評価し、インセンティブ・スキームが業績に対して寄与する度合いを評価するために、報酬に関する十分な開示が必要であるとする。ただし、個々の者の報酬の開示までは必ずしも要求していない。

四　コーポレート・ガバナンスに関する開示の重要性

これまでは、投資家が会社の上げた利益などの結果に注目してきたため、財務情報が公開情報の中核をなしてきたが、必ずしも安定的でない経営環境の下で、必ずしも常に利益が上がらないという状況の中では、経営意思決定がその案件の重要性に鑑みて適切に慎重な手続きでなされているか、業務執行者による利益相反行為の抑止がどのようにして担保されているかなど手続き的・構造的な面も重要な問題になってくるように思われる。これまでのように結果のみを問うのではなく、そのプロセスの重要性が認識されつつある。いわゆる経営判断の原則や取締役の善管注意義務を巡る近時のわが国の裁判例がとる判断枠組みは、まさに結果ではなく意思決定プロセスを問題とするものであるが、これは、損害賠償請求の局面においてのみならず、平常時の株主・投資家などの行動についても妥当する面がある。適切なコーポレート・ガバナンス・ストラクチャーが構築されており、業務執行者に対する取締役会および監査役（会）のモニター・コントロールが機能している会社については、他の条件が同じであれば、より安心して投資ができると考えられてもおかしくはない。逆に、適切なコーポレート・ガバナンス・ストラクチャーが構築されておらず、業務執行者に対する取締役会および監査役（会）のモニター・コントロールが機能していないと、ある会社がみられると、他の条件が同じであれば、その会社の株式の価格はより低くなる可能性があろうし、与信にあたってのリスク・プレミアムも大きくなることが予想される。そうであるとすると、適切なコーポレート・ガバナンス・ストラクチャーを有し、業務執行者に対する取締役会および監査役（会）のモニター・コントロールが機能している会社にとっては、その整備状況を開示することが有利に働く可能性は低くない。

しかも、従来、横並びの「不開示」が観察されたが、日本でも、資本市場の国際化などを背景として、沈黙は悪いニュースとみられることが多くなっているようにもみえ、開示が会社に有利に働く可能性は高まっている。反対に、株主・投資家などにとってみれば、コーポレート・ガバナンス・ストラクチャーが不適切であるにもかかわらず、それが開示されていない場合には、不測の損害を被るおそれがあるということになるであろうから、業務執行者に対する取締役会および監査役（会）のモニター・コントロールを中心とするコーポレート・ガバナンス・ストラクチャーについての情報不開示が株価を低めにし、あるいは借入れ条件を悪化させることにつながりかねない。

たとえば、マッキンゼーの調査（McKinsey & Co., Investor Opinion Survey, 2000）によると、回答した投資家の八〇%以上は「よい」コーポレート・ガバナンスが行なわれている会社についてはより高い株価でも購入すると答えている（p. 9）。ここで、「よい」コーポレート・ガバナンスが行われている会社の特徴の一つとして、ガバナンスの問題に関する情報提供を投資家が求めた場合にそれに応えてくれる（very responsive）ことが含められている。

五　日本におけるコーポレート・ガバナンス・ディスクロージャーの現状

従来、わが国におけるコーポレート・ガバナンスに関連するディスクロージャーは必ずしも十分であるとはいえなかったと思われる。

商法上は、計算書類規則四七条一項一一号が「取締役に支払った報酬の額及び監査役に支払った報酬の額」を、四八条一項四号が「他の会社の無限責任社員、取締役、監査役又は支配人を兼ねる取締役又は監査役につきその兼務の状況の明細」を、それぞれ、附属明細書に記載することを要求するにとどまっている。また、証券取引法との関連でも、企業内容等の開示に関する総理府令が、提出会社の経営組織の説明（組織図を用いてもよい）、役員（取締役・監査役）の経歴、配当政策などを記載することを要求しているにすぎない（第二号様式第一部第二および第四）。ただし、記載上の注意として、役員間に二親等内の親族関係がある場合には、その内容を注記することを要求している点は、取締役の身分的独立性を判断する一つの材料となると考えられる。

他方、東京証券取引所は「『決算短信』等の記載内容の見直しについて」（東証上管第一五二号）（平成一一年三月三一日）によって、コーポレート・ガバナンスの充実に向けた具体的な取り組みなどに関する開示を「経営方針」欄においてなすことを要請するに至った。しかし、会社経営において重視している項目（株主・投資者の経営上の位置付けなど）、さまざまな利害関係者間における利益配分・調整に関する基本的な方針、利益配当等に関する基本的な考え方、内部留保資金の使途等、執行役員制度の導入、社外取締役の選任、監査役会の機能強化など（これらに限定されない）、コーポレート・ガバナンスの充実等に向けた具体的な施策を実行（計画）している場合には、その内容、目的および期待される効果等を記載させるにとどまっているため、会社間の比較可能性がないのみならず、記載内容も抽象的になっていることが多いのが現状である。

六　日本におけるコーポレート・ディスクロージャーの課題

四で述べたように、実際にどこで意思決定されているのか、どのような手続きを踏んで意思決定がなされているのか、取締役会をはじめとする経営意思決定のための会合がどの程度開催されているのか、取締役はどのように監視監督機能を果たしているのかなどに関する情報も、株主・投資家の意思決定にとって重要な情報であるという認識が諸外国では高まっており、日本でも同様に考えてよいように思われる。とりわけ、**二**でみたように、商法の建前と現状とが異なることによって、経営意思決定構造が外部者にとって不透明になっていることを考えれば、どのような意思決定のプロセスを採用しているのか、なぜ、そのような意思決定のプロセスを採用しているのかを示し、利害関係者・投資家を説得することが経営者の役割であると考えられるし、商法などの観点からも、すべての企業にとって適切な唯一のコーポレート・ガバナンス・ストラクチャーが存在しないと考えるのであれば、あるいは、意思決定のプロセスに柔軟性を持たせるのであれば、どのような意思決定のプロセスを採用しているのか、なぜ、そのような意思決定のプロセスを採用しているのかを開示することを要求することには意味があろう。

なお、カルパースの『コーポレート・ガバナンス・マーケット原則――日本』では、「少なくとも、会社は取締役候補者と会社またはその関係会社との間の現在および過去の関係を完全に開示するべきであるとカルパースは確信する」と主張されている（3.A.）。また、5.A.では、「会社は取締役および監査役（およびそれらの候補者）が会社またはその関係会社との間で有してきた関係を含む、取締役および監査役に関する情報を提供すべきである。会社はまた株主が承認できるかを決定できるように、退職慰労金を与えられる退任取締役・監査役についてのより完全な情報を提供すべきである。会社は毎年、取締役会の開催回数、取締役の出席状況および取締役会の構成と運営過程についての情報を提供すべきである」とも述べている。

七　取締役の報酬の開示

アメリカでは、証券取引委員会（SEC）のレギュレーションS‐Kアイテム402が役員等の報酬に関する開示を定めている。すなわち、役員については、①直近事業年度中に最高執行役員（CEO）であった者、②報酬額が一〇万ドルを超える、直近事業年度末における報酬額で上位四名の役員、③直近事業年度中に辞任しなかったとしたら②に該当した者（ただし、上位二名）に対する報酬について、登録届出書、年次報告書、委任状説明書または情報説明書において開示が要求されている。最近三年間の報酬要約表、オプション／SRA付与表、オプション／SRA行使総額および事業年度末オプション／SRA価値表、長期インセンティブ報酬計画表のほか、年金に関する情報、役員と会社との間の雇用契約の条項、退職または支配権移転に伴う補償に関する情報が開示される。取締役の報酬に関しては、その標準的規定（支給額を示して）およびそれ以外に直近事業年度中に支払われた取締役報酬に関する規定および各取締役ごとの額を同様に開示することが求められる。

イギリスにおいては、一連のコーポレート・ガバナンスに関する報告書の中で、取締役の報酬開示が取り上げられてきた。すなわち、まず、キャドベリー報告書では、一九八五年会社法第六附則に基づく取締役の報酬総額、取締役会長およびイギリスにいる取締役のうちで最も高額な報酬を受けている取締役の報酬額の開示にあたっては、給与と業績関連部分とに分けて開示すること、株式オプションや年金拠出額に関する情報を開示することを勧告し（パラグラフ4.40）、各取締役ごとの報酬の開示については検討を要するとしていた（パラグラフ4.46）。

グリーンベリー報告書では、報酬委員会は株主に対する報告書を作成すべきであるとし（模範実務規程Ｂ１）、この報告書には、報酬のレベル、業績の基準と評価方法、年金に関する条項、任用契約、早期退任による地位喪失に対する補償手続等を含む業務執行取締役に対する会社の政策を含めるほか（模範実務規程Ｂ２）、取締役ごとに、その氏名を示して、基本給、現物給付、賞与、株式オプションを含む長期インセンティブ計画などについての詳細な説明を含むべきであるとされていた（模範実務規程Ｂ４）。さらに、株式オプションについては会計基準審議会の緊急問題タスクフォースのアブストラクト10およびその後の基準に従って、年金受給権についてはアクチュアリー協会およびアクチュアリー団体の勧告に従って算定して、それぞれ情報を開示すべきであるとしていた（模範実務規程Ｂ５およびＢ６）。これを受けて、「一九九七年会社の計算（取締役の報酬の開示）規則」によって一九八五年会社法第六附則が改正され、①取締役が受領し、または請求可能な報酬の総額、②取締役が株式オプションの行使によって得た利益の総額、③長期インセンティブ計画の下で取締役が受領し、または請求可能な金額の総額および純資産額、④年金計画に会社が拠出しまたは拠出したと見なされた金額の総額を、それぞれ開示することが求められるに至った。また、①②③の合計額が二〇万ポンドを超える場合には、最も高額な報酬を受けた取締役について①②③の合計額および④に相当する額、確定給付型年金において当該事業年度末に退職したと仮定した場合に支払われるべき年金額を開示しなければならないとされた（ただし、ハンペル報告書は、個々の取締役の報酬額の開示をすることは、競争状態にある産業分野においては報酬を上昇させる圧力となりうることを認識すべきであるとし（パラグラフ4.3－4.5）、報酬の開示が詳細すぎるために、報酬案の本質的な特徴が不明瞭になってきていると指摘し、より平易な法制にすることが望ましいとする（パラグラフ4.15－4.16）。

なお、通商産業省は、一九九九年七月に公表したコンサルテイティブ・ドキュメント（Department of Trade and Industry, Directors' Remuneration, 1999）において、業績連動報酬との関連での開示の強化を提案していた。すなわち、取締役会が業務執行にあたって達成することが求められる会社の長期的目標、その目標に対して取締役の業務執行を評価するときに用いる基準、他の会社集団と対比して業務執行を評価しているかなどを開示項目として挙げていた（パラグラフ5.11）。

フランスでも、「新しい経済規制に関する法律案（Projet de loi sur les nouvelles régulations economique）」（二〇〇〇年三月）においては、取締役会、監査役会の構成員に対する報酬額（現物給付を含む）を個別に株主総会に報告することを義務づけることが提案された。ドイツでは、取締役の報酬は監査役会が定めることとされているが、コーポレート・ガバナンス原則委員会のコーポレート・ガバナンス原則が取締役の報酬は固定部分と変動部分に分けて決算書に記載し、ストックオプションについても取締役と管理職とに分けて決算書において開示しなければならないとすることを提案している（Ⅱ.3.）。オーストラリアのＡＩＭＡガイドラインのガイドライン11は個々の取締役および上位五人の業務執行者の報酬の額と内訳を開示すること、および、ストック・オプション等についての完全な開示を勧告しているし、南アフリカのキングス報告書では、執行取締役と非執行取締役の報酬の合計額を別々に明瞭な形式で開示すること、そして、給与、ベネフィット、株式オプション、賞与に分けて開示することを要求することを提案している（6.2）。

たしかに、わが国の取締役の報酬は必ずしも巨額ではなく、一定の限度額（商法二六九条）を定めれば、お手盛りの危険性は実質的にはないといわれるが[8]、退職慰労金については、限度額が定められないことが一般的であるため、かなり高額の支払いがなされている場合がある[9]。一〇〇％子会社から取締役として受け取っている報酬額などを開示させないと、実質的に、二六九条が潜脱されるおそれも十分に考えられる。また、プライバシーの問題があるといわれることもあるが、たとえば、最高裁判所長官の本給は容易に知ることができるのであり、株主との関係において、報酬額をプライバシーの問題としてよいのかは疑問が残りうる。しかも、開示しないからこそ、自主的に規制をして、自分の仕事に見合った高額の報酬を受けにくいという結果が生じているのかもしれない。低額の報酬しか受けていないということが明らかになれば、取締役の報酬を引き上げるべきであると株主が考えることもあろう。そもそも、取締役の報酬として、どのような額が適切であるかを明らかにすることが困難であることに鑑みて、定款の定めまたは株主総会決議で定めるものという手続的規制をおいているのであるから(10)、報酬総額の枠を増減させる場合以外は株主総会決議を要しないとする解釈や株式所有の分散や持ち合い等により株主総会によるコントロールが働きにくい現状を前提とする限り、開示によるコントロールを考えるべきではなかろうか。

たしかに、退職慰労金の場合を除けば、二六九条によって、お手盛りの弊害は無視できる程度に抑えられていると解する余地があるとしても、株主としては、個々の取締役に支払われている報酬について合理的関心を持つことがありうる。そして、使用人兼務取締役の存在は、個々の取締役がどの程度の報酬を受けているかを株主が推測することを困難にしている。また、取締役はグループとして経営を行なっており、株主には、個々の取締役の貢献度を判断する材料が少なかったため、支払報酬総額が判明すれば十分であるとこれまでは考えることが合理的であったかもしれないが、外部から取締役(とりわけ、業務執行を行なう取締役)を招聘することが一般的になったり、業績連動型の報酬が普及すると、株主が個々の取締役に支払われる報酬額に興味を有するようになると考えられるから、取締役の報酬開示についても再検討が必要になりうる(11)。そもそも、個々の取締役が会社にどの程度貢献したか、どの程度の報酬を与えるべきかを株主が判断するために必要な情報を株主に開示する必要があるという見解も説得力を有する。

したがって、お手盛りの危険性、会社財産の浪費という点だけに注目して、取締役の報酬規制を考えるのではなく、株主に対する情報提供と同時に取締役が自らを律するインセンティブを与えるという観点から取締役の報酬開示の見直しを考えるのが適当であろう。株主総会によって、取締役の報酬の配分を委任された取締役会としては、その委任の趣旨に従って、適切に配分したということを株主に説明する責任（accountability）があると考えられることも指摘できよう。

日本人の国民性という問題がかりにあるにせよ、今日のように、企業活動の国際化、外国人株主による保有の増加が観察される状況の下では、日本においては、諸外国と異なり、取締役の報酬の開示の必要性がないという合理的根拠は見出しがたいように思われる。

したがって、少なくとも、取締役等に付与されたストック・オプションに関する詳細な開示は立法論として要求すべきであろうし、また、取締役の報酬（使用人分を含む）を個別に開示することも検討されてよいのではなかろうか。開示情報が膨大になると、株主・投資家の意思決定を誤導するとして、上位数名に関する開示でよいという見解もあるが、取締役全員の報酬を開示すると、どういう形で株主等の意思決定を誤導することになるのか想像できない。むしろ、ストック・オプション等を含む実質的報酬の額が一定額を超える取締役については、重要性の観点から、個別開示が要求されると考えたほうがよいのではないだろうか。

八　おわりに――コーポレート・ガバナンスの第三者評価の可能性

東京証券取引所の要請のように、自由記載方式によると、簡単な文章あるいは決まり文句で開示がなされる可能性が高い。そうすると、会社間のコーポレート・ガバナンス・ストラクチャーの違いが全く示されないことになるし、自信のない会社は具体的な開示をしない可能性がある。また、「建前」と「本音」とが乖離している場合に、「本音」の部分が開示されないことも十分に考えられる。さらに、反対に、具体的に開示しようとすると、企業機密にふれる部分が出てくる可能性があるし、過度に詳細に開示することは本当にポイントとなる部分を情報利用者自身が見つけなければならないことにつながりかねない。しかも、業種、規模、沿革、会社のおかれている環境などによって、会社の内部構造は、商法の定める枠の範囲内で異なるのが普通であり、ある内部構造のみが優れていて、他の内部構造は劣っているとつねにはいえないことから、ある推奨内部組織構造が提案されていてもそれによらないことがその会社にとって合理的な場合があることには留意しておかなければならない。

そこで、会社のコーポレート・ガバナンス・ストラクチャーが現実にどのようなタイプに属するのか、そして、建前としてはどのような形で業務執行者に対するコントロールが働くことが、その会社では期待されているのかという点と、その建前が実際には機能していると考えられるのかという点についての情報を適切に投資家などに与えるという要請と企業に関するセンシティブな情報の慎重な取り扱いの必要性とに応えるものとして、コーポレート・ガバナンス・ストラクチャーの中でも、業務執行者に対する取締役会・監査役（会）その他の会社内部のモニタリング・コントロール構造の「格付け」というようなものが考えられてよいではなかろうか。

もちろん、債券についての格付けがそれまでの財務分析などについての理論的・実証的蓄積をベースにしているのと同様、コーポレート・ガバナンス・ストラクチャーの「格付け」というようなものが現れる前提の一つとしては、コーポレート・ガバナンス・ストラクチャーについての実証的研究が必要になると思われる。とりわけ、会社の規模や業種、沿革などによって、最適なコーポレート・ガバナンス・ストラクチャーが異なるのであるとすれば、どのようなコーポレート・ガバナンス・ストラクチャーであれば、日本においてうまく機能しているのかを知り、それはなぜうまく機能しているのかを分析する必要がある。

（1）　川濱昇「取締役会の監督機能」『企業の健全性確保と取締役の責任』（有斐閣、一九九七）一〇一一一頁などを参照。

(2)　森本滋「コーポレイトガバナンスと商法改正」『商法・経済法の諸問題』(商事法務研究会、一九九四) 一一二―一一三頁、川濱・前掲四―五頁。また、神田秀樹「企業法制の将来」資本市場八七号二五頁以下参照。

(3)　たとえば、久保利英明「日本の会社組織の実態とコーポレート・ガバナンス」ジュリスト一〇五〇号四〇頁。

(4)　これまで、社外取締役の法制化には強い抵抗があった。たとえば、平成五年商法改正に際して、経団連は社外取締役制度の導入に反対した(日本経済新聞一九九二年三月九日参照)。また、「監査役制度改正の方向と論点」商事法務一三〇九号(一九九三) 二三頁〔吉戒発言〕参照。

(5)　このような視点から、ガバナンスに関する開示の必要性を主張したものとして、森田章「コーポレート・ガバナンスとディスクロージャー」企業の健全性確保と取締役の責任(有斐閣、一九九七) 一三二頁、同「アメリカのコーポレート・ガバナンス」比較会社法研究(成文堂、一九九九) 一一五―一一六頁がある。

(6)　対照的に、アメリカでは、たとえばニューヨーク証券取引所は、社外取締役の選任と監査委員会の設置を強制するという直接的アプローチをとるが、州法レベルで要求するものはまれである。

(7)　開示内容の詳細な比較および検討は稿を改めて行うこととしたい。

(8)　伊藤靖史「業績連動型報酬と取締役の報酬規制(一)」民商法雑誌一一六巻二号二二四頁。また、阿部一正ほか『役員報酬の現状と課題』(別冊商事法務一九二号) (一九九七) 三頁〔阿部発言〕、四二―四三頁〔中川発言〕など参照。

(9)　そもそも、退職慰労金という制度自体が不透明なものであり、毎年、その職務と功績に見合った報酬を受け取るのがすじであるという考え方もありえよう。

(10)　矢沢惇『企業法の諸問題』(商事法務研究会、一九八一) 二四七頁、江頭憲治郎「会社役員の報酬に対する法の規制」法学教室(第二期) 六号(一九七四) 六二頁など参照。

(11)　龍田節「役員報酬」続判例展望(別冊ジュリスト三九号) (一九七三) 一七八頁、伊藤・前掲二二四頁。

(付記)　校正段階で、産業構造審議会総合部会新成長政策小委員会企業法制分科会報告書『二一世紀の企業経営のた

めの会社法制の整備』に接した。この報告書では、営業報告書の強制開示項目として、たとえば、社外取締役の導入状況、役員人事プロセス透明化のための取組状況等を追加すること（五三—五四頁）、ストック・オプション等を含む実報酬額が一定額を上回る者あるいは報酬上位者（三名程度）の報酬の個別開示を義務付けることを検討すること（五五頁）などが提案されている。

労働法における要件事実

山川隆一

はじめに

本稿は、労働法における要件事実について、具体例を挙げながら検討しようとするものである。要件事実論に基づく事件処理は、民事訴訟の実務においては相当程度定着していると思われるが、民法学や民事訴訟法学においても、一九八〇年代頃から要件事実論への関心が高まり(1)、現在では、民法などの実体法における各規定の要件事実を探求する包括的な業績が積み重ねられつつある(2)。

しかし、従来の労働法学においては、個別的なテーマや民法上の検討との関連でとりあげられる場合を除き、要件事実についての本格的な検討はほとんどなされてこなかった。筆者も、労働法の簡単な教科書において要件事実のブロック・ダイアグラムをいくつか記してきているが(3)、そこでは特段の説明を付しておらず、また、要件事実の意義や労働民事訴訟におけるその役割についての解説もごくわずかなものに留まっている。そこで、本稿では、まず要件事実の一般的な意義を確認した上で、労働民事訴訟における要件事実の役割について簡単な考察を行い、進んで、典型的な労働民事事件における要件事実の内容を検討することとしたい。

ただし、本稿は、要件事実論一般についての理論的検討を行うものではなく、労働法の分野におけるその適用に焦点を当てている。また、個々の要件事実の内容は、各実定法の規定の解釈そのものに関わるものであるが、本稿では、その点に関して詳細な検討を行うには至っていない。その意味で本稿は、労働法における要件事実についての、いわば覚え書きに留まるものである。

一　要件事実と労働民事訴訟

(1)　要件事実とは何か

「要件事実」とは、民事訴訟において適用される法規範により設定された法律要件に該当する事実をいう。すなわち、民事訴訟において裁判所は、問題となっている特定の権利ないし法律関係について、諸々の実体法規範を適用して判断を下すのであるが、これらの法規範は、一般に、権利の発生や消滅など一定の積極・消極的な法律効果が、一定の要件をみたされた場合に発生する構造をとっている。こうした法律効果の発生要件（法律要件）をみたす具体的事実が要件事実と呼ばれるものである。[4]

たとえば、一般の不法行為に関する民法七〇九条は、「故意又ハ過失ニ因リテ他人ノ権利ヲ侵害シタル者ハ之ニ因リテ生シタル損害ヲ賠償スル責ニ任ス」と定めており、そこでは、不法行為に基づく損害賠償請求権の発生という法律効果について、「故意または過失」、「他人の権利の侵害」、「損害」、ならびに「因果関係」という法律要件が定められている（これらの法律要件の内容をどのように理解するかについて様々な議論があるのは周知のとおりである）。そして、たとえば「損害」という法律要件については、それに該当する具体的事実が要件事実となる。

(2)　立証責任との関係

以上のような要件事実は、立証（証明）責任の分配と密接に結びついている。すなわち、民事裁判においてある法律効果の発生が認められるためには、その要件事実の存在が証明される必要があるが、その証明ができなかった場合には、当該法律効果は発生しないことになる。このように、ある要件事実の存否について真偽不明となった場合に、それによる法律効果の発生が認められないという不利益ないし負担を立証（証明）責任という。[5] そうすると、各要件事実につき、原告と被告のいずれが立証責任を負うのかを決定する必要があるので、立証責任の分配の基準をいかに定めるかが問題となる。

この点については様々な見解が唱えられてきたが、現在の実務において一般的に採用されている法律要件分類説は、各実体法の規定を、その法律効果の機能に応じて、権利の発生要件を定めた権利根拠規定、権利発生の障害となる要件を定めた権利障害規定、権利行使を一時的に阻止する要件を定めた権利阻止規定、および権利の消滅要件を定めた権利滅却規定の四種類に分類し、訴訟当事者は、自らに有利な法律効果の発生要件を定めた規定に該当する要件事実について立証責任を負うと解している。ある法律上の規定が以上の四種類のいずれであるかについては、かつては当該規定の文言や形式により決まるという発想が伝統的なものであったが、現在では、条文の文言や形式は必ずしも決め手とはならず、立証責任の負担面での公平性・妥当性に照らして各規定の解釈を行う必要があることが一般に承認されている。[6]

実際の民事訴訟においては、問題となっている訴訟物について、適用される法規定の定める要件事実が、当該規定の果たす機能に応じた位置づけを与えられることになる（以下では、実務で採用されている旧訴訟物理論を前提としている）。たとえば、売買契約に基づく代金支払請求権を訴訟物とする給付訴訟においては、同請求権の権利根拠規定である民法五五五条の定める売買契約の成立（当事者間での申し込みと承諾）が、原告が立証責任を負う請求原因となる。そして、当該契約が錯誤により無効であるとの主張がなされる場合には、法律行為の成立に対する権利障害規定である民法九五条の定める「要素の錯誤」の存在が、被告において立証責任を負う抗弁となるが、さらに、同条但書にいう表意者の重過失（を基礎づける具体的事実）が、錯誤による無効という法律効果の発生を妨げるものとして（民法九五条但書も権利障害規定となる）、原告が立証責任を負う再抗弁となる。

こうした要件事実は、いわゆる主要事実と同義であると理解されており、[7] 弁論主義のもとで採用されている主張責任の原則（当事者が主張していない事実は、証拠に現れていても、裁判所としては法律要件の該当性の判断の基礎とはなしえないという原則）が妥当する。これに対し、主要事実を推認させる間接事実や、証拠資料の証明力にかかわる補助事実は、要件事実そのものとしては把握されないこととなる。

以上の点に関連して、「過失」や「権利濫用」、「公序良俗違反」などの規範的な評価を含む要件については、それ自体が主要事実となり、当該評価を基礎づける具体的事実——評価根拠事実——は間接事実として位置づけられるに留まるのか、あるいは評価根拠事実が主要事実となるのかが問題となる。(8) この点については見解の対立がみられるが、規範的評価を証拠により直接に立証することが困難であることや、規範的評価のみを主張すれば主張責任は尽くされるとすると相手方の防御も困難となりうること、主張されていない事実により不意打ち的な判断がなされる可能性もあることなどから、後者の見解が有力である。また、この見解によると、「過失」などの規範的評価の成立を妨げる具体的事実——評価障害事実——も主要事実となるが、この評価障害事実の主張は、訴訟上、評価根拠事実の主張に対する抗弁として位置づけられるとの理解が有力である。

(3) 要件事実論の特徴

以上みてきたような要件事実の考え方（要件事実論）は、民事法分野の実体法について、裁判規範としての機能に焦点を当てて解釈することを要請するものである。(9) その結果、要件事実論には、従来の民事実体法における発想に比べて、いくつかの顕著な特徴が現れることになる。

まず、要件事実論は、法律効果の発生ないし権利義務関係の変動に必要最小限度の事実を対象とするものである。それゆえ、要件事実論は、民事紛争において現れる事実関係を、権利義務という観点から再構成するものと位置づけることができる。これによって、裁判官や訴訟代理人等は、当該訴訟の訴訟物との関連で解決が必要となる争点と不必要な争点を明確に認識・整理することができ、それを通じて、審理の促進を図ることが期待できる。すなわち、当事者の主張としては対立がみられるとしても、問題となっている権利義務の判断にはかかわらない争点が判明するため、法律上の争点を明確に識別できるのである。逆にいえば、要件事実論においては、主要事実とそれ以外の間接事実や補助事実の位置づけや機能の違いが明確に現われることになる（もちろん、現実の民事訴訟においては、間接事実などの果たす役割は重要であり、その旨の指摘もしばしばなされているが(10)）。

また、要件事実論は、民事訴訟における主張立証責任の分配を常に意識するものであるから、ある法規定の要件がいかなるものかという発想に留まらず、一定の訴訟物を前提にして、それに関して適用される様々な法規定の定める事実が、請求原因・抗弁・再抗弁などという形で、当事者の主張立証責任という観点からみてどのように位置づけられるかを考えてゆくことになる。(11)たとえば、民法一九二条によれば、即時取得の要件は、平穏かつ公然に動産の占有を開始した者が善意かつ無過失であったことであるように見えるが、占有者の善意、平穏、公然の各事実は民法一八六条一項により推定され、かつ、判例は同法一八八条を根拠に無過失についても推定されると解しているので(12)、即時取得の成立に関しては、売買契約による引渡しなど、動産の占有開始の事実のみを主張立証すれば足り、占有者の悪意などの事実は、その効果を否定する相手方が主張立証することになる。このように主張立証責任を念頭に置いた発想により、裁判官は、法律判断に必要となる事実認定に即した主張の整理や、そのための釈明を適切に行うことが可能となり、当事者及び代理人も立証の準備等を効率的に行うことができるといいうる。(13)

他方で、こうした発想は、行為規範としての民事実体法のイメージとは一定の乖離をもたらす場合がありうる。(14)たとえば、いわゆる連帯保証債務の履行請求訴訟においては、主たる債務の発生原因事実（消費貸借契約の成立と弁済期の到来など）に加え、債権者と保証人との間での保証契約の締結が請求原因となるが、「連帯」保証であることは請求原因ではなく、催告・検索の抗弁（民法四五二条・四五三条）に対する再抗弁としての「連帯の約定」として位置づけられることになる。連帯保証か否かが認定できない場合には、連帯保証であることが請求原因であるとする見解によると、他の要件事実が認められるときであっても請求を棄却せざるを得なくなるので、主張立証責任の分配という観点からはこうした理解は妥当であろうが、行為規範としての民法においては、「連帯保証」という行為類型を想定することが通常であろうから、両者の間には一定の乖離が生じているということができる（もっとも、たとえば再抗弁事実を請求原因事実と統合して把握したり、抗弁事実を消極的要件として把握することにより、裁判規範を行為規範に統合することも不可能ではないであろう）。

(4) 労働民事訴訟における意義と限界

以上みてきたように、要件事実を的確に把握することにより、裁判官は、事案の解決に必要な争点を明確に認識し、それに沿った訴訟運営を図ることができ、また、問題の事実が存否不明の場合の判断基準を獲得できる。また、訴訟代理人も、争点や主張立証責任の所在に応じた訴訟活動及びその準備の効率化を図ることができる。要件事実の明確化が果たしうるこのような役割は、労働民事訴訟においても基本的に妥当すると思われる。

他方、労働民事訴訟においては、要件事実的発想の限界が、他の民事訴訟に比べて多く現れる面がある。まず、法律要件分類説は、現在では法規の文言や形式にそれほどこだわらなくなっているとはいえ、基本的には、法律効果の発生についての実定法上の規定が存在することを前提としつつ、当該法規の趣旨や他の法規との整合性、さらに立証の難易などを考慮に入れた解釈を行って要件事実を確定する見解といいうるが、労働法の領域においては、解雇権濫用法理、配転法理、就業規則の変更法理、安全配慮義務法理など、一般条項以外には実定法規に直接の根拠をもたない判例法理が数多く存在する。

こうした判例法理も、数多くの最高裁判例の積み重ねにより、その内容は次第に明確化されつつあるが、もともと個別事案における判断が積み重ねられて形成されるものであるから、実定法規に比べれば、具体的・一般的なルールとしては確立されていないものもあり、また、要件事実の確定が困難な場合もありうる。さらに、判決文の中で一般的命題が表明されていたとしても、同様の理由により、主張立証責任の分配まで十分に考慮されずに提示されることも少なくないものと推測される。

次に、以上の点とも関連することであるが、労働法の分野においては、解雇や配転に関する「権利濫用」、就業規則変更に関する「合理性」、——現在では男女雇用機会均等法により実定法上の規定として相当程度具体化されているが——男女平等に関する「公序違反」、争議行為や組合活動の「正当性」など、一般条項ないし規範的な要件が多用される傾向がある。それゆえ、労働法の場合、他の分野に比べて、規範的要件に関する評価根拠事実や評価障害事実を確定することが重要とならざるをえない(15)。

また、労働法においては、規範的要件以外の一般的要件事実についても、間接事実が重要な役割を果たす場合が多くみられる。たとえば、不当労働行為事件における不当労働行為意思の認定について間接事実となる、従前の労使関係の推移などがその例である。このような場合には、単なる要件事実の確定に留まらず、主要事実の認定においていかなる間接事実がその基礎として用いられるかが重要な問題となる。これらの事情により、労働事件の判決書は、必ずしも要件事実論に厳格に従って作成されていないことも多い（いわゆる新様式の判決書の場合は特にそうである）。

もっとも、以上の諸点はいずれも、前記のような労働法分野における要件事実の重要性を否定し去るものではない。むしろ、実定法規を対象とする要件事実の確定の必要性は他の分野と同様に存在するが、労働法の分野においては、それに加えて、判例法理を対象とする要件事実の確定、評価根拠事実や評価障害事実の内容の明確化、事実認定において重要な役割を果たす間接事実の探求ないし類型化などの作業を行う必要性が大きくなることを意味するものといえよう。

二　労働民事訴訟における要件事実——具体例

これまで述べてきたことを念頭に置きつつ、以下では、労働民事事件におけるいくつかの主要な訴訟類型を取り上げ、適宜ブロック・ダイアグラムを示しながら、[16] 要件事実の確定作業を試みることとしたい。

(1) 解雇の効力を争う訴訟（図1）

(イ) 訴訟物

使用者のなした解雇が無効であるとして労働者が訴訟を提起する場合は、労働契約上の地位が存在することの確認を請求することが基本となり、それに加えて、解雇期間中の賃金等の支払も請求することが多い。賃金請求は別途取り扱うので、ここでは、労働契約上の地位の存在確認請求のみを取り上げることとする。

こうした請求については、そもそも訴訟物をどのように構成ないし表現するかが問題になるが、[17] 現在の裁判実務における請求認容判決の主文をみると、「労働（雇用）契約上の権利を有すること」、「労働契約上の地位を有すること」、あるいは「労働契約上の権利を有する地位にあること」が確認されている場合が比較的多い。すなわちここでは、「労働契約上の権利を有する地位」という法律関係が訴訟物の内容になっているといいうる。これら以外では、「被告の従業員たる地位にあること」、「雇用契約関係の存在」などの表現が用いられる場合もある。

厳密にいえば、これらの表現の意味するところには差異がありうるが、いずれも、労働契約上の地位が賃金請求権をはじめとする様々な権利の発生原因となっており、そうした地位が存在することを確認すれば、それらの権利をめぐる紛争がまとめて解決されうることを配慮したものといいうる。なお、訴状の請求の趣旨などには「解雇が無効であること」の確認を求める旨が記されることもあるが、過去の法律行為の無効確認は原則として許されないので、[18] かかる請求の趣旨も、上述のような現在の労働契約上の地位の確認を請求する趣旨に理解すべきことになる。

(ロ) 請求原因

上記のような労働契約上の地位の存在確認を請求する場合、請求原因は、①労働契約の成立と、②使用者が（原告を解雇したなどとして）労働契約が終了したと主張していること、の二つとなる。[19] 以上のうち②は、労働契約

図１　解雇無効を理由とする労働契約関係存在確認訴訟における要件事実

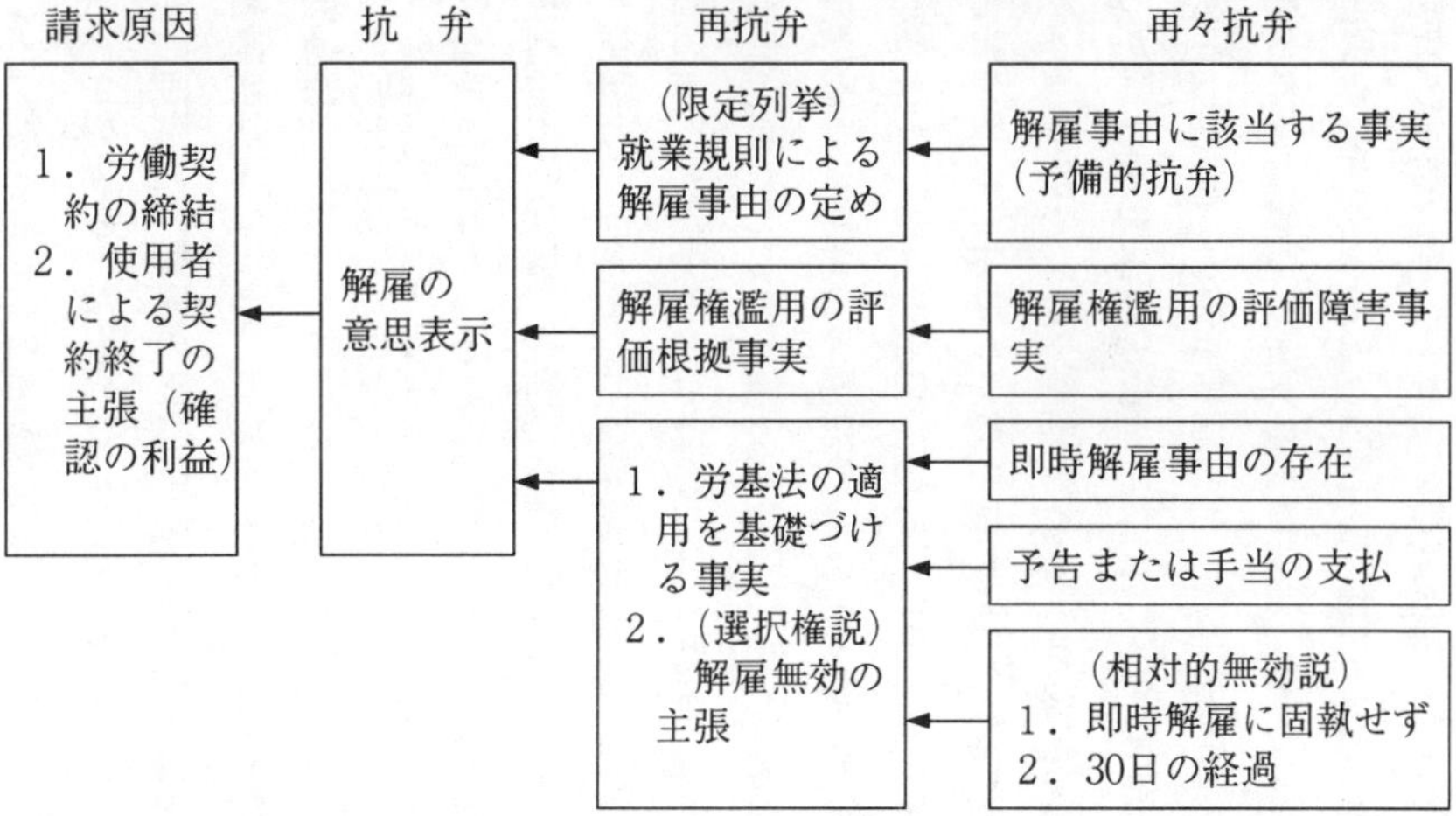

の存在に関して争いがあることを示すことによって確認の利益を基礎づける事実である（確認の利益の存在は訴訟要件であるが、弁論主義が妥当すると解されている）[20]。確認訴訟の場合、訴訟物が請求の趣旨において具体的に特定されていれば、訴訟物を特定するための請求原因は不要となるが、上記のように、労働契約上の地位の存在確認訴訟における請求の趣旨の記載は簡単なものであるため、請求原因においてより具体的な記載にすることが多いと思われる。

次に、①にあげた労働契約の成立については、民法六二三条が契約の成立原因を規定しているので、同条に従い、原告が被告に対して労務に服することを約し、他方で被告が原告に対して賃金を支払うことを約した事実が、請求原因の具体的内容となる。この場合、労働契約が成立した時期に加え、その際の賃金額や労働義務の内容なども請求原因の内容に含まれうるが、実務上は、これらの点に特に争いがなければ、「原告は○年○月に被告に雇用された」などという記載で済ませることも多いようである。

(ハ)　抗弁等

(a)　解雇権濫用の主張立証責任

解雇事件においては、被告たる使用者側が、労働者を解雇したこと（厳密には解雇の意思表示とそれが労働者に到達したこと）による労働契約の終了を抗弁として主張することになる。この場合、解雇には正当事由を要するという見解によれば、被告側は、単なる解雇の意思表示のみならず、抗弁の段階で、解雇の正当事由を基礎づける事実をも主張立証しなければならないこととなる。[21] しかし、判例は、権利濫用法理によって解雇を規制する立場を採用し、使用者の解雇権の行使は、客観的に合理的な理由を欠き、社会通念上正当として是認できない場合には、権利濫用として無効となると解してきている。[22]

この判例法理によれば、解雇が「客観的に合理的な理由を欠き、社会通念上正当として是認できない」という要件がみたされた場合には、権利濫用による解雇の無効という法律効果が発生することになる。そして、ここでの権利濫用法理は、権利の行使の効果の発生を阻害するものであるので（権利障害規定として機能する）、基本的には、使用者の抗弁としては解雇の事実の主張立証のみで必要十分であり、[23] 解雇が権利濫用に当たることは、労働者側の再抗弁事由として位置づけられる。[24] そうすると、労働者側において、「客観的に合理的な理由を欠き、社会通念上正当として是認できない」という規範的要件についての評価根拠事実を主張立証する責任を負い、使用者側がそれに対する評価障害事実を主張立証するのが原則となる。

もっとも、現在の判例法理は、権利濫用の成立範囲を相当に広く認めているので、解雇権濫用を基礎づける評価根拠事実としては、一般の権利濫用法理におけるような例外的な場合に当たる事実を詳細に主張立証する必要はなく、原告である労働者の平素の勤務状況が労働者として通常のものであったこと、ないしは特に問題がなかったことが、当該労働者が容易に入手ないし提出できる証拠によって主張立証されていれば足りると解すべきである。[25] そして、使用者側において、解雇権濫用に対する評価障害事実として、解雇の合理的理由や社会通念上の相当性を基礎づける具体的な事実（業務命令違反や業務不適格、あるいは、いわゆる整理解雇の要件該当事実など）[26] を主張立証すべきものと考える。使用者がこのような具体的事実の主張立証を尽くさない場合には、上記のような原告の主張立証により、解雇権濫用という判断が導かれる（なお、規範的要件につき、規範的評価自体を主要事実と解する見解に立っても、これらの事実は間接事実として重要な意味をもつものであり、その証明がなされない場合には、主要事実である「権利濫用」の事実が認定されることになる）。

(b)　就業規則における解雇事由の定めの意義

また、企業は、就業規則において解雇事由を定めることが多く（通常一〇人以上の労働者を雇用している事業場では、労基法八九条により就業規則の作成義務があり、そこでは退職に関する事項が必要記載事項となっている）、その法的意味が問題となる。この点については、学説上はこうした規定は解雇事由を例示列挙したものに留まるとの理解も有力であるが(27)、裁判例の多くは、こうした就業規則所定の解雇事由は、使用者が自らの解雇権の行使を一定の事由が存在する場合に限定したものであるとの理解に基づく事件処理を行っている（限定列挙説）。この点は、各就業規則の解釈の問題であり、懲戒事由に類する事由のみを就業規則に掲げたような事案などは別として、包括的に解雇事由を掲げた規定がある場合には、使用者はそれらに該当する場合に限り解雇権を行使する意思であるとみて差し支えないと思われる(28)。

こうした理解によれば、就業規則による解雇事由の制限という事実は、民法六二七条の定める解雇自由の原則のもとで使用者による解雇権行使の効果の発生を阻害する事由となるので、この事実が、労働者側において主張立証すべき再抗弁に該当する(29)（例示列挙説によれば、就業規則上の解雇事由の定めは独立の再抗弁とはならず、解雇事由への該当性が解雇権濫用の評価障害事実と位置づけられることになろう(30)）。そして、使用者側は、再々抗弁として、就業規則上の解雇事由に該当する事実を主張立証する責任を負うこととなる(31)。もちろん、就業規則による解雇事由限定という上記の抗弁は、解雇権濫用の抗弁とは独立のものであるので、就業規則上の解雇事由に該当する解雇であっても、解雇権濫用として無効になることはありうる。

(c)　解雇予告義務違反

以上の他、労基法二〇条は、使用者が労働者を解雇する場合には三〇日前に予告を行うか、またはそれに代わる解雇予告手当を労働者に支払うことを義務づけており、その要件事実面での位置づけが問題になる。労基法二〇条違反の解雇、すなわち、即時解雇事由が存在しないのに、予告を行わず、かつ予告手当も支払わずになされた解雇の効力については、判例はいわゆる相対的無効説をとり、使用者が即時解雇に固執しない限り、解雇後三〇日を経過した時点または予告手当を支払った時点で解雇の効力が発生するとしている[32]。

この見解によれば、労基法の適用を基礎づける事実（労働者が労基法九条にいう「事業」に使用されていること）が、労基法二〇条違反による解雇無効の再抗弁を構成し[33]、これに対し、同条但書所定の即時解雇事由が存在したこと、使用者が三〇日前の予告を行い、またはそれに代わる予告手当を支払ったこと、使用者が即時解雇に固執せず、かつ解雇の意思表示後三〇日が経過したことが、それぞれ再々抗弁となると思われる（使用者が即時解雇に固執していることが労働者側の再々抗弁となるとの理解もありうるが、使用者の態度が不明である場合に、解雇が有効になるというリスクを労働者に負わせるのは適切ではないであろう）。

以上に対して、学説においては、労働者が解雇無効の主張と予告手当の支払請求の主張を選択しうると解する選択権説が有力であるが[34]、これによれば、労働者は、労基法の適用を基礎づける事実に加え、解雇の無効を主張する旨の選択権を行使した事実を再抗弁として主張しうることになろう。

(2) 賃金支払を求める訴訟（図2）

(イ) 訴訟物

賃金の支払を求める給付訴訟においては、労働契約に基づく賃金請求権が主たる請求をなす訴訟物となる。広い意味での賃金債権には、いわゆる基本債権としてのものと支分権としてのもの（たとえば、月給制の場合に毎月支払われる具体的賃金請求権）の二種類がありうるが、ここでは後者を念頭に置いている。前者は、将来に支払われる部分も含めて賃金債権を差し押さえる場合などに観念する実益があるものである。

こうした支分権としての賃金請求権については、民法六二四条一項により、労働者は約束した労務が終わらな

図２　解雇を理由とする就労拒絶に対する賃金請求の要件事実

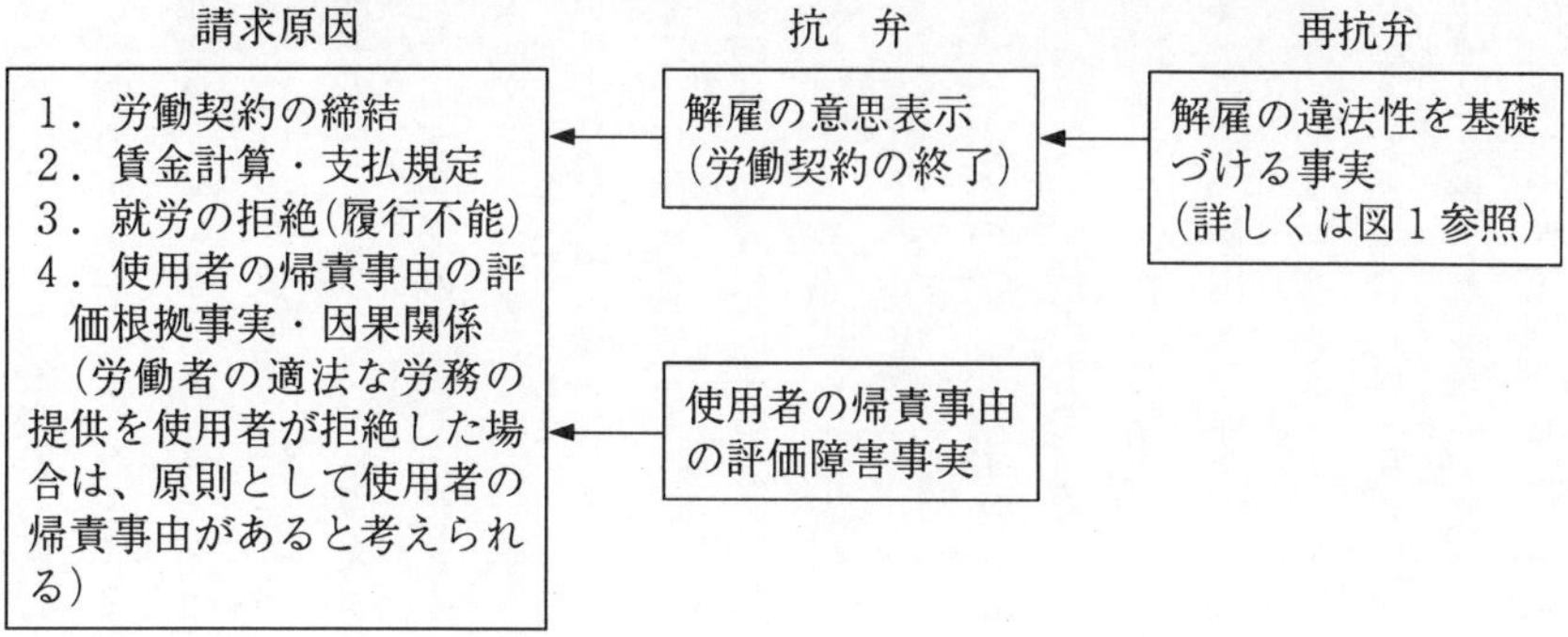

ければ報酬を請求することができないと定められている。すなわち、賃金請求権は、原則として労働義務の履行が現実になされた場合に発生すると解される(35)。以上に対しては、賃金請求権は労働契約の成立と同時に発生し、それに期限が付されているにすぎないと解する見解(36)もあるが、こうした理解は前述の基本債権としての賃金債権についてあてはまるものであろう(37)。

(ロ)　請求原因

(a)　労働義務の履行がある場合

以上を前提とすると、労務の履行がなされた場合における賃金請求の請求原因は、①労働契約の締結、②労働契約中の賃金額に関する定め、③請求に対応する期間における労働義務の履行、というものとなろう（この場合のダイアグラムは省略する）。この場合、民法六二四条二項は、期間をもって定めた報酬はその期間経過後に請求することができると定めているので、たとえば月給制の定めがある場合には、③にいう労働義務の履行は、各月において予定された労務の履行がなされたことをいうのが原則となる。もっとも、賃金の支払日が月の途中に定められている場合には、労働契約上、当該支払日には賃金請求権が発生しているとみられるので、その日までの労務の履行を主張立証すれば足りることとなろう（その後に欠勤した場合には、いわゆる完全月給制の場合を除き、使用者に不当利得返還請求権が発生しうるので、それと翌月の賃金請求権とのいわゆる調整的相殺が問題となる(38)）。

(b)　労働義務の履行がない場合

以上に対して、労働義務の履行がない場合は、賃金請求権が民法六二四条にもとづいて発生することはないため、別個の根拠が必要になる。この点については、ドイツ民法にならって、債権者（使用者）の受領遅滞により賃金請求権が発生するという理解もみられるが[39]、裁判例・学説の多くは、いわゆる危険負担法理を定める民法五三六条二項により賃金請求権を基礎づけている[40]。すなわち、同項は、債権者の責に帰すべき事由により債務が履行不能となったときには、債務者は反対給付を受ける権利を失わないと述べているが、債権者たる使用者の帰責事由により労働義務が履行不能になったときには、労働者は反対債権たる賃金請求権を失わないものとみるのである（法文上は、労働者は「反対給付を受ける権利を失わない」となっているが、前述したところによれば、民法五三六条二項により賃金請求権が発生すると解することになろう）。

そこで、民法五三六条二項による賃金請求の要件事実を考えると、請求原因は、①労働契約の締結および②契約中の賃金額等に関する定めに加えて、③労働義務の履行が不能になったこと、ならびに④履行不能が使用者の責めに帰すべき事由によるものであること、となる。これらのうち、③の労働義務の履行不能については、使用者が労務の受領を拒絶した場合、労働というものの性質上、時間の経過とともに労働義務の履行は時々刻々不能となっていくので、使用者による労務の受領拒絶とその後の時間の経過が、これを基礎づける事実となると考えられる[41]。なお、使用者が労働者に対して解雇や休職処分を行ったと主張している事案では、使用者による労務の受領拒絶がなされたと認定しうるのが通常だと思われる。

また、④の使用者の帰責事由は、規範的要件事実であるため、基本的には労働者側がその評価根拠事実を主張立証すべきものである。ただし、労働者の適法な（債務の本旨に従った）履行の提供を使用者が拒絶した事実が主張立証された場合には、民法四一三条所定の受領遅滞（受領拒絶）に該当し、それにより危険の移転という効果が発生すると解されるため[42]、原則として使用者に帰責事由があるものと評価されると考えられる。このように使用者の帰責事由が原則として肯定される場合には、使用者としては、受領拒絶に正当な理由があることを基礎づける事実を抗弁として主張立証すべきこととなる。(43) なお、使用者が労働者を解雇したと主張している場合などは、労務の受領を将来にわたり予め拒否したものとして、労働者が適法な履行の提供を行ったという事実についての主張立証は原則として不要となると解される。(44)

以上のような使用者の帰責事由（またはそれを基礎づける使用者の受領拒絶の事実）は、労働者の労働義務の履行不能との間に因果関係があることが必要である（民法五三六条二項は、債権者の責に帰すべき事由に「よる」履行不能を要件としている）。この因果関係は労働義務の履行不能と使用者の帰責事由が立証されればあわせて立証されるのが通常であろうが、労働者側に労働義務を履行する意思や能力がない場合には、この因果関係の立証が尽くされていないものとされることがありうる。(45)

(ハ)　抗　弁　等

抗弁以下は、労働義務の履行がなされなかった場合に問題となることが多い。そして、労働義務の履行不能について使用者に帰責事由があることの評価根拠事実が労働者により主張立証された場合には、使用者としては、抗弁として、自らに帰責事由があることに関する評価障害事実につき主張立証責任を負う。(46) また、前記のように、使用者が労働者の適法な履行の提供の受領を拒絶したことが主張立証された場合には、使用者において労務の受領拒絶に正当な理由があったことを基礎づける事実を主張立証すべきこととなろう（労働者はこの点に関する評価障害事実について主張立証責任を負う）。

なお、使用者による解雇の意思表示は、労務の受領を予め拒絶したことを意味するのみならず、労働契約そのものを終了させる抗弁事実としての意味をもちうるものである（ただし、請求原因としては、使用者が解雇を主張している事実のみを主張立証すれば足り、解雇の意思表示がなされたこと自体の主張立証までは不要であろう）。これに対する労働者側の再抗弁事実は、解雇無効確認請求について既に触れたとおりである。

(3) 配転命令の効力を争う訴訟（図3）

(イ) 訴訟物

配転命令の効力が争われる場合、配転命令自体は過去になされた法律行為であり、過去の法律関係の確認を求める訴えには原則として訴えの利益がないと解されるので、この種の事案においては、訴訟物を現在の法律関係にひきなおして、配転先での就労義務が存在しないことの確認を請求の趣旨とすることが多い。こうした消極的確認訴訟の訴訟物は、配転先での就労義務（の不存在）となる。

配転命令の法的性格に関しては、周知のとおり、使用者は労働契約に基づく包括的な労働力の処分権の一環として、形成権たる配転命令権を取得すると解する包括的合意説と、配転命令はあくまで契約上の合意の範囲内で認められるとする契約説ないし特約説があり(47)、契約説は上記のような処理方法に親和的なものであるが(48)、契約説に立っても、配転命令を含む労働者の配置を使用者による形成権の行使と捉え、それにより特定の勤務場所での労働義務が具体的に発生すると考えれば、訴えの利益がある限り、従前の配属先での就労義務の存在確認を求める訴訟形式をとることも不可能ではないといえよう(49)。

(ロ) 請求原因

配転先での就労義務の不存在確認請求については、請求原因は、①原告（労働者）と被告（使用者）との間で労働契約が締結されたこと、および、②被告が、原告が配転先での就労義務を負うと主張していること、の二点である。消極的確認訴訟の場合は、その性質上、権利の発生を基礎づけるための攻撃方法としての請求原因は考える必要はないので（被告側にその主張立証責任がある）、訴訟物を特定し、かつ訴えの利益を基礎づける事実の主張立証がなされれば足りる。右の①および②はそうした意味をもつものである。

(ハ) 抗弁等

以上のような請求原因に対して、使用者側は、原告の配転先での就労義務についての要件事実を主張立証しな

図３　配転先での就労義務不存在確認訴訟における要件事実

請求原因	抗　弁	再抗弁	再々抗弁
１．労働契約の締結 ２．使用者による配転先での就労義務の主張（確認の利益）	←（配転先での就労義務発生） １．配転命令権の根拠規定（契約説） ２．配転命令権の行使	← 契約による職種・勤務地の限定	
		← 配転命令権濫用の評価根拠事実 業務上の必要性の欠如 不当な目的 不利益大	← 配転命令権濫用の評価障害事実 例：具体的業務上の必要性 配慮措置

ければならない。配転命令の性格に関する包括的合意説によれば、配転命令は原則として労働契約から当然に発生するものと解されるので、配転命令権自体の発生原因を改めて主張立証する必要はなく（請求原因において労働契約の締結がすでに現れているためである）、配転命令権の行使のみ、すなわち、使用者が原告を当該就労場所等に配転する旨の意思表示を行ったこと（およびその到達）のみを主張立証すれば足りることになる。これに対して契約説によれば、使用者側はそれに加えて、配転命令権の発生根拠となる個別労働契約、労働協約または就業規則上の規定の存在につき主張立証責任を負う。

以上のような抗弁に対しては、まず、原告の勤務地や職種が限定されていた旨の再抗弁が考えられる。このような勤務地や職種を限定する合意が認められる場合には、それに違反する配転命令の効力の発生は阻止されることとなる。また、配転命令が権利濫用に当たることも再抗弁事実となる。権利濫用該当性は規範的要件事実であるので、それを根拠づける具体的事実について労働者側が主張立証責任を負い、これに対して使用者側が権利濫用の評価を阻害する具体的事実につき主張立証責任を負う。

後者の権利濫用に関しては、最高裁判例[50]によれば、配転命令が権利濫用になるのは、①業務上の必要性を欠く場合や、業務上の必要性があっても、②配転命令が不当な動機・目的に基づく場合、あるいは、③労働者に通常甘受すべき程度を著しく超える不利益を負わせる場合とされている。①については、労働者側は、当該配転先の職務は特に当該労働者でなくとも担当できる事実などを主張立証すれば足り、使用者において、より具体的な必要性ないし人選の合理性についての主張立証責任を負うと解するのが合理的であろう。②と③は主に労働者側で主張立証すべき評価根拠事実となるであろうが、使用者が配転による不利益を回避するための配慮を尽くしたことなどが評価障害事実となりうる事案もあると思われる。[51]

以上の他、配転命令が労働組合法七条などの法令の規定に違反して無効であることも、労働者側の再抗弁となりうる。また、配転命令の行使について労働組合との協議を経ることなど一定の制約を課した規定が存在する場合には、かかる規定の存在が再抗弁事実となり、これに対する再々抗弁として、使用者が当該規定を遵守したことを主張立証することとなろう（就業規則等に解雇事由を定めた場合と同様の取扱いである）。

(4) 就業規則の不利益変更の効力を争う訴訟（図4）

(イ) 訴訟物

就業規則上の規定の効力が争われる事案では、当該規定に基づいて発生する権利ないし義務の実現が求められたりすることもあるが、以下では、就業規則の不利益変更をめぐる訴訟を念頭に置いて検討を加える。こうした訴訟においては、労働者による、従前の就業規則や個別労働契約に基づく権利の主張に対して、使用者側が、就業規則の改訂による権利の消滅や内容の変更を主張することが多い。その場合の訴訟物は、従前の就業規則や個別労働契約に基づく権利である（次にみるように、新たな就業規則上の規定の無効確認やそれに基づいて労働する義務の不存在確認を求める場合には、それらが訴訟物となる）。当該権利が就業規則に基づくものである場合は、現在の判例法理によれば、就業規則上の規定は合理的な内容のものであるかぎり労働契約の内容となるとされているので、[52] 結局は労働契約上の権利となる。

このような権利につき、給付請求の形で実現を求める場合には、訴えの適法性について特に問題は生じないが、従前の就業規則上の規定が効力を有することの確認を求める訴訟、あるいは改訂後の就業規則（またはそれに基づ

図４　就業規則に基づく給付訴訟と不利益変更をめぐる要件事実

請求原因	抗　弁	再抗弁
１．労働契約の締結 ２．旧規則制定 ３．旧規則による権利発生 （確認訴訟の場合は確認の利益も）	１．（変更への事前の黙示同意） ２．新規則による変更 ３．合理性の評価根拠事実 変更の必要性 不利益の程度（代償措置等） 社会的相当性 手続の相当性（多数組合の同意等）	合理性の評価障害事実 例：事実上の不利益の大きさ

く労働契約上の措置）が効力を有しないことの確認を求める訴訟等については、訴えの利益があるか否かが問題となる。この点については、退職金算定方法の変更に関して旧退職金規定の効力確認を求めた訴えの利益が否定された例[53]がある一方、定年年齢の引き下げと一定年齢以上の昇給停止を内容とする就業規則改訂について無効確認の訴えの利益を肯定した例[54]や、改訂後の就業規則の定める勤務時間（従前の基準を超える部分）に従って労働する義務のないことを確認する訴えの利益が認められた例もある。[55]

こうした訴えの利益の判断は、当該就業規則改訂が労働者の地位に与える不利益の確定性の程度や、確認訴訟という訴訟形式をとることの適否などの様々な論点を含みうる。これらの点の判断は各事案の内容により異なりうるものであるが、一般には、当該就業規則上の規定を根拠として様々な労働契約上の措置がなされ、かつ、各々の措置に対して個別的な無効確認訴訟や給付訴訟を提起することを労働者に要求することが酷であるような場合などには、原則として確認の利益を認めてよいように思われる。

(ロ)　請求原因

そこで、まず、従前の就業規則に基づいて労働契約上の権利を実現を求める給付訴訟について考えると、請求原因は、①原告と被告の間における労働契約の締結、②旧就業規則の制定、および③旧規則の規定に基づく権利の発生（問題となる規定の存在のみならず、その規定の定める要件に該当する事実も含まれうる）というものとなろう。[56]②については、厳密にいえば、当該就業規則上の規定が労働契約の内容となるための要件も含まれる。すなわち、契約説によれば、原告がこの規定に（黙示的にせよ）同意を与えたことが要件事実に含まれることになる。また、前記のような判例法理によれば、問題となる規定等の合理性も含まれることとなりそうであるが、原告側がそれによる権利発生を主張している以上は、この点は通常問題にならないであろう。

また、旧就業規則上の規定の効力の確認を求める訴えの場合、請求原因は、上記①、②および③のうち旧規定の存在に該当する事実の他に、④当該規定の効力を（就業規則を改訂したことにより）使用者が争っている事実が加えられる。改訂後の就業規則上の規定の効力の不存在確認を求める訴訟においても、実質的な争点は変わらないのが通常であるから、基本的に同様に解してよいと思われるが、この場合は、上記④は、改訂後の規定の内容と、それが効力を有することを使用者が主張している事実に置き換えられることになろう。この場合、上記③であげた旧規定の存在等を主張立証する必要はないとも考えられるが、この事実は、改訂後の規定の効力を争う前提として、訴えの利益を基礎づけるものと位置づけられるであろう。

(ハ) 抗弁等

(a) 不利益性

以上のような請求原因に対しては、使用者は、就業規則を改訂して新規定を設けたことにより、旧規定のもとで成立した労働者の権利ないし労働条件が消滅し、あるいは変動したことにつき、抗弁として主張立証責任を負う（訴訟の実際においては、労働者側が不利益変更であることを主張することも多いであろうが、旧規定に基づく権利の発生については、不利益変更であることの主張立証は不要である）。この抗弁は、具体的には、①就業規則の改訂による新規定の制定、および、判例法理によれば、②新規定が合理性を持つことを基礎づける事実から構成されると思われる。

以上は労働者が就業規則の改訂に同意しない場合を前提としたものであり、労働者が就業規則の改訂に同意した場合には、上記②は労働者の同意をもって代えることができる。また、私見としては、就業規則の不利益変更が労働者を拘束しうる根拠は、労働契約上、合理的範囲内の不利益変更に黙示的に同意を与えていることに求められると解されるので、これによれば、そうした同意の存在も抗弁の内容に加えられることになろう(57)。

上述した抗弁は、周知のような就業規則の不利益変更に関する判例法を前提としたものである。すなわち、最高裁は、就業規則の変更により一方的に労働者の労働条件を不利益に変更することは原則として許されないが、当該規則条項が合理的なものである限り、個々の労働者がこれに同意しないことを理由としてその適用を拒むことは許されないと繰り返し判示してきている(58)。そして、この判例法理は、当該就業規則改訂が労働条件の不利益変更に該当することを前提とするものであるため、いかなる場合が「不利益変更」に該当するかが問題となりうる。

この点については、請求原因で主張された旧規定に基づく権利ないし契約上の地位の変動が使用者の抗弁として位置づけられる以上は、当該就業規則の改訂は不利益変更に該当するのが原則であると思われる(そのような効果をもたない変更であれば、そもそも抗弁として位置づけることはできない)。これに対し、就業規則の改訂の際には、労働条件の不利益変更とともに、代償措置ないし関連する措置として一定の待遇改善等がなされることが少なくないため、不利益性の判断にあたってはそうした事実も考慮して総合判断を行う立場も考えられる(59)。しかし、そうした総合判断は、当該規則改訂が合理的なものであるか否かという判断のレベルでなすべきものであり、不利益性の有無についてそれとは別個に総合判断を行うことは、判断プロセスを不要に複雑にするものといえよう(60)(使用者が抗弁として主張する規定の適用にあたり、待遇改善に関する部分の規定の適用も不可分的に問題にならざるをえないような場合は例外がありうる)。

また、訴訟物となる権利内容が特定される給付訴訟の場合は、以上のような不利益性の判断にはさして困難は生じないが、確認訴訟においては、原告の法的地位を不安定にする規定自体の合理性が問題となる場合があるため、不利益性の有無が微妙な問題となることがある。たとえば、いわゆる年功序列型の賃金体系を変更して業績や査定により基本給が変動しうる規定を設けた事案などにおいては、労働者の賃金は減少する可能性がある一方、業績が上がれば増額の可能性もあるので、こうした問題が生ずる。

このような事案では、そもそも訴えの利益があるか否かが問題となりうるが、当該規定を現実に適用した結果個々の労働者の賃金額が減少した場合にはじめて訴えの利益が認められるとするのは、紛争解決方法としては迂遠であると考えられる。また、不利益性の存否についても、従来の規定のもとで業績により基本給等が減額されることがなかったという法的地位の安定性に着目し、新規定の運用により減給の可能性が生じたことは、そうした安定した地位を変更する点において不利益性が認められるものと解して、合理性の判断枠組みに乗せるのが適切であろう(61)。

ただし、このような潜在的な不利益が顕在化する可能性が実際上きわめて小さいか、あるいは遠い将来の可能性に留まる場合には、当該不利益がより具体化した段階で訴えを提起すれば足りるものとして、確認の利益が否定されることもあろうし、また、当該規定が、労働者に不利益をもたらす可能性がある一方で、利益をもたらす可能性がある場合には、合理性の判断において、不利益の程度が必ずしも大きくはないと判断されることもありえよう(62)。

(b) 合　理　性

次に、就業規則変更の合理性については、判例の積み重ねにより、その判断要素が次第に明らかになってきており、それらはおおむね、①変更の必要性、②不利益の程度（代償措置や変更に関連してなされた労働条件等の改善を含む）、③新たな規定の社会的相当性、④変更の手続という四つの要素に分類することができる(63)。ここで、就業規則変更の合理性は規範的要件であるため、主張立証責任を考える対象は、前述のように規範的要件該当性を法的評価とみる立場によれば、「合理性」それ自体ではなく、その有無に関する評価根拠事実や評価障害事実であると解される。すなわち、使用者側は、当該就業規則の変更が合理的であることを基礎づける評価根拠事実について主張立証責任を負い、労働者側は再抗弁として、変更が合理的であることに対する評価障害事実について主張立証責任を負う(64)（実際には、評価根拠事実等にはそれほど争いがなく、「合理性」の有無という規範的判断により結論が左右される事案も多いであろう）。

そこで、上に掲げた四つの要素がこの点に関してどのように位置づけられるかであるが、いずれの要素も抽象的なものであるので、それぞれについて、その内容を具体化することが必要となる。そして、まず、①の変更の必要性については、使用者としての経営上の事情がこれを基礎づけることが多いであろうし、これに関する証拠も使用者に提出させるのが適切であるから、使用者がこの点を基礎づける具体的事実を主張立証する責任を負い、労働者はこれに対する評価障害事実の主張立証責任を負うと解するのが妥当であろう。

次に、②の不利益の程度については、使用者が抗弁として不利益変更を主張する以上、請求原因においてあげられた事実と就業規則の変更の事実により、相当程度主張立証はなされていることが通常であろう。ただし、問題となった規則の変更だけでは明らかにならない不利益（たとえば生活上の不利益など）については、労働者側が主張立証することになろう。これに対して、代償措置や関連してなされた労働条件等の改善については、それを実施している使用者側が主張立証する責任を負うと解するのが相当だと思われる。さらに、③の社会的相当性については、問題となっている労働条件に関する同業他社の状況や社会一般の趨勢などが考慮されることになるが、これらの評価根拠事実については、情報の収集力において優位に立っている使用者側が主張立証責任を負い、労働者側はこれに対する評価障害事実を主張立証する責任を負うと解するのが妥当であろう。

最後に、④の変更の手続については、従業員の多数を組織している労働組合の同意が得られている場合には、当該規定は、労使間の利益調整がなされた結果として合理的なものであると一応推測できると判断した最高裁判例がある(65)。こうした理解によれば、使用者側において多数組合の同意を主張立証すれば原則として合理性が根拠づけられ、労働者側がその評価障害事実について主張立証責任を負うとの帰結が生じうるが[66]、最近においては、労働者の不利益が大きい事案で、多数組合との合意は必ずしも重視すべきではないとする判例も下されており[67]、他方において、労働者の不利益が小さい事案では、多数組合との交渉を十分に尽くさずに就業規則を変更した場合でも合理性を肯定した例がみられる[68]。

こうした判例の動向からすると、現在のところ、多数組合の同意は、変更の手続が適切であったことを基礎づけると同時に、労働者の受ける不利益が大きくないという事実とならんで、就業規則変更に合理性がある旨の規範的評価を行うについて重要な要素となるという位置づけを行うのが適切だと思われる。いずれにせよ、このような事実は、合理性を肯定する要素であり、また、この種の事件では原告労働者が多数組合に所属していないことも多いことを考えると、多数組合の同意や交渉の態様については、原則として使用者が主張立証すべきものと思われる。

(5) 雇止めの効力を争う訴訟（図5）

(イ) 訴訟物

期間の定めのある労働契約は、民法上は当該期間の満了により終了するのが原則であるが、判例上、契約の更新が反復してなされるなどして実質上期間の定めがないのと異ならない状態に至った場合や、雇用継続への合理的期待が認められるに至った場合（以下では、以上をまとめて、雇用継続への合理的期待が認められる場合と表現する）には、解雇権濫用法理が類推適用され、合理的な理由のない雇止めは許されないものとされている[69]。労働者がこうした雇止めの効力を争う場合には、解雇の事案と同様に、労働契約上の地位を有することの確認を求める訴訟が典型的な訴訟形式となる。すなわち、ここでは、労働契約上の地位が訴訟物となる。

(ロ) 請求原因

このような訴訟においては、請求原因も、解雇の効力を争う場合と同様であり、①労働契約の締結と、②使用

図5　雇止めの違法を理由とする労働契約関係存在確認訴訟における要件事実

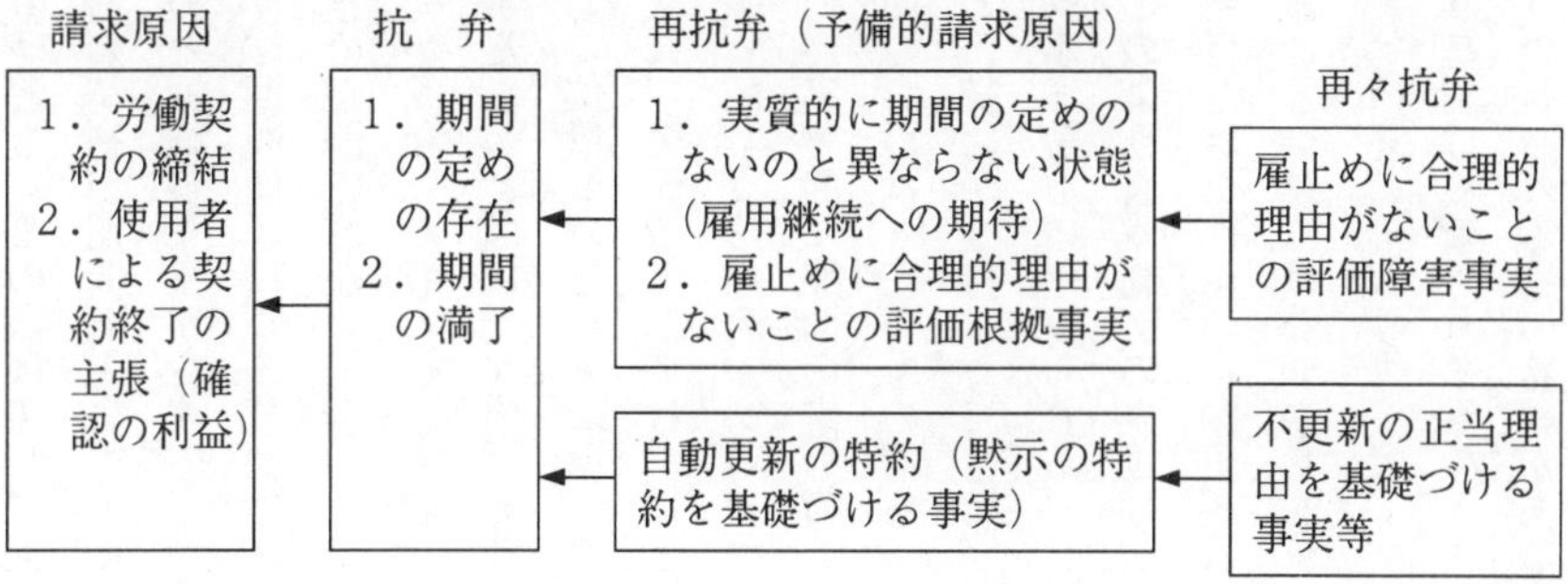

者が労働契約の終了を主張していること（確認の利益を基礎づける事実）の二点となる。この点に関し、労働契約における期間の定めの存在についてはいずれが主張立証責任を負うかが問題となるが、契約の附款については、原則として、それによる効果、すなわち、期間満了による契約終了を主張する者において主張立証すべきものと解する立場（抗弁説）が有力であり[70]、特に労働契約においては、期間の定めが存在するかどうか不分明である場合のリスクを労働者側に負わせるのは妥当でないと考えられる。それゆえ、期間の定めの存在については、次に述べるように、当該期間の満了の事実とともに、使用者が主張立証責任を負うと解すべきである。

(ハ)　抗　弁　等

以上の請求原因に対しては、使用者において、契約の終了を内容とする抗弁として、①労働契約に期間の定めが存在した事実、および②その期間が満了した事実についての主張立証責任を負う。これに対しては、契約終了という効果の発生を阻害する再抗弁として、労働者側において、まず、上記の判例法理に従い、①労働契約が実質的に期間の定めのないものと異ならない状態に至っていた事実、または雇用継続への合理的期待が認められる事実、および、②雇止めに合理的な理由がないことを基礎づける事実についての主張立証責任を負うことになる（②の事実については、解雇権濫用について述べたのと同様に、原告の平素の勤務状況が通常のものであったことを主張立証すれば足りると解すべきである）。

もっとも、この点に関し、上記の判例法理のもとで雇止めが許されないこととされた場合の法的効果としては、従前の契約が期間満了によっては終了せずに継続するとの理解と、黙示の更新の場合と同様に、契約が更新されたのと同様の結果が生ずるとする理解がありうる。[71] 前者の見解によれば、上記①および②の事実は、上述したとおり、期間満了による契約の終了という抗弁の効果発生を阻害する再抗弁事実となるが、後者の見解によると、雇止めが許されない場合であっても、訴訟物となっている労働契約の終了という効果自体は発生し、新たな労働契約が成立したものとして取り扱われるため、①と②の事実の法律効果は、契約終了という抗弁の効果発生を阻害するものとはいえない。それゆえ、これらの事実は、厳密には、契約終了の抗弁を前提とする予備的請求原因として位置づけられることになろう（ただし、以下では両者を特に区別しないことが多い）。

次に、労働者としては、以上の抗弁とは別に、当該有期労働契約に、一種の自動更新の特約が存在した事実を主張立証しうる場合がある。すなわち、裁判例の中には、契約の更新回数が少ない事案を中心として、当該労働契約が実質的に期間の定めのないものと異ならない状態には至っていたとはいえないとしても、実質においては、期間の定めは一応のものであって、いずれかから格別の意思表示がない限り当然更新されるべきものとの前提のもとに契約が維持されてきたという認定のもとに、雇止めにはそれを正当化するやむを得ない事由を要するなどと判示するものがみられる。[72]

このような裁判例の立場は、法的には、労働契約に、正当な理由がある場合に使用者が更新を拒絶しうる権利の留保された黙示の自動更新特約が付されていたことを認めたものと評価しうる。こうした特約が明示的に存在することは多くはないかもしれないが、当該契約の締結に至った経緯や締結時の状況などから黙示の特約の成立を認めうる場合は少なくないのではなかろうか。[73] また、契約書などにおいて、使用者から特段の意思表示がない限り契約は更新されるものとする旨の規定がある場合には、当該有期契約は、使用者の雇止めの意思表示がない限り更新される旨の特約があるものと解されるので、その意思表示について、解雇におけると同様に、権利濫用

法理による制約を課しうることとなる。(74)

このように解すれば、かような特約が存在したという事実（黙示の特約の場合は、それを基礎づける具体的事実が主要事実となると解される）(75)は、契約期間の満了という抗弁の効果発生を阻害する再抗弁として位置づけることができる。なお、この再抗弁は、有期労働契約が実質的に期間の定めのないものと異ならない状態となっていたこと、または雇用継続への合理的期待が生じていたことに基づく上記の再抗弁の主張立証の可能性を否定するものではなく、両者が両立しうることはいうまでもない。(76)

以上に対して、使用者としては、雇止めに合理的な理由があることを基礎づける事実（この事実は、理論上は雇止めに合理性がないことに対する評価障害事実として位置づけられるが、その内容については、解雇権濫用に対する評価障害事実について述べたことがおおむね妥当する）を、労働契約が実質的に期間の定めのないものと異ならない状態に至っていたこと等を理由とする再抗弁に対応する再々抗弁として主張立証することができる。また、（黙示の）自動更新の特約の存在を理由とする再抗弁等に対しては、雇止めの意思表示および当該雇止めが正当であることの評価根拠事実が、使用者の再々抗弁等となりうると考える。(77)

三　おわりに

本稿では、労働民事訴訟においても、要件事実は一般の民事訴訟におけるのと同様の役割を基本的に果たしうること、しかし他方で、判例法理の役割の大きさや規範的・抽象的な要件の多さ、および間接事実の重要性などにより、要件事実的発想には一定の限界もあることをみたうえで、労働民事事件における典型的な訴訟形態をとりあげ、請求原因や代表的な抗弁等の内容を検討した。要件事実論自体についても様々な見解があるうえ、こうした作業はこれまでごく僅かしかなされてこなかったので、なお検討を要すべき点も多く残されている。また、本稿で取り上げなかった訴訟形態や抗弁等についても、解明が必要な点は少なくないと思われる。これらの点については今後の検討課題としたい。

（1）　法学雑誌における要件事実論の特集として、ジュリスト八六九号「要件事実と実定法学」（一九八六年）、九州大学法政研究五七巻一号「要件事実をめぐるシンポジウム」（一九九〇年）などがある。

（2）　司法研修所『民事訴訟における要件事実（増補第一巻・第二巻）』（一九八六年、一九九二年）、倉田卓次編『要件事実の証明責任（債権総論・契約法上巻・契約法下巻）』（一九八六年、一九九三年、一九九八年）、村上博巳『証明責任の研究（新版）』（一九八六年）、三井哲夫『要件事実の再構成（増補新版）』（一九九三年）、大江忠『要件事実民法（上・中・下）』（一九九五年）、伊藤滋夫『要件事実の基礎』（二〇〇〇年）など。また、平井宜雄『債権総論（第二版）』（一九九二年）など、民法の体系書でも立証責任を重視したものがみられる。

（3）　山川隆一『雇用関係法（第二版）』（一九九九年）。

（4）　以上については、司法研修所・前掲注（2）書（増補第一巻）二一三頁参照参照。

（5）　これに対し、個々の訴訟において、一方当事者が自ら立証責任を負う事実について有力な証拠を提出した場合、相手方は、反対の証拠を提出しない限り当該事実を認定されてしまうため証拠の提出が必要となるが、こうした立証の必要を具体的証拠提出責任という（本稿ではこの問題には原則として触れていない）。新堂幸司『新民事訴訟法』四八三頁―四八八頁（一九九八年）参照。他方、本文で述べた立証責任が審理過程に反映されたものを抽象的証拠提出責任（主観的挙証責任）といい、その所在は立証責任と一致する。なお、後述する主張責任の所在も、通常は立証責任の所在と一致するので、本稿では主張立証責任として両者を一括して扱うことがある。

（6）　以上については、伊藤真『民事訴訟法（補訂版）』三〇七―三〇九頁（二〇〇〇年）、司法研修所・前掲注（2）書五―一一頁など参照。

（7）　学説では、法律が要件として定めている事実を要件事実といい、それに該当する具体的事実を主要事実と呼ぶものが有力である。奈良次郎「主要事実と間接事実の区別」ジュリスト増刊民事訴訟法の争点（新版）二二四頁（一九八八年）参照。

（8）この問題については、司法研修所・前掲注（2）書三〇—三六頁、伊藤・前掲注（6）書二五六頁（ただし公序違反については例外とする）、倉田編・前掲注（2）書（契約法上巻一—二四頁）、高橋宏志『重点講義民事訴訟法』二七〇頁（一九九七年）など参照。
（9）伊藤・前掲注（2）書一八三頁以下参照。
（10）伊藤・前掲注（2）書一七九頁など。
（11）その意味で、請求原因・抗弁等の位置づけは相対的なものである。定塚孝司『主張立証責任の構造に関する一試論』（一九九二年）七—八頁参照。
（12）最一小判昭和四一・六・九民集二〇巻五号一〇一一頁。
（13）いわゆる新様式の判決書のもとでもこうした意義は基本的に変わらないことを指摘するものとして、永石一郎「要件事実のすすめ(上)」自由と正義一九九九年四月号八四頁がある。
（14）要件事実論においても行為規範としての民法を重視すべきことを説くものとして、田尾桃二「要件事実論について」法曹時報四四巻六号一〇二三頁（一九九二年）がある。労働法においては、訴訟に至る事案は少ないが、判例等が行為規範として果たす役割は大きいといいうる。菅野和夫「労使紛争と裁判所の役割」法曹時報五二巻七号二〇頁（二〇〇〇年）。
（15）安西愈「労働裁判における事実認定」日本労働研究雑誌四五〇号一頁（一九九七年）など。
（16）ダイアグラムに掲げられた要件事実は、主張立証責任の所在に従って示されたものであって、審理の状況に応じて問題となる具体的証拠提出責任（注（5）参照）については言及していない。
（17）三井・前掲注（2）書三一一頁以下参照。
（18）新堂・前掲注（5）書二四〇頁参照。
（19）三井・前掲注（2）書三一四頁、大江・前掲注（2）書四三〇頁など。
（20）新堂・前掲注（5）書二〇五頁参照。
（21）労働関係の継続性配慮義務を根拠として正当事由説の新たな基礎づけを行い、同義務の履行請求として地位確認請求をなしうるとするものとして、古川景一「解雇権濫用法理と要件事実・証明責任及び解雇に関する正当事由

三　おわりに

必要説の再構成試論」季刊労働法一九四号七七頁（二〇〇〇年）がある。

(22) 日本食塩製造事件・最二小判昭和五〇・四・二五民集二九巻四号四五六頁など。

(23) 民法六二七条または労基法二〇条のもとでの解約申入れ期間ないし予告期間の経過は当然に主張立証されているものとみることになろう。

(24) 沖野威「労働仮処分」鈴木忠一＝三ヶ月章編『注解民事執行法(7)』（一九八四年）一五四―一五五頁、三浦隆志「整理解雇」現代裁判法大系二一巻『労働基準・労働災害』（一九九八年）一四一頁など。

(25) 詳しくは、山川隆一「解雇訴訟における主張立証責任」季刊労働法一九六号（二〇〇一年）掲載予定参照。なお、最近の裁判例には、解雇権濫用を基礎づける事実として、労働者側が「解雇が理由らしい理由もないのになされた」ことの主張立証責任を負うと述べるものがある（角川文化振興財団事件・東京地決平成一一・一一・二九労判七八〇号六七頁）。また、「解雇が理由らしい理由もないのになされた」ことの内容につき、「原告には解雇に値するような行為や落ち度は何もないことを前提に被告らの経済的事情に照らしても原告を解雇する必要性はなかったこと」を主張立証すべしとするものも現れている（東京魚商業協同組合葛西支部・淀橋支部事件・東京地決平成一二・一・三一労働法律旬報一四八三号三九頁）。しかし、これによると、使用者が権利濫用の評価障害事実として主張立証すべき事実は殆どなくなってしまうと思われる。なお、山川隆一＝大内伸哉「ディアローグ・労働判例この一年の争点」日本労働研究雑誌四八四号四〇頁（二〇〇〇年）も参照。

(26) 整理解雇の要件事実については、三浦・前掲注(24)論文一四二頁、山川・前掲注(25)論文参照。

(27) 萩澤清彦「解雇の自由」石井照久＝有泉亨編『労働法大系5』（一九六三年）二四六頁、菅野和夫『労働法（第五版補正版）』（二〇〇〇年）四四五頁など。

(28) 有泉亨『労働基準法』（一九六三年）一五四頁（一九六三年）、山川隆一「判批」ジュリスト一一九五号一二五頁（二〇〇一年）参照。なお、ナショナルウェストミンスター事件・東京地決平成一二・一・二一労判七八二号二三頁は、解雇事由は原則として例示列挙であるとするが、同事件における就業規則の解雇事由は労働者側に帰責事由があるものを中心としており、いずれの説でも例示列挙とみうるものである。

(29) 沖野・前掲注(24)論文一五五頁、大江・前掲注(2)書四三九頁など。

(30) 山川・前掲注（3）書二四八頁で掲げた図は、このような意味で、解雇事由を制限列挙とみる場合を前提とするものである。この図を例示列挙説に基づくものと把握する見解があるが（古川・前掲注（21）論文八四頁）、例示列挙説によると、就業規則所定の解雇事由によらない解雇は、権利濫用の推定を受けるとしても（萩澤・前掲注（27）論文二四八頁）、解雇事由の定めによる解雇権の制限という再抗弁そのものは主張自体失当になるはずである。

(31) この事実は、就業規則による解雇事由の制限の効果の発生を直接に阻害したり消滅させたりするものではないので、再々抗弁ではなく予備的抗弁であるという理解も可能であろう。大江・前掲注（2）書四三九頁参照。

(32) 細谷服装事件・最二小判昭和三五・三・一一民集一四巻三号四〇三頁。

(33) 予告がなされたか否か不明な場合に再抗弁が不成立となるのは労働者に酷であるので、予告がなされたことを使用者側において再々抗弁として主張立証すべきであろう。

(34) 有泉・前掲注（28）書一六七頁など。

(35) 宝運輸事件・最三小判昭和六三・三・一五民集四二巻三号一七〇頁参照。

(36) 坂本宏志「賃金控除の理論的基礎」日本労働法学会誌九〇号七七頁（一九九九年）。

(37) 我妻栄『債権各論中巻二』（一九六二年）五八〇頁、盛誠吾「賃金債権の発生要件」日本労働法学会編・講座二一世紀の労働法第五巻『賃金と労働時間』（二〇〇〇年）六二頁参照。なお、労働契約上の合意に基づき賃金債権が発生する場合もある。山川・前掲注（3）書一一二頁参照。

(38) 福島県教組事件・最一小判昭和四四・一二・一八民集二三巻一二号二四九五頁など参照。

(39) 小西國友「賃金債権の発生・変更・消滅(1)」立教法学二五号五八頁（一九八五年）など参照。

(40) エスエム合資会社事件・大判大正四・七・三一民録二一輯一三五六頁など。

(41) 書泉事件・東京地決昭和六三・一一・一九判時一二六七号一四八頁、山川隆一「判批」ジュリスト九四四号一四一頁（一九八九年）参照。

(42) 平井・前掲注（2）書一七六頁など。労働者の履行の提供が債務の本旨に従ったものであることは一種の規範的要件事実であるが、使用者がその点を争わない限りは、特にそれを基礎づける具体的事実の主張立証は不要であろう。

(43) 山川・前掲注(41)評釈一四三頁、村上・前掲注(2)書二六七頁。
(44) 山川・前掲注(41)評釈一四四頁参照。契約解除に関し、判例は、相手方の受領拒絶の意思が明確な場合には口頭の提供も不要としている(最大判昭和三二・六・五民集一一巻六号九一五頁など)。
(45) ペンション経営研究所事件・東京地判平成九・八・二六労判七三四号七五頁など、労働の意思と能力そのものを要件事実と解するとみられる裁判例があるが、本文のように解すれば足りると思われる。山川隆一「判批」ジュリスト一一三八号一三一頁。
(46) 大江・前掲注(2)書四三四頁。なお、中間収入の控除に関する抗弁についても同書同頁参照。
(47) 下井隆史『労働基準法(第三版)』(二〇〇一年)九九頁以下参照。
(48) 萩澤清彦「配置転換の効力停止の仮処分」成蹊法学二号一三頁(一九六五年)参照。
(49) 山川・前掲注(3)書九一頁、土田道夫『労務指揮権の現代的展開』(一九九九年)四七九頁。
(50) 東亜ペイント事件・最二小判昭和六一・七・一四判例時報一一九八号一四九頁。
(51) 帝国臓器事件・東京高判平成八・五・二九労判六九四号二九頁、小西國友=渡辺章=中嶋士元也『労働関係法(第三版)』(一九九九年)一八〇頁[渡辺]など参照。
(52) 電電公社帯広局事件・最一小判昭和六一・三・一三労判四七〇号六頁。労基法九三条の直律的効力によって権利が基礎づけられる場合は、当該権利は法定債権ともいいうるが、基本的には労働契約上の権利と同様に考えてよいであろう。
(53) ハクスイテック事件・大阪地判平成一二・二・二八労判七八一号四三頁。
(54) 大阪府精薄者コロニー事業団事件・大阪地堺支判平成七・七・一二労判六八二号六四頁。
(55) 日本航空(操縦士)事件・東京地判平成一一・一一・二五労判七七八号四九頁。
(56) 事案によっては、労働者が、改訂前の就業規則上のある規定と改訂後の規則における別の規定に依拠して請求を組み立てることもありうる。
(57) 山川・前掲注(3)書三二頁。ただし、通常の正規雇用の場合は、こうした同意は労働契約締結時に随伴することが多いであろう。

(58)　秋北バス事件・最大判昭和四三・一二・二五民集二二巻一三号三四五九頁など。
(59)　千葉勝美「判解」ジュリスト一〇一四号一〇一頁。
(60)　荒木尚志「雇用システムと労働条件変更法理(5)」法協一一七巻七号九六四頁（二〇〇〇年）参照。
(61)　アーク証券（本案）事件・東京地判平成一二・一・三一労判七八五号四五頁。
(62)　この点は事案により異なりうるものであり、潜在的な不利益であっても、たとえば減給の幅が大きくなる可能性がある場合などは、不利益が小さいとはいえないであろう。前掲・アーク証券事件参照。
(63)　菅野・前掲注（27）書一一五頁参照。
(64)　青野覚「判例における合理性判断法理の到達点と課題」日本労働法学会誌九二号一四一頁（一九九八年）は、合理性につき使用者が主張立証責任を負うとする。なお、この点に関する裁判例の主張整理は必ずしも一貫していないが、函館信用金庫事件高裁判決（札幌高裁平成九・九・四労判七二二号三五頁）は、労働条件変更の合理性を使用者の抗弁事実としている。
(65)　第一小型ハイヤー事件・最二小判平成四・七・一三判時一四三四号一三三頁、第四銀行事件・最二小判平成九・二・二八民集五一巻二号七〇五頁。
(66)　菅野・前掲注（27）書一二〇頁は、代表的組合の合意が得られた事案では、就業規則の変更に特段の不合理がない限り合理性を肯定しうるとする。
(67)　みちのく銀行事件・最一小判平成一二・九・七労判七八七号六頁。
(68)　函館信用金庫事件・最二小判平成一二・九・二二労判七八八号一七頁。
(69)　東芝柳町工場事件・最一小判昭和四九・七・二二民集二八巻五号九二七頁、日立メディコ事件・最一小判昭和六一・一二・四判時一二二一号一三四頁など。
(70)　司法研修所・前掲注（2）書四九頁。
(71)　裁判例では後者の見解に立つものが多い（日立メディコ事件二審判決・東京高判昭和五五・一二・一六労民集三一巻六号一二二四頁など）。
(72)　平安閣事件・東京高判昭和六二・三・二五労判五〇六号一五頁など。有期労働契約の雇止めをめぐる判例の動向については、有期労働契約の反復更新に関する調査研究会報告書九七頁以下（二〇〇〇年）参照。

(73) 龍神タクシー事件・大阪高判平成三・一・一六労働判例五八一号三六頁の事案でも、黙示の自動更新合意を認定しうると思われる。福岡大和倉庫事件・福岡地判平成二・一二・一二労判五七八号五九頁なども同様である。

(74) 大京ライフ事件・横浜地決平成一一・五・三一労判七六九号四四頁参照。この場合、雇用継続に対する期待は権利濫用の評価根拠事実となろう。

(75) 司法研修所・前掲注（2）書三九頁以下参照。

(76) 本文のような理解に対しては、有期雇用の更新拒絶の制限法理を否定し修正を求めるものであるとする指摘があるが（古川・前掲注（21）論文八七頁）、（黙示の）自動更新特約の抗弁は、労働契約が実質的に期間の定めのないものと異ならない状態に至っていた場合や雇用継続への合理的期待が認められる場合における雇止めの制約を否定するものではなく、新たな抗弁を追加するものである。

(77) この場合は、雇止めに正当理由があることが、自動更新の効果発生を阻害するための要件となっていることが多いと解されるので、権利濫用の場合とは異なり、その評価根拠事実について使用者が主張立証責任を負うことになろう。

※ 校正の段階で、西谷敏「整理解雇法理の再構築」季刊労働者の権利五九頁（二〇〇一年）、古川景一「解雇制限と証明責任・証拠提出責任」同七〇頁に接した。

労働基準法上の労働時間

――作業職労働者の「始終業基準」との関連において――

渡辺　章

はじめに

労働基準法（以下、労基法という）は、使用者に対し、労働者を一週間について四〇時間、一日について八時間を超えて、労働させてはならない、と規定している（三二条）。使用者が右の法定労働時間の定めに違反して労働者を労働させた場合は、六箇月以下の懲役または三〇万円以下の罰金に処せられる（一一九条一号）。使用者が、労働者に、法定労働時間を超えて労働させるときは（同様に、三五条に定める一週間に一回の休日に労働させるときは）、事業場の労働者の過半数を組織する労働組合と、そのような過半数組合がない事業場の場合は労働者の過半数を代表とする者と、書面により、「時間外・休日労働協定」を締結し、労働基準監督署に届け出なければならない。（三六条）。右協定（通称、三六《サンロク》協定）に基づいて、労働者に法定労働時間を超えて、または法定の休日に労働させた場合は、使用者は、所定の率で計算した割増賃金の支払いを義務づけられている（三七条）。割増賃金を支払わない使用者は、法定労働時間または法定休日の定めに違反した場合と同様の処罰を受ける（一一九条一号）。

このような「労働基準法上の労働時間」の法的意義を明確にするという基礎的法解釈問題は、主に、日本の企業が欧米諸国なみに一週間四〇時間労働制（一日八時間・五労働日制）に移行する過程（特に、一九七〇年代中頃から一九八〇年代)で発生し、今日でも業務の多様な在り方と関連して問題の重要性を増している。(1) 本稿がとりあげるのはこの問題である。

一週間四〇時間労働制は、日本では労基法の一九八七年改正(法律九九号)により事業の種類・規模等を考慮して段階的に達成する法的目標に掲げられ、一九九七年四月一日に完全実施されたが、現業部門をもつ大企業はおおむね一九七〇年代中頃までに四〇時間労働制に移行した。その際、四〇時間労働制を「時間管理の厳正化」とセットにして導入するところが多かった。時間管理の厳正化とは、おおまかにいえば、使用者が就業規則に定める「始業の時刻」および「終業の時刻」(労基法八九条一号・同法施行規則五条一項二号参照)にできるだけ厳格に本作業(実作業)を開始し、または終了するように、あれこれの勤怠管理方式を新規に導入することを意味した。

現業部門においては、その当時までは、作業職労働者は「仕事のかかり」(始業)と「仕事のあがり」(終業)に付帯する仕事の準備および後始末(整理整頓)を、おおかた所定労働時間内に行っていたところが多かった。「時間管理の厳正化」はそれらの大部分を所定労働時間の外側に追いやった。

このように、「時間管理の厳正化」は、現業部門労働者が永年なじみ、それが現場の自然な働き方だと受けとめてきた慣習的な実態に鋭角的な変化を強要した。もちろん、これらを時代の流れとして受容する機運が企業別組合の大勢であったといってよいであろうが、他方では労働者の根強い抵抗行動を誘発した。一九八〇年代にはこの問題をめぐる多数の訴訟が起こされ下級審判決が積み重ねられ、また学界も労働基準法上の労働時間の法的意義を活発に議論して時の問題に応えてきた。(2)

昨年(二〇〇〇年三月)、最高裁判所第一小法廷は、造船所の作業職労働者が「就業を命じられた業務の準備行為等」に要する時間が労基法上の労働時間か否かが争われた事件(三菱重工業長崎造船所事件)において、一部これを肯定し、一部否定するつぎの三つの判決を行った。

① 最一小判平成一二・三・九民集五四巻三号八〇一頁(以下、「一次訴訟会社上告事件」という)

② 最一小判平成一二・三・九労働判例七七八号八頁（以下、「一次訴訟組合員上告事件」という）

③ 最一小判平成一二・三・九労働判例七七八号一四頁（以下、「二次訴訟会社上告事件」という）

これら三判決（以下、一括して「本件最高裁判決」ということがある）において、作業職労働者の本作業（実作業）前の作業服、保護具、工具等の装着に要する時間、および本作業（実作業）後の脱離に要する時間は労基法上の労働時間と認められた。しかし、本作業（実作業）終了後の手洗い・洗面・洗身・入浴と通勤服への着替えのための時間、および昼休み休憩時間（正午から午後一時まで）をはさむ午前の終業・午後の始業前の保護具、工具等の着脱に必要な時間についてはいずれも労基法上の労働時間とは認められなかった。

最高裁判所の右三判決は、労基法上の労働時間について一般的定義をしている。最高裁判例としてははじめてのことであり、その意味で三判決は現業部門の作業職労働者に関する一事例判断の域を超える意義を有する。同時に、判決は現業部門（本件では、造船および造機部門）の作業職労働者が、「就業を命じられた業務」のために日常繰り返し行う準備行為等（業務終了後の整理・後始末行為を含む）と労基法上の労働時間との関係を明らかにしており、事例判断としてもかなりの一般性を有しているものと考えられる。(3)

したがって本件最高裁判決は、汚染・危険・有害といった類の現業職種に限らず、特別に清潔・衛生・安全・清浄な環境管理が必要な医療、食品、薬品、精密機械関連の事業、あるいは業務管理上一定の服装整正をして勤務している鉄道等輸送事業の労働者など、作業開始にあたって必要な準備行為等を義務付けられ、または準備行為等を余儀なくされている労働者全体に、そのまま、あてはめることができる。(4) すなわち、本件最高裁判決の趣旨は、まずはこうした現業部門の膨大な数の作業職労働者（パートタイム労働者を含む）の労働時間管理が適法に行われるための法的要件を示すものである。

このような意味で、本件最高裁判決により企業の多くは労基法にかなった労働時間管理方式の建て直しが必要になるはずであり、また労働基準監督署の監督にとっても判決のもつ実践的な意義は計り知れないほど大きいはずである。

本稿は、右の最高裁判所判決を素材にして労基法上の労働時間の意義について検討を加えるものであるが、労基法上の労働時間の一般的法理の検討よりも、現業部門の作業職労働者の労働の実情に即した考察に重点を置きたいと思うのである。(5)

一　三菱重工業長崎造船所賃金請求事件最高裁判決

〔事実の概要〕　(一)　会社は、昭和四八年四月一日からの完全週休二日制の実施に際し、就業規則を改訂し、始業時刻午前八時・終業時刻午後五時、休憩時間正午から午後一時まで（一日八時間労働）とし、新たに「始終業基準」をつぎのように定めた。すなわち、始業前は始業に間に合うように更衣などを完了して作業場に到着し、所定の始業時刻に作業場において実作業を開始し、所定の終業時刻に実作業を終了し、終業後に更衣を行うべきこととものとした。さらに、始終業に係る「勤怠把握基準」を定め、始終業の勤怠は、更衣を済ませ始業時に体操をすべく所定の場所にいるか否か、終業時に作業場にいるか否かを基準として判断することとした。(6)(7)

従業員は、実作業に当たり、作業服のほか所定の保護具、工具等（以下「保護具等」という）の装着を義務付けられ、装着を所定の更衣所または控所等（以下「更衣所等」という）において行うべきものとされており、これを怠ると、懲戒処分を受けたり就業を拒否されたりし、また、成績考課に反映されて賃金の減収につながる場合もあった。

(二)　会社の従業員である長船労組の組合員ら（二七名。以下、「本件組合員ら」または単に「組合員ら」という）は、昭和四八年六月一日から同月三〇日までの間、始終業基準および勤怠把握基準に定めに従いつぎのように行動した（以下、一次訴訟組合員上告事件判決理由より）。

（午前の始業時刻前）①所定の入退場門から事業所内の更衣所等に着き、②更衣所等において作業服、保護具等を装着して準備体操場まで移動し、

（午前の終業時刻後）③作業場または実施基準線（会社が屋外造船現場作業者に対し他の作業者との均衡を図るべく終業時刻にその線を通過することを認めていた線）から食堂等まで移動し、また、現場作業控え所等において作業服、保護具等の一部を脱離し、

（午後の始業時刻前）④食堂等から作業場または準備体操場まで移動して、作業服、保護具等を再び装着し、

（午後の終業時刻後）⑤作業場または実施基準線から更衣所等まで移動して作業服、保護具等を脱離し、⑥手洗い、洗面、洗身、入浴を行い、また、洗身、入浴後に通勤服を着用し、⑦更衣所等から右入退場門まで移動して事業所外に退出した。

⑧このほか、造船現場作業に従事していた者は、会社より副資材や消耗品等の受出を午前ないし午後の始業時刻前に行うことを義務付けられ、また、鋳物関係作業に従事していた者は、粉じんが立つのを防止するため、午前の始業時刻前に月数回作業場で散水を義務付けられていた。

本件組合員らは、これら午前・午後の始業時刻前および終業時刻後の諸行為に要する時間はいずれも労働基準法上の労働時間に当たるとして、これらを所定労働時間外に行うように定めた就業規則は労基法三二条に定める一日八時間労働制の原則に違反し無効であり、右①〜⑧の諸行為のために費やした八時間を超える時間は時間外労働に当たり、会社には労基法三七条所定の割増賃金支払義務があるとして、その支払を請求した。

㈢　一審（長崎地判平成一・二・一〇労判五三四・一〇）、控訴審（福岡高判平成七・四・二〇労判六八一・七五）は、右㈡②、⑤および⑧の諸行為に必要な時間は、それぞれ労基法上の労働時間にあたるとして、会社に割増賃金の支払を命令したが、その他は労基法上の労働時間にあたらないとして組合員らの請求を棄却した。組合員らおよび会社はそれぞれは敗訴部分について上告した（これに対する最高裁判所の判決が一次訴訟会社上告事件、同組合員

上告事件である)。

(四) 長船労組の組合員ら(一九名)は、昭和六〇年六月、一斉に、所定の始業時刻に更衣室等において作業服および保護具等の装着を開始し、所定の準備体操場に赴くという行動をとった。このため、所定始業時刻に準備体操場に到着せず、会社は組合員らが準備体操場に遅延して到着した時間を不就業時間として対応額を賃金カットした(労働日数は組合員により多少異なるがおおむね二〇日、不就業時間の月間合計は多い者で一五五分、少ない者で六二分)。組合員らは更衣等に要した時間および準備体操場までの移動時間は労基法三二条の労働時間であると主張し、会社に対しカット分の賃金および遅延損害金の支払いを請求した。一審(長崎地判昭和六一・一一・二七労判五〇八・四三)、控訴審(福岡高判平成七・三・一五労判六七一・一七)とも、組合員らの請求を認容し、会社が上告した(二次訴訟会社上告事件)。

〔判旨〕(二次訴訟会社上告事件)(一)「労働基準法(昭和六二年法律第九九号による改正前のもの)三二条の労働時間(以下「労働基準法上の労働時間」という。)とは、労働者が使用者の指揮命令下に置かれている時間をいい、右の労働時間に該当するか否かは、労働者の行為が使用者の指揮命令下に置かれたものと評価することができるか否かにより客観的に定まるものであって、労働契約、就業規則、労働協約等の定めのいかんにより決定されるものではないと解するのが相当である。」

(二)「労働者が、就業を命じられた業務の準備行為等を事業所内において行うことを使用者から義務付けられ、又はこれを余儀なくされたときは、当該行為は、特段の事情のない限り、使用者の指揮命令下に置かれたものと評価することができ、当該行為に要した時間は、それが社会通念上必要と認められるものである限り、労働基準法上の労働時間に該当する。」(判旨(一)と(二)とは「そして、」として連続している)。

(三) 事実(一)および(二)記載の「事実関係によれば、被上告人らは、上告人から、実作業に当たり、作業服及び保護具等の装着を義務付けられ、また、右装着を事業所内の所定の更衣所等において行うものとされていたというのであるから、右装着及び更衣所等から準備体操場までの移動は、上告人の指揮命令下に置かれたものと評価することができる。また、被上告人らの副資材等の受出し及び散水も同様である。さらに、被上告人らは、実作業の終了後も、更衣所等において作業服及び保護具等の脱離等を終えるまでは、いまだ上告人の指揮命令下に置かれているものと評価することができる。

そして、各被上告人が右（事実㈡②、⑤、⑧参照・引用者）の各行為に要した時間が社会通念上必要と認められるとして労働基準法上の労働時間に該当するとした原審の判断は、正当として是認することができる。」

（一次訴訟組合員上告事件）㈣　一次訴訟会社上告事件判旨㈠と同旨の部分につづけて、組合員らにより事実㈡①〜⑦の諸行為が行われたことを認定し、つぎのように判示した。

始業前の入退場門から更衣室または終業後の更衣室から入退場門までの各移動（事実㈡①、⑦参照・引用者）は、「被上告人の指揮命令下に置かれていたものと評価することはできない」。

また、「上告人らは、被上告人から、実作業の終了後に事業所内において洗身等を行うことを義務付けられてはおらず、特に洗身等をしなければ通勤が著しく困難であるとまではいえなかったというのであるから、上告人らの洗身等は、これに引き続いてされた通勤服の着用を含めて、被上告人の指揮命令下に置かれたものと評価することができず、右（事実㈡⑥参照・引用者）の洗身等に要した時間は、労働基準法上の労働時間に該当しないというべきである。」

上告人らの休憩時間中における作業服及び保護具等の一部の着脱等（事実㈡③、④参照）については、「使用者は、休憩時間中、労働者を就業を命じた業務から解放して社会通念上休憩時間を自由に利用できる状態に置けば足りるものと解されるから、右着脱に要する時間は、特段の事情のない限り、労働基準法上の労働時間に該当するとはいえず、……以上と同旨の原審の判断は、是認するに足りる。」

（二次訴訟（会社上告）事件）㈤　一次訴訟会社上告事件の判旨㈠および㈢にのべたと同様の理由により、本件被上告人ら組合員は「就業規則所定の始業時刻に作業服及び保護具等を装着して準備体操場に赴いたというのであり、……（その・引用者挿入）行為に要した時間がいずれも労働基準法上の労働時間に該当するとした原審の判断は正当として是認できる。」

二　本件における業務の「準備行為等」について

最初に、本件組合員らの作業服（上・下）のほか、保護具等の装着・脱離の実情をのべておきたい。

(1)　本件組合員のうち九名がじん肺職場の業務に従事する者であること

二次訴訟の本件組合員ら一九名についてみると、一名を除き他の全員が保護具等の防塵マスク、防塵眼鏡の一方または両方および耳栓を常時装着していることから明らかなように、健康に有害な粉じん作業（汚染作業）あるいは騒音作業に従事し、うち九名は直接粉じん作業者として、本件訴え提起当時（一九八五年）、じん肺管理区分一または管理区分二の指定を受け、四名はその周辺作業者として一～五年毎に特別健康診断を受診すべきものとされ管理区分一の指定を受けていた（右じん肺管理区分一の者のうち四名はその後症状が進行し一九九六年現在で管理区分二とされていた）。また、本件組合員らのうちには安全帯、安全帯取付治具、革手袋、脚絆を装着する者がいることから明らかなように、多くが危険作業に従事している。

(2)　装着・脱離・格納する作業服、保護具等の種類

(ア)　右のことを粉じん発生職場の組合員Iを例にとってみると、同人が造船溶接作業のために装着を義務付けられている保護具等で格納場所が更衣所ロッカーのため、「労働時間外」に装着・所持・格納しなければならない保護具等はつぎの一九種類である。すなわち、

作業服（上・下）、保護（安全）帽、安全靴（プロテクター付）、頭巾（布）、耳栓、胸掛け（革）、安全帯、安

全帯取付治具（エビ万力）、前掛け（革）、ビニール手袋、軍手、足カヴァー、脚絆安全ゴム長靴、標旗、マグシート、スポンジ、メリヤス、フィルター。

他方、格納場所が作業場にあるため同人が「労働時間内」に装着・所持・格納が可能な保護具等があるが、それはつぎの八種である。すなわち、

頭巾（革）、保護（防塵）眼鏡、遮光面、防塵マスク、腕抜き（革）、革手袋、用具固定ロープ、名札。

(イ) じん肺作業および周辺作業以外の作業である機械課機械職の組合員Tを例に、同人の装着する保護具等で格納場所が更衣所ロッカーのため、「労働時間外」に装着・脱離・格納せざるを得ないものはつぎの四種である。すなわち、

作業服、保護（安全）帽、安全靴、耳栓。

他方、組合員Iの場合と同様の理由で「労働時間内」の装着が可能な保護具等はつぎの九種類である。すなわち、

耳栓、保護（防塵）眼鏡（一眼）、同（二眼）、防塵マスク、安全帯、革手袋、火夫手袋、ビニール手袋、軍手、脚絆（更衣所ロッカーにも格納されている耳栓を除く）。

(ウ) 本件組合員らが装着するこれら保護具等は、後記のように例外なく労働安全衛生法、同施行規則、会社の就業規則、同付帯規則等によって装着を義務付けられているものであり、右にみたように格納場所が更衣所ロッカーか作業場かにより、ある保護具等は「労働時間外」の装着を余儀なくされ、ある保護具等は「労働時間内」の装着が可能とされている。格納場所がこのように二カ所に分かれているのは、更衣所の個人別ロッカーのスペースその他の施設的条件の問題であり、特に「労働時間外に」装着・脱離・格納すべきものと、「労働時間内に」すべきものとが保護具等の性質により区分けされているわけではない。

たとえば、組合員Iの場合、安全帯、安全帯取付治具は更衣所ロッカーに格納されているため「労働時間外に」

二　本件における業務の「準備行為等」について

装着・脱離・格納を余儀なくされているが、組合員Tにあっては同種の保護具が作業場に格納されているため「労働時間内に」装着・脱離・格納が可能になっているのである。

三　労働基準法上の労働時間の意義に関する「二分説」について

(1)　はじめに

労基法上の労働時間の意義に関する最高裁判決は本件の三判決が最初のものではない。最高裁判所は、かつて、作業服・安全靴の装着を含む始業時刻前の準備行為について、その全部を「労働力の提供そのものではない」との理由に基づいて所要の時間を労基法上の労働時間ではないとした日野自動車事件東京高裁判決（昭和五六・七・一六労民集三二・三・四・四三七）の結論を、正当として是認する判決をしている（最一小判昭和五九・一〇・一八労判四五八・四）。右東京高裁判決は、労働時間の法的意義に関して、この後やや詳しくみるように講学上いわゆる「二分説」といわれる立場に立脚している。その結論を是認した最高裁判決と本件判決とはどのように整合的に理解すべきであろうか。本件最高裁判決（一次訴訟会社上告事件、二次訴訟会社上告事件）は、上告理由の指摘する右先例を「所論引用の判例は事案を異にし適切ではない」としているが、どのように「事案を異にし」ているというのであるか、この点も解明する必要があろう（この点に関する会社上告理由は民集五四巻三号八四二頁以下参照）。

(2)　二分説について

労基法上の労働時間を、労働力の提供そのものである「中核的労働時間」とその前（準備）および後（整理）の段階である「周辺的労働時間」とに分ける見解を一般に二分説と呼ぶ。二分説は、周辺的労働時間を当然に労基法上の労働時間ではないとしているのではなく、労働力の提供そのものとして取り扱うか否かについて労働契約、就業規則、労働協約に定めることにより、あるいは労使慣行の解釈によって労基法上の労働時間とするか否かを判断し決定するというものである。この説によれば、始業時刻前に行うべく定められている更衣、体操に関し、従来労基法上の労働時間であるか否かが争われてきた問題は就業規則等の定めもしくは労使慣行の解釈問題になり、労基法の観点から労働時間の意義を客観的に確定しておく必要はなくなる。(8)

学説では、二分説に関し、労働時間性判断をめぐる具体的問題の処理にとって一定程度のメリットを認めながらも、約定による労働時間性判断を許容するときには、本来保護法による保護が最も機能すべき交渉力のない労働者から周辺的労働時間についての労基法の保護を奪ってしまう虞があると批判されている。結局、二分説は「労基法上、客観的に労働時間と解される時間から、約定によりその労働時間性を奪う余地を認めるものである以上、労基法の建前に反するといわざるをえないと考える。……労基法上の労働時間性判断枠組としては、やはり、『客観説』を採るべきである」と指摘されている。(9)

二分説は、はじめ有力な学説で主張されていたのであるが、以下ではまずこの立場に立つ裁判例をみることにし、その後その法律論が依拠したと思われる学説の二分説の内容をみることにする。

(3)　裁判例における二分説

二分説に立つ代表的裁判例は前出の日野自動車事件東京高裁判決である。事案は、労働者（車体組立工）の入門からタイムレコーダー設置場所までの徒歩（一分足らず）、打刻、打刻後更衣所までの徒歩（約七分）、更衣（作業服、安全靴）の後作業職場までの徒歩等に要する時間（一分五一秒位）が、労基法上の労働時間に当たるか否か問題になった。それら所要の時間は合計約一〇分である。更衣時間は特に認定されていない。最後の一分五一秒に更衣が含まれるとしても（判旨認定では含まないようにも読めるが）、徒歩時間だけで少なくとも九分以上かかっている。

一審判決（東京地八王子支判昭和五五・六・一六労民集三一巻三・四号四四五頁）は、労基法三二条の労働時間は

「使用者が労働者をその指揮監督下に拘束している時間」であると定義した。そしてこの時間には、①「現実に労働させている時間」だけでなく、②「現実の労働に必要不可欠な準備行為をその拘束下にし、またはさせている時間」も含まれるとした。その上で、労働者の「安全靴への履き換え及び作業服への着替えは……被告により明示もしくは黙示に指示されていたものということができる」が、しかし「使用者である被告の指揮監督による拘束下になくともできるもの」であり、結局、更衣および更衣後の作業職場までの徒歩を含む時間は「労働力提供の準備行為にあたるとしても直ちに使用者の指揮監督による拘束下に入ったもの（労働時間）ということはできない」とした。

控訴審は、一審の労基法上の労働時間の意義を「使用者の指揮、命令の下に拘束されている時間」と言い替え、右一審の②にあたる時間を労働時間に含めるべきか否かは「就業規則や職場慣行によってこれを決するのが相当である」とした。その理由として、判旨は、入門後職場までの歩行や着替え履替えは、それが「作業開始に不可欠のものであるとしても労働力提供のための準備行為であって、労働力の提供そのものではなく、また特段の事情のない限り使用者の直接の支配下においてなされるものではない」ことから、「一率に労働時間に含めることは……相当とはいい難（い）」といった判断をのべている。右②の判旨部分が二分説とされるのである。(10)

右の控訴審判決が一審判決を変更し二分説の考え方を打ち出したのは、原告が比較的作業負担が重いと思われるハンガーベルトコンベアーによる車体組立作業に従事する労働者であり、他の従業員も一般に作業服等の着替え・履替えを上司の明示・黙示の指示により行っているという実情（一審認定）があったからであろう。すなわち、そのような事実関係の下では、一審判決のように労基法上の労働時間は「労働に必要不可欠の準備行為」を含むとしながら、他面、更衣は使用者の「指揮監督による拘束下になくともできるもの」だとの理由でその所要時間を労働時間でないということは、いかにも強弁に陥る虞なしとしないと考えたためと思われる。

上告審において、最高裁判所は原審の判断は正当とだけして上告を棄却したことは前言した。その最高裁判決の理由の趣旨はつぎのように考えるべきものであろう。

すなわち、日野自動車事件の上告理由は、①作業服、安全靴への着替え・履替えの指示は使用者の「便宜的措置」であるとする原審判示部分は労働安全衛生法三条に違背すること、および②着替え・履替え時間は労基法上の労働時間に含まれること、の二点を主張している（労働判例四五八号五頁以下に収録されている）。

思うに、前者①の上告理由については、労働安全衛生法上の義務の履行時間と労基法上の労働時間性判断とは直ちに結びつかず、同法違反（しかも包括規定である三条違反）を主張するのみでは、原審判断を覆すに足る理由にはなり得ない。

後者②の理由については、原審は入門から職場までの徒歩時間を含む全時間（約一〇分）を、「一率に」、労基法上の労働時間にあたるとする控訴人（労働者）の主張について判断したものであり、そのうち認定されている八分を超える時間は徒歩時間（少なくとも八分は着替え・履替え前の、正門から更衣室までの歩行時間）であり、しかも、労基法上の労働時間であると主張する着替え・履替えについて当該職場の実情に即し、健全な常識により推認されうる経験的平均値として、どれくらいの時間を必要とするかの所要時間の主張はない。したがって、最高裁判所が本件について、「原審の確定した本件の事実関係の下においては、正当」としたのはむしろやむを得ない判断であったというほかないと思われるのである。(11)

日野自動車事件控訴審判決および同上告審判決は、あくまでも入門から職場到着までの所要時間のすべてを「一率に」労働基準法上の労働時間に含まれると解することはできないとしたに過ぎない。

(4)　学説における二分説

学説における二分説は、萩澤清彦教授の『八時間労働制』（有斐閣、一九六六年。以下、同書を萩澤と略称する）における主張をいう。その見解によれば、「労基法の労働時間の制限は、……『労働者が人たるに値する生活を営むための必要を充たすべき』（労基法一条）ものとして定められているものであり、その意味では労働時間の解釈も統一的に行うべきものである」と、労働時間性判断枠組みに関する原則的解釈態度がのべられ、他方その統一的解釈につぎのように例外を認めている。

「準備作業ないし後始末というのは、本来『労働時間』の内と外との限界点にあるものであり、これを労働時間として取り扱うかどうかを当事者の合意に委ねたからといって、結果的には労基法三二条の趣旨をいちじるしく逸脱するものとは考えられない」「準備・後始末に要する時間を所定労働時間の内外を基準として判断しようとするのは、それが実質において『労働時間』内として取り扱うことも労働時間外として取り扱うことも可能な性質のものだからであ[12]」る。

以上が、労基法上の労働時間の意義に関する「二分説」の内容である。他方、同書は「始業」の意味ついて、就業規則に「業務の開始」とのみ定められているような場合を事例に挙げ、作業上必要な準備・後始末行為は、一応、労働協約または就業規則により所定就業時間の内にするか外にするかを決めてよいとのべた後、続けて「労働の態様が危険・有害業務であるとか、作業の性質上いちじるしく身体が汚染するなどの理由で、法令により、あるいは作業の安全上、一定の保護具の装着を必要とするとか（労働安全衛生規則一二八条以下・一八一条以下など）、身体の洗浄を必要とする場合（同上二二六条）、……であって、これに相当の時間を要するときは、形式的に使用者の指揮監督下に行われるのでなく、また所定就業時間外に行われる場合であっても、実質的に使用者の黙示の指示によるものとして、労働時間として取り扱うべきであろう」、としている（労働安全衛生規則は昭和四七年九月三〇日労働省令三二号以前の旧規定である[13]）。

関連して、右の「労働時間として取り扱うべき」時間とその必要のない時間とは、「所定就業時間外に行わせるという形式のみによって」区別すべきではなく、「本体としての労働に不可欠の要素であり、かつ、かなりの密度を有する作業であるかどうかということ、それに相当の時間を要するかどうか」という観点で判断すべきである。「これに反して、始業時刻前または終業時刻後の準備・後始末はすべて労働時間にふくまれないものとすれば、使用者は、始業時刻と同時に作業を開始する旨を規定することによって、実質上の労働を所定就業時間外に行うことを暗黙のうちに強制することができるという脱法的措置を承認することになる。」[14]。

すなわち、学説（萩澤）の二分説は、たしかに周辺的労働時間を労基法上の労働時間に含めるかどうかは労働関係の当事者の決定に委ねて差し支えないとしている。しかし、中核的労働時間と私的自治に委ねてよい周辺的労働時間との区別自体は客観的判断によるのであり、本体としての労働に不可欠で、かつ、かなりの密度を有し、それに相当の時間を要する作業準備・後始末活動については、これを恣意的に労基法上の労働時間から除外することは許されない。これが学説における二分説の内容である。

(5)　作業服・保護具等の装着に関する諸説

このように二分説の立場からも作業服、安全靴、保護具等の装着・脱離・格納は、本来の労働に不可欠なものとして、法令、就業規則等によって義務付けられ、それ自体念入りに身支度を整える必要のあるものは、使用者が仮にこれを所定就業時間外に行うように強制するならば、労基法の「脱法的措置」（萩澤）というべきだと評価されている。

以上の結論部分は、労基法上の労働時間性判断に関する客観説の立場に立脚し、個々の具体的判断において相当程度限定的な評価を下している若干の有力説から見ても、少なくとも異論は見られない。客観説の有力説は「作業衣への着替えや保護具（安全靴、安全帽）の着用は、義務的で、しかもそれ自体入念な作業を要する場合」に労働時間となるとのべている[15]。この見解のいう「義務的」とは、使用者の作業上の指揮監督を受けてそうしているか、または明示または黙示の指示によりその業務に従事する行為の一部と認められる場合をいうものと解される。また、他の学説は「作業服や保護帽等の着用が義務づけられていて相当の時間を要する場合」は労働時間であり、「要するに、業務との関連性の強い付随行為は使用者の協力行為に属するものと考えて、労基法上の労働時間に算入すべきだということである。」と主張されている[16]。

また、就業規則上の「始業」および「終業」は、労基法上の労働時間の開始と終了を意味するものでなければならないとの主張（このことに異論はないであろう）を基礎にして、二分説はその意義の決定を当事者の約定に委ねる点で「致命的欠陥」を有するとする見解も、保護具等の装着・脱離は、「『労働力の提供そのもの』に不可分または必要不可欠と認められる行為」であり、「就業規則の規定や慣行いかんにかかわらず、当然に『労基法上の労働時間』に算入されると解される」。しかして「法令により当該の労働力提供に当って装着を義務づけられている作業服、安全靴その他の安全衛生保護具等の装着や、使用者の指示により装着を義務づけられている作業服等の装着を含む」、と主張されている。[17] おしなべてこの点に学説の迷いは存在しないように思われる。

(6) 一次訴訟・二次訴訟における会社上告理由

会社は、上告理由書において「労基法上の『労働時間』は労務の提供のみであって、そのための準備行為は労基法上の『労働時間』には入らず、労働契約、就業規則、労働慣行等で労働契約上の『労働時間』に入るかどうかが定まるべきものである。」とのべている（民集五四・三・八四一～二頁参照）[18]。上告理由は、要するに、労働者が法令、就業規則等の定めにより行う準備行為（労務提供のための不可欠行為）の一切を労基法上の労働時間から除外すべきものと主張しているのである。すなわち、「労働契約、就業規則、労働慣行等」でそのような不可欠行為を義務づけている場合でも、所要の時間は「労働契約上の『労働時間』」になるだけで労基法上の労働時間とはなり得ない、というものである。

このような主張は学説はもちろん、二分説に依拠した前出の日野自動車事件控訴審判決、それを正当として是認した同上告審判決ともまったく異なる畢竟独自の見解であり、本件最高裁判決の採り入れるところとならなかったのも当然の結果というべきである。

四　労基法上の労働時間の意義に関する一般理論と本件下級審および最高裁判決

(1)　一次訴訟事件

一次訴訟一審・控訴審判決および二次訴訟一審判決は、労基法上の労働時間の一般的意義とその構成要素に関し、「使用者の指揮監督下に労務を提供している時間をいうと解されるところ、右労務の提供のうちには本来の作業に当たらなくとも、その作業を遂行するため必要不可欠ないし不可分の行為も含まれる」(傍点、引用者)との べ、労基法上の労働時間にかかる「労務の提供」の構成要素に、①「本来の作業」と、②「その作業を遂行するため必要不可欠ないし不可分の行為」とがあるとした。後者②の諸行為は、具体的には「法令、就業規則、または職務命令等によって労働者が労務の提供を開始するに当たって義務づけられこれを懈怠したときは不利益取り扱いを受ける……必要不可欠ないし不可分の準備行為」をいう、としている。

(2)　二次訴訟控訴審判決

これに対して二次訴訟控訴審判決は客観説の立場[19]から、労基法上の労働時間は「使用者の指揮監督下に置かれている時間」(傍点、引用者)であるとし、「指揮監督下に置かれている時間」は、①「労働契約の基本義務である労務提供義務を履行する場合」と、②「労務提供義務と不可分一体のものとしてそれ自体を義務づけられ、かつ事実上使用者の拘束下に行われる活動に要する時間」とを包括するとしている。

(3)　先行の裁判例との関連

以上のべたように、一次訴訟一審・控訴審判決および二次訴訟一審判決は「労務の提供」概念を中心にして労基法上の労働時間を理論構成をしているのに対し、二次訴訟控訴審判決は「使用者の指揮監督」概念を中心にしたといえる。

本件係争行為と類似の行為について、「労務の提供」概念を中心に労働時間の意義を判断した裁判例に石川島播磨重工業事件控訴審判決(東京高判昭和五九・一〇・三一労民集三五巻五号五七九頁)があるが、同判決では準備行為について、「職務の性質いかんによっては、業務上の災害防止の見地から作業服の着用が義務づけられる場合があり(労働安全衛生規則一一〇条)、また使用者において、作業能率の向上、生産性の向上、職場秩序の維持など経営管理上の見地から従業員に一定の作業服の着用を義務づけることがないわけではなく、そのような場合には、作業服の着用は業務開始の準備行為として業務に含まれる……また、業務上の災害防止のため作業服以外の保護具の着用が義務づけられている場合(労働安全衛生規則一〇五条、三四三条、三六六条、五一九条など)、これらの保護具の着用は業務遂行のための必要な準備行為として業務に含まれると解される。」、と判示していた。

その趣旨に関して、つぎのように指摘する学説があった。「従来は労働時間とは、指揮命令下にあるという定義によりつつ、就業規則上、作業能率の向上とか、生産性向上等のために作業服の着用を義務づけている場合には、その着用につき指揮命令をしているのだという説明をしてきた……。この判決が、そうとは言わないで、着用を義務づけているから業務に含まれるのだという言い方をしたのは、やはり業務性というものを労働時間の一つの基本的な基準にしていることになる」、と。(20)

このように、裁判例上、労基法上の労働時間は当事者の約定に委ねず客観的に定まるべきものとする立場にも、本件最高裁判決以前は、一定の作業準備・整理行為時間については、〈労務提供時間〉の範疇で法理論構成するもの、使用者の〈指揮監督下の時間〉の範疇で法理論構成するもの、加えて〈指揮監督下または業務性基準〉を判断基準に挙げるものが存在した、ということができる。(21)

(4) 本件最高裁判決の一般理論的立場

最高裁判所は、本件三判決に共通して、前言したように、労基法上の労働時間は「労働者が使用者の指揮命令下に置かれている時間をいい、右の労働時間に該当するか否かは、労働者の行為が使用者の指揮命令下に置かれたものと評価することができるか否かにより客観的に定まるもの」とのべており、一般論としては、労働基準法上の労働時間の意義について、下級審裁判例のなかの〈指揮監督下の時間〉の判断枠組み（本件二次訴訟控訴審判決のそれ）を採用し、同時に二分説を採らない立場を明示して判例理論の統一を図ったもの、ということができる。(22)

そして最高裁判所は、労働者が「就業を命じられた準備行為等」が指揮命令下に置かれたものか否かの具体的判断に当たって、使用者から義務付けられ、または労働者がこれを余儀なくされたか否かによるとした（前出㈠判旨㈡参照）。したがって本件最高裁判決は、労働者が使用者の指揮命令下に置かれたか否かの判断にあたって、準備行為等が「業務性」を有するか否か自体を決定的な評価要素にはしてはおらず、基本的には、二次訴訟控訴審判決のいう業務との「不可分性」に着目した判断枠組みを採り入れたものといってよいであろう（不可分性の意義についてはすぐ後にのべる）。

二次訴訟控訴審判決は、前出のように、労働者が使用者の「指揮監督下に置かれている時間」の具体的判断基準に、①基本的義務である労務提供義務を履行する場合のほか、②右の労務と不可分一体のものとしてそれ自体を義務付けられ、かつ事実上使用者の拘束下で行われる活動に要する時間、という二つの内容を与えた。後者の②の「義務付け」行為は最高裁判決の判示内容とそのまま共通し、「事実上の拘束下に行われる活動」は最高裁判決のいう労働者が「余儀なくされたとき」とほぼ異なるところはないであろう。(23)

二次訴訟控訴審判決と本件最高裁判決との違いは、義務付けと事実上の拘束（余儀なくされたとき）とを一体の判断基準とするか（二次訴訟控訴審判決）、それぞれ別個の判断基準と考えるか（最高裁判決）の点にのみあるといえよう。(24)

五　法的構成の整理

そこで、二次訴訟控訴審判決のいう準備行為等の「労務との不可分性」の意味について、やや立ち入って検討をしてみよう。私見によれば、準備行為等（終業後の整理行為を含む）の労働時間性を検討するに際しては、労働者の労務提供と「不可分の行為」と「不可欠の行為」とを、概念上区別しておくことが有益である。

(1)　不可分の行為

労働契約の基本義務である労務の提供と「不可分の行為」とは、労務（作業）の一部を組成する行為をいうと解すべきである。たとえば、作業前の機械、工具、道具、器材等作業用具の受領、点検、準備、および作業後の後始末、格納、作業日報整理、清掃等であり、これらのなかには作業技術上の必要行為にかぎらず、労働安全衛生法および同法施行規則により災害防止上本作業開始・終了の必要行為として義務づけられているものも少なくない。これらは、作業手順上「本来の作業」と一応の技術的な区別が可能なものであるが、本来の作業を組成する行為の一部であり、前作業または後作業ともいうべきものである。

本件に即していえば、一次訴訟、二次訴訟の組合員らが更衣所から作業場付近のラジオ体操場へ移動中に行う治工具、副資材、消耗品等の受け出し・携行、作業開始前の散水、および始終業時の更衣所と作業場間の移動行為は、労働者が提供すべき労務（業務）自体を組成する行為という意味で「不可分行為」であり、労務提供行為そのものとして所要時間は本質的に労働時間である。(25)

(2)　不可欠の行為

これに対して、労務の提供に「不可欠の行為」とは、それ自体は労務（業務）の組成行為ではないが、労務提供のために必要な前提であり、これなくしては適法な、または社会通念上合理的な労務の提供体勢が整わないような類の行為をいう。作業服、作業靴その他の保護具等の装着の人的な準備行為は、性質上、この不可欠な行為というべきである。したがって、当該準備行為等に要する時間が労基法上の労働時間か否かの判断にあたっては、それが労務（業務）遂行のために不可欠な行為か否かが問題であり、そのことが認められる場合は、加えてそれ自体入念な作業を要する場合でなければならないとか、着用に相当な時間を要する場合でなければならないとの制限は必然的要件ではないというべきであろう。

(3) 不可欠行為に関する会社上告理由について

会社は上告理由において、「ある活動が本務に不可欠というかたちで問題とすると、通勤時間の他、労働者の食事、睡眠時間等労働者の日常活動のほとんどすべてが労働に不可欠といいうる」との指摘（東京大学労働法研究会前掲書（注（２））一一三頁）を引用し、一次訴訟控訴審判決を批判して、労務提供に「不可欠な行為」か否かは労働時間性の判断基準たり得ない、と主張している（参照民集五四・三・八四八〜八五一頁）。

しかし、右に引用されている東京大学労働法研究会前掲書（注（２））一一三頁の見解は、「不可欠性」の意味を誤解したものである。一次訴訟控訴審判決（同一審判決も）は、本件係争行為を「本来の作業を遂行するため必要不可欠な準備行為」と判示しているのであり、「不可欠」とは、いずれも労務の提供（ないし本来の作業）にとってのそれであって、労働者が使用者の指揮監督下に入ること自体にとっての不可欠な行為一般を指しているのではない。

以上の点は、事実に即して考えれば、健全な常識に合致することである。すなわち、労働者は企業施設内に入ることにより、一般的な使用者の指揮監督下におかれる。それ故、入出門チェックから始まって、携帯品制限、企業施設内での歩行通路・経路の指定、立入禁止箇所、喫煙制限、構内車両通行速度その他合理的な服務規律ないし行動規制を受ける。しかし、労働者がそのような規制を受けるからといって、その受けている時間を、当然には労働時間とはいえない。それは、使用者の指揮監督下におかれていても、労働者の〈労務の提供にとって〉

不可欠の指揮監督とはいえないからである。右判決の立場は、労働時間は、労働者が使用者の指揮監督下におかれ、労務の提供のために不可欠な行為を開始したときから始まるというのであって、その意味を正確に受け取るべきであろう。

したがって、労働者が使用者の一般的な服務規律ないし行動規制としての指揮監督下におかれる前の通勤や、睡眠、食事等の私事行為が、労働時間の法的意義との関連での不可欠行為の範疇に入るわけはまったくなく、「労働者の日常活動のほとんどすべてが労働に不可欠といいうる」という批判は成り立たない。

(4) 法的構成

以上の考察を基礎に据えて、労基法上の労働時間の法的意義に関する議論を整理してみるとつぎのようになろう。すなわち、本件係争行為の労働時間性について、問題を肯定的に捉える立場からいえば、法概念上、前作業・後作業たる「準備行為等」は労務の一部を組成し労務提供と「不可分の行為」であり、業務自体として、その時間は当然に労基法上の労働時間である。これに対して作業服、保護具等の装着・脱離等は労務提供の前提ないし社会的条件であり、労務提供のための「不可欠の行為」である、と(問題を否定的に捉えれば、逆の表現になる)。

このような概念整理によって、下級審裁判例に見られた「必要不可欠」、「必要不可分」、「不可分一体」、あるいは「必要不可欠ないし不可分」ということば的構成の混乱を避けることができるであろう。したがって、会社上告理由が、装着と作業とは区分できるのであるから不可分ではない、と批判している点も格別の意味は持ち得ないことになる(民集五四・三・八四八頁以下参照)。

六　作業服、保護具等の装着の義務付け

(1)　法令による義務付け

会社の上告理由は、法令は事業者に対し保護具等を調達し、労働者が労務提供に先立って着装できるように備え付けるなどして提供し、また必要に応じ作業服に着替える為の更衣所等を設ける等の措置を講ずることを義務付けているが、それ以上のものが事業者に要求されているわけではないとのべ、法律は事業者ないし使用者に「いやがる労働者を力づくで押さえつけて作業服を着せたり安全靴の中に足を押し込んだりすることまで要求しているものでない」、とのべている（民集五四・三・八一五～六頁）。

そこでまず、安全保護具等の装着の義務付けの法的意義について考えてみよう。労働安全衛生法上、労働者の危害防止のために「事業者が講ずべき措置」（二〇～二五条）は労働安全衛生規則等に具体的に規定されている。それによれば事業者は、たとえば高所作業の労働者に安全帯（通称、命綱）を現実に「使用させる」義務を負っており（労働安全衛生規則五一八条・五一九条）、同様に、物の飛来する危険な作業場では保護帽を（同規則五三八条・五三九条）、有害物やガス・蒸気・粉じん発生場所では保護衣・保護眼鏡・呼吸用保護具（通称、防毒マスク）等を（同規則五九三条）、それぞれ単に調達、提供するだけでなく、労働者に現実に「使用させる」ことを義務付けられている。

労働者は、使用者のこれらの措置に協力し、必要な事項を守る法令上の義務を負っている（労働安全衛生法四条・二六条。右に例示した労働安全衛生規則の諸規定もそれぞれの箇所で法四条と同趣旨を定めている。たとえば、安全帯の使用に関し五二〇条、保護帽の着用に関し五三九条二項、呼吸用保護具等の使用に関し五九七条参照）。これら法令上の義務の履行は、労働者にとって信義則に基礎づけられる労働契約上の義務でもある。それゆえ、労働者の装

着、脱離等は就業を命じられた業務の遂行上「不可欠の」行為であり、所要の時間は労基法上の労働時間と解すべきである。

また、危険および健康障害の防止措置に関する使用者の指揮監督の具体的方法は、物理的に「力づく」でやる必要はなく、教育指導、就業規則の服務規律の周知徹底、勤務成績評価、命令違反者に対する制裁規定の定め、装着しない労働者に対する装着命令、命令違反者の労務受領拒否、右命令違反を理由にする制裁等の各種の段階がありうることはいうまでもない。

(2) 労働契約上の義務付け

法令上の義務付けとは別個に、使用者は作業能率の向上、生産性の向上、職場秩序維持など経営管理上の見地から一定の服装規制を行い、その装着を義務づけ、労働者が懈怠した場合は労務の提供を拒否され不利益を課される場合があることがしばしば見られる。また、労働契約上の保護具等の装着の義務付けは、法令の義務づけの趣旨を一層徹底することにより(すなわち、労働契約上の安全配慮義務を尽くすため)、労働者の危険や健康障害を防止するものと解される。いずれも、労働者の業務遂行に「不可欠の行為」というべきであり、所要の時間の労働時間性が認められるべきである(26)。

七　終業後の洗面・洗身・入浴および通勤服の着用

本件最高裁判決は、組合員らは、①終業後事業所内の施設において洗身・入浴等を義務付けられていなかったこと、②特に洗身等をしなければ通勤が著しく困難であるとまでいえなかったとの理由で、これに引き続いてされた通勤服の着用を含めて、会社の指揮命令下に置かれたものと評価することができないとした(判旨の組合員上告事件に係る㈣参照)。

本件一次訴訟組合員上告事件では、同訴訟会社上告事件についてされた判旨(二)に相当する判示がされていない。このことを含めて、私見は最高裁判決のこの部分に関してはつぎのような疑問を禁じ得ない。

一次訴訟会社上告事件は、終業後の作業服、保護具等の脱離を、本作業(実作業)開始前の作業服、保護具等の装着とあわせて、「就業を命じられた業務の準備行為等」に含め、一括して、指揮命令下にあると評価できるか否かを判断している。終業後の脱離は、むしろ「準備行為等」にひとくくりするよりも、これらと別個に「整理整頓(ないし後始末)」として論議するほうが分かりやすいと思われる。しかし、これは用語の約束の問題に過ぎないから今は問わない。

第一に、洗身、入浴等は、判旨の判断枠組みによれば、義務付け(先の①)がなくても、特に洗身等をしなければ通勤が著しく困難と認められるときは(先の②)、これら行為を「余儀なくされた」ものとして、所要の時間を労基法上の労働時間と認める趣旨であろう。[27] しかし、その場合に、なぜ「特に」そして「著しく」困難でなければならないのだろうか。なぜ「特に」そして「著しく」困難でなければ「余儀なくされたとき」にあたらないのだろうか。その説示がないことが、本判決の説得力を弱めているといえよう。[28]

「特に洗身等をしなければ通勤が著しく困難であるとまでいえなかった」ことは原審の認定であり、法律審としての最高裁判決はこの認定を前提にしたに過ぎないといえないことはない。しかし、その認定判断を審理不尽とする余地はまったくなかったといえるであろうか。

本件組合員らはこれら保護具等を装着・脱離・格納する際に大部分の者は毎日更衣所で全裸になり上シャツ、パンツ、靴下を着替えまたは履替えて家に持ち帰り、洗濯をして翌日着替え・履き替え用に持参する。これが大部分のケースであり、会社も本件組合員らの担当作業の多くが汚染の著しい「入浴職種」であることを認めており、特に夏期はその必要度が高い(一次訴訟組合員一審準備書面)。本件組合員らのこのような作業態勢をみれば、これらを自宅で整えて通勤することはもとより、作業終了後そのまま自宅に戻ることも、現業部門の作業職労働者の永年の実情に沿わないばかりか、健全な社会通念にも反するように思われる。

第二に、労基法上の労働時間と認められた本作業（実作業）開始前の作業服、保護具等の装着の時間には、通勤服を脱ぐ時間が含められている。終業後の通勤服の着用時間は、洗身、入浴等の行為が介在するため、組合員らは作業服、保護具等の脱離の所要時間と区別して計測し、本件賃金請求を行っている（一次訴訟一審・同控訴審の組合員ら準備書面「訴訟関係該当行為の所要時間一覧」参照。ちなみに、会社は組合員ら主張の「所要時間」については争っていない）。装着について通勤服を脱ぐ時間を含める一方で、脱離について通勤服を着用する時間を除外することに、私見は納得がいかないのである。

八　「社会通念上合理的に必要と認められる範囲の時間」について

(1)　本件最高裁判決の趣旨

本件最高裁判決は、準備行為等に現実に要した時間が直ちにそのまま労基法上の労働時間に該当するのではなく、そのうちの社会通念上必要と認められる時間が労基法上の労働時間に該当すると判示している。したがって、具体的にどのくらいの時間が「社会通念上必要と認められるもの」であるかについては、当該準備行為等の内容等に照らして個別的に判断されることになる(29)。

(2)　会社の上告理由について

上告理由は、一次訴訟一審・同控訴審判決が保護具等の装着に関し、「社会通念上合理的に必要と認められる範囲の時間」を労基法上の労働時間と解すべきとしたことに関して、保護具等の装着は短いもので一分、長くかかる者で九分もの差があるのに、「このような差がある場合にどこまでが合理的に必要な時間であるかを審理しなかった」のは、理由不備又は審理不尽の違法がある、と主張している（民集五四・三・八六六〜七頁）。

本件では、会社は一次訴訟一審、同控訴審の審理で組合員らが実際に計測し主張した装着および歩行時間について、過大であるともばらつきがあって信頼できないとも争っていない。したがって、同一審・控訴審は「社会通念上合理的に必要と認められる範囲の時間」が労基法上の労働時間であるとの判断の下で、組合員ら主張の時間をそのまま労基法上の労働時間と認めたものである。会社が組合員ら個々人の装着時間について合理的でないものが含まれていると主張していれば、その場合には、たとえば組合員らを現業機械部門と現業造船部門とに区分し、それぞれ主張されている時間の経験的にみた平均値をとるなどしてその範囲を判断したものと思われる。

ちなみに、二次訴訟一審・同控訴審判決には、「社会通念上合理的に必要と認められる範囲の時間」という絞りは明示的には示されていない。しかし、「本来の作業に不可欠の準備行為」の「不可欠性」の要件、或いは「労務提供義務と不可分一体のもの」の「不可分性」の要件のなかに、客観的・社会的に必要な時間の合理性判断を行う余地をも含めているものと理解できよう。

(3) "Lex non curat de minimis" と「主要な活動」

以上のべたように、一審原告らの行う保護具等の装着・脱離・格納は、ホワイトカラーの事務労働者が出勤後に執務場所の片隅またはそれと近い場所に設けられているロッカーで、通勤用の上着を制服等と取り替えるだけの簡単なものとはまったく性質が異なる。事務労働者の場合に見られるこの程度の更衣は、いかに使用者がその制服着用を就業規則で義務付けていようと、また労働者がその行為を余儀なくされていようと、法が法定労働時間制のために規制する対象としては余りに些細な行為であり、"Lex non curat de minimis"（法は些事に関せず）の法諺にしたがって、合理的と考える処置に委ねて差し支えないものと思われる。

これを本件最高裁判決の判断枠組みに則していえば、業務遂行に不可欠な行為であることを認めた上で、「社会通念上必要と認められる時間」はゼロ時間と認定することも、例外的にではあるが、あり得るということである。

この点に関しては、筆者は以前に、本件組合員らの提起している問題と同質の問題の法的処理基準について定めたアメリカ合衆国のポータル法（一九四七年施行）の適用法理にふれてのべたところと関連性があるので、最後にその点に触れて本稿を閉じることにする。

ポータル法（Portal-to-Portal-Act, 1947, 29U. S. Code, Secs. 251-263）は、連邦公正労働基準法の規定する一週間四〇時間制の労働時間に含まれるべき労働時間の範囲に関して、これを①被用者が遂行すべきものとして雇用されている「主要な活動」（principal activity or activities）のための時間と、②主要な活動を行う場所までの歩行、乗車、移動のために時間、および③主要な活動の準備的または後始末的な活動の三種に区分した。その上で、被用者が②、③の諸行為に従事する時間については、公正労働基準法の最低賃金または時間外賃金を支払わないことができると定めた（四条）。

しかしながら連邦最高裁判所は、電池製造工場の労働者が実作業（productive work）前に更衣し、更衣後作業場に歩行し、作業中と終業後の一日二回シャワーを使う行為を「主要な活動」にあたるとして労働時間性を肯定する判決を行った。連邦最高裁判所は、そのケースにおいて作業準備・整理行為は、「被用者がその労務遂行のために雇用されているところの主要な活動を構成する不可欠の構成部分」（integral and indispensable part of the principal activities for which covered workmen are employed）と認められるときは、それに要した時間は労働時間であり賃金支払対象時間に該当すると、一般法理をのべた（シュタイナー事件[30]）。また、食肉加工会社の肉切り職人が、労働契約上自前で調達することとされている切り分けナイフを始業前、終業後（要するに所定労働時間外に）に、「主要な活動」を行う作業場と離れた場所で研磨する行為に関し、やはり「主要な活動」の構成部分（integral part）にあたるとして労働時間性を認めた（ミッチェル事件[31]）。

連邦最高裁判所は、ポータル法以前の事件において、陶器製造工場で働く労働者らが作業準備のために作業用エプロンと胸当てを装着し、腕にテーピングを巻きグリスを塗り、指サックをはめる等の行為を「作業準備としての業務」であるとのべ、またこれら諸行為には労働者らの「個人的便宜や必要を充足するようなものはなにも含まれていない」とものべて、実際に費やされた時間について公正労働基準法上の労働時間として取り扱うべきであると判示したのである（クレメンス事件）[32]。

連邦最高裁は、クレメンス事件において、「労働者が、賃金を支払われることなく実際に労働したことを証明し、相当かつ合理的推論として、当該労働および範囲を証明する十分な証拠を提出したときは、労働者はその責任を果たしたと判断され」「その推論の合理性をくつがえすべき証拠を提出する責任は使用者に移る」とのべ、使用者が証拠を提出しないときは、「たとえ近似値であっても」裁判所は使用者に対して賃金の未払い分があるときはその支払を命じ得べきものである、と判示した。ミッチェル事件、クレメンス事件とも、労働時間と認めうる範囲に関してはクレメンス事件の判断にしたがっているものと解される。

そして、準備行為等が、客観的に不可欠な行為と認められる場合であっても、こうした判断の網の目からもこぼれ落ちるような、実質的な量の労働時間とは認められない些末なとるに足りないものは、私見はポータル法の立法過程で論議されたように、"Lex non curat de minimis"（法は些事に関せず）の法諺にしたがって[33]、「社会通念上必要と認められるもの」としてはゼロ時間と判断しうる場合があると考えるものである。

おわりに

本稿では、組合員らが休憩時間をはさむ午前の終業後の保護具等の一部脱離、始業前の保護具等の装着に関する本件最高裁判決（一次訴訟組合員上告事件）には触れていない（一事実㈡③・④、判旨㈣参照）。私見は、最高裁判決の判断の仕方（法的論理）に疑問である。この場合の問題の核心は、保護具等の一部脱離およびその装着が「余儀なくされた」ものとして指揮命令下に置かれたものと評価することができるか否か、すなわち労働時間性を認められるか否かにある。したがって、休憩時間における労働からの抽象的解放の保障は第一議的な問題でなく、休憩時間自由利用の原則は、仮に組合員らの一部脱離、装着が「余儀なくされた」もの（つまり、労基法上の労働時間である）といえるときに、はじめてもうひとつの別個の法律問題として生ずる過ぎないと解する。

（1）労働基準法上の労働時間の意義に係わる裁判例に関しては、渡辺章＝山川隆一編『労働時間の法理と実務』（信山社、二〇〇〇年）三一～四九頁を参照。

（2）菅野和夫＝安枝英訷＝山本吉人＝渡辺章「セミナー労働時間法の焦点（第二回）・労働時間の起算点・終了点」ジュリスト八四三号一〇八～一一九頁、「同（第三回）・労働時間の概念・意義」同八四四号一〇二～一一五頁（一九八五年）、これらをまとめた『セミナー労働時間法の焦点』（有斐閣、一九八六年）における「第一章　労働時間の概念・法的意義」および「第二章　労働時間の起算点・終了点」（三～九六頁）における報告および討論、蓼沼謙一「最近の裁判例における労使慣行　とくに労働時間慣行に関する法理の考察――学説との対比において――⑶から⑸」判例時報一三〇〇号、一三〇三号、一三〇六号（一九八九年）、東京大学労働法研究会『注釈労働時間法』（有斐閣、一九九〇年）八〇頁以下、有泉亨＝青木宗也＝金子征史別冊法学セミナー『基本法コンメンタール労働基準法』（日本評論社、一九九〇年）一四八頁（籾井常喜）、荒木尚志『労働時間の法的構造』（有斐閣、一九九一年）二一〇頁以下は、それまでの労働時間の法的意義に関する裁判例、学説をほぼ網羅的、体系的に考察した代表的文献といえよう。

（3）西川知一郎「時の判例」ジュリスト一一九〇号（二〇〇〇年一二月）は、本件最高裁判決の労働者が使用者により「就業を命じられた業務の準備行為等」が労働時間に該当する場合の一般論的判断は、右準備行為等以外の場合についても「有力な手掛かりを与えるもの」と述べている（一二六頁）。石橋洋「労働判例研究・実作業の準備行為等と労基法上の労働時間制」法律時報七二巻一〇号も同旨。安枝英訷「時の判例・労働基準法上の労働時間の概念」法学教室二四一号（二〇〇〇年一〇月）は、最高裁判決の判断枠組みは、「就業を命じられた業務以外の時間が労働時間か否かについて」の具体的な判断にあたって妥当なものとしている（一六三頁）。

（4）会社は本件上告理由において、会社とほぼ同様の始終業管理および勤怠把握をしている他の企業の実態について、「造船五社、自動車三社、輸送機器一社、電機四社、化学二社、鉄鋼二社、機械一社、繊維一社、運輸一社、食品一社、非鉄金属一社、石油一社は、始終業の合図と同時に作業を開始し、終了の合図と同時に作業を終了するという始終業管理を行っている」、とのべている（民集五四・三・八四五参照）。

（5）検討にあたっては、訴訟当事者の組合員等の訴訟代理人から準備書面のすべての提供を受け、また会社の一次訴訟、二次訴訟の上告理由書もすべて参照した（会社の上告理由書は、一次訴訟会社上告事件に関するものの二篇だけが前掲（注（4））の判例集に登載されている）。

（6）会社は就業規則改正に当たり、事業場（三菱重工業長崎造船所）の全従業員の九〇％以上を組織する多数派組合（全日本労働総同盟全国造船重機械労働組合連合会三菱重工労働組合）との協定を経たが、他の全造船機械労働組合三菱重工業支部長崎造船分会（長船分会）および三菱重工業長崎造船労働組合（長船労組）の二つの労働組合は、会社の新始終業基準の提案に反対し、協定に至らなかった。

（7）始終業基準のうち、「始業」、「終業」がそれぞれ「実作業」の開始または終了を意味することは本文でのべたとおりである。「実作業」は、①「始業付帯作」業、②「本作業」、③「終業付帯作業」とから成るとされ、①始業付帯作業は、「準備体操、朝礼、動力源、冶工具、材料等の段取、図面・作業指示書等の点検、機械装置の注油・点検およびならし運転等の作業」、②本作業は、「本来の作業」、③終業付帯作業は、「製品・部品の整理・防錆その他保全処置、機械装置・運転車両等の停止・火止め・点検整備、冶工具・計測具等の整理、残材の回収・整理等の作業」とされている（一次訴訟一審判決の理由より）。

（8）東京大学労働法研究会前掲書（注（2））九〇・九三頁は二分説についてこのように指摘している。

（9）東京大学労働法研究会前掲書（注（2））九七・九八・九九頁。

（10）ほぼ同趣旨の裁判例としては、「就業規則上定められた就業時間の起算点をどこに定めるかは原則として法的事由の領域に属し、このことは右更衣等が作業のため必要欠くべからざる行為かどうかにかかわらない」、と判示した石川島播磨重工業事件一審判決（東京地判昭和五二・八・一〇労民集二八巻四号三六六頁）をあげることができるが、これ以外には二分説に立つ裁判例はみられない。

（11）やや異なる観点からであるが、右最高裁判決の趣旨に関し結論的に私見と同様の見解をのべるものに、蓼沼謙一前掲論文（注（2））判例時報一三〇〇号一六四頁（一九八九年）がある。

(12) 萩澤清彦『八時間労働制』（有斐閣、一九六六年）七九～八〇頁。同説の紹介につき東京大学労働法研究会前掲書（注（2））九四頁。

(13) 萩澤清彦前掲書（注（13））七八頁。

(14) 萩澤清彦前掲書（注（13））八〇頁。

(15) 菅野和夫『労働法（第五版補正版）』（弘文社、一九九九年）二五八頁。

(16) 下井隆史『労働基準法（第二版）』（有斐閣、一九九六年）一九三頁。

(17) 蓼沼謙一前掲論文（注（2））判例時報一三〇〇号一六六～一六七頁。

(18) 一次訴訟会社上告事件の上告理由。同旨の主張は二次訴訟上告理由にも見られる。

(19) 二次訴訟控訴審判決は、「労基法上の労働時間は、労使間の合意、就業規則、労働協約、慣行等によっては左右されることのない客観的な時間をいう……なぜなら……この労働時間の設定を当事者の意思に委ねるとすると、本来労働時間に算入されるべき活動を労働契約において義務付けながらこれを労働時間から除外することも可能となり、右の各規定は無意味となるからである。」とのべている。

(20) 菅野和夫＝安枝英訷＝山本吉人＝渡辺章（注（2））三二頁（菅野発言）。その後、菅野和夫（注（14））二五八頁は、その発言の趣旨を整理し、労働基準法上の労働時間の意義について、「使用者の作業上の指揮監督下にある時間」とともに、「使用者の業務への従事が必ずしも常に使用者の作業上の指揮監督下になされるとは限らないことを考えると、労働時間か否かについては、当該活動の『業務性』も前記『指揮監督』を補充する重要な基準になる」とされ、労働基準法上の労働時間は「使用者の明示または黙示の指示によりその業務に従事する時間」をいう、とされている。この見解によれば、更衣や保護具の着脱も業務自体（その一部の組成行為）と評価される場合に、その所要時間が労働時間になることになる。

(21) 筆者も菅野和夫＝安枝英訷＝山本吉人＝渡辺章（注（2））において、「労働時間かどうかの判断の中心は、指揮命令があってそれに労働者が従って行動した時間だというより、むしろ行動の職務性とか必要性からみた性質に重点をおいて判断されている、……私はそれでいい」との考えをのべたことがある（一五頁）。

(22) 二次訴訟控訴審判決と同趣旨の裁判例には、前出日野自動車事件一審判決（東京地八王子支判昭和五五・六・一六労民集三一・三・四・四四五）がある（参照荒木尚志「『労基法上の労働時間』とは何か」日本労働研究雑誌三六七号一五頁、一九九〇）。

(23) かつて最高裁判所は、公立学校教職員が「校長の時間外勤務命令に基づき、……正規の勤務時間以外の時間にわたって本来の職務の範囲に属することがらについて勤務した場合には、校長に右命令の権限がなかったとしても、それが教職員に対して事実上の拘束力をもつものであるかぎり、……所定の時間外勤務手当の支給を拒むことは許されない」と判示したことがある（静岡市教育委員会事件・最三小判昭和四七・一二・二六民集二六巻一〇号二〇九六号）。この事件において、「事実上の拘束力」概念は、使用者の指揮命令権（適法であることを前提にする）により義務付けることのできない「勤務」について労働時間性を認める法的根拠にされており、まさに義務付けと別個の労働時間性の判断基準とされている。このような内容の「事実上の拘束力」の有無は、本件最高裁判決のいう「余儀なくされたとき」の具体的事例の一つの判断基準といってよいように思われる（菅野和夫＝安枝英訷＝山本吉人＝渡辺章前掲書（注（2））八頁以下（渡辺発言参照）、三六頁以下（資料）。

(24) 二次訴訟控訴審判決は「義務付けられ、かつ事実上使用者の拘束下で行われる活動に要する時間」も労働時間に含まれるといい、本件最高裁判決は「義務付けられ、又はこれを余儀なくされたときは」労働時間であるとしていることをいう。このことから、土田道夫「作業服の着脱、移動、洗身等の時間と労基法上の労働時間」労働判例七八六・一一（二〇〇〇年一〇月）は、この両判決の相違点を指摘し、最高裁判決は労働時間性の判断を拡大する機能を果たすと思われると指摘している。

(25) この点に関連して、前出日野自動車事件一審判決の、作業服・安全靴の着替え・履替えは作業に必要な準備であっても、「使用者の施設における機械の整備・点検等のように施設現場における使用者の拘束下でしかできない」準備行為とは異なるとして労働基準法上の労働時間の範疇から除外した判旨が想起されるであろう。同判決は要するに、本来の作業のほかは右のような不可分行為のみが労働時間に算入されるべきであるとして、その範囲を極端に狭く解する立場を選択したものということができる。前出別件の三菱重工業長崎造船所事件（長崎地判昭和六〇・六・二六労民集三六・三・四九四）の判決もこの範疇に入る。

(26) 一次訴訟一審・同控訴審判決、二次訴訟一審判決が、これを「使用者の指揮監督下においてなされる労務の提供と解される」とし、二次訴訟控訴審が「労務提供義務と不可分一体のもの」として、それぞれ必要な時間の労働時間性を肯定していることはすでにのべた。私見は、二次訴訟控訴審の「不可分一体のもの」を「不可欠の行為」と補正（概念整理）したうえで、これに賛同するものである。
(27) 土田道夫前掲論文（注（24）一二頁、西川知一郎前掲論文（注（3））一一七頁。
(28) 土田道夫前掲論文（注（24）も、「通勤が困難といえないとの認定が、なぜ（洗身、入浴等）の労働時間性の否定をもたらすのかが明らかでない。」と批判している（一一～三頁）。
(29) 西川知一郎前掲論文（注（3））一一七頁。
(30) Steiner v. Micthell, 350 U. S. 247 (1956)
(31) Micthell v. King Pracking Co., U. S. 260 (1956)
(32) Anderson v. Mt. Clemens Potterry CO., 328 U. S. 680 (1946)
(33) ポータル法に関しては、中窪裕也「アメリカの労働時間制」日本労働協会雑誌一九八六年一月号四一頁。渡辺章「アメリカにおける労働時間の判例」労働法学研究会報一六八〇号二二頁以下（一九八八年）。荒木尚志『労働時間の法的構造』一二二頁以下はその詳細な研究である。"de minimis" の法理の適用に関し、同書一一七頁を参照。

〈編集代表〉

筑波大学大学院経営・政策科学研究科
企業法学専攻十周年記念論集刊行委員会

井原　宏
筑波大学大学院企業法学専攻教授

庄子良男
筑波大学大学院企業法学専攻教授

渡辺　章
筑波大学大学院企業法学専攻教授

現代企業法学の研究――筑波大学大学院企業法学専攻十周年記念論集

2001年（平成13年）3月31日　初版第1刷発行

編　者　筑波大学大学院企業法学専攻
　　　　十周年記念論集刊行委員会

発行者　今井　貴
　　　　渡辺左近

発行所　信山社出版株式会社

〒113-0033　東京都文京区本郷6-2-9-102
電　話　03（3818）1019
ＦＡＸ　03（3818）0344

Printed in Japan　発売所　株式会社 大学図書

印刷・製本／松澤印刷・大三製本

ISBN 4-7972-2202-6 C3332